KB041936

니체

NIETZSCHE

니체

정동호 지음

책세상

머리말

왜 니체인가?

니체가 살았던 19세기 중반과 후반은 근대 지식과 정치, 과학 기술 혁명에 힘입어 인류가 밝은 미래를 눈앞에 두고 있다는 진보에 대한 낙관과, 그와 같은 혁명이 오히려 생의 빈곤화와 사회 구조의 왜곡을 야기하는가 하면 자연적 질서의 교란을 가져와 인류를 파국으로 내몰게 될 것이라는 비관이 뒤섞여 있던 어수선한 시대였다.

곳곳에서 진보를 확신케 하고 그 전망을 밝게 해주는 듯한 현상이 시야에 들어왔다. 근대 이성주의에 고취된 지식 혁명은 인간의 존엄성과 능력에 대한 자각을 일깨웠다. 그와 함께 자기 신뢰를 회복한 인간은 이성의 힘을 빌려 앞으로 무엇이든지 해낼 수 있다는 자부심을 갖게 되었다.

프랑스 혁명에서 절정에 이른 정치 혁명은 근대 민주주의를 출현시켜 국민을 국가 권력의 원천으로 삼게 함으로써 국민에 의한 국민의 통치의 기반을 닦았다. 그 결과 국민 한 사람 한 사람이 국정의 주체가 되어 역사의 대열에 서게 되었다. 거기에다 교육의 기회가 확충되면서 모두가 보다 높은 정신문화를 누릴 수 있는 최소한의 토대가 마련되었으며, 노예 해방과 여성 해방이 현안이 되면서 인권에 대한 의식도 높아졌다.

코페르니쿠스, 케플러, 갈릴레이 등에 의해 시작된 과학 기술 혁명은 존재하는 모든 것을 하나의 자연 법칙 아래 통합함으로써 천상과 지상이라는 중층 구조로 되어 있던 중세의 우주관에 결정적인 타격을 가했다.

자연은 형이상학적 사변에서 벗어나 과학적 탐구의 대상이 되었으며 그와 더불어 물질의 구조에서 인간의 생명을 거쳐 우주 운행에 이르기까지 많은 것이 밝혀졌다. 기술의 발전 또한 놀랄 만한 것이었다. 의술의 발달로 질병을 과학적으로 관리할 수 있게 되면서 인간의 평균 수명도 늘어났다. 설비의 기계화로 생산은 증가했고, 노동 시간이 단축되면서 자기 구현의 여유가 생기는 등 삶의 조건도 현저하게 개선되었다.

사람들은 이 같은 변혁에 열광했다. 그러면서 머지않아 유토피아가 이 땅 위에 실현될 것이라는 기대를 갖게 되었다. 이런 낙관 속에서 최대 다수의 최대 행복을 도덕적 기초로 한 공리주의가 나와 대중적 이해(利害)를 대변했으며, 종교적 믿음과 형이상학적 독단에 맞서 실험과 관찰을 통해 얻어진 것만을 인식의 원천으로 삼겠다는 실증주의가 등장해 신의 섭리에 대한 인간 이성의 승리와 더불어 과학의 승리를 이념적으로 뒷받침해주었다. 인간이 가는 길에 더 이상 거칠 것이 없어 보였다. 이런 상승의 기운 속에서 진보란 주문(呪文)과도 같이 마력을 지닌 말이 되었으며 거역할 수 없는 시대정신이 되었다. 진보에 대한 이 같은 확신과 기대에서 등장한 것이 진보 낙관주의였다.

그러나 진보에 대한 낙관 일색은 아니었다. 대세는 낙관이었지만 비관적 전망도 한쪽에서 고개를 들었다. 진보가 감추고 있던 또 다른 진실인 어두운 그림자가 모습을 드러내기 시작한 것이다. 지식 혁명에 의해 복권된 인간의 이성과 자기 확신이 그 독단과 오만으로 인해 오히려 이성의 비이성화를 초래하고 있다는 지적에, 이성이 본능이나 직관과 같은 이성 이전의 것들을 지배하려 드는가 하면 인간을 단순히 사유하는 존재로 간주함으로써 생의 보다 근원적인 힘을 고갈시키고 있다는 지적이 뒤따랐다.

정치 혁명의 골도 깊어갔다. 자유와 평등이라는 상충하는 가치를 기치로 한 혁명은 처음부터 이념적 혼란을 야기했다. 평등하기 위해서는 자유를 제한해야 하고 자유를 구가하기 위해서는 평등해야 한다는 압박에서 벗어나야 하는데 이들을 하나로 묶어 추구함으로써 자유로운 사회도 평등한 사회도 구현할 수 없었던 것이다. 이 같은 혼란 속에서 무분별한 자유는 방임을 가져왔고, 산술적 평등주의는 질적 가치를 외면한 채 모든 것을 계량적으로 획일화함으로써 하향평준화를 재촉했다. 거기에다 선동 정치가 난무하고 대중을 등에 업은 사이비 언론이 기승을 부리면서 이름뿐인 민주주의가 가져올 정치적 파행에 대한 우려의 목소리가 커졌다.

과학 기술 혁명의 어두운 이면도 모습을 드러냈다. 만능을 구가하게 된 과학은 모든 것을 과학의 이름으로 마름질하게 함으로써 사람들로 하여금 과학 밖의 것들을 비과학적인 것으로 매도해 외면하도록 했다. 생명의 근원이자 삶의 모태인 자연은 단순한 과학적 탐구와 탐색의 대상으로 전락하게 되었으며 인간 역시 과학의 눈으로 자신을 보게 되면서 인간의 비인간화라는 뼈아픈 대가를 치르게 되었다. 그런가 하면 기술이 자연을 지배하게 되면서 자연은 무차별하게 파헤쳐졌다. 자원은 고갈되고 환경은 파괴되어갔다. 거기에다 자연을 생산 기지로 하여 건설된 산업 사회는 부에 대한 집착을 키워 소유가 존재에 우선하는 역전을 초래했다. 그 결과 인간은 생산자 아니면 소비자로서 소비 사회에 봉사하게 되었다. 많은 노동자들이 비인간적 노동 조건과 처우 아래 희생되어갔다. 생산이 증대했다고 하나 분배가 공평하게 이루어지지 않은 탓에 사회적 갈등도 깊어갔다. 또 의술의 발달로 평균 수명은 늘어났지만 생명의 존엄성에 대한 의식이 뒤따르지 못한 탓에 삶 자체가 단순한 생존이 되고 말았다. 무분별한 개발에 따른 생태학적 교란과 오염된 환경에서 새로운 질환이 생겨나고 세계가 하나가 되면서 국지적 재난이 인류의 재난이 되고 있었다.

사태가 이쯤에 이르자 근대 문명 전반을 재검토해야 한다는 자성이 여기저기서 일었다. 유토피아에 대한 환상에서 깨어나면서, 머릿속의 이상향은 끝내 또 다른 의미의 유토피아, 즉 '어디에도 없는', 잃어버린 땅이 되고 말 것이라는 불길한 전망에서 하게 된 반성이었다. 악몽의 시작이었다. 미래에 대한 불안 속에서 그동안 문명의 상징으로 해석되어온 프로메테우스 신화가 재해석되기에 이르렀다. 그때까지만 해도 프로메테우스는 인간에게 불을 되찾아주어 인간으로 하여금 문명한 세계에서 살게 한, 그 때문에 제우스의 노여움을 사 가혹하기 그지없는 벌을 감내해야 했던, 인간의 은인이자 친구였다. 그러나 문명의 폐해가 하나 둘 드러나면서, 프로메테우스가 그 이름이 말해주듯 앞일을 내다보는 예지를 갖고 있었다면 불이 가져올 단기적인 이점에도 불구하고 그것이 끝내 인간을 파멸로 몰게 되리라는 것을 예견했을 것이 아닌가, 그렇다면 불은 축복이 아니라 재앙이고 그 불을 전해준 프로메테우스는 문명을 일으켜 인간을 몰락시키려 한 인간의 적으로서 제우스의 공범자가 아니었나 새삼 묻게 되었다.

이런 자성과 함께 근대 지식과 정치, 그리고 과학 기술 혁명이 진보는커녕 퇴보를 가져와 인류를 파국으로 내몰 것이라는 어두운 진단이 나왔다. 디스토피아 징후가 가시화되면서 이때 모습을 드러낸 것이 문화비판주의로, 쇼펜하우어와 부르크하르트가 그 선도자였다.

니체는 인류의 미래에 대한 낙관과 비관이 예리한 톱니처럼 상대 진영을 파고들어 서로 물러설 줄 모르는 시대를 명암이 교차하는 긴장 속에서 살았다. 그는 진보의 빛과 그림자를 낱낱이 체험했다. 그는 진보의 허실을 체험하면서 진보에 대한 믿음을 잃었다. 그런 그에게 진보의 빛이란 검은 구름 사이로 간간이 뚫고 나오는 빛살과 같은 것이어서, 세상을 밝히기는커녕 오히려 그 어둠이 얼마나 넓고 깊은가를 드러내주는 순간의 미미한 빛 정도로 보였다. 그는 쇼펜하우어의 염세주의에 동감했으며 부르크하르트와는 비관적 역사 이해를 같이했다.

니체는 진보의 허상 속에서 나락으로 떨어지고 있는 인간 현실을 개탄했다. 그는 인간의 지적 오만과 지식에 의한 생의 파괴를 경고하는 한편, 무책임한 대중 정치를 혐오했으며 과학과 기술의 순진함을 비웃었다. 진보에 대한 믿음의 상실에서 오는 비관을 들어 그를 문화비관주의자 대열에 합류시키는 학자들이 있다. 그러나 그는 말 그대로 문화비관주의자는 아니었다. 인간이 진보하고 있다는 낙관에 대한 비판에서 그를 따라잡을 만한 철학자는 없었지만 그가 비관으로 일관한 것은 아니었기 때문이다. 그는 서구 문화가 병들어 있고, 이대로 둘 경우 머지않아 손을 쓸 수 없는 지경에 이를 것이라고 비관하면서도 길을 바로잡기만 한다면 건강을 되찾을 수 있다고 믿었다.

철학자라면 이럴 때 해야 할 일이 있다. 시대의 질환을 진단하고 그에 대한 처방을 내놓는 일이다. 이것이 현실에 대한 비관과 개선된 미래에 대한 기대 사이에서 고뇌하는 철학자에게 주어진 치유적 사명이다. 니체는 이 사명을 자신의 것으로 받아들였다. 시대가 앓고 있던 질환의 진단에서 그는 유례가 없을 만큼 날카로웠다. 그리고 그 처방은 극약 처방에 가까웠다. 환부를 남김없이 도려내겠다는 다짐이었으며, 다이너마이트가 되어 인간과 시대를 병들게 한 과거의 그릇된 유산을 남김없이 폭파해버리겠다는 각오였다.[1]

그러면 니체가 진단한 시대의 질환에는 어떤 것들이 있었는가? 무엇보다도 앞서 살펴본 근대 지식과 정치, 과학 기술 혁명에서 야기된 것들, 이를테면 이성의 전횡에 의한 생의 궁핍화와 왜곡, 민주의 허울을 쓴 대중 정치와 대중문화에 의한 인간의 천민화, 만능을 구가하는 과학 기술의 횡포와 그것에 의한 자연 유린 등이 있었다. 진단이 내려진 만큼 처방도 분명해졌다. 처방은, 이성주의의 지배 아래 고유 의미를 잃은 생을 복권시키는 한편, 민주주의의 탈을 쓰고 발호하는 대중에게 재갈을 물리고, 고삐 풀린 채 질주하는 과학 기술에 제동을 거는 것이었다.

이들 질환은 근대적 현상들이었다. 니체는 그러나 그 현상들을 오랜 서양 역사 속에서 배태된 총체적 난국의 귀결로 받아들였다. 그는 그 난국의 뿌리를 찾아내어 잘라내지 않는 한 시대가 앓고 있는 질환이 근원적으로 치유될 수 없다고 믿었다. 여기서 그는 서양 역사를 병들게 한 병의 뿌리에 시선을 돌려 그 뿌리를 찾아 나서게 되었다. 마침내 그는 그 뿌리를, 그동안 생명을 이성화해 빈곤을 초래했을 뿐만 아니라, 절대와 보편을 추구하면서 이 땅에서의 우연하고 특수한 생의 현실을 등지게 한 이성주의 전통에서 찾아냈다. 저편의 완전한 세계를 상정하고 이편의 세계를 불완전한 것으로 받아들이도록 사주한 것도, 도덕에 그 토대를 제공함으로써 인간을 도덕적으로 학대해온 것도 그것이었다.

이성주의의 원류는 이성을 절대 우위에 둠으로써 이성 중심적 전통을 확립한 플라톤이었다. 이성을 신뢰한 그는 지식을 절대적인 인식과 개연적인 속견으로 나누고 거기에 이데아의 세계와 현상의 세계를 대응시킴

---

1 다음을 참고. F. Nietzsche, *Kritische Gesamtausgabe*(이하 'KGW') VI 3, 363쪽, *Ecce homo*, Warum ich ein Schicksal bin 1 ; 책세상판 니체전집(이하 '니체전집') 15권, 456쪽, 《이 사람을 보라》, 왜 나는 하나의 운명인지 1.

으로써 세계를 둘로 나누었다. 그러고는 저편의 이데아의 세계를 참된 현실로 받아들여 동경의 대상으로 제시하는 반면, 우리가 살고 있는 이 땅의 현실 세계는 비현실적인 가상의 세계로 폄훼했다. 거기에다 윤리학의 기본 문제를 지식의 문제로 환원해버렸다. 무엇이 옳은지를 아는 사람이라면 도덕적으로 행동하게 된다는 믿음에서였다.

태생은 다르지만 그리스도교도 세계를 이편의 지상 세계와 저편의 천상 세계로 나누고 지상에서의 생을 대가로 천상에서의 영생을 추구하도록 가르쳐왔다. 나아가 천상에 근원을 둔 도덕으로 인간의 자연적 성향을 억압해왔다. 이 점에서 그리스도교는 플라톤 철학과 다를 것이 없다. 결과에서도 다를 것이 없다. 저편의 이데아의 세계와 천상의 세계에 대한 이념과 신앙, 그리고 도덕을 통한 인간의 현실 부정과 자기 부인, 자기 학대라는 치명적 질환이 그 결과였다.

니체는 이렇게 하여 시대를 뛰어넘어 서양 세계가 앓아온 역사적 질환의 뿌리에 닿게 되었다. 그가 할 일이 분명해졌다. 그 뿌리를 파헤쳐 뽑아내는 것이었다. 그 뿌리로 플라톤과 그리스도교의 초월적 이념과 신앙을 지목한 니체는 이들 이념과 신앙을 하나로 묶어 '신'이라 부르고는 신의 죽음을 선언했다.

신의 죽음으로써 질환의 뿌리는 제거된다. 그렇다고 인간이 곧 건강을 되찾는 것은 아니다. 그동안 인간의 존재 의미이자 가치의 토대였던 신이 죽음으로써 인간의 존재 의미가 상실되고, 가치의 토대가 붕괴하면서 무엇을 하든 의미가 없고 가치가 없다는 허무주의가 신을 잃은 인간을 덮쳐오게 되기 때문이다. 신의 죽음이 허무주의로 끝나는 것이라면 그 죽음은 곧 인간의 죽음이 될 것이다. 니체가 기대한 것은 그것이 아니었다. 그에게 신의 죽음은 인간에게 진정한 해방이 되어야 했다. 그리고 해방된 인간은 신의 족쇄에서 벗어나 본래의 인간으로 돌아가야 했다.

신의 죽음이 진정한 해방이 되고 인간이 본래의 인간으로 돌아가기 위해 할 일이 있다. 죽은 신이 남긴 그림자인 허무주의를 극복하는 것이다. 어떻게 허무주의를 극복할 것인가. 길은 옛 신에 뿌리를 둔 낡은 가치를 파기하고 새로운 가치를 세우는 데 있다. 그리고 그 속에서 존재 의미를 회복하는 데 있다. 니체는 이 작업을 가치의 전도라고 불렀다. 이때의 새로운 가치는 본연의 가치, 즉 도덕 이전의 자연적 가치를 가리킨다. 앞으로는 이 대지, 이 자연이 모든 가치의 모태가 되어야 한다. 그리고 우리는 그동안의 초월적 이념과 신앙, 그리고 도덕을 버리고 자연으로 돌아가야 한다. 여기서 니체는 루소의 말을 빌려 "자연으로 돌아가라!"고 호소하게 되었다.

자연은 다양한 형태의 힘이 지배하는 힘의 세계다. 자연을 움직이는 것은 신도 신적 섭리도 아니다. 자연은 도덕적 실체가 아니다. 따라서 자연에는 선도 없고 악도 없다. 보다 많은 힘을 확보해 자기를 전개하려는 의지가 있을 뿐이다. 존재하는 모든 것은 주어진 상태에 만족하지 않고 보다 많은 힘을 얻기 위해 끝없이 분투한다. 힘에서 밀리는 순간 도태되기 때문이다. 힘에 대한 이 같은 지향이 힘에의 의지다. 니체는 이 힘에의 의지를 인간의 삶과 역사를 포함해 세계 내의 모든 운동을 추동하는 것은 물론 우주 운행을 주도하는 원리로까지 받아들였다.

힘에의 의지와 함께 니체의 우주 이해는 새로운 국면을 맞게 되었다. 당시 자연과학에서 유력한 우주 모델로 수용되고 있던 것은 우주가 총량이 일정한 힘(에너지)으로 되어 있다는 것이었다. 즉 공간은 유한하다는 것이었다. 그리고 힘은 운동을 본성으로 하기 때문에 힘의 운동에 끝이 있을 수 없다는 것, 따라서 운동에서 산출되는 시간은 무한할 수밖에 없다는 것이었다. 니체는 공간이 유한하고 시간이 무한하면 어떤 일이 일어날까 생각해보았다. 결론은 이미 존재하고 있는 것들의 끝없는 이합집산에 의한 순환이 있을 뿐이라는 것이었다. 이것이 그가 우주 운행의 원리로 제시하게 된 영원회귀 교설의 내용이다.

영원한 회귀에는 시작도 끝도 없다. 단순한 반복이 있을 뿐이다. 끝없는 단순 반복에 무슨 의미가 있을 것인가. 여기서 인간은 극단의 권태와 공허에 빠지게 된다. 이때 인간을 엄습하는 것이 허무주의, 또 다른 허무주의다. 이 허무주의는 우주적인 것으로서, 파괴력에서 신의 죽음 뒤에 오는 허무주의를 능가한다. 가치 전도를 통해 극복할 수 있었던 앞의 허무주의와 달리 여기서는 출구가 보이지 않는다. 그렇다면 이 허무주의에 의해 파멸하는 것 말고는 길이 없는가. 파멸로 끝나는 것이라면, 지금까지 이야기해온 치유는 부질없는 것이 되고 말 것이다. 이 허무주의 또한 극복되어야 한다. 니체는 영원한 회귀가 우리의 운명이라면 운명을 사랑하라고 권한다. 거기에 세계와 우리의 존재에 대한 최고 긍정이 있다. 운명에 대한 사랑, 이것이 니체가 요구하는 "운명애amor fati"다. 이 경지에서 허무주의는 극복된다.

문제는 초월적 이념과 이상 속에서 왜소해질 대로 왜소해진 오늘의 인간에게 신의 죽음을 받아들여 가치를 전도시키고 허무주의 속에서 자신의 운명을 사랑할 힘이 있는가 하는 것이다. 니체는 그럴 힘이 없다고 보았다. 그렇다면 인간이 달라져야 한다. 존재하는 것들을 있는 그대로 받아들일 수 있는 힘을 지닌, 정직하며 강건한 인간으로 거듭나야 한다. 이렇게 거듭난 인간이 바로 위버멘쉬Übermensch[2]다. 우리가 성취할 최고

---

2 위버멘쉬는 위버über와 멘쉬Mensch의 합성어로서 위버는 '위', '넘어서'를, 멘쉬는 '인간'을

유형의 인간이다.

신의 죽음, 허무주의, 가치의 전도, 자연으로의 복귀, 힘에의 의지, 영원회귀, 운명애와 위버멘쉬는 니체 철학을 떠받치는 핵심 주제들로서 그의 철학의 전부라고도 말할 수 있다. 이들 주제는 그 내용이 파격적인데다 그 투 또한 도발적이어서 세상에 알려지자마자 격렬한 반응과 반발을 불러왔다. 그것들이 오랜 시간을 두고 쌓아 올린 서구의 고고한 정신사적 전통을 거부하고 역사의 흐름을 되돌리려는 반동으로 비치면서 야기된 반응과 반발이었다.

이를테면, 신의 죽음은 서양 철학의 주류를 이루고 있던 플라톤 철학과 함께 절대 다수가 고수해온 그리스도교 신앙에 대한 도전으로 받아들여졌다. 허무주의는 보다 나은 미래를 꿈꾸고 있던 사람들에게 인간을 절망의 나락으로 빠트리는 죽음의 사자처럼 섬뜩하게 다가왔으며, 가치의 전도는 기존 가치 질서를 무차별하게 파괴해 이른바 가치의 무정부 상태를 부르는 것으로 보였다. 자연으로 돌아가자는 요구는 인간이 그동안 애써 가꿔온 문명에 대한 조롱으로 들렸다. 그런가 하면 힘에의 의지는 패권 정치를 옹호하는 힘의 논리로 이해되면서 대중문화에 대한 그의 매도와 함께 민주화라는 대세를 거스르는 반역사적 망발로 비쳤다.

거기에다 영원회귀는 인간을 극단의 허무주의로 내모는 것으로, 운명

뜻한다. 위버멘쉬는 우리에게 초인(超人)으로 더 잘 알려져 있는 이상적 인간 유형이다. 일본식 역어인 초인에는 오독의 여지가 있다. 니체의 의도와 반대로 초월적 인격으로 읽힐 수 있기 때문이다. 그래서 그것을 대신할 만한 우리말을 찾아보았지만, 찾아내지 못했다. 이럴 때 차선으로 선택할 수 있는 것이 Übermensch를 음역해 '위버멘쉬'로 하고 그가 어떤 유형의 인간인가를 설명하는 방법일 것이다. 오늘날 보다 많은 사람들에게 호응을 받고 있는 것이 이 선택이다. 우리는 〈제11장 위버멘쉬Übermensch〉에서 다시 이 문제로 돌아와 음역을 택하게 된 이유를 살펴보게 될 것이다.

을 사랑하라는 권고는 좌절과 낙담의 또 다른 표현으로 이해되었다. 보다 문제가 된 것은 위버멘쉬였다. 위버멘쉬를 구현해야 할 이상으로 제시하면서 니체는 인간 사육을 요구했다. 이 요구가 진의와 달리 순수 우생학적인 것으로 읽히면서 인류에 반하는 도발로 해석되기에 이른 것이다.

  예견된 일이었지만 니체의 사상을 두고 말이 많았다. 특히 그가 죽은 후 그의 철학을 두고 격한 공방이 일었다. 당시 독일의 정치 현실도 그같은 공방에 일조했다. 힘에의 의지와 위버멘쉬가 정치적으로 채색되면서 정치 이념화되기 시작한 것이다. 그러다가 독일 국가사회주의(나치즘)가 개입하면서 공방은 독일 국경을 넘어 유럽 전역으로 확대되기에 이르렀다. 국가사회주의자들은 니체의 사상을 자신들에게 이롭게 해석했다. 힘에의 의지와 위버멘쉬를 끌어들여 자신들이 추구한 힘의 지배를 정당화하는 한편 인간 종의 고급화라는 미명 아래 자신들이 자행한 인간 청소를 미화했다. 그와 함께 니체는 국가사회주의의 이념적 대부가 되어 추앙받았다. 히틀러는 바이마르 소재 니체 문서보관소를 찾았으며 니체 숭배에 무솔리니를 끌어들였다. 그의 이 같은 행각에서 사람들은 국가사회주의 뒤에 니체가 있다는 인상을 받았다. 국가사회주의자들에 의한 이 같은 니체 우상화는 나라 안에서는 무분별한 열광을, 나라 밖에서는 근거 없는 혐오감을 불러일으켰다. 니체 사후의 일이어서 그가 나서서 할 수 있는 일은 없었다.

  니체는 그러나 독일 문화의 후진성을 꼬집고 반유대주의를 비웃는가 하면 다양한 종족 간의 피의 유대를 건강한 인류 미래를 구축하기 위한 길로 받아들이고 있던 세계 시민적 안목의 철학자였다. 그는 순혈주의에 바탕을 둔 국가사회주의자들의 독일 민족지상주의와는 처음부터 거리가 멀었다. 힘을 향한 의지도 만물의 본질로서, 단순한 권력 의지를 넘어서는 것이었고, 인류 미래를 염두에 두고 그가 구상한 인간 사육 또한 국가사회주의 인종주의자들의 그것과는 발상부터 다른 것이었다.

그런데도 니체 사상이 곧 국가사회주의라는 등식이 뿌리를 내렸고, 니체는 본의 아니게 국가사회주의와 영욕을 같이하게 되었다. 그러다가 그는 국가사회주의의 패망으로 혹독한 대가를 치르게 되었다. 나라, 곧 독일 안에서는 니체가 국가와 운명을 같이했기 때문에 철저하게 배척되지는 않았지만, 그를 공개적으로 입에 올릴 수가 없었다. 나라 밖의 영국, 미국과 같은 나라에서는 반(反)니체 분위기 일색이었다.

한동안 니체를 규탄하는 목소리가 이어졌지만 오래가지는 않았다. 논란은 잠잠해졌고 출판사들도 손을 놓다시피 했다. 그는 더 이상 문제가 되지 않았다. 식상한 탓도 있었지만, 패자의 침묵과 승자의 여유와 방심도 한몫했다. 그렇게 해를 몇 차례 넘기면서 니체는 이제 수명을 다한, 그리하여 철학사에서나 흔적을 찾아볼 수 있는 철학자가 되어 서서히 잊혀가는 듯했다.

그렇다고 세상까지 달라진 것은 아니었다. 달라지기는커녕 그가 일찍이 경고했던 이성 중심의 근대 문명의 폐해는 더욱 분명해졌다. 두 차례에 걸친 세계대전이 이성에 대한 신뢰를 흔들어놓았다. 여기서 니체의 이성주의 비판에 공감하는 분위기가 되살아났다. 그런가 하면 민주를 표방한 국가가 대거 출현하고 대의 정치가 곳곳에서 자리를 잡으면서 계량적 평등주의와 선동 정치가 기승을 부리게 되었으며, 언론의 탈을 쓴 저질 저널리즘의 횡포도 더해갔다. 하나같이 니체가 경고했던 것들이다. 과학 기술 발전의 폐해는 더 우려할 만한 것이었다. 자연을 지배하게 되면서 자연은 빠르게 파괴되어갔고 그만큼 자연과 인간 사이에도 간극이 생겼다. 이 간극은 인간 소외를 불러왔다. 환경 오염도 정도를 넘어 인간 생존을 위협할 지경에 이르렀다. 여기서 사람들은 자연으로 돌아가자는 니체의 촉구를 루소의 그것과 함께 떠올리게 되었다.

이성의 독선과 정치·사회적 혼란, 과학 기술의 횡포가 가져온 인간성 상실은 훗날 마르셀이 그려낸 '파괴된 세계'의 모습 그대로였다. 그 폐해가 더 크고 방식이 보다 정교해졌을 뿐, 이후의 세계는 니체가 살았던 시대의 세기말적 정황과 크게 다르지 않았다. 이런 정황에서, 니체는 폭발을 앞둔 휴화산과 같았으며 점화를 기다리는 뇌관과도 같았다. 그 '때'가 문제였는데, 이는 사람들이 생각한 것보다 일찍 찾아왔다. 잊혀가는 듯했던 그가 1960년대에 재발견되면서 홀연 되살아난 것이다.

니체의 재등장은 그에 대한 의식적인 외면과 깊은 침묵 이후의 일이어서 그만큼 인상적인 것이었다. 이에 앞서 실존 철학이 유행하면서 그 사상적 원천의 하나로 니체가 다루어진 적이 있었다. 그러나 전면에서 주목을 끈 것은 하이데거, 야스퍼스, 마르셀, 사르트르였고 그는 쇼펜하우어, 키르케고르와 함께 늘 뒷전에 머물러 있었다. 그러다가 일찍이 그가 경고했던 것들이 서서히 현실이 되면서 그가 우리 시대의 선도적 사상가로 재등장하게 된 것인데, 이는 독일과 달리 '니체 망령'으로부터 상대적으로 자유로웠던 프랑스, 이탈리아 등 라틴 국가에서의 일이었다.

1964년에 니체 철학을 주제로 프랑스 루아요몽에서 국제 학술회의가 열렸다. 그의 철학에 대한 재평가와 함께 관계 정립이라는 시대적 요청에 부응한 것으로서 전에 없던 시도였다. 뢰비트, 마르셀, 푸코, 들뢰즈 등이 논문을 발표하고 토론을 했다. 니체 재등장의 서막이라는 상징적 의미를 지닌 모임이었다. 이후 유사한 모임이 뒤따랐으며, 이 같은 모임이 계기가 되어 대학 안과 밖에서 니체 연구와 출판이 갑자기 활기를 띠게 되었다.

1967년부터 출판되기 시작한《고증판 전집Kritische Gesamtausgabe》[3]에 의해 재연된 유고 논쟁도 니체 재등장에 한몫했다. 니체는 생전에 출간한 저작을 능가하는 분량의 유고를 남겼다. 그중 일부가 유고집 형태로 출간된 적이 있다. 1901년에 나와 1906년에 증보된《권력 의지Wille zur Macht》가 그것이었다. 니체 철학을 제대로 이해하지 못한 그의 친지들이 주제별로, 그것도 아주 조잡하게 편집한 것으로서 이 유고집은 편집의 임의성과 원문 훼손 등이 문제가 되어 이후 소모적인 논쟁을 일으켰다. 유고 모두가 공개되어야 했지만, 니체 문서보관소가 있던 바이마르가 전후 동독에 편입되면서 원래 상태의 유고에 접근하는 것이 어렵게 되었다. 해결의 실마리가 보이지 않았다. 생전에 공산주의와 사회주의를 신랄하게 비판한 니체는 인민의 적으로서 금기시되고 있었고, 그런 상황에서 유고를 포함한 그의 원고가 정부 당국의 관리하에 들어갔기 때문이었다. 유고를 둘러싼 논쟁에 종지부를 찍을 수 있는 결정적인 문헌 자료는 비공개 상태에서 그렇게 묶여 있었다.

2차 대전 후, 정치적 전력이 도움이 되어 니체 유고를 열람하게 된 이탈리아 학자 콜리G. Colli와 몬티나리M. Montinari가 유고 전부를 포함한 새로운 니체전집을 독일에서 내면서 상황은 급변했다. 이렇게 해서 나온 것이 바로《고증판 전집》이다. 이 전집을 통해 미공개 원고가 모두 공개되었음은 물론이고 그때까지의 오류도 바로잡았다. 학자들은 새로운 광맥을 찾아낸 광부처럼 흥분했고, 세계 출판계도 이 역사적 기획에 주목

---

3 명실상부한 정본 니체전집이다. 이탈리아어판의 출간이 먼저 시작되었다(1964). 한글판은 전 21권으로 책세상 출판사에서 출간되었다. 필자는 이《고증판 전집》과 책세상판 니체전집(초판)을 함께 니체 인용문의 출전으로 삼을 것이다. 다만《차라투스트라는 이렇게 말했다》의 책세상판으로는 2007년에 나온 개정 2판을 사용할 것이다.

했다. 이로써 지난 70년 동안 지리멸렬하게 진행된 유고를 둘러싼 이른바 '유고 논쟁'도 종식되었다. 니체 연구에 새로운 지평을 연 경사였다.

또 다른 경사가 뒤따랐다. 1972년 학술 잡지 《니체 슈투디엔Nietzsche Studien》이 창간된 것이다. 이는 몬티나리의 주도 아래 베를린에서 선을 뵌 것으로서 영어, 프랑스어 등에도 개방되어 있는 명실상부한 국제적인 니체 학술 잡지다. 이 잡지는 이후 연구 자료를 발굴하고 연구 성과를 집적해 후속 연구의 길을 트는 등 니체 연구의 방향을 잡는 데 주도적 역할을 해왔다.

루아요몽에서의 모임과 《고증판 전집》의 간행, 그리고 《니체 슈투디엔》의 창간은 프랑스, 독일, 이탈리아에서 니체 연구에 불을 지폈다. 열기는 전 세계로 퍼져나갔다. 이 열기를 가리켜 학자들은 "니체 열기", "니체 부활", "니체 르네상스", "어느 철학자의 귀환"이라고 불렀다.

포스트모더니즘의 등장도 니체 부활에 기여했다. 니체의 영향 아래 포스트모더니즘 운동이 전개되었다고 보는 시각이 있다. 그의 영향이 그만큼 컸다는 이야기인데, 포스트모더니즘은 그것대로 니체의 재조명과 재해석을 통해 역으로 니체 독서와 연구에 활기를 불어넣었다. 니체는 이성주의로 대변되어온 근대성, 즉 모더니즘에 비판적이었다. 그가 일관성 있게 주장한 것이 바로 이성주의를 토대로 삼아온 인식과 전통 가치의 '해체'였다. 그는 주체의 해체도 주장했다. 주체란 문법 구조의 산물로서 언어적 허구에 불과하다는 이유에서였다. 그런가 하면 그는 무의식의 세계를 의식의 세계에 앞세웠으며 소박한 과학주의를 거부했다. 실존주의의 퇴조와 구조주의의 실패가 맞물려 있던 당시 프랑스에서 사람들은 니체에게서 근대성 극복의 길을 찾았다.

학자들 가운데는 이성적 주체의 소멸과 해체를 통한 근대 이성주의 극복이라는 이념 아래 무의식의 세계를 선호하고 과학지상주의를 비판한 포스트모더니즘의 사상적 근원으로 니체를 지목하는 사람들도 있고, 포스트모더니즘의 신니체주의 성격을 강조하는 사람들도 있으며, 아예 포스트모더니즘이 니체와 함께 시작된다고 보는 사람들도 있다. 니체가 포스트모더니즘에 어떤 영향을 끼쳤든 그는 포스트모더니즘 운동과 함께 다시 국제적 논의의 한복판에 서게 되었다.

이를 전후로 전개된 일련의 상황도 니체 부활에 호기로 작용했다. 그 가운데 하나, 1970년대에 들어와 인간 복제 등 생명공학 문제와 함께 우생학에 기초한 인간 선택 문제가 대두하면서 격렬한 논쟁이 일어났다. 논쟁에 불을 붙인 것은 왓슨과 크릭이었다. 인간 선택을 옹호하는 과정에서 그들이 고려한 것의 하나가 열등한 신생아에게서 생존의 기회를 박탈하자는 것이었는데, 그 같은 고려에서 많은 사람들은 우생학의 시조인 골턴과 함께, 인류의 고급화를 위해 태어날 권리가 있는 태아를 선별적으로 결정할 수 있다는 윤리 강령을 의사에게 마련해줘야 한다고 한 니체를 떠올렸다.

같은 시기에 부각되기 시작한 생태윤리학도 니체 재평가의 계기가 되었다. 생태윤리학의 골자는 인간 중심적 관점에서 벗어나 자연의 순리를 따름으로써 과학 기술 등에 의해 야기된 생태학적 위기를 극복하자는 것이었다. 그런데 정작 인간중심주의에 맞서 인간을 자연의 한 부분으로 파악하고 반자연적 문명에서 벗어나 자연으로 돌아가 자연의 순리를 따라야 할 것이라고 주장한 것은 한 세기 전의 니체였다. 여기서 사람들은 니체의 생명 중심적이며 자연 친화적인 철학을 오늘의 눈으로 다시 읽게 되었다.

역시 같은 시기에 모습을 드러낸 진화심리학도 니체의 철학을 환기시

컸다. 1970년대 중반에 도킨스는 유전자는 이기적이고 생명체는 결국 유전자의 최대 증식을 위해 고안된 기계라고 주장했다. 진화심리학의 요점 가운데 하나는 이기적 유전자로 되어 있는 인간은 살아남아 후손을 보겠다는 목적에서, 필요할 경우 서로 협력하게 되고 그 과정에서 이타심을 발휘하게 된다는 것이다. 진화심리학에 따르면 이타주의와 같은 도덕관념 역시 인간의 정서나 사고처럼 진화의 산물에 불과하다. 그러나 생존하고 후사를 보겠다는 이기적 목적에서 발휘되는 이타주의라면 그것은 이기주의의 또 다른 형태일 뿐 순수한 이타주의가 아니다. 일찍이 이타주의를 이기주의의 가장 고약한 형태로 규정한 것은 니체였다. 우리는 진화심리학에서 이타적 도덕 가치를 이기적 자연 가치로 전도시키려한 니체의 숨결을 느낀다.

니체의 명성에 편승한 소극(笑劇)도 뒤따랐다. 1999년에 독일에서 니체의 차라투스트라에서 이름을 딴 '차라투스트라 기획'이라는 인간 복제 기획이 나와 사람들을 어리둥절하게 만들었다. 인간 복제를 옹호해온 슬로터다이크가 내놓은 기획이었다. 이 기획은 일반 매체에 널리 소개되면서 조롱의 대상이 되었지만, 나치의 망령을 떠올리게 함으로써 불길한 조짐으로도 받아들여졌다.

2001년에는 물리학자 호킹이 위버멘쉬와 같은 뛰어난 인간에 의한 세계 지배를 예고해, 그 의도와 상관없이 다시 한 번 니체를 환기시켰다. 그는 우리가 원하건 원하지 않건 유전공학이 새로운 인간을 창조해낼 것이라고 내다보았다. 자연 진화라는 것이 있지만 인간의 지적 능력과 성격 개선을 막연하게 그런 진화에 맡길 수 없기 때문이라는 것이 이유였다.[4]

---

4 2001년 1월 16일자 *Die Welt*, 35쪽.

우리가 직접 나서야 한다는 것으로서 이 역시 골턴과 함께 니체를 떠올리게 하는 대목이다.

니체는 이 같은 상황 전개 속에서 우리에게 돌아왔다. 그의 재등장은 우리에게는 또 다른 도전이다. 그가 사거하고 한 세기 이상의 세월이 흘렀지만 우리는 아직 그가 실랑이했던 문제들, 즉 이성의 횡포에 의한 생의 빈곤화, 민주화의 산물인 계량적 평준화에 의한 인간의 왜소화, 과학 기술의 남용에 의한 자연 질서의 교란과 파괴를 포함해 신, 가치의 전도, 허무주의, 위버멘쉬 등의 문제에서 자유롭지 못하다. 오히려 그 문제들은 우리에게 보다 절박한 현안이 되어 있지 않은가.

물론 의도적으로 그 같은 문제들을 외면할 수는 있겠으나, 그런 경우가 아니라면 우리는 니체의 철학을 비켜 갈 수가 없다. 그리고 일단 그를 알게 되면 그와 거리를 둔다는 것은 가능하지 않다. 그는 자신의 사상을 체계적으로 개진하지 않았다. 논증도 하지 않았다. 그 대신에 독자들에게 집요하게 파고들어 같이 생각하고 행동하기를 촉구했다. 거기에다 그의 주장은 일방적인데다 지극히 선언적이다. 반론의 여지를 남겨놓고도, 정작 반론의 기회는 주지 않는다. 그런 그에게 열광하는 사람도 많고 반발하는 사람도 많다. 독자들에게는 그를 받아들이든가 거부하든가, 선택이 있을 뿐 달리 길이 없다. 그래서 니체와 밀고 밀리는 실랑이를 벌이게 되는데, 이 같은 실랑이는 그와 문제를 공유하고 있는 우리로서는 우리 자신과의 실랑이이기도 하고 우리 시대와의 실랑이이기도 하다. 그런 뜻에서, 니체는 살아 있는 철학자로서 오늘을 사는 우리에게 새로운 도전이 된다.

여기 내놓는 이 책은 필자가 니체와 벌인 긴 실랑이의 소산이다. 필자에게는 지금까지 수행해온 니체 연구의 결실이라는 의미가 있다. 연구에서 결정적인 것은 연구자의 시각이다. 니체의 시각에서 니체를 이해한다는 것은 가능하지 않다. 그와 문제를 공유한다고 했지만, 그의 시대로부터 시간이 많이 흐른 만큼 문제의 성격이 다를 수 있고 문제를 보는 방식이 다를 수 있기 때문이다. 따라서 연구서에는 특정 시각에 의한 연구자의 자의적 해석이 개입할 수 있다. 그러나 해석은 다음 일이고, 여기서는 니체를 있는 그대로 그려내는 것이 먼저다. 이 점을 유념해 필자는 책을 쓰면서 자의적 해석을 경계했다.

비트겐슈타인은 사다리를 타고 오르려면 사다리가 필요하지만 일단 올라와 있다면 더 이상 필요 없으니 그것을 발로 차버려야 한다고 했다.[5] 물론 연구서를 쓰는 사람들은 사다리 몫에 만족하지 않을 것이다. 그 이상을 해내고 싶어 하며, 실제 그렇게 하고 있다는 자부심을 갖고 있을 것이다. 그러나 사다리 몫을 하는 것, 제대로 된 사다리이기만 하다면 일단 그것으로 만족할 일이다.

끝으로, 이 책에 관한 것이다. 필자는 오래전부터 니체 연구서 집필을 구상해왔다. 그리고 틀을 만든 후 그것에 맞추어 논문을 써왔다. 논문을 모으면 그 자체로 한 권의 책이 될 수 있도록 준비를 해온 것인데, 막상 그동안 쓴 논문을 검토해보니 설익은 해석에 균형 잃은 시각 등 허점이 적지 않았다. 그래서 글을 고치기 시작했는데 개고 이상으로 손을 대게 되면서 결국 다시 쓴 결과가 되고 말았다. 예외는 니체 독서의 방법을 모색한, 머리말의 두 번째 글 〈니체, 어떻게 읽나?〉이다. 전에 발표했던 논문인데 여기저기 적지 않게 손을 댔지만 틀을 바꾸는 정도는 아니었다.

니체의 사상은 미로와 같다. 체계적이지 못하며 모순에 차 있다는 비

---

5 L. Wittgenstein, *Tractatus logico-philosophicus*, 6·54(Frankfurt am Main : Suhrkamp Verlag, 1969), 115쪽.

판이 늘 따라다녔다. 이때 아리아드네 실타래와 같은 것이 있어 길잡이가 되어준다면 니체에게 접근하는 데 도움이 될 것이다. 필자가 본문에 앞서 영원회귀, 허무주의, 위버멘쉬 등 니체 철학의 핵심 개념을 간단하게 소개하고, 철학사에서의 그의 위치와, 왜 그가 다시 문제 되고 있는가를 밝힌 것도 그 때문이다. 이것이 〈왜 니체인가?〉로 되어 있는 머리말이 길어진 이유다. 그러나 그것만으로는 부족했다. 니체의 사상은 체계적이지 못한데다 모순에 차 있기까지 한 것으로 정평이 나 있는데, 그런 그의 사상을 어떻게 이해해야 하는가 하는 문제가 남아 있기 때문이다. 지금까지의 니체 수용 역사는 오독으로 얼룩져 있다. 오독의 여지는 아직도 많이 남아 있다. 니체 독서에 대한 방법론적인 접근이 좀처럼 선행되지 않은 탓이다. 해석에 앞서 그의 글이 먼저 제대로 읽혀야 한다.

니체, 어떻게 읽나?[6]

1

흔히 니체처럼 많이 읽히고 있는 철학자도, 널리 오독되고 있는 철학자
도 없다고 말한다. 니체를 모르는 사람 없고 제대로 아는 사람 또한 없다
고 말하기도 한다. 쉬운 글, 그러면서도 좀처럼 이해할 수 없는 그의 사상
을 두고 하는 말인데 여기에 니체 독서의 어려움이 있다. 니체는 글을 쉽
게 썼다. 문헌학 교수로 10년 정도 대학에서 강의했을 뿐 발병으로 모든
활동을 마감하기까지 나머지 10년을 대학 밖에서 자유분방한 지적 편력
으로 보낸 그는 학자 특유의 건조한 논증과 엄격한 체계에 구애되지 않
고 자신의 생각을 자유롭게 써나갔다. 그는 당시 학계가 답습하고 있던
글의 격이나 모양새에 개의치 않았으며 어려운 전문 개념도 멀리했다.

거기에다 그가 다룬 주제들, 이를테면 종래 최고 가치의 전도, 허무주
의, 힘에의 의지, 위버멘쉬 따위도 다분히 역사 현실적인 것들이어서 독
자들에게 낯설지가 않다. 독자 자신들의 문제이기도 하다. 그의 그리스
도교 공격, 진보 사관(진보낙관주의) 비판, 민주 운동 매도, 대중문화에

---

6 성진기 외, 《니체 이해의 새로운 지평》(철학과현실사, 2000)에 게재되었던 글이다. 출판사의
호의로 개고해 여기 싣게 되었다.

대한 냉소 등도 독자들로서는 할 말이 많은 것들이다. 평이한 글에 이처럼 친숙한 주제만을 놓고 본다면 니체 독서에 문제 될 것이 없어 보인다. 그래서 쉽게 생각하기 마련이지만, 그의 글을 읽기 시작하면서 독자들이 제일 먼저 경험하게 되는 것은 종잡을 수 없는 그의 글 앞에서 느끼게 되는 곤혹스러움이다. 글이 산만한데다 반복이 심하고 앞뒤가 맞지 않는 경우가 허다하기 때문이다.

앞에서 니체의 주장은 일방적인데다 지극히 선언적이라고 했다. 그렇다 보니 글이 장황할 이유가 없었으며 글의 구성 또한 치밀할 이유가 없었다. 물론 그의 글 중에는 논증의 흔적이 있는 것이나 체계적으로 개진된 것이 있는가 하면 분량에서 수십 쪽, 수백 쪽에 이르는 것도 있다. 철학시라고 불릴 만한 것들도 있다. 그러나 그는 잠언풍의 간략한 글을 보다 즐겨 썼다. 예외가 없는 것은 아니지만 그가 글을 쓰면서 고려한 것이 있었다. 글을 나누어 작은 제목을 붙이거나 글 하나하나에 번호를 매기는 것이다. 그 자신의 글들로 하여금 앞뒤 글들에 대해 져야 할 논리적 책임이라는 부담에서 벗어나도록 하기 위한 고려에서였을 것이다.

니체의 글이 종잡을 수 없다고 했는데, 그의 글 전체를 놓고 보면 종잡을 수 없는 정도를 넘어 내용이 서로 모순되는 경우가 허다하다. 어떤 주장 뒤에는 그것을 뒤엎는 주장이 따르고, 그 주장에는 그것을 뒤엎는 또 다른 주장이 따른다. 그렇다 보니 처음의 주장으로 되돌아갈 때도 많지만, 그렇다고 그것으로 뒤엎기가 끝나는 것은 아니다. 마치 둥근 고리에 처음과 끝이 없듯이 그의 뒤엎기에도 끝이 없다. 같은 시기에 이곳에서 '그렇다'고 했다가 저곳에서 '그렇지 않다'고 한 경우도 많다. 독자들로서는 난감한 일이 아닐 수 없다. 그가 무엇을 말하려는 것인지 가닥을 잡을 수 없음은 물론이요, 심지어 반전에 반전이 거듭되면서 그에게 심하게 농락당하고 있다는 느낌마저 갖게 된다. 그의 글을 읽는 데는 각별한 인내와 정성이 필요하다고 학자들은 말하지만, 거기에도 한계라는 것이 있어서 많은 독자들은 그의 사상의 넓이를 조망하고 깊이를 헤아려보기 전에 그를 떠난다. 유감스럽게도 그런 독자에게 아무것도 줄 수 없는 것이 니체의 철학이다.

이 같은 반전이 그의 사상 전개에서 서로 다른 단계를 반영하는 것이라면 크게 문제 될 것이 없다. 그가 이전의 주장을 파기해가면서 자신의 생각을 펴왔을 경우, 독자는 그 과정을 하나의 발전 연관으로 받아들이고 마지막 판단을 최종적인 것으로 보면 될 것이기 때문이다. 그러나 니체의 사상은 그렇게 전개되지 않았다. 앞서 이야기한 반전이란 것도 시간의 경과에 의해서라기보다는 주로 시간을 넘나들며 이루어진 관점의 전환에서 비롯된 것이다. 그런 그에게는 최종 판단이란 것이 있을 수 없다. 이것은 모든 판단이, 비단 서로 모순 관계에 있을지라도 때와 장소에 상관없이 하나같이 자립적이라는 것을, 따라서 유효하다는 것을 의미한다.

니체의 모순에 찬 글들은 다양한 해석의 가능성을 남겼다. 교과서적 해석이란 처음부터 기대할 수 없었고, 해석이 개개 독자에게 전적으로 맡겨져 있는 터에 독자들은 각자의 시각과 의도에 따라 그를 해석할 수밖에 없었다. 사람들은 니체의 사상을 서로 다른 종류의 광물들을 매장하고 있는 거대한 산에 비유해왔다. 다이아몬드, 텅스텐, 니켈 따위를 매장하고 있는 산의 경우 분명 하나의 산이되 사람들이 거기서 무엇을 찾는가에 따라 서로 다른 산으로 받아들여지기 마련이라는 것이다. 다이아몬드를 찾는 사람에게 텅스텐이나 니켈은 안중에도 없다. 그 사람에게 산은 다이아몬드를 매장하고 있는 산이 된다. 텅스텐을 찾는 사람의 경우도 그렇고 니켈을 찾는 사람의 경우도 그렇다. 이렇듯 사람들은 대상에서 자신들이 원하는 것을 본다. 그러고는 그런 시각에서 대상을 규정한다. 이는 독자 한 사람 한 사람이 자기가 원하는 것을 니체에게서 찾아낼 수 있고, 그 결과에 따라 니체가 어떤 사상가인지가 결정된다는 것을 가리킨다.

니체 독서는 고딕 성당의 착색 유리창 제작자가 하는 작업과도 같다. 제작자는 주어진 유리 조각들을 이리저리 이어가며 자기가 원하는 것을 만들어낸다. 천사도 만들어내고 악마도 만들어낸다. 마찬가지로 독자들은 유리 조각처럼 다양한 모양새에 다양한 색깔을 띠고 있는 그 많은 니체의 글로부터 자신들이 원하는 니체를 만들어낼 수 있다. 오늘날 독자의 수효만큼이나 많은, 서로 다르다 못해 상충하기까지 하는 니체가 존재하게 된 까닭이 여기에 있다. 야스퍼스도 니체는 극에서 극으로 치닫는 독자들의 자의적 해석에 따라서 불신자가 되거나 신자가, 보수주의자가 되거나 혁명가가, 사회주의자가 되거나 개인주의자가, 방법론적 학자가 되거나 몽상가가, 정치적 인물이 되거나 비정치적 인물이, 자유로운 정신의 소유자가 되거나 광신자가 된다고 했다.[7]

2

상충하는 해석 몇 개를 예로 들어보자. 니체는 진화론을 받아들였다. 인간이 진화해왔고 앞으로도 진화할 것이라는 이론에 고무된 그는 사유를 통한 인간의 고급화를 구상하기까지 했다. 그의 글에는 우생학적으로 받아들여질 만한 내용이 많이 포함되어 있다. 예컨대 건강한 남녀의

---

7 K. Jaspers, *Nietzsche* (Berlin · New York : Walter de Gruyter, 1974), 17쪽.

혼인을 통해 보다 건강한 세대를 산출하자는 것이 있는가 하면, 퇴화의 징후가 뚜렷한 병약한 사람들은 생식의 대열에서 제외시키자는 것도 있다.[8] 여기서 그가 제시하는 인간 고급화의 길은 생물학적 진화의 길로 이해된다.

그런가 하면 그의 글에는 인간의 고급화는 어디까지나 자기 극복을 통한 정신적 상승에 의해 이루어진다는 점을 강조하고 있는 것이 여럿 있다. 그 가운데 하나가 낙타에서 사자를 거쳐 어린아이에 이르는 인간 정신의 변화에 관한 것이다. 이 글에서 니체는 인간 한 사람 한 사람이 어떻게 자기 극복을 통해 저급한 단계에서 고급한 단계로 나아가는지, 그 길을 보여준다. 이 과정은 종으로서 인간이 걸어야 하는 생물학적 길이 아니다. 그것은 개인이 걸어야 할 정신적인 길로서, 니체 자신이 그 점을 분명히 하여 그 길을 "정신의 세 변화"[9]라고 불렀다.

이들 상반된 길은 상반된 해석을 낳았다. 니체가 말한 인간 고급화의 길을 우생학적인 것으로 받아들인 독자에게 니체는 사회 진화론의 시각에서 인간 청소를 옹호하고 부추긴, 반인도주의적 사상가가 된다. 그렇지 않고 그 길을 정신적 상승으로 받아들인 독자에게 니체는 인간의 정신적 성숙을 촉구함으로써 인간이 지닌 가능성을 일깨우고, 인간의 자기 신뢰를 회복시키는가 하면 인간에게 추구할 이상을 제시한 인도주의적 사상가가 된다.

신에 대한 해석에서도 그렇다. 신에 대한 그의 글들은 "신은 죽었다"는

---

8 우리는 이 책 제11장 2절의 〈(2) 위버멘쉬에 이르는 길—생물학적 진화의 길인가, 정신이 가야 할 정신의 길인가?〉에서 니체의 이 주장을 심도 있게 살펴볼 것이다.

9 KGW VI 1, 25쪽, *Also sprach Zarathustra*, Erster Theil : Von den drei Verwandlungen ; 니체전집 13, 38쪽, 《차라투스트라는 이렇게 말했다》, 제1부 : 세 변화에 대하여.

선언을 비롯해 독신적(瀆神的)인 것이 대부분이다. 이는 그를 비타협적인 반신론자 또는 무신론자로 해석하게 하는 유력한 논거들이다. 그런가 하면 그의 글에는 신의 존재를 인정할 뿐만 아니라 신앙을 옹호하는 듯한 것들도 있다. 예컨대, 신의 자기 분해라고 하지만 그것은 신이 도덕의 허물을 벗는 것일 뿐으로 너희는 선과 악 저편에 있는 그를 곧 다시 보게 될 것[10]이라는 글도 있다. 이는 신에 대한 그의 속 깊은 신앙을 주장할 수 있는 전거들이다. 거기에다 그를 불가지론자로 보게 하는 글도 여럿 있다. 니체가 그리스도교와 플라톤 철학의 초월적 신앙이나 이념을 문제 삼을 때 신의 죽음을 선언했을 뿐, 우주를 창조하고 우주의 운행을 주관하는 존재로서 상정되는 신의 존재에 대해서는 가타부타하지 않았다는 일부의 주장을 뒷받침하는 것들이다.

상충하는 해석의 또 다른 예로 여성에 대한 니체의 언사에 관한 것이 있다. 니체는 역사상 유례를 찾아볼 수 없는 공격적인 반여성주의자로 알려져 있다. 그는 여성을 "암소"[11]에 빗대는 등 여성 모독적으로 들릴 발언을 거침없이 했다. 이 같은 언사는 진의와 상관없이 사람들의 입에 오르내리면서 많은 여성 독자들을 격분시켰다.

반론도 만만치 않다. 니체는 오히려 여성주의자였다는 것이다. 글은 말할 것도 없고, 그런 주장을 뒷받침할 실례들이 적지 않게 있다. 그가 바젤에서 강의하던 1870년대에 들어 대학 당국은 여성에게도 대학을 개방할 것인가를 두고 고심하고 있었다. 마침 지원한 여성이 있어 입학 허가 여부를 결정해야 했는데 그때 쟁점이 된 것이 여성에게 고등 교육을 받을

---

10 KGW VII 1, 105쪽, 3〔1〕432 ; 니체전집 16, 134쪽, 3〔1〕432.
11 KGW VI 1, 69쪽, *Also sprach Zararhustra*, Erster Theil : Vom Freunde ; 니체전집 13, 94쪽, 《차라투스트라는 이렇게 말했다》, 제1부 : 벗에 대하여.

지적 능력이 있는가 하는 것이었다. 많은 교수들이 여성에게는 그런 능력이 없다고 보았다. 뜻을 이루지는 못했지만 그 같은 중론에 반대하고 나선 사람이 니체였다. 또 말년에 니체는 자신의 철학을 펴나갈 '사도'를 물색하는 과정에서 추상적 사유로 직관적 통찰력이 무뎌진 남성 대신에 몇몇 여성에게 접근하기도 했다. 그리고 평생 그의 주변에는 많은 여성이 있어 오히려 그가 여성 편향적이지 않았는지 의심이 갈 정도이다. 이런 점을 들어 니체를 진정한 페미니스트로 보는 시각도 있다.

세 개의 예를 들었지만 그것으로 충분하다. 예외적인 경우, 니체가 동일한 주제를 놓고 일관된 주장을 함으로써 해석상의 문제를 남기지 않은 경우는 말 그대로 예외적이기 때문이다. 그의 글들이 앞뒤가 맞지 않는다는 이유로, 그의 글이 온통 모순투성이여서 전체라든가 체계, 통일성 운운할 것이 없고, 그것을 철학이라고 부를 것까지도 없다는 지적이 일찍부터 있었다. 누구보다도 철학은 논리적이어야 하며 체계적이어야 한다는 강박에 얽매여 있거나 그렇게 훈련된 독자들이 그런 지적을 해왔다.

니체 사상이 모순에 차 있다고 주장해온 사람들의 대부분은 그에게는 자기 생각을 논리 정연하게 전개할 능력이 없었다고 단언한다. 그리고 그런 무능력이 그가 훗날 앓게 되는 정신 질환과 무관하지 않을 것이라고 믿는다. 종잡을 수 없을 만큼 얼키설키 헝클어져 있는 그의 정신세계는 정신 질환자의 눈에 비친 세계 바로 그대로라는 것이다.

3

자기모순은 자멸적이다. 어떤 명제도 '참'에 대한 권리 주장을 할 수 없기 때문이다. 그런데도 니체의 사상이 온통 모순에 차 있다면, 묻지 않을 수 없다. 그의 사상이 100년 이상이 지난 오늘날까지 하나의 철학으로 건재한 이유는 어디 있으며 그의 사상이 현대 생의 철학과 실존 철학에서 사상적 원천의 하나로 받아들여지는 까닭은 어디 있는가? 또 철학사에서 상당한 분량을 할애해 니체 사상을 다루는 이유는 무엇이며, 앞으로 그의 사상이 인문·사회과학 여러 분야에서 더욱 영향력을 발휘할 것이라고 전망하는 학자들이 많은데 그런 전망을 가능케 하는 그의 사상의 생명력은 어떻게 설명되는가?

묻지 않을 수 없는 것이 또 있다. 많은 사람들이 그의 글이 모순에 차 있다고 비판해왔지만 그 사실을 누구보다 잘 아는 사람은 니체 자신이었다. 그런 글이 야기할 해석상의 문제를 예견하고 있었고, 실제 생전에 그의 글이 그릇 이해되는 현실을 경험하기도 했다. 그런데도 그는 그의 글이 가져올 오독과 몰이해를 막을 어떤 조처도 사전에 취하지 않았다. 구구한 변명도 하지 않았다. 그렇다면 그것은 다분히 '의도적인 것'이 아니었을까? 왜 니체는 자기 파멸적인 입장을 끝까지 고수했는가? 어떤 확신이 있었기에 그는 온갖 비판에도 불구하고 자신을 굽히지 않았는가?

그에게 있어 모순이 방심이나 정신적 혼란에서 기인한 것이라면 여기서 재론할 필요가 없을 것이다. 문제는 그렇지가 않다는 데 있다. 평소 글쓰기를 좋아했고, 자신의 글에 남다른 긍지를 느꼈던 그는 글을 쓰면서 글의 내용과 방향에 대한 예리한 의식을 갖고 있었다. 내용의 선명성과 단호함, 그리고 저변의 긴장감에서 이를 확인할 수 있다. 모순에 차 있는 그의 글을 방심의 결과로 볼 수 없는 이유다. 정신적 혼란 탓으로 돌리는 사람들의 주장도 받아들일 수 없다. 흩어짐 없는 그의 철학적 탐색과 그의 사유 전체를 관류하는 일관된 철학적 이념으로 미루어 그렇다.

여기서, 그렇다면 우리가 니체의 글을 잘못 읽고 있는 것이 아닐까 자문하게 된다. 이 같은 자문과 함께 우리는 니체 읽기 전반에 대해 반성하게 된다. 그리고 새삼 니체를 어떻게 읽을 것인가 묻게 된다. 이것은 막 니체를 읽기 시작한 독자들만의 물음이 아니다. 오히려 니체 이해가 어느 정도 심화되었을 때 본격적으로 갖게 되는 물음이다. 또 문턱과 같은 것이어서 그것을 넘어서지 않고서는 그의 정신세계에 진입할 수가 없다.

어떻게 니체를 읽을 것인가 하는 것은 일찍부터 제기되어온 물음이다. 이 물음을 독립 주제로 다룬 학자들도 여럿 있다. 예컨대 야스퍼스와 뢰비트가 있다. 울머처럼 이 물음 하나로 책 한 권을 쓴 학자도 있다. 물론 논의의 단서와 방향은 다를 수 있다. 니체 사상을 하나의 전체로 볼 수 있는가 물을 수도 있고, 그것이 체계적인가 물을 수도 있다. 그것에 통일성이 있는가 물을 수도 있다. 그러나 이런 물음은 그 자체가 모순에 차 있는 것으로 판단되는 니체의 글에서 제기되는 것들이어서 결국 모순의 문제로 귀착될 수밖에 없다.

야스퍼스는 저서 《니체Nietzsche》에서 자기모순을 니체 사상의 특징으로 든다. 그는 니체가 모든 사태에 대해 상반된 진술을 해온 점을 지적하고는 이들 진술 하나하나가 모두 '참'인 데에 해석상의 어려움이 있다고 토로한다. 그리고 니체 해석의 과제는 그의 글 속에 있는 모순들을 취사선택함 없이 모두 찾아내는 데에, 이 모순들을 그럴 수밖에 없는 필연성 속에서 경험하고 그 모순성의 근원을 찾아보는 데에 있다고 말한다. 나아가 그는 어수선한 겉모습과는 달리 니체의 글이 하나의 유기적 전체를 이룬다고 확신한다. 일반적 의미에서 체계적이라고는 말할 수 없지만 니체의 글이 하나의 전체 속에서 읽힐 수 있다는 주장이다.[12]

---

12 K. Jaspers, *Nietzsche*, 15~25쪽.

뢰비트K. Löwith는 저서《니체의 영원회귀 철학Nietzsches Philosophie der ewigen Wiederkehr des Gleichen》에서 니체 철학의 실험적 성격, "시도하는 자" 특유의 시도와 실험을 부각시킨다. 그에 따르면 시도하고 실험하는 자는 도전을 하기 마련이고 자신의 목표에 이르기 위해 다양한 방법을 모색하기 마련이다. 그런 자는 늘 지평을 열어둔다. 이는 모든 것을 독단적으로 확정해 안에서 문을 닫는 인위적 '체계'를 경계한다는 뜻이다. 니체는 기회 있을 때마다 '체계'라는 것을 비판했다. 물론 그가 비판한 것은 체계 자체는 아니었다. 인식의 근본 의지를 산출하는 방법적 통일성이 아니라 독단적인데다 복잡하기 이를 데 없는 세계를 단순화하는 그럴싸한 체계를 비판했을 뿐이다. 뢰비트는 니체 철학의 성격을 실험적인 것으로 규정하면서도, 거기에는 그것을 떠받치는 일정한 '방향'이 있으며 그 방향에 의해 그의 철학이 체계적으로 전개되었다고 본다. 그는, 니체 철학은 하나로 닫혀 있는 체계도 산산 조각이 난 단편의 잡다도 아닌, 단편의 체계가 된다고 말한다.[13]

《니체—그의 저작의 통일성과 의미Nietzsche, Einheit und Sinn seines Werkes》라는 책을 낸 울머K. Ulmer는 19세기의 사상가 가운데 니체처럼 다의적이고 불투명하며 혼란스러운 사상가는 없었다고 말한다. 그래서 그의 사상은 주제와 접근 방식에 따라 다양하게 규정되고 있지만, 좀 더 깊이 들어가면 그의 사상이 단 하나의 의지와 단 하나의 문제의식에 고취되었다는 인상을 받게 된다고 말한다. 니체 사상 전개의 특징과 경향에서 서로 구별되는 시기들이 확인되지만 그 바닥에 통일적인 흐름이

---

13 K. Löwith, *Nietzsches Philosophie der ewigen Wiederkehr des Gleichen*(Stuttgart : Verlag W. Kohlhammer, 1956), 15~24쪽.

있어 그의 철학을 하나의 철학으로 보게 한다는 것이다. 울머는 이 통일성이 무엇인지에 대해, "니체의 전 사유를 규정하고 앞으로 내모는 것은 '위대한 인류 문화와 보다 높은 문화를 달성하려는 의지'로 공식화될 수 있다……그의 사유의 모든 갈래는 이와 같은 의지를 실현하기 위한 조건들의 부단한 탐색에 불과하며, 그 같은 조건들을 준비하기 위한 시도일 뿐"이라고 말한다.[14]

야스퍼스, 뢰비트, 울머의 주장은, 그것이 전체이든 체계이든 또는 통일성이든, 니체의 글 속에 있는 모순들을 상대화해 수렴할 수 있는 큰 틀이 있다는 것이다. 니체를 심도 있게 읽어온 독자들은 이들 주장에 수긍하게 된다. 남아 있는 과제는 그 틀을 찾아내는 것이다. 틀을 찾아내는 순간 우리는 니체의 모순에 찬 글 하나하나가 그의 역동적이며 다면적인 사상에서 기인한다는 것과 함께 그 안에 모순에 찬 글들을 받쳐주는 견고한 논리가 있다는 것을 확인하게 된다. 그렇게 되면 니체에 있어서의 모순은 더 이상 문제가 되지 않는다.

4

학자들은 니체의 사상에는 무모순이라는 환상에 빠져 있는 사이비 논리를 뛰어넘는 참논리가, 협소한 조작적 체계를 돌파하는 큰 틀이, 그럴싸한 일관성을 거부하는 통일된 흐름이 있다고 본다. 그런데도 그가 제대로 읽히지 못하는 것은 세계를 보는 그의 눈과 그것을 그려내는 그의

---

14 K. Ulmer, *Nietzsche, Einheit und Sinn seines Werkes*(Bern · München : A. Francke AG Verlag, 1962), 12쪽.

방식이 남다르기 때문이라고 말한다. 그러면 니체의 세계는 어떤 세계이 며 그는 그것을 어떻게 그려냈는가?

니체가 현실로 받아들인 세계는 완전한 실재로서 정신에 주어져 있는 관념도, 의식에 의해 구성된 의미 형성체도 아니다. 그것은 우리의 감각 에 주어져 있는 세계, 우리가 태어나 살고 있는 이 자연, 곧 물리적 공간 이다. 이 세계에서 실재적인 것은 변화뿐이다. 변치 않는 것은 없다. 이 변화를 일으키는 것은 무엇인가? 그것은 대립 관계, 즉 모순 관계에 있는 것들 사이의 갈등과 싸움이다.

니체에 앞서 실재적인 것은 변화뿐이고 모순에서 촉발되는 싸움이 그 변화를 일으킨다고 한 철학자가 헤라클레이토스였다. 이에 맞서 파르메 니데스는 실제적인 것은 잡다한 변화가 아니라 불변의 존재라고 했다. 이 불변의 존재는 우리에게 어떻게 주어지는가? 그에 따르면 감각에 주 어지는 변화의 세계에서의 판단은 순간순간 달라질 수밖에 없고, 달라 지는 만큼 서로 모순될 수밖에 없다. 모순이 되는 판단은 참된 판단이 될 수 없다. 따라서 참으로 존재하는 것은 모순이 없는, 불변의 존재여야 했 다. 감각적 경험에 대한 불신에서 그는 논증을 했고 그 논증으로부터 존 재하는 것은 존재하며, 존재하지 않는 것은 존재하지 않는다는 결론에 이르렀다. 이로써 감각적 경험에 논리적 사유를 앞세우는 전통이 확립되 었다. 변화인가 존재인가 하는 논쟁의 역사는 이렇게 시작되었다. 이후 논쟁은 다양한 형태로 되살아나는데 그 가운데 하나가 지식의 기원이 경 험에 있는가 아니면 이성에 있는가를 두고 대립한 근대 경험주의와 이성 주의 사이의 논쟁이었다.

변화의 세계는 잠시도 쉬지 않고 움직이는 역동적인 세계다. 반대로 존재의 세계는 운동이 배제된, 질서정연하게 정지해 있는 세계다. 변화와 존재 사이의 이 대립은 니체 철학 해석에서 중요한 단서가 된다. 우리가 살고 있는 이 세계에서 출발한 니체는 이 세계 말고 다른 세계에 대해서는 아는 바 없다고 했다. 그에게는 생성 소멸하는 이 세계가 유일한 현실이었다. 그는 헤라클레이토스 편에 섰다. 그러고는 그의 편에서 이 세계 어디에도 불변의 절대적이며 필연적인 것, 보편적인 것은 존재하지 않는다고 했다.

우리는 그러나 변하는 것 가운데 변하지 않는 것이 있지 않나 의심해보기도 하고, 실제 그런 존재가 있다고 믿기도 한다. 변화 뒤에 불변의 무엇이 있지 않나 하는 의구심에서인데, 어떻게 그 같은 일이 가능한가. 무엇이 우리로 하여금 그 같은 의구심을 갖게 하는가? 그것은 변화의 이면을 꿰뚫어 볼 수 있는 통찰력이 아니다. 수시로 달라지는 변화를 그대로 받아들일 수 없는 인간의 무능력이다.

잠시도 쉬지 않고 변화하는 세계는 불안정한 세계다. 격류처럼 모든 것이 혼란스럽다. 여기서 세계는 거대한 혼돈으로 체험된다. 혼란과 혼돈, 우리는 그 같은 불안정한 상태를 오래 견뎌내지 못한다. 뭔가 확실한 것, 불변하는 것이 있어야 한다. 니체는 그 같은 희구에서 우리가 생각하게 되는 것이 변치 않는 항구적 존재라고 말한다. 절대, 필연, 보편 따위가 그 같은 존재다. 근대 이성주의자들도 그런 것들이 존재한다고 믿었다. 그리고 그 존재를 인간의 선험적 인식 능력에서 찾았다.

절대, 필연, 보편의 존재를 믿은 이성주의자들은 세계를 공식화해 계산 가능한 것으로 만들기 위해 심혈을 기울여왔다. 자신들이 설정한 존재 도식에 따라 세계를 포착하려 한 것이다. 이 같은 노력의 소산이 곧 논리학이다.[15] 사람들은 이 논리학을 소중하게 떠받들어왔다. 옳고 그름을 판별하는 사유의 척도로서 그것이 뭔가 설명해준다는 믿음에서였다.

그러나 그것은 오해다. 니체에 따르면 논리학에는 옳고 그름을 판별할 힘이 없다. 설명해주는 것도 없다.[16] 그런데도 통념은 올바른 사고란 논리적 법칙에 위배되지 않는 사고라는 것이다. 논리적 법칙이란 달리 증명될 수 없고 다른 것으로부터 연역되지 않는 자명한 공리요 최고 원리로 받아들여지고 있는 동일률, 모순율, 배중률, 충족이유율에 입각한 사유 법칙을 가리킨다. 그런 것들을 근거로 해 사유의 형식과 규범 그리고 법칙을 다루는 것이 형식 논리학이다.

형식 논리학에서 말하는 논리의 위력은 대단하다. 논리적이지 못한 사고는 열등한 정신을 반영하는 것으로 매도된다. 그 어디보다 학문의 세계에서, 특히 철학에서 그렇다. 철학에서 형식 논리학을 기초 과목으로 개설하고 있는 이유가 거기에 있다. 그러나 논리학적인 것과 논리적인 것은 다르다. 형식 논리학 학습을 통해 우리가 비로소 논리적이 되는 것은 아니다. 논리학적이 될 뿐이다. 논리는 그 같은 형식 이전의 인식 능력이다. 사고가 논리적이어야 한다는 데는 니체도 동감한다. 그가 인정하기를 거부한 것은 논리 그 자체가 아니라 논리학, 곧 형식 논리에 대한 맹신과 그에 따른 사고의 경색과 단순화에서 비롯되는 사태의 왜곡과 파괴였다.

물론 역할을 한정해 사유의 형식과 규범 등을 다룬다는 것이 논리학의 자기 규정이고 논리학이 그러한 규정에 위배되지 않는다면 형식 과학으로서의 논리학을 놓고 가타부타할 이유가 없을 것이다. 논리학은 그러나 그런 규정을 넘어 존재론에서까지 무분별한 권리 주장을 해왔다. 그 원

---

15 KGW VIII 2, 55쪽, 9[97] (67) ; 니체전집 20, 69쪽, 9[97] (67).
16 KGW VII 3, 439쪽, 43[2] ; 니체전집 18, 561쪽, 43[2].

리에 입각하지 않으면 존재를 밝히는 그 어떠한 법칙도 확정할 길이 없다는 것이다. 그런 주장을 우리는 어디에서보다도 동일률에서 확인한다. '모든 대상은 그 자체와 동일하다'는 것으로서, 여기서 동일률은 실질 대상에까지 관여하게 된다.

일단 논리학을 받아들이면 그 이상의 권위는 없다. 논리에 부합하는가 아닌가 하는 단 하나의 기준이 있을 뿐이다. 이 단 하나의 기준에 의해 우리의 사유는 지배되고 통제되며 끝내 규격화된다. 이 같은 논리학 앞에서 인간은 문법 앞에서 그러하듯이 평등하다. 논리학의 권위가 있을 뿐 그 앞에서 개인의 취향이나 판단은 전혀 고려되지 않기 때문이다. 니체는 논리학보다 더 민주적인 것은 없다고 했다.[17]

그러면 논리학은 어떻게 사태를 왜곡하고 파괴해왔는가. 논리학은 모든 것을 정지시켜놓고 본다. 이때 눈에 들어오는 것은 사건의 경과, 즉 종단면이 아니라 횡단면이다. 시간은 더 이상 흐르지 않는다. 모든 것은 호박(琥珀) 속에 갇힌 잠자리처럼 화석이 되어 굳어진다. 이 같은 논리의 세계 그 어디에서도 생명의 박동을 느낄 수 없다.

논리를 통한 사태 파괴의 예에 사진이 있다. 오늘날 실험적 작품의 경우가 아니라면 사진이 추구하는 것은 대상의 정확한 재현이다. 이를 위해 사진을 찍는 사람은 시간을 잘게 쪼개어 우리의 지각이 따라잡을 수 없는 극미의 순간에 대상을 포착한다. 그리고 이 순간 앞과 뒤의 시간의 흐름을 차단해버린다. 이렇게 찍힌 사진에는 더 이상 시간이 흐르지 않는다. 과거도 미래도 없다. 그림의 경우에는 좀 달라진다. 대상을 재현한

---

17 KGW V 2, 266쪽, *Die fröhliche Wissenschaft*, Fünftes Buch : Wir Furchtlosen 348 ; 니체 전집 12, 332쪽,《즐거운 학문》, 제5부 : 우리들 두려움을 모르는 자들 348.

다는 점에서는 같지만 방식이 다르다. 순간 촬영에서와 달리 화가는 흐르는 시간 속에서 자신의 살아 있는 눈으로 대상에 관계하고 그 자신의 영혼의 숨결과 정서의 흐름에 따라 대상을 그려낸다. 그 결과 그림에서는 그 숨결과 정서와 함께 어렴풋하게나마 시간이 되살아난다. 이것이 시간과 공간 속에서의 대상을 생생하게 그려내는 데 그림이 사진에 대해 갖고 있는 상대적 우위다.

그러나 보다 효과적으로 시간과 공간의 변화를 재현하는 동영상과 비교한다면 그림은 역시 상대적으로 정태적이다. 동영상에서 세계는 보다 역동적이다. 거기서는 4차원의 세계가 입체적으로 되살아난다. 그러나 동영상이라고 하더라도 정지된 순간을 이어 재현해내는 방식이기 때문에 순간의 정지라는 기술적 한계를 처음부터 갖고 있다. 따라서 동영상도 변화 속의 세계를 그대로 그려내지는 못한다.

움직이는 대상을 정지시켜놓음으로써 사진이 사태를 단순화하듯 논리라는 것이 해온 일도 그 같은 사태의 단순화다. 따라서 역동적 세계를 경험하고 설명하려면 논리라는 협소한 틀에서 벗어나야 한다. 이것은 변화를 인정하고 변화를 일으키는 모순을 인정해야 한다는 것을 의미한다. 그러나 어려운 일이다. 어떤 것을 긍정하는 동시에 부정하는 것은 가능하지 않기 때문이다.[18] 가부를 동시에 수용하려면 우리는 먼저 그 사이의 모순을 받아들여야 한다.

모순을 받아들인다는 것은 사태의 다양한 국면을 동시에 받아들인다는 것을 가리킨다. 그것은 넓고 깊은 안목과 포용력을 지닌 사람만이 할 수 있는 일로서 수준 높은 문화의 징표가 된다. 단순한 사람은 매사 이것

---

18 KGW VIII 2, 53쪽, 9(97) (67) ; 니체전집 20, 67쪽, 9(97) (67).

아니면 저것이다. 참 아니면 거짓, 선 아니면 악이다. 이와 달리 생각이 깊은 사람은 그 같은 이분법을 받아들이지 않는다. 그 대신에 모순 관계를 통해 사태를 다면적, 역동적으로 파악한다. 단순화에 대한 우려에서 자기모순을 원하여 불러내기까지 한다.[19] 모순을 끌어들여 사태에 생명을 불어넣으려는 것이다. 이에 니체는 누구보다도 많은 모순을 갖고 있는 사람이 더없이 현명한 사람일 것이라고 했다.[20] 잠시도 쉬지 않고 변화하는 세계를 있는 그대로 포착하려면 우리는 먼저 논리적이어야 한다는 강박에서 벗어나야 한다. 사태를 정지시켜놓고 보는 평면적이고 피상적인 논리의 틀을 뛰어넘어 논리 저편의, 모순에 의해 전개되는 변화의 세계를 있는 그대로 받아들여야 한다. 역설적으로 말해 우리는 '비논리적'이어야 한다. 이것이 그의 사상은 온통 모순에 차 있어 자기주장을 위한 최소한의 조건도 충족하고 있지 못하다는 비판에 대한 니체의 대답이다.

5

잠시도 쉬지 않고 변화하는 이 세계 어디에도 필연적이며 보편적인 것은 존재하지 않는다고 본 니체는 인식 주관으로 시선을 돌려 설혹 그런 것들이 있다고 해도 우리에게 그런 것을 인식할 능력이 있는가를 물었다. 이는 절대 인식이란 것이 가능한가 하는 물음으로서, 이때 절대 인식이란 모든 이해관계와 조건들로부터 자유로운 자립적이며 무제약적인 인식을 가리킨다. 맥락에 따라 순수 인식이라고도 하며 주관에 예속되지

---

19 KGW V 2, 217쪽, *Die fröhliche Wissenschaft*, Viertes Buch : Sanctus Januarius 297 ; 니체 전집 12, 274~275쪽, 《즐거운 학문》, 제4부 : 성 야누아리우스 297.
20 KGW VII 2, 180쪽, 26〔119〕 ; 니체전집 17, 239쪽, 26〔119〕.

않았다는 의미에서 객관적 인식이라고도 한다. 만약 그런 인식이 가능하지 않다면 우리에게 절대니, 필연이니, 보편이니 하는 것들은 공허한 이야기가 될 것이다.

니체의 대답은 절대 인식은 가능하지 않다는 것이었다. 그는 절대를 인식할 조건이 우리에게 마련되어 있지 않다고 보았다. 생명체는 생존 조건을 타고나며 다양한 이해관계 속에서 자신의 삶을 살아간다. 그 어떤 생명체도 그 같은 조건으로부터 자유롭지 못하다. 그런 조건의 하나가 환경이다. 환경에는 외적인 것과 내적인 것이 있다. 외적 환경은 신체에 의해 매개되는 바깥 세계를 가리킨다. 이 바깥 세계는 무한히 많은 전망으로 되어 있다. 생명체는 그 많은 전망 모두에 관계하지 못한다. 시간과 공간의 제약 때문이기도 하고 모든 것을 시야에 둘 수 없는 기술적 한계 때문이기도 하다. 생명체는 생존에 필요한 일부 전망에만 관계하게 된다. 그리고 그래야 생존이 가능하다. 생명체에게 그 밖의 전망은 없는 것이나 다름이 없다. 물고기의 세계와 새의 세계가 다르고, 같은 인간이라 하더라도 나의 세계와 다른 사람들의 세계가 다른 것도 이 때문이다.

이 세계가 갖고 있는 전망 모두를 시야에 둘 수 있는 입각점을 확보할 수는 없을까. 그것이 가능하다면 세계는 이런 것, 아니면 저런 것이라고 말할 수 있을 것이다. 그러나 제한된 공간과 시간 속에 있는 생명체에게는 가능하지 않다. 입각점을 확보하려면 먼저 공간과 시간을 뛰어넘어 물리적 세계 저편에 거점을 확보해야 하는데 그것이 가능하지 않기 때문이다. 저편이란 것이 있는지부터가 문제다. 우리는 그런 세계가 있는지에 대해 아는 것이 없다. 알 길도 없다. 니체는 그런 세계는 억측이자 가정일 뿐이라고 했다. 생물학자 윅스퀼J. Uexküll도 주관을 외면한 채 저편의 실재성을 찾아내려는 일은 실패로 끝날 수밖에 없다고 했다. 그리고 모든 현실은 주관적 현상에 불과하다고 했다.[21] 따라서 각 생명체에게 세계는 지각 능력과 그것에 주어지는 전망에 따라 다를 수밖에 없다. 이 것은 엄밀한 의미에서 '나의' 세계가 있을 뿐, '우리의' 세계라고 부를 수 있는 객관적 세계는 존재하지 않는다는 것을 의미한다.

내적 환경은 타고난 성향과 그에 따른 이해관계를 가리킨다. 그 같은 성향과 이해관계는 지극히 개인적이고 특수하여 주관적이다. 그런 성향 과 이해관계에 따라 생명체는 대상을 선택하고 대상에 관계한다. 해당 생명체에게는 그 대상의 총체가 세계가 된다. 여기서도 나의 세계가 존 재할 뿐 우리의 세계는 존재하지 않게 되지만 본능적 삶을 사는 다른 동 물들에게는 이것이 크게 문제가 되지 않을 것이다. 삶의 방식이 이미 정 해져 있기 때문이다.

그와 달리 상대적 의미에서이기는 하지만 본능적 삶에서 벗어나 있는 인간의 삶은 일찍부터 불안정할 수밖에 없었다. 그런 데다가 거친 환경 등 온갖 위험에 노출되면서 인간은 혼자서는 살아갈 수가 없게 되었다. 그리하여 모여 살게 되었는데, 함께 살기 위해서는 공통의 생존 기반과 이해, 구성원 모두를 하나로 묶을 수 있는 공통의 가치를 창출하고 공통 의 목표를 세워야 했다. '우리'라는 연대가 필요해진 것이다. 그러면서 내 가 아닌 다른 사람들을 생각하게 되었고 '나'를 벗어나 '우리'를 지향하게 되었다. 주관에서 벗어나 객관을 지향하게 된 것이다.

객관, 가능한 일인가? 객관에 이를 수 있는 길이 있는가? 길이 있다면 주관적인 것을 하나하나 제거해가는 것이 될 것이다. 주관적인 것 모두 에서 벗어날 때, 그 끝에 남는 것이 객관이 될 것이다. 그러나 그것도 주

---

21 J. Uexküll, *Theoretische Biologie* (Frankfurt am Main : Suhrkamp Verlag, 1973), 9쪽.

관적인 것의 제거가 가능할 때의 이야기다. 어느 누구도 자신의 주관을 뛰어넘지 못한다. 무엇을 하든 주관에서 출발할 수밖에 없다. 이것은 자신의 그림자를 뛰어넘을 수 없는 것과 같은 이치다. 인간이 객관을 지향하면서 할 수 있는 일은 주관을 잠시 유보하거나 외면해보는 것 정도다. 그리고 그 끝은 언제나 개별-관심의 약화, 중심과 이기심의 상실이다.[22]

니체는 객관을 인정하지 않았다. 객관적 인식, 곧 순수 인식의 가능성도 일축했다. 이때 순수 인식이란 의지를 죽이고 이기심의 음모나 탐욕 없이 삶을 관조하는 것을 가리킨다. 그는 순수 인식이니 뭐니 하지만 그런 인식은 아무 내용이 없는 공허하기 짝이 없는 가짜 인식에 불과하다고 했다.[23]

우리에게는 인식 기관이란 것이 있다. 니체는 이 기관도 문제 삼았다. 인식 기관이라 하지만 그것은 인식이 아니라 사물 지배에 정향되어 있는, 추상화와 단순화 장치에 불과하다.[24] 처음부터 인간의 이해관계에 따라 기능하도록 되어 있는 것이 인식 기관이라는 것이다. 인식이 이렇듯 고작 지배를 하기 위해 사물을 추상화하고 단순화하는 것이라면 잠시도 쉬지 않고 생성 변화하는 세계에게는 치명적이다. 인식이 추상과 단순화를 통해 역동적인 생성에 죽음을 가져오기 때문이다. 그런 의미에서 인식과 생성은 배타적이다.[25] 생성은 그런 인식을 거부한다. 이는 우리가 살고 있는 이 생성의 세계에서는 엄밀한 의미에서 인식, 절대 인식이 가

---

22 KGW VI 3, 185쪽, *Der Antichrist*, 20 ; 니체전집 15, 237쪽,《안티크리스트》, 20.
23 KGW VI 1, 152~155쪽, *Also sprach Zarathustra*, Zweiter Theil : Von der unbefleckten Erkenntniss ; 니체전집 13, 206~210쪽,《차라투스트라는 이렇게 말했다》, 제2부 : 때 묻지 않은 깨침에 대하여.
24 KGW VII 2, 162쪽, 26〔61〕 ; 니체전집 17, 216쪽, 26〔61〕.
25 KGW VIII 2, 46쪽, 9〔89〕 (64) ; 니체전집 22, 60쪽, 9〔89〕 (64).

능하지 않다는 것을 의미한다.

절대 인식이 가능하지 않다면 절대 지식 또한 가능하지 않다. 절대에 대한 신념, 곧 확신 또한 있을 수 없다. 니체는 확신을 경계했다. 확신을 갖는 순간 우리는 눈을 감아버리고 귀를 닫아버리게 되기 때문이다. 일종의 감옥으로서[26] 진리에게는 확신이 적이다. 거짓 이상으로 위험한 적이다.[27] 진리를 추구하는 사람에게는 의심이 덕목이다. 의심할 줄 아는 사람은 어느 한곳에 매이지 않은 자유로운 시선을 지닌 사람이다. 그런 사람은 거짓이라면 믿어왔던 것을 가차 없이 버리며, 참이라면 낯선 것일지라도 흔쾌히 받아들인다. 지금까지 위대한 것을 추구해온 사람들은 하나같이 의심할 줄 아는 사람들이었다.[28] 그러나 누구나 의심을 할 수 있는 것은 아니다. 병약하고 불안한 정신은 의심을 감당하지 못한다. 그런 자들에게는 흔들리지 않는 확신이 살 길이다.

독단주의에 대한 반발에서 절대를 거부하면서 회의주의와 상대주의가 경계해온 것이 확신이다. 회의주의와 상대주의는 어느 때고 있었고 확신에 대한 경고 또한 어느 때고 있었지만, 그 경고가 새삼 폭넓게 경청되고 전에 없던 반향을 불러온 것은 절대 지식이 의심스럽게 된 우리 시대에 들어와서다.

그런 경고에 브로노브스키J. Bronowski의 것이 있다. 절대 지식의 존재를 거부한 그는 과학자이든 독단론자이든 그런 지식의 존재를 주장하는 순간 비극의 문을 열게 된다고 했다. 절대 지식에 대한 믿음이 사람을 눈 멀게 하여 그릇된 길로 가게 한다는 것이다. 오늘날 우리는 그 어느 때보

---

26 KGW VI 3, 234쪽, *Der Antichrist*, 54 ; 니체전집 15, 297쪽,《안티크리스트》, 54.
27 같은 책, 235쪽, 55 ; 같은 책, 299쪽, 55.
28 같은 책, 234쪽, 54 ; 같은 책, 297쪽, 54.

다도 많은 정보를 갖고 있다. 그러나 하나같이 불완전하다. 양자물리학에 의하면 이 불완전성은 어쩔 수 없는 인간의 조건이다. 여기서 그는 물리학의 목적은 물질세계를 정확하게 묘사하는 것인데 20세기 물리학이 이룩한 업적의 하나는 역설적으로 그런 목적이 이루어질 수 없다는 것을 증명한 것이라고 했다.

브로노브스키는 헤겔을 예로 들어 절대에 대한 믿음이 얼마나 허황된 것인가를 실증했다. 1800년 헤겔이 행성의 수를 일곱 개로 확정하고 그것을 증명하는 논문을 제출했다는 것, 철학적 계산에 의해 그것을 확신했다는 것, 그러나 그 논문의 잉크가 채 마르기도 전인 1801년 1월 1일에 여덟 번째 소행성 세레스가 발견되었다는 것이 그의 설명이었다.[29] 그가 하려는 이야기는 분명하다. 헤겔처럼 절대에 대한 확신을 갖고 있는 한, 지식의 진보는 불가능하다는 것이다. 그런 의미에서 확신은 그에게도 진보를 가로막는 장애이자 인간을 잡아두는 감옥이 된다.

이 세계 어디에도 절대는 존재하지 않는다. 절대 지식은 물론 절대 가치도 존재하지 않는다. 이를 인정하는 순간 보편타당한 절대 지식에 이르는 길로서 이성적 사고의 원리를 다루는 논리학은 설 자리를 잃게 되고 그동안 논리라는 것에 묶여 얼어붙어 있던 인간의 사고는 해동을 맞아 생명력을 되찾게 된다. 그리고 그와 함께 그동안 철저하게 배척되어 온 모순이 역동적 세계의 원리로서 복권된다.

이 역동적 세계에서 무한한 전망Perspektive이 산출된다. 전망은 이때 일차적으로 눈에 들어오는 국면을 가리킨다. 국면은 시간과 공간 속에 설정되는 위치에 따라 순간순간 달라진다. 인간은 일찍부터 자신의 생존

---

29 J. Bronowski, "The Principle of Tolerance", *The Atlantic*(1973년 12월), 60~66쪽.

환경인 이 세계를 이해하려 했고 그려내려 했다. 세계를 고정시켜놓고 파악하려 했던 논리학자들은 그러나 실패하고 말았다. 세계가 역동적인 것인 만큼 우리는 세계를 그 역동성 속에서 체험해야 한다. 시간과 공간의 계기를 살려 주어진 전망 모두를 체험하고 나서 그것들을 입체적으로 재구성해야 한다. 그럼으로써 우리는 추상의 세계에서 구체적인 생성의 세계로 되돌아오게 된다.

전망을 결정하는 것은 위치다. 같은 대상이라고 하더라도 위치에 따라 눈에 들어오는 것이 달라진다. 이 위치가 곧 관점이다. 그리고 눈에 들어오는 것이 국면이다. 오늘날 전망이라 하면 관점과 국면 모두를 가리킨다. 사전에도 그렇게 나온다. 그 가운데 어느 것에 역점을 두느냐에 따라 관점도 되고 국면도 되겠지만, 다양한 국면을 산출하는 힘, 곧 인식하는 자의 시각을 강조하는 철학에서는 주로 관점의 의미로 쓰여왔다.

변화 속에 있는 대상을 있는 그대로 포착하려면 가능한 한 많은 관점을 동원할 필요가 있다. 관점을 바꾸어가며 대상의 앞뒤, 오른쪽과 왼쪽, 위아래를 두루 살펴볼 필요가 있다. 그리고 나서 주어진 전망을 임의의 취사 없이 모두 받아들여 벽돌을 쌓아 올리듯 대상을 구성하면 된다. 이렇게 되면 대상은 다차원의 움직임 속에서 보다 생생하게 되살아난다. 이것이 니체가 대상 포착 방법으로 제시한 관점주의다.

6

관점주의는 모든 인식은 그 인식 주체가 갖고 있는 관점에서 출발할 수밖에 없으며 관점을 벗어나거나 가능한 관점 모두를 동시에 소유할 수 없기 때문에 이른바 초관점적인 진리, 이를테면 모든 것을 포괄하는 절대 진리와 같은 것이 있다고 말할 수 없고, 있다고 하더라도 그것을 인식하는 것이 가능하지 않다는 입장이다. 관점이란 흔히 특정 공간 속에 설정되는 물리적 관찰 조건의 하나로서 시각적인 의미의 시점을 가리키지만 여기에서는 대상에 관여하는, 시간의 경과 속에서 수시로 달라지는 심적 상태나 요구, 정서적 취향 등 인격적 정황 모두를 포함한다.

절대를 부정하고 모든 것은 주어진 관점에 따라 달라질 수밖에 없다고 말하는 관점주의는 자칫 완고한 상대주의에 빠지기 쉽다. 상대주의가 주장하는 바는, 인식 가능한 것은 사물 상호 간의 관계일 뿐 대상 그 '자체'는 아니라는 것, 그 때문에 모든 것은 상대적으로 주어진다는 것이다. 이 같은 상대주의는 인식의 객관적 근거를 부인한 나머지 회의주의에 빠지는 경향이 있다. 회의주의는 인식의 가능성 자체를 의심한다. 이들은 인식의 가능성에 대해서는 판단을 달리하지만, 대상이 관점에 따라 상대적으로 주어지기 때문에 절대 인식이란 있을 수 없다는 주장에서는 하나다.

관점주의는 인식의 상대성을 토대로 하면서도 상대주의와 달리 관점에 따른 상대적 국면들을 보다 적극적으로 받아들인다. 그러니까, '모든 것은 상대적'이라는 상대주의적 체념에 맞서 상대적 국면 하나하나를 받아들여 사태의 복원을 꾀한다. 또 회의주의와 달리, 그것이 어떤 것이든 사실 접근이 가능하다고 믿어, 절대는 아니라 하더라도 세계 인식의 가능성을 신뢰한다. 그런 만큼 이념에 있어서 적극적이며 건설적인 것이 관점주의다. 역사적으로 본다면 상대주의가 제일 오랜 전통을 갖고 있다. 그다음이 회의주의이고 그 뒤가 관점주의다. 학파나 조류를 기준으로 할 때 그렇다.

여기서 '관점주의'라고 옮기고 있는 독일어 Perspektivismus는 Perspektive를 어간으로 한다. Perspektive란 라틴어 perspicere(꿰뚫어 보다)에서 유래한 말로, 원래 기하학과 광학 용어였다. 이후 이 말은 회화에서도 자주 쓰이게 되었는데, 거기서는 원근법을 의미했다. 원근법은 부피를 갖고 있는 사물을 평면 위에 입체적으로, 2차원 평면에 공간 깊이를 더해 3차원 공간을 재현할 때 사용하는 기법이다. 13, 14세기에 치마부에와 조토가 원근법을 이용해 무대 장치와 흡사한 공간을 구성한 후 브루넬레스키가 그것의 원리를 이론적으로 확립했으며, 알베르티가 그것을 체계화했다.

원근법 원리는 하나이지만 어떻게 평면 위에 공간 깊이를 재현하는가에 따라 선 원근법, 공기 원근법, 색 원근법 등으로 나뉜다. 그 가운데서 가장 정교한 것은 선을 사용한 선 원근법이다. 투시도를 통해 우리에게 잘 알려져 있는 원근법이다. 그림을 그릴 때 화가는 대상들의 원근 관계를 확정한다. 그러기 위해 먼저 소실점을 찾아내야 한다. 화가는 소실점을 중심으로 부챗살처럼 자신을 향해 펼쳐지는 전경을 놓고 그림을 그린다.

이때 결정적인 것은 화가의 위치와 그에 따른 소실점의 위치다. 그 위치에 따라 눈에 들어오는 세계가 달라지기 때문이다. 피라미드 모습이 관찰자의 위치에 따라 어떻게 달라지는가를 보면 알 수 있다. 하늘에서 내려다볼 때 그것은 두 개의 대각선이 교차하는 정사각형의 모습이 된다. 정면 먼발치에서 볼 때는 이등변삼각형이 된다. 이등변삼각형이라고 하지만 눈높이에 따라 그 모양은 또 달라진다. 그런가 하면 조금 높은 곳에서 모서리를 가운데 두고 보면 사각뿔이 된다. 이렇듯 피라미드의 모습은 보는 사람의 위치에 따라 달라진다.

주어진 전망은 하나같이 관점의 산물일 뿐이라는 점을 외면한 채 누군가가 '피라미드는 정사각형이다', '이등변삼각형이다', '사각뿔이다'라고 말한다면 듣는 사람들은 어리둥절해할 것이다. 진술 사이에 모순이 있기 때문이다. 이런 경우, 모순을 철저하게 거부하는 형식 논리에 익숙해 있는 사람들은 그 같은 진술을 하는 사람에게 논리적 사유 능력이 있는지 의심하게 될 것이다. 그러나 정사각형과 이등변삼각형, 그리고 사각뿔은 엄연히 피라미드가 갖고 있는 국면들이다. 관점주의자들은 이들 모순되는 진술에서 출발해 피라미드를 재구성해간다. 어느 안목에 주어진 것이 실제에 보다 가까운 피라미드인가?

그것은 단연 관점주의 안목에 주어진 피라미드다. 다양한 관점이 동원되면서 그 모습이 입체적으로 되살아나기 때문이다. 여기서 관찰자는 피라미드를 정사각형 토대 위에 건설된, 그 끝이 한곳에서 모이는 네 개의 이등변삼각형 벽으로 되어 있는 구조물로 받아들이게 된다. 이때 동원되는 관점은 많을수록 좋다. 보다 많은 관점에서 보다 많은 전망이 산출되기 때문이다. 그러나 거기에도 한계가 있다. 아무리 많은 관점을 동원한다 해도 동원되지 않은 관점은 늘 남아 있기 마련이기 때문이다. 따라서 관점주의가 사태 접근에 보다 효과적인 방식이기는 하지만 그 접근에 '완성'이란 것이 있는 것은 아니다.

7

관점주의는 누구보다도 근대 생의 철학자들에 의해 적극적으로 수용되었다. 역동적인 생물학적 현실이자 역사적 현실인 생을 기반으로 철학을 한 생의 철학자들에게 그것이 심층적이며 다면적인 생을 그려내는 데 더할 나위 없이 탁월한 방법으로 받아들여졌기 때문이다. 관점주의에 이론적 토대를 제공했을 뿐만 아니라 관점주의의 모범을 보인 사람은 단연 니체였다. 그러나 관점주의의 역사는 "같은 도시라고 하더라도 어느 방향에서 보는가에 따라 다양한 모습을 갖게 되며, 마찬가지로 단순한 실체에 있어서도 무한한 다양성에 따라 무한히 다양한 세계가 존재한다"[30]고 한 라이프니츠에게까지 거슬러 올라간다.

인식 이론으로서의 관점주의의 역사는 이렇게 시작되었지만, 관점주의적 사태 접근의 전통은 모든 것은 보는 이의 관점에 따라 달라진다는 데서 출발한 상대주의와 회의주의를 통해 이미 확립되어 있었다. 선도적 상대주의자는 보편타당한 진리라든가 지식의 존재를 받아들이는 대신 인간을 만물의 척도로 삼은 프로타고라스였다. 이때 인간이 개개 인간을 가리키는지, 종으로서의 인간을 가리키는지, 아니면 그런 구분이 아예 의식되지 않은 상태에서 프로타고라스가 그런 주장을 한 것인지를 두고 이론이 분분하지만 플라톤의《테아이테토스》에는 개인을 염두에 두었던 것으로 묘사되어 있다. 거기에 프로타고라스가 모든 사물은 내게는 내게 나타나는 대로이고, 네게는 네게 나타나는 대로라고 주장한 것으로[31], 소크라테스가 프로타고라스 이야기를 하면서 같은 바람이라 하더라도 어떤 사람에게는 차가운 것이, 다른 어떤 사람에게는 그렇지 않은 것이 되지 않나 묻는 것으로 나와 있다.[32] 프로타고라스가 말한 인간이 개인인지 종으로서의 인간인지는 여기서 그리 중요하지 않다. 관점주의 이념에 보다 부합하는 것은 개인으로서의 인간이겠지만 종으로서의 인간을 척도

30 G. W. Leibniz, *Monadologie*, § 57.
31 Platon, Sämtliche Werke, E. Grassi (Hrsg), Bd. IV, *Theaitetos* 152 a(Hamburg : Rowohlt Taschenbuch Verlag, 1964), 116쪽.
32 같은 책, 152 b.

로 삼았다 해서 달라지는 것은 아니기 때문이다. 종으로서의 인간을 척도로 삼는 것 또한 관점에 따라 만물이 판단된다는 주장이기 때문이다.

상대주의를 극단으로 몰고 가 주관적 판단의 중지를 요구한 것이 고대 회의주의자들이었다. 이는 세기말적 정황에서 마음의 평정을 최고의 가치로 받아들인 데 따른 요구로서, 서로 다른 경험 내용을 놓고 소모적인 갈등을 빚지 말자는 것이었다. 그들은 판단 중지를 실천적 지침으로 삼았다. 그들 가운데 판단을 중지해야 할 이유를 정교하게 세분해 제시한 것이 아이네시데모스였다. 판단 중지 10개조라는 것으로서 그가 그 근거로 든 것이 생명체 사이, 인간 사이, 감각 기관 사이, 주관적 정황 사이, 거리와 위치 사이, 교육과 습속 사이의 상이성, 인상의 빈도 등에서 야기되는 불일치였다.

예를 들어, 1미터 깊이의 냇물이 어린아이에게는 치명적인 것이 될 수 있으나 키가 큰 어른에게는 대수롭지 않은 것이 된다. 이럴 때 1미터 수심의 냇물을 객관화해 깊다, 얕다 말할 수 없다. 그렇다고 모두가 그리고 매사에 판단을 중지할 경우 공적 사회생활이 힘들게 된다. 공유할 수 있는 가치와 척도가 없기 때문이다. 그 같은 상대주의적 혼란을 막기 위해 국가와 같은 공적 기관이 나서는 경우가 있지만 결과는 마찬가지다.

이를테면, 국가가 나서서 가치를 절대화해 보증하는 것으로 화폐가 있다. 서울에서의 만 원은 청주나 대구에서도 만 원이다. 그 액면 가치는 때와 장소에 따라 달라지지 않는 객관적 가치이다. 여기서 모든 것이 주관적이라는 상대주의자들의 주장에 대해 화폐와 같은 공인된 객관적 가치가 있지 않느냐고 되물을 수 있다. 회의주의자들은 그런 반문을 단호하게 물리친다. 명목상 만 원은 어디에서나 그리고 누구에게나 만 원이지만, 그것의 실질 가치는 때와 장소와 사람에 따라 얼마든지 달라지기 때문이다. 걸인에게 만 원은 큰돈이겠지만 부자에게는 그렇지 않다.

고대 상대주의와 회의주의는 후대 철학자들에게 계승되면서 긴 흐름을 이루어왔다. 상대주의는 근대 이후 로크, 콩디야크, 마흐, 아베나리우스, 제임스, 듀이, 로티 등을, 회의주의는 르네상스 이후 산체스, 몽테뉴, 흄 등을 거쳐 오늘에 이르고 있다. 역사적으로 볼 때 상대주의와 회의주의는 항상 비주류였다. 주류는 처음부터 존재 일반의 원리를 이성에 두고 이성으로써 감각 인식의 한계를 초월해 보편타당한 진리를 파악할 수 있다고 보는 이성주의였다. 이성주의는 세계를 온통 헝클어놓은 채 매듭을 찾지 못한 무능력을 이유로 상대주의를, 지적 좌절과 비현실성을 이유로 회의주의를 비판해왔다. 초기 이성주의자 플라톤에 따르면 감각적 경험을 통해 얻어진 지식은 주관적인 것으로서 상대적이며 우연적이다. 그런 지식은 내적, 외적 조건에 따라 달리 주어지는, 객관적이어야 하고 절대 필연적이어야 한다는 진리의 요건에 반하는 상식의 산물일 뿐이다. 여기서 관점에 따라 달리 주어지는 세계는 상식의 세계로 전락하고 관점주의는 진리에 반하는 것으로 외면되기에 이르렀다.

이성주의를 계승한 데카르트도 경험에서 얻은 지식을 혼탁하고 기만적인 것으로 보아 멀리하고, 모든 지식의 형식과 내용을 경험으로부터 독립해 있는 이성의 힘으로 확립하려 했다. 그리고 관념의 명석판명성을 진리의 기준으로 제시했다. 이것이 명증설로, 이로써 관점주의는 철저하게 배척된다. 데카르트와 함께 이성주의는 전기를 맞았다. 이른바 이성의 시대에 진입하게 된 것이다. 대상이 보는 이의 관점에 따라 다르게 보인다고 한 라이프니츠도 이성을 궁극적 권위로 삼았다는 점에서 이성주의자였다.

8

이성주의의 독단에 맞서 관점주의자들은 우리에게 구체적 현실로 주어진 세계는 우리의 경험에 주어진 세계 하나뿐이라는 주장을 펴왔다. 이 하나뿐인 세계에서 출발하면서 그들은 이 세계가 그때그때 달라지는 우리의 관점에 어떻게 주어지는가를, 즉 그렇게 주어진 세계를 현실 세계로 받아들였다. 이 같은 관점주의 정신에 따라 사태를 체험하고 생각하고 글을 쓴 선도적 철학자가 니체였다. 그런 그의 글에서 우리가 기대할 수 없는 것이 흔히 말하는 '논리'다. 그런데도 사람들은 '체계적 철학'에 접근하듯 '논리'라는 눈으로 그의 글에 접근해왔고, 거기서 돌이킬 수 없는 오해가 생겼다. 니체의 사상은 온통 모순에 차 있다는 것이다.

그러나 이때의 모순이 서로 다른 관점에서 기인한 것임을 받아들인다면 이야기는 달라진다. 그렇게 되면, 이 세계에는 관점에 따른 무수히 많은 전망이 있고 이들 전망은 서로 반대되거나 모순되기도 한다는 사실을 인정하게 될 것이다. 이것이 니체가 촉구하는 관점주의적 개안(開眼)이다. 관점주의의 눈으로 세계를 다면적으로 경험하고 그려내자는 것으로서 이 요구는 그 자신의 글에도 그대로 적용된다. 그의 글 역시 관점주의적 눈으로 읽어야 한다는 것이다.

관점주의적 눈으로 니체를 읽으면 어떻게 될까? 신에 대한 모순에 찬 그의 글들을 보자. 니체는 생에 적대적인 세력으로서 신을 규탄할 때 신은 죽었다는 사신(死神)론적 입장을, 초월적 이념이나 이상을 허구로서 거부할 때 무신론적 입장을 천명했다. 그리고 가부장적 권위에 대한 기대가 무산되면서 겪은 심리적 낭패에서 반신(反神)론적 주장을, 신의 존재 여부에 대한 인식론적 한계에서 불가지론적 주장을 폈다. 그런가 하면 내심 신을 옹호하는 듯한 글에 그 경계가 모호한 글도 남겼다. 이렇듯 니체는 여러 관점에서 신을 문제 삼았고, 그때마다 달라지는 신의 모습을 논리적 정리 없이 그대로 받아들였다. 그는 이 과정에서 타협하지 않았고, 모순과 몰논리를 들어 자신에게 가해질 온갖 비난에도 개의치 않았다. 오히려 그는 그 같은 비난에, "사실Thatbestand 자체란 존재하지 않는다. 어떤 사실이 있기 위해서는 항상 그것에 먼저 의미가 투입되어야 한다. '이것은 무엇인가?' 하는 것은 이미 다른 어떤 것에 의해 파악된 의미-정립이다. '본질Essenz'이니 '실재Wesenheit'니 하는 것은 관점주의적인 것으로서 이미 다수성을 전제로 한다. 그 바탕에는 언제나 '이것은 내게 무엇인가?'(우리에게, 살아 있는 모든 것에게 등등) 하는 것이 놓여 있다"[33]고 응수했다.

니체는 이렇듯 신을 다양한 관점에서 체험했다. 그리고 그것을 체험에 주어진 그대로 그려냈다. 엄격히 말해 신의 존재 여부는 니체가 판단할 것이 못 된다. 현상의 세계 속에 살고 있는 우리로서는 현상 밖의 신의 존재를 확인할 길도, 부인할 길도 없기 때문이다. 신은 여러 모습으로 그에게 다가왔고 그는 그 모습 하나하나를 있는 그대로 그려냈다.

관점주의는 공간과 시간의 계기들을 포괄하는 입체적인 인식 방식이다. 그렇다 보니 진술들 사이에 모순이 있기 마련이다. 여기에 이같이 모순이 서로의 입장을 무력화해 끝내 진술들 그 자체를 공허한 것으로 만들지 않을까 하는 우려가 있을 수 있다. 서로를 부인하다 보면 결국 아무것도 남지 않을 것이기 때문이다. 관점주의자들은 그렇지 않다고 대답한다. 그들은 모순 관계에 있는 진술들이 대립 속에서 서로의 주장을 오히

---

33 KGW VIII 1, 138쪽, 2(149) ; 니체전집 19, 171쪽, 2(149).

려 상승시켜 자기 강화를 가져오는 한편 상호 견제와 거부가 오히려 상
대의 입장을 더욱 선명하게 만든다고 말한다.

9

관점주의 정신은 오늘날 낯설지 않다. 만연해 있는 상대주의와 때를
맞춰 등장한 다치(多値) 논리학, 다치 윤리학과 맞물려 어느 때보다 호응
을 얻고 있는 것이 그 정신이다. 그러나 인식 이론으로서의 관점주의 이
념은 제대로 주지되어 있지 않다. 그래서 낯설게 느껴지기도 하지만, 인
식에서 새로운 지평을 연 것으로 평가되면서 그것은 이미 여러 분야에서
호응을 얻고 있다. 공적이랄 만한 것들도 있다.

그 가운데 하나로, 무엇보다도 초관점적이며 보편타당한 절대 진리의
존재를 확신하고 이 세계를 이성의 힘 하나로 이념화한 플라톤 이래의
형이상학적 독단에 제동을 건 점이 꼽힌다. 플라톤 계열의 형이상학은
세계의 진상을 탐색하는 과정에서 이성이라는 좁은 통로 하나만을 열어
놓았다. 그 결과 우리는 한쪽 눈으로만 세계를 보게 되었고 이성 이전과
이후의 많은 것들, 이를테면 감각적인 것 등을 외면하게 되었다. 관점의
다각화를 통해 인간을 그 같은 독단에서 해방시킨 것이 관점주의라는 평
가다.

절대 진리와 절대 인식에 대한 신념에 반대해, 관점의 차이에서 비롯
되는 경험 내용의 불일치와 모순의 수용을 통해서 상대주의에 보다 명확
한 근거를 제공하는 한편, 추상을 통한 내용의 단순화와 빈곤화를 거슬
러 이 세계를 생성의 질서 속에서 역동적으로 받아들이게 한 것 역시 관
점주의의 공적으로 꼽힌다.

그런가 하면, 대립 관계에 있는 상대까지 포용하는 관용의 정신으로써 세계 시민적 분별력을 일깨운 것도 관점주의의 공적으로 꼽힌다. 관점주의 자체가 일면 근대 이후 다면화된 역사 현실을 반영한 것이기도 하지만, 정치·사회·문화적 독선에 맞서 적극적으로 자유민주주의, 다원주의, 문화상대주의에 근거를 제공하고 그런 방향으로 사람들의 생각을 열어준 것이 관점주의라는 것이다.

10

인식 이론으로서의 관점주의는 널리 알려져 있지 않지만, 우리가 일상에서 알게 모르게 하게 되는 것이 그 같은 방식의 인식이어서 그 정신이 우리에게 낯설지 않다. 특정 관점에서 기인하는 편협성을 경계할 때 우리는 관점을 이리저리 바꾸어본다. 같은 사태를 시간을 두고 살펴보기도 하고 공간적 위치를 달리해가며 살펴보기도 한다. 주로 깊이 있는 인식론적 고려 없이 이루어지는 일이기는 하지만 우리는 다른 사람들과 시시비비를 가릴 때 '내 입장에서 한번 보라'거나 '제3자의 눈으로 보자'고 요구하기도 하는데, 하나같이 관점주의적 고려의 일상적 형태들이다.

군맹무상(群盲撫象)이란 것이 있다. 초기 불교 경전 《우다나》, 초기 자이나교 경전 등에 나오는 것으로 장님과 코끼리에 관한 이야기다. 코끼리가 어떻게 생긴 동물인지 알아보고 그 모습을 묘사해보라는 명을 위로부터 받은 장님들이 있었다. 그들은 코끼리에 다가갔다. 그러나 손으로 코끼리의 몸을 더듬는 것 말고 할 수 있는 일이 없었다. 그들 한 사람 한 사람은 코끼리의 서로 다른 지체를 만져보고는 서둘러 말했다. "코끼리는 기둥과 같다." "아니다. 단지와 같다." "그것도 아니다. 마당을 쓰는 비와 같다." 등등. 한마디로 중구난방이었다. 이들 장님 가운데 자신의 경험을 속인 사람은 아무도 없었다. 그런데 코끼리를 만져본 일이 없는 또 다른 장님이 있어 이들의 이야기를 듣는다면 이들의 이야기가 온통 모순에 차 있다고 말할 것이다. 그러면서 이들 장님에게 온전한 경험 능력과 사유 능력이 있는지 의심하게 될 것이다. 그리고 그런 말만으로는 코끼리의 모습을 떠올릴 수 없을 것이다. 끝내 장님들의 이야기를 거짓으로 몰아 물리칠 것이다. 이것이 매사 진위가 분명한 형식 논리에 매여 있는 사람들의 방식이다.

그러나 코끼리를 만져보지 못한 장님 가운데 관점주의적 안목을 갖고 있는 사람이 있다면 상황은 달라진다. 그는 이들 일치하지 않는 모습이 한 코끼리의 서로 다른 지체에 대한 경험의 결과일 것이라고 생각할 것이다. 그리고 그런 모순에 찬 진술들로부터 코끼리의 모습을 머릿속에서 완성해갈 것이다. 기둥, 단지, 마당을 쓰는 비…… 이렇게 되면 코끼리의 모습은 보다 실제에 가까워진다.

황희 정승 이야기도 있다. 정승 댁 하녀 둘이 말다툼을 하고 있었다. 손님이 오시니 먼저 음식부터 장만해야 한다는 하녀와 청소부터 해야 한다는 하녀 사이의 말다툼이었다. 음식부터 장만해야 한다는 하녀의 이야기를 듣고 정승은 "네 말이 옳다" 했다. 이에 청소부터 해야 한다는 하녀가 청소부터 하는 것이 순서가 아니냐고 묻자 정승은 "네 말도 옳다" 했다. 지켜보고 있던 조카가 "숙부님, 이 사람 말도 옳고 저 사람 말도 옳으면 도대체 누가 옳은 겁니까? 어느 한쪽은 그른 것이 아닙니까?" 정승이 대답했다. "듣고 보니 네 말도 옳구나." 그러자 부인이 나섰다. "아랫사람들이 다투는데 누가 옳고 누가 그른지 명확하게 밝혀주지 못하시면서 나랏일은 어떻게 보십니까?" 부인의 이야기를 들은 정승이 말했다. "당신 말도 옳구려."

이 정도면 무소신, 우유부단의 극치다. 그러나, 극단적인 예이긴 하지만, 관점주의 시각에서 보면 사실이 그렇다. 하녀들은 전체를 내려다보는 눈을 갖고 있지 않기 때문에 매사 주어진 국면 하나에 집착한다. 즉, 하나밖에 모른다. 조카는 진위와 정부(正否)가 분명한 사람, 순진한 사람, 흔히 말하는 논리적인 사람이다. 그에게는 진 아니면 위, 정 아니면 부밖에 없다. 부인도 마찬가지다. 그러나 정승은 사태를 여러 관점에서 보고 있고, 그런 그에게 순서는 크게 문제가 되지 않았다. 음식이 장만되고 청소가 되어 있으면 된다. 이처럼 그는 협소한 논리를 벗어나 있었다. 정승이야말로 포괄적 안목을 대변하는 인물로, 그를 두고 무소신이니 우유부단이니 운운할 것이 못 된다.

니체에 따르면 관점주의는 강자의 인식 이론이다. 달라지는 관점을 두루 수용해 주어진 현실을 역동적으로 체험한다는 것은 내부 분열에도 불구하고 그 사태를 단순화하지 않고 받아들일 수 있는 강인한 정신이 없다면 불가능한 일이기 때문이다.

11

니체의 관점주의에 대해서는 이 정도로 족하다. 이제 남아 있는 것은 새로운 눈으로 그의 글을 읽는 일이다. 관점주의 안목으로 쓰인 글이니만큼 관점주의 방식으로 읽는 것이다.

먼저, 어떤 주장이든 독립적 관점에서 얻어진 것, 그 자체로 자립적인 것이라는 점을 인정한다. 전망에도 빈도라든가 용도, 가치 정도에 따른 위계가 있다. 현실에서 모든 전망이 등가가 아니기 때문이다. 그러나 위계는 그다음 문제다. 따라서 어떤 특정 관점을 처음부터 절대시함으로써 다른 관점들의 자립적 가치를 훼손해서는 안 된다.

다음으로, 가능한 관점 모두를 동원한다. 임의로 관점을 취사선택해서는 안 된다는 뜻이다. 특정 주장이 있으면 그것에 반대되는 주장이 있을 수 있음을 명심해야 한다.

끝으로, 이렇게 주어진 다양한 경험 내용을 유기적으로 재구성한다. 퍼즐 게임을 하듯 하면 될 것이다. 그리고 재구성을 통해 전체에 이른 후, 개별 모습 하나하나의 의미를 평가해 그 몫을 한정하면 된다.

관점주의 방식에 따라 글을 읽다 보면, 어느 순간 독자들과 니체 사이의 간격이 갑자기 좁아진다. 모든 것이 투명해지고 명료해진다. 독자들을 괴롭혀온 문제, 니체의 글에 있는 그 많은 모순은 더 이상 문제가 되지 않는다. 자멸적이라고 여겨졌던 모순이 오히려 서로의 입장을 되살리고 있음을 확인하게 된다. 관점주의적 개안, 이렇게 되면 니체의 글은 더이상 난해하지 않다.

제1장

생 — 처음이자 끝이다

1. 생의 철학

니체는 생의 철학자이며 그의 철학은 생의 철학Lebensphilosophie이다. 철학사에서의 분류가 그러한데, 생의 철학이 먼저 있고 니체의 철학이 그 이념에 부합해 그렇게 분류되고 있다기보다는 그의 철학과 같은 철학을 생의 철학으로 부르기 시작하면서 그런 분류가 존재하게 되었다고 보는 것이 옳을 것이다. 여기서 생의 철학은 생을 객관화해 밖으로부터 파악해온 그동안의 철학적 전통이나 과학적 전제에 대한 반발에서 생을 우리에게 주어진 직접적이며 구체적인 현실로 받아들여 그 자체로부터 파악하는 동시에 우리 존재의 의미와 앎 그리고 가치의 원천으로 삼자는 철학이다.

생의 일차적 의미는 생명이다. 그러나 일상에서는 삶에 더 가깝다. 그래서 생의 철학을 '삶의 철학'으로 옮기는 사람들이 있는데 그렇게 되면 그것은 삶의 지혜나 책략을 일깨우고 터득시키는 정도의 철학이 되기 쉽다. 독일어로도 생의 철학은 부분적으로는 그런 의미로 쓰여왔다. 철학에서 말하는 생의 철학은 그 같은 지혜나 책략과는 거리가 멀다. 그렇다면 생을 그것의 일차적 의미인 생명으로 받아들여 '생명의 철학'으로 옮기는 것이 어떨까 생각해보게 되지만, 그럴 경우 역사적 존재로서 사회문화적 활동의 주체이기도 한 인간의 생이 단순한 생물학적 현실로 환원되고 그 결과 생의 철학은 생물학적 인간학이 될 우려가 있다. 이러저러한 난점에서 그것을 생철학으로 옮겨 쓰는 사람들이 있다. 이 경우에도 생이 '가공되지 않은'이나 '살아 있는'이란 뜻으로 읽혀 그 의미가 제대로 전달되지 않는 어려움이 있다.

원어인 독일어 레벤Leben도 생명을 가리키지만, 인간이 역사 현실에서 살아온 삶을 가리키기도 한다. 니체의 철학에서도 레벤은 연관에 따라 생명이 되기도 하고 삶이 되기도 한다. 우리말에서 이 둘을 아우르는 개념이 바로 생이다. 앞에서 생이 '가공되지 않은'이라는 뜻으로도 읽히게 된다고 했는데 그것은 관형사로 쓰일 때의 이야기이고 명사로 쓰일 때는 생명과 삶을 두루 포괄하는 개념이 된다. 레벤을 생으로 옮기되 생을 다시 맥락에 따라 생명과 삶으로 옮겨 쓸 수 있다는 것은 독일 말에 없는 우리말의 이점으로서 생의 철학을 해석하는 데 도움이 된다. 이 점을 살려 필자는 레벤을 맥락에 따라 생명과 삶으로 구분해 쓰되 구분할 이유가 없을 때는 생으로 옮겨 쓰고자 한다. 그리고 그 철학은 생의 철학으로 옮기고자 한다.

생의 철학[1]이 등장한 것은 19세기 중반의 일이다. 철학이라고 불리기는 하지만 학파나 학단에 의해 주도된 것이 아니어서, 그 운동에 참여한 철학자들을 하나로 묶을 틀이 존재한 것은 아니다. 이들 철학자 사이의 수직적이거나 수평적인 유대도 좀처럼 확인되지 않는다. 유대가 있었다면, 아주 느슨한 정도의 유대였을 것이다. 생이 무엇인가 하는 것에서부터 입장이 달랐다. 이를테면 생을 일차적으로 생명, 즉 생물학적 현실로 받아들인 철학자(베르그송)가 있었는가 하면 생을 정치, 역사적 현실로

---

1 Lebensphilosophie. 'Philosophie des Lebens(생의 철학)'라는 말은 그 이전에도 있었다. 1828년에 F. 슐레겔이 《생의 철학Philosophie des Lebens》이라는 책을 낸 것인데, 철학 사조로서의 생의 철학이 이 생의 철학에서 유래한 것은 아니다.

받아들인 철학자(딜타이)도 있었으며, 그것을 존재론적 관점에서 받아들인 철학자(지멜)도 있었다.

새로 등장한 철학이 대체로 그러하듯 생의 철학 역시 기존의 주류 철학에 대한 반발에서 나온 반동의 철학이었다. 반동의 철학의 경우 그 반동의 이념을 적극적으로 규정함으로써 그것이 어떤 철학인지를 밝혀볼 수 있으나, 그 철학을 규명하는 보다 효과적인 방법은 그것이 무엇에 대한 반동이었는지를, 즉 그 반동의 성격을 규명하고, 그것을 토대로 그 철학의 출현과 성장과 주장을 되살려보는 것이 될 것이다. 반동은 반발한 대상 바로 그것에 의해 방향이 잡히고 성격이 지어지기 마련이고, 바로 그것이 음화가 되어 역으로 반동의 단초와 전말을 선명하게 드러내주기 때문이다.

그러면 생의 철학의 출현을 촉발한 기존의 주류는 무엇이었나? 그것은 추상을 통해 생을 빈곤케 한 근대 이성주의의 독단과, 그 정신에 고취되어 생에 대한 통로를 실증적 사실로 한정함으로써 실증 이전의 직접적 현실을 시야에서 잃고 만 실증주의의 독선, 그리고 이성에 대한 믿음과 실증의 정신으로 무장해 과학 이전의 생의 역동적 현실을 외면하고 모든 것을 기계론의 관점에서 단순화한 과학지상주의의 오만이었다. 머리말에서 민주 운동을 통한 정치적 파행과 함께 시대를 병들게 한 것으로 이야기되었던 것들이다. 니체 또한 이 같은 독단과 독선, 그리고 오만에 대한 반발에서 출발했다.

(1) 이성주의 비판

이성주의는 이성을 인식의 원천으로 받아들여 모든 이론과 행동 그리고 판단의 궁극적 권위로 삼자는 근대 철학 운동이었다. 이 운동에 참여한 철학자들은 세계를 이성적으로 조직된 하나의 전체로 파악했으며, 그 전체를 이루는 부분 하나하나가 논리적 필연성에 의해 연결되어 있다고 믿었다. 그들은 이성에 대한 절대 신뢰에서, 우리의 마음을 혼탁게 함으로써 인식과 판단에 혼란을 가져오는 것으로 간주되어온 감각을 경계하는 한편, 감각이 개입할 여지가 없는 자명한 공리에서 출발해 엄밀한 논증에 따라 진리를 추구하는 수학을 모범으로 삼았다. 데카르트, 스피노자, 라이프니츠가 대표적 이성주의자로 꼽히지만, 경험의 바탕에 이성적 질서가 있다고 본 칸트와 거대한 체계인 우주 안에 합리성이 깃들어 있다고 본 헤겔도 같은 계열에 속한다.

근대 철학을 특징짓는 이성에 대한 이 같은 무한한 신뢰는 이성만능주의를 불러왔고 시대를 풍미하면서 범이성주의 시대를 열었다. 그러나 시간이 흐르면서 이성의 한계와 폐해가 하나 둘 드러났고 그와 함께 이성을 성토하는 소리가 여기저기서 고개를 들었다. 이성이 편협한 논리로 사태를 단순화하는 한편, 보편에 대한 추구를 통해 특수하고 개별적이며 구체적인 생의 현실을 외면하고 학대함으로써 생을 황폐화해왔다는 성토였다. 이 성토는 마침내 사상적 흐름의 하나로까지 발전하게 되었는데, 이렇게 하여 등장한 것이 논리적 법칙에 종속되지 않는 본능과 감성과 직관을 이성에 앞세운 비이성주의였다. 행위의 근본 원리로 이성이 아닌 의지를 내세운 쇼펜하우어가 당시 비이성주의를 대표했다. 이 비이성주의는 승승장구하던 이성주의에 대한 반발에서 일어난 운동이었지만 그것이 직접 대결한 상대는 이성의 빛으로 인간을 잠에서 깨우겠다고 호언하는 한편 과학의 발달을 낙관하고 문명의 진보를 확신하고 있던 계몽주의였다.

이 대결은 고전주의와 로만주의romanticism의 대결로 확대되면서 새로운 국면을 맞았다. 고전주의가 내세운 것은 이성과 논리였고 로만주의가 내세운 것은 감성과 직관이었다. 로만주의는 이성과 논리와 함께 억제, 세련, 법칙과 같은 고전주의적 규범에 맞서 자유로운 감정 표현과 야성 그리고 파격을 강조했다. 자연을 예찬하고 생명을 존중했으며, 정형화되어 있는 사회 관습을 뛰어넘는 인간으로서 천재와 영웅을 숭배했다. 모든 비이성주의자가 로만주의자였던 것은 아니지만 로만주의자들은 하나같이 비이성주의자였다. 비이성주의를 표방한 쇼펜하우어도 로만주의 철학자로 분류된다. 음악가로는 바그너가 로만주의자였다.

니체는 서구의 역사가 현세 부정적인 초월적 이념과 신앙, 그리고 생에 적대적인 도덕으로 인해 몰락으로 치닫고 있다고 판단했다. 그 같은 판단에서 그가 일찍부터 과제로 삼은 것은 새로운 문화의 창달을 통한 서구 역사의 구제였다. 그 구제를 위해서는 그 같은 과제를 떠맡을 인간, 곧 위대한 인간이 출현해야 했다. 이때 그에게 그 같은 위인의 모습으로 다가온 것이 쇼펜하우어와 바그너였다. 그는 쇼펜하우어의 철학에 심취했으며 바그너의 음악에 열광했다. 그러나 오래가지는 않았다. 쇼펜하우어의 철학은 머지않아 데카당한 것으로, 바그너의 음악은 유치한 것으로, 그와 함께 로만주의가 병적이고 현실 도피적인 것으로서 바탕을 드러냈고, 그에 환멸을 느낀 니체는 쇼펜하우어와 바그너, 그리고 로만주의와 결별하고 그 반대편의 고전주의로 발길을 돌리게 되었다.

니체는 이후 이성과 함께 실증의 정신을 긍정적으로 재평가하는 등 이성주의로 기우는 듯한 경향을 보였다. 그런 재평가의 산물이《인간적인 너무나 인간적인》이었다. 그러나 그것도 오래가지 않았다. 힘에의 의지를 모든 존재의 본질이자 변화의 원천으로 삼아 세계를 심층적으로 그려내게 되면서 그는 이성의 피상성과 편협성, 그리고 이성에 의한 현실 파괴에 새삼 주목하게 되었다. 여기서 그는 다시 이성 비판으로 돌아섰다.

이 짧은 시기를 빼고 니체는 이성 비판으로 일관했다. 그가 표적으로 삼은 것은 근대적 의미의 이성이었지만, 어떤 시각에서 그것을 비판하는가에 따라 이성주의자들이 이성과 함께 정신적 능력 또는 현상으로 내세웠던 오성과 지성 그리고 의식도 함께 비판했다. 그러나 그는 이들 개념을 엄격하게 구별해 쓰지는 않았다. 같은 의미로 쓴 경우도 있어 자못 혼란스럽다. 다만 비판의 방향이 하나인데다 비판의 논지가 뚜렷해 그런 혼란은 어느 정도 상쇄된다 하겠다.

가. 이성

이성에 사태 파악 능력과 함께 사물을 옳게 판단하는 능력이 있다고 믿는 사람들이 있다. 앞에서 이야기한 이성주의자들이다. "이성의 빛"이라는 것도 있다. 어둡고 무질서한 감각적 혼란 속에서 보편적 법칙과 같은 궁극적인 것을 찾아낼 수 있도록 길을 비춰준다는 이성의 빛을 가리킨다. 이성주의자들은 이 이성을 최상의 권위로 받아들여 진위와 선악 같은 가치 판별의 최고 판관으로 삼았다. 그러면서 이성의 자기 근원성과 다른 것에 의해 상대화될 수 없는 절대성을 강조했다.

이성주의자들은 감각적 경험을 불신해 경계했다. 판단을 혼란케 한다는 이유에서였다. 감각적 경험은 때와 장소에 따라 달라진다. 때와 장소에 따라 달라지는 만큼 그 같은 경험에 절대성이 있을 수 없다. 지식도 마찬가지여서 감각적 경험에서 산출되는 지식에는 절대성이 있을 수 없다. 절대성이 없으니 필연적일 수도 없다. 따라서 그런 지식은 덧없고 우연한 것으로서, 아무리 그럴싸해도 개연성의 한계를 벗어나지 못한다.

이성주의자들의 감각적 경험에 대한 이 같은 불신은 그런 경험을 산출하는 감각 기관, 곧 신체에 대한 불신으로 이어졌다.

니체는 이성주의자들의 이성에 대한 무한한 신뢰와 함께 감각적 경험에 대한 불신을 비웃었다. 그는 무엇보다도 이성의 자기 근원성과 절대성이라는 것을 비웃었다. 그에 따르면 우리에게 주어진 유일한 현실은 신체적 현실이다. 인간은 신체일 뿐, 그 밖의 아무것도 아니다. 정신적 능력, 이를테면 영혼이니 뭐니 하지만 그런 것이 따로 있는 것도, 처음부터 있었던 것도 아니다. 그런 것들은 신체에 있는 어떤 것에 붙인 말에 불과하다.[2] 이성과 오성 따위도 마찬가지다. 신체의 진화 과정에서 생겨난 부수 현상으로서 신체를 보필하도록 되어 있는, 덧없고 우연한 하부 기능들에 불과하다.

이성주의자들의 주장대로 사태를 있는 그대로 파악하고 사물을 옳게 판단할 능력이 이성에 있다면 니체로서도 그런 이성을 두고 따로 할 말이 없을 것이다. 소임대로 신체를 훌륭히 보필할 수 있을 것이기 때문이다. 그러나 덧없고 우연한 이성에는 그 같은 능력이 없다. 이때의 이성은 물론 이성주의자들이 내세워온 개념적이고 논증적인, 곧 도구적 이성을 가리킨다.

니체는 도구적 이성을 비판했다. 이성 그 자체를 비판한 것은 아니었다. 그도 사태를 있는 그대로 파악하고 사물을 옳게 판단하는 능력으로서의 이성을 인정했다. 그가 말하는, 참된 의미의 이성으로서 그런 이성으로 그가 제시한 것이 신체 이성이었다. 신체는 말이 없지만 자기 언어

---

2 KGW VI 1, 35쪽, *Also sprach Zarathustra*, Erster Theil : Von den Verächtern des Leibes ; 니체전집 13, 51쪽,《차라투스트라는 이렇게 말했다》, 제1부 : 신체를 경멸하는 자들에 대하여.

와 논리를 갖고 있으며 매사에 슬기롭고 성실하다. 사태를 왜곡하는 일
없고 자신을 속이는 일 또한 없다. 신체 이상으로 이성적인 것은 없다. 이
에 니체는 우리의 최고 지혜 속에 들어 있는 것보다 더 많은 이성이 신체
속에 들어 있다고 했다.[3]

　니체는 신체를 큰 이성이라 불렀다. 그리고 이성주의자들이 인식의 원
천과 최고의 판관으로 삼아온 도구적 이성, 곧 정신을 작은 이성이라 불
러 큰 이성 아래 두었다.[4] 작은 이성은 큰 이성을 모시도록 되어 있는 도
구나 장난감에 불과하다. 필요에 의해 생기기는 했지만 덧없는, 우연의
산물이다. 그것이 존재해야 할 필연적인 이유가 없다는 의미에서 그렇
다. 그 같은 이성이 어떻게 자기 근원적일 수 있으며 절대적일 수 있는가.
어떻게 인식의 원천이 될 수 있으며 최고의 판관이 될 수 있는가. 우연이
라는 것부터가 그렇다. 그것은 이성으로 설명되지 않는다. 이에 니체는
이성이 우연이라는 비이성적인 방식으로 세계에 들어왔다고 했다.[5]

　도구와 장난감에 불과한 작은 이성은 도구와 장난감으로 만족해야 했
다. 그만큼 겸손해야 했고 자신의 한계를, 자신의 힘으로 포착되지 않는
더 큰 현실이 있다는 것을 인정해야 했다. 파스칼도 이성의 최후의 일보
는 자신을 초월하는 것이 무한히 많다는 것을 인정하는 것이라고 했다.
그리고 그 단계에 이를 수 없다면 이성은 빈약한 것에 지나지 않는다고
했다.[6] 자신의 한계를 인정할 때 이성은 비로소 이성적인 것이 된다. 그

3　같은 책, 36쪽 ; 같은 책, 52쪽.
4　같은 책, 35쪽 ; 같은 책, 51쪽.
5　KGW V 1, 114쪽, *Morgenröthe*, Zweites Buch : 123 ; 니체전집 10, 141쪽,《아침놀》, 제2권 :
　123.
6　B. Pascal, *Pensées*, A. J. Krailsheimer (trans.), XII. Beginning, Nr. 188(London : Penguin
　Books, 1988), 85쪽.

러나 작은 이성은 자신의 한계를 인정하기는커녕 기고만장해서 도리어 큰 이성인 신체를 지배하려 들었다. 큰 이성에 대한 작은 이성의 도발은 이렇게 시작되었다. 이 도발은 신체에 대한 도발이자, 신체를 통해 자신을 전개하는 생명에 대한 도발이었다.

니체는 이 도발을 생명의 이름으로 단죄했다. 작은 이성이 분석과 추상을 통해 큰 이성인 신체를 파헤쳐 생명 에너지를 증발시킴으로써 인간은, 살과 피가 다 빠져나가 생명의 숨결과 온기를 느낄 수 없는 뢴트겐 사진처럼 뼈대만 남게 되었다는 것이다. 그는 작은 이성이 이성-편견이란 것을 통해 있지도 않은 통일성이라든가 실체 따위를 상정하게 함으로써[7] 세계를 경직시켜왔다고도 했다.

작은 이성은 이렇듯 현실을 부정함으로써 오히려 현실을 암울하게 만들어왔다. 이성의 빛이란 어불성설이다. 자기 근원적이지 못한 작은 이성은 빛을 만들어내지 못한다. 개념과 논증을 무기로 생을 밝혀보겠다고 나서지만 신체라는 현실에 막혀 그 뒤에 보다 큰 그림자를 남겨둘 뿐이다. 빛은 작은 이성이 아니라 큰 이성인 신체다. 신체는 그 자체로 하나의 빛이다. 신체는 혼미하지 않다. 명료하기 때문에 길을 잃는 일이 없다. 실수하는 일도 없다.

그러나 작은 이성은 도발에서 성공했다. 이후 모든 것이 그것의 지배 아래 들게 되었다. 어떻게 이런 일이 일어나게 되었는가. 처음에 인간의 삶을 지배한 것은 신체였다. 그때만 해도 인간은 신체의 질서에 따라 건강하고 정직한 삶을 살았다. 그러다가 도구적 필요에 의해 보조 기관이

---

7 KGW VI 3, 71쪽, *Götzen-Dämmerung*, Die "Vernunft" in der Philosophie 5 ; 니체전집 15, 100쪽, 《우상의 황혼》, 철학에서의 '이성' 5.

등장하게 되는데 그 가운데 하나가 작은 이성이었다. 작은 이성은 생존에 도움이 되었다. 필요를 그 나름으로 충족시켜준 것인데, 이후 그 도움에 대한 기대가 커졌고 그와 함께 작은 이성의 영향도 커져갔다. 영향이 커지면서 작은 이성은 자기주장을 하게 되었으며, 결국 신체에 봉사하는 대신 그 위에 군림하려 들기에 이르렀다. 도구에 불과한 작은 이성이 비수가 되어 큰 이성의 목을 겨누게 된 것이다. 처음에 작은 이성이 요구한 것은 신체의 유기체적 충동과 동등한 지위였다. 그러면서 작은 이성은 예의 충동과 힘겨루기를 벌이게 되었다. 초반부터 승기를 잡은 것은 영악할 뿐만 아니라 잔꾀까지 많은 작은 이성이었다. 우직한데다 정도밖에 모르는 큰 이성은 불리했다. 큰 이성에게는 전략도 전술도 없었다. 결국 작은 이성이 주도권을 잡게 되었다.[8]

그러나 작은 이성이 간과하고 있는 것이 있었다. 큰 이성인 신체가 파괴되면 작은 이성도 설 자리를 잃게 된다는 사실이다. 숙주가 죽으면 그것을 죽음으로 내몬 병균 또한 존재 기반을 잃고 죽게 되는 것과 같은 이치다. 그런데도 작은 이성은 앞뒤를 재지 않고 그 지배를 강화함으로써 생명을 파괴해왔다. 그만큼 어리석고 비이성적인 것이 작은 이성이다. 이제라도 작은 이성은 자신을 위해서라도 제자리로 돌아가야 한다. 즉 지금까지 누려온 무소불위의 권위를 큰 이성인 신체에, 감각과 지각에 돌려주어야 한다. 감각과 지각에는 지식은 보편타당해야 한다는 강박이 없다. 추상도 없으며, 속이는 일도 없다.[9] 감각과 지각은 그만큼 정직하며 자유롭다.

---

8 다음을 참고. KGW V 2, 431쪽, 11[243] ; 니체전집 12, 536~537쪽, 11[243].

9 KGW VI 3, 69쪽, *Götzen-Dämmerung*, Die "Vernunft" in der Philosophie 2 ; 니체전집 15, 97쪽, 《우상의 황혼》, 철학에서의 '이성' 2.

나. 오성

오성은 이성과 혼용되기도 하고 의미가 뒤바뀌어 쓰이기도 한, 정신의 또 다른 기능이다. 이성과 오성은 라틴어 ratio와 intellectus를 옮긴 것인데, 이성과 오성으로 불리다가 계몽 시대에 와서 그 의미가 바뀌어 잠시 오성과 이성으로 불린 역사를 갖고 있다. 오늘날 독일어에서는 intellectus가 Intellekt란 말로 남아 오성의 의미로 쓰이고 있지만, 우리말에서 오성은 지성의 의미로 더 알려져 있는 개념이다.

오성은 대상을 추상을 통해 얻은 관념인 개념으로 파악하는 능력으로 정의된다. 추상 작업에서는 '여기와 지금hic et nunc'이라는 구체적이며 특수한 현실이 모두 배제된다. 그러면서 시간과 공간은 더 이상 현실로 존재하지 않게 된다. 그런 추상 작업 앞에서 모든 개별적이고 특수한 것들은 얼어붙는다. 생명조차 그 앞에서는 생기를 잃고 창백해진다. 니체는 일찍이 파르메니데스 철학을 다루면서 "핏기 없는 추상"과 함께 "얼음장 같이 차디찬 추상의 오한"[10]을, 그리고 "가공할 만한 추상의 냉수욕"[11]을 문제 삼은 바 있다. "존재"와 "비존재" 같은 추상에 접촉하는 순간 우리의 피는 응고되고 만다고 말하기도 했다.[12]

추상을 통해 얻어진 개념으로는 특수하고 구체적인 역동적 생의 현실을 생생하게 포착할 수가 없다. 그려낼 수도 없다. 그런데도 오성을 인식의 기초로 삼아온 철학자들이 있다. 칸트와 같은 철학자들이다. 니체는 이러한 철학자들에게, 개념이란 설명이 아니라 표시와 이해를 목적으로

---

10 KGW III 2, 330쪽, *Die Philosophie im tragischen Zeitalter der Griechen*, 9 ; 니체전집 3, 394쪽,《그리스 비극 시대의 철학》, 9.
11 같은 책, 336쪽, 10 ; 같은 책, 403쪽, 10.
12 같은 책, 333쪽, 10 ; 같은 책, 399쪽, 10.

한 인습적 허구에 불과하다는 주장으로 맞섰다.[13]

생은 살아 있는 현실이다. 그 현실을 보편 지향의 추상이 파괴해왔다. 무엇보다도 생명 에너지인 본능이 그 희생의 제물이 되었다. 본능은 반성 이전의 타고난 행동 욕구로서 생명을 떠받치고 있는 원동력이자 능산적 역량이다. 본능은 매사 확실해서 실수하는 일이 없다. 그에 따른 삶을 사는 생명체들을 보면 알 수 있다. 갈피를 잡지 못해 불안해하거나 그릇된 판단으로 실수하는 일이 없다. 인간도 마찬가지여서, 본능에 따른 삶을 살 때 그나마 온전해진다.

본능의 발동은 즉각적이다. 본능은 뒤를 돌아보지 않으며 앞을 내다보지 않는다. 즉 반성적 사고를 하지 않는다. 그 대신에 순간순간 우리에게 무슨 일을 해야 하는지를 일러준다. 그런 본능 판단에 대한 즉각적 반응에 제동을 거는 것이 오성이다.[14] 오성은 개념화 작업을 통해 본능을 이성화하기까지 한다. 그 과정에서 본능은 이리저리 파헤쳐지고, 끝내는 원래의 힘을 잃고 무기력해진다.[15] 그렇게 본능은 퇴화하게 되는데 생명의 관점에서 볼 때 퇴화는 나쁜 것이고, 좋은 것은 단연 본능이다.[16]

이 좋은 본능을 사람들은 중상하고 비방해왔다. 본능을 경험을 통해 습득할 수 있는 학습 이전의 저급한 것으로 평가하고는 억제와 관리의

---

13 KGW VI 2, 30쪽, *Jenseits von Gut und Böse*, Erstes Hauptstück : von den Vorurtheilen der Philosophen 21 ; 니체전집 14, 41쪽, 《선악의 저편》, 제1장 : 철학자들의 편견에 대하여 21.

14 KGW VIII 2, 220쪽, 10〔167〕 (270) ; 니체전집 22, 262쪽, 10〔167〕 (270).

15 KGW VI 3, 34~35쪽, *Der Fall Wagner*, Nachschrift ; 니체전집 15, 55쪽, 《바그너의 경우》, 추신.

16 같은 책, 84쪽, *Götzen-Dämmerung*, Die vier grossen Irrthümer 2 ; 같은 책, 115쪽, 네 개의 중대한 오류 2.

대상으로 삼아왔으며, 본능적 행위는 특수한 관계에서만 일어나기 때문에 지적 행위와 달리 예지적이지 못하다고 말해왔다. 매사 확실해서 실족하는 일 없이 제 길을 가는 본능을 두고 예지적이지 못하다고 한 것인데, 언어도단이 아닐 수 없다. 예지적이지 못한 것은 오히려 자신의 존재 기반인 생의 퇴화를 불러오는 오성이다. 신체 이성을 진정한 의미의 이성으로 받아들인 니체는 본능에 대해서도 같은 말을 했다. 진정한 의미에서 예지적인 것은 본능이라는 것, 지금까지 발견된 것 가운데 본능 이상으로 예지적인 것은 없다는 것이다.[17]

본능과 함께 니체가 오성 따위의 지적 능력에 맞세워 옹호한 것이 충동Trieb이다. 충동은 식욕이나 성욕처럼 인간을 내부로부터 내모는, 행동으로 표출되는 힘을 가리킨다. 충동은 의식되지 않는다는 점에서, 그리고 예지적이지 못하다는 점[18]에서 본능과 다르다. 충동은 다양한 방식으로 표출된다. 그러나 어떤 방식으로 표출되든 특징은 같다. 지배욕이 강하다는 것이다.[19] 그런 충동을 니체는 모든 존재의 본질이자 변화의 근원인 힘에의 의지로 환원될 수 있는 것으로 보았다.[20]

충동은 인간 말고 다른 동물에게도 있다. 인간과 동물 모두에게 있는 것으로는 충격Impulse도 있다. 이때 충격은 갑작스럽게 발동하는 힘이나 그런 힘에 의해 일어나는 운동, 또는 강한 자극을 가리킨다. 다른 동물의 경우 충동과 충격은 단순한 편이다. 그래서 갈등이 별로 없다. 인간의 경

---

17 KGW VI 2, 159쪽, *Jenseits von Gut und Böse*, Siebentes Hauptstück : unsere Tugenden 218 ; 니체전집 14, 200쪽, 《선악의 저편》, 제7장 : 우리의 덕 218.

18 KGW VII 1, 352쪽, 8(23) ; 니체전집 16, 440쪽, 8(23).

19 KGW VI 2, 14쪽, *Jenseits von Gut und Böse*, Erstes Hauptstück : von den Vorurtheilen der Philosophen 6 ; 니체전집 14, 21쪽, 《선악의 저편》, 제1장 : 철학자들의 편견에 관하여 6.

20 KGW VII 3, 393쪽, 40(61) ; 니체전집 18, 504쪽, 40(61).

우는 훨씬 복잡하다. 상충하는 것들도 많아 때때로 불화를 일으킨다. 그러나 그런 불화로 인간이 갈기갈기 찢기지는 않았다. 인간은 오히려 충동과 충격을 내면에서 키워왔다. 그 과정에서 충동과 충격은 종합되면서 엄청난 힘을 폭발시키게 되었다. 인간은 이렇듯 충동과 충격을 종합해 다른 동물들을 능가하는 능력을 발휘하게 되었고 그 덕에 이 땅의 주인이 될 수 있었다.[21] 인간들 사이에서도 마찬가지다. 단순한 사람의 충동과 충격은 상대적으로 단순하다. 그만큼 그런 사람은 단순한 삶을 산다. 이와 달리 힘 있는 사람의 충동과 충격은 보다 복잡하다. 그런 사람들은 충동과 충격 사이의 갈등을 종합하며 힘을 키워간다. 최상의 인간은 그런 사람들이다. 그런 의미에서 니체는 더없이 다양한 충동을 지닌 자들이 최상의 인간일 것이라고 했다.[22]

다. 지성

지성은 비이성적인 것, 특히 주의주의를 비판할 때 이성주의자들이 무기로 삼아온 일종의 변형된 이성 또는 오성의 능력이다. 흔히 지성을 감정과 의지를 뺀 지적 능력으로 정의하고 오성의 기능을 그 안에 포함시키기도 하지만, 지성에 대한 니체의 비판에서는 그 같은 정의에 특별한 의미가 없다. 그에게 지성은 생에 반하는 정신적 기능이라는 점에서 이성이나 오성과 다를 것이 없기 때문이다. 따라서 이성과 오성에 대한 그의 비판은 지성에 대한 비판에서도 유효하다.

이성과 오성이 그렇듯이 지성 역시 생산 능력이 없는 도구에 불과하

---

21 KGW VII 2, 289쪽, 27[59] ; 니체전집 17, 385쪽, 27[59].
22 같은 책, 같은 곳 ; 같은 책, 같은 곳.

다. 지성이 도구로서 봉사하게 되어 있는 것이 충동이다. 지성은 다양한 충동 사이의 싸움을 통해 예리해지며, 그 예리함으로 개개 충동의 활동을 세련되게 다듬어준다.[23] 이 지성은 의지, 그리고 감각Empfindung과 마찬가지로 우리의 가치 판단에 예속되어 있고, 가치 판단은 우리의 충동과 충동의 존재 조건에 상응한다.[24] 가치 판단에 예속되어 있는 한 지성은 자유로울 수가 없다. 즉 자립적일 수가 없다. 그런 지성에 기대할 수 없는 것이 자기비판 능력이다.[25] 게다가 지성은 자신의 한계조차 모른다.[26] 코가 큰 그물과 같다. 그런 지성으로는 잠시도 쉬지 않고 생성하는 이 세계를 포착할 수가 없다. 그물로 물을 떠 올릴 수 없는 것과 같은 이치다.

자기비판 능력이 없는데다 자신의 한계조차 모르는 이 지성이 그동안의 이성주의 전통에서 감각적 능력을 제치고 세계 본질을 직관하는 능력으로 간주되어왔다. 어떻게 그런 지성이 세계의 본질을 직관할 수 있는가. 니체는 그것은 불가능하다고 단언한다. 본질을 직관하기는커녕, 문자가 말을 잡아두어 언어의 자연스러운 진화를 가로막았듯이, 시간의 흐름 속에서 살아 움직이는 것을 잡아두어 그것의 전개를 가로막는가 하면, 그 살아 움직이는 것을 마구 파헤쳐 생명의 질서를 파괴해온 것이 지성이라는 주장이다. 지금까지 해온 일로 미루어 지성은 생성하는 세계에 죽음을 가져온 것으로서, 이 세계와 생명에게는 적이 아닐 수 없다.

---

23 KGW V 1, 559쪽, 6[130] ; 니체전집 11, 302쪽, 6[130].
24 KGW VII 3, 393쪽, 40[61] ; 니체전집 18, 504쪽, 40[61].
25 KGW VIII 1, 192쪽, 5[11] ; 니체전집 19, 235쪽, 5[11].
26 같은 책, 131쪽, 2[132] (36) ; 같은 책, 163쪽, 2[132] (36).

라. 의식

우리는 깨어 있는 상태에서 생각하고 느끼고 의욕하며 행동한다. 이 깨어 있는 상태가 의식 상태다. 의식이 있기에 우리는 판단을 하고 기쁨 따위를 느끼며 이러저러한 것을 추구하게 된다. 선택을 통해 행동도 하게 된다. 인간에게 그 같은 의식이 없다면 어떻게 될까? 의식이 없다는 다른 동물들과 다를 바 없을 것이다. 적어도 인간은 그렇게 믿어왔다.

사람들은 의식이란 것이 있기에 인간은 인간이 된다고 말해왔다. 인간에게 있어 불변하는 것, 영원한 것, 궁극적인 것, 근원적인 것이 의식에 있다고 믿어 의식을 인간의 핵심으로 파악해왔으며[27] 의식을 사유와 함께 인간의 본질이자 조건으로 간주하기까지 했다.

그런가? 니체는 그렇지 않다고 대답한다. 그에 따르면 의식 역시 피상적이며 무능하다. 거기에다 파괴적이기까지 하다. 어떻게 그런 것이 인간의 핵심이 되고 본질이 될 수 있는가. 같은 이유로 이성, 오성, 지성 따위의 정신적 기능을 비판한 그는 의식에서 그 비판의 고삐를 한층 더 조였다. 그는 사람들이 의식을 터무니없을 만큼 과대평가해왔다고 했다. 그리고 그 같은 평가를 비판해, 이 의식으로부터 사람들이 어떤 통일체를, 사유하며 소망하는 어떤 것, '정신'과 '영혼'이라는 존재를 만들어냈다고 했다. 나아가 의식을 우리가 도달할 수 있는 최고의 형식, 최고 유형의 존재, 신으로까지 간주해왔고, 그 결과 진보는 하나같이 의식화 정도에 따라 일어나고 퇴보는 하나같이 무의식화 정도에 따라 일어나며, 무의식화되는 과정을 욕구와 감각에 의해 타락해 금수같이 되는 과정이라

---

27 KGW V 2, 56~57쪽, *Die fröhliche Wissenschaft*, Erstes Buch : 11 ; 니체전집 12, 81쪽,《즐거운 학문》, 제1부 : 11.

고 간주해왔다고 했다.[28]

니체에 따르면 "의식되는 것은 하나같이 종국 현상이자 결론이다. 의식은 그 어떤 것도 일으키지 못한다. 의식 안에서 일어나는 모든 선후 관계는 전적으로 원자적이다. 우리는 세계를 이해하려고 애써왔다. 그 반대 방향에서. 마치 생각하고 느끼고 욕구하는 것 말고는 어느 것도 작용하지 않으며 실제적이지 않기라도 하듯이 말이다".[29]

우리는 생각하고 느끼고 욕구하며, 거기에다 행동하기까지 한다. 그러나 생각하고 느끼고 욕구하고 행동한다고 해서 늘 깨어 있는 것은 아니며, 깨어 있을 때만 그런 것들을 하는 것도 아니다. 그런 것들이 모두 의식될 필요가 있는 것도 아니다. 니체의 말로 한다면, 전체로서의 우리의 생은 거울에 비치는 자신의 모습을 보지 않고도 얼마든지 가능할 것이기 때문이다.[30]

자족적인 생은 의식을 필요로 하지 않는다. 의식은 불필요한 정도에 그치지 않고 해롭기까지 하다. 우리는 거울을 들여다보는 순간 우리 자신을 객관화하게 된다. 그 결과 우리의 삶은 간접적 현실이 되고 만다. 예서 생의 소외가 일어난다. 이 같은 자기 분열은 생명에게 치명적이다. 온전한 생명을 누리려면, 우리는 거울, 곧 의식을 경계해야 한다. 의식의 간섭을 뿌리쳐야 한다. 실제 우리의 삶에서는 깨어 있지 않은 상태에서 보다 많은 것과 보다 근원적인 것이 일어난다. 이 깨어 있지 않은 상태가 무의식 상태다.

---

28 KGW VIII 3, 122쪽, 14[146] ; 니체전집 21, 154~155쪽, 14[146].
29 같은 책, 127쪽, 14[152] ; 같은 책, 161쪽, 14[152].
30 KGW V 2, 272쪽, *Die fröhliche Wissenschaft*, Fünftes Buch : Wir Furchtlosen 354 ; 니체전집 12, 339쪽, 《즐거운 학문》, 제5부 : 우리들 두려움을 모르는 자들 354.

의식은 유기체의 진화 과정에서 가장 늦게 등장한, 진화의 산물이다. 가장 나이 어린, 더없이 미숙하고 무기력한 것이 의식이다. 그런 의식에서 헤아릴 수 없을 만큼 많은 실수와 실책이 생겨난다. 의식 이전의 본능적 삶에서는 생각할 수 없는, 인간을 필요 이상으로 빠르게 파멸로 내몰 실수와 실책들이다. 생명을 보존하려는 본능의 유대가 강력했으니 망정이지, 그렇지 않았다면 본능은 전체의 조정자 역할을 하지 못했을 것이다. 이에 니체는 도착된 판단과 백일몽, 경박함과 경솔함으로 인해, 한마디로 의식으로 인해 인간은 파멸할지도 모르며, 그나마 본능이란 것이 없었다면 인류는 오래전에 존재하지 않게 되었을 것이라고 했다.[31]

여기서 우리는 묻게 된다. 불필요할 뿐만 아니라 생명에 적대적이기까지 한 의식이 어떻게 등장하게 되었는가? 의식 역시 진화 과정에서, 살아남으려는 욕구에서 등장하게 되었다는 것이 니체의 대답이다. 원래 자연상태에서 인간은 열악한 환경과 맹수의 위협으로 인해 극심한 위험에 노출되어 있었다. 어느 누구도 혼자서 살아남을 수 없었다. 다른 인간들의 도움과 보호가 필요했다. 그 같은 도움과 보호를 청하기에 앞서 인간은 자신이 처한 상황을 정확하게 파악해야 했고, 그러기 위해 늘 깨어 있어야 했다. 그다음에는 그 상황을 다른 인간들에게 정확하게 알려야 했다. 이 같은 각성과 전달의 필요성, 그리고 그 압박에서 생겨난 것이 의식이다. 다른 사람들의 도움과 보호를 구하지 않는 은자나 맹수와 같은 인간이라면 의식이란 것을 필요로 하지 않을 것이다.[32]

전달의 필요와 압박에서 뒤늦게 생겨난 의식은 사람과 사람을 이어주

---

31 같은 책, 56쪽, Erstes Buch : 11 ; 같은 책, 81쪽, 제1부 : 11.
32 같은 책, 272~273쪽, Fünftes Buch : 354 ; 같은 책 339~340쪽, 제5부 : 354.

는 연결망 이상이 아니다.[33] 연결망으로서의 의식과 함께 등장하게 된 것이 전달 기호인 언어다. 의식 내용은 오직 언어를 통해 전달 가능하기 때문이다. 이렇게 하여 의식의 발전 정도에 따라 언어도 발전하게 되었고, 언어를 통한 소통이 활발해지면서 인간은 점점 사회화되어갔다. 그 결과 의식은 한 개인의 실존을 벗어나 공동체와 집단의 존립 기반으로서 공동체와 군집 체질에 속하는 사회적 문제가 되었으며, 그와 함께 사회적인 것, 즉 비개인적이며 평균적인 것이 그 안에 자리 잡게 되었다.[34] 우리에게 의식된 세계를 들여다보면 알 수 있다. 평범하고, 희미하고, 상대적으로 어리석고, 일반적인 것들 일색이다. 여기서 의식된 것은 하나같이 기호의 표지이자 무리의 표지에 불과하게 된다.[35] 이 의식의 늪에서 '나'는 희석되고 만다. 그러면서 엄청난 타락과 변조, 피상화와 일반화가 일어난다. 의식의 증대, 그것은 인간에게 위험한 질병이 아닐 수 없다.[36]

비개인적이며 평균적인데다 피상적인 의식으로는 어느 누구도 생의 깊고 어두운 내면에 침투하지 못한다. 그러니 밖으로 드러나는 표면을 맴돌 수밖에 없다. 그러면 드러나 있지 않은 것, 의식 아래 있는 것은 무엇인가? 그것은 깊고 어두운 내면인 무의식의 세계다. 의식의 세계와 무의식의 세계, 수면 위에 드러나 있는 빙산과 그것이 깊고 어두운 바다 속에 감추고 있는, 그것보다 몇십, 몇백 배 큰 얼음덩이를 생각해보면 될 것이다. 바다를 떠다니는 빙산을 보면서 우리는 수면 위의 얼음덩이가 그 아래 잠겨 있는 얼음덩이를 끌고 다닌다고 생각하게 된다. 그러나 그 반

---

33 같은 책, 273쪽 ; 같은 책, 340쪽.
34 같은 책, 274쪽 ; 같은 책, 341~342쪽.
35 같은 책, 275쪽 ; 같은 책, 342쪽.
36 같은 책, 같은 곳 ; 같은 책, 같은 곳.

대다. 빙산이 움직일 때 방향과 속도를 결정하는 것은 수면 아래 몸을 감추고 있는, 몇십, 몇백 배 더 큰 얼음덩이다. 빙산의 일각, 그것이 의식의 세계다.

무의식의 세계는 엄청난 힘을 갖고 있는 능산적인 세계다. 반짝이는 수면은 환하고 상대적으로 평화롭다. 그래서 우리는 그 아래 깊고 어두운 곳에서 일어나는 것들을 보지 못한 채 바다를 평화롭게만 여기는데, 실은 전혀 그렇지 않다. 그 속은 살아 있는 것들 사이에 먹고 먹히는 숨가쁜 싸움이 일어나는 전쟁터요, 지각 변동과 거친 물살로 잠시도 가만히 있지 못하는 역동적 세계다. 무의식의 세계는 이렇듯 엄청난 에너지를 품고 있다.

이 심층의 무의식과 달리 표면의 의식은 매사 불안정하고 불완전하다. 제 힘과 의지로 할 수 있는 것이 아무것도 없기 때문이다. 인간도 마찬가지여서 그런 의식에 의존하는 한 완전하지 못하며, 그것을 필요로 하는 한 완전해질 수가 없다. 니체의 글이다.

> 의식된다는 것, '정신'이란 것을 우리는 유기체의 상대적 불완전성의 징후로, 시도와 모색과 실수로, 불필요하게 많은 신경 에너지가 소모되는 노력으로 간주한다. ― 우리는 무언가가 완전해질 수 있다는 것을 부정한다. 그것이 의식되도록 만들어지는 한에 있어서 말이다.[37]

그런데도 의식이 증대 일로에 있고, 의식이 명료해지면 명료해질수록 의식의 가치도 함께 자라난다는 믿음이 팽배해 있다. 심리학자와 철학자

---

37 KGW VI 3, 179쪽, *Der Antichrist*, 14 ; 니체전집 15, 229쪽, 《안티크리스트》, 14.

들이 으뜸으로 치는 것도 명료한 의식과 더없이 차가운 사유가 아닌가. 의식에 대한 이 같은 신뢰는 무의식에 대한 불신으로서, 치명적인 오해다. 니체는 누구보다도 명료하지 못한 표상을 저급한 표상으로 간주하는 심리학자들을 겨냥해, 어떤 것이 의식에서 멀어져 어둠 속에 묻힐 때 비로소 그것은 그 자체로 온전히 명료해질 수 있다고 했다.[38]

(2) 실증주의 비판

실증주의는 실험과 관찰을 통해 얻어진 검증 가능한 사실만을 인식의 근원으로 받아들이겠다는 것을 이념으로 19세기 전반에 전개된 운동이다. 이 운동에 참여한 사람들에게는 사실적인 것이 곧 실증적인 것이었다. 실증주의 운동을 선도한 콩트는 실증적인 것을 그렇게 정의하고, 그런 것으로 지각 가능한 현상과 객관적 실재를 들었다. 그리고 경험적 검증을 실증의 척도로 제시했다.

경험적으로 검증되지 않거나 그 같은 검증의 한계 밖에 있는 것은 현실적으로 아무 의미가 없다. 그 실재성을 시인도 부인도 할 수 없기 때문이다. 이 기준은 철학에도 그대로 적용되어, 경험적으로 검증할 수 없는 철학 이론이나 주장은 무의미한 것이 된다. 이렇게 되면 검증 가능한 과학적 지식만이 의미 있는 지식이 된다. 따라서 철학이 학문이 되려면 무의미한 사변을 배제하고 과학이 되어야 한다. 콩트 자신이 모범을 보였다. 그는 검증이 가능하지 않은 신의 존재, 사물의 본질과 사건의 근원, 존재 의미와 같은 형이상학적 사변을 철학에서 제외했다.

---

38 KGW VIII 1, 209쪽, 5[55] ; 니체전집 19, 256쪽, 5[55].

실증주의는 과학 시대의 산물이다. 콩트에 따르면 실증의 단계에 이르기까지 인간은 두 단계를 거쳐 왔다. 신학적 단계와 형이상학적 단계가 그것들이다. 신학적 단계는 물활론, 다신론, 일신론을 거치면서 전개되었다. 상상이 전부인 단계로서, 이 단계에서는 모든 것이 인격적 힘에 의해 설명된다. 형이상학적 단계에서는 인격적 힘 대신에 본질이니 실체니 하는 것들이 주제가 되며 상상 대신에 사변과 추리가 동원된다. 그러나 그런 것들 역시 경험적으로 검증할 길이 없다. 이 단계에서 인간은 경험을 넘어설 수 없고, 경험을 넘어서려는 것 자체가 어리석은 일임을 깨달으면서 형이상학적 추구가 무의미한 일임을 터득하게 된다. 그러면서 탐구의 대상을 실증적 사실로 한정하게 된다. 여기서 종교적 단계와 함께 형이상학적 단계가 극복되고 인간은 실증적 단계로 진입하게 된다.

자연과학을 모범으로 한 실증주의는 시대의 정신이 되어 곳곳에서 위력을 떨쳤다. 실증적인 것은 과학적인 것으로서 최고의 권위를 누렸으며 실증적이지 못한 것은 비과학적인 것이 되어 매도되고 배척되었다. 종교는 비웃음의 대상이 되었고 기존의 형이상학 역시 극복되어야 할 저급한 단계로 폄하되었다. 마침내 실증주의와 실증을 정신으로 한 과학은 하나의 신앙이 되었으며 우상이 되었다.

실증주의가 사실을 놓고 '여기까지가 전부'라고 선을 그었지만 사람들로 하여금 그 한계를 받아들이도록 하는 데 성공했다고는 말할 수 없다. 물론 그 한계를 받아들여 탐구의 대상을 실증적 사실에 국한한 학자들이 많았다. 그러나 실증적 사실이 전부인가 하는 의구심을 완전히 불식시키지는 못했다. 사람들은 실증주의 이념에 동감하면서도 여전히 자신의 존재와 사물의 본질, 그리고 신의 존재와 우주의 운행에 대해 알고 싶어 했고 실증주의자들이 무의미한 것으로 배척한 '사실' 뒤의 세계를 궁금해했다.

실증적 사실보다 근원적인 것이 있다는 반론도 일었다. 우리는 노동자가 흘린 땀을 실증적 사실로 받아들여 과학적으로 분석할 수 있다. 그러나 일에 임하는 노동자의 마음, 땀을 흘리면서 노동자가 느낀 성취감 따위는 분석 대상이 되지 않는다. 노동자의 땀에서 결정적인 것은 땀 그 자체가 아니라 노동의 동기와 결과다. 과학적 분석이 되지 않는다는 이유 하나로 그 같은 동기와 결과를 외면할 수 있는가. 정곡을 찌른 반론인지는 판단하기 어렵지만 당시 이런 유의 반론이 제기되고는 했다. 모든 것을 실증적 사실에 국한할 수는 없다는 것으로, 그 같은 반론에 실증주의가 내세운 과학의 정신과 방법만으로는 세계를 제대로 설명할 수 없다는 비판이 뒤따랐다.

앞에서 보았듯이 니체에게도 실증 과학에 대한 신뢰가 두드러지게 드러난 시기가 있었다. 그가 이성과 함께 실증의 정신을 재평가하게 된 1876~1882년의 시기로서 이때 쓰인 것에《인간적인 너무나 인간적인》말고도《아침놀》,《즐거운 학문》등이 있다. 이 시기에 무엇보다도 소크라테스에 대한 그의 평가가 달라졌다. 그때까지만 해도 그에게 소크라테스는 주지주의의 화신으로서 그리스 비극 문화의 생명력을 고갈시켜 서구 문화 전체를 빈사 상태로 내몬 장본인이었다. 그러나 실증 과학에 대한 신뢰 속에서 주지주의적 인식과 함께 비판적이고 분석적인 능력이 긍정적으로 평가되면서 소크라테스에 대한 니체의 시선은 눈에 띄게 관대해졌다. 이 같은 변화를 확인이라도 해주듯 그는《인간적인 너무나 인간적인》을 계몽 철학자 볼테르에게 헌정했다. 초기 작품인《비극의 탄생》을 반계몽주의 철학자 쇼펜하우어를 추종한 바그너에게 헌정했던 것과 극명한 대조를 이루는 일이었다. 그는《인간적인 너무나 인간적인》에

"자유로운 정신을 위한 책"이라는 부제를 달았다. 쇼펜하우어와 형이상학 일반의 미혹으로부터, 그리고 바그너풍의 심미적 관점으로부터의 해방을 상징적으로 보여주는 부제다. 이로써 니체는 계몽주의 사상가가 되었으며 그의 철학은 다분히 회의적 이성주의의 성격을 띠게 되었다.

학자들은 이 시기의 특징으로서 니체의 전에 없던 자연과학 편력을 든다. 이 무렵 그는 대단한 집념을 갖고 자연과학 여러 분야를 학습했으며 그 성과를 수용했다. 자연과학에 대한 관심은 그 이전에도 있었지만 말그대로 관심에 그쳤고, 그가 자연과학을 본격적으로 탐구하기 시작한 것은 이 시기에 들어서였다. 자연과학 탐구와 함께, 그때까지 그의 철학의 중심에 있었던 형이상학이 실증 과학에 자리를 내주게 되었다. 학자들은 이 무렵 그가 영국과 독일의 감각주의자와 경험론자, 그리고 실증주의자의 영향을 받았다고 본다.[39]

그러나 니체의 실증 과학에 대한 신뢰는 10년을 넘기지 못했다. 시간이 흐르면서 그는 실증주의의 한계와 실증주의에 의한 생의 빈곤화와 파괴에 눈뜨게 되었다. 그와 함께 검증 가능성 여부를 사태 파악의 절대 기준으로 삼으면서 실증주의가 사건 설명의 방법으로 삼고 있는 기계론으로는 세계가 있는 그대로 파악되지 않으며, 기계론이 오히려 검증 이전과 이후의 생생한 현실을 외면함으로써 생의 빈곤화와 파괴를 야기한다고도 보게 되었다. 이것이 그가 경험한 실증주의의 태생적 한계이자 해악이었다. 그에게는 더 이상 실증의 정신에 기대할 것이 없었다.

니체는 이후로도 자연과학에 깊은 관심을 가졌고 그 성과를 받아들이

---

39 A. Mittasch, *Friedrich Nietzsche als Naturphilosoph*(Stuttgart : Alfred Kröner Verlag, 1944), 45쪽 참고.

는 데 게으르지 않았지만 실증주의적 방식에 대해서만은 사뭇 비판적이었다. 끝내 그는 실증 정신의 군림 아래서 개별 과학이 과학 그 자체로 행세하고 있는 세태를 개탄하기에 이르렀다. 그 가운데 하나, 그는 과학의 시대를 맞아 역사학조차 과학의 하나가 되어 생 위에 군림하게 된 현실을 개탄했다. 그는 사람들이 그런 세태에 환호하고 있고 실제 그 같은 군림이 가능하겠지만, 그렇게 지배된 생에는, 지식이 아니라 본능과 강력한 환상이 지배했던 과거의 생보다 훨씬 적은 생이 들어 있고 미래를 위해서도 훨씬 적은 생을 보증하기 때문에 분명 많은 가치가 들어 있지 않을 것이라고 했다.[40]

니체에게 실증주의는 방법론 이상의 것이 아니었다. 물론 그도 방법론의 중요성을 잘 알고 있었다. 그 자신이 방법론적으로 잘 훈련된 문헌학자이기도 했다. 그러나 방법론은 방법론에 그쳐야 한다. 그렇지 않고 방법이 그 자체로 철학이 될 때 가공할 폐해가 따른다. 수단이 목적이 되면 고유 목적은 외면당하게 되기 때문이다. 그의 우려에도 불구하고 실증주의는 어느새 하나의 철학이 되어 있었다. 그는 이미 콩트에 의해 과학적 방법이란 것이 거의 철학으로 이해되고 있었다고 했다.[41] 과학에서 방법론은 과학에 기여하도록 되어 있다. 그 기여를 통해 과학이 승리하도록 도와야 한다. 그런데 방법론이 오히려 과학에 승리를 하고 만 것이다. 앞뒤가 바뀐 것으로서, 니체는 이 방법론의 승리를 19세기를 특징짓는 현상으로 받아들였다.[42]

---

40 KGW III 1, 294~295쪽, *Unzeitgemäße Betrachtungen*, Zweites Stück : Vom Nutzen und Nachtheil der Historie für das Leben 7 ; 니체전집 2, 348쪽, 《반시대적 고찰 II》, 삶에 대한 역사의 공과 7.
41 KGW VIII 2, 23쪽, 9[47] ; 니체전집 20, 32쪽, 9[47].

만연한 실증주의 풍조 속에서 니체는 실증주의가 존립 근거로 삼는, 신성불가침한 '사실' 자체라는 것부터 문제 삼았다. 실증주의를 바탕에 서부터 뒤흔든 셈인데, 사실이란 것은 존재하지도 않는다는 것이었다.

현상에 머문 채 '사실들Tatsachen이 있을 뿐'이라고 말하는 실증주의에 반대하여 말하리라. 그렇지 않다. 사실들은 없고 해석들이 있을 뿐이라고. 우리는 사실Faktum '자체'라는 것을 밝혀낼 수 없다. 그것을 밝혀내려는 것 자체가 터무니없는 일이리라.[43]

잠시도 쉬지 않고 변화하는 이 세계 어디에도 "이것이 사실"이라고 말할 수 있는 것은 없다. 사실이라고 규정할 만한 고정된 것이 있을 수 없기 때문이다. 그런데도 사실이란 것에 매달려 세계를 설명하려 드는 사람들이 있다. 바로 실증주의자들인데, 니체는 그런 사람들을 비하해 "이른바 실증주의자"라고 불렀다. "실제를 중시한다는 사이비 철학자"[44] 또는 "잡탕 철학자"[45]라고도 불렀다. 하는 짓거리가 난장에서나 볼 수 있는 뒤범벅과 구질구질함, 역겨움 정도라는 것이다.

실증의 눈으로는 사실을 일으키는 보다 근원적이며 본질적인 것을 보지 못한다. 그렇기 때문에 세계의 겉모습은 묘사할 수 있겠지만 세계를

---

42 KGW VIII 3, 236쪽, 15(51) ; 니체전집 21, 291쪽, 15(51).

43 KGW VIII 1, 323쪽, 7(60) ; 니체전집 19, 383쪽, 7(60).

44 KGW VI 2, 17쪽, *Jenseits von Gut und Böse*, Erstes Hauptstück : von den Vorurtheilen der Philosophen 10 ; 니체전집 14, 26쪽, 《선악의 저편》, 제1장 : 철학자들의 편견에 관하여 10.

45 같은 책, 135쪽, Sechstes Hauptstück : wir Gelehrten 204 ; 같은 책, 171쪽, 제6장 : 우리 학자들 204.

내면으로부터 파악해 설명하지는 못한다. 니체는 묘사와 설명을 엄격히 구분했다. 그리고 철학의 소임은 세계 묘사가 아니라 설명에 있다는 점을 강조했다. 철학자라면 세계 설명을 위해 진력해야 한다. 그리고 그러려면 먼저 과학의 탈을 쓰고서 시대를 풍미하고 있는 실증주의를 넘어서야 한다. 실증이라는 새로운 우상을 파괴해야 한다.

(3) 과학지상주의 비판

니체 당시 자연과학은 전성기를 맞고 있었다. 생물학에서는 진화론과 세포학이 확립되었으며 파스퇴르와 코흐에 의해 미생물학 분야가 개척되었다. 의학에서는 세균학과 면역학이 체계화되었다. 화학에서는 화학 합성물이 발명되고 멘델레프에 의해 원소의 주기율이 발견되었다. 물리학에서는 빛과 전기 분야에서 획기적인 이론들이 나왔다. 특히 헬름홀츠와 마이어 등에 의해 에너지 이론이 확립되면서 공간과 시간을 에너지의 운동으로부터 재론하게 했다. 자연과학의 이 같은 발전은 기술의 괄목할 만한 진보를 가져왔다. 사람들은 그 성과에 매료되었으며 그와 함께 과학 기술을 무한히 신뢰하게 되었다. 이 같은 신뢰에서 만연하게 된 것이 과학지상주의였다.

근대 자연과학의 기초가 된 것은 일체의 자연 현상을 인과 법칙에 따라 해석하는 기계론이었다. 기계론에 의하면 모든 사건은 주어진 원인에 의해 촉발된다. 원인이 결과를 낳고, 그 결과가 새로운 원인이 되어 또 다른 결과를 낳는다. 사건은 이렇듯 뒤에서 앞으로 밀어내는 모양새로 진행된다. 도미노 게임을 떠올리면 될 것이다. 이때 결정적인 것은 원인이다.

기계론이 대항해 싸워온 것이 목적론이었다. 목적론에서는 인간 행위를 포함해 일체의 자연 현상을 목적 연관에서, 즉 주어진 목적을 향해 움직이는 통일적 활동체로 본다. 이때 결정적인 것은 목적이다. 눈앞의 목적에 의해 추동되는 운동으로서 이 운동은 앞에서 끌어당기는 모양새로 진행된다. 결승점을 향해 달리는 마라톤 선수를 떠올리면 될 것이다.

중세까지만 해도 우세했던 것은 단연 목적론이었다. 그 효시로 간주되는 것이 플라톤의 이데아론과 아리스토텔레스의 엔텔레케이아이지만, 우주 내 모든 것이 알파에서 오메가를 향해 합목적적으로 움직인다는 그리스도교 세계관도 목적론의 하나다. 목적론은 그러나 근대에 와서 심대한 도전을 받게 되었다. 케플러, 갈릴레이, 뉴턴 등에 의해 고전 역학이 확립되면서 기계론이 보다 유력한 자연 해석 방식으로 자리 잡게 된 것이다.

근대 기계론은 물질세계는 연장(延長), 운동, 정지라는 세 개념에 따라 수학적으로 정교하게 재구성될 수 있다고 확신한 데카르트에게서 절정에 이르렀다. 그는 모든 것을, 심지어 생명 현상까지도 기계적으로 설명했다. 개나 말과 같은 짐승도 복잡한 것이기는 하지만 인과 법칙의 지배를 받는 자동 기계에 불과하다고 본 것이다. 이를테면, 혈액 순환은 도관에 의한 기계적 운동이고, 심장 역시 뜨거운 기계의 하나라고 봐야 한다는 것이었다. 개는 누군가에게 밟히면 소리 내어 짖는다. 데카르트는 이것도 바람을 넣고 건반을 두드렸을 때 오르간이 소리를 내는 것과 같은 기계적 이치라고 했다. 이렇게 되면 원인과 결과로 설명되는 물리적 법칙이 있을 뿐 생물학적 법칙은 존재하지 않게 된다. 실제 데카르트는 오늘날 생물학에 속해 있는 영역들을 물리학에 흡수해버렸다. 연장(延長)을 갖고 있지 않은 사유의 주체이기도 하다는 이유로 인간을 예외로 했을 뿐이다. 스피노자는 한 걸음 더 나갔다. 그는 자연을 설명하면서 목적을 끌어들일 필요가 없다고 했다. 그 어떤 예외도 인정하지 않은 그는 기쁨이나 슬픔 같은 인간의 감정 역시 자연의 필연성에 따라 한 치의 차질 없이 일어난다고 주장했다.

이후 기계론의 입지가 확고해졌지만 비판도 뒤따랐다. 무엇보다도 그 토대인 인과 법칙이 비판의 표적이 되었다. 인과 법칙이란 존재하지 않는 허구에 불과하다는 것이었다. 모든 것이 인과 법칙에 따라 기계적으로 일어난다면 우리는 원인에서 결과를 예측할 수 있어야 하는데 그렇지는 않은 경우가 많다. 콩 심은 데 콩이 난다고 한다. 콩을 심는다는 원인 행위가 밝혀지면 우리는 그 줄기에 콩이 열린다는 결과를 알 수 있다. 마찬가지로 기계론자들의 주장대로 지금 일어나는 사건이 원인이 되어 어떤 결과를 초래하도록 되어 있다면 우리는 그 사건으로부터 결과를 내다볼 수 있어야 한다. 오늘이 내일의 원인이 된다면 우리는 내일 일어날 일을 알 수 있어야 하는 것이다. 그러나 우리는 내일이, 내일의 내일이 어떻게 진행될지에 대해 아는 바 없다.

기계론에 대한 이 같은 비판이 제기되자 학자들 사이에서 조정과 타협이 모색되었다. 그 가운데 하나가 기계론의 통용 범위를 과거의 일로 한정하자는 것이었다. 미래를 예측할 수는 없지만 돌이켜보면 일이 왜 그렇게 전개될 수밖에 없었는지 그 이유를 댈 수 있다. 어제 습도가 높았다. 그것은 이전에 비가 왔기 때문이고, 비가 온 것은 기압이 낮아 구름들이 몰려들었기 때문이다. 뒤를 돌아보면 이렇듯 그럴 수밖에 없는 원인이 드러난다. 이것이 기계론을 회고적 관점으로 한정하자는 주장의 근거다.

기계론의 통용 범위를 현상의 세계로 한정하자는 주장도 제기되었다. 세계를 본질인 의지의 세계와 표상의 세계로 나눈 쇼펜하우어는 사실 진리의 영역인 표상의 세계는 충족이유율의 지배를 받는다고 했다. 충족이

유율은 모든 것에는 합당한 이유와 근거가 있어 원인과 결과에 의해 규정된다는 것을 말한다. 그는 이와 달리 본질의 세계는 물자체의 세계로서 그 어떤 시·공간의 규정도 받지 않기 때문에 인과의 지배 영역 밖, 기계론 통용 범위 밖이라고 했다.

기계론의 적용 범위를 물질의 세계에 한정하자는 주장도 나왔다. 세계를 물질의 세계와 의식의 세계로 나눈 베르그송의 주장이다. 물질과 달리 질적인 변화, 곧 새로운 질(質)을 끊임없이 생성하는 의식의 세계는 기계론으로 설명되지 않는다는 것이다.

물론 완고한 기계론자들은 이 같은 조정과 타협을 받아들이지 않는다. 본질의 세계가 있고 물질에 반하는 의식의 세계가 따로 있다는 주장이 있지만, 우리에게 주어진 것은 경험적 사실뿐이기 때문에 그것을 현상의 세계라 부르든 물질의 세계라 부르든 바로 그 경험적 사실에서 출발할 수밖에 없다는 것이다. 또 내일 일어날 일을 알 수 없다는 이유로 기계론을 반박하지만, 그것은 원인이 되는 오늘 일을 제대로 파악하지 못했기 때문일 뿐, 오늘 일을 제대로 파악할 수만 있다면 내일 어떤 일이 일어날지에 대한 예측도 가능하다는 것이다. 거기에다 의식의 흐름 역시 기계적 흐름으로 충분히 설명될 수 있다는 반론이다.

기계론인가 목적론인가는 존재하는 것의 총체로서의 세계의 존재와 세계의 운행 방식을 탐색하던 니체에게도 문제가 되었다. 그러나 이 문제와 오래 실랑이하지는 않았다. 힘에의 의지를 존재의 본질로 받아들이고 영원회귀를 우주 운행의 원리로 받아들이게 되면서 기계론과 목적론 그 어느 것도 받아들일 수 없게 되었기 때문이다. 기계론은 사태를 원인과 결과라는 계기로 나누어 정지시켜놓고 봄으로써 힘에의 의지에 의해 추동되는 역동적 세계를 원자화해 파괴한다는 이유에서, 목적론은 영원회귀하는 우주 운행에 목적이라는 것은 있을 수 없다는 이유에서였다. 이 가운데 그가 근대 실증 과학을 비판하면서 심혈을 기울여 논박한 것은 단연 기계론이었다. 목적론도 논박하게 되지만, 그것은 우주 운행에 대한 논의에서였다.

니체의 기계론 거부는 인과 법칙 거부의 귀결이다. 인과 법칙은 원인과 결과라는 두 대상이나 사상(事象) 또는 사태 사이에 성립한다. 그동안 쟁점이 되어온 것이 자연에서 관찰되는 두 사상 또는 사태 사이의 관계가 개연적인 것인가, 아니면 이성이 필연성을 보증해주는 필연적인 것인가 하는 것이었다. 필연적일 경우 인과 법칙은 성립한다.

이 문제를 본격적으로 제기한 것은 흄이다. 그에 따르면 연속해서 일어나는 두 대상으로부터 우리는 서로 다른 인상을 받으며, 그런 인상을 반복해서 받을 때 이른바 접근의 원리라는 것에 의해 한 대상이 다른 대상으로 이행했다는 인상을 받게 되고, 두 대상 사이에 그럴 수밖에 없는 필연성이 존재한다고 믿게 된다. 이 믿음에서 원인과 결과라는 필연적 연결 관념인 인과 관념이 생겨난다. 이렇게 되면 인과 관념은 경험의 반복을 통한 습관의 산물로서, 우리가 마음속에 갖고 있는 주관적 신념에 불과한 것이 된다.

니체도 인과 관념을 비판해 인과 관념이란 사건을 그렇게 말고는 달리 볼 수 없는 우리의 무능력과 주어와 술어로 되어 있는 언어의 사용, 그리고 안정을 희구하는 심리적 요청의 산물에 불과하다고 했다. 이를테면, 어떤 사건을 볼 때 우리는 그것의 경과 뒤에 그것을 일으키는 뭔가가, 아니면 어떤 의도가 있다고 믿는다. 그리고 그 뭔가와 의도로부터 사건의 경과를 해석한다. 사건을 달리 해석할 수 없기 때문인데, 니체는 습관에서라기보다는 이 같은 무능력에서 원인과 결과에 대한 확고한 신념이 생겨난다고 했다.[46] 원인과 결과에 대한 이 같은 신념이 일상화되어 굳어진 것이 바로 인과 법칙이다. 그러면서도 그는, 습관에서 우리는 어떤 경과가 다른 경과를 따른다고 믿게 된다고 본 흄이 옳았다고 했다.[47]

인과 관념을 산출하는 언어 사용이란 어떤 것을 말하는가. 니체는 주어와 술어로 되어 있는 판단에 원인과 결과에 대한 깊은 신념이 숨어 있다고 보았다. 주어 부분이 행위자로, 그리고 술어 부분이 행위로 간주되면서 원인과 결과에 대한 신념이 생겨난다는 것이다. 그러니까 인간의 행위의 경우, 인간이 행위 주체로서 원인이 되고 행위가 결과가 되어, 주체의 의도로부터 모든 사건을 설명하게 된다는 것이다.

물론 이것은 행위를 일으키는 원인으로서 행위자가 따로 존재할 때의 이야기다. 변화만을 실재적인 것으로 받아들인 니체는 그 같은 행위 주체는 없고 행위가 있을 뿐이라고 했다. 판단에서도 그렇다. 행위자란 문법적 구조에서 기인하는 허구일 뿐이다. '비가 온다'를 독일어에서는 es regnet라 하고 영어에서는 it is raining이라고 한다. 그러나 실제 우리가 경험하는 것은 regnen(regnet의 원형) 또는 raining이라는 작용뿐이다. 그 뒤에 누가 또는 무엇이 있어 비를 내리게 하는 것이 아니다. 그런데도 판단 형식에 따라 우리는 주어를 상정하게 되고, 주어를 상정하는 순간 그것이 행위자가 되어 작용을 일으킨다고 믿게 된다. 행위자가 드러나 있지 않을 때는 가주어까지 동원된다. 주어 없이는 말이 되지 않고 문장이 되지 않기 때문이다. 위의 es와 it이 그 같은 가주어다.

어떤 것을 주어라고 말할 수 있기 위해서는 어떤 항구적인 것이 전제

---

46 KGW VIII 1, 99~101쪽, 2[83] (7) ; 니체전집 19, 126~128쪽, 2[83] (7).
47 같은 책, 100쪽 ; 같은 책, 127쪽.

되어야 하는데, 니체에 따르면 잠시도 쉬지 않고 변화하는 이 세계 어디에도 존재하지 않는 것이 그런 것이다. 그런데도 사람들은 판단 형식에 따라 변화를 일으키는 것과 변화를 하는 것을 나누어왔고, 그런 눈으로 스스로는 움직이지 않으면서 세계를 움직이는 본질의 세계와 변화하는 현상의 세계로 세계를 나누어왔다. 이것은 주어 중심 언어에서 두드러진 현상이다.

술어의 역할이 더 컸던 때가 있었다. 세계가 역동적으로 체험되던 때로서 그때만 해도 세계는 운동 속에서 파악되었으며 주객의 대립이 분열로까지는 이어지지 않았다. 그러다가 인간의 자의식과 함께 주체 감정이 발달하고, 그에 따라 언어에서 주어의 역할이 커지면서 상황이 바뀌었다. 니체는 주어, 주체 감정은 기억과 상상으로써 "같은 사물의 세계"를 건설해가는 정도에 따라 자라났다고 했다.[48] 그와 함께 말과 문장에서 주어의 역할이 점점 커졌고 주어에 해당하는 것이 원인이 되어 결과를 일으킨다는 인과 관념이 보다 깊이 뿌리를 내리게 되었다고 했다. 그러면서 여전히 강화되는 추세에 있는 것이 언어에서의 주어의 역할이기 때문에 인과 관념의 뿌리는 더욱 깊어질 것이라고 전망했다.

인과 관념을 산출하는 심리적 요청이란 어떤 요청을 말하는가. 우리에게는 낯선 것을 두려워하는 경향이 있다. 그래서 눈에 익지 않은 것과 마주칠 때 혹시 그 속에 낯설지 않은, 눈에 익은 옛것이 있지 않나 찾아보게 된다. 용케 그런 것을 찾아내면 낯선 것에 대한 두려움은 그만큼 감소된다. 그러면서 낯설지 않은 옛것에서 낯선 새것이 생겨났다고 믿게 된다. 여기서 낯설지 않은 것은 원인이 되고, 낯선 새로운 것은 결과가 된

---

48 KGW V 1, 616쪽, 6[349] ; 니체전집 11, 372~373쪽, 6[349].

다. 원인이 밝혀진 만큼 우리는 사건의 전말을 알게 되고, 그 진행을 필연적인 것으로 받아들이게 되면서 그만큼 안도하게 된다.[49]

인과 관념은 이렇듯 무능력, 언어 사용과 심리적 요청에서 산출되는 허구에 불과하다. 실제 세계에서는 그 어떤 사건도 다른 것에 의해 일어나지 않으며 다른 것을 일으키지 않는다. 니체에 의하면 힘의 크기가 서로 다른 요소들 간의 싸움이 있을 뿐이고 순간순간 그에 따른 힘의 재배치가 있을 뿐이다. 우리는 사건을 흐름 속에서 관찰한다. 그러나 뒤에 일어난 사건은 그 이전의 사건과 근본적으로 다른 것으로서, 앞의 것을 원인으로 한 결과가 아니다.[50]

사건을 단절 없이 생생하게 체험하려면 우리는 먼저 습관 따위로 굳어 있는 인과 법칙 선입견에서 벗어나 사건의 경과를 불가분한 지속으로 받아들여야 한다. 사건은 분리 가능한 계기들로 되어 있지 않다. 달리 말해, '이것이 원인' 또는 '결과'라고 말할 수 있는 계기들로 되어 있지 않다. 니체는 만약 어떤 예지적 존재가 있어 원인과 작용이라는 것을 우리 방식에 따라서 자의적으로 분할 분리된 계기로 보지 않고 지속 속에서 본다면, "그런 존재는 사건의 흐름을 보게 될 것이고 원인과 작용이라는 개념을 물리칠 것이며 모든 조건이 부여되어 있는 상태를 거부할 것"[51]이라고 했다. 선후 관계의 규칙성이란 것도 그렇다. 니체에 따르면 그것 역시 회화적 표현에 불과하다.[52]

---

49 KGW VIII 3, 68쪽, 14〔98〕 ; 니체전집 21, 89쪽, 14〔98〕.
50 같은 책, 65쪽, 14〔95〕 ; 같은 책, 85쪽, 14〔95〕.
51 KGW V 2, 151쪽, *Die fröhliche Wissenschaft*, Drittes Buch : 112 ; 니체전집 12, 190쪽, 《즐거운 학문》, 제3부 : 112.
52 KGW VIII 1, 135쪽, 2〔142〕(30) ; 니체전집 19, 168쪽, 2〔142〕(30).

기계론이 기반으로 하는 것이 규약적 허구에 불과한 이 인과 법칙이다. 그런 기계론으로 할 수 있는 것은 운동을 도식에 따라 묘사하는 것 정도다. 운동의 근원은 밝혀내지 못한다. 또 미시적 관찰로 일관하는 나머지 부분 하나하나를 통일시키는 요소는 보지도 못한다. 그런 기계론은 불완전하며 잠정적인 가설 이상이 아니다.[53] 기계론을 논박하면서 니체는 그것이 전제로 하는 물질의 존재도 부정했다. 그에 의하면 물질이란 인간 감각에만 주어지는 것으로서 주관의 형식에 불과하다. 물질이 그렇다면 그 기본 단위인 원자도 마찬가지다. 원자 역시 의식-관점주의의 논리에 따라 추론된 주관적 허구일 뿐이다.[54]

기계론도 목적론도 아니라면 이 세계를 설명할 길은 없는 것일까. 목적론과 기계론이 전부인가. 그렇지 않다. 또 다른 설명 방식이 있다. 역본설이다. 역본설은 모든 존재와 생기의 근원을 질량이나 운동으로 환원할 수 없는 힘과 힘의 작용으로 보는 자연관이자 세계관이다. 힘으로써 모든 것을 설명하는 역본설에서는 물질의 존재가 인정되지 않는다. 이 역본설은 지난 몇 세기에 걸쳐 힘과 에너지 이론이 확립되면서 세계 설명 방식의 하나로 주목을 받게 되었다. 기계론과 목적론을 물리친 힘의 철학자 니체는 이 역본설에 주목해, 거기서 세계 설명의 길을 찾게 되었다. 그는 1873년에서 1875년에 이르는 시기에 대표적 역본론자인 보슈코비치R. J. Boscovich의 이론을 섭렵했다. 보슈코비치는 물질의 존재를 부인하고 원자를 연장을 갖고 있지 않은 힘의 점들로 설명한 학자였다. 이후 니체는 힘 이론 일반을 천착했고, 그 과정에서 원자를 물질의 단위가 아

---

53 KGW VIII 3, 168쪽, 14〔188〕5） ; 니체전집 21, 211쪽, 14〔188〕5).
54 같은 책, 165쪽, 14〔186〕 ; 같은 책, 207쪽, 14〔186〕.

니라 힘의 점으로 받아들이는 한편 일체의 존재와 생기를 힘과 힘의 작용으로 받아들이게 되었다. 그리고 거기에 보다 많은 힘이라는 지향을 보태 힘에의 의지라는 우주적 원리를 완성했다.

기계론과 함께 물질의 존재를 거부함으로써 니체는 당시 그것들로 무장해 기세등등하던 자연과학과 자연과학 만능 풍조에 일격을 가했다. 그는 자연과학이 세계를 '설명'할 수 있다는 믿음부터 논박했다. 물론 이로써 그가 자연과학 자체를 거부한 것은 아니었다. 그가 거부한 것은 기계론에 의한 생성의 파괴와 과학에 대한 맹신에서 오는 폐해였을 뿐이다. 그는 전체적으로 볼 때 자연과학에 개방적이었다. 비판적인 관점에서이기는 했지만 그는 자연과학의 성과를 폭넓게 받아들였다. 그가 수용한 에너지 이론은 물론 그 전제를 받아들이게 될 다윈의 진화론도 당시 최신 자연과학 이론들이었다.

2. 생(명)

추상과 배제, 그리고 단절을 통해 생을 파괴해왔다는 이유로 이성주의의 독단과 실증주의의 독선, 그리고 과학지상주의의 오만을 성토한 니체는 그런 것들에 의해 파괴된 생을 되살려 존재의 의미이자 가치의 원천으로 복권시키고 세계를 원래의 세계로 복원하는 것을 오늘을 사는 인간에게 주어진 시대적 소명으로 받아들였다. 생은 이때 일차적으로 생물학적 현실인 생명을 가리킨다.

생명은 흔히 생명이 아닌 물질과의 대비를 통해서, 그러니까 생명에는 있지만 물질에는 없는 특성들을 통해서 정의되어왔다. 학자들은 그런 특성으로 체제의 특이성, 대사 활동, 생장, 생식, 적응 따위를 꼽아왔다. 이 것이 생명에 대한 교과서적 정의다. 이에 대해, 생명과 물질 사이의 경계가 모호할 뿐만 아니라 이들 사이에 질적 차이가 있다고 볼 수 없다는 반론이 제기되어왔다. 거기에다 생명의 고유성을 인정하지 않고 모든 것을 물질로 환원하는 유물론이 있고, 반대로 물질의 고유성을 인정하지 않고 모든 것을 생명과 영혼을 거쳐 정신으로 환원하는 유심론도 있다.

물질의 존재를 인정하지 않은 니체는 모든 것이 비물질적인 힘에의 의지로 환원된다고 보았다. 그리고 그 의지를 통해서 생명을 포함한 모든 것을 설명했다. 그에 앞서 세계의 본질을 의지로 규정하고 의지를 통해서 모든 것을 설명한 철학자가 쇼펜하우어였다. 그는 의지가 표상의 세계에서 다양하게, 이를테면 인간에게서는 의지로, 식물에게서는 생명력으로, 그리고 무기물의 세계에서는 지력과 중력 같은 자연력으로 객관화된다고 했다. 의지가 어떻게 객관화되는가에 따라 우리가 말하는 의지와 생명력이 되기도 하고 물리적 힘이 되기도 한다는 것이다. 니체에게 있어서도 마찬가지여서, 본질은 힘에의 의지 하나이지만 그 의지는 어떻게 구현되는가에 따라 생명과 생명 아닌 것의 형태를 띠게 된다. 그도 생명 아닌 것을 가리킬 때 물질이란 말을 종종 썼다. 그러나 논의를 위한 기술적 고려 이상은 아니었다. 그가 보다 즐겨 쓴 말은 유기체와 무기체였다. 물질의 존재를 인정하지 않은 그로서는 그것이 최선의 선택이었을 것이다.

모든 것을 힘에의 의지로 환원한 니체에게서도 생명과 생명 아닌 것의 구분은 이렇듯 가능하다. 물론 그 구분이 절대적인 것은 아니다. 생명이건 생명이 아니건, 그 본질인 힘에의 의지에서 볼 때는 하나이기 때문이다. 이에 니체는 생명을 생명 아닌 것, 즉 죽음과 대립시켜 말하는 일이

없어야 할 것이라고 했다.[55]

그 구분이 절대적인 것은 아니지만 니체는 니체대로 생명이 무엇인가에 대한 뚜렷한 기준을 갖고 있었다. 생명 아닌 것에 없는 고유성을 생명(유기체)에게 인정한 것인데, 그가 생명의 고유성으로 든 것이 경험의 축적[56], 팽창과 영양 섭취, 성장과 증식 따위다.[57] 또한 그는 생명의 고유성으로서 성장, 지속, 힘Kraft의 축적과 힘Macht에 대한 본능을 들기도 했다.[58] 이는 당시의 생명에 대한 과학적 이해를 반영하는 것으로, 새로울 것이 없는 규정이다. 체제의 특이성, 생장, 생식, 대사 활동 등으로 되어 있는 오늘날의 생명에 대한 정의에서도 크게 벗어나지 않는다.

니체는 유기체가 판단과 행동에서 예술가와 같다고도 했다. 개개의 고무와 자극으로부터 전체를 창조한다는 점에서, 많은 개별적인 것들은 외면하는가 하면 단순화를 창조하고 동일시하며, 그렇게 해서 만들어진 창조물을 존재하는 것으로 긍정한다는 점에서 그렇다. 그러면서 그는 뭔가를 자기 것으로 만들고 선택하는 것, 변형의 힘을 지닌 요소, 자기 규제적 요소, 잘라내기 따위를 창조적인 것으로 들었다.[59]

경험을 축적하고 팽창해 성장하고 증식하려는 생명은 힘에의 의지 그 자체다. 그런 의미에서 힘에의 의지가 생명에게는 본질이 된다.[60] 실제

---

55 KGW V 2, 146쪽, *Die fröhliche Wissenschaft*, Drittes Buch : 109 ; 니체전집 12, 185쪽,《즐거운 학문》, 제3부 : 109.

56 KGW VII 1, 424쪽, 12〔31〕; 니체전집 16, 533쪽, 12〔31〕.

57 KGW V 2, 145쪽, *Die fröhliche Wissenschaft*, Drittes Buch : 109 ; 니체전집 12, 183쪽,《즐거운 학문》, 제3부 : 109.

58 KGW VI 3, 170쪽, *Der Antichrist*, 6 ; 니체전집 15, 219쪽,《안티크리스트》, 6.

59 KGW VII 2, 93쪽, 25〔333〕; 니체전집 17, 126쪽, 25〔333〕.

60 KGW VI 2, 332쪽, *Zur Genealogie der Moral*, Zweite Abhandlung : "Schuld", "schlechtes Gewissen", Verwandtes 12 ; 니체전집 14, 423쪽,《도덕의 계보》, 제2논문 : '죄', '양심의 가

생명이 있는 곳 어디에서나 볼 수 있는 것이 그 같은 의지다.[61] 생명은 보다 많은 힘의 확보를 위해 분투한다. 이때 불가피한 것이 자신을 위협하는 외부 환경과의 갈등, 그리고 같은 의지를 불태우고 있는 다른 생명과의 충돌이다. 여기서 치열한 싸움이 벌어진다. 싸움에서 적대적인 환경과 경쟁자를 제압하지 못하면 생명은 도태되어 자리를 내놓아야 한다. 생명은 이렇듯 싸움을 통해 자신을 전개해간다. 그런 생명에게는 싸움을 포기하는 것이 생명을, 니체의 말로 한다면 위대한 생명을 포기하는 것이 된다.[62] 여기서 싸움은 신성시되고 힘의 증대는 최고의 덕목이 된다.

보다 많은 힘을 확보하기 위해 분투하는 생명은 매정하며 가혹하다. 타협을 모른다. 생명은 이질적인 것과 보다 약한 것을 가차 없이 제압해 자신의 것으로 만든다. 냉혹하게 자신의 형식을 강요함으로써 다른 것들을 자신에게 동화시켜나가는 것이다. 이는 일종의 착취로서[63], 도덕의 안목에서 볼 때 단연 비도덕적이라 하겠다.[64] 그러나 생명은 자연이 그렇듯이 도덕 이전의 것으로서 도덕과는 처음부터 무관하다. 하늘이나 별들이 그렇듯이 생명 또한 도덕적 규정을 받지 않는다.

힘에의 의지를 본질로 하는 생명의 힘은 좀처럼 억제되지 않는다. 잠시 억제된 듯하다가도 기회가 주어지면 곧바로 폭발하는 것이 그것이다.

책' 그리고 그와 유사한 것들 12.

책' 그리고 그와 유사한 것들 12.

61 KGW VI 1, 143쪽, *Also sprach Zarathustra*, Zweiter Teil : Von der Selbst-Ueberwindung ; 니체전집 13, 192쪽, 《차라투스트라는 이렇게 말했다》, 제2부 : 자기극복에 대하여.

62 KGW VI 3, 78쪽, *Götzen-Dämmerung*, Moral als Widernatur 3 ; 니체전집 15, 108쪽, 《우상의 황혼》, 반자연으로서의 도덕 3.

63 KGW VI 2, 217쪽, *Jenseits von Gut und Böse*, Neuntes Hauptstück : was ist vornehm? 259 ; 니체전집 14, 273쪽, 《선악의 저편》, 제9장 : 고귀함이란 무엇인가? 259.

64 KGW III 1, 13쪽, *Die Geburt der Tragödie*, Versuch einer Selbstkritik 5 ; 니체전집 2, 18쪽, 《비극의 탄생》, 자기 비판의 시도 5.

날씨가 풀리면서 언 땅을 뚫고 나오는 들녘의 새순들, 밟고 밟아도 주저 앉지 않고 몸을 일으키는 억센 잔디, 척박한 땅 깊이 뿌리를 내리고는 사 방팔방으로 가지를 내뻗는 나무, 하늘 높이 힘차게 비상하는 독수리, 먹 이를 향해 돌진하는 맹수, 거센 물살을 거슬러 오르는 물고기 등에서 우 리는 지칠 줄 모르고 분출하는 생명의 힘을 본다.

생명은 한마디로 약동하는 힘이다. 끝없이 성장하고 팽창하는 생명 은 차고 넘치는 힘을 주체하지 못해 낭비까지 한다. 생명은 풍요 그 자체 다.[65] 이 약동하는 힘과 풍요 속에서 생명은 자신을 긍정하며 세계를 긍 정한다. 우리는 이 같은 생명에서 생기와 패기를, 청량한 기운을 느끼며, 풍요에서 오는 기쁨과 경이를 경험한다. 여기서 생명은 기쁨이 솟아오르 는 샘이 된다.[66]

생명체인 인간에게 생명 이상으로 직접적인 현실은 없다. 인간에게는 생명이 알파요 오메가이고, 생명이 전부라고 말할 수 있다. 그런 생명을 위협하는 것들이 있다. 힘을 빼앗아 탈진시킴으로써 생명을 궁핍하게 만 드는 것들이다. 생명의 적으로서, 그런 적은 생명 외부에도 있고 내부에 도 있다. 외부의 위협은 환경이나 경쟁자로부터 온다. 외부의 적들로서 이들과의 싸움에서 패하면 생명은 파멸한다. 앞서 이야기한 대로다. 생 명은 이들 외부의 적을 두고 한시도 방심하지 못한다. 그 위협에 맞서 힘 을 모아 응전하게 되는데 그럴 때 이 응전이 생명에게 도약의 발판이 되 기도 한다. 힘에의 의지에 불을 붙여 발분케 한다는 점에서 그렇다. 외부

65 KGW VI 3, 114쪽, *Götzen-Dämmerunng*, Streifzüge eines Unzeitgemässen 14 ; 니체전집 15, 153쪽,《우상의 황혼》, 어느 반시대적 인간의 편력 14.
66 KGW VI 1, 120쪽, *Also sprach Zarathustra*, Zweiter Theil : Vom Gesindel ; 니체전집 13, 161쪽,《차라투스트라는 이렇게 말했다》, 제2부 : 잡것들에 대하여.

의 위협은 이렇듯 생명에게 촉진제가 되어 생명의 전개를 돕기도 한다. 그러나 이는 그 위협에 맞설 때의 이야기다.

치명적인 위협은 내부에서 온다. 전의를 꺾어 의기소침케 하는 것, 자기 학대와 부인을 통해 생명의 퇴화를 가져오는 것, 말하자면 경험의 축적과 팽창, 성장과 지속을 가로막음으로써 생명의 위축을 가져오고 끝내 생명을 뿌리째 고사시켜 기쁨이 아니라 슬픔 속에서 생을 비관하도록 사주하는 내부의 적에게서 온다. 이 내부의 적은 인간에게만 있는 것, 인간이 본능에 따른 자연적 삶에서 벗어나면서 갖게 된 질환이다. 이 질환 앞에서 생명은 비탄이 샘솟는 샘이 된다.

인간은 오래전부터 이 질환을 앓아왔다. 아직도 곳곳에서 들리는 것이 그 신음 소리다. 이를 두고 니체는 이 대지가 인간이라는 병든 동물로 말미암아 피부병을 앓고 있다고 했다.[67] 이처럼 인간을 내부로부터 병들게 함으로써 생명을 쇠잔케 하는 것을 니체는 "생에 적대적인 것das Lebensfeindliche"이라고 불렀다.

그러면 생에 적대적인 것으로는 무엇이 있나. 크게 세 부류를 생각해볼 수 있다. 첫째 부류는 앞서 다룬 이성, 의식 따위의 정신적 기능이다. 다시 말하면 생명의 에너지인 본능과 충동을 통제하고 억눌러 생명을 빈사 상태로 내몰아온 것들이다. 생을 탈색시켜 창백하게 만들어온 문화와 생을 파헤쳐 교란시켜온, 학문에서 말하는 개념적 삶이라는 것도 이 부류에 속한다. 둘째 부류는 이 땅에서의 생을 외면하도록 사주해온 초월적 이상이다. 그 전형이 두 세계 이론을 펴 가상의 또 다른 세계를 동경하도록 하고 구체적 현실인 이 땅에서의 생을 그에 대한 대가로 치르도

---

67 같은 책, 164쪽, Von grossen Ereignissen ; 같은 책, 221쪽, 크나큰 사건에 대하여.

록 사주해온, 이 땅에서의 생을 보다 낮은 현실로 받아들여 외면하도록 가르쳐온 플라톤 유의 형이상학과 그리스도교 교의다. 생을 지탱하는 무게중심을 생 안에 두는 대신 생 밖 저편의 세계, 무의 세계로 옮김으로써 생으로부터 그 무게중심을 제거해버린 가르침들이다.[68] 셋째 부류는 선과 악, 정의와 불의 같은 반자연적 가치로 족쇄를 채워 생을 학대해온 온갖 도덕적 규범들이다. 생명의 원리인 싸움과 착취, 그리고 파괴 따위를 반도덕적인 것으로 규정함으로써 생을 중상해온 것들이다.

어느 때보다도 이들 적대적인 것을 앞에 두고 있는 것이 생이다. 지식 시대에 진입하면서 이성이 최고 권위를 누리고 있고, 플라톤 유의 형이상학과 그리스도교의 가르침도 흔들리고 있다고는 하지만 여전히 위세를 떨치고 있다. 거기에다 평등한 세상이 도래하면서 그것을 지탱해줄 규범으로 집단의 도덕이 강조되고 있다.

온전한 생명을 누리려면 우리는 이들 적대적 세력을 극복해야 한다. 이를 위해 먼저 할 일이 그러한 것들과 일전을 벌이는 것이다. 생명에게는 성전이 될 것이다. 니체는 앞장서서 생에 적대적인 것으로 판단된 모든 것에 선전을 포고했다. 무능력과 해악을 들어 이성 따위에 재갈을 물렸으며, 플라톤 유의 초월적 이념과 그리스도교의 초월적 신앙의 죽음을 선언하는 한편 선과 악을 축으로 한 도덕을 파헤쳐 그것의 허구를 낱낱이 드러냈다. 이성 따위와 벌인 니체의 싸움을 우리는 앞에서 살펴보았다. 남아 있는 것은 그가 벌인 초월적 이념과 신앙, 그리고 도덕과의 싸움이다.

---

68 KGW VI 3, 215쪽, *Der Antichrist*, 43 ; 니체전집 15, 273쪽, 《안티크리스트》, 43.

제2장

"신은 죽었다"

초월적 이념과 이상은 이 세계 저편에 영원하고 완전한 또 다른 세계가 있다는 믿음에 근거한다. 그 같은 믿음에서 사람들은 저편의 세계를 동경하고 사모해왔다. 성취해야 할 목표로 삼고 삶의 의미로까지 받아들여 왔다. 그러나 살아생전 경험할 수 없는 것이 그것이다. 살아서는 그것의 존재조차 알 길이 없다. 경험할 수도 알 수도 없는 세계에 대한 동경과 사모를 어떻게 설명할 것인가? 어떻게 사람들은 그 같은 세계를 동경하고 사모하게 되었는가?

니체에 따르면 이 땅에서의 덧없고 불완전한 삶에서 오는 불만 때문이다. 현실에 대한 불만에서 인간은 그 불만을 보상하고 남을 영원하고 완전한 세계를, 마치 극심한 더위와 갈증에 지친 사람이 시원한 그늘과 맑은 물이 흐르는 오아시스를 꿈꾸듯 머릿속에 그리고는 그것을 동경하고 사모하게 되었다는 것이다. 이 땅의 삶에 만족하는 사람이라면 그 같은 꿈을 꾸지 않을 것이다. 그럴 이유가 없을 것이다.

또 다른 세계에 대한 동경과 함께 세계는 이편과 저편으로 나누어지게 되었다. 예서 묻게 된다. 그러면 인간은 어떻게 저편의 완전한 세계를 두고 이편의 불완전한 세계에서 불행한 삶을 살게 되었는가? 세계를 이편과 저편의 것으로 나누어온 사람들은 그 탓을 인간에게 돌렸다. 인간은 원래 저편의 천상 세계에서 영원하고 행복한 삶을 누렸으나 육신의 허물과 죄로 인해 이편의 지상 세계로 쫓겨나 고통 속에서 삶을 살게 되었다는 것이다.

이것이 내세를 신앙하거나 동경해온 많은 종교와 철학에서 가르쳐온 실낙원의 역사다. 그러나 그것으로 모든 게 끝난 것이 아니었다. 낙원에서 쫓겨나 불행한 삶을 살게 된 인간은 체념하는 대신 좋았던 옛날을 떠올리고는 낙원으로 돌아갈 길이 없을까 생각해보았다. 다행히 천지를 주관하는 신은 길 하나를 열어두었다. 그래야 이야기가 된다. 길은 신의 용서를 받는 것이다. 그러기 위해 인간은 허물과 죄로 삶을 더럽혀온 육신에서 벗어나야 한다. 이 육신의 세계가 우리가 살고 있는 이편의 세계다.

복낙원에 대한 이 같은 꿈에서 이편의 육신의 세계는 저주받은 세계가 되어 버림받게 되었고, 인간이 돌아가 영원하고 행복한 삶을 누리게 될 저편의 세계는 축복받은 세계가 되어 동경과 추구의 대상이 되었다. 이것이 흔히 말하는 두 세계 이론으로서, 그 전형이 지상의 나라와 천상의 나라로 되어 있는 그리스도교의 두 세계 이론이다. 현상의 세계와 이데아의 세계로 되어 있는 플라톤의 세계 이론도 그 같은 두 세계 이론이다.

여러 유형의 두 세계 이론이 있었지만 그 가운데 지속적이고 광범위한 영향으로 서양 정신사 형성에 결정적인 역할을 해온 것이 이 두 이론이다. 철학에서는 단연 플라톤의 두 세계 이론이다. 니체는 철학자였지만 그리스도교 신앙의 전통에서 태어나 성장했다. 그리스도교를 사상적 배경으로 하여 성장한 것인데 그런 그에게는 이들 두 세계 이론 모두가 문제가 되었다. 두 세계 이론을 논박하면서 그가 과녁으로 삼은 것도 플라톤과 그리스도교의 세계 이론이었다.

니체는 우리가 살고 있는 이 지상의 세계를 유일한 현실로 받아들였다. 그에게 저편의 세계란 이 땅에서의 곤고한 삶에 지친 나머지 이 세계가 아닌 다른 세계에 대한 희망 없이는 삶을 견뎌낼 수 없는 사람들이 생각해낸 현실 도피적 망상에 불과했다. 그는 그런 사람들을 배후 세계를 신봉하는 사람들이라 부르고는[1], 이 땅에서의 삶에 지친 자들이, 고뇌와 무능력, 그리고 더없이 극심하게 고뇌하는 자만이 경험하는 덧없는 행복에 대한 망상과 단 한 번의 도약, 죽음의 도약으로 끝을 내리려는 가련하고 무지한 피로감에서 배후 세계라는 것을 생각해내게 되었다고 했다.[2]

배후 세계를 신봉하는 자들에게 저편의 세계는 더러운 육신으로는 범접할 수 없는 영적 세계다. 인간의 육신은 동물적 욕구로 인해 불결하고 불순하다. 반대로 영혼은 그런 욕구에서 벗어나 있어 순수하고 고결하다. 저편의 세계를 동경해 사모하는 것도 이 영혼이다. 영혼에 의해 인간은 저편의 세계에 오를 수 있다. 그러나 길은 험난하다. 영혼이 불결하고 불순한 육신 속에 갇혀 있기 때문이고, 육신을 버리고 천상에 오르려는 그런 영혼을 육신이 그대로 두지 않기 때문이다. 육신은 천상에 오르려는 영혼을 온갖 유혹으로 끌어내려 잡아둔다. 여기서 육신은 영혼을 구속하는 감옥이 된다.

인간은 육신의 유혹, 즉 감각적 쾌락에 탐닉할 것인가, 육신을 버림으로써 영혼을 구제할 것인가를 두고 선택을 해야 한다. 두 번째 선택이라면, 먼저 우리는 육신의 족쇄에서 벗어나야 한다. 그러나 살아 있는 동안은 그것이 가능하지 않다. 육신이 죽어야 한다. 지금까지 적지 않은 사람들이 내세에 대한 희망에서 죽음을 마다하지 않았는데, 바로 그 이유에서였다. 그런 사람으로 누구보다도 순교자들이 있었지만, 그런 사람들은 철학에도 있었다. 소크라테스가 그중 하나였다. 그는 자신의 처형을 앞

---

1 Hinterweltler. KGW VI 1, 31쪽, *Also sprach Zarathustra*, Erster Theil : Von den Hinterweltlern ; 니체전집 13, 46쪽, 《차라투스트라는 이렇게 말했다》, 제1부 : 배후 세계를 신봉하고 있는 사람들에 대하여.

2 같은 책, 32쪽 ; 같은 책, 47쪽.

두고 제자들에게 마지막으로 영혼의 불멸을 가르쳤다. 그 자리에서 그는 육신의 죽음이 영혼의 치유를 가져온다고 했다. 죽음을 맞이하며 그가 크리톤에게 치유의 신인 아스클레피오스에게 닭을 바쳐 대신 감사를 표해달라고 당부한 것도 그 때문이었다.

니체에게 소크라테스의 가르침은 요설에 불과했다. 니체는 육신이 사라지면 영혼도 사라진다고 했다. 이는 영혼의 살 길이 육신의 죽음이 아니라 육신의 삶에 있다는 것을 의미한다. 그런 그에게 소크라테스의 당부는 망발의 극치였다. 그는 소크라테스는 그렇게 당부함으로써 "크리톤, 생은 일종의 질병일세!"라고 말한 것이 된다고 했다.[3] 이때의 생은 육신의 생을 가리킨다. 니체는 정반대였다. 그에게 질병은 육신의 생이 아니라 영혼이었다. 육신은 건강하고 건전하며 아름답다. 더럽고 추한 것은 영혼이다. 이 영혼이 온갖 망상으로 육신을 더럽혀왔다. 그렇다면 벗어나야 할 것은 영혼이 아니라 바로 육신이다. 니체는 배후 세계에 대한 신봉에서 육신의 죽음을 가르쳐온 자들을 죽음의 설교자라고 불렀다.

인간은 원래 건강하고 건전한 육신의 삶을 살았다. 삶이 바람직한 것이어서 그랬던 것은 아니지만, 사람들은 이 세계 말고 다른 세계를 생각하지 않았다. 저편의 또 다른 세계에 대한 망상이 생겨나기 전의 이야기다. 삶은 그때도 풍요와 기쁨하고는 거리가 멀었다. 역병과 전쟁에다가 온갖 재해가 인간을 괴롭혔다. 그리고 그 끝은 언제나 죽음이었다. 이 같은 비극적 삶을 두고 실레노스는 "태어나지 않는 것이 최선이며, 어쩔 수 없이 태어났다면 빨리 죽는 것이 차선이 될 것"이라고 했다. 삶의 이 같

---

3 KGW V 2, 249쪽, *Die fröhliche Wissenschaft*, Viertes Buch : Sanctus Januarius 340 ; 니체 전집 12, 314쪽, 《즐거운 학문》, 제4부 : 성 야누아리우스 340.

은 비극적 조건을 예리하게 통찰하고 있었던 것이 소크라테스 이전의 그리스인들이었다.

이런 비극적 상황에서 인간이 생각하게 되는 것이 삶으로부터의 탈주가 되겠지만 탈주는 그리스인들의 취향을 거스르는 것이었다. 그들은 탈주 대신에 현실 세계에서 삶을 더없이 바람직한 것으로 받아들일 방도를 모색했고, 마침내 신적 또는 반신적 존재들을 만들어내게 되었다. 이렇게 해서 신들이 등장했는데, 그들 역시 여느 신들과 마찬가지로 가공할 존재들로서 공포의 화신들이었다. 그리스인들은 그러나 그런 신들 앞에서 떨지 않았다. 그 대신에 아폴론적인 미적 충동을 통해 신들을 서서히 환희의 신들로 변모시켰으며 가공할 세계를 올림포스라는 신들의 화려한 세계로 변모시켜갔다.[4] 신들을 끌어들여 공포를 환희로 승화시킨 것이다. 그렇게 하여 그들은 비극적 생을 생의 긍정이라는 경지로 끌어올렸다.

이렇게 변모된 신들은 처음부터 초월적 신격과는 거리가 멀었다. 그들은 주로 올림포스 산 위에서 살았고 인간은 산 아래 낮은 들녘이나 해안에서 살았다. 신들의 거처가 높은 산의 정수리에 있기는 했지만 여전히 하늘 아래였다. 그들은 때때로 멀고 가까운 인간의 마을로 내려와 사랑도 하고 싸움도 벌였다. 트로이 전쟁에서 볼 수 있듯이 인간사에 끼어들어 자기들끼리 편을 갈라서 패싸움을 벌이기도 했다. 앙갚음과 증오, 그리고 파괴가 저들의 일상이었지만 그 뒤에는 관용과 사랑, 그리고 건설이 있었다. 노여움과 슬픔의 감정과 함께 기쁨과 즐거움의 감정을 지닌 인간과 다를 바 없는 존재들이었다.

---

4 KGW III 1, 31~32쪽, *Die Geburt der Tragödie*, 3 ; 니체전집 2, 41~42쪽,《비극의 탄생》, 3.

그리스인들은 이렇듯 자신들의 신을 인격화했다. 신들을 미워하고 사랑했으며 그들에게 덤벼들기까지 했다. 덤벼들다가도 응징에 대한 두려움에서 신들을 달래고는 했다. 또한 신들을 자신들의 일에 끌어들이기도 했다. 이렇게 저들은 신들과 교류했고 그런 교류를 통해 자신들의 품격을 높일 줄 알았다.

신들은 신들대로 각자의 소임에 따라 인간을 도왔다. 사랑의 신 에로스는 사랑의 감정을 일깨워주었고, 포도주의 신 디오니소스는 명정의 기쁨을 누리게 하는 한편 식물의 생장을 주관해 인간의 삶을 풍요롭게 해주었다. 아프로디테는 인간에게 아름다움에 대한 감각을, 아테나는 지혜를 부여했다. 하나같이 생의 원기를 불어넣어 주는 것들이다. 물론 전쟁의 신 아레스와 같은 호전적인 신들도 있었지만 그런 신들도 생에 활기를 불어넣어 주었다는 점에서는 다를 바가 없었다. 이렇듯 그리스인의 신들은 두려움의 대상인 그리스도교의 신이나 위협적이기만 했던 북유럽의 신들과 달랐다.

그리스인들은 이처럼 생에 우호적인 신들을 지어냈다. 그리고 그들과 삶을 나눔으로써 운명과의 가혹한 실랑이 속에서도 품격을 잃지 않은 채 고양된 삶을 살 수 있었다. 이 고양된 삶을 유감없이 구현한 것이 그리스 비극 작품이다. 주제는 늘 피할 수 없는 운명과의 싸움이었고, 그 과정에서 등장인물들이 겪게 되는 것이 견디기 힘든 고통과 바닥 모를 불행이었지만, 그들은 극단의 비극을 통해 더없이 고귀하고 용감한 인간을 그려냈다. 주인공은 운명에 의해 파멸할지라도 고결함을 잃지 않은 채 쓰디쓴 고통을 받아들이는 인물이었다. 니체는 이러한 비극 작품 속의 영웅들에게서 생에 대한 무한한 긍정과 함께 인간 영혼의 강인함을 보았다.

그리스인들에게 생은 엄연한 고통이 따름에도 불구하고 있는 그대로 긍정되어야 했다. 이 긍정이 디오니소스적 긍정이요, 그러한 긍정의 상태가 디오니소스적 상태다. 디오니소스는 생식과 풍요의 신이자 명정의 신으로, 그의 엄청난 생명력과 환희, 그리고 격정으로부터 기쁨과 환호가 폭발한다. 생과 세계에 대한 긍정으로서 그 이상은 없다. 초기 그리스 사람들은 디오니소스를 신앙했고 도취와 황홀경으로 충만한 제례를 통해 그와 하나가 되기를 소망했다.

그러나 이 디오니소스적 기쁨과 환호도 오래가지 않았다. 이론적 인간이 등장하고 이성주의 전통의 확립과 함께 현실 부정적인 형이상학이 전면에 드러나면서 뒤로 밀려나 제 몸 하나 건사하기 힘들게 된 것이다. 이론을 의미하는 그리스어 테오레인theorein은 '바라본다schauen'는 뜻으로, 독일어와 영어 등에서 극장을 뜻하는 테아터Theater와 어간이 같다. 헤로도토스가 탐색한다는 의미의 historein과 함께 역사학의 토대로 삼은 것도 그것이었다. 뭔가를 바라보기 위해서는 그 대상과 필요한 만큼 거리를 두어야 한다. 여기서 바라보는 주체와 대상인 객체가 나뉜다. 마치 극장에서 관객이 객석에 앉아 무대 위에서 전개되는 일들을 관망하듯, 이론에서도 우리는 앞에 있는 대상을 관망하는 관망자가 된다.

생의 경우도 마찬가지여서 우리는 우리 자신의 생을 앞에 두고 바라보게 된다. 여기서 생은 관망의 대상으로서 객관이 되어 직접적 체험의 내용에서 간접적인 설명의 대상으로 전락하게 되며 그것 밖에 있는 것에 의해 규정되고 재단되게 된다. 그 첫 번째 제물이 디오니소스적 체험이었다. 그 같은 규정과 재단으로 인해 디오니소스적 체험은 간접적인 것이 되었고 그와 함께 그 원초적인 기쁨과 도취와 황홀경은 암울한 잿빛으로 변색되기에 이르렀다. 반디오니소스적 만행의 역사를 연 것이 소크라테스였다.

소크라테스는 이론적 인간의 원형이기도 했고 조상이기도 했다. 그는 '지금' 그리고 '여기'라는 구체적 현실에서 출발해 인간에게 모든 것이 주관적으로 주어진다고 주장한 소피스트들에게 맞서 객관적인 보편을 추구하면서 감각 아닌 지성을 통해 그것에 이를 수 있다고 믿었다. 그리고 그 같은 믿음에서 주관적 감각을 불신하고 보편 지향의 지성의 역할을 강조했다.

소크라테스에게는 보편의 발견을 통해 절대 진리에 이르는 길을 열었다는 평가가 뒤따랐다. 그러나 니체는 추상을 통해 보편을 추구하면서 생의 특수하고 구체적인 현실을 외면한 점을 들어 소크라테스를 단죄했다. 그에게 소크라테스는 보편에 대한 믿음과 추구로 결국 완전한 저편의 세계와 불완전한 이편의 세계라는 두 세계 이론에 토대를 제공한 장본인이었다. 그는 게다가 원인과 결과, 근거와 귀결이라는 것을 생각해낸 것이 소크라테스였으며[5] 천민적 도덕을 내세워 최고의 도덕성인 그리스 도덕성을 쇠퇴시킨 인물 역시 소크라테스였다고 했다.[6] 소크라테스가 지속에 반하는 인과 관념으로 자연의 흐름을 파괴하는 한편 본능을 토대로 한 자연적 가치를 전도시킴으로써 본래의 건강한 도덕성의 몰락을 초래했다는 것이다.

소크라테스가 끼친 역사적 해악은 여기에 그치지 않았다. 그는 특유의 낙천주의를 통해 그리스 비극의 본질을 파괴함으로써 본연의 생과 세계를 부정하기까지 했다. 그는 탁월한 변증론자의 취향과 자신의 재능에 대한 감각으로 이성의 편에 선 인물이었다.[7] 니체는 이렇듯 생과 세계 부

---

5 KGW V 1, 319쪽, *Morgenröthe*, Fünftes Buch : 544 ; 니체전집 10, 402~403쪽,《아침놀》, 제5권 : 544.
6 KGW VII 1, 264~265쪽, 7(44) ; 니체전집 16, 336~337쪽, 7(44).

정이라는 생에 적대적인 이념의 토대를 제공한 소크라테스를 세계 역사의 일대 전환점으로 받아들였으며 그에 뒤이은 그리스 철학자들의 출현을 퇴폐의 징후로 받아들였다.[8] 이 소크라테스의 뒤를 이어 보다 체계적으로 두 세계 이론을 정립해 생을 농간한 것이 플라톤이었다.

1. 플라톤의 두 세계 이론

플라톤은 소크라테스가 확립한 보편을 토대로, 세계가 우리에게 어떻게 주어지는가에 따라 판단을 속견과 인식으로 나누었다. 세계는 우리의 감각에 주어지기도 하고 지성에 주어지기도 한다. 감각에 주어지는 것은 물질적인 것으로서 덧없고 우연하다. 이 덧없고 우연한 것에 대한 판단이 속견이다. 속견은 아무리 그럴싸해도 개연성의 한계를 벗어나지 못한다. 이와 달리 지성에 주어진 것은 비물질적인 것으로서 영원하고 불변한다. 이 영원불변한 것에 대한 판단이 인식이다. 플라톤은 이 영원불변한 것에 이데아라는 이름을 붙였다.

감각에 주어지는 것은 개별적이고 특수한 것들이다. 이와 달리 지성에 주어지는 것은 보편적인 것들이다. 특수와 보편은 그러나 동일한 세계가 우리에게 어떻게 주어지는가에 따라 달라지는 것들로서 서로 다를망정 무관할 수는 없다. 그러면 감각에 주어지는 세계와 지성에 주어지는 세계는 어떤 관계에 있는가? 특수와 보편, 그 순서를 바꾸어 말하면, 이들

---

7 KGW VI 2, 114쪽, *Jenseits von Gut und Böse*, Fünftes Hauptstück : Zur Naturgeschichte der Moral 191 ; 니체전집 14, 145쪽, 《선악의 저편》, 제5장 : 도덕의 자연발생사 191.
8 KGW VIII 2, 409쪽, 11〔375〕; 니체전집 22, 491쪽, 11〔375〕.

은 본질과 현상, 원형과 모상의 관계에 있다. 지성에 주어지는 이데아가 본질이자 원형이다. 그리고 감각에 주어지는 것들이 현상으로서 그 이데아의 모상이 된다.

모상은 완전성에 있어서 원형에 크게 미치지 못한다. 완전에 대한 희구에서 원형을 모방해보지만 아무리 노력해도 원형에 이르지는 못한다. 모방 정도에 따라 원형에 가깝게 다가갈 수 있을 뿐이다. 가깝게 다가간다는 것은 원형의 완전성을 그만큼 많이 나누어 갖게 된다는 것을 의미한다. 이것이 모방의 의미겠지만, 그러나 모방은 어디까지나 모방일 뿐이다. 실제적인 것은 원형인 이데아다. 그것을 모방해 닮아가는 것이 고작인 현상은 그것의 그림자에 불과하다.

보다 완전해지려면 이데아를 그만큼 많이 모방해야 하지만 그것도 이데아를 관조하고 나서의 이야기다. 먼저 이데아를 관조해야 한다. 그러기 위해서는 맑은 눈을 가져야 한다. 얼룩진 유리창으로는 밖을 선명하게 내다볼 수 없듯이 혼탁한 눈으로는 사물 내면의 이데아를 관조할 수가 없다. 그런데 우리의 눈은 혼탁하다. 덧없고 우연한 감각이 남겨놓는 얼룩 때문이다. 이데아를 관조하려면 우리는 그런 감각에서 벗어나야 한다. 이는 감각의 뿌리인 육신에서 벗어나야 한다는 것을 의미한다. 어떻게 할 것인가? 감각적 즐거움 속에서 이데아의 관조를 포기할 것인가, 이데아의 관조를 위해 육신에서 벗어날 것인가? 이것은 육신인가, 아니면 영혼인가 하는 것과 같은 선택의 문제다.

처음부터 그리고 의도적으로 원형을 버리고 그것의 그림자를 선택할 사람은 없을 것이다. 물론 이데아의 세계가 원형으로서 감각 저편에 있다는 것을 믿지 않는 사람이라면 이것이 선택의 문제가 되지 않을 것이다. 그렇지 않은 경우, 저편의 원형을 선택하게 될 것이다. 그리고 그 순간 저편의 이데아의 세계는 지향해야 할 목표와 이루어야 할 목적이 되고, 우리가 몸으로써 살아온 이편의 세계는 육신의 죽음을 통해서라도 벗어나야 할 세계로 격하될 것이다. 지향해야 할 목표로서의 이데아의 세계, 여기서 플라톤의 두 세계 이론은 목적론적 성격을 띠게 된다.

플라톤은 이렇듯 우리가 살고 있는 구체적 현실인 이 감각의 세계를 그림자에 불과한 세계로, 그 존재를 알 수 없는, 니체의 말을 빌리면 가상에 불과한 저편의 세계를 진정한 현실로 둔갑시키고는 이편의 세계를 등지고 저편의 이데아의 세계를 동경하도록 사주해왔다. 앞에서 인간은 현실에 대한 불만에서 영원하고 완전한 저편의 또 다른 세계를 꿈꾸게 되었다고 했는데, 이는 플라톤과 같은 인간을 두고 한 말이다. 니체가 볼 때 플라톤은 그나마 구차한 목숨을 부지하기 위해 그런 꿈이라도 꾸어야 했던 실패한 자였다. 그리스도교를 비판하는 자리에서이기는 했지만, 그는 고통 받고 있는 사람이라면 "소망에 의해 지탱되도록 해주어야 한다. 어떤 현실로도 반박될 수 없고—실현되었다 하여 없어지는 일이 없는 소망에 의해 : 저편 세계에 대한 소망에 의해"[9]라고 썼다.

현실에 만족하는 사람, 이를테면 자기 확신에 찬 성공한 사람, 운이 좋은 사람, 행복한 사람도 때때로 또 다른 세계를 머릿속에 그려보기는 한다. 죽음으로 모든 것이 끝나는가 하는 의구심에서 사후 세계를 생각해보는 것이다. 그러나 그런 사람들이 머릿속에 그리는 사후 세계는 현실에도 미치지 못하는 비참한 세계다. 생을 긍정했던 강인한 바빌로니아, 아시리아, 그리스, 로마 인들이 저편의 세계를 그렇게 그렸다. 죽음의 세계인 하데스가 그 예다.

---

9 KGW VI 3, 188쪽, *Der Antichrist*, 23 ; 니체전집 15, 241쪽,《안티크리스트》, 23.

가증스러운 것은 변변치 못한 인간들이 현실에 대한 불만에서 다른 세계를 꿈꾸면서 갖게 되는 믿음, 곧 이편의 세계를 멀리하면 멀리할수록 저편의 세계가 가까워진다는 믿음이다. 그런 믿음에서 그런 자들은 현실을 부인해왔으며 저주하기까지 해왔다. 불행하게도 서양 철학 전개에서 주도적 역할을 해온 것이 그 같은 믿음에 철학적 토대를 제공한 플라톤 철학이었다. 서양 철학에서 주류는 단연 플라톤 철학이었다. 그의 철학은 이후 플로티노스, 중세의 교부 철학자들, 칸트, 쇼펜하우어 등을 통해서 다양한 형태로 되살아나 위력을 과시해왔다. 니체에 따르면 이것은 플라톤의 승리이자 동시에 생에 적대적인 형이상학의 승리였다.

니체는 플라톤의 등장을 서양 정신사상 유례가 없는 재앙으로 받아들였다. 이후 많은 철학자들이 철학을 건설하겠다고 나섰지만 공연한 수고였다. 주춧돌을 잘못 놓은 탓에 집을 제대로 지을 수 없었던 것이다. 여기서 우리는 잘못 지은 집을 그대로 둘 것인가, 아니면 주춧돌을 새로 놓고 다시 시작할 것인가를 두고 고민해야 한다. 니체의 선택은 분명했다. 그동안 많은 시간이 흘렀지만 이제라도 늦지 않았으니 잘못 지은 집을 헐고 다시 시작해야 한다는 것이었다. 두 세계 이론을 근간으로 이 땅에서의 생을 등지도록 부추겨온 플라톤 철학과 그것의 잔재를 쓸어내고 새로 시작해야 한다는 것, 달리 말해 플라톤에 의해 전도된 세계를 다시 전도시켜야 한다는 것이었다. 여기서도 니체 자신이 앞장섰다. 플라톤 철학을 전도시키는 일에 착수한 그는 자신의 철학을 반대 방향으로 돌려놓은, 뒤집어놓은 플라톤 철학으로 이해했으며, 비아냥대듯 플라톤의 세계로부터, 즉 참되다는 존재자로부터 멀리 떨어지면 떨어질수록 존재자는 그만큼 더 순수하고 아름다우며 좋다고 했다.[10]

2. 그리스도교의 두 세계 이론

플라톤 철학의 승리는 그리스도교의 등장과 세력 확장으로 보다 확실해졌다. 지상의 나라와 천상의 나라에 대한 그리스도교의 가르침은 이론이라고 하기에는 논리가 너무 취약했다. 체계적이지 못한데다 조야하기까지 했다. 서방 문명 세계로 진출하면서 그리스도교가 절실하게 필요로한 것이 그 같은 가르침을 뒷받침할 견고한 이론과 세련된 언어였다. 그이론과 언어를 그리스도교는 플라톤 철학에서 찾았다. 뜻밖의 우군을 발견한 것이다. 플라톤 철학에는 더할 것도 뺄 것도 없었다. 초기 그리스도교 신학자들은 플라톤의 철학을, 그 가운데서도 무엇보다 그의 두 세계이론을 적극적으로 수용했다. 그에 힘입어 그리스도교 세계 이론은 보다그럴싸한 모양새를 갖추게 되었다. 플라톤 철학은 플라톤 철학대로 세계화의 계기를 맞았다. 그러나 플라톤 철학에는 혹독한 대가가 따랐다. 그리스도교에 수용되면서 왜곡되기도 하고 빠르게 통속화되기도 했기 때문이다.

그리스도교가 가르쳐온 천상의 나라와 지상의 나라는 플라톤의 이데아의 세계와 현상의 세계에 대응하는 구도로서 근본에서 다를 것이 없다. 다만 지상의 현상 세계에 대한 폄훼에서 그리스도교가 플라톤 철학을 훨씬 능가했다. 그리스도교는 지상 세계에 대해 적대적이기까지 했다. 천상의 나라와 지상의 나라를 완전성과 모방의 관계가 아니라 대립관계에서 설명한 것이다. 그러니까 인간의 역사를 지상의 나라와 천상의나라 사이의 끝없는 싸움의 과정으로 해석한 것이다. 그 예가 역사를 카

---

10 KGW III 3, 207쪽, 7[156] ; 니체전집 4, 257쪽, 7[156].

인과 아벨, 홍수와 노아, 헤롯 왕과 예수, 현세와 재천 교회 사이의 투쟁으로 파악하고 지상의 나라와 천상의 나라의 특색으로 각각 잔인, 오만, 강탈, 방탕과 믿음, 희망, 자비를 든 아우구스티누스의 해석이다.

구약성서에 따르면 최초의 인간 아담과 하와는 낙원에서 살았다. 그들은 신 여호와의 명에 불복함으로써 씻을 수 없는 죄를 지었고, 끝내 신의 진노를 사 죄 많은 이 세상으로 추방되었다. 죄는 아담과 하와로 끝나지 않았다. 대물림을 하게 된 것인데, 그 결과 아담과 하와를 조상으로 둔 인간은 모두 타고난 죄인이 되고 말았다. 저도 모르게 죄인이 되어 이 저주받은 세상에서 부끄러운 삶을 살아온 인간은 예로부터 죄를 씻고 타죄 이전의 낙원에서의 삶으로 돌아가길 소망해왔다.

그러나 복낙원은 타고난 죄인인 인간이 자력으로 할 수 있는 일이 아니다. 신 하느님만이 할 수 있는 일로, 여기서 신의 구원이 선결 조건이 된다. 신의 구원은 영적인 구원으로서, 구원을 받으려면 인간은 먼저 속죄를 해야 한다. 워낙 타고난 죄가 커서 속죄에는 끝이 없다. 속죄가 평생의 업이 된 인간은 참회의 십자가를 지고 곤고한 삶을 살아가지만 뜻대로 되지 않을 때가 많다. 좌절할 때도 많다. 그 길을 가로막아 참회하는 자를 오히려 더욱 깊은 죄의 수렁에 빠트리는 것이 있기 때문인데, 육신의 욕망이 그것이다. 육신이 도모하는 것은 감각적 즐거움 그 하나다. 그 같은 도모에서 온갖 탐욕과 질투, 시기와 증오, 그리고 모함 따위가 싹튼다. 하나같이 신의 영광을 가릴 뿐만 아니라 인간을 보다 사악하게 만드는 것들이다. 플라톤 식으로 말한다면 눈을 혼탁하게 하여 이데아를 관조할 수 없게 만드는 것들, 그리스도교 식으로 말한다면 하느님의 영광을 볼 수 없게 만드는 것들이다. 여기서도 영과 육은 예리하게 대립한다. 그 같은 영육의 갈등을 우리는 흔히 경험한다. 많은 경우 우리는 육신의 즐거움에 무릎을 꿇는다. 예수도 이를 두고 "영혼은 원하되 육신이 약하다"[11]고 했다.

육신의 즐거움에 탐닉하는 것은 신에 대한 조롱이 된다. 웃음도 신성모독이 된다. 죄인이라면 마땅히 애통해해야 한다. 예수도 애통하는 자는 복이 있나니 위로를 받을 것이라고 했다.[12] 죄인인 인간은 달라져야 한다. 거듭나 새사람이 되지 않고는 천국에 이를 수가 없다.[13] 거듭나려면 더러운 육신부터 버려야 한다. 예수도 눈이, 손이 너를 실족게 하거든 빼어내고 찍어내라고 했다. 눈 하나 손 하나 없이 천국에 들어가는 것이 눈과 손을 온전히 지닌 채 지옥에 들어가는 것보다 낫다는 이유에서였다.[14]

바울도 육신의 일은 음행, 호색, 증오, 질투, 분열이요 영혼의 일은 사랑, 온유, 절제라고 가르쳤다.[15] 십계명은 물론 산상 설교가 경계한 것도 하나같이 더럽고 탐욕스러운 육신의 일이다. 특히 산상 설교에 따르면 하늘나라는 마음이 가난한 자……온유한 자, 남을 불쌍히 여기는 자……의 것이다.[16] 그래서 마음이 가난하고 애통해하던 거지 나사로는 하늘나라로 올라갔고, 먹고 마시며 육신의 즐거움 속에서 살아온 배부른 부자는 지옥으로 떨어졌다.[17] 예수 자신은 물론 바울도 자기 육신을 버렸다. 수도사들이 가혹한 신체적 고행을 하는 것도 육신이 주는 세속적

---

11 신약성서 〈마태복음〉 26장 41절.
12 〈마태복음〉 5장 4절.
13 신약성서 〈요한복음〉 3장 3~5절.
14 〈마태복음〉 5장 29~30절.
15 신약성서 〈갈라디아서〉 5장 19~23절.
16 〈마태복음〉 5장 3~10절.
17 신약성서 〈누가복음〉 16장 19~31절.

유혹을 떨쳐버리기 위해서다.

그리스도교의 한결같은 가르침은 내세를 위해 현세를, 영혼을 위해 육신을 버려야 한다는 것이다. 그리고 현세와 육신을 부인하는 일에 열심이면 열심일수록 그만큼 목표가 가까워진다는 것이다. 이에 니체는 이 땅에서의 생에 의미가 있고 가치가 있다면 우리는 그것들을 이 땅에서 찾아야 할 것이라고 맞섰다. 이때 생은 일차적으로 육신을 주체로 하는 생물학적 현실이다. 이 현실을 떠나서는 우리는 아무것도 아니다. 그런데도 이 현실을 두고 현실이 아닌 또 다른 세계에 대한 망상에서 생을 거부하고 자탄 속에서 세상을 산다면, 그것이야말로 인간의 자기기만이자 배신이 아닐 수 없다.

니체에 따르면 이데아의 세계가 플라톤의 고안물이듯 신의 나라 또한 유대교와 그리스도교의 고안물이다. 유대인은 다른 민족들 틈에서 자기를 주장할 수 없었던, 열등한 피에 천민적 근성을 타고난 민족이었다. 유대인의 역사는 고난의 역사였다. 그들은 여러 차례 노예로 팔려 가기도 했고, 추방되어 오갈 데 없이 떠돌기도 했다. 전쟁도 끊이지 않았다. 이긴 적도 있지만 진 적이 훨씬 많았다. 그런 유대인에게는 이 세상에서 산다는 것 자체가 고역이었다. 그래서 그들은 고통 없는 삶을 꿈꾸게 되었다. 그런 그들이 생각해낸 것이 신과 신의 나라에서의 행복한 삶이다.

신의 나라에서의 행복한 삶에 대한 꿈은 유대인들에게 삶을 견뎌내는 데 큰 힘이 되었다. 그러나 그 정도로 만족할 수가 없었다. 자신들의 승리를 화려하게 장식하기 위해 자신들을 힘으로 눌러 억압하고 학대해온 강자들에게 복수할 필요가 있었다. 그래서 저들이 생각해낸 것이 바로 지옥이다. 강자는 지옥으로 내려보내고 약자인 자신들은 신의 나라인 천국으로 올라가는 것이다. 지옥gehenna은 힘논 골짜기에서 유래한 말이다.

힘논 골짜기는 예루살렘 서남쪽에 있는 이방인 묘지로서, 동물이나 죄인의 사체를 내다 버려 불태우는 더럽고 뜨거운 죽음의 골짜기였다.[18]

천국과 지옥이란 것을 만들어내 이 땅에서의 삶을 학대해온 그리스도교의 가르침은 유대인을 위한 유대인의 가르침으로 끝나지 않았다. 그 가르침은 인류를 위한 복음이 되어 전 세계에 전파되었다. 그 길을 연 것이 바울이었다. 바울과 그를 따른 초기 사도들은 로마로 진출해, 로마를 그리스도교 전파의 거점으로 삼았다. 그들의 전교 사업은 대성공을 거두어, 몇 세기 지나지 않아 전 지중해 세계를 그리스도교의 지배 아래 두게 되었다.

니체는 사도들을, 누구보다도 으뜸 사제였던 바울을 비판했다. 바울은 그리스도교 가르침을 더 철저하게 밀고 나갔다. 예수는 그래도 품성에서만은 고매했다. 그러나 바울은 그렇지 못했다. 그는 더할 나위 없는 복수의 사도였다.[19] 증오심에 불을 붙이는 데 천재적인 인물이기도 했다. 그의 증오와 복수 아래 예수의 기쁜 소식(복음)은 도리어 나쁜 소식이 되고 말았다. 결국 바울은 구세주를 다시 십자가에 못 박아 희생시킨 셈이 되고 말았다.[20]

바울은 이 세상으로부터 고유한 가치를 박탈하기 위해서는 불멸에 대한 믿음이 필요하다는 것을 알고 있었으며 '지옥'이라는 개념으로 로마를 지배할 수 있다는 것도 알고 있었다. 저편의 세계에 대한 믿음이 이 땅에서의 생을 죽여버린다는 것도 알고 있었다.[21] 그는 저편의 세계에서

18 Deutsche Bibelgesellschaft, *Gute Nachricht*, Anhang(Stuttgart, 1997), 374쪽.
19 KGW VI 3, 221쪽, *Der Antichrist*, 45 ; 니체전집 15, 281쪽, 《안티크리스트》, 45.
20 같은 책, 213~214쪽, 42 ; 같은 책, 272쪽, 42.
21 같은 책, 245쪽, 58 ; 같은 책, 311쪽, 58.

누리게 될 영생에 대한 믿음과 소망을 통해 이편의 세계를 철저하게 무가치한 것으로 만들어버렸다. 이것이 이 땅에서의 생에 우호적인 가치를 최고 가치로 삼은 강인한 민족 로마인에게 바울이 연출한 가공할 복수극이었다.

이렇듯 현실 부정과 내세 신앙에서 그리스도교의 세계 이론은 플라톤의 그것과 하나였다. 그러나 뿌리는 하나가 아니었다. 플라톤의 세계 이론은 그리스 철학에, 그리스도교의 세계 이론은 유대 종교에 근원을 두고 있었다. 그러나 니체는 생에 적대적인 세력이라는 점에서 이들을 별개로 보지 않았다. 하나는 고답적인 철학이고 다른 하나는 민중 속을 파고든 종교라는 점에서 달랐을 뿐이다. 그는 그런 그리스도교를 민중을 위한 플라톤주의라고 불렀다.[22]

이들이 추구한 것은 하나, 이 땅을 벗어나는 것이었다. 그러나 별들은 너무 먼 곳에 있어 손에 닿지 않았다. 니체에 따르면, 이때 저들이 생각해 낸 것이 도망갈 샛길과 피의 잔이란 것이었고 그런 것들에 힘입어 저들은 이 대지에서 벗어났다는 망상에 빠지게 되었다.[23]

이들 배후 세계를 신봉하는 자들은, 그들 스스로가 알고 있건 모르고 있건 간에, 생명의 샘에 독을 푸는 자들이다. 하나밖에 없는 현실인 신체를, 생을 저주하고 죽음을 노래해온 자들이다. 이 땅에서의 생의 복권을 원한다면 먼저 저들 살아 있는 '송장'을 죽음의 세계로 돌려보내야 한다.

---

22 KGW VI 2, 4쪽, *Jenseits von Gut und Böse*, Vorrede ; 니체전집 14, 11쪽,《선악의 저편》, 서문.

23 KGW VI 1, 33쪽, *Also sprach Zarathustra*, Erster Theil : Von den Hinterweltlern ; 니체전집 13, 49쪽,《차라투스트라는 이렇게 말했다》, 제1부 : 배후 세계를 신봉하고 있는 사람들에 대하여.

니체는 이들 플라톤적이며 그리스도교적인 배후 세계를 신이라고 불렀다. 그러고는 그 신의 죽음을 선언해, "신은 죽었다"고 했다. 이것은 저 죽음의 세력에 대한 죽음의 선언이다.

3. "신은 죽었다"

니체는 신은 죽었다고 했다. 신은 죽어야 했으며[24], 끝내 인간에 의해 살해되었다고도 했다.[25] 그런가 하면 늙어 죽었다고도 했다.[26] 신은 수명을 다했고, 생에 적대적인 이념이나 신앙으로써 인간을 학대해온 신은 죽어 마땅하며, 마침내 신은 신의 허구를 통찰한 인간에 의해 제거되었고, 그러면서 자연스레 생을 마감하게 되었다는 것이다.

신은 저편의 완전한 세계라는 망상이 만들어낸 가정에 불과하다. 그것도 너무나도 극단적인 가정이다.[27] 신은 반듯한 것을 다 구부리고, 서 있는 것에 현기증을 일으켜 비틀거리게 만드는 억측이기도 하다.[28] 인간 존재에 대한 반박으로서 신 개념 이상은 없었다.[29] 신 이상으로 생을 비

---

24 같은 책, 327쪽, Vierter und letzter Theil : Der hässlichste Mensch ; 같은 책, 436~437쪽, 제4부 및 최종부 : 더없이 추악한 자.

25 KGW V 2, 159쪽, Die fröhliche Wissenschaft, Drittes Buch : 125 ; 니체전집 12, 200쪽,《즐거운 학문》, 제3부 : 125.

26 KGW VI 1, 320쪽, Also sprach Zarathustra, Vierter und letzter Theil : Ausser Dienst ; 니체전집 13, 428쪽,《차라투스트라는 이렇게 말했다》, 제4부 및 최종부 : 실직.

27 KGW VIII 1, 216쪽, 5(71) 3 ; 니체전집 19, 264쪽, 5(71) 3.

28 KGW VI 1, 106쪽, Also sprach Zarathustra, Zweiter Theil : Auf den glückseligen Inseln ; 니체전집 13, 141쪽,《차라투스트라는 이렇게 말했다》, 제2부 : 행복한 섬에서.

29 KGW VI 3, 91쪽, Götzen-Dämmerung, Die vier grossen Irrthümer 8 ; 니체전집 15, 123~124쪽,《우상의 황혼》, 네 가지 중대한 오류들 8.

방하고 부인해온 것도 없었다. 니체는 생의 반대 개념으로 고안된 것이 바로 신이라고 했다.[30]

만물을 창조하고 주관해왔다는 신이 마침내 죽었다. 근자에 일어난 사건 가운데 이보다 막중한 사건은 없었다.[31] 일찍이 없었던 대사건이라는 점에서 그렇다. 역사적 사건이라는 점에서도 그렇다. 신은 역사 속에 등장해 살아왔으니 그의 죽음 역시 역사상의 사건이 된다. 그러나 그것은 역사의 전환점이 되는 사건인 만큼 단순한 역사상의 한 사건에 그치지 않는다. 말 그대로 역사적인 사건이 된다.

신은 인간의 또 다른 세계에 대한 소망을 모태로 해서 태어나 자신의 삶을 시작했다. 신의 등장은 플라톤의 형이상학을 기점으로 하면 2,500년 전쯤의 일이 되고, 그리스도교 신을 기점으로 하면, 계산 방식에 따라 달라지지만, 기원전 수천 년쯤의 일이 된다. 이렇게 등장한 신은 유년기, 청년기를 거쳐 장년기를 맞으면서 전성기를 구가했다. 유럽 중세가 그에게는 전성기였다. 이후 근대 이성의 시대에 들어와 인간의 자기 계몽으로 신의 입지는 크게 흔들리게 되었고, 그러면서 신은 눈에 띄게 기력을 잃어갔다. 인간이 신에 대한 신앙을 부끄러워할 만큼 성장해 있던 시대였다. 신의 노년기는 이렇게 시작되었다. 시간이 지나면서 그의 노쇠는 완연해졌다. 그러던 어느 날 신은 마침내 죽음을 맞이했다. 신은 이렇듯 봄, 여름, 가을을 다 보내고 우리 시대에 와서 겨울의 화석기에 들어갔다. 이것이 신의 일생이었다.

---

30 같은 책, 371쪽, *Ecce homo*, Warum ich ein Schicksal bin 8 ; 같은 책, 466~467쪽, 《이 사람을 보라》, 왜 나는 하나의 운명인지 8.

31 KGW V 2, 255쪽, *Die fröhliche Wissenschaft*, Fünftes Buch : Wir Furchtlosen 343 ; 니체 전집 12, 319쪽, 《즐거운 학문》, 제5부 : 우리들 두려움을 모르는 자들 343.

신의 죽음이 역사적 사건이라고 했지만, 그것은 로마 제국의 멸망이나 우리나라 삼국 통일과 같은 객관적 사건이 아니다. 신앙이 개인적인 것이듯 신의 존재 또한 개인적 확신과 신념의 문제이기 때문이다. 아직도 신을 신앙하는 사람들이 많이 있다. 이들에게 신은 엄연히 살아 있다. 신을 믿기 시작한 사람들도 있다. 신은 이들에게서 새 생명을 얻어 삶을 시작한다.

그러나 신의 죽음은 돌이킬 수 없는 대세다. 신은 이미 황혼을 맞이했다. 아직 여기저기 그림자를 드리우고 있지만 해가 지면 그마저 종적 없이 사라질 것이고, 인간은 머지않아 새 아침을 맞게 될 것이다. 누구보다 앞서 신의 죽음을 경험한 니체는 벌써 동이 트고 있다는 느낌을 받고 있다고 했다.

실제로 우리 철학자들, '자유로운 정신'은 '늙은 신이 죽었다'는 소식에서 새로운 아침놀이 밝아오는 듯한 느낌을 받고 있다. 우리의 가슴은 감사, 놀라움, 예감, 기대로 넘쳐난다. 비록 환하지는 않을지라도 마침내 우리에게 수평선이 다시 열린 것이다. 마침내 우리의 배가 다시 출항할 수 있게, 온갖 위험을 향해 출항할 수 있게 된 것이다. 인식하는 자가 감내해야 할 모험 모두가 다시 허락되었다. 바다가, 우리의 바다가 다시 열린 것이다. 이같이 '열린 바다'는 일찍이 존재한 적이 없었을 것이다.[32]

신이 죽었다는 것은 플라톤 이래의, 모든 생에 적대적인 초월적 이념과 신앙이 수명을 다했다는 것을 의미한다. 이것이 니체의 신의 죽음에

---

32 같은 책, 256쪽 ; 같은 책, 320쪽.

대한 교과서적 해석이다. 반론의 여지가 없는 해석이다. 그래서 그 같은 해석으로 일관하는 학자들이 많이 있지만, 그런 교과서적 해석 하나만으로는 신의 죽음을 뿌리부터 제대로 설명할 수 없다는 주장 또한 줄기차게 제기되어왔다. 니체가 선언한 신의 죽음 뒤에는 그의 개인적 동기가 있었다는 것이다. 이러한 주장을 펴는 학자들은 니체가 신의 죽음을 선언하면서 염두에 두었던 것은 일차적으로 그리스도교 신이었고, 그 신의 죽음은 그가 평생 그리스도교 신과 벌인 실랑이의 귀결이었다고 말한다. 즉, 니체가 초월적 이념과 이상을 신이라 부르고 그것의 죽음을 선언했다고는 하나 그것은 철학사적 지평에서의 해석이고, 신은 그 이전에 그가 어려서부터 교회를 통해 알아온 그리스도교의 인격신 여호와였다는 것이다. 이들 학자는 신의 문제는 처음부터 니체 개인의 문제였다고 말한다. 그는 독실한 그리스도교 신앙 속에서 태어나 성장하면서 여호와 하느님과 실랑이를 하게 되었고 심리적 갈등 속에서 그 존재에 대해 의문을 품게 되었으며 그 의문이 깊어지면서 마침내 하느님의 존재를 거부하게 되었다는 것이다.

니체 자신의 개인적 문제를 실마리로 한 그의 신의 죽음에 대한 해석을 학자들은 심리적 해석으로 불러왔다. 실제 우리는 신은 죽었다는 그의 선언에서 어렵지 않게 그 자신의 심리적 동기를 확인할 수 있다. 그러나 이 해석에는 일방적일 경우 신의 죽음이 니체 자신의 개인적 문제로 축소되면서 철학사적 의미를 상당 부분 잃게 된다는 우려가 뒤따른다. 그런 우려에서 그 심리적 동기를 의도적으로 외면하는 학자들도 있다. 그 심리적 동기를 고려하지 않는다고 해서 니체가 선언한 신의 죽음의 철학적 해석에 달라질 것은 없다고 믿는 학자들이다.

틀린 믿음은 아니지만, 생각해볼 일이다. 니체에게 있어 삶과 사상은 하나였다. 하나였던 만큼 그 삶을 떠나서는 그의 사상을 제대로 파악할 수가 없다. 이 점이 니체가 데카르트와 다른 점이며 칸트와 다른 점이다. 니체의 사상을 다루면서 그의 삶을 함께 다루는 학자들이 있는데 바로 그 같은 이유에서다. 그런 학자들은 니체에게 있어 삶과 작품은 서로를 밝혀준다는 점을 강조한다. 그 가운데 한 사람, 프렌첼I. Frenzel은 니체의 삶의 환경에 대한 이해가 그의 살아 움직이는 가르침을 이해하는 데 중요한 열쇠가 된다고 말한다.[33] 신의 죽음에 대한 해석에서 니체의 삶과 개인적 동기의 의미가 지나치게 강조될 때 신의 죽음이 그 자신의 개인적 문제로 축소 해석될 우려가 있지만 그런 경우가 아니라면 그의 삶이 함께 고려되어야 한다는 주장에 반대하고 나설 사람은 없을 것이다.

니체는 대를 이은 목사의 아들로 라이프치히에서 멀지 않은 조용한 시골에서 태어났다. 어머니도 목사 가문 출신이었다. 아버지는 아버지로서의 권위와는 거리가 먼, 유약한데다 감상적이기까지 한 사람이었다. 그리고 어머니는 영민하다고 말할 수 없는 평범한 여인이었다. 니체에게는 여동생과 남동생이 있었다. 목사관에서는 할머니와 결혼하지 않은 두 고모가 함께 살았다. 집안의 어른은 단연 할머니였다. 할머니가 모든 것을 쥐락펴락했고, 할머니의 비호 아래 두 고모가 각각 교회 일과 집안일을 맡았다. 아버지는 설교 등 목사 본연의 일에 전념했을 뿐 그 밖의 교회일과 집안일에서는 물러나 있었다. 안주인은 니체의 어머니였으나 그에게는 응분의 몫이 주어지지 않았다. 두 고모가 할머니를 등에 업고 틈틈이 어머니를 괴롭혔다. 일찍 아버지를 잃고 어머니와 두 누이 사이에서 성장한 니체의 아버지 역시 그들의 그늘에서 벗어나지 못했다. 그런 그

---

33 I. Frenzel, *Nietzsche*(Reinbeck bei Hamburg : Rowohlt Taschenbuch Verlag, 1985), 7쪽.

는 아내에게 보호벽이 되어주지 못했다. 고부 사이에, 그리고 어머니와 두 고모 사이에 갈등이 있을 때는 서재에 들어가 문을 잠그고 단식을 하며 혼자서 노여움과 무력감을 삭이는 것이 고작이었다. 사면초가의 어머니는 그럴 때마다 안으로 파고들어 어린 니체와 니체의 두 동생에 대한 보호 본능을 드러냈다. 맹수에 둘러싸인 채 절망 속에서 새끼를 품에 안고 있는 어미 사슴과 같았다. 니체는 이렇듯 무기력한 아버지와 불안한 어머니의 모습을 보면서 생의 첫 몇 해를 보냈다.

집안에 연이은 불행이 닥쳤다. 니체가 다섯 살 나던 해에 아버지가 뇌경색으로 죽었다. 그다음 해엔 남동생 요제프가 죽었다. 더 이상 마을 목사관에 머물 수가 없었다. 그래서 할머니를 따라 인근의 나움부르크로 이사를 갔다. 어린 니체에게는 낯선 환경이었다. 거기에다 집안에 남자는 니체 혼자였다. 그는 나머지 소년 시절을 다섯 여인 사이에서, 그러니까 어머니, 할머니, 두 고모, 여동생 사이에서 보냈다. 시간이 흐르면서 그에게 성장의 지침이 되어줄 가부장적 권위가 간절해졌다. 아버지 살아생전에 그에게서 좀처럼 볼 수 없었던 것이 그것이었지만 그가 죽은 후에는 그 일말의 권위나마 기대할 수 없게 된 것이었다.

가부장적 권위의 부재와 여인들의 맹목적인 과보호 속에서 갈피를 잡지 못한 소년 니체에게 길이 있었다면 그것은 모든 아버지의 아버지인 신에게 매달리는 것이었다. 어린 니체는 여호와 하느님에게 매달렸다. 그러면서 그와 티격태격하게 되었다. 신의 존재와 섭리에 대해 진지하게 성찰하게 된 것인데 그의 나이 열 살 안팎에 있었던 일이다. 그는 신이 생전의 아버지 몫을 해주기를 소망했다. 그러나 신은 반응하지 않았다. 그는 낙담했고, 그로서는 응답 없는 신에게 더 이상 기대할 것이 없었다. 그는 나서서 자신을 도울 수 없는, 침묵하고 있는 신에게서 생전에 자기

가정 하나 건사하지 못한 아버지의 무기력한 모습을 보았다. 그러면서 신의 존재가 의심스러워졌다. 니체의 사신론(死神論)을 심리적 관점에서 해석해온 학자들은 그가 여기서 신의 죽음이라는 극단적 생각을 하게 되었고 끝내 그 죽음을 선언하게 되었다고 주장한다.

이 주장을 뒷받침하는 전거가 여럿 있다. 그 가운데 하나가 그가 1863년에 쓴 "십자고상(十字苦像) 앞에서"라는 제목의 시다. 이 시에 십자가에 못 박힌 예수가 나온다. 돌로 된 십자고상이다. 술에 취해 몸을 주체하지 못하는 한 사내가 예수를 올려다보면서, 내려와 부축해달라고 간청한다. 그러나 예수는 미동도 하지 않는다. 그러자 사내는 내려와 취객을 부축할 수 없는, 돌덩이에 불과한 예수를 조롱하고는 그를 향해 술병을 던진다. 발케놀M. Balkenohl 같은 학자는 취객의 이 독신적 행각에서 "신은 죽었다"라는 훗날 니체의 무신론적 명제가 상징적으로 드러난다고 말한다.[34]

대학에 진학하면서 그는 교회에 보다 냉담해졌다. 공개적으로 교회를 비판하기 시작하더니 급기야 성찬식 참여를 거부하기에 이르렀다. 그러면서 무신론에 동감하게 되었다. 그는 무신론의 성전이라 할 수 있는 포이어바흐의 《그리스도교의 본질Das Wesen des Christentums》을 접하게 되었으며 한창 풍파를 일으키고 있던 슈트라우스의 《예수의 생애Das Leben Jesu》도 탐독하게 되었다. 포이어바흐는 신이 인간이 투사한 인간적 소망의 총화로서 인격화된 꿈일 뿐이라고 주장해 무신론을 이론적으로 뒷받침한 철학자다. 슈트라우스는 복음서에 나와 있는 예수의 언행이 신앙에

---

34 M. Balkenohl, *Der Antitheismus Nietzsches*(München · Paderborn · Wien : Verlag Ferdinand Schöningh, 1976), 76~90쪽.

근거한 신화에 불과하다고 주장해 교회로부터 쫓겨난 '불량' 신학자였다.

니체가 쇼펜하우어의 무신론을 알게 된 것도 이 무렵이었다. 그는 쇼펜하우어가 자신을 무신론으로 인도한 것이 아니라 반대로 무신론이 자신을 쇼펜하우어에게 인도한 것이라고 했다.[35] 쇼펜하우어를 알기 전에 이미 무신론을 알고 있었다는 것이다. 쇼펜하우어에게 삶은 한숨의 골짜기였다. 그는 염세주의자였고, 그런 그와의 사상적 접촉은 이미 세상을 어둡게 보고 있던 니체에게 염세주의에 한 발짝 더 다가가는 계기가 되었다.

문헌학 수업도 청년 니체로 하여금 교회와 신에게 등을 돌리게 하는 데 한몫했다. 그는 학창 시절에 이미 학계에 이름이 나 있을 정도로 체계적으로 훈련된 뛰어난 문헌학도였다. 그는 문헌 비판적 안목으로 성서를 읽었다. 그런 그에게 성서는 신과 예수에 관한 역사적 기록이 아닐뿐더러 글자 하나도 손대서는 안 되는 신성불가침한 것도 아니었다. 그것은 서로 다른 관점을 지닌 여러 집필자가 여러 시기에 걸쳐 남긴, 신과 예수에 대한 앞뒤가 맞지 않는 내용과 사실 여부를 판단할 수 없는 신화적인 것들이 포함된 해석에 불과했다.

니체에게 문헌학은 그리스도교 신앙과 양립할 수 없는 것이었다. 그는 "안티크리스트가 되지 않고는 그 누구도 문헌학자나 의사가 될 수 없다. 인간은 문헌학자로서는 '거룩한 책'의 배후를, 의사로서는 전형적인 그리스도교인의 생리학적 부패의 배후를 꿰뚫어 본다. 의사는 '치유 불가능'이라고 말하고 문헌학자는 '속임수'라고 말한다"고 했다.[36] 문헌학자

---

35 KGW VI 3, 316쪽, *Ecce homo*, Die Unzeitgemässen 2 ; 니체전집 15, 399쪽,《이 사람을 보라》, 반시대적 고찰 2.
36 같은 책, 224쪽, *Der Antichrist*, 47 ; 같은 책, 285쪽,《안티크리스트》, 47.

니체로서는 안티크리스트가 될 수밖에 없었다. 그는 자신이 안티크리스트임을 천명했다.[37] 여기에 신에 대한 그의 반복된 사신론적 언행을 보태면 니체는 무신론자가 된다.

이 같은 해석에 맞서는, 니체는 결코 무신론자가 아니었다는 주장이 있다. 그가 거부한 것은 인간의 눈으로 도덕화된 교회의 신인 하느님이었을 뿐 신 자체는 아니었으며, 그의 의중은 교회가 그동안 신에게 자행해온 온갖 분칠을 벗겨내고 신의 참모습을 보여주려는 데 있었다는 것이다. 이는 니체의 속 깊은 신앙을 옹호해온 사람들의 주장으로서, 이들은 니체가 신을 되살리기 위해 인간의 머릿속에서 우상화되어 있는 낡은 하느님의 죽음을 선언하게 되었다고 본다.

니체가 교회를 비판하면서도 때때로 드러낸 인간 예수에 대한 상대적 호감 역시 그의 속 깊은 신앙을 뒷받침하는 것으로 이야기되어왔다. 그의 교회 비판의 골자는 교회가 예수의 가르침에 반하는 행동을 해왔다는 것이었다. 그는 교회가 교회 창시자의 행한 일이나 뜻한 것과는 근본적으로 다른 어떤 것이 되고 말았다고 했다.[38] 예수가 부인한 것이 무엇인가 묻고는 오늘날 그리스도적이라 불리는 모든 것이라고 대답하기도 했다.[39] 그리스도교인은 역사상 한 사람뿐이었고, 바로 그 한 사람이 십자가에 못 박혀 죽었다고도 했다.[40] 교회는 예수가 요구한 것들을 따를 용기도 의사도 없다고 했으며[41], 심지어 교회가 예수가 반대해 설교하고

---

37 같은 책, 300쪽, *Ecce homo*, Warum ich so gute Bücher schreibe 2 ; 같은 책, 380쪽, 《이 사람을 보라》, 나는 왜 이렇게 좋은 책들을 쓰는지 2.

38 KGW VIII 2, 356쪽, 11〔294〕; 니체전집 20, 424~425쪽, 11〔294〕.

39 KGW VIII 3, 313쪽, 16〔87〕; 니체전집 21, 386쪽, 16〔87〕.

40 KGW VI 3, 209쪽, *Der Antichrist*, 39 ; 니체전집 15, 266~267쪽, 《안티크리스트》, 39.

41 KGW VIII 2, 337쪽, 11〔243〕; 니체전집 20, 402쪽, 11〔243〕.

제자들에게 대항해 싸우라고 한 바로 그것이 되고 말았다고까지 했다.[42]

니체는 그리스도교적인 것과 그리스도적인 것을 별개로 보았다. 교회에 나가 교인이 되는 것과 그리스도의 언행을 실천해 따르는 것은 다르며, 누구나 교인이 될 수 있지만 그렇다고 누구나 그리스도적 인간이 되는 것은 아니라는 것이었다. 이들은 별개임을 넘어서 상반되기까지 한다. 니체는 그리스도적인 것은 도그마, 예배 의식, 사제, 교회, 신학 따위와 상관이 없다고 했다. 나아가 교회에서 말하는 "그리스도교적"이란 처음부터 "안티크리스트적"인 것이었다고 했다.[43] 교회가 처음부터 반그리스도적인 전통의 요람이 되어왔다는 지적이다.

교회의 역사는 교회의 서방 세계 진출과 함께 시작되었다. 로마를 그리스도교화하는 데 성공한 교회는 그 로마를 기점으로 세계화의 기틀을 마련했다. 이후 교회는 크게 번창했고 교인 수도 빠르게 늘어났다. 교회 국가가 등장할 정도였다. 니체에 따르면 그 덕에 승리를 구가하게 된 것은 그리스도적인 것이 아니라 그리스도교적인 것이었다. 곧 안티크리스트적인 것이었다.[44] 교회의 승리는 사실에 있어 예수 그리스도에 대한 안티크리스트의 승리였다는 것이다. 니체는 그런 그리스도교를 지배해온 것으로 유대주의(바울), 플라톤주의(아우구스티누스), 신비 예식(구원론, '십자가' 상징), 금욕주의(―"자연", "이성", "감각"에 대한 적대감―동방……) 등을 들고는[45], 예수를 이미 고정되어 있어 살아 움직이는 것들에 죽음을 가져오는 언어, 공식, 교회, 법, 도그마 따위에서 벗어난 자유

---

42 같은 책, 340쪽, 11〔257〕; 같은 책, 405쪽, 11〔257〕.
43 같은 책, 404쪽, 11〔365〕; 같은 책, 484쪽, 11〔365〕.
44 다음을 참고. 같은 책, 403쪽, 11〔364〕; 같은 책, 483쪽, 11〔364〕.
45 같은 책, 같은 곳 ; 같은 책, 같은 곳.

로운 정신으로 기렸다.[46]

이들 글을 보면 니체가 비판한 것은 그리스도교 교회였지 예수는 아니었다. 그는 오히려 예수를 적극적으로 감쌌다. 문제는 교회에 있다는 것이다. 교회는 예수의 가르침에 반하는 언행을 해왔으며, 그런 교회는 더 이상 그리스도의 몸이 될 수 없다는 것이다. 물론 그런 교회가 가르쳐온 하느님 역시 참된 신이 될 수 없다. 니체는 기회 있을 때마다 교회의 위선 및 탈선과 함께 교회의 신을 비판했다. 그의 현실 교회와 신에 대한 비판에서 우리는 그가 참그리스도적 가치를 옹호하며 진정한 신의 모습을 보여주려 한다는 인상을 받는다.

실제 니체가 거부한 것은 교회를 통해 이미지가 일그러진 신일 뿐 원래의 신은 아니었다는 해석이 있다. 그런 해석을 뒷받침하는 전거로 자주 인용되는 것 가운데 하나가 이 책의 머리말 중 〈니체, 어떻게 읽나〉의 2항에 소개된, "신이 도덕의 허물을 벗는 것일 뿐으로 너희는 선과 악 저편에 있는 그를 곧 다시 보게 될 것"이라는 니체의 글이다.

니체가 내심 그리스도교 신을 신앙했다는 것은 교회에 대한 그의 저주에 가까운 매도와 안티크리스트적인 언행에 비추어 볼 때 흥미로운 해석이다. 한쪽에서 유행했던, 아직도 심심찮게 고개를 드는 해석이기도 하다. 그런 해석에 대해 학계는 대체로 냉소적이다. 성급하고 설익은 해석이어서 응대할 필요조차 없다는 것이다. 앞에서 보았듯이 신의 죽음을 선언하면서 니체가 염두에 두었던 것은 무엇보다도 그리스도교 신이었다. 철학사적 지평에서 생에 적대적인 초월적 이념과 신앙을 신이라 부르고는 그의 죽음을 선언하게 되지만 그 이전에 그는 그리스도교 신과

---

46 같은 책, 406쪽, 11〔368〕; 같은 책, 487쪽, 11〔368〕.

실랑이를 했다. 철학적 관점에서 신의 죽음을 선언할 때조차 그는 그리스도교 신을 생각했다. 그런 신이 죽었다는 것으로서 니체가 내심 그리스도교 신을 신앙했다는 주장의 논거가 되기에는 취약하다. 그는 신을 선악의 저편에서 다시 보게 될 것이라고 했지만, 그 신은 교회가 가르쳐온 도덕적 가치의 원천이자 판관으로서의 여호와 하느님과는 거리가 먼 신이다.

니체의 철학 전체를 놓고 보아도 그리스도교 신이 자리할 공간은 없다. 힘에의 의지를 모든 것의 본질로 보는 한편 영원회귀를 우주의 존재방식으로, 그리고 인간을 오랜 진화의 산물로 받아들이게 되면서 그는 세계와 인간을 설명하기 위해 그리스도교 신과 같은 인격적 창조신을 끌어들일 필요가 없었다.

게다가 니체가 인간 예수에 대해 어느 정도 우호적이긴 했지만 그의 가르침에 대해서까지 우호적인 것은 아니었다. 그는 예수를 신의 적통으로 인정하지도 않았다. 즉 예수의 신성까지 인정한 것은 아니었다. 그는 예수의 가르침, 그 가운데 핵심이라고 할 수 있는 은총과 속죄, 사랑 따위를 모두 거부했다. 비아냥대듯, 예수가 젊은 나이에 죽은 것은 애석한 일이라고까지 했다. 더 오래 살아 성숙한 경지에 이르렀다면 그 자신이 설파해온 가르침 모두를 파기했을 텐데, 예수는 그럴 시간을 갖지 못했다는 것이다.[47] 예수의 가르침이 그만큼 미숙했다는 것이다.

엄밀한 의미에서 무신론은 그리스도교 전통 안에서의 이야기다. 거기서는 초월적이면서 인격적인 하느님에 대한 믿음을 유신론 또는 신론

---

47 KGW VI 1, 91쪽, *Also sprach Zarathustra*, Erster Theil : Vom freien Tode ; 니체전집 13, 121~122쪽,《차라투스트라는 이렇게 말했다》, 제1부 : 자유로운 죽음에 대하여.

Theismus으로, 그런 신의 존재를 받아들일 수 없다는 입장을 무신론Atheismus으로 불러왔다. 그러면 그리스도교 신이 신의 전부인가. 또 다른 신이 존재할 가능성은 없는 것일까. 즉 그리스도교 신이 아닌, 우주를 창조하고 주관하는 신이 존재할 수 있지 않을까. 그 가능성을 배제할 수는 없지만 인식의 한계 때문에 인간으로서는 그 존재를 시인도 부인도 할 수 없다는 것이 불가지론자들의 주장이다.

니체는 불가지론자였을 수 있다. 그러나 그리스도교적 관점에서 볼 때 그는 무신론자였다. 그 스스로가 자신에게 있어 무신론은 자명하다고 했다.[48] 게다가 그는 자신의 대변인으로 내세운 차라투스트라를 신을 믿지 않는 자로 기리기도 했다.[49] 신이 죽었다고 말했지만, 그런 신은 처음부터 존재하지도 않았다고 본 것이다.

---

48 KGW VI 3, 276쪽, *Ecce homo*, Warum ich so klug bin 1 ; 니체전집 15, 350쪽,《이 사람을 보라》, 나는 왜 이렇게 영리한지 1.

49 KGW VI 2, 353쪽, *Zur Genealogie der Moral*, Zweite Abhandlung : "Schuld", "schlechtes Gewissen", Verwandtes 25 ; 니체전집 14, 448쪽, 제2논문 : '죄', '양심의 가책' 그리고 그와 유사한 것들 25.

/ 제3장 /

선과 악을 넘어서

신은 죽었다. 그렇다고 곧바로 새로운 역사가 시작되는 것은 아니다. 니체의 표현을 빌리면, 곧바로 아침이 오는 것은 아니다. 죽은 신의 잔재가 곳곳에 남아 그림자를 드리움으로써 여전히 세상을 어둡게 만들고 있기 때문이다. 그런 잔재 중에 무엇보다도 신을 원천으로 한 도덕이 있다. 도덕을 쓸어내야 한다. 그 잔재를 쓸어내지 않으면 신의 죽음은 미제의 사건으로 남게 될 것이다.

인간은 자신을 도덕적 존재로 규정해왔다. 무엇이 선이고 악인지 분별할 수 있는 소질과 함께 이성의 법칙인 도덕 법칙에 죄책, 양심의 가책, 후회와 같은 도덕 감정을 타고났다는 것이다. 이 같은 규정의 바탕에는 보편적 가치에 대한 믿음이 있다. 서양에서 이 보편적 가치의 연원으로 간주되어온 것이 천상의 세계이고 그것을 뒷받침하는 것으로 간주되어온 것이 천상의 권위였다. 플라톤은 그 권위를 이데아라 불렀고 그리스도교는 신이라 불렀다. 니체는 이 둘을 묶어 신이라 불렀다.

그러나 신은 더 이상 없지 않은가. 여기서 신을 원천으로 한 도덕적 가치는 재론되지 않을 수 없게 되었다. 도덕은 인간만의 문제다. 자연은 도덕을 모른다. 맹수의 세계를 보면 알 수 있다. 거기에는 힘의 지배가 있을 뿐 도덕은 없다. 그 점에서 인간은 예외적 존재다. 그러면 어떻게 하여 인간은 도덕적 존재가 되었는가? 자연적 성향을 벗어나면서 그렇게 되었다. 어느 한순간에 일어난 일은 아니다. 오랜 진화의 귀결이다. 니체는 도덕을 오랜 진화 과정에서 형성된 사회적 범주로 받아들였다. 자력으로 살아남기 힘든 절대 다수의 사회적 약자들이 생존을 위해 생각해낸 안전장치가 도덕이라는 것이다. 이때 약자들이 겨냥한 것은 사회적 강자, 소수의 지배자들이었다. 약자들은 살아남아야 했고, 그러기 위해 위협적인 강자들을 무력화해야 했다. 정면으로 덤벼들어 강자들에게 재갈을 물려야 했지만 약자들에게는 그럴 만한 힘이 없었다. 다른 길을 찾아야 했다. 니체에 따르면 이렇게 하여 약자들이 생각해낸 것이 도덕이다. 도덕이란 것을 내세워, 힘을 행사하려 드는 강자를 열등한 존재로 몰아 배척할 대의를 확보하는 동시에 도덕적 우월감으로 자신들의 존재를 드높이려는 속셈이었다.

이렇게 등장한 도덕은 기대 이상의 위력을 발휘했다. 방심하고 있던 소수의 강자는 절대 다수 약자의 치밀한 공략에 속수무책이었다. 수에서나 기지에서나 약자에게 압도되었다. 끝내 강자들은 손을 들었고, 도덕적 순치의 대상이 되어 길들임이라는 수모를 겪게 되었다. 이렇게 등장한 도덕은 수천 년에 걸쳐 보편적 가치로 자리를 잡아갔다. 그 과정에서 사람들은 도덕적으로 철저하게 조련되었으며 도덕이 인간 행위를 판단하는 최고 권위가 되어 사람들을 지배하게 되었다.

도덕 감정으로는 다양한 것들이 있다. 그러나 예로부터 도덕 판단의 기초가 되어온 것은 단연 선과 악이다. 그래서 도덕에 대한 논의는 선과 악의 문제에서 시작하게 되는데, 그에 앞서 우리에게는 선이 무엇이며 악이 무엇인지부터가 문제가 된다. 선과 악이 무엇인지 심도 있게 검토된 적이 없기 때문이다. 이는 선과 악이란 너무 자명해 새삼 무엇이 선이고 악인지 물을 이유가 없다는 편견 탓이었다. 그런데도 사람들은 매사에 선 아니면 악이다. 놀부는 악하고 흥부는 선하다는 식이다.

놀부는 악하고 흥부는 선하다는 것은 일상적 구분이다. 악이라는 것이 있고 선이라는 것이 있는가가 결국 문제가 되겠지만, 우리는 일단 그 같은 구분을 논의의 단서로 삼을 수 있다. 놀부는 악하고 흥부는 선한가? 놀부는 부지런하고 빈틈없는 유능한 사람이다. 욕심이 많다고 하나 다른 인간들과 경쟁해야 하는 그로서는 자연스러운 일이고 심술도 문제 될 것이 없다. 반면에 흥부는 게으르고 무능한 사람이다. 거느릴 능력이 없는데도 아내와 여러 명의 자식을 둔 무책임한 사람이다. 놀부가 잘사는 것, 흥부가 잘살지 못하는 것은 당연한 일이다. 이것은 자연의 이치로서 선악의 문제가 아니지만, 굳이 도덕적 관점에서 보면 놀부는 선이 되고 흥부는 악이 될 것이다.

흥부와 같이 게으르고 무능한 사람들에게 위안이 되는 것이 있다. 세상에는 놀부가 적고 흥부가 많다는 것이다. 흥부에게는 그것만으로도 큰 힘이 된다. 작은 힘이지만, 그런 힘도 모으면 모은 만큼 커지기 때문이다. 이를 터득한 세상의 흥부들은 놀부들을 그대로 두지 않는다. 파리 떼처럼 달려들어 양심이니 인류니 하는 도덕의 독침으로 마구 찔러댄다. 놀부라 할지라도 이 같은 소란을 오래 견뎌내지는 못한다. 끝내 그는 무릎을 꿇고, 이야기는 놀부가 개과천선하는 것으로 끝난다. 그러면서 놀부들 또한 도덕적으로 길들어 흥부가 되고 세상은 끝내 흥부들의 것이 되고 만다.

놀부에게는 선 또는 악에 대한 관념이 없었다. 그런 것들이 필요하지도 않았다. 선과 악이란 것을 필요로 한 사람은 게으르고 무능한 흥부였다. 거기에 살 길이 있기 때문이었다. 그런 인간이 생각해낸 도덕은 힘없고 그 유래에서 볼 때 가련한, 반쯤 또는 완전히 실패한 인간들에 있어 자기 보존을 위한 조건의 총화에 불과하다.[1]

여기서 묻게 된다. 선과 악이라는 것이 그 자체로 존재하는가? 놀부와 흥부의 예에서 볼 수 있듯이 절대 선과 절대 악은 존재하지 않는다. 즉 선과 악이 그 자체로 존재하는 것은 아니다. 도덕적 가치는 약자들의 안전장치 또는 보신책으로 고안된 것인 만큼 생존 조건에 따라 달라질 수밖에 없다. 그렇게 되면 선과 악과 같은 도덕적 가치는 상대화되고 그 상대화 정도에 따라 구속력을 잃게 된다. 끝내 무딘 칼처럼 쓸모가 없게 된다. 이는 도덕이란 것을 생각해낸 사람들이 누구보다 잘 알고 있는 일이다. 그들은 도덕에 상대화될 수 없는 절대 권위를 부여해야 했다. 그러나 그것도 그런 권위를 보증해줄 존재가 있을 때의 이야기다. 예서 저들 가련한, 반쯤 또는 완전히 실패한 자들은 신 또는 보편적 이성과 같은 천상의 권위를 끌어들이게 되었다.

천상의 권위를 부여받으면서 도덕은 마침내 절대 권위를 갖게 되었다. 그와 함께 절대 권력을 휘두르게 되었다. 이후 도덕에 대한 그 어떤 도전도 용납되지 않았으며 그 어떤 예외도 인정되지 않았다. 이 절대 권위 앞에서 인간은 마침내 평등해졌다. 넘치는 것은 잘라내고 모자라는 것은 만들어서라도 채워야 했다. 인간은 그렇게 도덕적으로 규격화되어갔다. 프로크루스테스의 침대가 따로 없다.[2]

도덕을 진화의 산물로 받아들이면서 선과 악이 그 자체로 존재하는 것은 아니라고 본 니체였지만 그 또한 일상에서 선과 악이 어떻게 통용되고 있는가, 그 위력을 생생하게 실감했다. 그는 선과 악의 존재 여부를 떠나 현실적 삶에서 선과 악의 판별 이상으로 중요한 것은 없다고 했다. 무엇을 선한 것으로 받아들이고 악한 것으로 퇴치해야 하는지에 대한 판

1 KGW VIII 3, 403쪽, 22(25) ; 니체전집 21, 497쪽, 22(25).
2 KGW VI 3, 138쪽, *Götzen-Dämmerung*, Streifzüge eines Unzeitgemässen 43 ; 니체전집 15, 183쪽, 《우상의 황혼》, 어느 반시대적 인간의 편력 43.

별 없이는 그 누구도 생존할 수가 없기 때문이다. 이에 그는 선과 악의 판별, 즉 평가라는 것을 하지 않고는 현실적으로 어느 민족도 이 땅에서 살아남을 수 없다고 했다.[3] 이때 무엇이 선이고 악인지를 결정하는 것은 각 민족의 이해관계다. 크게 보아 그렇지만, 그 관계는 개인이나 집단에도 그대로 적용된다. 이러한 이해관계에 따라 선과 악에 대한 판별이 달라진다. 경쟁 관계나 적대 관계에 있을 때는 더욱 그렇다. 그래서 흔히 이 민족의 선은 저 민족에게 악이 되고 저 민족의 선은 이 민족에게 악이 된다. 개인과 집단 사이에서도 마찬가지다.

경쟁 관계나 적대 관계에서 상대 민족은 항상 악이다. 그래야 한다. 그래야 전선이 분명해지면서 악의 퇴치라는 명분이 생기고 집단의 내부 결속이 다져지기 때문이다. 니체도 도덕적 평가와 확신에서 개개 민족은 달라야 한다고 했다.[4] 그 점에서는 개인은 물론 공동체, 종족, 국가, 교회, 신앙, 문화와 같은 이해 집단도 마찬가지다.

자연은 도덕을 모른다고 했다. 자연에는 도덕이란 것이 아예 없다. 그런 자연은 있는 그대로의 것으로서 도덕적 규정과 무관하다. 자연은 선할 것도 악할 것도 없다. 자연은 그런 것에 무관심하다.[5] 따라서 자연 어디에도 도덕적이라 부를 만한 것이 없다. 이해관계에 따른 인간의 해석이 있을 뿐이다. 이에 니체는 도덕적 현상은 없고 현상에 대한 도덕적 해석이 있을 뿐이라고 했다.[6] 자연은 선할 것도 악할 것도 없는데 인간이

---

3 KGW VI 1, 70쪽, *Also sprach Zarathustra*, Erster Theil : Von tausend und Einem Ziele ; 니체전집 13, 96쪽, 《차라투스트라는 이렇게 말했다》, 제1부 : 천 개 그리고 하나의 목표에 대하여.

4 같은 책, 같은 곳 ; 같은 책, 같은 곳.

5 KGW VIII 2, 147쪽, 10(52) (181) ; 니체전집 20, 174쪽, 10(52) (181).

6 KGW VI 2, 92쪽, *Jenseits von Gut und Böse*, Viertes Hauptstück : Sprüche und Zwischen-

이해득실에 따라 자연에 도덕의 잣대를 들이대 해석해왔다는 것이다. 그 자체로 존재하지 않는 도덕은 일종의 공인된 거짓이다. 미래를 위해 자신을 희생하도록 사람들을 부추기기 위한 인간 종(유)의 환상일 뿐이다.[7]

공인된 거짓이자 환상일 뿐인 도덕은 최고의 판관으로서 인간 위에 군림하면서 인류 역사에 씻을 수 없는 오점을 남겼다. 강자를 순치하면서 생명의 자기 전개를 위축시키고 생명력을 빨아내어 생명을 빈혈 상태로 내몬 것이다. 니체는 도덕의 이 같은 만행을 흡혈 행위로 간주했다.[8] 창백한 도덕군자의 고뇌하는 눈과 깊은 주름을 보면 알 수 있다. 어디에 생명의 희열이 있으며 활력이 있는가. 도덕은 이렇듯 인간의 생명을, 그와 함께 자연적 성향을 학대하고 파괴해왔다. 도덕은 근본에 있어서 자연에 대한 훼손이자 생에 대한 거부다.[9] 일종의 반자연이 아닐 수 없다.[10]

그런데도 이 땅에서 도덕 이상으로, 그 가운데 선과 악 이상으로 권위를 누려온 것은 없다. 니체의 차라투스트라도 선과 악보다 더 막강한 힘을 이 땅에서 보지 못했다고 했다.[11] 예로부터 '선한' 인간은 만인의 사표가 되어 명예라든가 물질적 포상과 같은 사회적 보상을 받아왔다. 반대

spiele 108 ; 니체전집 14, 117쪽,《선악의 저편》, 제4장 : 잠언과 간주곡 108.

7 KGW VIII 1, 210쪽, 5(58) ; 니체전집 19, 257쪽, 5(58).

8 KGW VI 3, 371쪽, *Ecce homo*, Warum ich ein Schicksal bin 8 ; 니체전집 15, 466쪽,《이 사람을 보라》, 왜 나는 하나의 운명인지 8.

9 같은 책, 4쪽, *Der Fall Wagner*, Vorwort ; 같은 책, 12쪽,《바그너의 경우》, 서문.

10 같은 책, 370쪽, *Ecce homo*, Warum ich ein Schicksal bin 7 ; 같은 책, 464쪽,《이 사람을 보라》, 왜 나는 하나의 운명인지 7.

11 KGW VI 1, 70쪽, *Also sprach Zarathustra*, Erster Theil : Von tausend und Einem Ziele ; 니체전집 13, 96쪽,《차라투스트라는 이렇게 말했다》, 제1부 : 천 개 그리고 하나의 목표에 대하여.

로 '악한' 인간은 어둠의 세력, 사회의 공적이 되어 가혹하게 응징되어왔다. 처형되기까지 했다. 까마득한 옛날부터 때와 장소를 가리지 않고 행해진 구마 의식은 말할 것도 없고 중세의 마녀 사냥, 자신들과 생각이 다르다는 이유 하나로 상대를 악의 세력으로 몰아 처단한 종교 재판, 성전이라는 구실로 살육을 자행한 종교 전쟁에서 그 같은 응징의 예를 볼 수 있다. 선을 위해서라면 응징의 방법은 문제가 되지 않았다. 그런 응징은 그러나 광신이 빚어낸 악행들로서, 도덕의 이름으로 자행된 반도덕적인 행위들이었다.

선과 악은 이에 그치지 않고 인격화되어 신 또는 천사가 되고 악마가 되었으며, 자연 현상은 물론 인간의 역사를 설명할 수 있는 우주적 원리가 되기까지 했다. 우주의 창조 역사를 선한 영(신) 아후라 마즈다와 악령 아리만(앙그라 마이뉴) 사이의 투쟁으로부터 설명한 차라투스트라(조로아스터)교, 광명(선)과 암흑(악)이 인간뿐만 아니라 우주 전체를 지배한다고 가르쳐온 마니교 등이 그 예다.

자연을 되살리고 자연 속에서 본연의 거짓 없는 생명을 살리려면 먼저 그 같은 도덕을 파기해야 한다.[12] 도덕의 허물을 벗어던져야 한다. 이때 필요한 것이 도덕을 의심할 줄 아는 안목과 그 정체를 들추어낼 수 있는 용기다. 그 같은 안목과 용기를 니체는 갖고 있었다. 그것도 일찍부터. 그 자신의 증언에 따르면 그는 어려서부터 도덕의 문제에 매달려왔다. 무엇보다도 선과 악은 어디서 유래하는가, 즉 선과 악의 기원이 관심사였다. 이미 열세 살 소년 시절부터 악의 기원에 대한 물음이 그를 따라다녔다. 그는 환경과 나이, 선례, 그리고 출신에 반하여, 지상에서 도덕으로 떠받

12 KGW VIII 1, 282쪽, 7〔6〕; 니체전집 19, 336쪽, 7〔6〕.

들어지는 모든 것에 대해 억누를 수 없는 의혹을 품었고 끝내 신에게 영예를 돌려 신을 악의 아버지로 만들었다고도 회고했다.[13] 이 무렵 그의 신은 그리스도교의 여호와 하느님이었다. 선의 신을 악의 아버지로 만들었다는 것으로서, 이는 그가 일찍부터 악의 정체를 상당 수준 꿰뚫어 보고 있었다는 것을 의미한다.

이후 그는 신학적 편견을 도덕적 편견으로부터 떼어놓을 수 있었고, 그러면서 악의 기원을 더 이상 이 세계의 배후에서 찾지 않게 되었다. 도덕 개념의 기원을 천상에서 지상으로 끌어내린 것이다. 거기에다 심리학적 문제 일반에 대한 타고난 감식력을 갖고 있던 그는 역사적, 문헌학적으로 수련되면서 역사, 문헌학의 지평에서 보다 구체적으로 선과 악의 기원을 추적하게 되었다. 그 무렵 그를 사로잡은 것은 인간은 어떤 조건 아래서 선과 악이라는 것을 생각해냈는가, 그런 판단들은 어떤 가치를 지니고 있는가, 또한 지금까지 인간의 성장을 촉진해왔는가 아니면 저지해왔는가 하는 의문들과 그런 판단들은 삶의 위기와 빈곤과 퇴화의 징조인가, 아니면 반대로 거기에 삶의 충만, 힘, 의지, 용기, 확신, 미래가 나타나 있는가 하는 의문들이었다.[14]

여러 해에 걸친 탐색 끝에 그는 선과 악 같은 개념은 타고난 것이 아니라 다양한 조건 속에서 형성된, 인간 역사의 산물이라는 결론에 이르렀다. 그는 역사의 산물로서 그런 개념에는 그것을 필요로 했던 인간의 삶과 역사가, 이를테면 생리적 조건과 심리적 조건, 사회적 조건에 법률적 환경 등이 그대로 반영되어 있다고 보았다. 여기서 선과 악 같은 도덕 개

---

13 KGW VI 2, 261쪽, *Zur Genealogie der Moral*, Vorrede 3 ; 니체전집 14, 340쪽, 《도덕의 계보》, 서문 3.
14 같은 책, 261~262쪽, Vorrede 3 ; 같은 책, 340~341쪽, 서문 3.

념은 그 자체로는 존재하지 않는, 생리적, 심리적, 법률적 경험을 통해 얻어지는 사회적 감정의 하나가 된다.

이렇게 되면 도덕 개념에 대한 논의는 더 이상 사변으로 일관해온 도덕학자들의 전유물이 될 수 없다. 유관 분야 학자들이 모두 나서야 한다. 생리학자, 심리학자, 사회학자, 법률학자는 말할 것도 없고, 그것이 문자 기록으로 전승된 것이니만큼 문헌학자도 나서야 한다. 분야에 따라 논의의 성과는 다를 수 있다. 다르다 못해 제각각으로 보일 수도 있다. 그러나 동일한 것에 대한 탐색인 만큼 뿌리는 하나여야 하고, 뿌리가 하나인 이상 이들 개별 성과는 유기적 관계에 있어야 한다. 이 유기적 관계를 밝혀내야 한다. 그 관계가 밝혀지는 순간 도덕의 기원과 함께 도덕의 성장 과정을 다면적으로 밝혀낼 길이 열릴 것이다. 그다음에 할 일은 그것을 토대로 도덕 문제 일반을 해결하고 평가된 가치들에 등급을 매기는 것이다. 이것은 철학자의 몫이다. 이를 위해 철학자는 개별 성과들을 면밀히 파악해 계열화하고 해석해야 한다. 철학자에게는 할 일이 또 있다. 다른 분야의 학자들이 주어진 몫을 다할 수 있도록 지원하는 일이다.[15]

니체는 독서를 통해 인문과학, 자연과학, 사회과학을 넘나들며 해당 분야의 지식을 넓혀갔다. 도덕 개념의 기원에 다양한 관점으로 접근해보자는 생각에서였다. 철학자이면서 문헌학자이기도 했던 그는 그 자신에게 주어진 몫도 잘 알고 있었다. 그의 몫은, 유관 분야의 성과를 수용해 기초 자료로 삼거나 참고하고, 도덕 개념의 기원을 찾아가되 언어학, 특히 어원학적 접근에 역점을 두는 것이었다.

---

15 같은 책, 302~303쪽, Erste Abhandlung : "Gut und Böse", "Gut und Schlecht", Anmer-kung ; 같은 책, 390~391쪽, 제1논문 : '선과 악', '좋음과 나쁨', 주(註).

1. 선과 악, 좋음과 나쁨

(1) 선과 악의 유래

도덕 감정의 유래를 추적하면서 니체가 출발점으로 삼은 것 역시 도덕의 주개념이자 토대 개념인 선과 악이었다. 선과 악은 우리가 일상에서 흔히 써온 말들이다. 우리는 그 말뜻을 알고 있으며, 실제 그런 것들이 존재한다고 믿어왔다. 그런 것들이 있기에 선이니 악이니 하는 말들이 생겨났을 것이라고 믿어온 것이다. 바꾸어 말하면, 선과 악이라는 말이 엄연히 존재하니 그것이 지칭하는 선과 악이란 것도 실제로 존재한다고 믿어온 것이다. 과연 그런가? 우리는 여기서 고전적 물음에 부딪히게 된다. 말이 있다고 해서 그것에 대응하는 실재가 필히 있다고 할 수 있는가 하는 물음이다.

니체는 이 물음에서 논의의 실마리를 찾았다. 문헌학자이기도 한 그는 남다른 언어 감각과 언어 이해를 갖고 있었다. 그는 말을 전달 또는 매개 수단으로, 그리고 의사 전달을 위한 자의적 기호 체계로 받아들였다. 사물과 사물, 인간과 인간 사이의 관계에 대한 상징으로 받아들인 것이다. 그러나 상징은 상징일 뿐 그것이 상징하는 대상과 하나가 아니다. 그런 의미에서 말은 사태 자체와 하나가 아니다. 이에 니체는 말은 절대 진리와 무관하다고 했다.[16] 있는 그대로를 전해주지 않는다는 것이다. 거기에다 온갖 오류와 상상과 망상 따위로 얼룩진 것이 말이다. 니체는 그런 것

---

16 KGW III 2, 340쪽, *Die Philosophie im tragischen Zeitalter der Griechen*, 11 ; 니체전집 3, 407쪽,《그리스 비극 시대의 철학》, 11.

들이 말 뒤에 숨어서 웃고 있다고 했다.[17] 몸을 숨긴 채 말에 대한 사람들의 소박한 믿음을 조롱하고 있다는 것이다.

그뿐이 아니어서 말은 사태를 파괴하기까지 한다. 우리가 경험하는 사태는 구체적이며 특수하다. 그런 사태를 말은 추상을 통해 희석하여 불투명하게 만든다. 인격을 비인격화하는가 하면 특별한 것을 평범하게 만들기까지 한다. 그런 말로는 구체적이며 개별적인 사태에 침투할 수가 없다. 음악은 다르다. 사태를 있는 그대로 생동감 있게 전해주는 데 음악만 한 것이 없다. 그런 음악과 비교해볼 때 말을 통한 전달이란 하나같이 뻔뻔스러운 수단에 불과하다. 이렇듯 말은 사태를 희석하고 사람들을 명청하게 만들며 비인격화하기까지 한다. 비범한 것을 평범하게 만들기도 한다.[18]

오류와 상상과 망상 따위로 얼룩져 있을 뿐만 아니라 사태를 파괴하기까지 하는 말, 예서 우리는 말이 있다고 해서 그것에 대응하는 존재가 있다고 볼 수 있는가, 다시 묻게 된다. 그렇게 볼 수 없다. 우리 주변에는 말로만 존재하는 것들이 얼마든지 있다. 용과 인어, 운명의 신 따위가 그런 것들이다. 그런데도 우리는 어떤 말을 할 때 그 말이 지시하는 대상을 떠올리고는 알게 모르게 그것이 존재한다고 믿는 경향이 있다. 이것이 베이컨이 우리를 거짓으로 이끄는 맹목적 믿음으로서 경계한 네 개의 우상 가운데 하나인 시장의 우상이다.

말이 처음부터 있었던 것도 아니다. 그것 또한 역사 속에서 태어나 성장해왔다. 그 과정에서 필요에 따라 생겨난 말도 있지만 도태되어 사라

---

17 KGW V 1, 264쪽, *Morgenröthe*, Fünftes Buch : 423 ; 니체전집 10, 332쪽, 《아침놀》, 제5권 : 423.
18 KGW VIII 2, 159쪽, 10〔60〕(188) ; 니체전집 22, 187쪽, 10〔60〕(188).

진 말도 있다. 말은 이렇듯 진화해왔다. 그런 말에는 그 말을 사용한 해당 시대 사람들의 삶과 생각이 그대로 투영되어 있다. 편견과 선입견까지도 그대로 투영되어 있다. 후대는 선대로부터 말을, 그와 함께 선대의 삶과 생각은 말할 것도 없고 편견과 선입견까지 고스란히 물려받는다. 우리가 쓰고 있는 말을 들여다보면 알 수 있다. 그 속에서 우리는 우리 조상의 삶의 자취, 생각과 편견 따위가 퇴적되어 있음을 발견하게 된다.

우리가 쓰고 있는 말은 이렇듯 정확하지도 순수하지도 않다. 형이상학 용어와 도덕 용어가 특히 그렇다. 애매한데다 모호하기까지 하다. 20세기 실증주의자들이 검증의 원리를 내세우면서 그런 용어를 아무 의미가 없는 것으로 간주해 배척한 것도 그 때문이다. 그렇다면 선과 악도 그런 용어가 아닐까. 말로만, 그것도 편견과 선입견으로 얼룩진 채 말로만 존재하는 것이 아닐까?

여기서 니체는 새롭게, 선과 악이라는 말은 어떻게 생겨났으며, 인간은 어떤 상황에서 그런 말을 써왔는가를 묻게 되었다. 최선은 선대의 말을 생생하게 되살려 그 말의 근원과 그 말이 쓰인 상황, 그리고 그 말을 쓴 사람의 정서를 경험해보는 것이겠지만 그런 경험은 할 수가 없다. 게다가 음성 기록이 남아 있는 것도 아니다. 말을 기록해둔 글이 있어 그 상황과 정서를 어느 정도 되살려볼 수 있지만, 다른 시대를 다른 눈으로 살고 있는 우리로서는 그마저 쉬운 일이 아니다. 그런 어려움이 있지만, 실제로 확증할 수 있는 것은 그나마 글로 쓰인 문서 말고는 없다.

그래서 우리는 글에 의존하게 되는데 시대를 거슬러 올라갈수록 글을 읽어내는 일은 그만큼 어려워진다. 나중에는 상형 문자를 판독하는 일과 같아진다. 고도의 통찰력과 상상력에다가 인내심까지 요구되는 작업이다. 그러나 누군가 해야 할 일이라면 다른 사람 아닌 니체 같은 철학자가 적임자일 것이다. 문제의식이 뚜렷한데다 문헌학자로서 그 같은 작업에 잘 훈련되어 있었기 때문이다. 니체도 그러한 작업을 자신의 일로 생각해 그동안 판독이 어려웠던 인간 도덕의 과거사, 곧 예의 상형 문자를 판독하는 일에 착수하게 되었다.[19]

그 과정에서 선과 악이라는 말이 처음부터 있었던 것은 아니라는 것이 드러났다. 원래 있었던 것은 좋다와 나쁘다, 즉 좋음과 나쁨이라는 말이었다. 좋음과 나쁨은 도덕적 색채가 전혀 없는 자연적 감정이다. 니체에 따르면, 이 좋음과 나쁨이 인간의 현실 역사에서 둔갑하게 되었는데 그렇게 해서 생겨난 말이 선과 악이다. 자연적 감정이 도덕적 감정으로 둔갑한 것이다. 자연은 있는 그대로의 것으로서 순수하며 건강하다. 그에 반해 온갖 제재와 강제로 되어 있는 도덕은 불순하며 퇴폐적이다. 그런 의미에서 도덕적 감정은 반자연적 감정이다. 그러면 어떻게 이 좋음과 나쁨이라는 건강한 자연적 가치가 선과 악이라는 퇴폐적인 도덕적 가치로 둔갑하게 되었는가. 좋음과 나쁨에서 좋음은 '기분이 좋다', '맛이 좋다', '날씨가 좋다'고 할 때의 즐거운 상태를 가리킨다. 힘이 넘칠 때, 패기나 자긍심, 성취감 등 상승의 기운에서 느끼게 되는 감정이다. 나쁨은 '기분이 나쁘다', '맛이 나쁘다', '날씨가 나쁘다'고 할 때의 즐겁지 않은 상태를 가리킨다. 기력이 핍진했을 때, 자신을 잃었을 때, 뜻을 이루지 못했을 때 갖게 되는 감정이다.

저편의 또 다른 세계를 신봉하지 않는 한, 현실적으로 존재하는 것은 이 세계, 이 자연뿐이다. 따라서 가치라는 것이 이 세계에 존재한다면 어

---

19 KGW VI 2, 266쪽, *Zur Genealogie der Moral*, Vorrede 7 ; 니체전집 14, 346쪽, 《도덕의 계보》, 서문 7.

떤 것이든 이 자연에서 나올 수밖에 없다. 이는 자연이 가치를 산출하는 근원이자 기준이 되어야 한다는 뜻이다. 이 자연은 우리 안에도 있다. 인간 내면의 본성이 그것이다. 따라서 인간의 경우, 본성이 좋음과 나쁨의 근원과 기준이 된다. 우리는 본성에 부합해 조화를 이룰 때 좋다는 감정을, 본성에 부합하지 않아 불화를 빚을 때 나쁘다는 감정을 갖게 된다. 여기서 본성에 합당한 것은 좋은 것이 되고, 본성에 반하는 것은 나쁜 것이 된다. 일찍이 스토아 철학자들도 좋은 것과 나쁜 것을 그렇게 분별했다.

존재하는 모든 것은 자기 전개를 통한 성장을 본성으로 한다. 위에서 예로 든 좋은 기분, 좋은 맛, 좋은 날씨 역시 원기를 북돋아 인간의 자기 전개를 돕는 것들이다. 인간 본성에 부합한다는 의미에서 좋은 것들이다. 반대로 나쁜 기분, 나쁜 맛, 나쁜 날씨는 원기를 앗아가 우리를 위축시키는 것들이다. 인간 본성에 반한다는 의미에서 나쁜 것들이다. 같은 기준에서 패기, 용기, 쾌감 따위는 좋은 것이 되고, 낙담, 겁, 불쾌감 따위는 나쁜 것이 된다. 원기를 북돋아주는 것에 송이버섯이, 원기를 빼앗아 죽음에 이르게까지 하는 것에 독버섯이 있다. 우리는 그런 것을 두고 좋다거나 나쁘다고 말할지언정 선하다거나 악하다고 말하지는 않는다.

힘이 지배하는 세계에는 이렇듯 힘을 강화하는 것과 약화하는 것이 있다. 강화냐 약화냐에 따라 힘의 크기가 달라지며 그 크기에 따라 다양한 위계가 생겨난다. 이 위계가 인간 사회에서는 신분이 된다. 신분은 그것을 드러내는 말부터가 달랐다. 먼저 등장한 것은 '고귀한', '귀족적'이라는 말이었다. 그 말에서 '영혼이 고귀한', '귀족적인edel', '영적으로 고귀한 기질의', '영적으로 특권을 지닌'이라는 의미의 '좋은'이라는 말이 나왔다. 이어 등장한 것이 '비속한', '천민의', '저급한'이라는 말이었다. 그리고 거기서 '나쁜'이라는 말이 나왔다. 독일어에서 '나쁘다schlecht'는 '단순하다schlicht'와 같은 뜻으로, 원래 귀족이 아닌 단순하고 평범한 사람들에 대해 쓰던 말이었다.[20] 좋음과 나쁨은 이렇듯 신분을 나타내는 말들로서 귀족 사회에서 통용되는 자연적 가치를 반영하고 있었다.

그러다가 사제들이 등장해 민중을 지배하게 되면서 언어 환경에 변화가 왔다. 사제들은 귀족 본래의 의미, 곧 고귀함이나 기품과는 거리가 먼 비천한 존재들이었다. 교활하고 음흉한데다 다른 사람들의 땀으로 살아가는 더부살이 인생들이었다. 니체의 표현에 따르면 내장 질환과 신경쇠약증을 앓고 있으면서 여차하면 감정을 폭발시키는 병적인 자들[21]이었다.

병적인데다 비천하기까지 했지만 사제들은 사제들대로 자신들의 우월한 지위(계급)를 나타내는 징표가 필요했다. 이때 그들이 생각해낸 것이 바로 순결이었다. 순결을 징표로 그들은 자신들의 지위를 공고히 할 수 있었다. 그들은 자신들이 순결하다고 믿었다. 경건할 뿐만 아니라 흠결이 없다는 것이었다. 그리고 그 점에서 자신들은 저 맹수같이 무자비한 인간들과 다르며 세상의 무지렁이들과도 다르다고 믿었다. 그런 그들에게 순결은 자신들의 존재를 확인시켜주는 데 더없이 유용하고 좋은 것이었다. 나쁜 것은 그렇지 못한 것, 곧 불순이었다. 이렇듯 사제들의 지배 아래 좋음과 나쁨은 귀족적 가치 평가 방식에서 분리되어 신분과 관계없는 순결과 불순이라는 개념으로 발전하게 되었다.

그러면 누가 순결한 자이며 누가 불순한 자인가? 피를 멀리하고 평화를 사랑하는 자가 순결한 자이다. 사제들은 자신들이 바로 그런 자들이

---

20 같은 책, 275쪽, Erste Abhandlung : "Gut und Böse", "Gut und Schlecht" 4 ; 같은 책, 356쪽, 제1논문 : '선과 악', '좋음과 나쁨' 4.
21 같은 책, 279쪽, 6 ; 같은 책, 361쪽, 6.

라고 말해왔다. 사제들에게 미치지는 못할지라도 피를 멀리하고 평화를 사랑하는 사람은 많이 있었다. 평화로운 세상에서나 생명을 부지할 수 있어 피를 혐오하고 분란을 피해온 약자들이 그런 자들이다. 반대로 맹수가 되어 피로 세상을 물들이고 어지럽히는 자들이 불순한 자들이다. 힘 하나로 세상을 지배하려 드는 자, 공격적이고 도전적인 자, 곧 강자들이 그런 자들이다. 순결한 사람이란 원래 몸을 씻는 자, 피부병을 일으키는 음식에 손을 대지 않는 자, 낮은 계층의 불결한 여자들과 잠자리를 하지 않는 자, 피를 혐오하는 자를 의미했다.[22]

이로써 사제들은 좋음과 나쁨으로 되어 있는 귀족적 가치를 순결과 불순으로 되어 있는 사제적 가치로 전도시켰다. 이 가치의 전도로써 그들은 강자에 대한 복수의 길을 트는 동시에 자신들의 명예를 드높일 기회를 잡게 되었다. 그러나 순결과 불순이라는 구분 하나만으로는 소기의 목적을 이룰 수가 없었다. 보다 효과적인 무기가 필요했다. 이 필요에서, 저들 강자에 대한 증오심과 복수심에서 저들이 사제 근성의 약자들과 함께 생각해낸 것이 바로 선과 악이라는 도덕적 가치였다. 이렇게 등장한 선과 악은 인간 행위의 옳고 그름을 판단하는 척도가 되어 절대 권위를 누리게 되었다. 일단 선과 악이라는 것을 받아들이면 누구도 그것들로부터 자유로울 수가 없다. 선해야 하며, 악해서는 안 된다는 강박에서 자학까지 하게 된다. 인간에게 지울 수 있는 멍에로서 그만한 것이 없다. 사제들과 사제 근성의 약자들은 여기서도 성공했다. 성공에 고무된 그들은 사람들을 부추겨 선에 모든 것을 걸게 했다. 그와 함께 악을 혐오해 저주토록 했다. 이렇게 하여 선과 악은 목숨을 걸고 지켜야 할, 목숨을 걸고

---

22 같은 책, 같은 곳 ; 같은 책, 360쪽, 6.

퇴치해야 할 가치가 되고 말았다. 그와 더불어 힘으로써 세상을 지배해온 귀족 계급은 사악한 집단이 되어 도덕적 규탄의 대상이 된 반면에 사제와 같은 비속하고 천민적인 계급은 선한 존재가 되어 도덕적 사표가 되었다. 좋음과 나쁨이라는 자연적 가치는 이렇듯 순결과 불순이라는 사제적 가치를 거쳐 선과 악이라는 도덕적 가치로 둔갑하게 되었다.

사제 민족의 전형은 유대인이었다. 그들은 영악했다. 선과 악이라는 무기 하나만으로는 충분하지가 않았다. 악의 대가로 가책과 집단으로부터의 매도, 격리와 처벌 따위를 치르게 되어 있었지만 시간이 흐르면서 사람들은 그런 위협에 쉽게 무뎌졌다. 사제들로서는 사람들을 평생 잡아두어야 했고 그러기 위해서 사람들을 더욱 조일 필요가 있었다. 이때 저들이 생각해낸 것이 하늘로부터의 축복과 저주라는 것이었다. 최고 권위인 하늘을 끌어들인 것이다. 선과 악은 세상의 일로 끝나는 것이 아니고, 사후 영원한 축복과 저주가 뒤따르게 되어 있다는 것이다.

유대인들은 이 땅에서 가난하고 힘없고 비천한 자만이 선하며, 고통받는 자, 궁핍한 자, 병든 자, 추한 자만이 경건하다고 가르쳤다. 그리고 그런 자들이야말로 신에 귀의한 자로서 신의 영원한 축복을 받게 될 것이라고 가르쳤다. 반면에 지배적 위치에서 힘을 행사해온 강력한 자들은 영원히 사악한 자, 잔인하고 음란하며 탐욕스러운 자, 신을 믿지 않는 자들로서 신의 영원한 저주 아래 있게 될 것이라고 가르쳤다.[23] 유대인들은 이로써 이중의 기쁨을 맛보았다. 자신들이 받게 될 내세의 축복에 대한 기대가 하나였고, 강자인 귀족 계급이 신의 저주 속에 파멸할 것이라는 믿음에서 오는 복수의 쾌감이 다른 하나였다.

---

23 같은 책, 281쪽, 7 ; 같은 책, 363쪽, 7.

천민적 약자가 추구해온 가치와 귀족적 강자가 추구해온 가치는 이렇 듯 달랐다. 대립적이기까지 했다. 도덕적 가치를 거부해온 니체였지만, 대립 관계에서 이들을 다룰 때는 그도 도덕이란 말을 써, 약자의 도덕을 노예의 도덕, 강자의 도덕을 주인의 도덕이라 불렀다. 이들 도덕에는 각기 특징이 있다. 노예의 도덕에서 인간은 자신이 아닌 것을 먼저 부정하고 나서 자신에게 돌아와 자신을 긍정한다. 잘못을 남에게 돌려 책임을 떠맡기는 데 익숙한 탓이다. 유대인이 그 예가 되겠는데, 그들은 먼저 주인 계급인 지배자를 악한 존재로 몰아 부정하고 나서 자신들에게 돌아와 자신들을 선한 존재로 긍정했다. 악을 먼저 생각해내고 나서 그것의 잔상이자 대립물로서 선이란 것을 생각해낸 것이다. 주인의 도덕에서는 그 반대다. 자신을 먼저 긍정한다. 이것이 성취감과 자기 확신에 차 있는 귀족 계급의 방식이다. 주인의 도덕에서 고귀한 인간은 자기 자신을 긍정하고 나서 그 긍정을 확인하고 고양할 목적에서 그 대립물로서 부정을 찾는다.[24]

좋음과 나쁨으로 되어 있는 자연적 가치를 선과 악이라는 도덕적 가치로 전도시킨 것은 누구보다도 유대인들이었다. 이것은 자연적 가치에 대한 도발로서 니체는 그 같은 도발을 도덕에서의 노예들의 반란이라 불렀다.[25] 여기서 묻게 되는 것이 있다. 어떻게 유대인들과 같은 천민 근성의 약자들이 고귀한 강자의 도덕을 전도시킬 수 있었는가? 강자들의 패배를 어떻게 받아들여야 하나? 패인은 강자들에게 있었다. 강자에게는 치명적인 틈새가 있다. 약점이기도 한데, 태생이 정직하고 순진무구할 뿐

---

24 같은 책, 287~288쪽, 10 · 11 ; 같은 책, 371쪽, 10 · 11.
25 같은 책, 284쪽, 10 ; 같은 책, 367쪽, 10.

만 아니라 관대하기까지 하다는 것이다. 우직하기까지 한 그런 강자에게서 좀처럼 찾아볼 수 없는 것이 잔꾀와 음모 같은 술수다. 오히려 강자는 그런 것들을 경멸해 멀리한다.

반대로 약자는 속임수에 능하고 간교한데다 영악하기까지 하다. 그런 약자가 강자의 틈새를 놓칠 리가 없다. 약자들은 그 틈새를 파고든다. 필요하다면 등 뒤에서라도 비수를 들이댄다. 니체는 약자의 영혼은 즐겨 곁눈질을 하며, 약자의 정신은 숨을 만한 곳과 샛길, 그리고 뒷문을 좋아한다고 했다.[26] 약자들이 염두에 두는 것이 있다. 강자들의 반격이다. 반격이 있을 때 약자들은 지체하지 않고 타협과 용서를 구하는 손을 내민다.

거기에다 약자에게는 강자에게 없는 강점이 있다. 수에서 강자를 압도한다는 것이다. 강자는 손가락을 꼽을 정도이지만 약자는 늘 넘친다. 그런 약자들이 장터의 독파리처럼 사방팔방에서 떼를 지어, 수에서 밀리는 강자들을 쏘아댄다. 의연하고 자긍심 강한 강자들은 상처투성이가 되어서도, 저들 파리들이 속은 좁지만 그것이 저들의 탓은 아니라며 너그러이 받아준다. 이 같은 강자의 관용과 방심에 약자들은 더욱 분발해 덤벼든다. 방울방울 떨어지는 빗방울에 돌이 파이듯 그렇게 파인 신전 기둥이 몸을 지탱하지 못하고 주저앉아 신전 전체를 무너뜨리듯, 강자 역시 방심 속에서 자기도 모르게 무너지고 만다.

그러나 강자들의 패배가 약자들 때문만은 아니다. 강자들이 자초한 면도 있다. 니체는 강자들의 귀족 세계가 어떻게 그 강인함을 잃고 허약해졌는가를 개탄하면서, 귀족 세계가 자신의 피를, 그것도 증가 일로로 많은 피를 뽑아내어 고갈시켜옴으로써 결국 허약한 지경에 이르렀다고 했

---

26 같은 책, 286쪽, 10 ; 같은 책, 370쪽, 10.

다. 스스로 기력을 소진했다는 것이다. 그 고상한 천성으로 인해 자신의 특권을 버리고는, 난숙한 경지의 섬세한 문화에 물들어 민중, 약자, 가난한 자, 소인배들이 읊조리는 시문 따위에 마음을 쓰게 되었다는 것이다.[27]

선과 악에 대한 니체의 어원학적 탐색은 여기서 일단락된다. 주로《도덕의 계보》에 집중되어 있지만 이미《인간적인 너무나 인간적인》에서 시작된 탐색이었다. 거기서 그는 선과 악의 이중적 전력을 다룬 바 있다.[28] 선과 악에 대한 니체의 해석은, 선이니 악이니 하는 것은 천민 근성의 약자들이 보신책이자 적에 대한 복수의 방편으로 고안해낸 것에 불과하다는 것, 그것이 반자연적 가치로써 생을 위협하고 학대해왔으며 인간에게 자신의 본성에 반하는 삶을 살도록 사주해왔다는 것, 그 결과 인간은 자연 속에서 누렸던 건강을 잃고 병들어 신음하게 되었다는 것으로 요약된다. 여기서 니체의 메시지는 분명하다. 병이 더 깊어지기 전에 인간을 기만하고 학대해온 선과 악의 족쇄에서 벗어나 그 이전의, 선과 악 저편의 자연적 삶으로 돌아가야 한다는 것이다. 선과 악의 저편, 그것은 결코 좋음과 나쁨의 저편이 아니다.[29]

노예 특유의 근성인 속임수와 간교, 그리고 주인인 강자에게 품고 있는 증오심과 복수심에 수를 더하면 약자가 지닌 파괴력은 배가된다. 불에 기름을 부은 것과 같이 걷잡을 수 없게 된다. 강자에 대한 약자의 감

---

27 KGW VII 2, 63쪽, 25〔200〕; 니체전집 17, 86쪽, 25〔200〕.

28 KGW IV 2, 65~66쪽, *Menschliches, Allzumenschliches I*, Zweites Hauptstück : Zur Geschichte der moralischen Empfindungen 45 ; 니체전집 7, 74~75쪽,《인간적인 너무나 인간적인 I》, 제2장 : 도덕적 감각의 역사에 대하여 45.

29 KGW VI 2, 302쪽, *Zur Genealogie der Moral*, Erste Abhandlung : "Gut und Böse", "Gut und Schlecht" 17 ; 니체전집 14, 389쪽,《도덕의 계보》, 제1논문 : '선과 악', '좋음과 나쁨' 17.

정은 그러나 그리 단순하지가 않다. 거기에는 증오심과 복수심도 있지만, 선망과 시샘도 있다. 이 복합적인 감정이 바로 니체가 말하는 르상티망ressentiment이다. 니체는 이 르상티망이 노예 반란의 원동력이 된다고 보았다. 르상티망이 그 자체로 힘을 발휘하고 가치를 산출하면서 도덕에서의 노예 반란이 시작되었다는 것이다.[30]

(2) 르상티망

르상티망은 소모적인 감정이다. 사람을 물어뜯을 만큼 격한 감정이기도 하다. 한번 갖게 되면 좀처럼 가라앉힐 수 없는 것이 그것이다. 앙심을 불러일으키는 적에 대한 복수에 성공해야 비로소 그 같은 감정이 진정되고 마음의 평화가 찾아온다. 성공 정도에 따라 희열이 뒤따르기도 한다.

약자들은 르상티망에서 적인 강자들에게 덤벼들지만 정면으로 공략할 경우 강자들의 역공을 불러 도리어 낭패를 볼 수 있고, 성공한다 해도 그에 상응하는 대가를 치러야 한다는 것을 잘 알고 있다. 그 대가는 약자들로서는 감당할 수 없을 만큼 큰 것일 수도 있다. 영악한 약자들은 그런 모험을 하지 않는다. 약자들은 보다 효과적인 공략을 궁리해냈다. 강자들이 전혀 생각하지 못한 무기로 강자들을 공략하는 것이다. 이렇게 하여 동원되기에 이른 무기가 착함, 겸허, 순종, 인내, 용서 따위다. 하나같이 약자들이 밀실에서 궁리해낸 것들로서 강자들의 뒤통수를 치기에 더없이 좋은 무기들이다. 약자들은 이들 무기로 무장하고는 자신들이야말로 착하고 겸허하고 순종적이며 인내심 많고 용서도 잘한다고 내세우는

---

30 같은 책, 284쪽, 10 ; 같은 책, 367쪽, 10.

한편, 강자들을 악의적이고 건방지고 순종을 모르며 참을성이 없는데다 용서까지 모르는 무자비한 인간들로 몰아 매도한다.

약자들의 속셈을 꿰뚫어 보고 있던 니체는 이들 착함, 겸허, 순종, 인내, 용서 따위의 정체를 파헤쳐보았다. 그러자 본색이 그대로 드러났다. 하나같이 가증스러운 위장으로서, 착하다는 것은 앙갚음할 수 없는 무기력을 합리화한 것에 불과했다. 겸허는 겁에 질린 저급함, 순종은 증오하는 사람들에 대한 어쩔 수 없는 복종, 인내는 약자의 비겁에 불과했고, 용서는 복수할 능력이 없으면서 마치 복수할 의사가 없는 양 꾸민 것에 불과했다. "원수에 대한 사랑"이란 것도 있지만, 이 역시 열등한 감정과 열등한 힘을 미화하기 위한 거짓 포용에 불과했다.[31]

이런 식으로 거짓 덕목을 내세워서라도 구차한 삶을 지켜야 하는 인간들은 가련한 존재들이다. 그런 자들이 자나 깨나 소망하는 것은 단 하나, 강자들의 파멸이다. 그런 소망에서 그들은 자신들을 지배해온 강자들이 그 악행으로 인해 몇 배 더 혹독한 대가를 치르기를 바란다. 복수심과 증오심에 차 있는 이 지하의 짐승들은 정의의 칼이라는 것까지 들고나와 휘두른다. 그러고는 "정의의 승리"[32] 운운한다. 그러나 복수에서 늘 성공하는 것은 아니다. 복수가 힘에 부칠 때도 흔히 있다. 이럴 때 이들 가련한 자들은 물러서는 대신 하늘을 끌어들인다. 하늘에게 자신들이 하지 못한 복수를 맡기는 것이다. 자신들의 지배력을 확고히 하기 위해 천상의 권위를 끌어들여 축복도 하고 저주도 해온 사제들의 책략 그대로다.

이들 가련한 자들은 끝내 하늘이 나설 것이며 최후의 심판에서 정의가

---

31 같은 책, 295~296쪽, 14 ; 같은 책, 380~381쪽, 14.
32 같은 책, 296~297쪽 ; 같은 책, 382쪽.

승리하게 될 것이고 자신들의 가련함은 신에게 선택받은 자의 영예로서 몇 배로 보상받을 것이라고 믿는다. 그리고 그와 반대로 사악한 강자들은 신의 저주 아래 놓일 것이라고 믿는다. 이것이 가련한 약자들이 말하는 축복이다. 이 같은 원대한 믿음에서 이들 약자들은 신의 나라의 도래와 함께 저 적들이 받게 될 천벌을 머릿속에 떠올리면서 자신들이 받게 될 축복을 보다 기쁜 마음으로 고대한다.[33] 축복에서 오는 쾌감에 복수에서 오는 쾌감이 더해지면 가련한 약자들의 승리는 완벽해진다.

살아남는 것이 전부인 이 약자들에게는 생존에 유용한 것이 최고의 가치가 된다. 앞에서 이야기한 착함과 겸허, 순종, 인내, 용서, 사랑 따위가 그런 것들이다. 동정, 따뜻한 손길, 온화함, 인내, 근면, 친절 따위도 그런 것들이다. 노예 도덕의 전형적인 특징으로서 그런 것들 없이는 약자들은 살아남지 못한다. 그런 의미에서 그런 것들은 약자들에게는 더없이 유용한 것이다. 예서 노예 도덕의 성격이 드러난다. 노예의 도덕은 근본에 있어서 유용성의 도덕이다. 선과 악의 대립이 발생하는 것도 유용성에서다.[34] 힘에 대한 지향을 본질로 하는 생명의 자연적 원리에 비추어 볼 때 유용성이란 그러나 얼마나 구차한 것인가.

약자들은 강자들과 매사 극명한 대조를 이룬다. 적을 상대하는 방식에서도 그렇다. 주인의 도덕을 구현하는 강자에게 적은 상승의 동반자가 된다. 적은 도전의 기회를 주는가 하면 먼저 도전을 해와 응전을 하도록 함으로써 성장의 계기를 제공하기 때문이다. 강자는 그런 적에게 경외

---

33 같은 책, 297~298쪽, 15 ; 같은 책, 383~384쪽, 15.
34 같은 책, 221쪽, *Jenseits von Gut und Böse*, Neuntes Hauptstück : was ist vornehm? 260 ; 같은 책, 278쪽, 《선악의 저편》, 제8장 : 고귀함이란 무엇인가? 260.

심을 갖는다. 이 경외심이 강자에게는 사랑의 가교가 된다.[35] 승패는 상관이 없다. 그래서 강자는 적의 명예를 자신의 명예로 삼으며 적의 성공을 자신의 성공으로 받아들인다. 약자는 그 반대다. 약자는 적을 경멸하며 증오한다. 적의 파멸에 자신이 살 길이 있기 때문이다. 그래서 약자에게는 적의 성공이 나의 실패가 되고 나의 성공이 적의 실패가 된다. 적의 명예는 내게 불명예를 가져다주며 나의 불명예는 적에게 명예를 가져다준다.

인류의 역사는 이들 주인의 도덕과 노예의 도덕 사이의 갈등과 싸움으로 점철되었다. 이 갈등과 싸움을 상징적으로 보여주는 것이 로마와 예루살렘, 로마인과 유대인 사이의 갈등과 싸움이었다. 로마는 서방 세계를 지배한 제국으로서 전사적 귀족의 요람이었으며 로마인은 주변 민족들 위에 군림한 주인 민족이었다. 로마인에게 최고 가치는 패기, 용기, 힘, 긍지 등을 덕목으로 하는 자유로운 덕virtus이었다. 겸허, 순종, 용서, 사랑이 아니었다. 그런 로마인들은 르상티망 감정을 몰랐다. 그만큼 긍정적이었다. 그들의 피는 깨끗했으며 근육은 강건했다. 니체는 그런 로마인을 유례없이 강력하고 고매한 인간으로 기렸다.[36] 그에게는 로마인들이 힘에의 의지를 만방에 떨친, 원시림 속의 맹수와 같은 존재들이었다.[37]

반대로 예루살렘은 로마의 식민지로서 천민의 소굴이었으며 유대 민족은 로마 민족의 지배 아래 있던 노예 민족이었다. 타고난 노예였던 유

---

35 같은 책, 287쪽, *Zur Genealogie der Moral*, Erste Abhandlung : "Gut und Böse", "Gut und Schlecht" 10 ; 같은 책, 371쪽,《도덕의 계보》, 제1논문 : '선과 악', '좋음과 나쁨' 10.

36 같은 책, 300쪽, 16 ; 같은 책, 387쪽, 16.

37 KGW VII 3, 352쪽, 39〔7〕 ; 니체전집 18, 450쪽, 39〔7〕.

대인들은 태생이 비천했다. 그들은 주인인 로마인들을 증오했다. 그러나 정면으로 맞서 싸우지는 못했다. 힘에서 압도적 열세에 있었기 때문이었다. 그래서 유대인들은 제 땅에서조차 노예로 살아야 했다. 그런 그들에게 기회가 왔다. 예수가 등장한 것이다. 예수의 등장으로 그들은 르상티망의 불길을 살려 로마에 최후의 일격을 가할 호기를 잡았다.

외형상 예수의 등장은 유대인 역사에서 단절을 의미했다. 유대인들에게 예수는 자신들의 전통에 대한 일대 도전이었다. 예수는 복수를 가르쳐온 전통에 맞서 사랑과 용서를 가르쳤다. 전래 예식을 비판하고 사제의 오만과 위선을 규탄했다. 유대인들은 그런 그를 두고 볼 수가 없어서 처형했다. 예수는 처형되었지만, 그의 등장으로 유대라는 복수와 증오의 나무에서 '사랑'이라는 숭고한 가지가 돋아난 격이 되었다.[38] 예수는 사랑을 전하는 복음의 화신이었다. 그는 원수까지 사랑하라고 했다.[39] 누군가 내 오른뺨을 때리면 같은 방식으로 응수하지 말고 그에게 왼뺨마저 대어주라고 가르쳤으며[40] 용서를 비는 사람이 있으면 일흔 번씩 일곱 번이라도 용서해주라고 가르쳤다.[41]

이 얼마나 숭고한 가르침인가. 예수는 이렇듯 유대인의 증오를 사랑과 용서로 바꾸어놓았다. 이를 두고 교회는 예수의 가르침으로 유대인의 증오와 복수의 감정이 극복되고 르상티망이 사랑과 용서로 승화될 길을 찾게 되었다고 말해왔다. 그런가? 천민 노예의 기질과 근성을 잘 알고 있던

---

38 KGW VI 2, 282쪽, *Zur Genealogie der Moral*, Erste Abhandlung : "Gut und Böse", "Gut und Schlecht" 8 ; 니체전집 14, 364쪽, 《선악의 피안》, 제1논문 : '선과 악', '좋음과 나쁨' 8.
39 〈마태복음〉 5장 44절.
40 〈마태복음〉 5장 39절.
41 〈마태복음〉 18장 22절.

니체는 예수가 가르친 것이 진정한 사랑이고 용서였던가 되물었다. 그러고는 대답하기를, 그것은 사랑도 용서도 아니었다고 했다. 위장된 복수심과 증오심에 불과하다는 것이었다. 그는 예수의 사랑과 용서가 감추고 있는 복수의 비수를 놓치지 않았다. 예수가 유대인의 르상티망을 사랑과 용서로 승화했다는 것은 순진하고 소박한 믿음이다. 예수는 위장된 사랑과 용서를 내세워 오히려 유대인에게 복수심과 증오심을 보다 효과적으로 폭발시킬 새로운 길을 터주었을 뿐이다.

사랑과 용서는 약자가 강자에게 할 수 있는 최상의 복수다. 그것을 베푸는 사람에게는 이중의 득이 된다. 사랑을 베풀고 용서를 함으로써 도덕적 우월감을 갖게 되는 동시에 사랑을 받고 용서를 받는 사람을 부끄럽게 만들어 상처를 준다는 점에서 그렇다. 여기서 강자와 약자의 자리가 바뀐다. 약자는 강자에게 사랑을 베풀고 용서를 함으로써 힘 있는 자의 도량을 과시하게 되고, 강자의 위치에 올라 사랑과 용서를 받는 실질적 강자에 대한 은연중의 경멸의 기쁨을 맛보게 된다. 그와 함께 강자는 사랑 속에서 약자의 용서를 받는 존재로 전락하게 된다.

사랑과 용서를 가르치면서 예수는 지배하는 자, 힘 있는 자, 부유한 자들을 저주했다. 그는 "가난한 자, 병든 자, 죄지은 자들에게는 축복과 승리를 가져다준 구세주"였다.[42] 그는 부자가 천국에 들어가는 것보다 낙타가 바늘귀를 통과하는 것이 더 쉽다고 했으며[43] 첫째가 꼴찌가 될 것이라고도 했다.[44] 가난하고 힘없는 자가 상상 속에서 강자에게 자행할 수 있는 복수로서 이보다 감미로운 것은 없다.

---

42 KGW VI 2, 282쪽, *Zur Genealogie der Moral*, Erste Abhandlung : "Gut und Böse", "Gut und Schlecht" 8 ; 니체전집 14, 365쪽, 《도덕의 계보》, 제1논문 : '선과 악', '좋음과 나쁨' 8.
43 신약성서 〈마가복음〉 10장 25절.

그렇다면 그리스도교의 사랑과 용서는 복수와 증오의 종교인 유대교가 던진 새로운 미끼가 아닌가? 지배적 강자에게 보다 철저하게 복수하기 위해 증오의 화신인 유대인이 사랑과 용서라는 탈을 쓰고 다시 등장한 것이 아닌가? 유대교가 구세주라는 에움길을 통해 복수라는 저들의 마지막 목표에 이른 것이 아닌가?[45]

니체에 따르면, 그렇다. 그리스도교는 유대교를 계승했고, 그런 그리스도교가 사랑과 용서라는 새로운 무기로 유대교를 대신해 지배적 강자인 로마인에게 보다 철저하고 교활하게 복수했다는 것이다.

로마에 대항해 예루살렘이 벌인 싸움은 유대 출신 그리스도교도들이 로마로 진출하면서 본격화되었다. 진출 초기만 해도 로마에게 예루살렘은 적수가 되지 못했다. 로마는 방심했다. 뒤늦게 위협을 느껴 손을 써보려 했지만 때는 이미 늦었다. 끝내 로마는 예루살렘의 지배 아래 들게 되었다. 예루살렘에게 로마는 처음부터 악의 소굴이었다.

악의 소굴 로마와의 싸움에서 예루살렘이 표방한 것은 신 앞에서 만민이 평등하다는 세계동포주의였다. 이 동포주의를 앞세워 예루살렘은 로마의 중간 계급과 하층 계급에 파고들었으며 여성과 노예들을 끌어들였다. 그 무렵 로마의 정치 상황도 예루살렘에 유리하게 전개되었다. 로마는 영토가 지나치게 확장되면서 중앙 정부가 더 이상 제국을 통치할 수 없는 난관에 봉착해 있었다. 이를 틈타 이민족의 침공이 이어졌고 전란 속에서 혼란이 가중되었다. 게다가 제국이 동서로 분할되면서 힘의 구심점도 사라졌다. 이 혼란기에 예루살렘의 세계동포주의는 헬레니즘의 문

---

44 〈마태복음〉 19장 30절.
45 KGW VI 2, 283쪽, *Zur Genealogie der Moral*, Erste Abhandlung : "Gut und Böse", "Gut und Schlecht" 8 ; 니체전집 14, 365쪽, 《도덕의 계보》, 제1논문 : '선과 악', '좋음과 나쁨' 8.

화적 전통과 조화를 이루면서 세력을 키워갔다. 그러다가 4세기 초에 콘스탄티누스 황제가 그리스도교를 공인하면서 마침내 그리스도교는 명실상부한 국가 종교가 되었다. 로마에 대한 예루살렘의 승리이자 주인 도덕에 대한 노예 도덕의 승리였다. 니체는 로마와 그리스도교의 손에 들어간 세상의 절반가량이 세 명의 유대 남자와 한 명의 유대 여자, 곧 나사렛 예수와 어부 베드로, 양탄자 제조업자 바울 그리고 예수의 어머니 마리아 앞에서 머리를 숙이게 되었다고 했다.[46]

유대교에는 세계화를 가로막는 걸림돌이 있었다. 유대인 특유의 선민사상이었다. 물론 자신들의 종교를 세계화할 이유도 의지도 갖고 있지 않았던 유대인들에게는 걸림돌이 되지 않았다. 이것이 유대교가 민족 종교로 남아 있을 수밖에 없었던 이유였다. 그러나 세상은 넓어졌고 적들도 그만큼 많아졌다. 유대교로서는 선민사상을 깨지 않고는 증오와 복수라는 근본 동기를 만방의 적들에게 펼 수가 없었다. 돌파구가 필요했다. 이때 등장한 것이 그리스도교였다. 그리스도교가 유대교에 뿌리를 둔 채 그 걸림돌을 제거해준 것이다. 니체에게 유대교와 그리스도교는 증오와 복수라는 근본 동기에서 하나였다. 그에게 그리스도교는 다른 옷을 입고 등장한 유대교에 불과했다.

예루살렘의 승리로 서양 역사는 유대교 정신을 계승한 그리스도교의 역사가 되고 말았다. 천민 노예들의 세상이 온 것이다. 이후 귀족적 품격과 고매한 이상은 찾아보기 힘들게 되었다. 그러나 아주 사라진 것은 아니어서 여기저기서 전쟁이 일어났고, 그때마다 로마의 기상이 되살아나는 듯했다. 실제 뛰어난 전사들이 등장해 강자의 면모를 과시하기도 했

---

46 같은 책, 301쪽, 16 ; 같은 책, 387~388쪽, 16.

다. 계급 제도도 그런대로 남아 있었다. 그러나 전체적으로 볼 때 무기력했고 어두웠다.

그러다가 14세기에 들어 갑자기 옛 그리스 로마의 기상이 깨어났다. 그와 함께 고전적 이상과 강건한 기개, 그리고 고귀한 가치 평가 방식을 되살리려는 움직임이 활발하게 일었다.[47] 사람들은 이 운동을 르네상스라 불렀다. 다시 태어났다는 뜻에서였다. 르네상스의 발상지인 피렌체는 새로운 로마가 되었다. 그러나 그것도 잠시, 종교 개혁이라 불리는 천민운동과 프랑스 혁명의 성공으로 예루살렘이 다시 승기를 잡게 되었다.[48] 니체에게 이 르네상스는 인류 역사에서 마지막 위대한 시대였다. 이후 인간은 더 이상 르네상스 인간의 수준에 이르지 못했다.[49] 종교 개혁에 민주 혁명의 성공과 사회주의의 등장 등 천민 노예의 승리를 굳혀준 사건들이 뒤따랐다. 결국 주인은 제거되고 세상은 다시 천민 노예의 것이 되고 말았다.

니체는 노예 도덕을 르상티망의 산물로 규정했다. 그리고 처음으로 르상티망을 심도 있게 다루었다. 그래서 르상티망 하면 그를 떠올리게 되지만 그 말은 그가 만들어낸 것도, 그가 처음 쓴 것도 아니다. 르상티망을 도덕적 가치의 근원이라는 의미로 예리하게 파악한 사람이 그 이전에 없었을 뿐이다. 학자들이 르상티망을 니체의 발견으로 기려온 까닭도 여기에 있다. 니체의 이 발견은 르상티망에 대한 연구를 촉발했다. 연구들이 이어졌는데, 후속 연구에서 선도적 역할을 한 철학자는 단연 셸러였다.

---

47 같은 책, 같은 곳 ; 같은 책, 같은 곳.
48 같은 책, 같은 곳 ; 같은 책, 같은 곳.
49 KGW VI 3, 132쪽, *Götzen-Dämmerung*, Streifzüge eines Unzeitgemässen 37 ; 니체전집 15, 175쪽,《우상의 황혼》, 어느 반시대적 인간의 편력 37.

그는 르상티망을 주제로《도덕의 구축에 있어서의 르상티망*Das Ressenti-ment im Aufbau der Moralen*》이라는 저작을 내기까지 했다.

셸러는 르상티망이 원동력이 되어 노예 반란이 일어났다는 니체의 해석에 주목했다. 그리고 도덕적 가치 판단에서 르상티망이 노예 반란의 원천이 된다는 니체의 발견을 심원한 것으로 평가했다. 그 역시 근대 사회의 시민 도덕이나 그것의 또 다른 형태인 사회주의 도덕을 소수의 강력한 지배자에 대한 절대 다수의 르상티망의 귀결로 받아들였으며, 13세기 이후 그리스도교 도덕을 대체해온, 프랑스 혁명에서 절정에 이른 시민 사회 윤리의 핵심이 르상티망에 뿌리를 두고 있다고 판단했다. 나아가 르상티망이 현대 사회 운동에서 그 운동을 결정하는 강력한 힘의 하나가 되었으며 통용되고 있는 도덕을 증가 일로로 변형시켜온 것으로 보았다.[50]

셸러는 그러나 그리스도교에 대한 평가에서는 니체를 따르지 않았다. 맞섰다고 하는 것이 옳을 것이다. 니체는 유대교와 그리스도교를 르상티망의 종교의 전형으로 꼽았다. 그리고 그리스도교에서 말하는 사랑을 르상티망의 산물로 간주했다. 이에 셸러는 니체의 르상티망 발견이 더없이 깊이 있고 진지하게 고려할 만한 것이기는 하지만 그리스도교의 사랑에 대한 그 같은 간주는 잘못된 것이라고 비판했다.[51]

셸러에 따르면 사랑에는 두 방향이 있다. 하나는 그리스 로마적 전통에서의 사랑으로, 이때 사랑은 동경이 그렇듯이 낮은 것에서 높은 것으로, 무지에서 앎으로, 현상에서 본질로 방향이 잡혀 있다. 즉 위를 향해

---

50 M. Scheler, *Das Ressentiment im Aufbau der Moralen*, Gesammelte Werke, Bd. 3(Bern · München : Francke Verlag, 1972), 70쪽.
51 같은 책, 37쪽.

있다. 다른 하나인 그리스도교에서의 사랑은 이와 달리 높은 것에서 낮은 것을 향해 있다. 고상한 자가 비속한 자에게, 건강한 자가 병든 자에게, 부유한 자가 가난한 자에게, 아름다운 자가 추한 자에게, 선량한 자가 고약한 자에게, 이를테면 메시아가 죄인에게 베푸는 것이 그리스도교적 사랑이다. 이런 행위는 자신의 위치와 힘에 대한 확신, 자신의 삶과 실존의 충만함 같은 강력한 감정에서 가능한 것으로, 르상티망으로부터 자유로운 행위다.[52] 셸러는 이 부분에서 니체가 그리스도교 사랑을 오해했다고 했다.

2. 죄책, 형벌, 양심, 의무, 죄와 은총

선과 악의 허구를 밝혀낸 니체는 다음 단계로 죄책, 형벌, 양심 따위로 논의를 확대해갔다. 그는 먼저 도덕 법칙이란 것이 있는가를 물었다. 그것의 존재 여부에 따라 도덕적 가치를 판별할 기준과 함께 보편적 도덕 감정으로서의 죄책 따위의 존재 여부가 결정될 것이기 때문이었다.

도덕주의자들은 도덕 법칙의 존재를 확신해왔다. 그 가운데는 도덕 법칙의 기원을 신적 권위에서 찾은 사람도 있었고 인간 이성에서 찾은 사람도 있었다. 신적 권위는 신앙의 문제여서 신앙 안에서의 이야기고, 철학에서는 이성이 주로 도덕 법칙의 근원으로 논의되어왔다. 도덕 법칙의 기원을 이성에서 찾은 대표적 철학자가 칸트였다. 그는 도덕 현상으로부터 경험적 요소를 떼어내어 생각할 수 있다고 했다. 그리고 떼어내고 남

---

52 같은 책, 71~75쪽.

는 것이 순수한 도덕 법칙이 된다고 했다. 그 같은 법칙으로 그는 이성으로부터 얻어지는, 무제약적으로 타당한 보편적 실천 법칙인 정언 명령, 곧 '……해야 한다'는 명령을 들었다. 신의 존재는 물론 이성의 권위도 인정하지 않은 니체는 그 어떤 도덕 법칙도 인정하지 않았다.

도덕은 행위 규범이다. 행위 규범에는 도덕 말고도 법이 있다. 도덕의 특징은 그 규범이 자율 규범이라는 데 있다. 자율 규범인 도덕이 힘을 발휘하지 못할 때가 있다. 이때 요구되는 것이 강제이고 그 강제에서 생겨나는 것이 법, 곧 강제 규범이다. 도덕 일반에 대한 논의에서는 자율 규범인 도덕이 우선이다. 그러나 강제가 요구되는 상황이 흔히 있어 강제 규범인 법도 함께 고려하게 된다.

도덕규범의 근간을 이루는 것은 가치 의식과 가치 체계이고, 그 토대가 되는 것이 죄책, 형벌, 양심, 의무와 같은 도덕 개념들이다. 니체의 주장대로 도덕 법칙이 존재하지 않는다면 그런 개념들 역시 보편적인 것으로서 존재할 수가 없다. 그러나 현실적으로 받아들여져 인간에게 도덕적 기준을 제공하고 인간의 행위를 규제하는 등 핵심 도덕 개념으로 통용되는 것이 그 같은 것들이 아닌가. 이를 어떻게 설명할 것인가? 도덕 법칙은 원래 없는 것이니 문제 될 것이 없고, 문제가 있다면 통용되고 있는 그 같은 개념들이다. 니체는 그런 개념들이 어떻게 생겨나 쓰여왔는지, 그 기원과 과정을 추적해보았다. 시작은 도덕 개념 일반의 설명에서 실질적 바탕이 되는 죄책이었다. 그는 죄책을 시작으로 형벌, 양심, 의무 따위의 도덕 개념이 산출된 역사적 배경과 사회적 조건을 밝혀갔다.

역사적 배경과 사회적 조건을 밝혀가는 작업인 만큼 무엇보다도 사실 관계 확인이 우선이었다. 그 같은 배경과 조건이 그대로 투영된 것이 강제 규범인 법이다. 여기서 니체는 법으로 시선을 돌려 도덕 개념 산출의 배경과 사회적 조건을 밝혀내는 작업에 착수하게 되었다. 그 과정에서 그는 우리는 언제 도덕 감정을 갖게 되는지, 즉 무엇이 사람들의 권리와 의무를 규율하는지, 사람들은 어떤 상황에서 양심의 가책을, 죄책과 죄 의식 따위를 느끼게 되는지, 어떻게 그것에서 벗어나게 되는지를 살펴보 았다.

니체는 사실 관계 확인을 위해 상당수의 법률 관련 문헌을 섭렵했다. 현존 니체 도서관에 다수의 법률 관련 장서가 남아 있어 이 분야에서의 그의 독서 편력의 면모를 확인할 수 있다. 그의 도서관에 남아 있는 법률 관련 문헌은 다음과 같다. 바우만J. J. Baumann의《법철학 개요와 도덕편 람Handbuch der Moral nebst Abriß der Rechtsphilosophie》, 콜러J. Kohler의《문 화 현상으로서의 법 : 비교 법학 입문Das Recht als Kulturerscheinung : Ein-leitung in die vergleichende Rechtswissenschaft》,《중국 형법 : 형법의 보편사 를 위한 기고Das chinesische Strafrecht : Ein Beitrag zur Universalgeschichte des Strafrechts》, 포스트A. H. Post의《비교 인종학을 기반으로 한 일반 법학의 기초Bausteine für eine allgemeine Rechtswissenschaft auf vergleichend-ethnolo-gischer Basis》,《법의 토대와 그 발전사 요강 : 사회학을 기반으로 한 일반 법학의 구축을 위한 주도 사상Die Grundlagen des Rechts und die Grundzüge seiner Entwicklungsgeschichte : Leitgedanke für den Aufbau einer allegmeinen Rechtswissenschaft auf soziologischer Basis》, 슈트리커S. Stricker의《법생리학 Physiologie des Rechts》.[53]

이들 문헌은 1870년대 후반에 출간된 것으로서 그의 손에는 몇 년 뒤

---

53 Gesellschaft der Freunde des Nietzsche-Archivs (Hrsg.), *Nietzsches Bibliothek*(Weimar, 1942), 30쪽.

에 들어왔을 것이다. 몇 년 뒤라면 그가 도덕의 문제를 본격적으로 다루게 된 시기에 해당한다. 니체는 이들 문헌을 줄을 치거나 촌평을 해가며 열독했다. 학자들은 니체가 이 무렵 법률학자들의 영향을 적잖이 받은 것으로 본다. 특히 예링의 영향이 컸던 것으로 본다. 그러나 예링의 문헌은 그의 장서에는 포함돼 있지 않다. 눈에 띄는 점인데, 단정할 근거는 없지만, 니체 도서관이 니체가 생전에 갖고 있던 책 모두를 소장한 것이 아니어서, 예링의 문헌이 유실되거나 처분되었을 가능성을 배제할 수 없다. 또 니체가 대출 등 다른 경로로 예링의 책을 구해 읽었을 가능성도 있다.

이들 문헌이 말해주듯 니체는 문화 현상으로서의 법, 비교 법학, 형법의 보편사, 법의 사회학적 기반 등에 관심을 두고 있었다. 그가 법률 관련 문헌을 열독했다고는 하나 그의 실정법에 대한 논의는 서툴게 접붙인 가지처럼 낯설고 어설프게 느껴질 때가 있다. 필요한 것을 필요한 만큼만 받아들인 탓일 것이다. 그에게는 철학적 토대가 이미 마련되어 있었다. 방향이 잡혀 있었던 것인데, 그는 그 같은 방향에서 법 이론들을 받아들였고, 나름대로 반응을 해가며 자신의 도덕 이론을 펴나갔다.

(1) 죄책Schuld

죄책은 우리가 해서는 안 될 일을 했을 때나 해야 할 일을 하지 않았을 때 갖게 되는 가책이다. 왜 우리는 그럴 때 가책을 느끼는가? 니체에게 그에 대한 단서를 제공한 것이 '빚'이라는 말이었다. 독일어에서는 죄책도 슐트Schuld고 빚도 슐트Schuld(en)다. 그렇다면 죄책과 빚은 뿌리가 하나가 아닐까? 죄책은 부채라는 실질 관계에서 파생한 개념이 아닐까?

빚을 지는 순간 갚아야 한다는 의무가 발생한다. 의무를 다하지 못했을 때, 즉 제때 갚지 못했을 때 우리는 가책을 느끼게 된다. 이 가책이 곧 죄책이다. 양심의 가책이란 것도 그런 가책의 하나다. 아예 갚지 못하면 죄가 된다. 죄에는 죗값이 따르기 마련이다. 응징으로 주어지는 형벌이 그것이다. 흔한 일은 아니지만 빚이 탕감되는 경우도 있다. 이 탕감이 은사, 곧 은총이다. 의무, 양심의 가책, 형벌, 은총 운운하지만 그 뿌리는 이렇듯 하나, 곧 채무법이다.[54] 따라서 그 같은 도덕 개념들은 채무 관계에서만 이야기될 수 있는 실질적인 것들로서 이성이니 내면의 보편적 음성이니 하는 것들과는 무관하다.

채무 관계의 가장 일상적 형태는 개인과 개인 사이의 부채 관계지만, 그 관계는 국가나 사회 같은 공동체와 그곳의 구성원 사이에도 성립한다. 이때 채권자는 구성원을 보호하는 공동체다. 그리고 채무자는 그 보호를 받는 구성원이다. 여기서 공동체의 보호는 구성원에게 있어 갚아야 할 빚이 된다. 그리고 이 빚이 의무가 된다. 국가나 사회가 부가하는 각종 의무가 곧 구성원들이 국가나 사회에 갚아야 할 빚이다.

채무 관계는 조상과의 관계에서도 성립한다. 조상의 은공이라는 것이 있고 음덕이라는 것이 있다. 우리는 종족의 존속과 번영 뒤에는 조상의 희생과 공헌이 있다고 믿는다. 이것이 후손이 조상에게 지고 있는 빚이다. 후손은 빚을 갚기 위해 제사를 모시는 등 조상을 숭배하고 조상의 은공을 기리는 축제를 열기도 한다. 정성을 다해보지만, 그 정도로 빚이 탕감되었는지 확신이 서지 않아 늘 마음이 편치가 않다. 탕감이 명시적으

---

54 KGW VI 2, 316쪽, *Zur Genealogie der Moral*, Zweite Abhandlung : "Schuld", "schlechtes Gewissen", Verwandtes 6 ; 니체전집 14, 406쪽, 《도덕의 계보》, 제2논문 : '죄', '양심의 가책' 그리고 그와 유사한 것들 6.

로 이루어지거나 형벌로 대신하게 되는 일상에서의 부채와 달리 후손은 조상에 대한 죄책감에서 벗어나지 못한다.

이 죄책감은 커져 감당하기 힘든 지경에 이르기도 한다. 결국 후손은 피를 바치기까지 하는데, 피를 바치면서 후손이 느끼게 되는 것이 조상과 조상의 위력에 대한 공포다.[55] 이 공포는 조상이 어떤 조상이었는가에 따라 커지기도 하고 작아지기도 한다. 강력한 종족일수록 공포는 커져서 신적인 두려움까지 자아내게 되고 그와 함께 선조는 신과 같은 존재가 되기에 이른다. 우리가 신이라고 부르는 존재도 그런 과정에서 생겨난 것이 아닐까? 니체는 우리가 말하는 신도 그 같은 공포에 기원을 두고 있을 것이라고 했다.[56]

그렇게 되면 단순한 채무 관계에 기원을 둔 죄책은 신성까지 띠게 된다. 그러면서 사람들은 한층 가혹한 짐을 지게 된다. 가시처럼 찔러대는 죄책의 감정에서 벗어나고자 부단히 애써보지만 뜻대로 되지 않는다. 그 같은 감정을 교묘하게 이용해 득을 보는 사람들이 있어 끝없이 죄책의 감정, 즉 죄책감에 불을 지피기 때문이다. 사제와 같은 자들이 그런 사람들이다. 그들은 일찍부터 죄책감이 사람들을 다스리는 데 더없이 좋은 무기가 될 수 있음을 잘 알고 있었다. 그들로서는 거듭 죄책감을 일깨워 사람들을 다그치기만 하면 된다. 그러면 사람들은 가공할 가책과 두려움에서 구원의 손길을 기다리게 된다. 바로 그때 나서는 것이다.

누구보다도 그리스도교 사제들이 그랬다. 신성에 대한 죄책감을 극대화할 필요에서 그들은 채무 관계를 조물주와 피조물 사이로 확대하여 설

---

55 같은 책, 344쪽, 19 ; 같은 책, 438쪽, 19.
56 같은 책, 같은 곳 ; 같은 책, 같은 곳.

정하는 기지를 발휘했다. 만물을 지으신 조물주 하느님을 최종의 채권자로, 그 지으심을 받은 인간을 채무자로 설정한 것이다. 그리하여 그들은 인간이 이 땅에서 누리는 것 모두를, 심지어 인간의 존재까지 조물주에게 진 빚으로 설정했다. 신과 인간 사이의 관계를 처음부터 채무 관계로 묶어두려는 속셈에서다. 그렇게 되면 인간은 타고난 빚쟁이가 되어 살아생전 빚쟁이로 살아야 하며 죄책감에 시달려야 한다. 이 빚을 남김없이 갚지 않는 한 인간은 죄책감에서 벗어날 길이 없다. 조금씩 갚아나갈 수가 있겠지만 너무 많아 다 갚을 길이 없고, 그 조금이나마 신 자신이 나서서 받아주지 않으니 직접 갚을 길도 없다.

이런 어려움을 사제들은 놓치지 않았다. 자신들이 파놓은 함정이니 놓칠 리가 없다. 그들은 지체하지 않고 신의 중재자요 대리인임을 자임하고 나섰다. 자신들에게 대신 갚으면 된다는 것이다. 신의 이름으로 채권자 행세를 하는 것이다. 지금까지 사제들은 신을 앞세워 인간들을 공포에 떨게 만드는 한편, 자신들을 모시는 사람에게는 빚을 재량껏 탕감해주는 등 아량을 베풀어왔다. 이렇게 하여 사제를 모시는 것이 곧 하느님을 모시는 것이 되고 말았다.

그런 사제들이 두려워해온 것이 있다. 사람들이 앎에 눈을 떠 분별력을 갖게 되는 것이다. 분별력을 갖게 되는 순간 사람들은 채권자 신의 존재를 의심하게 될 것이고, 끝내 자신들에게는 신에게 갚아야 할 채무가 없다는 것을 깨닫게 될 것이기 때문이다. 그렇게 되면 사제들도 끝이다. 그런 일이 일어나지 않도록 사제들은 사람들을 무지 상태에 묶어두어야 했다. 앎은 자신들이 독점해야 했다.

그리스도교 경전인 구약성서도 최초의 인간이 앎에 눈뜸으로써 어떻게 신을 경악케 했고, 그 때문에 얼마나 혹독한 대가를 치르게 되었나 하는 이야기로 시작된다. 신 여호와는 인간이 지식에 눈뜨는 것을 경계했다. 그래서 아담과 하와에게 이것저것 마음대로 할 수 있게 허락하고는 지식의 열매인 선악과에 손대는 것만은 엄히 금했다. 그러나 아담과 하와는 선악과에 손을 댔고, 그 순간 지식에 눈뜨고 말았다. 그러자 신 여호와는 망연자실하여 "저들이 우리와 같게 되었다"고 했다. 노한 신은 곧 아담과 하와를 에덴동산에서 추방했다.

사제들이 두려워한 것도 사람들이 자신들과 같아지는 것이었다. 이에 그들은 죄와 벌이라는 채찍을 휘둘러 사람들을 겁주어 자신들의 영역을 넘볼 수 없게 했다. 그러면서 자신들에게 순종하면 천상의 보상이 따를 것이라는 약속으로 사람들을 달랬다. 사제들은 이렇듯 신에 대한 불복종이라는 죄를 생각해냄으로써 사람들을 지배할 수 있었다.[57] 고백성사라는 것이 있다. 지은 죄를 사제인 신부를 통해 하느님께 고하고 용서를 비는 가톨릭교회의 성사다. 사제들의 가증스러운 술책이 아닐 수 없다.

(2) 형벌

채무 관계에서 채권자가 생각해둬야 할 것이 있다. 채무자가 빚을 제때 갚지 못해 자신에게 손실이 발생할 수도 있다는 점이다. 그럴 경우를 고려해 채권자는 손실을 보전하기 위한 조처로 담보를 설정하게 된다. 이때 담보로 잡히는 것이 곧 저당이다. 대체로 갖고 있는 재산을 담보로 내놓게 되지만, 그것으로 충분하지 못할 경우 채무자는 자신의 자유와 생명과 영혼까지 내놓게 된다. 실제 채무를 이행하지 못해 채무자가 종

---

57 KGW VI 3, 227쪽, *Der Antichrist*, 49 ; 니체전집 15, 288쪽, 《안티크리스트》, 49.

이 되어 자유를 잃는 경우도 있었고, 채무자가 채권자에게 신체를 맡겨 채무자로 하여금 온갖 능욕을 가하게 하거나 신체 부위마다 값을 매겨 빚만큼 도려내게 하는 경우도 있었으며, 생전에 빚을 갚지 못할 경우를 위해 채무자가 자신에게 주어질 축복이나 영혼의 구원이나 무덤 속에서의 안식까지 담보로 내놓는 경우도 있었다. 예를 들면 고대 이집트에서 그랬다. 채무자는 무덤 속에서도 채권자 앞에서 안식할 수가 없었다.[58]

채무를 이행하지 못한 채무자에게 가해지는 형벌은 이처럼 가혹했다. 그러다가 어느 정도 완화되는데, 로마 시대에 와서였다. 로마의 12표법에는 채권자가 채무자의 신체에서 어느 정도 도려내는가 그 분량은 중요하지 않다고 되어 있다. 이 같은 완화는 좀 더 자유롭고 융통성 있게 채무를 계산할 여유를 갖게 된 로마인들의 법률관을 드러내는 증거로서 진보를 의미했다.[59] 그러면 이 여유는 어디서 생겨났을까. 자신감이다. 채권자가 어느 정도 부유하고 강한가에 따라 형벌의 정도에 변화가 온다. 채권자가 부유하면 부유할수록, 강하면 강할수록 채무자에게 관대해지고 형벌은 그만큼 완화되는 것이다. 부강한 채권자에게는 약속 불이행으로 채무자가 야기한 손실이 사소한 것이어서 위협이 되지 않기 때문이다. 이쯤 되면 빚을 갚을 의무를 다하지 못한 위법 행위와 그 행위자를 분리해서 볼 마음의 여유까지 생긴다. 이 단계에서는 "모든 것은 변상되어야 한다"는 정의가 변상할 능력이 없는 채무자에게 관용을 베푸는 것으로 끝난다.[60]

---

58 KGW VI 1, 315쪽, *Genealogie der Moral*, Zweite Abhandlung : "Schuld", "schlechtes Gewissen", Verwandtes 5 ; 니체전집 14, 404쪽, 《도덕의 계보》, 제2논문 : '죄', '양심의 가책' 그리고 그와 유사한 것들 5.
59 같은 책, 같은 곳 ; 같은 책, 404~405쪽.

형벌의 역사를 볼 때 범법자가 자신의 위법 행위에 책임을 져야 한다는 이유 하나로 형벌을 받아온 것은 아니다. 형벌은 피해를 본 쪽에서 표출하는 분노에서 가해지기도 했다. 다만 그 분노가 등가물로 배상받을 수 있다는 관념에 의해 억제되고 변용되어왔을 뿐이다.[61] 그런 등가물로는 채권자가 채무자의 고통을 보며 누리게 되는 쾌감과, 채무자에 대한 채권자의 지배권이 있다. 이때의 쾌감은 자신의 힘을 무력한 자에게 마음대로 발휘하는 데서, 그리고 자신에게 그럴 권리가 있다는 데서 오는 쾌감이다.[62]

그동안 형벌에서 쟁점이 되어온 것이 형벌의 목적이 어디에 있는가, 그 목적이 과거의 범죄에 대한 응보에 있는가, 아니면 앞으로 있을 수 있는 범죄의 예방에 있는가 하는 것이었다. 응보에 있다는 주장이 응보형주의이고 예방에 있다는 주장이 목적형주의이다. 지지난 세기까지만 해도 지배적이었던 것은 응보형주의였다. 응보형주의에서는 일체의 목적과 공리적 요소가 배제된다. 그러다가 인간의 행동은 이성보다는 내적 소질이나 외적 환경에 의해 결정된다는 주장과 함께 목적형주의가 대두되었다. 오늘날 양형에서 지배적 이념으로 자리 잡고 있는 것은 목적형주의다.

니체는 응보형주의를 거부했다. 응보란 좋은 뜻에서건 나쁜 뜻에서건 되갚는 것을 의미한다. 형벌에서의 응보는 물론 나쁜 뜻에서의 응보다. 응보 원칙의 가장 소박한 형태가 탈리오 법칙lex talionis이다. 무원칙하며 무제한한 복수를 제한해 손해를 변상하는 정도에서 가해자에게 손해를

---

60 같은 책, 325쪽, 10 ; 같은 책, 416쪽, 10.
61 같은 책, 314쪽, 4 ; 같은 책, 403쪽, 4.
62 같은 책, 315~316쪽, 5 ; 같은 책, 405쪽, 5.

가한다는 이른바 동해보복법(同害報復法)이다. "이에는 이, 눈에는 눈"이라는 것으로서 함무라비 법전과 구약성서 등에 규정되어 있다.

응보형주의가 확립되면서 복수가 법이나 율법의 관리 아래 들게 되었고 형벌에서 균형과 정의가 고려되기 시작했다. 법사학에서는 이것을 발전으로 받아들이지만 니체는 응보라는 것 자체를 인정하지 않았다. 균형이니 정의니 그럴싸한 말로 둘러대지만 형벌은 응보가 아니라 응징, 곧 복수로 가해져왔으며, 형벌은 복수 자체라는 것이다.[63] 이미 1870년대 중반에 니체는 형벌을 복수로 규정한 바 있다.[64]

복수에 불과한 형벌에는 앞으로 있을 수 있는 범죄를 예방하고 사회를 정화할 힘이나 권위가 있을 수 없다. 여기서 니체는 목적형주의도 거부하게 되었다. 목적형주의를 옹호하면서 사람들은 형벌이 범행을 저지른 사람에게 죄책감을 일깨우는 한편 언짢은 양심이나 양심의 가책 같은 정신적 반응을 불러와 인간을 정화하는 수단이 된다고 말해왔다. 이에 니체는 형벌이 도리어 죄책감과 가책에 대한 저항력을 강화한다고 응수했다. 이를테면 형벌이 도리어 사람들을 무감각해지도록 단련해 냉혹하게 만듦으로써, 죄책감을 일깨우기는커녕 죄책감을 억제해 느끼지 못하게 한다는 것이다.[65]

---

63 KGW VI 1, 176쪽, *Also sprach Zarathustra*, Zweiter Theil : Von der Erlösung ; 니체전집 13, 236쪽,《차라투스트라는 이렇게 말했다》, 제2부 : 구제에 대하여.

64 KGW IV 3, 205쪽, *Menschliches, Allzumenschliches II*, Zweite Abtheilung : Der Wanderer und sein Schatten 33 ; 니체전집 8, 254쪽,《인간적인 너무나 인간적인 II》, 제2장 : 방랑자와 그의 그림자 33.

65 KGW VI 2, 335쪽, *Zur Genealogie der Moral*, Zweite Abhandlung : "Schuld", "schlechtes Gewissen", Verwandtes 14 ; 니체전집 14, 427쪽,《도덕의 계보》, 제2논문 : '죄', '양심의 가책' 그리고 그와 유사한 것들 14.

따라서 형벌은 속죄의 수단이 될 수 없다.[66] 복수의 수단이 될 뿐이다. 복수는 복수를 부르고 그 복수는 또 다른 복수를 부른다. 오늘날 세계 도처에서 난무하는 것이 형벌이라는 이름 아래 자행되는 이 같은 복수다. 범죄 행위가 사회를 더럽혀왔다고 흔히 말하지만, 범죄 행위 이상으로 사회를 더럽혀온 것이 바로 정의의 탈을 쓰고 복수를 일삼아온 형벌이다. 형벌을 받는 사람은 더 이상 범죄 행위를 한 그 사람이 아니다. 형벌을 받는 사람은 속죄양일 뿐이다.[67] 형벌을 통한 사회 정화란 것도 어불성설이다. 이에 니체는 형벌이라는 말 자체가 복수, 보상, 응보라는 말이 그렇듯이 더러운 말이라고 했다.[68] 이 땅에 형벌 이상으로 고약한 해초(害草)는 없다고도 했다.[69]

형벌의 대상인 범죄 행위는 사회 질서에 대한 도전 행위로서 일종의 반역으로 간주되어왔다. 이 같은 반역은 진압될 뿐 다스려지지 않는다. 반역은 사회 질서를 위협하지만, 그렇다고 그 같은 반역 행위가 경멸의 대상이 되어서는 안 된다. 반역자가 외경을 받아 마땅한 경우도 있다. 사회의 요구에 부응하는 반역인 경우가 그렇다. 그 경우 반역자는 끝내 형벌을 받게 되지만, 그런 사람 또한 자신의 생명과 명예에 자유를 거는 용기 있는 사람이다.[70] 따라서 형벌은 경멸의 표현이 되어서는 안 된다. 이 땅에서 추방해야 할 것은 범죄 행위가 아니다. 사회를 더럽혀온 죄책과

---

66 KGW V 1, 201쪽, *Morgenröthe*, Viertes Buch : 236 ; 니체전집 10, 251쪽,《아침놀》, 제4권 : 236.

67 같은 책, 207쪽, 252 ; 같은 책, 259쪽, 252.

68 KGW VI 1, 117쪽, *Also sprach Zarathustra*, Zweiter Theil : Von den Tugendhaften ; 니체전집 13, 156쪽,《차라투스트라는 이렇게 말했다》, 제2부 : 도덕군자에 대하여.

69 KGW V 1, 22쪽, *Mogenröthe*, Erstes Buch : 13 ; 니체전집 10, 29쪽,《아침놀》, 제1권 : 13.

70 KGW VIII 2, 144~145쪽, 10[50] (179) ; 니체전집 22, 170~171쪽, 10[50] (179).

형벌 따위다. 이제 우리는 이들 고약한 해초들을 뽑아내야 한다. 그와 같은 것들의 마수에서 심리학과 도덕, 역사와 자연, 사회 제도와 승인, 그리고 신을 해방시켜야 한다. 그러기 위해서는 먼저 이 세계로부터 죄책과 형벌이라는 개념을 솎아내어 지워 없애야 한다.[71] 이것이 사회를 정화하는 길이다.

형벌 문제를 다루면서 니체가 든 다양한 역사적 사례에서 우리는 당시의 법 이론의 영향을 거듭 확인하게 된다. 그는 누구보다도 콜러와 앞에서 언급한 예링에게 많은 영향을 받은 것으로 확인된다. 콜러는 비교법과 법사학에서 두각을 나타낸 니체 연배의 법사학자였다. 그는 다수의 글을 남겼다. 그 가운데 하나가 1883년에 낸《법률학 법정에서의 셰익스피어Shakespeare vor dem Forum der Jurisprudenz》다. 이 글에 고대 이집트와 초기 로마에서의 채무 관계와 함께 돈과 신체 부위 사이의 등가 문제가 나온다. 여기서 우리는 셰익스피어의 작품 〈베니스의 상인〉에 나오는 상인 안토니오와 유대인 샤일록 사이의 거래를, 그와 함께 채무자는 채권자에게 신체를 부위별로 저당 잡히기도 했다는 니체의 글을 연상하게 된다.

예링은 역사법학에서 출발해 로마법과 법사(法史) 분야에서 뛰어난 업적을 남긴, 니체 윗세대 법학자였다. 사회적 공리주의를 대변한 학자로서, 대표작으로는《법에 있어서의 목적Der Zweck im Recht》이 있다. 니체는 부채 관계를 사회적으로 조직화되기 이전의 법 관계의 근원으로 보았다. 이 관계가 로마법에서는 채권자와 채무자 사이의 개인적 역학 관계의 형태를 띠는 것으로 되어 있는데, 학자들은 니체의 이 같은 시각의 바탕에 예링의 로마법 해석의 영향이 있다고 본다.[72] 니체도 그 나름으로

---

71 다음을 참고. KGW VIII 3, 219쪽, 15(30) 2 ; 니체전집 21, 271쪽, 15(30) 2.

1883년의 유고에서 법은 강제라는 형식으로 사회의 생존 조건을 안전하게 하는 것이라는 예링의 견해를 소개한 바 있다.[73]

니체는 당시 형벌에 관한 법률 이론들에 힘입어 사회 범주로서의 도덕의 출현과 기능을 보다 심도 있게 밝혀낼 수 있었다. 그렇다고 그가 일방적으로 그 이론들을 받아들이는 데 그친 것은 아니었다. 그는 그 이론들을 도덕사적 지평에서 재해석했고, 그럼으로써 도덕의 역사에서 새로운 영역을 개척하게 되었다. 이 해석은 그때까지의 사변을 뛰어넘는 것으로서 신선하기도 했고 인상적이기도 했다. 니체의 이 같은 작업과 성과는 후대 학자들에게 적지 않은 사색의 동기를 부여했다. 그러면서 그의 법사상에 대한 연구가 뒤따랐다. 논문을 포함해 다수의 연구서도 나왔다.

그 가운데 독일어로 출간된 것으로는 다음과 같은 것들이 있다. 로젠탈A. Rosenthal의 〈니체와 형법 개혁Nietzsche und die Reform des Strafrechts〉(1906), 슈페히트H. Specht의 〈프리드리히 니체의 인간학과 형법Friedrich Nietzsches Anthropologie und Strafrecht〉(1939), 슈테텐하이머E. Stettenheimer의 〈형법학자로서의 프리드리히 니체Friedrich Nietzsche als Kriminalist〉(1900), 츠벵겔O. Zwengel의 《법사상가로서의 니체Nietzsche als Rechtsdenker》(1945), 카슬러K. Kaßler의 《니체와 법Nietzsche und das Recht》(1941), 푹스E. Fuchs의 《오늘날 사법에서의 법과 진실Recht und Wahrheit in unserer heutigen Justiz》(1908), 피슈만L. Fischmann의 〈니체와 형법Nietzsche und Strafrecht〉(1914), 뒤링거A. Düringer의 《현대 법의 관점에서 본 니체의 철학Nietzsches Philosophie vom Standpunkt des modernen Rechts》(1906), 콜러J. Kohler

---

72 H. Kerger, "Schuld", H. Ottmann (Hrsg.), *Nietzsche*(Stuttgart · Weimar : Verlag J. B. Metzler, 2000), 320쪽.
73 KGW VII 1, 273쪽, 7〔69〕; 니체전집 16, 346쪽, 7〔69〕.

의 〈니체와 법철학Nietzsche und die Rechtsphilosophie〉(1908).[74]

(3) 양심

양심은 도덕 행위의 근원이자 척도로서 선과 악, 옳음과 그름을 분별하는 생득적 의식 또는 도덕 판단으로 정의되어온 도덕 감정의 하나다. 양심의 음성이란 것이 있다. 양심을 일깨워준다는 내면의 음성을 가리킨다. 소크라테스도 언제부터인가 그 같은 음성을 들어왔다고 했다. 주로 옳지 못한 일을 하려 할 때 그 음성이 제동을 걸어왔다고 했다. 그는 이 내면의 음성을 다이모니온이라고 불렀다. 학자들은 이 음성을 양심 또는 신적인 음성으로 해석해왔다. 칸트도 양심의 존재를 믿었다. 그는 양심이 우리를 도덕 법칙으로 인도한다고 했다. 양심의 음성에 귀 기울이면 우리가 필히 따라야 할 정언 명법과 같은 보편적이고 필연적인 도덕 법칙을 찾아낼 수 있다는 주장이었다.

양심을 어겼을 때 우리는 마음이 편치 않다. 그 정도에 따라 후회를 동반하는 가책을 느끼기까지 한다. 이때의 편치 않은 마음, 곧 불편한 심사나 심기가 양심상의 거리낌schlechtes Gewissen이고 가책이 양심의 가책 Gewissensbisse이다. 일상에서는 이들이 같은 의미로 쓰일 때가 많다. 그러면 이 거리낌과 가책은 어디서 오는가. 양심의 음성을 경청하지 않은 데 따르는 처벌에 대한 두려움에서인가? 도덕철학자들은 그렇지 않다고 말한다. 처벌에 대한 두려움에서가 아니라 도덕 행위의 근원을 훼손했다는

---

74 H. W. Reichert · K. Schlechta (eds.), *International Nietzsche Bibliography*(Chapel Hill : The University of North Carolina Press, 1968).

생각에서 그런 거리낌과 가책을 갖게 된다는 것이다.

도덕 행위의 근원이자 척도로서의 양심은 영원불변하고 보편적인 것으로 간주되어왔다. 그런 양심에는 오류가 있을 수 없으며 예외가 있을 수 없다. 사람들은 이 양심을 도덕적 결단의 지침이자 최종 심급으로 삼아왔다. 양심이 그런 것이라면 양심은 하나이고 인간은 모두 동일한 양심을 갖고 있어야 한다. 때와 장소에 따라 양심이 달라서는 안 된다.

실제 그런가? 누구는 사람을 죽여 양심의 가책을 느끼고 누구는 죽이지 못해 양심의 가책을 느끼지 않는가. 이를테면, 예수를 팔아 죽게 한 유다는 그 때문에 극심한 양심의 가책을 느꼈다. 햄릿은 아버지를 죽인 숙부를 죽이지 못해 극심한 양심의 가책을 느꼈다. 흥부의 양심 다르고 놀부의 양심 다르다. 같은 사안을 놓고 양심에 따라 반대하는 사람도 있고 찬성하는 사람도 있다. 이렇듯 때와 장소, 그리고 사람에 따라 달라지는 것이 양심이라면 영원 불변의 보편적인 도덕 감정으로서의 양심이란 빈말이 되고 만다.

여기서 묻게 된다. 때와 장소를 가리지 않고 누구나 따라야 하는 양심이란 것이 있는가? 니체의 대답은 단호했다. 없다는 것이다. 도덕 일반은 물론 종교까지 인간 진화의 산물로 받아들이고 있던 그는 양심도 그 안에 포함시켰다. 진화의 관점에서 도덕과 종교를 다룬 학자들은 그 이전에도 있었다. 이를테면 스펜서가 그랬다. 도덕을 문화사적 전개라는 시각에서 설명한 학자들도 그 이전에 있었다. 니체의 오랜 친구 레P. Rée가 그런 학자의 한 사람이었다.

니체는 레에게 적잖은 자극을 받았다. 레의 주저《도덕 감정의 기원Der Ursprung der moralischen Empfindungen》이 나온 것은 1877년으로, 니체는 그때《인간적인 너무나 인간적인》1권을 쓰고 있었다. 그 무렵 그는 선과 악 등 도덕 감정과 형벌의 유래 등의 문제와 실랑이하고 있었다. 그런 그에게 도덕의 기원에 대한 그 자신의 가설 일부를 발표할 최초의 동기를 부여한 것이 바로 이《도덕 감정의 기원》이었다. 니체는《인간적인 너무나 인간적인》에서 그것을 인용하기도 했다. 훗날 그는, 그것은 반박을 위해서가 아니라 긍정적인 정신에 걸맞게, 그럴듯하지 못한 것을 보다 그럴듯한 것으로 바꾸고, 경우에 따라서는 오류를 다른 것으로 바꾸기 위해서였다고 회고했다.[75] 덧붙여 그는 그 무렵만 해도 자신의 주된 관심사는 도덕의 가치 문제였지 도덕의 기원에 대한 가설은 아니었다고 했다.[76]

진화의 산물인 양심은 인간 내면의 타고난 음성일 수가 없다. 내면에 누군가 또는 무엇인가 따로 있어 말을 걸어오는 것이 아니다. 살펴보면, 우리가 듣게 되는 것은 우리 마음속에 자리하고 있는, 우리가 어려서부터 존경하거나 두려워해온 다른 인간들의 음성에 불과하다. 양심이란 그런 사람들을 통해 까닭 없이 그리고 규칙적으로 요구되어온 것으로서 결코 신의 음성이 아니다. 몇몇 인간의 음성일 뿐이다.[77] 이 몇몇은 부모일 수도 있고 선생일 수도 있으며 왕일 수도 있다. 그들의 음성을 따르지 않을 때 우리는 불효, 불손, 불충의 감정을 느끼게 되며 일종의 가책을 받게 된다. 양심이란 이렇듯 내면화된 외부 명령에 불과하다.

양심상의 거리낌이나 가책이 전제로 하는 것이 있다. 지키겠다는 약속

---

75 KGW VI 2, 262~263쪽, *Zur Genealogie der Moral*, Vorrede 4 ; 니체전집 14, 341~342쪽, 《도덕의 계보》, 서문 4.

76 같은 책, 263쪽, Vorrede 5 ; 같은 책, 343쪽, 서문 5.

77 KGW IV 3, 214쪽, *Menschliches, Allzumenschliches II*, Zweite Abtheilung : Der Wanderer und sein Schatten 52 ; 니체전집 8, 265쪽,《인간적인 너무나 인간적인 II》, 제2장 : 방랑자와 그 그림자 52.

이다. 약속이란 것이 없다면 지키지 못해, 지킬 수가 없어 가책을 받을 이유가 없다. 약속은 약속대로 전제로 하는 것이 있다. 기억이다. 기억이 없다면 돌아볼 과거와 내다볼 미래가 없을 것이며, 따라서 후회하거나 가책받을 일이 없음은 물론, 앞일을 기약할 수 없으니 책임질 일도 없다. 인간이 아닌 다른 동물들을 보면 알 수 있다. 순간을 사는 동물들에게는 과거와 미래가 없다. 따라서 기억이란 것이 있을 수 없다. 그러니 약속이란 것이 있을 수 없고, 약속을 지키지 못해 갖게 되는 후회나 가책이 있을 수 없다.

이 기억을 무력화하는 것이 있다. 망각이다. 망각은 단순한 상실도, 에너지, 곧 긴장 이완의 결과도 아니다. 망각과 흔히 혼동되는 것이 건망증이다. 건망증은 기억력에 장애가 생겨 지난 일을 떠올릴 수 없게 된 병증의 하나다. 망각은 그런 건망 상태가 아니다. 엄밀한 의미에서 그것은 적극적인 저지 능력이다.[78] 방어 능력이라고도 말할 수 있다. 그 같은 저지 능력이 없다면 어떻게 될까. 그래서 우리가 이것저것 지난 일 모두를 기억하고 있다면, 지난날의 불행과 고통을 남김없이 머릿속에 두고 있다면 어떻게 될까. 우리는 웃음은 물론 희망과 자부심도 잃게 될 것이다. 끝내 불행해질 것이다. 망각이라는 저지 장치가 파손되거나 기능하지 않는 인간들이 있다. 하나같이 소화불량에 걸린 환자들 같지 않은가.

인간이 그나마 살 수 있는 것도 이 망각 덕이다. 그런데도 인간은 망각을 있어서는 안 될 결손 상태로 여기고는 그와 반대되는 능력인 기억에 집착해왔다. 그러면서 인간은 다른 사람과 또는 자기 자신과 이것저것

---

78 KGW VI 2, 307쪽, *Zur Genealogie der Moral*, Zweite Abhandlung : "Schuld", "schlechtes Gewissen", Verwandtes 1 ; 니체전집 14, 395쪽, 《도덕의 계보》, 제2논문 : '죄', '양심의 가책' 그리고 그와 유사한 것들 1.

약속을 할 줄 아는 동물이 되었다.[79] 사회생활을 하면서 약속의 필요는 커져갔다. 사람들이 더 많은 약속을 하게 된 것인데, 그 정도에 따라 인간은 기억을 키워가게 되었다.

그러나 약속이란 지난 일에 대한 기억만으로 되는 것이 아니다. 미래를 두고 하는 것이 약속이기 때문이다. 먼저 인간의 언행이 예측 가능해야 한다. 인간의 언행을 예측할 수 없다면 그 어떤 약속도 성립할 수 없다. 애초에 인간의 언행은 예측할 수 없는 것이었다. 약속이란 것이 가능하려면 그런 인간을 예측 가능하도록 길들여야 했다. 그런 길들임의 방법으로는 습속과 도덕, 그리고 사회적 강제 이상이 없다. 실제로 인간은 지금까지 이들 습속 따위에 의해, 하는 일에서 필연적이고 일정하고 한결같도록 길들여져왔고, 마침내 예측 가능한 존재가 되고 말았다.[80]

약속에는 책임이 따른다. 인간은 이 같은 책임을 예사롭지 않은 특권으로 인식해 긍지를 느껴왔다. 거기에다 희한하다 할 자유에 대한 의식과 함께 자신과 자신의 운명을 지배하는 힘에 대한 의식을 갖게 되었다. 그런 것들이 인간 내면의 더없이 깊은 곳까지 가라앉아 자리 잡게 되면서 인간의 주도적 본능이 되고 말았다. 니체에 따르면, 이 지배적 본능이 소위 주권적 인간이 말하는 양심이다.[81] 이 부분에서도 예링의 영향을 확인할 수 있다고 학자들은 말한다. 니체가 예링의《법에 있어서의 목적》을 통해 로마법에 접했으며, 로마법에 힘입어 약속 가능성을 양심을 설명할 근거로 삼았다는 것이다.[82]

---

79 같은 책, 308쪽, 1 ; 같은 책, 396쪽, 1.
80 같은 책, 309쪽, 2 ; 같은 책, 397쪽, 2.
81 같은 책, 310쪽, 2 ; 같은 책, 398~399쪽, 2.
82 H. Kerger, "Gewissen", H. Ottmann (Hrsg.), *Nietzsche* (Stuttgart · Weimar : Verlag J. B.

일단 양심이란 것을 받아들이면 그것을 따라야 한다. 따르지 않을 때 마음이 편치가 않다. 일종의 죄책감을 느끼게 되는 것이다. 죄책을 채무 관계로부터 설명한 니체는 양심도 의무, 의무의 신성함 따위와 함께 채무 관계라고 하는 같은 아궁이에서 나왔다고 했다. 그리고 죄와 의무라는 개념을 도덕화한 것이 양심의 가책이라고 했다.[83]

양심상의 거리낌은 처벌로 없어지지 않는다. 그것은 잊힐 때까지 마음을 무겁고 어둡게 만드는 자책의 감정이다. 기억을 할 수 있는 동물인 인간에게만 있는, 일종의 질병이다.[84] 이 땅에 형벌 이상으로 고약한 해초가 없다고 한 니체는 양심에 대해서도 한마디 했다. 이 땅에 양심상의 거리낌이란 것 이상으로 으스스하고 흥미로운 초목은 없다는 것이다.[85] 양심의 가책도 마찬가지다. 어떻게 보면 더 고약한 질병일 수 있다. 독일어에서 가책은 물어뜯음, 찌름, 쏘아댐과 같은 보다 강력하며 파괴적인 질책을 의미한다.

죄책감이 그렇듯이 양심의 문제는 국가나 사회 같은 공동체와 그곳의 구성원 사이에서도 발생한다. 국가나 사회는 안녕을 위해 개개 구성원의 분출하는 본능을 억압하고 통제할 필요가 있다. 적대감, 잔혹성, 파괴의 희열 같은 인간 본능이 공동체를 향해 폭발하는 일이 없도록 방향을 잡아줄 필요가 있는 것이다. 최선은 그 같은 본능이 방향을 돌려 구성원인 인간의 내면을 향하도록 만드는 것이다. 그러기 위해 국가나 사회는

Metzler, 2000), 244~245쪽.

83 KGW VI 2, 346쪽, *Zur Genealogie der Moral*, Zweite Abhandlung : "Schuld", "schlechtes Gewissen", Verwandtes 21 ; 니체전집 14, 440쪽, 《도덕의 계보》, 제2논문 : '죄', '양심의 가책' 그리고 그와 유사한 것들 21.

84 같은 책, 343쪽, 19 ; 같은 책, 436쪽, 19.

85 같은 책, 336쪽, 14 ; 같은 책, 428쪽, 14.

구성원인 인간에게 부채 의식을 일깨워, 죄책감을 갖도록 끝없이 부추긴다. 인간은 그 같은 죄책감에서 화살을 자기 자신에게 돌리게 된다. 이처럼 외부의 공격 목표가 차단된 채 자신을 공격해 상처투성이로 만든 바보들의 작품이 곧 양심상의 거리낌이라는 것이다. 인간이 인간 자신에게 가하는 고통이라는 무시무시한 질병은 이렇게 하여 생겨났다.[86] 이 얼마나 어리석은 일인가. 양심의 가책과 같은 자책으로 자신을 물어뜯는 것은 돌덩이를 물어뜯는 개처럼 멍청한 짓거리가 아닐 수 없다.[87]

어떻게 구성원들로 하여금 끝없이 양심상의 거리낌과 가책 같은 죄책감을 갖게 할 것인가. 공동체에게는 이것이 숙제다. 공동체가 방도로서 찾아낸 것이 곧 형벌이다.[88] 형벌을 통해 그 같은 죄책감을 거듭 일깨우려는 것이다. 형벌에 과연 그런 효과가 있는가? 없다는 것이 니체의 대답이 아닌가. 형벌을 받고 있는 범죄자나 수형자가 느끼지 않는 것이 죄책감이라는 것이 그의 주장이었다. 형벌로 할 수 있는 것은 공포심을 증대시키는 것, 인간을 보다 영악하게 만들거나 그런 식으로 인간을 공동체에 길들이는 것이 고작이다. 그런 형벌로는 인간이 개선되지 않는다. 이에 니체는 형벌이 지금까지 해온 것은 개선이 아니라 개악일 것이라고 했다.[89]

---

86 같은 책, 338~339쪽, 16 ; 같은 책, 431~432쪽, 16.

87 KGW IV 3, 207쪽, *Menschliches, Allzumenschliches II*, Zweite Abtheilung : Der Wanderer und sein Schatten 38 ; 니체전집 8, 257쪽,《인간적인 너무나 인간적인 II》, 제2장 : 방랑자와 그의 그림자 38.

88 KGW VI 2, 334쪽, *Zur Genealogie der Moral*, Zweite Abhandlung : "Schuld", "schlechtes Gewissen", Verwandtes 14 ; 니체전집 14, 427쪽,《도덕의 계보》, 제2논문 : '죄', '양심의 가책' 그리고 유사한 것들 14.

89 같은 책, 337쪽, 15 ; 같은 책, 430쪽, 15.

양심상의 거리낌이나 가책은 신과 인간 사이에서도 발생한다. 그 같은 거리낌이나 가책을 유발하는 부채 관계는 인간과 신 사이에도 성립하기 때문이다. 앞에서 피조물인 인간은 생명을 지어주신 조물주 신에게 빚을 지고 있다고 했다. 그 빚은 지금쯤 줄어 있어야 한다. 정상적이라면 빚을 지고 살 수 없는 것이 인간이고, 그동안의 참회와 선행을 통해 그 빚을 조금씩이나마 갚아왔을 것이기 때문이다. 그러나 빚은 줄어들지 않았다. 사제들이 신 대신에 채권자 행세를 하면서 수천 년에 걸쳐 오히려 불어났다. 인간을 채무자로 묶어 철저하게 지배하려는 속셈에서 사제들이 빚을 불려온 탓이다. 그 결과 빚은 인간이 평생 갚아도 다 갚지 못할 만큼 커졌다. 거기에는 처음부터 그 부채가 너무 높게 책정된 탓도 있다.

빚을 갚지 못했으니 그런 인간에게 남아 있는 것은 벌을 받는 것 말고는 없다. 그러나 최종 채권자인 신은 인간을 처벌하지 않았다. 그 대신에 하나밖에 없는 자신의 아들을 제물로 바쳐 그 처벌의 짐을 지게 했다. 여기서 인간은 보다 큰 죄책감을 느끼게 되었다. 자신의 탓이라는 생각에서 자학을 하게 되었고, 자학적 의지를 내면화하면서 보다 깊숙이 안으로 움츠러들게 되었다.

신과의 부채 관계를 인정하지 않은 민족들은 달랐다. 생에 우호적인 가치 속에서 고양된 삶을 산 고대 그리스인들이 그 예다. 그들의 신은 인간을 위해 자신들을 희생하지 않았다. 이해관계에 따라 인간을 도왔을 뿐이다. 그리스인들은 그런 신들과 거래를 할망정 신들에게 일방적으로 빚을 지지는 않았다. 따라서 그들은 신들에게 양심의 거리낌이나 가책 같은 감정을 갖지 않았다.

(4) 의무

의무는 도덕적 필연성을 띠는 당위를 가리킨다. 칸트는 보편적 실천 법칙인 도덕 법칙을 받아들일 때 그 같은 의무가 생긴다고 했다. 그리고 의무에서 하는 행동이 순수 이성의 명령에 따른 행동이 된다고 했다. 그는 이 의무에 습관적이며 감각적인 욕망인 성향을 대립시키고는 성향을 만 악의 근원이자 기초라고 믿어 근본악이라 불렀다.

니체는 칸트의 의무 이론을 정면으로 반박했다. 우리가 살고 있는 현실 어디에도 '마땅히 ……해야 한다'라는 당위는 있을 수 없다는 것이다. 그는 순수 이성이란 것 자체부터 인정하지 않았다. 도덕 법칙의 존재를 부인하고, 이성을 비자립적 보조 수단 정도로 본 그에게는 당연한 귀결이었다. 그에 따르면 인간 행위를 주도하는 것은 이성의 명령이 아니다. 그것은 성향, 즉 반이성적인 소망, 충동, 욕구 따위다.

성향은 자연적인 것으로서 거기에는 그 어떤 규제도 명령도 없다. 인간 행위를 주도하는 것이 그 같은 성향이라면 일상에서 요구되는 명령, 곧 다양한 형태의 의무는 무엇이며 어디서 유래하는가? 앞에서 의무 역시 양심 따위와 같은 아궁이에서 나왔다고 했다. 같은 아궁이, 곧 채무 관계가 그 답이다.[90] 의무는 어떤 형태의 것이든 이 채무 관계로부터 설명된다. 채무 관계에서 채무자가 저당을 잡히면서 떠맡게 되는 것이 빚을 갚아야 한다는 의무다. 이 의무 관계 또한 죄책이 그렇듯이 공동체와 개인, 조물주와 피조물, 조상과 후손 사이에도 성립한다. 그러면서 신성한 것이 된다. 그와 함께 의무를 다하지 않거나 처음부터 의무를 무시하는

---

90 같은 책, 321쪽, 8 ; 같은 책, 412쪽, 8.

행위는 공동체나 신 그리고 조상에 대한 도전이 되고 도발이 된다. 채권자인 공동체나 신 그리고 조상들은 그 같은 도전자 또는 도발자들을 그냥 두지 않는다. 계약 파기자로 몰아 강력하게 제재한다. 심지어 범죄자로 몰아 응징하기까지 한다.

의무 역시 갚아야 할 빚의 성격과 조건, 그리고 외적 환경에 따라 달라진다. 의무가 그런 것이라면 거기에 도덕적 필연성이 있을 수 없다. 도덕적 필연성이 없다면 의무는 더 이상 의무가 아니다. 그런데도 의무라는 것에 매달려 의무의 신성함 운운하는 도덕군자들이 있다. 니체는 그런 도덕군자들을 비웃었다. 그는 의무의 신성함을 천명한 칸트를 몰취미한 쾨니히스베르크의 중국인으로, 서툴고 고루한 소인배이자 소도시 취향을 지닌, 그러면서 의무감에 사로잡혀 있는 프로이센 관리로 폄하했다.[91]

그리고, 비개인성과 보편타당성을 갖고 있는 것으로 주장되는 칸트의 덕, 의무, 선 자체, 선 따위를 몰락, 그러니까 삶의 최후의 소진, 그리고 쾨니히스베르크의 중국주의가 표명하는 환영들에 불과하다고 비판하고는 의무라는 기계보다 더 신속하게 파괴하는 것이 있는가 되묻기도 했다.[92]

(5) 죄, 그리고 은총

여기서 죄는 종교적 개념으로서 신에 대한 불복종을 가리킨다. 구약성서에 뿌리를 둔 유대교, 그리스도교, 이슬람교는 인류의 역사를 타죄와

---

91 KGW VII 2, 173~174쪽, 26(96) ; 니체전집 17, 231쪽, 26(96).
92 KGW VI 3, 175쪽, *Der Antichrist*, 11 ; 니체전집 15, 225쪽, 《안티크리스트》, 11.

속죄의 역사로 설명해왔다. 인류의 조상 아담과 하와가 지은 죄가 원죄가 되어 대물림을 하게 되었고, 그 결과 인간은 모두 타고난 죄인이 되어 죗값을 치르도록 되어 있다는 것이다. 구약성서 〈창세기〉 3장 16절 이하에 그 죗값이 명시되어 있다. 남자는 살아생전 노역에 시달리게 되며 여자는 해산의 고통을 겪게 된다는 것, 남자든 여자든 끝에 가서는 죽음을 맞이하게 된다는 것이다. 신약성서 〈로마서〉 5장 12절에도 한 사람이 죄를 지어 이 세상에 죄가 들어왔고, 죄가 죽음을 불러와 온 인류에 죽음이 퍼지게 되었다고 적혀 있다.

죄인이 되어 저주 속에서 산다는 것은 더없이 고통스러운 일이다. 이 고통에서 벗어날 길은 없는가? 있다. 고통의 근원인 죄에서 벗어나면 된다. 그러나 타고난 죄인인 인간이 자력으로 할 수 없는 것이 그것이다. 용서를 받아야 한다. 신에게 지은 죄인 만큼 그 죄는 신만이 용서할 수 있다. 이 용서가 곧 은총이다. 은총은 그러나 그냥 주어지지 않는다. 먼저 인간은 자신이 짓지 않은, 까마득한 옛날에 조상이 지었다는 죄를 뉘우쳐 용서를 빌어야 한다. 이 얼마나 황당한 이야기인가.

신의 창조 역사와 섭리를 받아들이지 않은 니체는 원죄와 속죄, 그리고 은총도 거부했다. 그는 그런 것들 뒤에 지배를 공고히 하기 위한 사제들의 불순한 음모와 술수가 숨어 있다고 보았다. 사제들은 신의 대리인임을 자임해, 신의 이름으로 정죄도 하고 용서도 해왔다. 저주도 하고 축복도 해왔다. 앞에서 살펴본 대로다. 그러나 실은 신의 이름을 빌려 자신들의 뜻을 대변하고, 자신들의 이해관계에 따라 정죄하고 용서하고 저주하고 축복해왔을 뿐이다.

사제들은 누구든 자신들에게 복종해야 한다고 가르쳐왔다. 사제에게 복종하는 것이 신에게 복종하는 것이 되고, 사제에게 복종하지 않는 것이 신에게 복종하지 않는 것이 된다는 것이다. 죄에는 죗값이 따른다. 타고난 죄인인 인간으로서는 그 죗값이 너무 무겁다. 탕감을 받아야 하는데, 그러려면 신과 화해를 해야 한다. 그에 앞서 해야 할 것이 사제들과의 화해다. 사제들만이 중재를 할 수 있고, 그들의 중재를 통해서만 인간은 죗값을 탕감받을 수 있기 때문이다. 사제들은 "신은 회개하는 자를 용서한다"고 소리 높여 말해왔다. 그들이 말하고자 하는 것은 분명하다. 사제인 자신들에게 복종하는 자를 신은 용서한다는 것이다.[93]

결국 사제들을 모시는 것이 신을 모시는 것이 된다. 사제들로서는 여느 인간이 누릴 수 없는 특권이 아닐 수 없다. 이 특권을 사제들은 놓칠 수가 없다. 놓치지 않기 위해 사제들이 해야 할 일은 하나, 인간이 타고난 죄인임을 끝없이 일깨워 사람들을 평생 죄책감 속에서 속죄의 삶을 살도록 잡아두는 것이다. 그러나 잡아두는 것만으로는 부족했다. 그 족쇄를 더 조여야 했다. 이때 그들이 생각해낸 것이 앞서 이야기한 지옥이라는 불구덩이였다. 지옥이란 이렇듯 사제들이 무지한 사람들을 자기 지배 아래 두기 위해 만들어낸 작품에 불과하다. 죄와 벌, 그리고 은총도 마찬가지다. 니체는 어떤 성자의 입을 빌려 "신은 만물은 창조했지만 죄만은 창조하지 않았다……인간이 죄를 창조했다"[94]고 했다. 죄를 창조한 것은 인간, 바로 사제들이라는 것이다. 순진무구한 자연을 죄로 물들이고 속죄의 가시밭길로 만든 것은 신이 아니다. 바로 사제들이다.

사제들이 두려워한 것이 있다고 앞에서 말했다. 그들은 사람들이 앎에 눈떠 분별력을 갖게 되는 것을 두려워했다. 인간이 앎에 눈떠 분별력을

---

93 같은 책, 195쪽, 26 ; 같은 책, 249쪽, 26.
94 KGW V 1, 74쪽, *Morgenröthe*, Erstes Buch : 81 ; 니체전집 10, 92쪽,《아침놀》, 제1권 : 81.

갖게 되면 자신들의 술책과 음모가 만천하에 드러날 것이기 때문이다. 사제들은 그런 일을 막아야 했다. 무엇보다도 인간을 무지 상태에 묶어 두어야 했다. 그러자면 이것저것 생각해보고 저울질하는 일이 없도록 인간들을 단속해야 했다. 최선은 인간에게 그럴 틈을 주지 않는 것이었다. 여러 방법이 있겠지만 고통, 위험, 노쇠, 질병, 전쟁 등 온갖 재난을 동원해 인간을 불행하게 만드는 것 이상은 없다.[95] 그렇게 되면 인간은 고통에서 벗어나는 일 하나에 전념하느라 이것저것 생각할 겨를이 없을 것이기 때문이다. 여기서 사제들은 인간을 불행하게 만들 수 있는 것 모두를 동원하게 되었다. 그러면서도 인간이 자포자기하는 것만은 막아야 했다. 자포자기 상태에서는 죄와 은총은 말할 것도 없고 사제들 또한 안중에 없을 것이기 때문이었다. 여기서 사제들은 채찍만으로는 인간을 잡아둘 수 없다는 것을 알게 되었다. 당근이 있어야 했다. 신의 은총, 천국에서의 영원한 삶이 저들이 내놓게 된 당근이다.

이렇듯 죄는 은총이 그렇듯이 사제 민족인 유대인의 감정이자 고안물에 불과하다.[96] 그런 것을 생각해낸 유대인은 천재적이라 할 만한 민족이다. 이후 사제들의 세상이 되었고, 그와 함께 인류의 역사는 죄가 고문 도구가 되어 인간의 삶을 가혹하게 매질해온 불행한 역사가 되고 말았다. 니체는 이 대지는 죄와 벌이라는 독에 오염되었고, 끝내 정신병원이 되고 말았다고 개탄했다.[97] 나아가 형벌과 죄책 따위로 얼러 사람들로

---

95 다음을 참고. KGW VI 3, 225쪽, *Der Antichrist*, 48 ; 니체전집 15, 286~287쪽, 《안티크리스트》, 48.

96 KGW V 2, 164쪽, *Die fröhliche Wissenschaft*, Drittes Buch : 135 ; 니체전집 12, 207쪽, 《즐거운 학문》, 제3부 : 135.

97 다음을 참고. KGW VI 2, 349쪽, *Zur Genealogie der Moral*, Zweite Abhandlung : "Schuld", "schlechtes Gewissen", Verwandtes 22 ; 니체전집 14, 443쪽, 《도덕의 계보》, 제2논문 : '죄',

하여금 이 땅에서의 생을 부인하게 한, 인간을 죄에 대한 가책으로 만신 창이로 만든 그리스도교를 사형 집행인의 형이상학이라 부르기까지 했다.[98]

3. 이웃 사랑과 동정

(1) 이웃 사랑

그리스도교가 상찬해온 덕목 가운데 으뜸이라 할 만한 것이 이웃 사랑이다. 예수도 이웃 사랑을 강조하면서, 하느님을 사랑하고 이웃을 사랑하는 것보다 더 큰 계명은 없다고 했다.[99] 물론 이때의 사랑은 아무 조건 없이 베푸는 것이어야 한다. 대가를 받는 사랑이나 대가를 염두에 두고 하는 사랑은 그만큼 의미가 퇴색해 온전한 것이 될 수 없기 때문이다. 게다가 사랑은 무차별적인 것이어야 한다. 예수가 그런 사랑의 예로 든 것이 강도를 만나 피투성이가 된 채 길에 쓰러져 있는 유대인에게 사마리아인이 베푼 선행이었다.[100]

사람들은 그 같은 선행을 순수한 이타심의 발로로 기려왔다. 그리고 이타심은 타고나는 것이어서 인간이라면 정도의 차이는 있겠으나 누구

'양심의 가책' 그리고 그와 유사한 것들 22.

98 KGW VI 3, 90쪽, *Götzen-Dämmerung*, Die vier grossen Irrthümer 7 ; 니체전집 15, 122쪽, 《우상의 황혼》, 네 가지 중대한 오류들 7.

99 〈마가복음〉 12장 30~31절.

100 〈누가복음〉 10장 30~35절.

나 그 같은 이타심을 갖고 있다고 말해왔다. 반대로 인간은 이기적이며 이기적일 수밖에 없다는 주장이 그때그때 제기되기도 했지만, 이타심을 타고난 인간의 품성으로 받아들인 사람들은 인간이 환경에 따라 이기적이 되기도 하지만 개과천선한 놀부에게서 볼 수 있듯이 천성적으로 그런 것은 아니라고 응수해왔다.

이타적인 것이라 할 만한 일들을 우리는 일상에서 흔히 경험한다. 우리 주변에는 얼굴도 모르는 가난한 이웃을 위해 평생 모은 재산을 쾌척하는 사람들도 있고, 역시 얼굴도 모르는 이웃의 생명을 구하기 위해 사후 장기 기증을 약속하는 사람들도 있다. 이웃에 대한 그 같은 헌신의 예는 하나하나 열거하기 힘들 만큼 많다. 역사적 예도 많다. 그 가운데 하나가 적의 투항 조건을 받아들여 시민을 대신하여 자신들의 목숨을 내놓은, 백년전쟁 당시 칼레의 여섯 의인이다. 얼굴도 모르는 가난한 사람에게 재산을 내놓으면서 무슨 보상을 기대하겠는가. 죽으면 그만인데 장기를 기증하면서, 다른 시민들을 대신해 목숨을 내놓으면서 무슨 보상을 기대하겠는가. 이웃에 대한 순수한 사랑의 실천이 아니라면 그 같은 헌신을 어떻게 설명할 것인가.

인간은 이기적이고, 이기적일 수밖에 없다고 주장하는 사람들은 그 같은 헌신의 이면을 보면 생각이 달라질 것이라고 주장한다. 그들에 따르면 힘이 지배하는 힘의 세계에서는 존재하는 모든 것이 자신의 존재를 우선할 수밖에 없다. 힘의 세계는 서로 다른 힘의 단위들 사이에서 목숨을 건 싸움이 끝없이 전개되는 세계이기 때문에 그 어떤 것도 이타적일 수 없다. 이 주장은 홉스의 것이기도 하고 니체가 하게 될 것이기도 하다. 니체의 주장은 이웃 사랑과 같은 이타적 행위 뒤에는 이기적 동기가 숨어 있다는 것이다. 즉 그런 행위에는 이기적인 계산이 깔려 있다는 것이다.

인간이 어떤 경우에 이타심이란 것을 발휘하는가를 보면 알 수 있다. 그것은 이타적 행위가 어떤 방식으로든 자기에게 득이 되는 경우다. 그리고 그 득이 이타적 행동으로 감내하게 될 손실보다 큰 경우다. 그 득은 마음의 안도나 위로일 수도 있고, 다른 사람들에게 받게 될 예찬이나 사회적 인정일 수도 있다. 책임의 모면일 수도 있다.

물론 우리가 매 순간 득실을 계산해가며 이웃을 사랑하는 것은 아니다. 그럴 시간이 없을 때도 있다. 그런데도 이웃 사랑이란 것을 실천한다면 거기에는 까닭이 있을 것이다. 이웃 사랑을 최고의 사회적 덕목으로 삼아온 전통에 잘 길들여 있기 때문일 수도 있다. 이타적 행위가 요구되는 상황에서 이타심을 발휘하지 않았을 때 감내해야 할 사회적 질책과 가책을 잘 알고 있기 때문일 수도 있다.

목불인견이란 말이 있다. 차마 눈 뜨고 볼 수 없다는 뜻이다. 굶주리는 이웃을 가까이 두고 보는 것은 고통스러운 일이다. 불길 속에서 사투를 벌이는 사람들도 그렇고, 역병과 기아로 죽음의 문턱에서 절규하는 사람들도 그렇다. 이럴 때는 그런 모습을 보며 괴로워하는 것보다 얼마간의 손해를 감수하고서라도 돕는 것이 마음 편하다. 도움으로써 받는 보상은 그런 사람들을 더 이상 눈 뜨고 보지 않아도 된다는 것과 결과에 상관없이 인간의 도리를 다했다는 만족감이다. 물론 희생이 따를 수도 있다. 그 경우 희생의 정도에 따라 돌아오는 몫도 커진다. 살신성인의 예가 되어 후대에 이름을 남길 수도 있다. 마땅히 해야 할 도리를 다하지 않았다는 사회적 질책과 가책에 대한 두려움에서 벗어날 수도 있다. 게다가 명성까지 얻을 수 있다. 이렇게 되면 이웃 사랑의 진정한 수혜자는 사랑을 받은 이웃이 아니라 사랑을 베푼 바로 그 사람이다.

물론 아무도 모르게 이웃을 위해 헌신하는 사람들도 있다. 그러나 어떻게 보면 이들은 보다 계산에 밝은 사람들이다. 그런 사람들은 한 손이 하는 일을 다른 손이 모르게 하겠다고 다짐하며, 공개적으로 선행을 하는 사람들을 비웃기까지 한다. 그러면서 모든 것을 보고 계시는 하느님이 후한 상을 내리실 것이라고 믿으며 그때를 기다린다.[101] 이는 오만하고 간교한 작태로서, 이 경우 헌신은 더 큰 이득이라는 이기적 계산이 깔린 작은 양보와 희생에 불과하다.

이기적 계산은 수혜자 쪽에도 있다. 수혜자는 도움이 필요한 힘없는 약자들이다. 약자들도 이타주의를 소리 높여 외친다. 이타주의를 최상의 도덕적 가치로 드높여, 도울 능력이 있는 사람들의 도덕적 허영심과 자부심을 자극한다. 걸인은 자신에게 자선을 베푸는 자를 하늘의 이름으로 축복해 우쭐하게 만들기도 한다. 이 또한 얼마나 간교한 술수인가.

이타주의에는 호혜적 이타주의라는 것도 있다. 서로에게 발휘하는 이타주의를 가리킨다. '나는 너에게, 너는 나에게' 하는 식이다. 이처럼 받을 것을 예상하거나 기대하고 하는 선행이라면 이 역시 계산된 이타주의, 즉 거래로서, 이기주의의 또 다른 형태가 아닐 수 없다. 니체에 따르면 이타주의는 이기주의, 그것도 가장 고약한 거짓 형태의 이기주의일 뿐이다.[102] 일종의 위장된 이기주의에 불과하다는 것이다. 이타주의에 대한 숭배도 그렇다. 그 역시 특정한 생리학적 전제 아래서 규칙적으로 등장하는 이기주의의 특수한 형태에 불과하다.[103]

이웃 사랑은 무조건적이고 무차별적이어야 한다지만, 흔히 배타성을 띠는 것이 이웃 사랑이다. 적대 관계에 있는 집단들 사이에서 서로의 이

---

101 〈마태복음〉6장 3~4절.
102 KGW VIII 2, 75쪽, 9〔130〕〈(86) ; 니체전집 22, 94쪽, 9〔130〕〈(86).
103 KGW VIII 3, 25쪽, 14〔29〕 ; 니체전집 21, 35쪽, 14〔29〕.

웃 사랑이 충돌할 때가 그렇다. 먼 데 사람을 끌어들여 가까운 이웃에게 해를 끼치는 일도 흔히 있다. 이웃이 누구인가에 따라 이웃 사랑은 쉽게 이웃 증오로 바뀐다. 그리고 그럴 때 이웃 사랑은 집단 이기주의로 돌변한다.

이웃 사랑이란 것이 감추고 있는 게 또 있다. 변변치 못한 사람들의 자기 사랑이다. 우리는 타인에 대한 사랑에서 일종의 자애(自愛)를 느낀다. 다른 사람에게 연민을 느낄 때도 마찬가지다. 그럴 때 우리는 흔히 자기 연민을 맛본다. 그렇게 되면 이웃 사랑은 자기 자신에 대한 고약한 사랑이 된다.[104]

그렇다면 인간에게는 인간에 대한 진정한 사랑이 없는 것일까. 니체는 있으며, 있어야 한다고 했다. 그 사랑의 성격이 다를 뿐이다. 인간에게는 대가를 염두에 두지 않는 순수한 사랑도 있을 수 있다. 가까이서 뭔가를 주고받을 일이 없는, 먼 곳 사람에 대한 사랑이 그런 사랑이다. 이때 먼 곳 사람은 우리의 적일 수도 있고 경쟁자일 수도 있으며, 누구보다 먼 훗날의 인간일 수 있다. 우리를 발분시켜 일어서게 하는 적수나 경쟁자, 먼 훗날의 사람들을 우리는 사랑해야 하며 그들에게 감사해야 한다. 경계해야 할 것은 그런 사람들이 아니라 값싼 연민의 정과 자애를 일으켜 우리를 감미로운 감상에 빠뜨리고 끝내 무기력하게 만드는 이웃 사람들이다.

이 가운데 보다 원대한 인간 사랑은 훗날 태어날 인간에 대한 사랑이다. 훗날의 사람들이 오늘의 우리보다 고양된 삶을 살았으면 하는 마음에서 우러나오는 사랑이다. 그런 사랑은 순수하다. 이해관계를 벗어난

---

104 KGW VI 1, 73쪽, *Also sprach Zarathustra*, Erster Theil : Von der Nächstenliebe ; 니체전집 13, 100쪽, 《차라투스트라는 이렇게 말했다》, 제1부 : 이웃 사랑에 대하여.

사랑이라는 점에서 그렇다. 오늘날 인간은 도덕과 같은 생에 적대적인 이념과 이상의 질곡 속에서 왜소해질 대로 왜소해 있으며 깊이 병들어 있다. 그런 인간을 더욱 깊은 나락으로 내모는 것이 이웃 사랑이라는 값싼 온기와 거짓 포용이다. 진정한 인간 사랑이라면 그런 사랑으로 병든 인간부터 치유해 건강케 하는 데 있을 것이지만, 꿈과 이상을 잃고 현실의 안일에 모든 것을 거는 현실 인간에 낙담한 니체는 현실 인간에 대한 기대를 버리고 먼 훗날의 인간을 생각하게 되었다. 먼 훗날의 인간이나마 구제해보자는 생각에서였다.

먼 훗날의 인간에 대한 사랑의 길은 험난하다. 그 같은 사랑을 실천하려면 오늘을 사는 우리는 우리 자신에게 그리고 다른 사람들에게 가혹해야 한다. 인간의 미래에 대한 책임을 떠맡는 일이기 때문이다. 우리는 하나의 밀알이 되어 미래 세대를 키워야 하며, 필요하다면 건강한 인간의 산출에 역행하는 자들을 도태시켜야 한다. 이는 강담이 요구되는 일로서, 인류의 건강한 미래를 위해서는 달리 길이 없다. 이 가혹한 소명을 위해 우리는 자신을 희생할 줄 알아야 한다. 이때 걸림돌이 되는 것이 바로 이웃 사랑이라는 거짓 사랑이다. 우리는 이 걸림돌을 뛰어넘어야 한다.

우리 주변에는 사랑이 무엇인지 알며 나름대로 다음 세대를 위해 헌신하고 있다고 말하는 사람들이 있다. 그러나 속을 들여다보면, 그런 사람들이 하는 사랑과 헌신은 대체로 자기와 이해관계에 있는 사람이나 자기 핏줄에 한정되어 있다. 인류 전체의 먼 미래는 안중에 없다. 그런 자들과 달리 역사적으로 생각하는 사람들은 눈앞의 이해관계는 물론 핏줄을 넘어 널리 그리고 멀리 내다본다. 원대한 사랑으로서 니체는 그런 사랑을 먼 곳, 그것도 "더없이 먼 곳에 있는 사람에 대한 사랑Fernste-Liebe"이라고 불렀다.[105] 이 더없이 먼 곳의 사람에 대한 사랑을 실천하는 사람은 현실에 안주하지 않는다. 현실과 타협하지도 않는다. 그런 사람은 무기력한 평화보다는 사나운 전쟁을 더 사랑한다. 자신과의, 그리고 시대와의 투쟁에서 인류의 미래가 열리게 되리라는 믿음에서다. 미래 인간을 위한 이 같은 헌신이, 다른 사람을 위해 제물이 되고 증여물이 되고자 하는 사람들이 실천하는 덕, 곧 베푸는 덕이다.[106]

베풀기 위해서는 먼저 베풀 것이 있어야 한다. 베풀고자 하는 사람은 그래서 만족을 모른 채 끝없이 보물과 보석을 갈구한다. 필요하다면 강탈을 해서라도 베풀 것을 확보한다. 이것은 지극히 이기적인 심보다. 그러나 이때의 이기심은 베풀기 위한 것으로서, 단지 훔쳐내려고만 하는, 너무나도 가난해 굶주린 자, 병든 자의 병적 이기심과는 근본적으로 다르다. 베푸는 자의 이 같은 이기심을 니체는 건전하고 거룩한 이기심이라 불렀다.[107] 오늘날 요구되는 것은 거짓 이웃 사랑도, 속 좁은 이기심도 아니다. 그것은 건전하고 거룩한 이기심이다. 거기에 진정한 인간 사랑이 있다.

(2) 동정

우리가 흔히 동정으로 번역하는 독일어 Mitleid는 직역하면 고통Leid을 함께mit한다거나 함께 나눈다는 것으로서 동고(同苦)가 된다. 니체에게는 동락(同樂)Mitfreude[108]이란 것도 있다. 이때의 동고와 동락은 동고동

---

105 같은 책, 같은 곳 ; 같은 책, 같은 곳.
106 같은 책, 93~94쪽, Von der schenkenden Tugend 1 ; 같은 책, 124~125쪽, 베푸는 덕에 대하여 1.
107 같은 책, 94쪽 ; 같은 책, 125쪽.

락이라고 할 때의 동고요 동락이다. 따라서 Mitleid는 동고로 옮기는 것이 보다 정확할 것이나, 동고라는 말이 생소한데다 니체의 경우 그 단어 안에서 고통을 함께 나누는 자, 즉 베푸는 자의 우월적 지위를 암시하고 있기 때문에, 흔히 그런 뜻으로 쓰이고 있는 '동정'이 어의에 더 가깝다 하겠다. 독한 사전에도 Mitleid는 동정으로 풀이돼 있다.

예로부터 이웃 사랑과 함께 도덕 감정의 근본 가운데 하나로 간주되어 온 것이 동정이다. 흄은 인간은 다른 사람에 대한 사랑의 감정과 함께 동정의 감정을 갖고 있다고 했다. 그리고 그와 같은 감정을 도덕적 실천의 토대 가운데 하나로 받아들였다. 쇼펜하우어는 동정에서 인간 구원의 길을 찾았다. 그에 따르면, 우리가 살고 있는 이 표상의 세계에서 생명체는 저마다 생존을 위해 격렬하게 분투한다. 그 과정에서 다른 생명체에게 상처를 주기도 하고 상처를 받기도 하면서 고통을 겪는다. 이때 갈기갈기 찢긴 마음을 치유해주는 것이 바로 동정, 곧 다른 사람을 우리와 같은 존재로 받아들이고 다른 사람의 고통을 우리 자신의 것으로 느끼는 감정이다. 동정의 감정에서 나와 내가 아닌 것 사이의 장벽은 무너지고 그 사이에 있었던 이기적 갈등도 사라진다. 그와 함께 우리는 인류에 대해 갖게 되는 보편적 느낌으로 나아가게 된다.

그리스도교에서 말하는 긍휼이나 불가에서 말하는 자비, 유가에서 말하는 측은지심은 동정의 또 다른 형태들이다. 예수는 병든 자, 가난한 자, 억눌려 있는 자들을 불쌍히 여겨 구원하려 했고 그 자신은 그 때문에 죽어야 했다. 붓다는 중생을 가엾게 여겨 고통에서 벗어날 길을 제시하면서 몸소 그 길을 갔다. 남을 측은하게 여기는 마음을 인간의 타고난 성품

---

108 KGW VII 3, 153쪽, 34〔43〕3) ; 니체전집 18, 206쪽, 34〔43〕3).

가운데 하나로 받아들인 맹자는 거기에 성인에 이르는 길이 있다고 믿어 그런 삶을 살았다.

동정은 다른 사람을 배려하는 고결한 감정으로 간주되어왔다. 또한 인간은 동정할 줄 안다는 점에서 다른 동물과 다르다고 이야기되어왔다. 그러나 모두가 동정을 고결한 감정으로 받아들인 것은 아니다. 동정을 인간의 기개를 꺾는 감상이나 도덕적 질환으로 보아 경계한 철학자들도 적지 않았다. 라 로슈푸코와 플라톤은 동정을 영혼을 무기력하게 만드는 것으로 보았고[109], 아리스토텔레스는 동정을 병적이고 위험스러운 상태로 보았다.[110] 그리고 스토아 철학자들은 동정을 공정한 판단을 훼방하는 도덕적인 병으로 간주해 멀리했다. 동정에 대한 이 같은 비판과 경계는 근대 프랑스 도덕 비판가들에 의해 계승 대변되었다. 그 가운데는 동정을 아녀자의 감상 정도로 폄훼한 몽테뉴가 있었다.

이웃 사랑을 거부한 니체에게도 동정이 자리할 곳은 처음부터 없었다. 그런 그에게 이들 선대 철학자들의 동정 비판은 적지 않은 자극과 격려가 되었을 것이다. 실제로 그는 프랑스 도덕 비판가들의 동정 비판에서 깊은 인상을 받은 것으로 되어 있다. 그는 1866년 랑게의 《유물론 역사 *Geschichte des Materialismus*》를 통해 프랑스 도덕 비판가과 접촉하게 된 것으로 추정된다.[111] 그러다가 10년쯤 후에 이들 비판가의 도덕 비판을 심도 있게 천착하게 되는데, 특히 1876년에서 1877년 사이의 휴가 기간의

---

109 다음을 참고. KGW IV 2, 68쪽, *Menschliches, Allzumenschliches I*, Zweites Hauptstück : Zur Geschichte der moralischen Empfindungen 50 ; 니체전집 7, 78쪽, 《인간적인 너무나 인간적인 I》, 제2장 : 도덕적 감각의 역사에 대하여 50.

110 KGW VI 3, 172쪽, *Der Antichrist*, 7 ; 니체전집 15, 221쪽, 《안티크리스트》, 7.

111 C. Zittel, "Französiche Moralistik", H. Ottmann (Hrsg.), *Nietzsche* (Stuttgart · Weimar : Verlag J. B. Metzler, 2000), 399~400쪽 참고.

일이었다. 니체 전기 작가 얀츠C. P. Janz는 이 무렵 니체의 관심 전면에 이들 프랑스 도덕 비판가들이 있었다고 증언한다.[112]

이 도덕 비판가들에게서 니체가 높이 평가한 것은 단연 정직성이었다. 서양 역사를 형이상학과 종교적 허구로 얼룩진 거짓 역사로 규정한 그가 과제로 삼은 것이 정직성의 회복이었다. 그런 그에게 최고의 인간은 정직한 인간이었다. 그는 그 같은 인간 또는 정직성 회복 운동의 정점으로 몽테뉴, 라 로슈푸코와 함께 이탈리아의 정치 사상가 마키아벨리, 그리고 예수회주의를 꼽았다. 도덕적 허구로 되돌아간 독일인을 개탄하는 자리에서였다.[113]

니체는 누구보다도 라 로슈푸코에게 주목했다. 라 로슈푸코는 종래 최고 가치와 일전을 벌이고 있던 니체에게 모범이 되기에 부족함이 없는 인물이었다. 인간의 본성이 이성이 아닌 생리학적 근원을 갖고 있는 열정의 다발에 있다고 본 라 로슈푸코는 이성을 불신하고 충동을 옹호했다. 나아가 이기주의를 인간 행동의 근본 동기로 보았으며, 그 같은 시각에서 전래의 도덕을 악덕으로 규정했다. 그런 그에게서 우리는 이성을 불신하고 충동을 앞세우는가 하면 그때까지의 도덕을 생에 적대적인 악덕으로 규정한 니체의 전생을 보는 듯하다. 니체는 여러 차례 그를 거론했다. 특히 동정을 낮게 평가한 점을 들어 그와 플라톤, 스피노자, 칸트는 하나라고 했다.[114]

---

112 C. P. Janz, *Friedrich Nietzsche*, Bd. 1(München : Deutscher Taschenbuch Verlag, 1981), 755쪽.

113 KGW VII 2, 24쪽, 25(74) ; 니체전집 17, 35쪽, 25(74).

114 KGW VI 2, 264쪽, *Zur Genealogie der Moral*, Vorrede 5 ; 니체전집 14, 344쪽, 《도덕의 계보》, 서문 5.

니체는 동정을 혐오했다. 그는 강인하고 가공할 영혼을 소유한 사람에게 동정은 품위 없는 감정이 된다고 했다.[115] 그런 그에게 동정은 감정의 소모이자, 도덕적 건강에 해가 되는, 기생충처럼 경멸스러운 것이었다. 원칙이 아니라 감정에 근거한 병리학적 현상의 하나이기도 했다. 사람들은 다른 사람들의 고통에 쉽게 감염된다. 그러면서 동정을 느끼게 된다. 동정에는 이렇듯 전염성이 있다.[116] 고통이 그 자신이 겪은 적이 있거나 어느 때고 겪을 수 있는 것이어서, 즉 남의 일이 아니어서 그렇다. 동정을 느끼는 순간 우리는 의기소침해진다. 기력이 빠져나가는 느낌을 받기도 한다.[117] 침울해지기도 한다. 심지어 우울증에 걸리기까지 한다. 동정이야말로 질병의 하나일 뿐, 그 밖의 아무것도 아니다.[118]

고통은 나눌 때 그만큼 경감된다고 말하는 사람들이 있다. 순진한 사람들이다. 동정을 받는 사람은 겪고 있는 고통을 더는 대신 자존심에 깊은 상처를 입는다. 어쩔 수 없이 동정을 받지만 자신의 그런 처지로 인해 한층 더 삶을 비관하게 되는 것이다. 결국 동정은 또 다른 고통을 안겨줄 뿐 결코 세상의 고통을 덜어주지 못한다. 고통을 증대시킬 뿐이다. 이에 니체는 동정이 하루만 세계를 지배해도 인류는 몰락할 것이라고 했다.[119]

115 KGW V 1, 26쪽, *Morgenröthe*, Erstes Buch : 18 ; 니체전집 10, 35쪽, 《아침놀》, 제1권 : 18.
116 KGW VIII 1, 276쪽, 7〔4〕 ; 니체전집 19, 331쪽, 7〔4〕.
117 KGW VI 3, 170쪽, *Der Antichrist*, 7 ; 니체전집 15, 219쪽, 《안티크리스트》, 7.
118 KGW IV 2, 66쪽, *Menschliches, Allzumenschliches I*, Zweites Hauptstück : Zur Geschichte der moralischen Empfindungen 47 ; 니체전집 7, 76쪽, 《인간적인 너무나 인간적인 I》, 제2장 : 도덕적 감각의 역사에 대하여 47.
119 KGW V 1, 125~126쪽, *Morgenröthe*, Zweites Buch : 134 ; 니체전집 10, 156~157쪽, 《아침놀》, 제2권 : 134.

동정이 사심 없는 이타적 감정이라는 주장이 있지만 그것도 궤변이다. 동정심을 촉발하는 것은 내가 아닌, 고통 받는 다른 사람이다. 여기서 동정은 흔히 타인 지향적인 감정으로 받아들여진다. 그러나 니체는 그렇지 않다고 말한다. 동정을 할 때 우리는 동정을 받는 다른 사람을 생각하게 된다고 믿지만, 사실 동정을 하는 사람의 시선은 무의식 상태에서이기는 하지만 '다른' 사람이 아니라 '자신'을 향하게 된다는 것이다.[120] 좋든 나쁘든 먼저 자기 자신의 처지를 돌아보게 되고 자신으로 인해 고통을 느끼게 된다는 것이다. 여기서 동정은 이웃 사랑이 자애가 되듯 자기 연민이 된다.

동정은 기대 밖의 이득을 가져오기도 한다. 여기서도 이득을 보는 사람은 동정을 받는 사람이 아니라 동정을 베푸는 사람이다. 동정심에서 굶주린 채 추위에 떨고 있는 걸인에게 적선을 했다고 하자. 적선은 걸인에게도 소득이 되겠으나 더 큰 소득은 적선을 한 사람에게 돌아간다. 적선을 함으로써 베풀 수 있는 자신의 위치를 확인하며 우월감을 맛볼 수도 있고, 게다가 선행을 했다는 도덕적 자부심까지 가질 수 있기 때문이다. 그렇게 되면 동정은 자기 자신에 대한 선행이 된다.[121] 이타심이 그렇듯이 동정에도 이렇듯 불순한 동기가 숨어 있다.

동정을 베풀지 못할 때가 있다. 그럴 때 다른 사람의 불행은 우리 자신의 무기력과 비겁을 일깨워 명예에 손상을 입힌다. 동시에 우리 자신도 같은 불행에 노출되어 있다는 것을 환기시킨다. 무기력과 비겁, 그리고 우리 자신도 그 같은 불행에 노출되어 있다는 사실에서 우리는 모멸감을

---

120 같은 책, 123쪽, 133 ; 같은 책, 153쪽, 133.
121 KGW VIII 1, 276쪽, 7〔4〕 ; 니체전집 19, 331쪽, 7〔4〕.

느끼며 고통스러워하기까지 한다. 이 같은 모멸감과 고통을 보상하고 되
갚을 길은 없는가? 동정 외에는 없다. 그래서 우리는 무리를 해서라도 동
정을 하게 된다. 동정 행위 속에는 이처럼 세련된 자기방어와 복수도 들
어 있다.[122]

불순한 동기는 동정을 받는 사람에게도 있다. 동정을 받을 때 받는 사
람은 자존심에 상처를 받는다. 그것이 정상이다. 그러나 동정을 받다 보
면 나름대로 계산을 하게 된다. 그 나름의 셈법을 갖게 되는 것이다. 주위
에 분풀이를 하기 위해, 또는 관심을 끌어 뭔가를 얻어낼 속셈으로 울고
불고하는 어린아이를 떠올리면 된다. 그런 아이처럼 연민의 감정을 불러
일으키기 위해서 애써 신음하거나 억압 속에서 짐짓 고통스러워하는 사
람들이 있다. 그런 사람들은 자기가 겪고 있는 고통을 즐겨 과장한다. 거
기에는 다른 사람들을 보다 비통하게 만들려는 심보와 고통을 나누거나
떠넘기려는 의도가 실려 있다. 그런 자들은 일이 뜻대로 되면 자기에게
세계를 비탄으로 내몰 힘이 있다고 믿어 위로를 받는다. 자기 존재가 그
만큼 중요하다는 것을 확인하면서 일종의 우월감을 맛보기도 한다. 그래
서 동정받았으면 하는 갈증이 생기기도 하는데, 이것은 자기 향락에 대
한 갈증이다. 물론 이때 그 대가를 치르는 사람은 다른 사람, 즉 동정을
베푸는 사람이다.[123]

동정은 강한 자에 대한 복수의 수단이 되기도 한다. 동정은 어떤 것이

---

122 KGW V 1, 123쪽, *Morgenröthe*, Zweites Buch : 133 ; 니체전집 10, 153~154쪽, 《아침놀》, 제2권 : 133.

123 KGW IV 2, 68~69쪽, *Menschliches, Allzumenschliches I*, Zweites Hauptstück : Zur Ge-
schichte der moralischen Empfindungen 50 ; 니체전집 7, 78쪽, 《인간적인 너무나 인간적
인 I》, 제2장 : 도덕적 감각의 역사에 대하여 50.

든 받는 사람에 대한 경멸을 수반한다. 보다 강한 사람에 대한 동정에는 보다 큰 경멸에다가 복수에서 오는 즐거움까지 수반된다. 부자의 대궐 같은 집이 화재로 불타 폐허가 되는 모습을 보며 가난한 이웃들은 '참 안 됐다'고 말한다. 말은 그렇게 하지만, 이때 동정하는 사람들이 이면에서 즐기는 것은 '꼴좋게 됐다'는 일종의 복수심이다. 이를 두고, 니체는 도금으로 번쩍이는 것이 동정이라는 칼집이지만 그 속에는 시샘의 비수가 감추어져 있다고 했다.[124]

동정은 누구에게도 도움이 되지 않는다. 동정을 받는 사람을 보다 비참하게 만들기도 하고 보다 뻔뻔하게 만들기도 한다. 동정을 베푸는 사람들을 건방지게 만들기도 한다. 그런 동정으로는 세상이 개선되지 않는다. 세상이 더욱 비참해질 뿐이다. 동정은 열등한 감정으로서 해악이다. 세상을 개선하려면 동정부터 극복해야 한다. 고통 받는 사람들 스스로가 일어나도록 내버려두어야 한다. 걸인에게 베푸는 적선은 그 걸인을 주저앉혀 평생 걸인으로 만든다. 걸인에게 필요한 것은 자신의 환경을 딛고 일어나 당당히 서는 것이다. 걸인에게 실질적으로 도움이 되는 것은 얼마간의 적선이 아니다. 다른 사람들의 냉담과 따가운 눈초리다. 그 같은 냉담과 눈초리에 걸인은 분발해 일어설 것이다. 이것이 진정 걸인을 돕는 길이며 동정을 극복하는 길이자 세상을 개선하는 길이다.

동정을 받는 사람들 가운데는 일으켜 세울 수 없는 자들도 있다. 그 같은 냉담과 따가운 눈초리에 무감각한 사람들이다. 그런 사람들이라면 도태되도록 내버려두어야 한다. 이것이 냉혹한 진화의 법칙이다. 동정이라

---

124 같은 책, 162쪽, Erste Abtheilung : Vermischte Meinungen und Sprüche 377 ; 같은 책, 205쪽, 제1장 : 혼합된 의견과 잠언들 377.

는 거짓 포용으로 불행한 사람을 더욱 불행하게 만드는 것은 부적합자의 도태를 통한 선택이라는 진화의 법칙에 역행하는 일이다. 도태되어야 할 자는 도태되어야 한다. 니체는 그런 자들이 도태되도록 도와주는 것이 인간 사랑의 첫 번째 명제가 된다고 했다.[125]

동정은 해악이지만, 모든 동정이 그런 것은 아니다. 건전하고 바람직한 동정도 있다. 역사적 반성에서 인류의 미래를 염려하면서, 왜소해지는 인간을 보면서 느끼는 고통이 그런 동정이다. 이 경우에는 동고라는 말이 더 적합할 것이다. 더없이 먼 곳에 있는 사람들과 고통을 함께하려는 것으로서, 그런 동정에는 불순한 동기나 계산 그리고 경멸이 없다. 이것이 니체가 말하는 한층 높은 차원의 동정이다.[126] 곧 동정에 맞선 동정이다. 니체는 동정심 있는 자라고 불리고 싶지는 않지만, 만약 자신이 그런 자여야 한다면 멀리서 동정을 느끼는 자가 되고자 한다고 했다.[127] 더없이 먼 곳에 있는 사람에 대한 사랑과 같은 맥락에서의 이야기다.

4. 자연은 도덕적 실체가 아니다

선과 악, 죄책, 양심, 의무는 말할 것도 없고 이웃 사랑과 동정 따위도 변변치 못한 무리 인간들이 생존을 위해 생각해낸 거짓 가치들에 불과하

---

125 KGW VI 3, 168쪽, *Der Antichrist*, 2 ; 니체전집 15, 216쪽, 《안티크리스트》, 2.
126 KGW VI 2, 166쪽, *Jenseits von Gut und Böse*, Siebentes Hauptstück : unsere Tugenden 225 ; 니체전집 14, 209쪽, 《선악의 저편》, 제7장 : 우리의 덕 225.
127 KGW VI 1, 109쪽, *Also sprach Zarathustra*, Zweiter Theil : Von den Mitleidigen ; 니체전집 13, 145~146쪽, 《차라투스트라는 이렇게 말했다》, 제2부 : 연민의 정이 깊은 자에 대하여.

다. 이들 거짓 가치의 그늘에서 인간은 지금까지 본성에 반하는 자학적 삶을 살아왔다. 그 결과 왜소해질 대로 왜소해진 채 병들어 신음하게 되었다. 이것이 오늘을 살고 있는 인간의 모습이다. 우리는 거짓 가치의 그늘에서 벗어나 건강하고 정직한 본연의 삶으로 돌아가야 한다. 그러려면 먼저 세상을 덮고 있는 도덕이라는 음습한 구름부터 걷어내야 한다. 다른 말로, 선과 악이라는 거짓 가치를 파기하고 녹을 벗겨내듯 이 세계로부터 죄책, 양심의 가책, 의무 따위를 벗겨내야 한다. 그 같은 거짓 가치들을 벗겨내는 순간 세계는 원래의 모습을 드러내게 될 것이다.

이 원래 모습의 세계가 우리에게 주어진 단 하나의 현실인 자연이다. 유일한 현실인 만큼 자연은 그 존재를 설명해주고 도덕적으로 마름질할 그 어떤 권위도 따로 두고 있지 않다. 그 자체가 자신의 존재에 대한 설명이자 가치의 근원이기 때문이다. 이 부분에서 우리는 스피노자의 자연을 떠올리게 된다.

스피노자에게 있어 자연은 그 자신에 있어 존재하며 그 자체로부터 이해되는 영원하고 무한한 실체다. 실체인 한, 자연은 자기 원인일 수밖에 없다. 즉 다른 어떤 것에 의해 창조된 창조물일 수가 없다. 따라서 그 어떤 창조 목적도 그것에 내재해 있을 수 없다. 원인과 결과라는 내적 절대 필연성이 존재할 뿐이다. 우연은 물론 도덕적 판단의 근거가 되는 의지의 자유 또한 있을 수 없다. 그러니 도덕이 개입할 여지가 전혀 없다.

자연은 도덕적 실체가 아니다. 선하지도 악하지도 않다. 자연악이라는 것이 있다. 화산과 해일 등 자연이 가해자가 되고 인간이 피해자가 되는 재해를 말한다. 그러나 그것도 피해 당사자인 인간의 관점에서 볼 때의 얘기지, 화산이든 해일이든 자연 현상일 뿐, 거기에 도덕적 의도가 있는 것은 아니다. 자연은 악의도 선의도 갖고 있지 않다.

인간은 그런 자연을 이해관계에 따라 해석하고 평가해왔다. 비가 내리면 비로 이득을 보는 우산 장수는 고마워한다. 반대로 손해를 보는 나막신 장수는 원망스러워한다. 또 같은 비인데도 해갈을 기다리는 농부에게는 반가운 단비가 되고 가을걷이를 앞둔 농부에게는 몹쓸 비가 된다. 그러나 비는 자연 현상의 하나로서 그 자체를 놓고 보면 고마울 것도 원망스러울 것도 없고, 반가울 것도 몹쓸 것도 없다.

내적 절대 필연성을 원리로 한 스피노자의 자연관은 근대 기계론적 자연관의 전형이다. 그 같은 자연에는 인과 법칙을 금과옥조로 여기는 물리학이 있을 뿐 당위의 학문인 윤리학은 있을 수 없다. 그런 스피노자가 주저로 내놓은 것이 《윤리학Ethica》이다. 역설이 아닌가? 그렇지 않다. 그가 이해한 윤리학이 달랐을 뿐이다. 우리는 기쁨을 추구한다. 관능적 쾌락도 그런 기쁨의 하나다. 그러나 그 같은 쾌락에서 오는 기쁨은 일시적이다. 잃게 되면 오히려 슬픔에 빠지게 되는 덧없는 기쁨이다. 예서 우리는 영속적인 기쁨을 찾게 된다. 그리고 영원하고 무한한 것에 대한 정관(靜觀)에서 그 기쁨을 얻게 된다. 이를 위해 우리가 해야 할 일은 영원하고 무한한 것을 통찰하고 그것을 어떻게 추구할 것인지 그 방법을 모색하는 일이다. 이때 우리로 하여금 영원하고 무한한 것에 눈뜨게 하는 한편 그것에 이르는 길을 제시하는 것을 소임으로 하는 것이 스피노자가 말하는 윤리학이다. 이처럼 영원하고 무한한 것, 그것을 통찰하는 것, 그리고 그것에서 얻게 되는 기쁨, 여기서 그의 윤리학은 우리가 형이상학, 심리학, 인식론이라 부르는 영역 모두를 포함하게 된다.

실체에게는 그것으로 하여금 바로 그것이게끔 하는 것, 곧 본질이 있다. 그리고 변용된다. 이때 본질을 구성하는 것이 속성이고 실체의 변용이 양태다. 양태는 다른 무엇에 의존해 있으며 그 무엇을 통해 이해되는 것으로서 자연 속에 있는 것 모두가 양태다. 스피노자는 이 양태에 데카르트가 실체로 본 물체와 정신도 포함시켰다.

　실체와 달리 양태는 생멸한다. 그런 양태가 추구하는 것이 있다. 자기 보존이다. 양태들은 같은 것, 곧 자기 보존을 추구하는 다른 양태들과 부딪치게 되며, 그 과정에서 적극적으로 다른 양태들에 작용을 하기도 하고 소극적으로 다른 양태들로부터 작용을 받기도 한다. 그리고 그 과정에서 자기 보존에 대한 욕구가 충족되기도 하고 충족되지 않기도 한다. 충족될 때 느끼게 되는 것이 기쁨이요 충족되지 않을 때 느끼게 되는 것이 좌절로 인한 슬픔이다. 이들 기쁨과 슬픔을 달리 부를 수 없을까. 스피노자는 이 경우 선과 악Übel이라는 술어를 사용해도 된다고 했다.

　기쁨과 슬픔을 가져오는 것에 우리 몸에 좋은 익초(益草)와 우리 몸에 나쁜 해초가 있다. 익초는 강장의 효험이 있지만 해초는 몸을 상하게 할 위험이 있다. 음악도 마찬가지여서 기운을 끌어올려 쾌활하게 하는 음악이 있는가 하면 기운을 끌어내려 침울하게 하는 음악도 있다. 풀이 어떤 성분을 갖고 있든 음악이 어떤 효과를 갖고 있든 그것은 풀의 존재 방식이고 음악의 기능일 뿐이어서 그 자체로는 선할 것도 악할 것도 없지만, 분명 양태의 세계에는 이처럼 우리에게 이로운 것이 있고 해로운 것이 있다.

　이렇게 되면 선과 악을 판별하는 주체는 이해 당사자인 인간이고, 판별의 기준이 되는 것은 판별 대상이 득이 되어 기쁨을 주는가, 해가 되어 슬픔을 주는가 그 여부다. 그리고 그 여부를 결정하는 것은 유용성이다. 스피노자는 이 유용성의 원리에 따라, 우리에게 유용한 것은 선이 되고 유용한 것의 소유나 향유를 방해하는 것은 악이 된다고 했다.[128] 그리고 다시 기쁨과 슬픔의 문제로 돌아와, 선과 악에 대한 지식은 결국 우리가

의식하는 한에 있어서의 기쁨과 슬픔이라는 감정 외에 아무것도 아니라고 했다.[129]

니체에게 스피노자는 남다른 철학자였다. 니체는 자신의 외로운 편력에서 논의 상대, 자신에게 시시비비를 들려주고 가려줄 상대로서 기대한 네 쌍의 철학자가 있다고 했다. 이 네 쌍의 철학자들이 바로 에피쿠로스와 몽테뉴, 괴테와 스피노자, 플라톤과 루소, 파스칼과 쇼펜하우어였다.[130] 그는 일찍부터 스피노자를 알고 있었다. 그러나 철학자라면 누구나 아는 정도에서 크게 벗어나는 수준은 아니었다. 그러다가 1880년대 들어 스피노자를 재발견하게 되면서 그는 스피노자의 사상을 보다 심도 있게 천착할 기회를 맞았다. 1881년 7월, 그는 바젤 시절 동료였던 그곳 신학 교수 오버베크에게 피셔가 쓴 "스피노자 책"을 보내줄 것을 부탁했다. 그리고 같은 달 30일에 오버베크에게 보낸 편지에서 스피노자를 읽으며 느낀 놀라움과 감동을 전하면서 지금껏 스피노자를 제대로 안 것이 아니었다고 토로하고는, 자신이 지금 스피노자를 갈망하는 것은 일종의 본능적 행위가 된다고 썼다. 덧붙여 스피노자의 전체 경향이 자신의 그것과 같다고 밝히고는 그의 핵심 가르침, 이를테면 의지의 자유에 대한 부정, 목적에 대한 부정, 도덕적 세계 질서에 대한 부정, 비이기적인 것에 대한 부정, 그리고 악에 대한 부정에서 자기 자신을 발견하게 된다고까지 했다.

---

128 Spinoza, *Ethics*, J. Gutmann (ed.)(New York : Hafner Press, 1949), 190쪽, Part Four : Definition I, II.

129 같은 책, 195쪽, Proposition VIII.

130 KGW IV 3, 170쪽, *Menschliches, Allzumenschliches II*, 1. Vermischte Meinungen und Sprüche 408 ; 니체전집 8, 214쪽, 《인간적인 너무나 인간적인 II》, 제1장 : 혼합된 의견과 잠언들 408.

선대 철학자들에 대해 대체로 비판적이었던 니체로서는 예사롭지 않은 고백이다. 니체는 이후 거듭 특정 철학자들을 자신의 사상적 조상으로 기리게 되는데 그럴 때마다 거기에 스피노자를 포함시켰다. 이를테면 플라톤, 파스칼, 괴테와 함께 스피노자를 이야기할 때 자신의 혈관 속에 그들의 피가 흐르고 있음을 발견하게 된다고 했으며,[131] 스피노자가 헤라클레이토스, 엠페도클레스, 괴테와 함께 자신의 사상적 선조가 된다고도 했다.[132]

니체도 의지의 자유를 인정하지 않았다. 힘이라는 구체적 지향을 갖고 있는 의지의 세계에 그 같은 자유는 있을 수 없다고 본 것이다. 우주 운동을 영원한 회귀 운동으로 받아들이면서 그는 목적론도 부정하게 되었다. 회귀 운동에 목적이 따로 있을 수 없기 때문이다. 게다가 그는 세계에 대한 도덕적 해석도 거부했다. 그와 함께 비이기적인 것과 악 자체의 존재도 거부했다.

그러나 니체의 스피노자 수용은 여기까지다. 그는 자신과 스피노자 사이에 놓인 사상적 차이도 분명히 알고 있었다. 그는 오버베크에게 보낸 같은 편지에서 그 차이는 엄청난 것으로서 시대와 문화와 학문의 차이에서 기인한다고 했다. 그가 그 차이를 따로 설명하지는 않았지만, 그의 철학이 이미 그것을 설명해주고 있었다. 그는 무엇보다도 스피노자 사상의 토대인 기계론을 받아들일 수 없었다. 인과 법칙을 인정하지 않은 그로서는 자연스러운 일이었다. 스피노자의 자기 보존에 대한 희구라는 것도 받아들일 수 없었다. 물론 스피노자에게 있어 자기 보존은 쇼펜하우

---

131 KGW V 2, 483쪽, 12(52) ; 니체전집 12, 602쪽, 12(52).
132 KGW VII 2, 130쪽, 25(454) ; 니체전집 17, 174쪽, 25(454).

어의 생존 의지나 다윈의 생존을 위한 투쟁과는 다르다. 생존 의지는 죽음을 앞에 둔 상태에서 허무를 뛰어넘으려 할 때 발동하는 것으로서 소극적 의지다. 생존을 위한 투쟁 역시 적대 관계에 있는 개체나 환경과 벌이게 되는 것으로서 공격적이기는 하지만, 생존을 목표로 한다는 점에서는 그 또한 소극적인 분투에 불과하다. 이에 반해 스피노자가 말한 자기 보존은 자신의 상태를 유지하면서 발전하려는 것으로서 보다 적극적이고 긍정적이다. 그렇기는 하나 니체는 자기 보존이란 것 자체를 거부했다. 그것을 존재의 본질인 힘에의 의지에 반하는 것으로 보았기 때문이다. 차이는 또 있다. 스피노자는 자연 자체는 도덕적인 것이 아니지만 양태의 세계에서는 선과 악이라는 도덕적 술어를 쓸 수 있다고 했지만 니체는 보다 철저해서, 자연 자체는 말할 것도 없고, 스피노자가 양태의 세계로 본 개개 사물의 세계 어디에도 선과 악이라고 부를 만한 것은 존재하지 않으니 그 같은 도덕적 술어를 써서는 안 된다고 했다.

니체가 스피노자와 벌인 티격태격은 그의 자연관 해명에 좋은 길잡이가 된다. 스피노자의 영향과 그 정도를 떠나, 그가 스피노자에게 동감한 것과 반발한 것을 통해 그의 자연 이해가 선명하게 드러난다는 점에서 그렇다. 니체의 자연 이해의 골자는 자연은 도덕적 실체가 아니라는 것, 자연은 선과 악 저편의 실체로서 선할 것도 악할 것도 없다는 것이다. "선악의 저편", 그것은 니체의 자연관을 함축적으로 표현한 말로서 그가 1880년대 중반에 낸 책에 붙인 표제이기도 하다.

/ 제4장 /

니힐리즘

1. 신의 죽음에서 오는 허무적 정황

신이 죽고 신의 잔재인 가치 체계가 붕괴되면서 인간은 생에 적대적인 이념과 가치에서 벗어나 해방의 기쁨을 맛보게 된다. 그러나 기쁨은 오래가지 않는다. 신의 죽음으로 인간 존재를 설명하고 그것에 의미를 부여할 절대 권위와 함께 삶을 정당화해줄 도덕적 기반이 무너지면서 그동안 삶을 지탱해온 뿌리가 함께 잘려 나갔기 때문이다. 이런 정황에서 인간은 새삼 나는 누구이며 왜 존재하는지, 어떤 삶을 살아야 하는지 묻지만 대답이 없다. 여기서 인간은 세계의 끝자락에서 심연의 공허를 응시하는 자신을 발견하고 전율하게 된다. 이것이 해방된 인간을 엄습하게 되는 허무적 정황, 곧 허무주의다.

앞에서 신의 죽음은 완결된 사건이 아니라고 했다. 긴 그림자를 남겨두고 있다고 했다. 그러나 신의 죽음은 거역할 수 없는 현실로 다가오고 있다. 온전히 감지되고 있지 못할 뿐, 허무주의의 도래를 알리는 징후가 이미 여기저기서 나타나고 있다. 니체는 섬뜩한 손님인 허무주의가 벌써 문 앞에 와 있다고 했다.[1] 허무주의가 빗장을 열고 들어와 우리를 덮치는 일만 남았는데, 그는 그 일을 두 세기 안에 일어날 일로 전망했다.[2]

---

1 KGW VIII 1, 123쪽, 2〔127〕(2) ; 니체전집 19, 154쪽, 2〔127〕(2).
2 KGW VIII 2, 431쪽, 11〔411〕2 ; 니체전집 22, 518쪽, 11〔411〕2.

허무주의가 문 앞에 와 있는데도 사람들은 그것도 모른 채 깊은 잠에 빠져 있다. 하나같이 신의 죽음을 전하는 설교자가 등장해 신은 더 이상 존재하지 않는다고 일깨우고 있지만 그 설교를 들을 귀가 없는 자들, 오히려 그 설교자를 알 수 없는 말을 지껄여대는 미치광이 정도로 취급하는 자들이다. 《즐거운 학문》에 그런 미친 사람 이야기가 나온다. 어느 날 밝은 오전, 디오게네스의 행색을 한 어떤 미친 사내가 장터에 나타난다. 사내는 이 시대 사람들의 눈에 미친 사람으로 비칠 니체 자신이다. 사내는 손에 등불을 들고 장터에 나가 사람들에게 신의 죽음을 전한다. 신을 잃은 세계는 암흑의 세계, 그래서 그는 대낮인데도 불을 켜야 했다. 그런 그를 장터 사람들은 실성한 인간으로 몰아 비웃어댄다. 그러자 절망한 사내는 야유 속에서 장터 사람들을 향해 이렇게 외친다.

태양으로부터 이 대지를 떼어낸 우리, 무슨 짓을 한 것이지? 대지는 지금 어디로 향하고 있는 것이지? 우리는 지금 어느 곳으로 향하고 있고? 모든 태양으로부터 떨어져 나가고 있는 지금? 우리 지금 추락하고 또 추락하고 있지 않은가? 뒤로, 옆으로, 앞으로, 사방팔방으로? 아직도 위가 있고 아래가 있는가? 우리 지금 광대무변한 공허 속에서 길을 잃은 채 헤매고 있지 않은가? 공허가 한숨을 내쉬고 있지 않은가? 한파가 몰아닥치고 있지 않은가? 밤이, 더욱 깊은 밤이 오고 있지 않은가? 정오를 앞에 둔 대낮인데도 등에 불을 켜야 하지 않는가?[3]

---

3 KGW V 2, 159쪽, *Die fröhliche Wissenschaft*, Drittes Buch : 125 ; 니체전집 12, 200쪽, 《즐거운 학문》, 제3부 : 125.

태양은 어둠을 밝혀주는 빛의 근원이자 온기의 근원이다. 주변 별들을 끌어당겨 일정한 거리를 유지하면서 선회하게 하는 힘의 구심체이기도 하다. 지금까지 이 태양이 빛과 온기로써 생명을 일으키고 생물체의 생장을 주관해왔으며 주변에 있는 것들이, 이를테면 별들이 궤도에서 이탈하지 않도록 잡아주어 왔다. 여기서는 신이 태양이다.

그 태양이 어느 날 종적 없이 사라졌다. 그러면서 깊디깊은 어둠이 엄습했고 얼음장 같은 한기가 우리 뼛속까지 파고들었다. 별 하나하나, 곧 인간 한 사람 한 사람을 잡아주고 있던 끈도 끊기고 말았다. 그러자 그 한 사람 한 사람은 줄이 끊겨 이리저리 튀어 나간 구슬처럼 방향을 잃고 흩어지게 되었다. 더 이상 위도 아래도, 앞도 뒤도 없다. 끝을 알 수 없는 어둠과 한기에 공허가 있을 뿐이다. 이것이 신의 죽음 뒤에 오는 허무적 정황이다.

2. 허무주의와 니힐리즘

허무주의는 독일어로 니힐리스무스Nihilismus다. 그리고 우리말 사전에는 흔히 니힐리즘으로 등재되어 있다. 일상에서 그렇게 부르기도 한다. 그러나 엄밀한 의미에서 우리가 말하는 허무주의와 니힐리즘은 하나가 아니다. 뿌리부터가 다르다. 니힐리즘은 원래 허무가 아니라 '거부'를 기치로 한 이념이자 운동이었다. 니체에게도 니힐리즘은 일차적으로 신적 질서의 거부를 의미했다. 그 같은 거부에는 허무적 정황이 뒤따르기도 한다. 실제 니힐리즘은 허무주의로 귀착된 역사를 갖고 있다. 이 때문에 허무주의와 니힐리즘 사이에 혼선이 생기게 되었다. 니힐리즘 말고 허무주의를 지칭하는 말이 서양에 따로 있고 우리가 그 둘을 분별해 받아들였다면 그런 혼선은 일어나지 않았을 것이다.

니체는 1880년대의 유고에서 니힐리즘을 의미와 가치 그리고 우리가 소망할 수 있는 것에 대한 극단의 거부로 정의했다.[4] 우리는 여기서 어떻게 그 같은 거부가 니힐리즘이 되는가 묻게 된다. 그 대답은 니힐리즘이라는 말에 있다. 니힐리즘에서 니힐nihil은 라틴어에서 유래한 명사로서 '무(無)', 즉 '없음nothing'이라는 뜻도 되지만 '결코 아니다'라는 뜻도 된다. 니힐리즘이란 말은 원래 두 번째 의미, 곧 '……이 아니다'라는 거부의 의미로 쓰인 말이었다. 아우구스티누스에게 있어서도 니힐리스트는 아무것도 믿지 않는 사람, 믿기를 거부하는 사람이었다.

이 니힐리즘을 우리나라에서는 흔히 허무주의로도 번역해왔다. 니힐이란 말에 동방적인 불교적 정서가 반영되어 공무(空無)나 무상 같은 허무의 의미로 한정되어 수용된 결과다. 니힐에 무라는 뜻도 있다고 했는데, 무는 사고의 대상이 되지 않는다는 한계가 있다. 그래서 서양 철학에서 무는 '존재하지 않는'이라는 뜻으로 소극적으로 정의되어왔다. 변화와 존재를 설명하는 과정에서였다. 이후 서양 철학에서는 무에 대한 예리한 의식에서 출발한 동방적 사유 전통과 달리 유가 우선이었고 무는 유를 설명할 수 있는 조건으로 사유되어왔다. 따라서 무가 적극적으로 천착되지 않았으며, 무를 바탕으로 한 허무의 감정 또한 상대적으로 친숙한 것이 못 되었다.

'……이 아니다'라는 것은 기존의 것에 대한 거부로서 일종의 반동이다. 그런 반동은 어느 시대 어느 곳에서나 있었기 때문에 새로울 것이 없

---

4 KGW VIII 1, 123쪽, 2(127) I. 1 ; 니체전집 19, 154쪽, 2(127) 1. 1.

지만, 그것이 니힐리즘이라 불리며 본격적으로 문제가 된 것은 근대에 들어와서의 일이다. 당시 주류를 이루고 있던 것은 이성에 대한 신뢰와 함께 그리스도교 신앙의 전통이었다. 그 가운데 특히 그리스도교 신앙이 독선으로 인해 곳곳에서 반발을 샀다. 그런 반발에 전통적 신의 존재를 인정하지 않는 무신론, 범신론, 유아론과 염세주의, 회의주의가 있었으며 유물론이 있었다. 주류에서는 이들 비주류의 반동을 기존 가치와 질서와 권위를 '거부하는 인간'으로 몰아 경계했다. 이 거부하는 인간들을 주류에서는 니힐리스트라고 불렀다. 그와 함께 등장한 것이 니힐리즘, 즉 니힐리스트들의 주장을 일컫는 말이었다.

근대에 들어 거부의 의미로 니힐리즘이란 말이 쓰이기 시작한 것은 야코비가 《피히테에게 보내는 공개 서한Sendschreiben an Fichte》에서 피히테의 무신론을 그렇게 부르면서부터였다. 피히테는 자아가 자신을 정립하고 그 짝으로서 비자아를 정립한다고 했다. 그렇게 되면 우주 역시 내가 나 자신으로부터 정립한 것에 불과하게 되며, 그와 함께 신의 역할은 소멸되고 모든 것은 자아의 표상으로 환원된다.

근대 니힐리즘의 역사는 이렇게 시작되었지만, 이들 반동은 하나의 전선을 형성하지 못한 채 서로 다른 시기에 서로 다른 방향에서 산발적으로 일어났기 때문에 잠재적 파괴력에도 불구하고 위협적인 것은 되지 못했다. 그 결과 니힐리스트들은 대체로 외곽으로 밀려나 있었고 니힐리즘 역시 크게 주목받지 못했다. 전세가 역전된 것은 19세기 러시아에서였다. 러시아 니힐리즘이라고 불리는 니힐리즘이 등장해 한 시대를 풍미하면서, '아니다'라는 투쟁 이념으로 전통 니힐리즘에 새로운 생명을 불어넣은 것이다. 이 니힐리즘은 기존 질서의 거부를 통해 허무의 감정을 일으키는 계기가 되기는 했지만 허무에 대한 의식에서 출발한 허무주의 운동은 아니었다.

허무에 대한 의식에서 출발한 허무주의가 등장해 주목받게 된 것은 니체 이후의 일이다. 니체가 그 시작이었다. 그러나 그때만 해도 그 여파는 그리 크지 않았다. 그러다가 세기말적 징후에 1차 세계대전의 참화가 더해지면서 허무에 대한 의식이 높아졌다. 그에 앞서 모습을 드러낸 염세주의도 허무에 대한 시대적 자각에 일조했다. 20세기 중반에 들어와서는 실존 철학이 가세하면서, 마침내 허무에 대한 의식이 하나의 사상적 흐름으로까지 발전하게 되었다. 그와 함께 허무주의를 의미하는 또 다른 니힐리즘이 서방 세계에 뿌리내리게 되었다.

이렇게 하여 두 개의 니힐리즘, 즉 '……이 아니다'라는 거부를 이념으로 한 니힐리즘과 '없다'(무)는 통찰을 바탕으로 한 니힐리즘이 존재하게 되었다. 학자들은 이들을 편의상 러시아 니힐리즘과 동방 니힐리즘이라고 불러왔다. 동방 니힐리즘을 유래에 따라 인도 니힐리즘이나 불교 니힐리즘이라 불러오기도 했다. 우주 니힐리즘이란 것도 있다. 우주적 공허를 직시하면서 갖게 되는 니힐리즘으로서 내용에서 동방 니힐리즘과 하나다. 근대 과학에 의해 전통 우주관이 붕괴되면서 깊어진 허무에 대한 의식도 이 니힐리즘에 포함된다.

문화사적 배경의 차이 때문이겠지만, 우리나라와 같은 불교 문화권에서는 니힐리즘 하면 불교적 의미의 동방 니힐리즘을 떠올리게 된다. 이와 달리 서양 전통에서는 니힐리즘 하면 거부를 이념으로 한 니힐리즘을 먼저 떠올리게 된다. 니힐리즘은 이렇듯 거부든 무(無)든 하나를 기조로 하는 것으로 받아들여지지만 이들의 관계가 배타적인 것은 아니다. 러시아 니힐리스트들처럼 거부 속에서 무를 체험하게 된 경우도 흔하고, 동방 니힐리스트들처럼 무에 대한 통찰에서 기존 질서를 거부하게 된 경우도 흔하다. 그런가 하면 거부와 무를 넘나들며 철학을 한 '니힐리스트'들도 있었다. 니체가 바로 그런 철학자였다.

니체는 신과 종래의 최고 가치를 거부했다. 그러면서 그 거부에 뒤따르는 허무적 정황을 깊이 있게 체험했다. 훗날에는 모든 것은 시작과 끝이 없이 영원히 회귀하도록 되어 있다는 통찰을 통해 그 정황을 다시 한번, 그리고 보다 심도 있게 체험하기도 했다. 그는 개념적 규정 없이 이 거부와 허무에 대한 통찰을 모두 니힐리즘이라고 불렀다. 여기서 의미상 혼란이 뒤따르게 되지만 니힐리즘이란 말이 쓰이는 연관을 고려해가며 읽는다면 크게 문제 될 것은 없다.

만약 이 두 니힐리즘을 분별해 부를 이름들이 있다면 의미상의 혼란을 처음부터 피할 수 있었을 것이다. 앞에서, 서양에는 허무주의를 지칭하는 말이 따로 없다고 했다. 이때 생각해보게 되는 것이 니힐리즘은 원래 그 의미로 써왔으니 니힐리즘으로 하고 허무를 근간으로 한 니힐리즘은 그 의미에 따라 허무주의라고 부르는 방법이다. 이것은 허무에 정통해 있고 그런 의미로 허무를 문제 삼아온 동방적 전통에서나 가능한 일이다. 이 가능성을 살려 니힐리즘과 허무주의를 분별해 쓴다면 두 니힐리즘 사이의 관계가, 그와 함께 니체가 그때그때 어떤 의미로 니힐리즘이라는 말을 썼는지가 보다 분명해질 것이다. 이것이 필자가 선택한 길이다.

그러면 니체는 거부와 공허를 어떻게 체험했으며, 어떻게 그 체험으로부터 그의 니힐리즘과 허무주의가 전개되었는가? 엄밀히 말해 이들이 시간적으로 선후 관계에 있었던 것은 아니지만 여기서는 니힐리즘이 먼저다. 니체 철학에서는 과거와의 결별이 앞서기 때문이다. 니힐리즘 가운데 니체와의 연관에서 주목하게 되는 것은 단연 당시 러시아에서 일어난 러시아 니힐리즘이다. 니체와 거부라는 정신을 공유했다는 점에서 그렇다.

3. 러시아 니힐리즘

차다예프가《철학 서한》이란 글을 통해 러시아는 유럽으로부터 떨어져 나와 고립되어 있고, 그 때문에 유럽을 중심으로 한 세계 문화에 기여하지 못했다고 주장한 1830년대 후반에, 러시아에서는 그 여부를 둘러싸고 이른바 서유럽주의자들과 슬라브주의자들이 날카롭게 대립하고 있었다. 바쿠닌과 게르첸 등 서유럽주의자들이 러시아는 여전히 유럽의 한 부분이고 그 때문에 유럽을 모델로 근대화의 길을 가야 한다고 주장한 데 반해 호먀코프를 정수리로 한 슬라브주의자들은 유럽 세계에 편입할 것이 아니라 오히려 슬라브적 전통으로 돌아가 러시아적 가치를 지켜야 할 것이라고 주장했다. 두 진영 사이의 논쟁이 한창이던 1850년대 후반에 와서는 러시아를 서유럽을 모델로 근대화시켜야 하겠지만 기존의 서유럽주의만으로는 현실의 난관을 타개할 수 없고 미래를 약속할 수 없기 때문에 이 기회에 공리주의, 실증주의와 유물론을 토대로 기존의 사회 질서와 삶의 방식을 근본적으로 바꾸어야 하며, 그러기 위해 먼저 기존의 가치와 제도를 총체적으로 거부해야 한다는 주장이 나왔다.

이 주장의 선두에 선 철학자가 체르니셉스키, 도브롤류보프, 피사레프 등, 흔히 말하는 '니힐리즘 사상가'들이었다. 이들의 주장은 다수의 진보적 청년들이 동조하면서 하나의 운동으로 발전했다. 서유럽주의자 바쿠닌도 이 대열에 합류했다. 청년들은 곧 행동에 나섰다. 그들은 신상(神

像) 파괴를 구실로 교회와 국가의 권위는 물론 가정의 권위까지 서슴지 않고 공격했다. 기존의 예술관과 자연관도 공격해 예술은 문화적 장식에 불과하며 자연 또한 신전이 아니라 작업장에 불과하다고 주장했다.

이 운동은 그 이념에서 볼 때 자생적인 것이 아니었다. 당시 대열에 합류한 젊은이들은 서부 유럽 사상가들의 영향을 받고 있었다. 누구보다도 포이어바흐, 뷔흐너, 콩트 그리고 다윈으로부터 많은 것을 받아들이고 있었다. 그러나 러시아 니힐리즘이 사상운동으로 전개된 것은 아니었다. 그것은 정치·사회적 변혁을 목표로 한 실천 운동이었다. 그 때문이었겠지만 이 운동에 참여한 사람들은 정교하고 체계적인 이론을 갖추는 일에는 마음을 쓰지 않았다.

이 대열의 젊은이들은 기성 질서에 대한 비판에서 신랄했고 거부에서 과격했다. 충동적이고 조야하기까지 했다. 게다가 냉소적인데다 투가 안하무인이어서 곳곳에서 기성세대와 마찰을 빚었다. 보다 많은 동조자들이 합류하면서 이 젊은이들은 하나의 세력을 형성하게 되었다. 그러자 그동안 거리를 두고 있었던 기성세대도 더 이상 이들을 두고 볼 수 없게 되었다. 기성세대는 그 나름의 경멸과 매도로 맞서, 이 젊은이들을 황제를 공격하는 혁명 분자, 테러리스트, 암살자로 내몰았다. 언론 매체까지 동원하게 되었는데, 이들 '건방진 아이들'을 부를 명칭이 필요했다. 그런 명칭에 '아무것도 인정하려 들지 않는 인간', 그러니까 니힐리스트 이상이 없었다. 이후 이 젊은이들은 니힐리스트로, 그리고 그들의 주장은 니힐리즘으로 불리게 되었다. 그 정신에서 볼 때 야코비가 피히테의 무신론을 가리켜 사용한 말 니힐리즘 그대로였다. 니힐리스트로 매도된 것은 이들 젊은이들이었지만 젊은이들은 그런 명칭을 마다하지 않았다. 오히려 그들 자신도 스스로를 그렇게 불러 차별화하면서 역으로 기성세대를 비웃어주었다.

정작 이 같은 의미로 러시아에서 니힐리즘이란 말을 처음 쓴 사람은 서유럽주의자이면서 니힐리즘 정신에 동조하고 있던 바쿠닌이었다. 파괴에 대한 열정을 창조에 대한 열정으로서 예찬한《독일에서의 반동》이라는 글에서였다. 이 글에서 그가 "변증법적 니힐리즘"이란 말을 쓴 것인데 이후 니힐리즘이라는 말은 나데즈딘을 통해 널리 알려지게 되었다.

니힐리즘의 의미가 보다 예리하게 규정된 것은 러시아 니힐리즘의 경전으로 꼽히는 투르게네프의 작품《아버지와 아들》에서였다. 이 작품에 바자로프라는 니힐리스트가 등장한다. 그는 친구 아르카디의 집을 방문해, 아버지 세대인 아르카디의 아버지와 큰아버지를 만나게 된다. 이 작품에서 아버지 세대는 인간을 신뢰하고 인간의 품격과 존엄성을 강조하는, 전통적이면서 그 나름의 심미적 안목을 지닌 세대로, 또한 아들 세대는 그런 추상적 가치와 예술적 안목을 비웃고 과학만이 전부라고 주장하는 새롭고 당돌한 세대로 나온다. 만나자마자 이 두 세대는 사사건건 부딪친다. 서로 못마땅해하더니 끝내 가시 돋친 말을 주고받는다. 특히 바자로프의 시건방진 태도가 거슬렸던 큰아버지가 마침내 조카 아르카디에게 바자로프의 정체를 묻는다. 그러자 아르카디가 대답한다. "저 친구 니힐리스트예요." 이에 큰아버지가 대꾸한다. "니힐리스트라면……라틴어 니힐에서 온 것이지. 그러니까 아무것도 인정하려 들지 않는 인간을 뜻하는 것일 테지?"[5]

이후 니힐리스트라는 말이 사람들의 입에 널리 오르내리게 되었으며

---

5 I. Turgenev, *Fathers and Sons*, R. Freeborn (trans.)(Oxford : Oxford University Press, 1998), 22쪽.

문학 작품에도 다양한 모습의 니힐리스트가 등장하게 되었다. 도스토옙스키의《카라마조프의 형제들》에 나오는 둘째 아들 이반 표도로비치가 또 다른 니힐리스트다. 그가 바자로프와 다른 점은 당시 러시아의 정치·사회 현실보다는 신의 문제에 더 집착하고 있었다는 것 정도가 될 것이다. 그의 주 관심사는 신이었다. 그는 끝내 신의 존재를 거부하고는, 신이 존재하지 않으니 무슨 짓을 하든 괜찮다고 반복해서 선언하기에 이른다. 나아가 그는 양심은 물론 선과 악 따위도 인정하지 않게 되며, 끝에 가서는 이 세계 자체를 거부하게 된다.

도스토옙스키에 이르러 러시아 니힐리즘은 변화를 맞게 되었다. 바자로프의 거부에는 해방에서 오는 희열과 열광이 따랐다. 바자로프 같은 니힐리스트들과 달리 도스토옙스키는 그 같은 희열과 열광을 넘어서 있었다. 그의 시야는 그 너머에 있는 허무에까지 이르고 있었다. 그리고 거기서 신은 존재하지 않으며 세계에 대한 그 어떤 도덕적 해석도 가능하지 않다는 극단의 허무를 체험하게 되었다. 그런 그에게서 우리는 신과 선악의 거부에서 출발해 우주적 공허에 대한 통찰로 나아간 니체의 행로를 보게 된다. 거부를 기치로 한 러시아 니힐리즘은 도스토옙스키와 함께 허무주의의 문턱에 서게 되었다. 그러나 그 문턱을 넘은 니힐리스트들은 많지 않았다.

러시아 니힐리즘이 서방 세계에 알려지기 시작한 것은 1860년대에 투르게네프의 소설《아버지와 아들》을 통해서였다. 전통 질서에 대한 회의 속에서 니힐의 정신이 광범위하게 움트고 있던 당시 서방 세계는 러시아로부터의 이 니힐리즘에 민감하게 반응했다. 러시아 니힐리스트들의 도발적 언행도 이야깃거리가 되어 사람들의 입에 오르내렸다. 신적 질서와 전래의 가치에 항거하고 있던 니체도 이 러시아 니힐리즘에 주목했다.

1870년대에 와서 그는 투르게네프의《아버지와 아들》과 도스토옙스키의 작품을 읽었으며, 러시아 니힐리즘의 이념가인 게르첸도 마이젠부크를 통해 간접적으로나마 알게 되었다. 학자들은 니체가 이들 중 누구보다도 투르게네프에게 깊은 영향을 받았다고 본다. 실제로, 신적 · 도덕적 전통은 물론 사회적 질서에까지 반발하는《아버지와 아들》의 바자로프는 인상에 남는 인물이었을 것이다.

그런가 하면 니체가 니힐리즘이란 말을 받아들인 것이 거의 확실한 투르게네프와 함께 도스토옙스키, 체르니솁스키, 바쿠닌, 크로포트킨, 게르첸을 그의 니힐리즘 현상에 대한 이해의 중요한 원천으로 드는 학자도 있다.[6] 이들 사상가와 작가들 가운데 니체가 각별하게 반응한 사람은 도스토옙스키였다. 니체는 정작 투르게네프에 대해서는 별 말이 없었지만 도스토옙스키에 대해서는 할 말이 많았다. 그에 대해 "내게 뭔가를 가르쳐준 유일한 심리학자다. 그는 내 생애에서 더없이 아름다운 행운에 속한다."[7]고까지 했다. 니체가 도스토옙스키를 알게 된 것은 1887년 초인데, 그에 앞서 니체는《차라투스트라는 이렇게 말했다》에서 "그 어느 것도 참되지 않다. 모든 것이 허용된다"[8]고 말한 바 있다. 이는 도스토옙스키의 이반 표도로비치가 한 "신은 존재하지 않는다. 무엇을 하든 상관없다"라는 말을 떠올리게 하는 말로서, 존재하지 않는 것이 참(진리)인지 신인지를 문제 삼지 않는다면 놀라운 일치가 아닐 수 없다.

---

6 M. A. Gillespie, "Nietzsche and the Anthropology of Nihilism", *Nietzsche-Studien*, Bd. 28, 142쪽.

7 KGW VI 3, 141쪽, *Götzen-Dämmerung*, Streifzüge eines Unzeitgemässen 45 ; 니체전집 15, 186쪽,《우상의 황혼》, 어느 반시대적 인간의 편력 45.

8 KGW VI 1, 336쪽, *Also sprach Zarathustra*, Vierter und letzter Theil : Der Schatten ; 니체전집 13, 449쪽,《차라투스트라는 이렇게 말했다》, 제4부 및 최종부 : 그림자.

니체는 러시아 니힐리즘에 대해서도 여러 차례 언급했다. 예외가 없는 것은 아니지만 대체로 우호적인 언급들이었다. 1880년 여름에 그는 "저들 니힐리스트들은 쇼펜하우어를 철학자로 모셨다. 급진적인 활동가 모두는 자신들의 의지로는 어쩔 수 없는 것으로 인식되면 세계를 산산조각 내고자 한다(보탄)"[9]고 쓴 바 있다. 여기서 니힐리스트는 러시아 니힐리스트를 가리킨다. 그런가 하면 같은 시기에 그는 "러시아 니힐리스트들이 러시아 관리보다 더 도덕적이지 못한 것이 아닌가 묻는다면 사람들은 일반적으로 러시아 니힐리스트 편을 들게 된다"[10]라고 했고, 한 해 뒤에는 다시 러시아 니힐리즘으로 돌아와 "순교까지 감수하는 불신에 대한 신앙"을 이야기하면서 그것을 "페테르부르크 풍의 니힐리즘"이라고 부르기도 했다.[11]

불신에 대한 신념은 니체에게 있어 최고로 고양된 정신의 표현이었다. 그는 니힐리스트를 정의해 "있는 그대로의 현실 세계에 대해서는 그런 세계는 존재해서 안 되며, 존재해야 할 세계는 존재하지 않는다고 판단하는 사람"이라고 했다.[12] 신의 죽음을 선언하고 종래의 최고 가치를 거부했다는 점에서 니체야말로 러시아적 시각에서 보더라도 철두철미한 니힐리스트였다. 만약 그쪽에서 니체의 그 같은 선언과 거부를 알았더라면 그 거부 정신에 환호했을 것이다. 그러나 그 무렵 니체는 러시아에 거의 알려져 있지 않았다.

---

9 KGW V 1, 455쪽, 4[103] ; 니체전집 11, 164쪽, 4[103].
10 같은 책, 457~458쪽, 4[108] ; 같은 책, 166쪽, 4[108].
11 KGW V 2, 264쪽, *Die fröhliche Wissenschaft*, Fünftes Buch : Wir Furchtlosen 347 ; 니체전집 12, 330쪽, 《즐거운 학문》, 제5부 : 우리들 두려움을 모르는 자들 347.
12 KGW VIII 2, 30쪽, 9[60] (46) ; 니체전집 22, 41쪽, 9[60] (46).

러시아 니힐리즘의 등장은 인상적인 것이었다. 그러나 러시아 니힐리즘은 심도 있는 사상적 검토와 여과 과정을 거치지 않아 매사 공격적이고 충동적이었을 뿐 내부를 결속할 이념적 토대를 다지지 못한데다 자체 추동력도 갖고 있지 못했기 때문에 처음부터 앞길이 불투명했다. 그러다가 핵심 인물들이 정치적 이유로 추방되고 일부가 바쿠닌주의에 합류하면서 급격히 세를 잃었다. 거부하는 일에 매달린 나머지 온건한 자유주의자들에게도 외면당했다. 한 시대를 풍미했다지만 러시아 니힐리즘은 말 그대로 한 세대를 넘기지 못했고, 러시아 국경을 제대로 넘어보지도 못한 채 빈사 상태에 들고 말았다. 미래에 대한 프로그램을 구축하기 전에 거부하는 일로 시간을 다 보내고 만 탓이다.

니체는 러시아 니힐리즘의 명멸을 지켜보았다. 발병을 2년 가까이 앞둔 1887년 3월 24일에 그는 오버베크에게 자신이 다양한 급진주의자들로부터 놀랄 만한 인정을 받고 있다고 쓰면서 그런 급진주의자로 사회주의자, 니힐리스트, 반유대주의자 등을 들었다. 어수선한 내용이지만 러시아 니힐리즘에 대한 그의 기억과 관심을 다시 한 번 확인시켜주는 대목이다.

니체는 러시아 니힐리즘에 고무되었다. 그러나 러시아 니힐리즘을 있는 그대로 받아들이지는 않았다. 그는 러시아 니힐리스트들이 사상적 원천으로 삼았던 실증주의, 공리주의, 유물론에 대해 비판적이었다. 과학을 전적으로 신뢰하지도 않았다. 거기에다 추구한 이상이 달랐다. 러시아 니힐리스트들에게 니힐리즘은 행동 강령이자 투쟁 표어로서 그 자체로 광명한 미래에 대한 약속이었다. 그러나 니체에게 니힐리즘은 역사 진행의 한 단계로서 극복의 대상이었다. 시야도 달랐다. 정치·사회 질서의 개혁을 목표로 현실에 집착한 러시아 니힐리스트들의 경우 19세기 러시아로 활동 범위가 한정되어 있었다. 그와 달리 니체는 2,500년에 이르는 유럽의 전 지적 전통과 미래를 시야에 두고 니힐리즘의 도래와 극복을 문제 삼았다.

니체에게 니힐리즘은 이렇듯 처음부터 유럽적 현상이었다. 그리고 그 정신은 거부였다. 그러나 그 거부는 거부로 끝나지 않았다. 거기에는 허무가 뒤따랐다. 유럽 니힐리즘은 이미 내면에 깊은 허무를 배태하고 있었다. 니체는 이 허무를 피할 수 없는 현실로 받아들였다. 그에게는 이제 허무가 문제였다. 여기서 그는 거부를 넘어 허무의 세계로 진입하게 되었고, 그와 함께 그의 니힐리즘은 허무주의의 성격을 띠게 되었다.

4. 유럽 니힐리즘—허무주의

니힐리즘을 극단의 '거부'로 정의한 바 있는 니체는 다른 한편으로는 니힐리즘을 최고의 가치가 그 가치를 잃어 무가치한 것이 되면서 추구해야 할 목표가 상실된 상태, '왜?' 하고 묻지만 대답이 없는 상태로 정의했다.[13] 여기서 그의 니힐리즘은 허무주의가 된다. 지금까지 삶을 떠받쳐온 최고 가치가 그 가치를 잃고 그와 함께 추구해야 할 목표가 상실되는 순간 우리는 바닥을 알 수 없는 깊은 공허에 빠지게 된다. 무슨 일을 하든 무의미하고 헛될 뿐이라는 철학적 통찰의 귀결로서 이 경지에 이른 사람을 니체는 철학적 허무주의자라 불렀다.[14]

---

13 같은 책, 14쪽, 9[35] (27) ; 같은 책, 22쪽, 9[35] (27).
14 같은 책, 287쪽, 11[97] (349) ; 341쪽, 11[97] (349).

허무주의에서 문제가 되는 것은 단연 모든 것이 무의미하고 공허하다는 허무의 감정이다. 그 같은 감정은 일종의 심리적 정황이다. 그러면 우리는 언제 그 같은 정황에 빠지게 되는가? 니체는 세 경우를 들었다. 이 세 경우로부터 우리는 니체가 말하는 허무의 감정이 어떤 것인가를 밝혀낼 수 있으며, 그 감정으로부터 그의 허무주의의 전체 성격을 밝혀낼 수 있다.

첫째, 주변에서 일어나는 일들을 보면서 거기에 어떤 의미가 있는 것이 아닐까, 그 의미를 찾아보지만 그런 것은 존재하지 않는다는 것을 터득하고 낙담하게 될 때, 오랫동안 쓸데없이 기력을 낭비해왔을 뿐이라는 의식과 함께 모든 것이 헛될 뿐이라는 데서 오는 비탄과 불확실성, 너무 오래 자신을 속여왔다는 데서 오는 수치심이 있을 뿐, 원래 상태로 회복하거나 위안받을 길을 좀처럼 찾을 수 없다는 것을 깨닫게 될 때다. 나아가 세계 생성에는 성취되어야 할 목표가 있어야 하는데 그런 것이 없다는 데서 오는 절망, 인간은 더 이상 세계 생성의 동참자가 아니며 세계의 중심은 더더욱 아니라는 점에 눈뜰 때다.

둘째, 일어나고 있는 일들을 하나의 전체, 하나의 체계, 그리고 하나의 조직으로 묶어보려 하고, 자신에게 존재할 가치가 있다는 것을 믿을 수 있기 위해 최고 지배와 통치 형태를 갈망해보지만 그런 것들 역시 존재하지 않는다는 것을 통찰하게 되면서 자신의 가치에 대한 신뢰를 잃을 때다. 즉 우리 자신의 존재를 포함해 모든 존재의 존재를 설명해줄 최고 권위나 원리를 찾아보지만 그런 것이 없다는 사실을 깨달으면서 좌절할 때다.

셋째, 이상의 두 통찰에서 현실적으로 일어나고 있는 사건들을 가상에 불과한 것으로서 심판하게 되고, 저편의 참된 세계를 생각해내어 그리로 탈주하는 것 말고는 무의미한 이 가상의 세계에서 벗어날 길이 없다고 믿어 저편의 참되다는 세계에 매달려보지만 그런 세계 또한 심리적 요구의 산물일 뿐 실제 존재하는 것이 아니고, 인간에게는 그런 세계를 꾸며낼 권리가 없다는 것을 끝내 받아들이지 않을 수 없게 될 때다. 즉 모든 것이 공허하다는 절망에서 자포자기 상태에 들 때다.[15]

무의미와 목표 상실, 그것에 수반된 불확실성과 비탄, 존재를 설명할 길이 없는 상태에서의 자기 신뢰 상실, 이 세상 어디에도 그 같은 공허에서 벗어날 길은 물론 위안받을 길도 없다는 절망 상태, 이것이 니체가 말하는 심리적 정황으로서의 허무주의다. 이 정황은 신의 죽음으로써 존재의 의미에 균열이 가기 시작하고 시간이 흐르면서 그 골이 깊어가는 오늘날, 세계 존재를 설명하고 거기에 의미를 부여할 최고 권위가 사라져 모든 것이 무의미하고 무가치하다는, 우리 자신의 존재조차 무의미하고 무가치한 것이 되고 말았다는 낙담과 체념이 고개를 들고 있는 오늘날 더 이상 낯설지 않다. 거역할 수 없는 현실이 되고 있는 것이 그것이다.

그 같은 현실을 앞에 두고 니체는 자신의 시대가 허무주의로 치닫고 있다고 했다. 즉, "우리의 유럽 문화 전체가 오래전부터 쌓여온 긴장의 고통 속에서 파국을 향해 나아가고 있다. 안절부절못한 채 난폭하게 허둥대며 더 이상 깊이 생각하지 않고, 깊이 생각하기를 두려워하는, 그러면서 종말을 향해 돌진하는 폭풍과도 같이"[16]라고 했다. 허무주의는 이렇듯 현실이 되고 있고, 이미 문 앞에 와 있기까지 하다. 사람들이 그 정황을 제대로 읽어내고 있지 못할 뿐이다.

---

15 같은 책, 288~290쪽, 11[99] (351) 1 ; 같은 책, 342~344쪽, 11[99] (351) 1.
16 같은 책, 431쪽, 11[411] Vorrede 2 ; 같은 책, 518쪽, 11[411] 서론 2.

허무주의로 치닫는 시대의 한복판에서 니체는 허무주의를 비켜 갈 수 없는 현실로 받아들였다. 그는 곳곳에서 허무주의의 징후를 감지했다. 그에게 허무주의는 더 이상 특정 개인의 철학적 통찰의 문제도 아니고 철학에서만의 문제도 아니었다. 인간 모두의, 그리고 삶 전체의 문제였다. 서양 역사가 배태해온, 때가 되어 모습을 드러내게 된 니체 시대의 총체적 현상이기도 했다. 강물이 해동하면서 얼음이 깨지듯 여기저기서 균열의 파열음이 들려왔다. 종교와 철학은 말할 것도 없고 어디 하나 온전한 데가 없었다. 니체는 그렇게 된 사정 하나하나를 주목해보았다. 그러자 그의 시야에 허무적 현상들, 이를테면 그리스도교의 몰락을 시작으로 도덕에 대한 회의, 학문 일반과 철학의 입지 상실, 자연과학에 의한 전통 세계관의 붕괴, 평등 이념에 의해 힘의 질서가 와해되면서 가시화된 정치·경제 분야에서의 하강 기조, 역사와 실천적 역사가인 로만주의자들의 등장과 예술에서의 비독창성, 예술과 허무주의의 채비 등이 들어왔다.[17] 니체는 같은 시기에 허무주의의 문제를 주제로 한 글을 구상하게 되는데 그 기회에 다시 한 번 이 문제로 돌아와 허무주의가 등장하게 된 현실을 다시 확인하게 된다.[18]

먼저 그리스도교의 몰락이다. 신의 죽음으로 표현되는 그리스도교의 몰락은 그동안의 삶의 기반을 무너뜨린 유례없는 사건이었다. 니체는 종교에 대해 대체로 부정적이었다. 현실 거부적이라는 이유에서였다. 그는 종교를 인류 초기 단계의 미숙한 지성의 산물로 간주했다.[19] 또 다른

---

17 KGW VIII 1, 123~125쪽, 2[127] (2) ; 니체전집 19, 154~156쪽, 2[127] (2).
18 같은 책, 127~129쪽, 2[131] ; 같은 책, 159~160쪽, 2[131].
19 KGW V 1, 80~81쪽, *Morgenröthe*, Erstes Buch : 91 ; 니체전집 10, 101쪽,《아침놀》, 제1권 : 91.

세계에 대한 믿음도 마찬가지여서 그것 역시 특정 자연 현상에 대해 당시 인간이 범한 해석상의 오류, 즉 지성의 낭패에 불과한 것으로 간주했다.[20]

종교라고 해서 모두가 저편의 또 다른 세계에 대한 신앙에서 현실 세계를 부정해온 것은 아니다. 나름대로 현실 세계를 긍정해온 종교들도 있다. 니체는 이러한 종교들을 분별해 종교를 "부정하는 종교"와 "긍정하는 종교"로 나누었다.[21] 이런 종교들은 아리아족에게도 있고 셈족에게도 있다. 부정하는 종교로 아리아족에게는 불교가 있고 셈족에게는 신약성서의 그리스도교가 있다. 부정으로 일관하는 이 두 종교, 즉 공무(空無)에 대한 통찰을 우선하는 불교와 현세의 삶의 무의미함을 일깨우고 내세에서의 영생이라는 공허한 목표를 추구하도록 사주해온 그리스도교 또한 근본에서는 허무주의적이다.

긍정하는 종교로 아리아족에게는 《마누 법전》을 뿌리로 한 종교가 있으며 셈족에게는 마호메트의 율법서와 구약성서 앞부분의 유대교가 있다.[22] 니체는 이들 긍정하는 종교를 부정하는 종교 위에 놓았다. 긍정하는 종교의 우월성을 강조해 《마누 법전》에 나오는 인도의 도덕을 특정 인종이나 종족의 사육이라는 역사적 소명에서 더없이 위대한 모범을 보여주는 것의 하나로 기렸으며[23], 어떤 민족이 그 같은 법전을 제정하여 내세운다면, 그것은 그 민족에게 지배자가 되려는, 완벽해지려는, 그러

---

20 KGW V 2, 173쪽, *Die fröhliche Wissenschaft*, Drittes Buch : 151 ; 니체전집 12, 217쪽, 《즐거운 학문》, 제3부 : 151.
21 KGW VIII 3, 172~173쪽, 14〔195〕; 니체전집 21, 216쪽, 14〔195〕.
22 같은 책, 같은 곳 ; 같은 책, 같은 곳.
23 KGW VI 3, 94쪽, *Götzen-Dämmerung*, Die "Verbesserer" der Menschheit 3 ; 니체전집 15, 127쪽, 《우상의 황혼》, 인류를 '개선하는 자들' 3.

제4장 니힐리즘 **245**

니까 생의 최고 경지에 이르려는 야망을 품을 권리가 있음을 승인하는 것이 된다고 높이 평가했다.[24] 마호메트에 대한 평가에서도 긍정적이어서, 그는 역사상 누구보다도 행동에 굶주린, 자기 자신 속에 머무를 수 없어 행동에 나서지 않을 수 없었던 네 명의 위인을 열거하면서 거기에 알렉산드로스 대왕, 카이사르, 나폴레옹과 함께 마호메트를 포함시켰다. 간질을 앓았다는 점에서도 그들은 같았다고 했다.[25] 알렉산드로스 대왕, 카이사르, 나폴레옹은 힘에의 의지의 화신으로서 니체가 평생 최고 유형의 인간으로 꼽았던 영웅들이다. 그는 이슬람교를 그리스도교의 감상이나 기만을 깊이 경멸하는 남성의 종교로 평가하고는, 이슬람교는 그리스도교를 여성의 종교로 폄훼할 것이라고도 했다.[26]

유대인의 증오와 복수심에서 선과 악이라는 도덕적 가치가 자랐고, 그것이 그리스도교를 통해 로마인의 자연적 가치를 제압하면서 생에 적대적인 도덕이 만연하게 되었다는 그의 거듭된 비판에 비추어 볼 때 다소 의아한 일이지만, 니체는 사랑과 동정을 강조한 신약성서와 달리 복수와 응징으로 점철되어 있는 앞부분의 구약성서에 대해 호감을 갖고 있었다. 그러나 유럽을 지배해온 것은 구약성서를 경전으로 한 유대교가 아니었다. 셈족의 부정하는 종교인 그리스도교였다. 그런 그리스도교가 붕괴하기 시작한 것이다.

다음은 도덕의 붕괴다. 이때의 도덕은 초월적 신앙이나 이념을 원천으로 하여 그동안 인간 위에 군림해온 규범 체계를 가리킨다. 도덕의 위력

---

24 같은 책, 240쪽, *Der Antichrist*, 57 ; 같은 책, 304쪽, 《안티크리스트》, 57.

25 KGW V 1, 324쪽, *Morgenröthe*, Fünftes Buch : 549 ; 니체전집 10, 408쪽, 《아침놀》, 제5권 : 549.

26 KGW VIII 3, 156~157쪽, 14〔180〕 ; 니체전집 21, 197쪽, 14〔180〕.

은 처음부터 대단했다. 그 어떤 도전도 용인되지 않을 만큼 절대적이기까지 했다. 그러던 도덕이 신의 죽음과 함께 가뭄에 저수지가 바닥을 드러내듯 허구를 드러내고 말았다. 도덕은 그렇게 무너졌고 그와 더불어 가치를 보증해줄 천상의 권위와 함께 무엇이 선이고 악인지, 옳고 그른지를 가늠할 척도도 사라져버렸다. 그러면서 인간은 세상에서 자신만이 도덕적 존재라는 자부심에 돌이킬 수 없는 상처를 입은 채 가치의 무정부 상태에 빠졌다. 도덕적 세계 해석의 붕괴, 그 끝은 무엇을 하든 달라질 것이 없다는 허무주의다.

그다음은 학문 일반과 철학의 기반 상실이다. 역시 신의 죽음의 여파다. 그리스도교 등장 이후 유럽 역사는 그리스도교 역사였다. 철학도 그 지배 아래 들었다. 교회는 신학을 앞세워 철학을 시녀로 삼아 관리했으며 검열도 마다하지 않았다. 그러다가 철학은 보다 다양한 학문 분야로 세분되기에 이르는데, 세분 이후에도 진리와 지식의 본질의 탐구라는 일반 학문과 철학의 기본 가치는 도덕적 가치에 근거할 수밖에 없었다. 그러던 학문과 철학이 도덕의 붕괴로 치명적인 타격을 받게 된 것이다.

거기에다 근대 이성의 시대에 들어와 신앙에 대한 이성의 우위가 확립되면서 인간은 이성에 대한 신뢰와 함께 자기 확신을 갖게 되었고, 지금까지와는 전혀 다른 눈으로 세계를 보게 되었다. 이후 이성은 최고 권위로서 시시비비를 가릴 최종 척도가 되었으며, 그와 더불어 그때까지의 인간이 해온 가치 평가 전반을 재심하게 되었다. 그런 이성 앞에서 그리스도교 교의는 핵심에서부터 흔들리게 되었다. 그와 함께 그때까지 학문과 철학을 떠받쳐온 절대 기반도 흔들리게 되었다. 그 어떤 것도 진리와 확실한 지식에 대해 말해주지 못했다. 모든 것이 의심스러워졌다.

그다음은 자연과학의 진보에 의한 전통 세계관의 붕괴다. 붕괴를 주도

한 것은 코페르니쿠스와 다윈, 곧 지동설과 진화론이었다. 지동설이 나오기까지 태양계의 운동에 대한 정론은 프톨레마이오스의 천동설이었다. 지구가 우주의 중심이라는 천동설은 그리스도교 세계관에 수용되면서 그리스도교의 인간 중심적 세계관의 버팀목이 되었다. 그러다가 지동설이 등장하고 천동설이 무너지면서 인간은 미미한 존재가 되어 지구와 함께 중심에서 변방으로 밀려났다. 이렇게 하여 신의 특별한 창조물로서 신의 대리인임을 자임해온 인간은 끝내 그 넓이와 깊이를 헤아릴 수 없는 광대한 공간 속에 내던져져서, 있어도 그만, 없어도 그만인 우연한 존재로 전락하고 말았다.

지동설로 인간이 입은 상처를 더욱 깊게 한 것이 진화론이었다. 다윈은 인간 역시 다른 생명체와 마찬가지로 오랜 진화의 산물이라는 이론을 폈다. 그때까지 지배적이었던 것은 인간은 신의 모습에 따라 창조된 선택받은 피조물로서 생명체의 세계에서 예외적 존재가 된다는 것이었다. 그만큼 인간이 존엄하고 독보적이라는 것이었는데, 진화론이 등장해 인간 역시 금수와 마찬가지로 생물학적 진화의 산물이라는 점을 일깨워주면서 인간은 자신이 특별한 존재라는 환상에서 깨어났다. 진화론은 만물의 영장으로서 인간이 지니고 있던 마지막 자존심을 뒤흔든 지진이었다. 자연 속에서 인간이 특별한 존재라는 증거는 더 이상 없다. 그 결과 인간은 특별할 것이 없는, 동물들 가운데 하나가 되고 말았다. 거기에다 근대 자연과학이 세계 설명 방식으로 받아들이고 있던 기계론은 세계 운행과 인간 삶의 합목적성이란 것을 부인함으로써, 목적 연관에서 안정적 삶을 추구하던 사람들을 일깨워 어디에도 추구할 목적이 없다는 것을 받아들이게 했다.

그다음은 정치·경제 등 사회과학 분야에서의 동력 상실이다. 만연한 평등주의와 내셔널리즘, 그리고 좌충우돌하는 무정부주의 등에 의해 야기된 상실이었다. 만민 평등을 기치로 한 정치 혁명의 성공은 엄격한 위계를 지탱해주었던 힘의 구조와 질서를 파괴했다. 그와 함께 생의 본질이자 생성의 원천인 힘에의 의지는 단순한 지배 의지로 배척되고 평등을 향한 의지가 최고 덕목이 되었다. 이때 평등은 평균을 의미했다. 중간치를 기준으로 아래 있는 것은 끌어올리고 위에 있는 것은 끌어내리는 것이다. 어느 누구도 앞서 가서는 안 된다. 평균 이상을 목표로 해서도 안 된다. 여기서 인간은 삶의 목표와 함께 추동력을 잃게 되었다.

프랑스 정치 혁명의 혼란 속에서 모습을 드러낸 내셔널리즘은 귀족 엘리트에 맞서 평민을 내세우고 세계 시민적 안목에 맞서 지역적이고 국민적인 이해를 대변한 운동으로서 전체주의의 성격이 강했다. 니체가 살았던 19세기는 이 내셔널리즘이 기승을 부리던 시대였다. 귀족의 특권을 옹호하고 위계를 건강한 사회의 조건으로 받아들이는 한편, 인류 미래를 위한 세계 시민의 역할을 강조하면서 전체주의를 염오한 니체에게 내셔널리즘은 반역사적 퇴행 운동이 아닐 수 없었다. 그는 내셔널리즘을 유럽을 병들게 한 국가적 노이로제로 규정해 규탄했다.[27]

거의 같은 시기에 등장한 무정부주의도 다를 것이 없었다. 최소한의 통치권조차 인정하지 않는 무정부주의 역시 니체에게는 퇴폐의 전형으로서 반역사적 운동의 하나였다. 무정부주의는 평등을 주장했다는 점에서 천민 대중이 주도한 프랑스 혁명과 다를 바 없었으며, 퇴폐적이라는 점에서 그리스도교와 다를 바 없었다. 이들 평등과 퇴폐는 불평등을 끌어

---

27 KGW VI 3, 358쪽, *Ecce homo*, Der Fall Wagner 2 ; 니체전집 15, 450, 《이 사람을 보라》, 바그너의 경우 2.

들여 경쟁자 사이의 싸움을 조장함으로써 퇴폐적 약자를 도태시켜 진화의 길을 가야 할 것이라는 니체의 주장에 정면으로 배치되는 것이었다.

경제 분야에서도 위계가 무너져 힘의 분산이 가속화되면서 사회 전체가 크게 흔들리게 되었다. 무엇보다도 노예 제도의 철폐가 문제였다. 피라미드형의 위계를 인간 사회의 기본 질서로 본 니체는 노예 제도를 옹호했다. 그의 주장에 따르면, 정수리에 있는 지적 귀족은 목표를 제시해야 하고 그 밑에 있는 보다 많은 사람들은 각자 맡은 자리에서 그 목표의 구현을 위해 주어진 역할을 담당해야 한다. 고대 그리스 사회가 그런 사회였다. 당시 그리스인들에게 생존을 위한 노동은 수치스러운 것이었다. 그래서 그들은 노동을 노예들에게 맡겼다. 그 덕에 그들은 노동의 노고에서 벗어나 새로운 세계를 창조하는 일에 전념, 유례없이 수준 높은 문화를 창출할 수 있었다. 후속 문화에서도 마찬가지여서, 노예 제도는 인간 유형의 강화와 고급화의 밑거름이 되었다. 그런 노예 제도를 니체는 필수 불가결한, 인간 문화의 본질에 속하는 것으로 받아들였다.[28] 이 노예 제도가 근대 정치 혁명 이후 철폐되면서 생산자 계급, 곧 인간 문화의 밑거름이 함께 사라졌다. 사람들은 노예 제도 철폐를 역사적 진보로 받아들였지만, 니체는 그 반대였다. 그는 인류를 구제할 능력을 지닌 신분과 삶에 정당성을 부여해줄 인간을 좀처럼 찾아볼 수 없게 된[29] 현실에서 인간 문화는 퇴보할 수밖에 없다고 비관했다.

그다음이 역사 분야에서 확산되고 있던 허무주의 기조다. 그리스도교 전통에서 역사는 시작과 끝이 분명했다. 시작은 세계 창조 순간인 알파

---

28 KGW III 3, 353쪽, 10[1] ; 니체전집 4, 436쪽, 10[1].
29 KGW VIII 1, 128쪽, 2[131] 7 ; 니체전집 19, 160쪽, 2[131] 7.

포인트이고 끝은 그 창조를 마감하게 될 오메가 포인트다. 역사는 알파 포인트에서 오메가 포인트를 향해 진행한다. 이 오메가 포인트가 역사가 지향하는 목적이다. 이는 목적론적 역사관의 전형으로서, 여기서는 모든 것이 합목적적으로 설명된다. 인간의 존재 역시 합목적적인 것이 되어 유의미해진다. 그리고 앞을 내다볼 수 있어 삶이 그만큼 안정적이다.

이 목적론적 역사관은 근대에 들어와 모든 것이 목적이 아니라 인과 법칙에 의해 필연적으로 일어난다는 기계론이 확립되면서 심대한 타격을 받았다. 그러나 기계론에는 지금까지 일어난 일의 진행 과정을 돌이켜볼 수는 있지만 앞으로 일이 어떻게 진행될지는 내다볼 수가 없다는 한계가 있다. 그 때문에 인간은 미래를 두고 불안해하게 된다. 모든 것이 원인과 결과라는 필연적 법칙의 지배를 받을 뿐이다. 여기서 고개를 드는 것이 숙명론이다. 이 같은 기계론적 세계관에 토대를 제공한 것 중 하나가 다윈의 진화론이었다. 이를 전후로 목적론의 퇴조는 뚜렷해졌다. 이로써 이성과 신성으로 역사를 해석하려는 마지막 시도가 실패로 끝나고 그와 더불어 목적론적 역사관이 기반을 잃게 되었다.[30]

더 이상 위대하지 않은데다 생에 적대적인 현실에 노출되어 있는 오늘날의 인간에게 역사적 전망은 어느 때보다 불투명하다. 실천적 역사가인 로만주의자들이 등장하면서 그 전망은 더욱 불투명해졌다. 그 같은 로만주의자들이 가져온 귀결은 허무주의적인 것이었다.[31] 설상가상으로 로만주의는 내셔널리즘과 의기를 투합했다. 내셔널리즘은 로만주의에서 언어를, 로만주의는 내셔널리즘에서 정신을 찾게 된 것인데 그 결과 내

---

30 같은 책, 128쪽, 2(131) 8 ; 같은 책, 160쪽, 2(131) 8.
31 같은 책, 125쪽, 2(127) 7 ; 같은 책, 156쪽, 2(127) 7.

셔널리즘이라는 질환에 시달리던 유럽의 병은 더욱 깊어지게 되었다.

당시 역사학 안의 분위기도 어수선했다. 헤겔 풍의 목적론적 역사관이 여전히 위세를 떨치고 있었고 그에 맞서 역사주의가 빠른 속도로 영향력을 확대해가고 있었다. 헤겔은 역사를 절대 정신이자 자유를 본질로 하는 이성이기도 한 신이 자신을 실현해가는 과정으로 보았다. 그 과정은 그 자신의 법칙에 따라 정립에서 반정립을 거쳐 합으로 전개된다. 역사는 그렇게 진보한다. 역사주의는 로만주의를 기반으로 전개된 운동이었다. 랑케가 주도한 운동으로서, 그 역시 국가 형성의 정신적 원리로 신을 끌어들이기는 했지만 헤겔 풍의 추상적이고 사변적인 역사철학은 거부했다. 그는 구체적인 사실과 엄밀한 고증을 강조했다. 게다가 헤겔에 맞서서 역사가 진보한다는 것을 부정했다.

니체는 헤겔의 역사철학과 랑케의 역사주의를 모두 거부했다. 그에게 헤겔의 역사철학은 형이상학적 구성물에 불과했다. 우주가 회귀 운동을 하고 있다고 본 니체의 철학에 헤겔의 목적론과 진보 사관이 자리할 여지는 없었다. 끝없는 반복으로 되어 있는 회귀 운동에서는 목적은 물론 진보 또한 있을 수 없기 때문이다. 랑케의 역사주의도 그에게 대안이 되지 못했다. 사실에 대한 과도한 집착과 지식, 그리고 과도한 역사의식이 신화와 본능을 파괴한다고 본 것이다.

끝으로, 예술 분야에서의 퇴폐풍조의 만연이다. 예술은 본연의 소임으로 볼 때 생의 본질인 힘에의 의지를 구현하도록 되어 있는 창작 활동이다. 현존재가 긍정되고 축복받으며 신성시되는 것은 그 같은 창작 활동에서다.[32] 그런 의미에서 예술은 생명에게는 커다란 자극제가 아닐 수

---

32 KGW VIII 3, 33쪽, 14〔47〕 ; 니체전집 21, 45쪽, 14〔47〕.

없다.[33] 병든 영혼에게는 치유제가 아닐 수 없다. 이때의 예술이 니체가 디오니소스적 예술이라고 부른 본연의 예술이다.

디오니소스적 본연의 예술은 그러나 소크라테스의 출현 이후 지성화되고 도덕화되어갔고, 끝내 자신의 생명력인 원초적 긍정과 기쁨을 잃은 채 퇴폐의 늪에 빠져들었다. 그리고 그 정도에 따라 인간의 병은 깊어갔다. 결국 긍정과 기쁨으로써 인간을 고양하고 인간의 건강을 지켜주어야 할 예술이 도리어 인간을 병들게 만든 꼴이 되고 말았다.

예술은 본래 현실 부정 속에서 쇠미와 조락을 가져오는 퇴폐, 곧 데카당스와 상극이었다. 이 퇴폐가 니체의 시대에 이르러 문화 현상의 하나가 되어 예술은 말할 것도 없고 종교와 도덕, 그리고 철학에까지 유행처럼 번져 있었다. 본래의 예술은 나름대로 이 퇴폐 예술에 저항했지만 오래가지는 않았다. 대세는 이미 퇴폐 예술, 곧 문화 예술로 기울어 있었다.

그러나 니체는 본연의 디오니소스적 예술에 대한 기대를 잃지 않고 있었다. 그는 디오니소스적 예술이 화려하게 되살아나 퇴폐적 종교, 도덕, 철학으로부터 인간을 해방시키고 인간에게 존재의 기쁨과 생성의 기쁨을 되찾아주기를 기대했다. 그러나 당시 예술은 반대 방향으로 질주하고 있었다. 로만주의가 가세하면서 가속화된 일이었다. 무엇보다도 음악이 그랬고, 누구보다도 바그너가 그랬다.

니체의 꿈은 디오니소스적 정신을 생생하게 구현한 소크라테스 이전의 비극 작가 아이스킬로스에게로 돌아가는 것이었다. 그에게는 아이스킬로스가 유일한 희망이자 대안이었다. 그런 그에게 홀연히 등장한 새로

---

33 KGW VI 3, 121쪽, *Götzen-Dämmerung*, Streifzüge eines Unzeitgemässen 24 ; 니체전집 15, 162쪽, 《우상의 황혼》, 어느 반시대적 인간의 편력 24.

운 아이스킬로스가 바그너였다. 그는 바그너에게 열광했고, 이후 그에게 모든 것을 걸었다. 인류 미래에 서광이 비치는 듯했다. 그러나 머지않아 열광은 환멸로 바뀌고 말았다. 바그너가 오페라 〈파르지팔〉과 〈탄호이저〉에서 허무주의 종교인 그리스도교 신앙을 끌어들인 것이 결정적 계기였다. 그는 이 새로운 아이스킬로스가 결국 십자가 앞에서 무릎을 꿇는 것을 봐야 했고[34], 그의 음악이 디오니소스적 긍정에서 로만주의적 염세주의로 변질해가는 과정을 참담한 심경으로 지켜봐야 했다. 물론 그것은 바그너 한 사람의 일이 아니었다. 그를 정점으로 당시 풍조가 대체로 그랬다. 니체는 현대 예술가 가운데 최소한 6분의 5가 바그너의 덫에 걸려 있다고 했다.[35]

이렇듯 근대 이후 종교에서 개별 과학을 거쳐 예술에 이르기까지 허무주의가 광범위하게 움트고 있었다. 사람들은 어렴풋하게나마 허무를 감지했고 나름대로 허무와 실랑이를 하고 있었다. 그러나 그 징후를 제대로 읽어내지는 못했다. 허무가 아직 온전히 체험되지 못했고 허무의 의미 또한 역사적으로 사유되지 못한 탓이었다. 이 단계의 허무주의를 니체는 온전하지 못한 허무주의unvollständiger Nihilismus라고 불렀다.[36] 흠결이나 모자람 없이 완전한 상태의 것이 아니라는 뜻에서다.

일단 허무주의에 진입해 있거나 진입하고 있다면 그 정도의 설익은 허무주의로는 안 된다. 우리는 허무를 속속들이 체험하고 철저하게 사유해 그것의 정체를 밝혀내야 한다. 그리고 그것이 무엇을 의미하는지를 밝

---

34 KGW IV 3, 6쪽, *Menschliches, Allzumenschliches II*, Vorrede 3 ; 니체전집 8, 12쪽,《인간적인 너무나 인간적인 II》, 서문 3.
35 KGW VIII 3, 141쪽, 14(165) 2 ; 니체전집 21, 178쪽, 14(165) 2.
36 KGW VIII 2, 142쪽, 10(42) (172) ; 니체전집 20, 167쪽, 10(42) (172).

혀내야 한다. 이것이 허무주의를 상대하는 온전한 방식이다. 허무주의를 완성하는 길이자 극복하는 길이기도 하다. 허무를 속속들이 체험하고 철저하게 사유한다는 것은 그러나 견디기 힘든 고통이 따르는 일로서 우리는 그 고통으로 인해 파멸할 수도 있다. 이때 우리가 생각해보게 되는 것이 이 허무의 감정에서 벗어날 길이 없을까 하는 것이다. 그러나 이 세계와 삶을 유의미한 것으로 만들지 않고는 불가능한 일이다. 이에 사람들은 세계와 삶을 의미 있는 것으로 만들기 위해 각방으로 노력해왔다. 그 가운데 하나가 허무 저편에 또 다른 세계를 상정하고 그것을 통해서 이 세계와 자신들의 삶에 의미를 부여하는 것이다. 그렇게 해서라도 이 허무한 세계에서 벗어나보자는 것이지만, 앞에서 보았듯이 이는 무모한 시도다. 저편의 또 다른 세계는 한낱 가정에 불과하기 때문이다. 예서 마지막 희망이 사라지면서 사람들은 더욱 깊은 허무의 나락으로 떨어지게 된다.

허무의 고통으로 파멸할 생각이 아니라면 우리는 적극적으로 허무주의를 맞이해 그것의 앞과 뒤, 안과 밖을 파헤쳐보아야 한다. 허무주의와 대결하는 것이 되겠는데, 이러한 대결 없이는 허무주의를 극복할 길이 없다. 그것을 딛고 일어설 수가 없다. 허무주의 극복의 단계, 이것이 허무주의 완성의 단계로서 니체가 완전한 허무주의라 부르게 될 단계다. 여기서 온전하지 못한 허무주의는 완전한 허무주의로 진행되어야 하는 초기 단계의 허무주의가 된다. 그 진행 과정에서 우리는 깊이를 알 수 없는 허무에 적나라하게 노출되어 다양하게 허무를 경험한다. 그러면서 크게 두 가지 형태의 허무주의와 조우한다. 철저한 허무주의radikaler Nihilismus[37]와 극단적 형태의 허무주의, 곧 극단적 허무주의extremer Nihilismus[38]가 그것이다.

---

37 같은 책, 237쪽, 10〔192〕(286) ; 같은 책, 281쪽, 10〔192〕(286).

철저한 허무주의는 허무가 바닥까지 남김없이 체험되고 사유되는 단계로서, 이 단계에서 인간은 그가 지금까지 승인해온 최고 가치와 인간의 존재가 결코 유지될 수 없다는 확신에 이르는 한편, 인간에게는 신적인 것과 관련해서건 육신의 도덕과 관련해서건 피안을, 그리고 사물 자체라는 것을 설정할 근거가 없다는 것을 받아들이게 되면서 절망하게 된다. 그러나 그것으로 다 끝나는 게 아니다. 더 앞으로 나갈 수 없다는 데서 오는 절망은 역설적으로 그것 저편의 세계를 지시하게 되기 때문이다. 이 저편의 세계가 절망 속에서 우리에게 열리게 되는 새로운 세계다. 절망한 인간에게 그동안 인간을 현혹해온 망상과 거짓 위안의 장막이 걷히고 새로운 세계가 드러나는 것이다. 그러니까 안개 걷힌 들녘처럼 모든 것이 있는 그대로 생생하게 드러나게 되는 것이다. 이는 거짓 없는, 있는 그대로의 세계요 삶의 속살이다. 진실하고 정직한 사람이라면 누구나 절망 끝자락에서 대면하게 되는 세계로서, 그런 사람에게 이 세계는 새로운 시작의 발판이 된다. 그 같은 세계와 마주한다는 것 자체가 크게 성장한 진실성에 기인하는 것으로 정직성의 표현이 된다. 이 단계의 허무주의가 '뿌리로부터 철저한'이라는 의미에서 철저한 허무주의다.

극단적 허무주의는 절대 가치에 대한 믿음을 잃을 때 대면하게 되는 허무주의다. 세상에는 다양한 믿음이 있다. 그중 하나가 우리의 머릿속에 있는 것들이 실제로 밖에 존재한다는 믿음이다. 앞에서 언어가 실재를 있는 그대로 매개하는지 여부를 문제 삼으면서 검토한 바 있는 믿음이다. 니체의 결론은 그런 믿음은 실재와 무관한 신념에 불과하다는 것이었다. 무엇을 참으로 간주했다고 해서 그 무엇이 곧 참은 아니라는 것

---

38 같은 책, 18쪽, 9〔41〕 (31) ; 같은 책, 26쪽, 9〔41〕 (31).

이다. 그런데도 사람들은 오랫동안 저편의 또 다른 세계를 머릿속에 그리고는 그것을 실재하는 참된 세계로 믿어왔으며 그 같은 세계를 기반으로 한 절대 진리와 가치의 존재를 믿어왔다. 그러나 극단적 허무주의의 단계에서 그 허구가 만천하에 드러나면서 인간은 참된 세계에 대한 믿음과 함께 절대 진리와 가치에 대한 믿음을 잃게 된다. 그와 함께 존재 이유와 추구의 대상도 모두 상실하게 된다. 삶의 의미와 목표를 잃게 되는 것인데 이때 절망한 인간을 엄습하는 것이 극단적 허무주의, 곧 땅이 꺼지는 듯한 느낌과 현기증이다. 여기에는 어떤 위로도 없다. 모면할 길은 더욱 없다. 낙담과 좌절이 있을 뿐이다. 그래서 절망하게 되지만, 극단적 허무주의는 참된 것으로 간주되어온 거짓 세계와 거짓 존재 의미를 부인한다는 점 하나만으로도 신성한 사유 방식이 된다.

이 두 형태의 허무주의는 서로 다른 차원의 것들이 아니다. 허무를 체험하는 정황과 방식이 다를 뿐 내용에서 볼 때 같은 연관에서 이야기될 성질의 것들이다. 이들은, 하나는 진실성(정직성)의 표현이고 다른 하나는 신성한 사유 방식으로서 새로운 시작의 단서가 된다는 점에서 하나이며, 각각 그 단계에서 그쳐서는 안 된다는 점, 허무주의 극복의 조건이 된다는 점에서 하나라 하겠다.

그러면 우리는 허무주의를 어떻게 할 것인가? 이것은 허무주의에 어떻게 처신해야 하는가 하는 물음으로서, 온전하지 못한 허무주의 단계, 허무주의의 문턱에서부터 제기된다. 이 물음과 함께 허무주의와의 본격적인 실랑이가 시작된다. 철저한 허무주의와 극단적 허무주의에서 우리는 어떻게 허무주의에 처신해야 하는가, 그 방도와 방향은 이미 어느 정도 제시되었다. 앞에서 인간은 허무주의로 인해 파멸할 수 있다고 했다. 허무의 심연에서 헤어나지 못한 채 점점 깊이 빠져들어 그 바닥에 주저

앉고 말 때다. 이때의 허무주의는 하강하는 정신의 징표가 된다. 그러나 허무의 체험이 꼭 그 같은 파멸로 끝나게 되어 있는 것은 아니다. 그것은 그 진실성과 신성한 사유 방식으로 인해 인간이 허무를 딛고 자신을 일으켜 세울 수 있도록 길을 열어주기도 한다. 인간을 망상과 거짓 믿음에서 해방시키고, 허무의 바닥을 철저하게 드러냄으로써 인간에게 차고 오를 발판이 되어줄 수도 있는 것이다. 철저한 허무주의와 극단적 허무주의가 허무주의로서 의미를 갖는 것도 그럴 때다. 이 단계에서 모든 것은 있는 그대로 긍정되며, 그 같은 긍정 속에서 인간은 허무조차 자신의 운명으로 받아들여 사랑할 수 있는 경지에 오르게 된다. 이때 허무주의는 상승하는 정신의 징표가 된다. 니체는 허무주의를 하강의 징표가 되는가 상승의 징표가 되는가에 따라 소극적 허무주의passiver Nihilismus와 적극적 허무주의aktiver Nihilismus로 나누었다.[39] 이들은 수동적 허무주의와 능동적 허무주의로 불러도 될 것들이다.

소극적 허무주의는 자기주장을 할 수 없는 사람들, 적극적으로 맞서 자신을 지킬 힘과 의욕을 잃은 사람들, 지쳐 있는 사람들의 허무주의다. 이는 약자의 허무주의로서 이 허무주의에서 정신은 탈진하게 되고 탈진 상태에서 오히려 허무를 동경하게 된다. 대표적인 예가 불교 허무주의다. 반대로 적극적 허무주의는 기존의 목표와 이유와 믿음을 뛰어넘어 새로운 목표와 이유와 믿음을 창조적으로 정립할 힘을 지닌 강자의 허무주의, 상승하는 정신의 징표가 되는 허무주의다. 우리는 러시아 니힐리즘에서 그 같은 정신의 일단을 본다.

니체의 선택은 분명하다. 허무주의는 상승하는 정신의 징표가 되어야

---

39 같은 책, 14~15쪽, 9[35] (27) ; 같은 책, 22~23쪽, 9[35] (27).

하며 새로운 의미 창조를 위한 기회가 되어야 한다는 것이다. 달리 말해 허무주의에 적극적으로 대처해 그것을 상승의 계기로 삼아야 한다는 것이다. 그러려면 허무주의를 끝까지 밀고 나가야 한다. 주저와 타협은 금물이다. 허무주의를 끝까지 밀고 가면 거짓 의미와 가치는 하나하나 떨어져 나갈 것이며, 우리는 더 이상 부정할 것도 호도할 것도 없는 있는 그대로의 세계를 현실로 받아들이게 될 것이고, 그 순간 허무주의를 넘어서고 있는 우리 자신을 발견하고 환호하게 될 것이다. 그와 함께 우리는 우리를 고뇌와 번민 속으로 내몰아온 허무주의를 뒤에, 발아래, 그리고 저 밖에 두게 될 것이다. 여기서 허무주의는 극복되고 완성된다. 이 단계의 허무주의를 니체는 더할 나위 없다는 뜻에서 완전한 허무주의 vollkommener Nihilismus라고 불렀다.[40]

우리는 지금 어느 단계에 와 있는가. 사람에 따라 다를 것이다. 허무주의에 제대로 진입하지 못한 사람, 온전하지 못한 허무주의 단계에 있는 사람들이 많을 것이다. 철저한 또는 극단적인 허무주의 단계에 있는 사람들도 있을 것이며, 그 가운데는 소극적 허무주의 단계에서 지쳐 있는 사람들도 있고 적극적 허무주의 단계로 나아가 허무를 뛰어넘어 의미 있는 세계를 구축하려 노력하고 있는 사람들도 있을 것이다.

허무주의는 극복되어야 할 현실이다. 그러면 허무주의를 극복한 사람, 곧 완전한 허무주의자가 존재한 적이 있었던가? 니체는 그런 허무주의자는 이전에 없었고, 오늘날 단 한 사람, 그 자신이 있을 뿐이라고 했다.[41]

---

40 같은 책, 312쪽, 11〔149〕 ; 같은 책, 371쪽, 11〔149〕.
41 같은 책, 432쪽, 11〔411〕 3 ; 같은 책, 518~519쪽, 11〔411〕 3.

허무주의는 어떤 것이든 우리를 섬뜩하게 한다. 그 섬뜩함에 극단의 상실감과 박탈감이 뒤따른다. 허무주의의 문턱에 들어선 사람은 우선 그러한 감정에서 벗어나려 애써보지만, 앞서 보았듯이 그것은 가능한 일도 바람직한 일도 아니다. 고뇌가 따르겠지만 그것을 통해 우리가 거짓 의미와 가치로부터 해방될 수 있고 길을 바로잡아 새로운 출발을 할 수 있다면 우리는 오히려 허무주의를 반겨 맞이해야 할 것이다.

우리는 지금까지 살아온 집이 낡아 더 이상 지탱할 수 없게 될 때 새 집을 짓는다. 이때 제일 먼저 하게 되는 것이 대대로 살아온, 이미 우리 삶의 한 부분이 되어 있는 집을 헐어내는 일이다. 집이 헐릴 때 우리는 우리의 과거가 함께 헐려 나가는 듯한 감정에 휩싸이게 된다. 그러나 반듯한 새 집을 지으려면 달리 길이 없다. 지체 없이 낡은 집을 헐어내야 하며, 새 집에 대한 희망으로 그 허망한 감정을 이겨내야 한다. 파괴는 새로운 창조의 조건이다. 허무주의도 마찬가지다. 그것은 새로운 세계 창조를 위한 조건이 되어야 한다. 그런 의미에서 허무주의는 최종 목표가 아니다. 허무주의는 거쳐야 할 단계, 앞뒤 두 시기 사이에 놓인 중간 시기가 되어야 한다.

허무주의를 논할 때 함께 이야기하게 되는 것이 염세주의, 곧 페시미즘이다. 모든 것을 무의미하고 무가치한 것으로 본다는 점에서 이들은 함께 이야기되어왔다. 니체도 허무주의를 문제 삼으면서 염세주의를 함께 문제 삼았다. 물론 이들은 하나가 아니다. 페시미즘은 '가장 나쁜', '가장 고약한'을 의미하는 라틴어 pessimum에서 유래한 말로 우리가 살고 있는 이 세상을 최악의 것으로, 그런 세상에서의 삶을 고통스러울 뿐 아무 가치가 없는 것으로 받아들이는 극단의 비관을 가리킨다. 태어나지 않는 것이 최선이며 어쩔 수 없이 태어나 있다면 가능한 한 빨리 생을 등지는 것이 차선이라는 실레누스의 넋두리 그대로다.

허무주의가 무에 대한 의식을 바탕으로 한다면 염세주의는 세상의 부조리와 고통, 형이상학에서 말하는 악과 같은 것들을 바탕으로 한다. 바탕은 다르지만 이들에게는 접점이 있다. 그래서 흔히 경계를 넘나들게 되는데, 염세가 극단에 이르면 허무로 이어지고, 허무에서 세상을 비관하면 염세로 귀착된다.

니체는 염세의 정신에서 모든 것이 허무하다는 체념을 확인했다. 그는 이 체념으로부터 허무주의와 염세주의를 설명했다. 이를테면 로만주의 염세주의를 언급하면서 그런 염세주의로서 쇼펜하우어, 비니, 도스토옙스키 등의 염세주의와 함께 허무주의적 종교인 바라문교, 불교, 그리스도교의 염세주의를 들고는 이들 종교를 생의 대립 개념인 무를 최고 목표, 최고 선, '신'으로 기려온 점에서 허무주의적이라고 부를 수 있다고 했다.[42] 그런가 하면 염세주의와 허무주의가 하나의 원인을 갖고 있다고도 했다. 이때 그가 든 원인이 키르케가 되어 철학자들이 고향으로 돌아가지 못하도록 허탄한 사랑으로 그들을 유혹해 잡아두고 있는 도덕이다.[43]

니체는 염세주의와 허무주의를 앞뒤 두 단계로 보기도 했다. 염세주의를 허무주의 앞에 두고 염세주의가 세상에 대한 비관을 넘어 궁극적인 허무를 드러내는 계기가 되어야 한다고 했다. 염세주의를 허무주의로 발전해야 하는, 끝에 가서는 허무주의로 대체되어야 할 징후로 본 것이다. 여기서 염세주의는 허무주의의 이전 형태가 된다.[44]

---

42 KGW VIII 3, 21~22쪽, 14〔25〕; 니체 전집 21, 31쪽, 14〔25〕.
43 KGW VIII 2, 41~42쪽, 9〔83〕; 니체전집 20, 54쪽, 9〔83〕.
44 같은 책, 157쪽, 10〔58〕(186); 같은 책, 185쪽, 10〔58〕(186).

니체의 현안은 단연 허무주의였다. 그러나 그 이전에 그는 염세주의자였다. 자신이 소년 시절에 이미 염세주의자였다고 그 자신이 말하지 않았던가.[45] 그러나 그때의 염세주의는 어둡고 단호한 것이긴 했지만 철학적으로 숙고된 것은 아니었다. 그러다가 그는 염세주의를 철학적으로 천착하게 되는데, 그것은 대학 시절에 쇼펜하우어의 염세주의를 접하면서였다. 그는 쇼펜하우어의 염세주의에 동감했다. 훗날, 1885년에 남긴 유고에서 그는 자신이 쇼펜하우어의 형이상학에서 비로소 염세주의를 만나게 되었다고 했다.[46]

접점을 갖고 서로 경계를 넘나드는가 하면 전후 형태로 이해되기도 하는 염세주의와 허무주의는 상응하는 구조를 갖고 있다. 염세주의가 염세주의로, 허무주의가 허무주의로 끝나서 안 된다는 점, 중간 단계여야 한다는 점에서부터 그렇다. 그런가 하면, 허무주의와 마찬가지로 염세주의에도 강자의 것과 약자의 것이 있으며 상승의 징표가 되는 것과 하강의 징표가 되는 것이 있다.

염세주의는 세계 질서가 절대 비논리적이라는, 그 비논리성에 대한 인식의 귀결이다.[47] 그러면 우리는 언제 그 같은 비논리성에 눈뜨게 되는가? 어떻게, 즉 어떤 경우에 허무주의가 등장하게 되었는가를 물은 니체는 같은 방식으로 염세주의가 등장한 연유를 물었다. 그리고는 더없이 강력하고 전도유망한 생의 충동들이 모함되면서 생이 저주 아래 놓일 때, 성장 일로에 있는 인간의 과감성과 정직성, 그리고 보다 대담한 회의가 생으로부터 이들 본능을 떼어낼 수 없음을 파악하고는 생에 맞설 때,

---

45 KGW VII 2, 9쪽, 25〔11〕; 니체전집 17, 14쪽, 25〔11〕.
46 KGW VII 3, 209쪽, 34〔204〕; 니체전집 18, 278쪽, 34〔204〕.
47 KGW III 3, 74쪽, 3〔51〕; 니체전집 4, 96쪽, 3〔51〕.

평범하기 그지없는 중간치들이 그 같은 갈등을 느끼지 못한 채 번창하고, 보다 지체 높은 인간들이 실패해 퇴화의 산물이 되어버린 자신에게 악의를 품게 되는 한편, 중간치들이 나서서 목표를 제시하고 의미를 부여하는 등 불쾌감을 일으키게 될 때, 왜소화, 고통, 불안, 조급함, 혼잡이 증가 일로에 있고, 이 같은 짓거리와 이른바 '문명'이란 것의 현실화가 점점 용이해지면서, 개개 인간이 이 엄청난 기계 앞에서 절망한 채 무릎을 꿇게 될 때 염세주의가 등장한다고 했다.[48]

염세주의는 절대 부정으로 진행하기도 하고 절대 긍정으로 진행하기도 한다. 절대 부정으로 진행하는 것이 앞서 이야기한 약자의 병약한 염세주의다. 그런 것으로 로만주의적 염세주의가 있다. 절대 긍정으로 진행하는 것은 강자의 용감한 염세주의다. 디오니소스적 염세주의가 그런 염세주의로서, 이것이 니체가 제시한 미래의 염세주의다.

---

48 KGW VIII 2, 94~95쪽, 9[162] (113) ; 니체전집 20, 115~116쪽, 9[162] (113).

제5장

가치의 전도

지금까지 형이상학적 망상과 도덕적 허구 아래 현실 부정이라는 십자가를 지고 힘겨운 삶을 살아온 인간에게 허무주의는 새로운 시작을 위해 넘어서야 할 문턱이다. 이 문턱을 넘어서려면 우리는 먼저 망상과 허구로 드러난 낡은 가치를 남김없이 파기해야 한다. 그러고 나서 건강하고 건전한 새 가치를 세워야 한다. 니체는 이 이중의 과제를 가치의 전도라고 불렀다.

　가치의 전도는 지난 2,500년 동안 서구 세계를 지배해온 생에 적대적인 가치 체계를 무너뜨려 쓸어내고 그 자리에 생에 우호적인 가치 체계를 세우자는 것으로서, 그 규모나 파괴력으로 볼 때 일찍이 없었던 역사적 대전환점의 의미를 갖는다. 그래서 새롭고 충격적인 것으로까지 받아들여지지만, 가치의 전도 그 자체는 인간이 다양한 형태로 알게 모르게 해온 것이어서 새로울 것도 충격적일 것도 없다. 지금까지의 가치 변천의 역사가 바로 가치 전도의 역사였다. 대체로 그 여파가 크지 않아 주목을 받지 못했을 뿐이다.

　니체가 요구하는 가치의 전도는 지금까지의 삶의 방향을 근본적으로 되돌리자는 것으로서 이때 그가 전도의 대상으로 삼은 것이 소크라테스 이후의 형이상학적 가치와 그것에 근거한 도덕적 가치였다. 돌이켜보면 이들 전도되어야 할 가치 역시 그 이전에 있었던 가치를 전도한, 전도의 산물이다. 원래의 가치는 자연적 가치였다. 이 자연적 가치를 소크라테스가 등장해 형이상학적 또는 도덕적 가치로 전도시킨 것인데, 이 전도를 니체는 생에 대한 도발이자 유례없는 재앙으로 받아들였다. 잘못된 방향으로 전도된 것인 만큼 이 가치는 다시 전도되어야 한다. 여기서 니체는 그릇 전도된 가치의 전도를 주장하게 되었다.

가치의 전도란 원래 시노페의 디오게네스(이하 디오게네스)에게서 유래한 말이다. 기록에 의하면 디오게네스 자신이, 아니면 은행가였거나 화폐상이었던 그의 아버지가 아테네에서 추방된 일이 있다. 국가 공인의 화폐를 훼손 또는 위조함으로써 사회 질서를 교란했다는 것이 죄목이었다. 문명을 퇴폐적인 것으로 여겨 혐오하고 도덕을 위선으로 여겨 배척해온 디오게네스에게 상징적인 사건이었다. 이 사건이 계기가 되어 그는 세계 화폐의 개혁이라는 혁신에 착안하게 되었다. '세상의 화폐를 바꾸자'는 것으로서, 통화와 같이 공인된 권위를 갖고 있는 것들, 이를테면 인간의 편견이나 고루한 사회적 관습 따위를 다시 평가해 퇴치하고 참권위를 되찾아 그 자리에 세우자는 것이었다. 이때 그가 참권위로 제시한 것이 자연이다. 결국 편견이나 사회적 관습 따위에서 벗어나 자연으로 돌아가자는 것이었다.

니체는 디오게네스 라에르티오스를 통해 이 디오게네스를 알게 되었다. 고전 문헌학을 전공한 니체는 학창 시절 이래 고대 그리스 철학의 유력한 전거 가운데 하나로 읽혀온 《고대 그리스 철학자의 삶과 의견 및 저작 목록》의 저자 디오게네스 라에르티오스에게 각별한 관심을 갖고 있었다. 1867년에는 그에 대한 논문 형태의 글로 대학으로부터 상을 받기도 했다. 내면에서 전통 가치에 대한 회의와 함께 자연적 가치에 대한 소망이 싹트고 있던 시기여서 그에게 디오게네스는 남다른 철학자였을 것이다. 무엇보다, 자연적인 것을 높이 평가해 자연으로 돌아갈 것을 요구했다는 점과 그러기 위해 기존 가치를 전도시켜야 한다고 봤다는 점에서 그랬을 것이다.

그러나 2,500년 가까이 최고 가치로서 인간 위에 군림해온 가치를 전복시키고 그 이전의 자연적 가치로 되돌아가는 일은 엄청난 격류의 물길을 원천으로 되돌리는 일에 비유할 수 있을 만큼 어려운 도전이다. 무모해 보이기까지 하는 도전이다. 이럴 때 필요한 것이 가치 전도의 당위를 통찰할 수 있는 역사적 안목, 그리고 전사적 의지와 결단이다. 시대의 냉소와 무시, 모진 반발과 거친 역공에 의연하게 맞설 수 있는 강담도 필요하다. 누가 나설 것인가. 역사적 소명인 만큼 결국 모두가 나서야겠지만, 그 소명에 눈뜬 사람이 앞장서야 한다. 니체에게는 그 자신이 그런 사람이었다.

니체는 환전이나 하는 소상인이 아니라 별 볼일 없는 것을 귀금속으로 만드는 연금술사가 되어 황금을 만들어내겠다고 다짐했다. 낡아 쓸모없어진 기존 가치를 주고받는 것으로 만족하지 않고 자기희생이 따를지언정 새롭고 소중한 가치를 만들어내겠다는 다짐이었다. 그 자신의 저작 활동에서 마지막 해가 되는 1888년 5월 23일 그는 문학사가이자 예술사가이면서 최초로 그에 대한 강의를 개설한 코펜하겐 대학의 브란데스 교수에게 그 다짐을 이렇게 전했다.

지난 몇 주간을 나는 '가치를 전도하는 일'로 보냈습니다.—이 수사를 이해하시겠지요?—따지고 보면 연금술사가 인간 종 가운데 가장 벌이가 좋은 종이지요. 하찮은 것, 볼품없는 것으로부터 가치 있는 것, 심지어 금까지 만들어내는 사람 말입니다. 그런 사람만이 부를 이룰 뿐, 다른 사람들이야 고작 환전이나 할 따름이지요. 이번 나의 과업은 전혀 예사롭지 않은 것이랍니다. 인류 가운데 누가 가장 미움을 받고 두려움의 대상

이 되었는지, 경멸을 받았는지를 묻고는—나 그것으로부터 나의 '황금'
을 만들어냈답니다……화폐 위조를 문제 삼아 나를 비난하는 사람이 없
기를!……[1]

가치의 전도란 말이 니체의 글에 등장하기 시작한 것은 1884년 그가
《영원회귀 철학》이라는 책을 구상하던 무렵이었다. 그때 그가 부제로 생
각해두었던 것이 "모든 가치의 전도를 위한 하나의 시도"였다.[2] 이 구
상은 그러나 구상에 그치고 말았다. 그러자 아예 가치의 전도를 주제로
한 저작《가치의 전도》를 준비하게 되었는데 4권으로 계획된 것으로서
각각 〈안티크리스트〉, 〈자유로운 정신〉, 〈비도덕주의자〉, 〈디오니소스〉
로 되어 있었다.[3] 이 가운데 햇빛을 본 것은 〈안티크리스트〉뿐으로, 이
것은 나중에 같은 제목의 단행본으로 나왔다. 이 반복된 구상에서 우리
는 그가 사상의 완성기에 이르러 가치 전도 문제에 얼마나 집착했는지를
확인하게 된다.

가치의 전도로 종래의 거짓 가치의 질곡에서 벗어나면서 인간은 자유
로운 정신이 된다. 자유로운 정신으로 다시 태어나는 것인데 그것으로
써 목표에 이른 것은 아니지만, 그 하나만으로도 대단한 소득이다. 목표
를 향한 첫걸음이 되기 때문이다. 그러면 일찍이 자유로운 정신으로 다
시 태어난 인간이 있었던가? 있었다면, 어떤 인간이 자유로운 정신의 인
간인가? 가치의 전도가 제대로 시도된 일조차 없으니 기대할 수 없는 것
이 그 같은 정신을 지닌 인간이다. 앞서 이야기한, 가치 전도의 당위를 통

1 R. Oehler, *Nietzsche Briefe*(Frankfurt am Main · Leipzig : Insel Verlag, 1993), 345쪽.
2 KGW VII 2, 216쪽, 26〔259〕; 니체전집 17, 287쪽, 26〔259〕.
3 KGW VIII 3, 347쪽, 19〔8〕; 니체전집 21, 427쪽, 19〔8〕.

찰할 수 있는 역사적 안목에 전사적 의지와 결단, 주변의 냉소 따위에 맞설 강담 없이는 엄두도 내지 못할 일이다.

그래서 우리는 선뜻 나서지 못하지만, 일상에서 할 수 있는 것들도 있다. 자유로운 정신이 되기 위해 우리가 실천할 수 있는 작은 것들, 삶의 지혜라고 말할 수 있는 것들이다. 니체는 그런 것들을 열 개로 정리해 "자유로운 정신의 십계명"이라는 제목으로 제시했다. 민족들을 사랑하거나 미워하지 말 것, 정치에 나가지 말 것, 부유해지지도 그렇다고 거지가 되지도 말 것, 유명하거나 영향력 있는 사람들을 멀리할 것, 아내는 다른 민족에서 취할 것, 자식은 친구에게 맡겨 교육할 것, 교회 예식에 복종하지 말 것, 지난날의 과오를 후회하는 대신 옳은 일에 더 힘쓸 것, 진리를 말하는 일이라면 추방조차 마다하지 않을 것, 세계가 네게, 네가 세계에 맞서 무엇을 하게 되든 마음 쓰지 말 것이 그것이다.[4] 세상사에 집착하지 말 것, 권위에 복종하지 말 것, 유유상종하지 말 것, 진리를 위해 헌신할 것으로 요약되는 이 계명들은 형식상 모세의 십계명과 같지만, 내용에서는 피타고라스학파가 채택한 금기와 아이네시데모스가 제시한 판단 중지 10개조에 보다 가깝다.

니체는 자유로운 정신의 출현을 기다리며《아침놀》이란 작품을 썼다. 이 제목은 "아직 빛을 발하지 못한 아침놀이 너무나도 많다"는 인도의 명문에서 착상한 것으로, 지금은 어둡지만 일찍이 볼 수 없었던 여명이 환하게 밝아올 것이라는 전망에서였다.[5] 그는 이미 날이 밝아오고 있다고도 했다. '밝아오는 여명'은《차라투스트라는 이렇게 말했다》의 마지

---

4 KGW IV 2, 444쪽, 19〔77〕; 니체전집 9, 98쪽, 19〔77〕.
5 KGW VI 3, 328쪽, *Ecce homo*, Morgenröthe 1 ; 니체전집 15, 414쪽,《이 사람을 보라》, 아침
   놀 1.

막 부분에 다시 나온다.

지금까지는 신이 우리의 존재 이유이자 모든 가치의 원천이었다. 그
신이 이제는 죽고 없다. 그와 더불어 우리의 존재 이유와 추구해야 할 가
치도 사라져버렸다. 이로써 끝인가? 결국 이렇게 끝나는 것이라면, 신의
죽음은 대안 없는 파괴가 될 것이며 가치의 전도 또한 공허한 이야기가
될 것이다. 무의미하며 무가치한 삶, 그런 삶을 위해 우리는 신을 권좌에
서 몰아냈던가. 그렇지 않을 것이다. 삶은 다시 의미 있는 것이 되어야 한
다. 신의 죽음이 의미 있게 되는 것도 그럴 때다. 이것은 죽은 신의 비어
있는 권좌를 비워둘 수 없다는 것, 누군가가 아니면 무엇인가가 신을 대
신해 권좌에 올라 우리에게 새로운 존재 의미를 부여해주고 새로운 가치
를 제시해주어야 한다는 것을 의미한다.

그러면 누가 옛 신의 권좌에 오르게 되는가? 우리가 먼저 생각해보게
되는 것이 니체가 신의 죽음을 선언하고 내세운 위버멘쉬다. 위버멘쉬는
지금까지의 최고 가치를 전도시키고 선과 악의 저편에 우뚝 서게 될 자
유로운 정신이다. 니체는 《차라투스트라는 이렇게 말했다》에서 "모든 신
은 죽었다. 우리는 이제 위버멘쉬가 등장하기를 바란다"고 했다.[6] 또 같
은 책에서 "일찍이 사람들은 먼바다를 바라보며 신을 이야기했었지. 그
러나 나 너희를 가르쳐 이제부터는 위버멘쉬를 이야기하도록 했다"[7]고
했다. 위버멘쉬가 대지의 뜻이 된다고도 했다.[8] 이는 위버멘쉬가 옛 신을

6　KGW Ⅵ 1, 98쪽, *Also sprarch Zarathustra*, Erster Theil : Von der schenkenden Tugend 3 ;
　니체전집 13, 131쪽, 《차라투스트라는 이렇게 말했다》, 제1부 : 베푸는 덕에 대하여 3.

7　같은 책, 105쪽, Zweiter Theil : Auf den glückseligen Insel ; 같은 책, 140쪽, 제2부 : 행복한
　섬에서.

8　같은 책, 8쪽, Erster Theil : Zarathustra's Vorrede 3 ; 같은 책, 17쪽, 제1부 : 차라투스트라의
　머리말 3.

대신해 대지의 뜻이 되고 우리가 추구해야 할 이상이 되어야 한다는 것으로서 이보다 명확한 대답은 없어 보인다. 그러나 위버멘쉬는 아니다. 위버멘쉬는 신이 없는 세계에서 우리 모두가 자력으로 성취해야 할 개인적 이상일 뿐, 죽은 신을 대신해 존재의 의미와 가치를 산출해줄 원천은 되지 못한다. 위버멘쉬는 주어진 존재 의미와 가치를 구현하게 될 깨어난 인간일 뿐이다.

그러면 차라투스트라는? 여기서는 우리에게 조로아스터로 더 알려져 있는 역사상의 차라투스트라가 아니라 니체의 작품에 나오는 차라투스트라다.《차라투스트라는 이렇게 말했다》에서 그는 신의 죽음을 가르치고 위버멘쉬가 되어야 할 이유와 길을 제시하는 한편 만물의 영원한 회귀를 우주 운행 법칙으로 받아들이도록 촉구하는 인물로 등장한다. 신이 없는 세계에서 인간이 추구해야 할 이상을 제시하고 인간으로 하여금 전 우주를 아우르는 존재의 법칙에 눈뜨게 하는 선지자적 인물이다. 그러나 차라투스트라도 아니다. 그 역할로 볼 때 차라투스트라는 니체의 대변인으로서 위버멘쉬에 이르는 길을 예비하는 자일 뿐이다.

그러면 니체 자신은? 니체는 자신이 곧 차라투스트라라고 말한 바 있다.[9] 차라투스트라가 아니라면 니체도 아니다. 니체는 자신을 신은커녕 위버멘쉬로 부른 일조차 없다. 그는 그동안의 형이상학적 미망과 그것에 뿌리를 둔 거짓 가치 질서에서 깨어난 철학자, 그런 미망과 가치 질서로부터 인류를 해방하는 일을 자신의 역사적 과업으로 받아들인 철학자였을 뿐이다. 그가 다짐한 것은 지난날의 그릇된 것을 모두 때려 부수는 망치의 철학자가 되겠다는 것, 지난날에 대해서는 거룩한 부정, 그리고 앞

---

9 KGW VII 1, 571쪽, 17〔16〕; 니체전집 16, 721쪽, 17〔16〕.

날에 대해서는 거룩한 긍정이 되겠다는 것이었다.

그러면 누가 옛 신의 권좌에 오를 것인가. 이제는 누군가가 아니라 무엇인가다. 명시적으로 주어져 있지 않을 뿐 대답은 이미 주어져 있다. 《차라투스트라는 이렇게 말했다》의 〈머리말〉에 나오는 대지, 우리가 태어나 살고 있는 이 땅이 그것이다. 이 대지는 우리에게 직접 주어져 있는 하나밖에 없는 현실로서, 우리 존재에게 의미가 있고 추구해야 할 가치가 있다면 우리는 그 의미와 가치를 이 대지에서 찾아야 한다. 앞으로는 신이 아니라 이 대지가 우리가 존재하는 의미가 되어야 하며 추구할 가치의 원천이 되어야 한다.

이 대지 이상의 권위는 앞으로 있을 수 없다. 우리는 이제 천상의 세계에 대한 망상을 버리고 대지의 음성에 귀를 기울여야 한다. 니체의 차라투스트라는 "이 대지에 충실할 것이며 이 세계 저편에 대한 희망을 설파하는 자들을 믿지 말라! 그런 자들은 본인이 알고 있든 모르고 있든 독을 타는 자들"[10]이라고 했다. 덧붙여 "지난날에는 신에 대한 불경이 가장 큰 불경이었다. 그러나 신은 죽었고 그와 더불어 신에게 불경을 저지르는 자들도 모두 죽고 없다. 대지에 불경을 저지르는 것, 저 알 길 없는 것의 뱃속을 이 대지의 뜻보다 더 높게 평가하는 것, 이제는 그것이 가장 두려워해야 할 일"[11]이라고 했다.

이 대지를 다른 말로 하면 자연이 된다. 자연은 말이 없다. 그러나 침묵 속에서 많은 것을 이야기해준다. 이 이야기가 우리가 경청해야 할 자연의 음성이다. 그 음성을 경청하기 위해 우리는 자연에 다가가야 하며,

---

10 KGW VI 1, 9쪽, *Also sprach Zarathustra*, Erster Theil : Vorrede 3 ; 니체전집 13, 18쪽, 《차라투스트라는 이렇게 말했다》, 제1부 : 머리말 3.
11 같은 책, 같은 곳 ; 같은 책, 같은 곳.

귀를 열어두고 기다려야 하겠지만 그렇다고 어렵게 생각할 필요는 없다. 우리 자신이 자연의 일부, 곧 자연이기 때문이다. 우리는 자연에 대해 이런 말 저런 말을 한다. 그러면서 정작 우리 자신이 자연이라는 사실은 잊고 있다. 잊힌 자연, 그것이 인간이며[12] 우리 내면의 음성이 곧 자연의 음성이다.

우리 내면의 자연이 타고난 성품인 본성이다. 학습 이전의 생득적 성향으로 그런 성향에 성 욕구 등 본능이라고 불리는 것들이 있다. 본능은 흔히 지성이나 지능과 대립되는 동물의 행동으로 정의되어왔다. 도덕이 그런 본능을 가혹하게 학대해왔다. 인간이 되기 위해서는 먼저 그 같은 동물적 본능에서 벗어나야 한다고 본 것이다. 이제 우리는 그런 본성의 음성을 경청해 따라야 한다. 그러기 위해, 온갖 요설로 우리의 귀를 먹먹하게 해온 도덕부터 털어내야 한다.

그에 앞서 지금까지 통용되어온 도덕적 가치를 사물을 거울에 비추어 보듯 거울에 비추어 볼 필요가 있다. 여기서는 자연이 거울이다. 거울에 비추어 보는 순간 도덕이란 것이 얼마나 인간의 자연을 왜곡해왔는지가 적나라하게 드러날 것이고 그만큼 그 같은 도덕적 가치가 파기되어야 할 이유가 분명해질 것이다. 니체는 몇 개의 도덕적 가치를 선택해 자연, 곧 인간의 본성에 비추어 보았다. 이때 그가 선택한 것이 지금까지 도덕적으로 더없이 혹독하게 저주되어왔을 뿐만 아니라 악으로까지 간주되어온 관능적 쾌락과 지배욕, 그리고 이기심이었다. 과연 그런 것들이 도덕적으로 저주받고 악으로 간주될 만한 것인지 생각해보자는 의도에서였다.

---

12 KGW IV 3, 334쪽, *Menschliches, Allzumenschliches II*, Zweite Abtheilung : Der Wanderer und sein Schatten 327 ; 니체전집 8, 418쪽,《인간적인 너무나 인간적인 II》, 제2장 : 방랑자와 그의 그림자 327.

관능적 쾌락은 무절제하고 무궤도한 방종을 야기하는 열등한 소질로 폄훼되어온 육신의 환락을 가리킨다. 그런 환락의 하나가 성적 쾌락이다. 누구보다도 참회복을 걸치고 신체를 경멸해온 자와 도덕군자, 그리고 배후 세계를 신봉하는 자들이 그런 쾌락을 매도해왔다. 성적 쾌락은 욕정을 불태우는 금수들이나 추구하는 더럽고 수치스러운 것이라는 매도였다. 그런 자들에게는 그 같은 쾌락을 입에 올리는 것조차 부끄러운 일이었다. 니체는 과연 그런가 물었다. 관능적 쾌락에 무슨 문제가 있는가? 그런 쾌락이야말로 생에 대한 긍정으로서, 인간을 인간답게 하는 것이 아닌가. 그에 따르면 관능적 쾌락은 도덕과 무관한, 인간의 근원적 욕구다. 그런 욕구를 도덕적으로 판단하는 것 자체가 어불성설이다.

관능적 쾌락은 정직하며 순수하다. 그리고 힘이 넘친다. 거기에는 그어떤 위선도 허세도 없다. 더럽고 수치스러운 것은 그 같은 쾌락이 아니라 그 같은 쾌락을 더럽고 수치스러운 것으로 심판하는 도덕적 가식과 기만이다. 그 같은 가식과 기만에 맞서 니체는 관능적 쾌락을 인간이 지상 낙원에서 누릴 수 있는 행복이자 온 미래가 현재에 넘치도록 고마워할 만한 것이라고 기렸다. 그리고 그 쾌락이 사자의 의지를 갖고 있는 자들에게는 대단한 강심제이자 최상의 포도주가 되고, 많은 사람에게 혼인이, 혼인 이상의 것이 언약되어 있는 터에 더없이 높은 희망에 대한 비유적 행복이 된다고까지 했다.[13]

모든 관능적 쾌락이 그렇다는 것은 아니다. 쉽게 더럽혀지는 것이 그것이어서 그 가운데는 더러운 것과 불순한 것도 있다. 자연의 질서와 인

---

13 KGW VI 1, 233쪽, *Also sprach Zarathustra*, Dritter Theil : Von den drei Bösen 2 ; 니체전집 13, 312쪽,《차라투스트라는 이렇게 말했다》, 제3부 : 세 개의 악에 대하여 2.

간의 건강한 미래 따위는 안중에 없는, 단지 순간의 환락만을 좇는 잡것들이 탐닉하는 관능적 쾌락이 그런 쾌락이다. 잡것들에게 그런 쾌락은 저들을 태워버릴 천천히 타오르는 불길이자, 저들 벌레 먹은 나무와 악취 나는 누더기에게는 여차하면 욕정에 불을 지를, 그리하여 김을 무럭무럭 뿜어낼 화덕이 된다. 참회복을 입고 신체를 경멸하는 자, 도덕군자, 배후 세계를 신봉하는 자들과 함께 이들 잡것을 경계해 니체는 "돼지와 광신자가 내 정원에 함부로 침입하지 못하도록, 나의 사상과 내가 하는 말 둘레에 울타리를 치겠다!"[14]고 했다.

지배욕 또한 그동안 신과 법 앞에서 인간은 평등하다는 기본 가치를 훼손하는 배타적 욕구로 배척받아왔다. 그런 비난에 먼저 교회가 앞장섰다. 거기에 평등을 이념으로 한 근대 민주주의가 가세하면서 지배욕은 반역사적인 반동으로까지 규탄되기에 이르렀다. 니체는 지배욕에 대한 그 같은 비난과 규탄을 자연에 대한 오해이자 모독으로 받아들였다. 자연을 지배하는 것은 힘이다. 그런 자연에서는 힘이 최고의 가치가 된다. 따라서 보다 많은 힘을 확보해 다른 사람들을 지배 아래 두려는 욕구는 자연적인 것으로서 정당하다. 신성하기까지 하다. 지금까지 인간의 삶과 역사를 포함해 세계를 이끌어온 추진력과 성장의 동력도 이 지배 욕구에서 나왔다. 그 같은 추진력과 동력이 없다면 어떻게 될까. 모든 것이 상승의 동기를 상실한 채 평등의 늪에 가라앉게 될 것이고 그와 함께 인간은 몰락하게 될 것이다.

평등주의의 만연으로 인해 모든 것이 평등이라는 수렁에 빠져들고 있는 현실에서 니체에게는 지배욕이 하나밖에 없는 대안이었다. 지배욕은

---

14 같은 책, 같은 곳 ; 같은 책, 같은 곳.

가차가 없다. 설익고 애매한 것, 썩어 악취를 내는 것과 비굴한 것을 두고 보지 못한다. 니체는 이 지배욕을 일컬어, 평등에 대한 신앙 속에서 썩어 푸석푸석해진 것과 속이 텅 빈 것이라면 남김없이 갈라 터트리는 지진이며 도덕으로 회칠한 무덤을 가차 없이 파헤치는 여인이라고 했다.[15] 정당하고 신성한 지배욕은 건강하기도 하고 건전하기도 하다. 그러나 이 경우에도 모든 지배욕이 그런 것은 아니다. 예외가 있다. 지옥과 천국이라는 채찍과 당근으로써 신도를 떨게 만들어 그 위에 군림하려는 사제들의 세속적 탐욕이 그런 지배욕이다.

이기심 또한 전통적으로 반사회적이며 반도덕적인 것으로, 심지어 사악한 것으로까지 비난받아왔다. 사회적 또는 도덕적 덕목으로 높게 평가되어온 것은 이타심이다. 이타주의를 거짓 이기주의에 불과한 것으로 규정한 니체는 그 같은 평가를 비웃었다. 그의 한결같은 주장은 자연에 이타적이라 불릴 만한 것은 존재하지 않는다는 것, 힘에의 의지를 본성으로 하는 인간은 이기적일 수밖에 없다는 것이었다.

니체는 이기심을 상승하는 정신의 표현으로 받아들였다. 자기 자신을 우선하지 않고 어떻게 자신을 지키고 성장하며 도약할 수 있는가. 그는 이기심을 힘찬 영혼, 고상하고 아름답고 생기 있는 신체에서 솟아오르는 건전하고 건강한 것으로 예찬했다. 나아가, 우리는 이기심에서 신체와 영혼의 자기 향락을 누리게 된다고 했다. 자기 향락은 성스러운 숲으로 감싸듯 '좋음'과 '나쁨'이라는 자연적 가치로 자신을 감싸고는 온갖 경멸스러운 것을 자신으로부터 몰아낸다고도 했다.[16]

---

15 같은 책, 233~234쪽 ; 같은 책, 313쪽.
16 같은 책, 234~235쪽 ; 같은 책, 314쪽.

관능적 쾌락과 지배욕을 정직하며 순수한 것, 정당하며 신성한 것으로 재평가해 복권시킨 니체는 같은 방식으로 이기심을 재평가해 그 가치를 되살렸다. 이 이기심에 반하는 것들이 있다. 겁, 모든 것이 헛되다는 애처로운 지혜, 의심을 떨쳐버리지 못하는 소심한 불신, 쉽게 영합하는 겸허 따위가 그것들이다. 이들은 하나같이 우리를 무기력하고 의기소침케 하는 것들로서 경계의 대상이다. 니체는 그 같은 것들로부터 자신을 지키려 하지 않고 독이 든 침과 사악한 시선을 말없이 삼켜버리는 자, 무던히 참기만 하는 자, 매사에 인내하는 자, 이것저것 가리지 않고 만족하는 자들을 하인 근성의 인간이라 불렀다. 그리고 복된 이기심은 그런 하인 근성에 침을 뱉는다고 했다.[17]

관능적 쾌락과 지배욕이 그렇듯이 이기심 또한 모두 좋은 것은 아니다. 이기심에도 속 좁은 것이 있다. 더부살이 인간들이 생존을 위해 발휘하는 구차하고 소아적인 이기심이 그런 이기심이다. 그런 이기심은 변변치 못한 사람들의 자기 사랑에 불과하다.

관능적 쾌락과 지배욕, 그리고 이기심에 대한 재평가를 통해 니체는 가치 전도의 모범을 보여주었다. 몇 개의 예에 불과하지만, 그로써 그는 도덕적 가치와 형이상학적 가치를 포함한 생에 적대적인 가치 모두를 어떻게 전도시켜야 하는지, 그 길을 제시해주었다. 이 같은 모범을 통해 그가 촉구한 것은 종래의 반자연적 가치를 전도시킴으로써 원래의 자연적 가치를 회복하자는 것, 젖과 꿀이 흐르는 '약속의 땅' 대자연으로 돌아가자는 것이었다.

---

17 같은 책, 235쪽 ; 같은 책, 315쪽.

제6장

"자연으로 돌아가라"

"자연으로 돌아가라!" 이 구호는 예로부터 문명의 폐해에 환멸을 느낀 철학자들이 문명 이전의 상태로 돌아갈 것을 촉구하면서 주장해온 것이어서 새로울 것이 없다. 그런 철학자에 일찍이 소피스트들, 키니코스학파와 스토아학파 철학자들이 있었다. 반대로 조야한 자연 상태에서 벗어나 문명한 사회에서 인간다운 삶을 살아야 할 것이라는 주장을 편 철학자들도 있었다. 그런 철학자 가운데 한 사람이 자연으로부터는 배울 것이 없다고 믿어 자연을 멀리하고 문명한 인간 사회에서의 삶을 택한 소크라테스였다.

이후 문명인가 자연인가를 두고 의견이 갈렸다. 그러다가 문제가 전에 없이 불거지게 되는데, 근대에 와 홉스와 루소가 이 문제로 대립하면서부터다. 홉스는 통제 불능의 무정부적 자연 상태에서 벗어나 문명한 사회에서 안정된 삶을 살아야 할 것이라고 했다. 이에 맞서 루소는 퇴폐적인 문명을 뒤로하고 때 묻지 않은 자연으로 돌아가 순수한 삶을 살아야 할 것이라고 했다. 물론 이들이 직접 공방을 벌인 것은 아니다. 이들 사이에는 한 세기 이상의 시차가 있었다. 이들이 직접 공방을 벌였는가 하는 것은 여기서 중요하지 않다. 중요한 것은 어떻게 이들이 하나의 자연을 놓고 이처럼 상반된 주장을 하게 되었는가 하는 것이다. 그 대답을 우리는 이들 두 철학자의 상반된 자연관에서 찾을 수 있다. 홉스는 자연 상태를 최악의 것으로 받아들였다. 반대로 루소는 자연 상태를 최선의 것으로 받아들였다.

니체도 자연으로 돌아갈 것을 주장했다. 자연으로의 복귀를 이상으로 했다는 점에서 그는 루소 편에 섰다. 그러나 루소의 주장을 그대로 받아들이지 않았고 홉스의 견해를 일방적으로 거부하지도 않았다. 그는 "자연으로 돌아가라!"라는 말을 루소에게서 차용했지만 돌아갈 자연이 어떤 자연인가 하는 부분에서 그와 충돌했다. 그는 루소가 자연을 미화함으로써 자연을 왜곡했다고 보았다. 루소와 달리 니체는 자연을 힘에의 의지가 지배하는 거칠고 매정한 현실로 받아들였다. 이 점에서 그는 오히려 홉스에 가까웠다. 그러나 홉스가 말하는 문명한 사회로의 진입은 받아들이지 않았다.

니체는 루소와 홉스를 알고 있었다. 그 가운데 그가 일찍부터 주목한 것은 루소였다. 그는 루소에게 적지 않은 사상적 자극을 받았지만 반감을 느끼기도 했다. 앞에서 자연과 도덕의 문제를 다루면서 우리는, 니체가 1870년 중반에 《인간적인 너무나 인간적인》에서 자신이 논의 상대, 자신에게 시시비비를 들려주고 가려줄 상대로서 기대한 네 쌍의 철학자가 있었음을 토로하면서 플라톤과 루소를 그중 한 쌍으로 들었다는 것을 살펴보았다. 그 무렵 그에게 루소는 그만큼 중요했다.

니체는 그에 앞서 《반시대적 고찰》에서 그의 시대가 정립한 인간상을 세 유형으로 정리한 바 있다. 루소형 인간, 괴테형 인간, 쇼펜하우어형 인간이 그것이다. 그는 이 중에서 루소형 인간을 오만한 계급과 무자비한 부에 억압당하고 짓눌린 인간, 사제와 불량한 교육에 의해 타락한 인간, 우스꽝스러운 풍습으로 인해 수치심을 느끼는 인간, 곤경에 빠져 '신성한 자연'을 외쳐대는 한편 예술과 학문 등 다채로운 장식들을 비웃고는 주먹으로 벽을 치는 인간으로 묘사했다.[1] 그리고 다시 《인간적인 너무나 인간적인》으로 돌아와, 고양된 인간의 성전이 저절로 솟아오르리라는 믿음에서 기존 질서의 전복을 불을 토하듯 웅변조로 촉구하는 정치·사회적 몽상가 이야기를 하면서 그같이 위험한 꿈 속에 인간 본성의 선함을 믿는, 그리고 그 같은 믿음에서 모든 책임을 문화에 돌리는 루소 미신의 여운이 있다고 했다. 덧붙여 그의 열정적인 어리석음과 반쯤의 거짓말이 혁명의 낙관주의를 불러왔다고 했다.[2] 그런가 하면, 이 루소형 인간으로부터 격렬한 혁명을 재촉하는 힘이 분출되었으며 여전히 분출되고 있다고 했다. 사회주의가 일으키고 있는 온갖 전율과 지진에는 에트나 산에 생매장된 채 불을 뿜어대는 늙은 기간테스 티폰처럼 불을 토해내는 루소형 인간이 있다고도 했다.[3]

니체에게 루소와 같은 인간은 자신의 약점과 결함과 악덕을 재능의 자양분으로 이용할 줄 아는 인간이었다. 루소는 사회의 부패와 타락을 문화의 혐오스러운 산물로 보아 개탄했다. 니체는 그런 개탄의 이면에 루소 자신의 쓰라린 경험이 있으며 그 경험이 그를 신랄하게 만들어 이것저것 비난하는 일에서 날을 세우게 하는 한편, 그의 화살에 독을 칠해주었다고 했다. 나아가, 그럼으로써 그는 한 개인으로서 져야 할 책임을 모면하게 되었고, 직접적으로는 사회에게, 그러나 사회를 매개로 하여 간접적으로는 자신에게 필요한 치료제를 찾을 생각이었다고 했다.[4]

---

1 KGW III 1, 365쪽, *Unzeitgemässe Betrachtungen III*, Schopenhauer als Erzieher 4 ; 니체 전집 2, 428쪽,《반시대적 고찰 III》, 교육자로서의 쇼펜하우어 4.

2 KGW IV 2, 309쪽, *Menschliches, Allzumenschliches I*, Achtes Hauptstück : Ein Blick auf den Staat 463 ; 니체전집 7, 369쪽,《인간적인 너무나 인간적인 I》, 제8장 : 국가에 대한 조망 463.

3 KGW III 1, 365쪽, *Unzeitgemässe Betrachtungen III*, Schopenhauer als Erzieher 4 ; 니체 전집 2, 428쪽,《반시대적 고찰 III》, 교육자로서의 쇼펜하우어 4.

4 KGW IV 2, 361쪽, *Menschliches, Allzumenschliches I*, Neuntes Hauptstück : Der Mensch mit sich allein 617 ; 니체전집 7, 432쪽,《인간적인 너무나 인간적인 I》, 제9장 : 혼자 있는 사

루소가 외면할 수 없는 중요한 인물이기는 했지만 니체는 그를 좋게 생각하지 않았다. 그러나 같은 문제를 갖고 있던 터여서 그를 비켜 갈 수가 없었다. 그는 루소와 곳곳에서 부딪쳤다. 그의 말대로 루소와 티격태격하지 않을 수 없었던 것인데, 이 티격태격은 1880년대에 그가 자연으로의 복귀를 시대적 소명으로 받아들이면서 절정을 맞게 되었다.

니체가 벌인 루소와의 실랑이는 그의 글 곳곳에 자취를 남겼다. 영향이라 불러 무방한 것들이지만 긍정적인 의미에서는 아니다. 이 영향은 루소를 연구하는 학자들 쪽에서도 강조되어왔다. 이를테면, 루소 전기작가 홀름스텐G. Holmsten은《장 자크 루소Jean-Jacques Rousseau》에서 칸트, 실러, 괴테, 톨스토이와 함께 니체의 이름을 대면서, 이들을 루소의 사상적 제자들로 볼 수는 없지만, 이들 모두는 루소에게 영감을 얻어 사상적으로 풍요해지고 같은 소명에 눈뜨게 되었다는 자크만의 글을 소개하고 있다.[5] 일방적인 데가 있기는 하지만 틀린 해석은 아니다.

니체는 루소와 달리 홉스와는 일정한 거리를 두고 있었다. 루소와 니체 사이에도 한 세기 이상 차이가 났지만 니체는 로만주의와 프랑스 혁명이라는 시대적 현안에다가 문명에 대한 좌절이라는 경험 또한 그와 공유하고 있었다. 그와 달리 두 세기 반 이전 사람인 홉스는 니체와는 다른 시대를 다른 방식으로 살았던 철학자로서 그만큼 거리가 멀었다. 그 탓인지, 니체는 홉스의 사상에 특별히 주목하지는 않았던 것으로 보인다. 홉스가 영국인이라는 점도 한몫했을 것이다. 니체는 라틴 기질과 문화에 대해서는 호감을 갖고 있었다. 생명 에너지를 있는 그대로 발산하는 건

람 617.

5 G. Holmsten, *Jean-Jacques Rousseau* (Reinbek : Rowohlt Taschenbuch Verlag, 1982), 156쪽.

강하며 자유분방한 삶의 방식 때문이었다. 반대로 영국 기질과 문화에 대한 평가에서는 매우 인색했다. 그는 영국인을 궁핍한 환경에서 고작 생존을 최고의 가치로 받아들이는 소인배로 깎아내렸다.

홉스를 비판하면서 니체는 그가 흄, 로크와 함께 '철학자'라는 말의 의미와 가치를 끌어내렸다고 했다.[6] 모두 영국 철학자들로서 하나같이 철학의 품격을 손상시켰다는 것이다. 근거 없는 낙관주의를 비웃은 니체였지만 그에게 웃음만은 고양된 정신의 표현이었다. 그런 웃음을 생각 없는 자나 하는 짓거리 정도로 취급하는 사람들이 영국인들이다. 그리고 그런 영국인의 한 사람이 웃음은 인간 본성이 지닌 나쁜 결함이니 생각 있는 사람이라면 모두 웃음을 극복하려 노력해야 할 것이라고 한 홉스였다. 웃음에도 등급이 있다. 니체는 철학자에게는 황금의 웃음에 이르기까지 웃음의 위계가 있다고 했다.[7] 이 위계에서 볼 때 웃음을 잃은 영국인, 그 가운데 홉스는 격이 떨어질 수밖에 없다.

니체는, 루소는 자연을 미화함으로써, 홉스는 자연을 벗어나야 할 것으로 여김으로써 자연을 왜곡했다고 비판했다. 그리고 자신은 그 같은 비판을 통해 두 철학자의 잘못을 바로잡아 주었다고 믿었다. 그러나 그것은 니체의 판단이고, 사실 그는 그 자신이 생각한 것 이상으로 이 두 철학자에게 빚을 졌다. 무엇보다도 이들과의 대결이 그에게 사색의 동기와 함께 방향을 제시함으로써 그의 자연관 전개에 생산적으로 기여했다는 점에서 그렇다. 니체의 자연관을 다룰 때 이 두 철학자의 자연 이해를

---

6 KGW VI 2, 203쪽, *Jenseits von Gut und Böse*, Achtes Hauptstück : Völker und Vaterländer 252 ; 니체전집 14, 255쪽, 《선악의 저편》, 제8장 : 민족과 조국 252.
7 같은 책, 246쪽, Neuntes Hauptstück : was ist vornehm? 294 ; 같은 책, 310쪽, 제9장 : 고귀함이란 무엇인가? 294.

함께 검토하게 되는 이유가 여기에 있다.

그러나 논의를 보다 깊이 있게 하려면 역사를 더 거슬러 올라가야 한다. 자연의 문제를 심도 있게 제기한 것은 고대 그리스 철학자들이었다. 여기서 고대 그리스 철학자들이란 물고 물리는 논전 속에서 자연에 대한 후속 논의의 기틀을 제공했을 뿐만 아니라 방향 또한 제시한 소크라테스 시대의 철학자들을 가리킨다. 자연에 대해 할 수 있는 이야기 대부분은 그때 이미 이야기되었다.

당시 그리스 철학에서 쟁점이 되었던 것의 하나가 자연 상태를 가리키는 피지스physis가 우선이냐, 종교와 도덕, 습속과 법질서, 제도 등 인위적인 것을 가리키는 노모스nomos가 우선이냐 하는 것이었다. 논쟁의 중심에 피지스를 노모스에 맞세우고 피지스 편에서 힘의 논리를 전개한 칼리클레스가 있었다. 칼리클레스는 플라톤의 대화록에 나오는 인물로, 자연에서의 힘의 지배를 정당화하는 한편, 노모스를 파기하고 자연으로 돌아가야 한다는 주장을 폈다. 홉스에 앞서 자연을 힘이 지배하는 세계로 받아들인 것이 그였으며 루소에 앞서 자연으로 돌아갈 것을 주장한 것역시 그였다. 이 둘을 합하면 니체의 주장이 된다. 이 예사롭지 않은 일치를 어떻게 받아들여야 할 것인가. 니체가 칼리클레스의 영향 아래 힘이 지배하는 세계를 자연으로 받아들이고 그 자연으로 돌아갈 것을 주장한 것이 아닐까. 칼리클레스가 니체에게 홉스와 루소에 대한 논박의 토대를 제공한 것이 아닐까. 여기서는 먼저 칼리클레스의 자연관을 살펴보는 것이 순서다.

1. 칼리클레스의 '힘이 지배하는 자연'

노모스는 당시 도덕과 습속 그리고 법질서가 그렇듯이 개인적인 것에서 신적인 것에 이르기까지 보편성을 띤 것으로 널리 간주되고 있었다. 이에 맞서 노모스에 과연 그런 보편성이 있는가 하는 의문을 제기한 사람들이 나왔다. 소피스트들이었다. 그들은 여러 지역을 편답하며, 도덕과 습속 그리고 법질서가 때와 장소에 따라 어떻게 달라지는가를 생생하게 체험한 철학자들이었다. 그런 그들로서는 때와 장소에 구속되지 않는 보편적 노모스를 인정할 수가 없었다. 그들에게 노모스는 사람이 만들어낸 약속이나 규약에 불과했다.

그렇다고 해서 그들이 보편적인 것이 없다고 본 것은 아니었다. 있되, 사람이 지어낸 노모스가 아니라 피지스에 있다는 것이었다. 자연의 법이라고 할 수 있는 이법이 바로 그 보편이라는 것으로서, 그들은 있는 그대로의 피지스를 '참'으로 받아들이는 한편, 사람이 이해관계에 따라 만들어낸 노모스는 거짓으로 여겨 물리쳤다.[8]

소피스트들은 이 노모스가 피지스를, 나아가 사회 구조 전제를 훼손해왔다고 보았다. 플라톤의 대화편 《프로타고라스》에 소피스트 히피아스가 "피지스에 의하면 우리는 동족이요 친구이자 같은 시민이지만 노모스에 의하면 그렇지 않다. 피지스에 따르면 닮은 것은 닮은 것과 동족이되지만 인간 위에 군림하는 폭군인 노모스가 피지스에 반하여 많은 것을 강제하고 있다"[9]고 말한 것으로 되어 있다. 자연 상태에서 인간은 모두

---

8 노모스-피지스 논쟁에 대해서는 G. B. Kerferd, *The Sophistic Movement*(Cambridge University Press, 1981), 111~130쪽 참고.

9 Platon, Sämtliche Werke, E. Grassi (Hrsg), Bd. I, *Protagoras* 337 c~d, 76쪽.

같지만 노모스에 의해 불평등과 함께 다양한 반자연적 사회 구조가 생겨나게 되었다는 지적이다. 히피아스의 말뜻은 노모스는 파기되어야 한다는 것, 이치에 맞는 것은 보편적 자연의 법인 피지스에 따라 사는 삶이라는 것이었다.

소피스트 가운데 보편적 피지스 대신에 인간을 만물의 척도로 삼은 프로타고라스는 예외적인 철학자였다. 그 역시 노모스의 보편성을 인정하지 않고 그것의 상대성을 강조했다. 그러면서도 그는 법과 규약의 필요성을 인정해 사회 계약을 옹호하고 법률에 복종할 것을 권했다. 그에 따르면 원래 인간에게는 자신들의 삶을 꾸려갈 소질이 있었고, 인간은 그 소질에 따라 따로따로 떨어져 살았다. 그러나 곧 위험에 노출되었다. 신체적 조건이 월등한 맹금류들을 주변에 두고 있었기 때문이다. 인간은 맹금류에 맞서 자신을 지켜야 했다. 혼자서는 할 수 없는 일이었다. 그래서 모여 살아야 했다. 인간의 군집 생활은 이렇게 시작되었다. 그 덕에 인간은 외부 위협에 효과적으로 대처할 수 있게 되었지만 예기치 못한 문제가 뒤따랐다. 이해관계가 다른 사람들이 모여 살면서 갈등이 생겨났고 갈등이 심화되면서 내부 결속이 깨지게 된 것이다. 갈등이 싹튼데다 내부 결속까지 깨지면서 인간 자신도 서서히 파괴되어갔다. 사태가 이쯤 되자 제우스가 나섰다. 그는 인간을 깨우쳐 부끄러움이 무엇인지, 정의가 무엇인지 알게 했다. 그러자 인간 사이에 상호 존중과 질서가 확립되고 평화가 다시 찾아왔다.[10] 프로타고라스의 주장은 피지스만으로는 되지 않는다는 것, 상대적인 것일망정 노모스가 인간 사회 유지를 위해 필요하다는 것이었다.

---

10 같은 책, 322 a~d, 63쪽.

이를 칼리클레스가 반박하고 나섰다. 그는 노모스를 처음부터 반자연적인 것으로 규정했다.[11] 《고르기아스》에서였다. 거기서 그는 동물의 세계나 인간의 세계, 그리고 국가나 종족 사이의 분쟁에서 볼 수 있듯이 정의의 기준은 노모스가 아니라 힘, 즉 피지스라는 주장을 폈다. 그는 "생각건대……피지스는 고매한 인간이 열등한 인간보다, 유능한 인간이 무능한 인간보다 더 많이 소유하는 것이 정의라는 것을 입증한다. 여타 동물이나 모든 국가와 인간 종족에서도 그렇다는 것을, 보다 우량한 인간이 보다 열등한 인간을 지배하고 더 많은 것을 소유하는 것이 정의가 된다는 것을 다양한 경로로 보여준다"[12]고 했다. 결국 강자는 더욱더 많은 것을 갖게 되며 자신의 힘과 풍요를 만방에 떨치게 된다는 것이다. 자연에서는 힘의 지배가 자연스러운 것이고, 자연에 법이 있다면 힘이 곧 법이라는 주장이다.

《고르기아스》에서 칼리클레스는 소크라테스와 그 밖의 사람들의 말상대로 나온다. 그는 이 작품에만 나오는 인물로서 그에 대해 따로 알려져 있는 것은 없다. 힘이 법이 된다는 주장을 펴면서 그는 노모스 뒤에는 강자에 맞서 구차할망정 자신들의 이익을 돌보려는 다수의 열등한 인간들의 책략이 숨어 있다고 말한다. "힘없는 자들과 거대한 대중이 노모스를 제공한다. 자신들을 고려하고 무엇이 득이 되는지를 고려해 저들은 노모스를 칭송되어 마땅한 가상한 것과 비난받아 마땅한 고약한 것으로 규정한다. 그리고 보다 많은 것을 소유할 수 있는, 보다 힘센 자들을 겁주기 위해, 자신들보다 더 많은 것을 소유하는 일이 없게 할 요량으로 저들

---

11 Platon, Sämtliche Werke, E. Grassi (Hrsg), Bd. I, *Gorgias* 484 a, 239쪽.
12 같은 책, 483 d, 239쪽.

은……다른 사람들보다 더 많이 소유하려 애쓰는 것은 부당한 일이라고 말한다."[13] 나아가 그는 저들 힘없는 자들과 대중이 노모스를 무기로 마치 사자를 길들여 고분고분하게 만들듯 힘센 자를 길들이기를 꾀해왔다고 했다.[14]

이와는 달리 약자가 아니라 강자가 약자에 대한 지배를 공고히 하기 위해 노모스를 만들어냈다는 주장을 편 소피스트가 있었다. 트라시마코스였다. 그는 정의는 힘 있는 자의 이해관계에 따라 결정될 뿐이라고 말하고, 어느 국가가 폭군의 지배하에 있건 귀족주의 또는 민주주의 통치 아래 있건 결국은 지배자가 자신의 득실을 고려해 자신의 이익을 돌보는 방향으로 법과 같은 노모스를 제공하게 된다고 주장했다.[15] 노모스는 오히려 지배적 위치에 있는 강자들이 만드는 지배 도구라는 것이다. 물론 누가 강자인지는 지배 체제에 따라 다를 수 있다. 왕일 수도 있고 귀족일 수도 있으며 인민일 수도 있다. 칼리클레스와 트라시마코스, 누가 옳았는가? 니체의 관점에서 볼 때 칼리클레스였다.

칼리클레스는 플라톤 연구에서 때때로 이야기되어왔고 근·현대 철학에서 그와 유사한 주장을 편 철학자들을 다룰 때 사상적 원류라든가 전형으로서 재조명되고는 했지만 그의 사상이 독자적 철학으로 따로 천착된 경우는 드물다. 철학 밖에서는 잘 알려져 있지도 않은 인물이다. 심지어 실제 인물이 아니었을 것이라는 주장까지 있다. 그런 그가 2,400년의 세월을 뛰어넘어 홀연히 되살아난 것이다. 물론 니체가 그의 사상을 되살렸다고 말할 수는 없다. 그러나 자신의 철학을 통해 칼리클레스를 재

---

13 같은 책, 483 b~c, 239쪽.
14 같은 책, 483 e, 239쪽.
15 Platon, Sämtliche Werke, E. Grassi (Hrsg), Bd. III, *Politeia* 338 a~e, 80~81쪽.

조명하게 함으로써 그의 사상에 새로운 생명을 불어넣어 주었다고는 말할 수 있을 것이다.

니체 철학에 어느 정도 정통한 사람이라면 플라톤 대화록에서 칼리클레스 부분을 읽으면서 니체의 글을 읽고 있다는 느낌을 받을 것이다. 실제로 위에 소개한 칼리클레스의 사상은 그의 이름을 대지 않는다면 니체의 것으로 받아들여도 이상할 것이 없을 만큼 니체적이다. 무엇보다 힘의 논리가 그렇다. 니체에게 있어서도 자연을 지배하는 것은 힘이다. 도덕과 같은 노모스를 열등한 자들의 자기 보존을 위한 자구책으로 본 것, 그것을 통한 약자의 강자 길들이기 술책을 경고한 점에서도 니체는 칼리클레스와 하나였다.

칼리클레스와 니체 사이의 이 같은 사상적 유사성을 어떻게 설명할 것인가. 단순한 우연이 아닐까 생각해볼 수 있다. 그러나 그러기에는 그 유사성이 너무 크다. 그렇다면 이들이 영향 관계에 있었던 것은 아닐까? 영향 관계에 있었다면 당연히 니체가 칼리클레스로부터 영향을 받은 것이 된다. 그러나 그 관계에 대해 우리가 알고 있는 것은 거의 없다. 크뢰너Kröner 출판사에서 나온 니체전집은 물론 가장 최근에 나온 전집인 발터 데 그루이터Walter de Gruyter 사의 《학습판 니체전집Kritische Studienausgabe》[16]에서도 색인에 칼리클레스라는 이름은 나와 있지 않다.

단서가 전혀 없는 것은 아니다. 니체는 1870년대에 바젤에서 여러 학기 동안 플라톤을 주제로 강의를 했다. '플라톤 대화편 연구 입문', '플라톤의 생애와 글에 대해', '플라톤의 생애와 가르침', '플라톤 연구 입문'이 그가 한 강의들이다. 그 가운데 '플라톤 대화편 연구 입문'에서 그는《고

---

16 《고증판 전집Kritische Gesamtausgabe》의 문고판을 가리킨다.

르기아스》를 다루면서 칼리클레스와 소크라테스의 대화를 소개한 바 있다. 이것은 그가 칼리클레스를 알 만큼 알고 있었다는 이야기가 된다. 그리고 그 사상적 배경에서 볼 때, 니체는 니체대로 이 사상적 선구로부터 깊은 인상을 받았을 것으로 보인다. 그 인상은 충격적인 것이었을 수도 있다.

여기서 두 가지 가능성을 생각해볼 수 있다. 하나는 니체가 칼리클레스에게 직접 영향 받았을 가능성이다. 그런데도 니체가 칼리클레스에 대해 입을 다물었다면 니체 자신이 그 영향을 크게 보지 않았거나 그런 상태에서 그 영향을 인정하는 것이 내키지 않았기 때문일 수 있다. 다른 하나는 니체가 이미 독자적으로 칼리클레스와 같은 사상에 이르러 있었을 가능성이다. 그래서 니체는 그의 사상을 자신의 사상을 재확인시켜주는 것 정도로 받아들이고 묵시적으로 동의하는 데 그쳤을 수도 있다. 즉 새삼 칼리클레스를 끌어들일 이유가 없다고 봤을 수도 있다. 그러나 이것은 어디까지나 추정이다.

칼리클레스를 연구한 학자나 철학사가들도 간헐적이기는 하지만 이 문제를 다루어왔다. 그 가운데 칼리클레스와 니체의 사상적 유사성을 부각한 대표적 학자가 도즈E. R. Dodds다. 그는 칼리클레스와 주인의 도덕과 힘에의 의지, 그리고 가치 전도의 사도였던 니체가 피를 나눈 형제라고 했다.[17] 커퍼드G. B. Kerferd 또한 도즈와 나이트A. H. J. Knight를 인용하면서, 니체가 일면 칼리클레스의 학설을 상당 정도 다른 인간들 위에 군림하는 인간이라는 자신의 비전을 위한 모델로 삼았다고 했다.[18] 그런가

---

17 W. K. C. Guthrie, *A History of Greek Philosophy*, Vol. III(Cambridge : Cambridge University Press, 1975), 107쪽 참고.

18 G. B. Kerferd, *The Sophistic Movement*(Cambridge : Cambridge University Press, 1981),

하면 철학사가 히르슈베르거J. Hirschberger도 칼리클레스의 주장 속에서 니체의 음성을 들을 수 있다고 했다.[19] 만약 그가 니체의 주장 속에서 칼리클레스의 음성을 들을 수 있다고 했더라면 순서로 볼 때 더 옳았을 것이다.

2. 홉스의 무자비한 자연

홉스에게 자연은 거칠고 무자비했다. 그는 종교 전쟁과 내란의 와중에서 불안에 떨며 궁핍한 삶을 살았다. 혼란이 극에 달한, 무정부 상태에 가까운 난세에서의 삶이었다. 정치인으로서의 그의 행로 또한 평탄치 않아 그는 10년 넘게 프랑스에서 망명 생활을 했다. 불안과 궁핍과 혼란 속에서 곤고한 삶을 살며 그가 희구한 것은 단 하나, 안정된 삶이었다. 삶이 불안정하고 고될수록 안정된 삶에 대한 그의 희구도 깊이를 더해갔다. 끝내 그는 안정된 삶을 위해서라면 사회적 질서와 평화는 그 어떤 대가를 치르더라도 확립될 가치가 있다고 믿기에 이르렀다.

홉스는 사회의 질서와 평화를 강력한 통치권에서 찾았다. 그는 통치권은 초법적인 최고 권위로서 절대적 힘을 지녀야 하며 모든 것을, 심지어 종교와 도덕까지 그 통제 아래 두어야 한다고 믿었다. 그는 사회의 무질서와 불안이 상당 부분 종교의 분파적 갈등과 도덕적 가치의 혼란에서 기인한다고 보았다. 이럴 때는 통치권이 나서서 종교가 무엇인지를 규정

119쪽.
19 J. Hirschberger, *Geschichte der Philosophie I*(Freiburg i. Br. : Verlag Herder, 1987), 57쪽.

해주어야 하며 무엇이 선이고 악인지, 무엇이 옳고 그른지를 가리는 도덕적 기준을 제시해주어야 한다는 것이 그의 생각이었다.

통치권에는 여러 유형이 있다. 홉스에 따르면 그 가운데 가장 효율적인 것은 군주 한 사람에게 권력이 집중된 군주 정치다. 통치권이 분할될경우 분할된 세력들 사이의 경쟁과 싸움이 불가피하고 그런 경쟁과 싸움이 통치권의 약화로 이어질 것이기 때문이다. 물론 군주 국가 가운데는 예술과 학문을 억압해 원성을 산 경우가 적지 않았다. 그래도 무정부상태의 혼란보다는 낫다. 따라서 현명한 사람이라면 권위에 대한 복종이못마땅하기는 하지만 무정부 상태보다는 낫다는 것을 받아들일 것이다.

통치권은 초법적 권위를 넘어 신성해야 한다. 확립된 통치권에 대한도전은 어떤 명분으로도 용납되어서는 안 된다. 교회가 가르쳐온 것도그것이다. 신약성서에는 "위에 있는 권세에 복종해야 한다. 모든 권세는하느님으로부터 온 것이며……권세를 거역하는 사람은 하느님의 명을거역하는 것이 된다"[20]고 되어 있다.

통치권 확립을 절실히 갈망한 홉스는 어떤 유형의 것이든 그때그때 행사되고 있던 통치권에 철저하게 복종했다. 때는 올리버 크롬웰이 왕과의회 사이의 갈등에서 비롯된 내란을 진압하고 강력한 공화제 통치권을확립해가던 시기였다. 크롬웰은 통치권 확립에 걸림돌이 된다는 판단에서 왕 찰스 1세를 처형했다. 이 소식을 들은 홉스는 지체하지 않고 망명지 파리에서 영국으로 돌아와 크롬웰 정부에 복종했다. 그러다가 크롬웰이 죽고 그 자리를 그의 아들 리처드 크롬웰이 계승하면서 다시 통치권을 둘러싼 분란이 일어났다. 통치자가 군수 통제권을 잃으면서 나라가

---

20 신약성서 〈로마서〉 13장 1~2절.

다시 혼란 상태에 빠져든 탓이었다. 이 와중에 왕정이 복구되고 찰스 2세가 등극했다. 그러자 홉스는 왕을 환영하고, 이번에는 왕의 통치권에 복종했다. 의회에서 왕으로 옮겨 간 것이다. 그에게는 의회든 왕이든 문제될 것이 없었다. 선택의 기준은 단 하나, 강력한 통치권이었다.

통치권을 옹호하면서 홉스는 통치권 밖의 상태가 얼마나 비참한지를 보여주어 사람들을 설득하려 했다. 통치권 밖의 상태가 사회적 규제와 통제가 전혀 없는 자연 상태다. 홉스는 이 자연 상태에서 인간이 겪게 될 비극적 상황을 적나라하게 묘사했다. 그에 따르면 자연 상태에서 인간은 산속의 맹수들과 다를 바 없이 거친 삶을 산다. 살아남기 위해 벌이는 먹고 먹히는 가혹한 싸움 속에서의 삶이다. 그런 인간에게 공공의 안녕 따위는 안중에 없다. 자신의 생존과 이익에 모든 것을 걸 뿐이다. 여기서 인간은 철저한 이기주의자가 된다. 그리고 경쟁심, 자기 확신의 결여, 명예욕 따위로 치열한 싸움터로 내몰린다.[21] 끝내 인간 사이에 폭력이 난무하게 된다. 적이 따로 없고 전선이 따로 없다. 이해관계에 따른 "만인에 대한 만인의 투쟁"이 있을 따름이다. 인간은 서로에게 이리가 되고, 세상은 온통 피와 살이 난무하는 전쟁터가 되고 만다. 자연 상태에서 인간의 삶은 이렇듯 위태롭고 불안하며 외롭고 가엾다. 거기에다 단명하기까지 한다. 이런 상태에서 인간은 결코 사회적 동물(아리스토텔레스)도 이성적 존재(로크)도 될 수 없다.

홉스의 저작 《공민론De Cive》과 《리바이어던Leviathan》에 통치권의 부재로 인해 피폐한 자연 상태와 통치권 확립으로 안정을 구가하는 사회 상태 사이의 대조를 보여주는 삽화와, 강력한 통치권 아래서의 평화로운

---

21 T. Hobbes, *Leviathan* (London : Dent/New York : Dutton, 1976), 64쪽.

삶을 보여주는 삽화가 표제화로 나온다. 책의 내용을 압축해 대변하고 있어 홉스의 통치권 옹호를 이야기할 때 참고하게 되는 삽화들이다.《공민론》삽화에는 무정부 상태를 상징하는 리베르타스libertas와 군주에 의한 통치를 상징하는 임페리움imperium이 나온다. 리베르타스는 헐벗고 피골이 상접한 여인의 모습을 하고 있다. 손에는 줄이 망가져 쓸 수 없게 된 활과 볼품없는 창이 들려 있다. 제 몸 하나 지킬 수 없게 된 여인의 가련한 모습이다. 뒤에서는 참혹한 광경이 전개된다. 강탈과 겁탈이 난무하고 있다. 돌볼 겨를이 없는 농토는 황폐해 있고 산은 헐벗었으며 주민들은 온갖 폭력에 시달리고 있다. 이 같은 무정부 상태에서는 학문은 물론 일상적 사교도 없다. 도덕도 없다. 자기 보존을 위해 행사하게 되는 자유와 권리를 가리키는 자연권이 있을 뿐이다. 이런 상태에서는 누가 무슨 짓을 하든 문제가 되지 않는다. 시시비비할 척도가 있다면 행위자의 욕망 말고는 없다.

임페리움에서는 모든 것이 그 반대다. 임페리움은 왕관을 쓴, 기품과 위엄이 있는 여인으로 나온다. 오른손에는 정의의 상징인 저울을, 왼손에는 힘의 상징인 칼을 들고 있다. 저울로는 옳고 그름을 가리며 칼로는 정의를 구현한다. 그 뒤에는 풍요로운 광경이 펼쳐져 있다. 아름다운 숲이 있고, 정돈된 들에서 사람들이 추수를 하고 있다. 모든 것이 질서정연하며 안정적이다. 거기에는 학문도 있고 사교도 있다. 무엇보다도 도덕이 확립되어 있다. 말 그대로 태평성세다.

이 삽화가 말해주는 것은 인간이 인간다운 삶을 살려면 폭력이 난무하는 참혹한 무정부 상태의 자연에서 벗어나야 한다는 것이다. 어떻게 우리는 그 같은 자연 상태에서 벗어날 수 있는가? 홉스는 먼저 각 개인이 자기 자신을 지키기 위해 마음대로 행사할 수 있는 자연권을 포기하라고 권한다. 그러고 나서 이성의 법이자 신의 법인 자연법에 귀 기울여 법과 질서를 확립하면 될 것이라고 말한다. 여기서 그는 절대 권력을 지닌 권위를 옹립하자는 구성원 상호 간의 신약(信約), 곧 사회 계약을 제안하게 되었다. 그리고 이러한 계약을 통해 성립될 국가 또는 국민에 구약성서 〈욥기〉에 나오는, "이 땅에 그와 겨룰 만한 힘을 지닌 자가 없는" 거대한 영생 동물과 같이 리바이어던이라는 이름을 붙였다.

《리바이어던》에 나오는 삽화는 보다 인상적이다. 왕권과 교권을 자신의 통제 아래 둔 군주가 상단에 나온다. 그는 한 손에는 국가 권력을 상징하는 칼을, 다른 손에는 종교적 권위를 상징하는 목자의 지팡이를, 즉 손잡이가 구부러진 주교의 권장(權杖)을 들고 있고 머리에 왕관을 쓰고 있다. 왕의 몸은 마치 모자이크처럼 수많은 사람들로 되어 있다. 왕 앞에는 풍요로운 산야와 아름다운 마을들과 번창한 도시가 펼쳐져 있다. 도시 한가운데 성전이 우뚝 솟아 있고 성 밖 마을들에는 작은 규모의 성전이 하나씩 있다. 모든 것이 잘 정리되어 있고 평화롭다. 그 아래 열 개의 작은 삽화가 있는데, 견고한 성세에 대포가, 왕권의 상징인 왕관과 교황권의 상징인 삼중관 등이 그려져 있다.

홉스는 통치권 부재가 가져올 삶의 참담한 현실을 적나라하게 그려냈지만 곧 난관에 부딪혔다. 통치권 밖의 세계가 실제 그런지를 확인해 보여줄 길이 없었기 때문이다. 그가 말한 자연 상태는 현실적으로 체험할 수 있는 상태가 아니다. 통치권이 확립되어 있는 문명한 사회에 사는 그 누구도 경험할 수 없는 것이 그런 상태다. 그가 살았던 시대가 혼란이 극에 달해 무정부 상태에 가까웠다고는 하나 국가가 엄연히 존재한 시대로서 자연 상태와는 거리가 멀었다.

그렇다면 자연 상태를 재구성할 길은 없는 것일까. 홉스는 고심했다.

이럴 때 할 수 있는 일이 있다면 통치권 출현 이전의 원시 상태를 머릿속에 떠올려보는 정도가 될 것이다. 그러나 그 누구에게도 없는 것이 그런 상태에 대한 기억이다. 게다가 그런 상태가 국가 형성 이전의 역사의 한 단계로서 이미 극복되어 있다면 더 이상 문제 될 것도 없다. 새삼 그것을 떠올릴 이유가 없다.

그는 자연을 다루는 자연과학자와 인간의 자취를 추적하는 역사학자들에게 자연 상태의 재구성을 기대했었다. 그러나 더 이상 그 같은 기대를 할 수 없게 되자 그 스스로 방법을 찾을 수밖에 없었다. 이때 그가 생각한 것이 통치권이 붕괴되어 공권력이 존재하지 않는 상태에서의 삶을 재구성해보는 것이었다. 소극적인 방식으로서, 현존하는 국가가 행사하는 통치권의 권위와 구속력이 소멸할 경우 인간이 필연적으로 처하게 될 상황을 머릿속에서 상상해보는 것이었다. 방법은 간단하다. 국가의 통치권 아래에서 인간이 습득한 것 하나하나를 옷을 벗겨내듯 벗겨내어 인간의 맨살을 드러내보는 것이다.

홉스는 이 방법에 따라 시민 사회의 속박을 풀고 오늘날의 사회를 원자적 부분으로 해체해보았다. 그리고 나서 통치권 밖의 부분들의 상태가 어떻게 되는지를 생각해보았다. 여기서 원자적 부분이란 인간 개개인과 그들의 행동 하나하나를 가리킨다. 실험 과학 방식의 하나로서 홉스는 이 방식을 갈릴레이에게 배웠다. 이 방식의 차용은 홉스가 국가를 인간의 기술에 의해 창조된 리바이던으로 받아들였기 때문에 가능했다. 그러나 그렇게 재구성된 자연 상태는 처음부터 한계가 있었다. 아무리 그럴 싸해도 가설적 성격의 것일 수밖에 없었기 때문이다. 홉스는 더 나아갈 수가 없었다.

이렇게 하여 홉스의 자연 상태는 사실도 현실도 아니고 소극적 방식으로도 재구성할 수 있는 것도 아닌 것이 되고 말았다. 여기서 자연 상태란 시민 사회에 선행하는 논리적 조건이자 구성물에 그치게 되었다. 이에 홉스는 공권력이 없는 곳의 생활 양식을 생각해볼 수는 있지만 전쟁으로 점철된 자연 상태라는 것이 일찍이 존재하지 않았다고 생각할 수도 있고, 설혹 그런 상태가 있었다 하더라도 일반적인 것이었다고는 보지 않는다고 한 발 물러서게 되었다.

3. 루소의 아름다운 자연

루소는 홉스와 정반대의 자연을 캔버스에 그렸다. 홉스가 잿빛으로 어둡고 차가우며 비정한 황무지를 그린 데 반해 루소는 녹색으로 밝고 온화하며 사랑이 넘치는 동산을 그렸다. 그에게 자연은 생명이 충만한 풍요롭고 아름다운 전원이었다. 그는 홉스의 시민 사회에 자연 상태를, 사회적 인간에 자연적 인간을 맞세웠다. 그러고는 홉스가 주장한 '자연 상태로부터 시민 사회로'라는 방향을 되돌려, 사회적 속박에서 벗어나 자연으로 돌아가 건강한 삶을 살아야 할 것이라고 했다.

현실 정치 사회의 극심한 혼란에서 기인한 불안감과 우려에서 출발한 홉스와 달리 루소는 지나치리만큼 문약하고 퇴폐한 문명사회에 대한 혐오에서 출발했다. 그가 소망한 것은 사회적 질서와 평화가 아니라 영혼의 안식이었다. 영혼의 안식을 소망하면서 그가 마음에 둔 것이 곧 문명의 발길이 미치지 못하는, 문명 저편의 목가적 자연이었다.

루소는 문명을 단죄했다. 문명을 도덕적으로나 지적으로나 어리석고 열등한 것으로 폄훼했다. 특히 사치스럽고 문란한 궁정 문화와 그런 문화 저변의 허영과 위선을 비판했다.《학문예술론Discours sur les sciences et les arts》1부와 2부에서였다. 거기서 그는 그 같은 악덕의 출처로 학문과 예술을 지목했다. 그리고 그 뿌리로 인간의 욕망을 들었다. 천문학은 미신에서, 웅변은 야망과 증오와 아첨과 거짓에서, 기하학은 탐심에서, 물리학은 공허한 호기심에서, 그리고 도덕은 명예심에서 생겨났다는 것이다.[22]

루소는 자연을 무한히 동경했다. 그는 퇴색한 도시의 복잡하고 위선적이며 퇴폐적인 삶에 농촌의 단순하고 정직하고 힘찬 삶을 대비시켰다. 이 대비를 상징적으로 보여주는 것이 사치한 궁중인과 소박한 농부였다. 자연에 대한 이 같은 동경의 바탕에는 이성에 대한 불신과 함께 감성에 대한 무한한 신뢰가 있었다. 루소는 계몽사상가의 한 사람이었다. 그러나 이성 대신에 감성을 내세운 점에서 남다른 계몽사상가였다.

루소에 의하면 문명 이전의 인간은 사랑을 일깨우고 자연의 아름다움에 눈뜨게 하는 감성에 따라 건강하고 평화로운 삶을 살았다. 그러다가 문명의 출현으로 건강과 함께 평화를 잃고 퇴폐적인 삶을 살게 되었다. 화근은 추상 따위로 감성을 파헤쳐 감성의 힘을 고갈시켜온 이성이었다. 이성의 빛이니 뭐니 하지만 이성이 세계 개선과 의미 있는 삶의 추구에 실제로 기여한 것은 없다고 그는 단언했다. 끝내 그는 이성에 대한 불신을 넘어 이성 무용론까지 펴게 되었고, 이로써 이성의 시대 한복판에서 이성에 도전한 반동의 사상가가 되었다.

루소의 이성 무용론은 무지에 대한 예찬으로까지 발전했다. 인간의 지

---

22 J.-J. Rousseau, *Über Kunst und Wissenschaft, J.-J. Rousseau, Schriften zur Kulturkritik*, übersetzt von K. Weigand(Hamburg : Felix Meiner Verlag, 1978), 31쪽.

적 오만과 천박함을 비웃고 따뜻한 심장을 간직하고 있는 문맹자야말로 하느님의 말씀을 바르게 이해할 수 있다고 믿어 지식 일반에 반대했던 16세기의 문맹파를 연상시키는 무지 예찬이었다. 그런 그에게 이성을 근본 원리로 삼아 이성의 왕국을 건설하려 한 동료 계몽사상가들은 엉터리 약장수에 불과했다. 그리고 지식의 보고였던 알렉산드리아 도서관의 파괴와 분서는 후대 인간을 지식의 멍에에서 해방시킨 역사적 사건이었다.

루소의 무지 예찬은 '고매한 미개인'에 대한 예찬에서 절정에 이르렀다. 고매한 미개인은 그가 《에밀*Émile*》을 쓰면서 심중에 두었던 이상적 인간으로, 신세계가 발견되면서 유럽에 널리 소개된 '자연 속의 인간'을 가리킨다. 출전은 당시 신세계를 다녀온 탐험가나 선교사들의 보고서와 편지 등이었고, 내용은 신세계 원주민들은 미개할망정 숲 속에서 평화로운 삶을 살고 있다는 것, 재산을 따로 모으지 않아 소유의 많고 적음에서 오는 갈등이 없다는 것, 금은 같은 보화도 대수롭지 않게 여겨 탐심이 없다는 것, 학문과 예술 같은 것들이 없어 깊은 사색과 피곤한 독서는 물론 심각한 궁리 따위로 건강한 감정을 해치는 일이 없다는 것, 남녀 사이의 관계도 지극히 단순하고 본능적이어서 그것을 둘러싼 갈등 또한 없다는 것 등이었다. 게다가 그곳 자연 속의 인간들은 주로 본능에 의존하는 삶을 살고 있어서 매사 안정적이며, 그들의 본능이 확실성에서 동물의 본능에 미치지는 못하지만 그들은 이 부족한 부분을 뛰어난 관찰과 모방으로 메워간다는 것이었다. 이들 전거에 따르면 그곳 자연 속의 인간에게는 부족한 것이 없다. 지배자도 없고 피지배자도 없다. 자연은 풍요로우며, 인간 또한 모두가 평등하고 자유롭다. 에덴동산에서 아담과 하와가 누렸던 삶이 그런 삶이었을 것이다.

루소의 자연 예찬은 문명한 세계 속에서 피곤한 삶을 살고 있던 당시 사람들에게 깊은 인상을 남겼다. 동감하는 사람들이 많았다. 그러나 비판하는 사람들도 적지 않았다. 이들은 출전을 문제 삼았다. 그 무렵 현지 보고나 편지에는 열광과 탄성으로 장식된 것이 많았지만 비판적인 내용을 담은 것도 적지 않았다. 신대륙의 자연 속의 인간들이 겉모습과 달리 거칠다는 것, 품성이 이기적이며 잔인하기까지 하다는 것, 거기에도 온갖 계급이 있고 금기와 같은 규제와 제한이 있다는 것 등이었다. 정작 일찍이 그 점을 간파하고 있던 사람은 홉스였다. 그는 《리바이어던》에서 무정부 상태, 전쟁 상태에서 금수와 같은 삶을 사는 인간의 예를 든 바 있는데 이때 그가 그런 인간으로 든 것이 바로 신대륙의 야만인들이었다.[23] 실제로 그곳 자연 속의 인간이 온갖 위협에 노출된 상태에서 힘든 삶을 살고 있다는 사실이 하나 둘 밝혀지고 있었다.

루소의 자연관을 비판하고 나선 사람들은 그의 자연 예찬이 감동적이기는 하지만 환상에 불과하다고 반박했다. 녹색의 자연은 물론 자연 속의 고매한 인간도 문명에 지친 인간의 눈에 비친 허상에 불과하다는 것이었다. 이런 비판에 물러설 루소가 아니었다. 그는 자신의 주장을 뒷받침하는 일에 힘을 기울였다. 그러나 좀처럼 길이 열리지 않았다. 고심 끝에 그는 비교해부학과 인종학에 눈을 돌려보았다. 거기에 아름다운 자연이라는 자신의 자연관을 뒷받침해줄 이론적 근거가 있지 않을까 해서였다. 그러나 별다른 소득이 없었다. 확신이 서지 않은 것이다. 그러자 그는 심리학적 내성으로 눈을 돌려보았다. 인간 내면에 또 다른 의미의 자연이 들어 있다는 믿음에서였다. 그는 인간 내면에 길이 있다고 믿어 인간을 바라보지 말고 들여다볼 것을 권하게 되었지만, 곧 한계가 드러났다.

---

23 T. Hobbes, *Leviathan*, 65쪽.

인간의 내면을 들여다본다고 하지만 그때의 자연 역시 문명화된 시선에 들어와 있는 세계에 불과할 것이기 때문이었다.

난관에 부딪힌 루소는 다른 길을 모색하게 되었다. 이번에는 일종의 사고 실험이었다. 오늘날의 인간에서 출발해, 인간이 오랜 사회적 발전 과정에서 습득한 초자연적인 소질과 습성과 능력을 마음속으로 하나하나 제거해보는 것이었다. 이는 일찍이 홉스가 자연 상태를 재구성하려 시도했던 것과 흡사한 방법으로서, 문명의 때를 말끔히 씻어낸 후 인간의 진화를 실험적으로 재구성해보겠다는 것이었다. 《불평등 기원론 *Discours sur l'origine de l'inégalité parmi les hommes*》에서였는데 결과는 마찬가지였다. 그렇게 재구성된 자연 상태 역시 문명한 사회로부터 도출해낸 추상에 지나지 않기 때문이다. 결국 그가 묘사한 아름다운 자연은 조건적이고 실험적인 성격을 벗어날 수 없게 되었다.

이를 두고 비판자들은 루소가 말하는 자연은 환상일 뿐이며 자연으로의 복귀 또한 몽상가의 꿈일 뿐이라고 지적해왔다. 그가 말하는 자연은 마치 소생할 가망이 전혀 없는 불치병 환자가 병상에 누워 마음속으로 그리는 완전한 건강 상태처럼 문명에 지친 인간이 불태우는 실현 불가능한 꿈일 뿐이라는 것이었다.

그러나 루소는 포기하지 않았다. 아름다운 자연이 그의 철학의 전제였기 때문에 그 철학 전부를 포기하지 않는 한 물러설 수가 없었던 것이다. 그는 집요하게 자연 상태에 이르는 길을 찾았다. 그때 그의 눈에 들어온 것이 자연적 가치였다. 그는 그 같은 가치가 우리를 자연 내부로 인도할 수 있다고 믿었다. 그리고 그런 가치로 자유와 평등을 들었다. 자유와 평등을 구현함으로써 자연에 다가갈 수 있다고 믿은 것이다. 문제는 어떻게 자유와 평등을 구현하는가 하는 것인데, 역설적으로 그는 그 길을 사회 계약을 토대로 한 사회나 국가의 형성에서 찾았다. 이후 그는 자연적 가치를 기반으로 한 사회 계약의 필요성을 강조하게 되었다. 여기서 우리는 홉스의 사상적 행로의 일단을 보는 듯하다.

루소는 자연적 가치는 일반 의지 속에서 구현된다고 보았다. 일반 의지는 전체 의지와 다르다. 전체 의지가 사적 이익의 총화라면 일반 의지는 공통의 이익의 총화다. 이들 두 의지는 하나가 될 때도 있지만 서로 충돌할 때도 많다. 하나가 될 때 이들 두 의지는 모두가 추구해야 할 이상이 되며 도덕의 표준이 된다. 이렇게 확립된 일반 의지를 바탕으로 자연적 가치를 보장해주면 된다. 이것은 국가의 몫이다. 물론 국가의 형태에 따라 그 보장의 정도가 다를 수 있다. 일반 의지의 구현이라는 과제에서 볼 때 왕이나 귀족이 지배하는 국가는 최선이 될 수 없다. 최선은 국민 투표에 의한 일반 인민의 정부다. 결국 루소도 국가를 끌어들이게 되었다. 통치권의 분할에서 오는 힘의 약화를 우려해 한 사람에 의한 군주 정치를 선호했던 홉스와 정반대의 선택을 했을 뿐이다.

물론 이것도 자연적 가치라는 것을 인정했을 때의 이야기다. 자연에 자유와 평등 같은 가치가 있는가를 입증해야 했지만, 루소는 여기서도 자연 상태를 그려내는 과정에서 부딪혔던 것과 같은 난관에 부딪히고 말았다. 결국 일관성 있는 주장에도 불구하고 그의 아름다운 자연은 가설 수준에 머물 수밖에 없었다. 이 점에서 그는 홉스의 전철을 밟고 말았다.

4. 니체의 '있는 그대로의 자연'

홉스는 자연을 최악의 것으로, 루소는 최선의 것으로 그렸다. 최선이든 최악이든 그것은 인간의 이해관계에 따른 도덕적 규정일 뿐 실제와는 거리가 먼 것들이다. 그 자체로 볼 때 선할 것도 악할 것도 없는 것이 자연이다. 홉스와 루소가 그린 자연도 곤궁하고 궁핍한 삶에 지친 자의 눈에 비친 자연과 로만주의적 편력자의 감상적 눈에 비친 자연에 불과하다.

형이상학적으로 왜곡된 자연을 거부한 니체는 도덕적으로 채색된 자연도 거부했다. 그는 자연을 가감 없이 있는 그대로 받아들였다. 이 있는 그대로의 자연은 평화로운 동산이 아니다. 일종의 싸움터다. 자연 속의 모든 것들은 자신을 지키고 자신을 전개하기 위해 다른 것들과 경쟁을 한다. 이는 목숨을 건 무한 경쟁으로, 여기서 용서와 화해를 모르는 격한 싸움이 일어난다. 자연은 관용을 모른다. 무자비하고 가혹하기까지 하다. 인간의 경우, 다른 인간들은 싸움을 하고 있는 적이거나 하게 될 잠재적 적이다. 여기서 만인은 만인의 적이 된다. 인간은 이리가 되어 서로에게 이빨을 간다. 여기까지는 홉스가 옳았다.

그러나 홉스가 잘못 본 것이 있다. 자연이 궁핍한데다 헐벗어, 보기에 끔찍하다는 것이 그것이다. 끔찍하다는 점에서는 니체의 자연도 마찬가지지만 그것은 궁핍하고 헐벗어서가 아니다. 자연은 활력이 넘친다. 주체할 수 없을 만큼 많은 에너지를 갖고 있다. 여차하면 그 에너지를 폭발시키게 되는데 그만큼 자연은 풍요롭다. 풍요롭다 못해 호화롭기까지 하다. 게다가 당당하고 장엄하다. 이 풍요로운 자연을 홉스는 오해했다. 자연을 오해했다는 점에서는 루소도 마찬가지였다. 방향이 달랐을 뿐이다. 루소는 자연을 인류에 대한 감상적 사랑과 박애 따위로 미화함으로써 그것에 회칠을 하고 말았다. 어떻게 이 같은 자연 왜곡이 일어나게 되었는가? 인간 자신의 눈으로, 이해관계에 따라 자연을 읽어온 탓이다. 그런 자연에서 인간이 만나게 되는 것은 온갖 이해관계에 얽혀 있는 인간 자신이다. 니체에 따르면, "처음에 인간은 자연 속에 자신을 투영했다. 인간은 자신이, 자신과 동일한 것들이, 이를테면 사악하고 변덕스러운 자신들의 기질이 도처에, 구름, 폭풍, 맹수, 나무, 풀 속에도 숨어 있다고 보았다. 여기서 인간은 '악한 자연'이란 것을 생각해내게 되었다. 그러고 나서 투영된 자신을 다시 자연에서 끄집어내게 된 시대, 루소의 시대가 왔다. 이제 인간은 서로에 대해 너무 지겨워졌고, 그러면서 인간으로서 느끼는 고통이 전혀 없는 세상 깊숙한 곳을 찾게 되었다. 그렇게 하여 '선한 자연'이란 것을 생각해내게 되었다".[24]

선한 자연이란 루소가 도피처로 생각해낸 것에 불과하다. 그런 자연은 존재하지 않는다. 비록 궁핍한 것으로 보기는 했지만 사실에 보다 가까운 것은 홉스의 자연이다. 힘이 지배하는 세계로 보았다는 점에서 그러하다. 그러나 그런 자연을 벗어나야 할 것으로 봄으로써 홉스는 길을 잘못 잡고 말았다. 길을 제대로 잡은 것은 루소였지만, 그는 돌아갈 자연을 미화해 왜곡함으로써 참자연에 이르는 길에서 벗어나고 말았다.

니체의 자연은 있는 그대로의 자연이다. 그것은 역사의 한 단계도, 소극적 방식으로 재구성된 논리적 선행 조건도, 꿈속의 이상향도 아니다. 그것은 거칠망정 활력 넘치는, 도덕 이전의 세계다. 이 자연 앞에서 두려움에 떤 홉스는 소심했고, 그것을 감상적으로 미화한 루소는 순진했다.

---

24 KGW V 1, 25~26쪽, *Morgenröthe*, Erstes Buch : 17 ; 니체전집 10, 33~34쪽,《아침놀》, 제 1권 : 17.

5. "자연으로 돌아가라!"

　루소는 자연으로 돌아가자고 했지만 그 자연이 현실의 불행을 보상해 줄 수 있는 미화된 자연이거나 도피처에 불과하다면 그 촉구는 현실에 대한 불만에서 또 다른 세계를 상정하고 탈주를 시도해온 자들, 이를테면 배후 세계를 신봉하는 자들의 것과 다를 바 없다. 자연으로 돌아간다는 것이 그런 것이라면 그것은 자연으로부터의 이탈을 의미할 뿐이다.

　니체도 자연으로 돌아가자고 했다. 그러나 루소의 그것과 전혀 다른 의미에서였다. 돌아갈 자연이 어떤 자연인가 하는 것은 말할 것도 없고 돌아간다는 말의 뜻부터 달랐다. 루소와 니체에게서 돌아갈 자연이란 어떤 것인지는 이미 설명되었다. 그러면 돌아간다는 말은 어떻게 다른가? 루소에 의하면 돌아간다는 것은 한 곳에서 다른 곳으로의 수평 이동을 의미한다. 번잡하고 퇴폐적인 도시를 떠나 목가적 농촌으로 돌아가듯 장소를 옮기면 된다. 그러나 힘이 지배하는 니체의 세계에서는 그런 수평 이동이 있을 수 없다. 상승이 있고 하강이 있을 뿐이다. 물론 이때의 하강은 몰락을 의미한다. 힘의 세계에서 모든 것은 상승을 위해 분투한다. 예서 상승에 대한 욕구가 모든 것의 본성, 곧 자연이 된다. 따라서 자연으로 돌아간다는 것은 상승하려는 본성을 받아들여 올라간다는 것이다. 그러니 자연으로의 복귀는 돌아감이 아니라 올라감이 되어야 한다.

> 　내가 말하는 진보.─나 역시 '자연으로의 복귀'를 말하는 바이다. '돌아 감'이 아니라 '올라감'이기는 하지만─즉 막중한 과업을 유희하듯 수행하는, 그런 유희가 허락되어 있기도 한, 드높고 자유로운데다 섬뜩하기까지 한 자연과 자연성으로 올라가는 것 말이다……비유로 말하자면, 내가

이해하기로는 나폴레옹이야말로 한 편의 '자연으로의 복귀'다(이를테면 전술 면에서 그러하고, 군인이라면 알고 있듯이 전략 면에서 더욱 그러하다).—그런데 루소는 어디로 돌아가겠다는 것이지? 이상주의자와 천민이 한 몸을 하고 있는 최초의 현대적 인간인 루소는, 자신의 관점을 견뎌내기 위해 도덕적 '품격'을 필요로 했던 인물, 억제되지 않는 허영과 자기 경멸 때문에 병들어 있던 인물 말이다. 새 시대 문턱에 자리 잡고 있던 이 실패작 역시 '자연으로의 복귀'를 원했지. 다시 한 번 묻거니와 루소는 어디로 돌아가려 했던 것이지?[25]

니체가 살았던 19세기는 루소가 살았던 18세기에 비해 역동적이었다. 사람들은 진보를 낙관했다. 과학 기술의 놀라운 발전과 진화론이 가져온 확신이었다. 어느 때보다 상승의 기운이 뚜렷했다. 진보의 대열에서는 앞으로 나아가는 것, 자신을 딛고 올라가는 것이 순리다. 뒤로 물러서는 것은 말할 것도 없고, 멈춰 서 있는 것 자체가 상대적 의미에서 퇴보를 의미한다. 따라서 자연으로 돌아가는 것이 올라가는 것이 아니라 단순히 장소를 옮기는 것이라면 그것은 퇴보가 될 것이다.

그러면 우리는 어떻게 자연으로 올라가는가? 힘을 자연의 지배 원리로 받아들여 추구하면 된다. 그런 사람은 많지 않았지만, 그때그때 있어 역사적 전범이 되기에 충분하다. 이를테면 나폴레옹이 있었다. 그는 도덕 따위에 무심한 인물, 힘을 향한 의지를 불태운 힘의 화신이었다. 루소의 '고매한 미개인'과는 거리가 먼 야수와 같은 인물로서, 도덕의 관점에

---

25 KGW VI 3, 144쪽, *Götzen-Dämmerung*, Streifzüge eines Unzeitgemässen 48 ; 니체전집 15, 190쪽, 《우상의 황혼》, 어느 반시대적 인간의 편력 48.

서 보면 사악한 존재이기도 했다. 니체는 다윈이 진화의 메커니즘의 하나로 제시한 순치를 비판하면서 그 같은 거친 인간, 도덕적으로 표현해 사악한 인간을 자연으로 돌아감으로 받아들이고는 그것이 어떤 의미에서는 자기를 다시 세우는 것, 문화로부터의 치유를 뜻한다고 했다.[26]

니체는 나폴레옹과 같은 거친 인간을 '금발의 야수die blonde Bestie'라고 불렀다. '금발'은 원래 고대 로마 사람들이 알프스 너머의 북방 게르만족을 두고 했던 말이다. 그들에게 게르만족은 야만 상태의 가공할 야수들이었다. 이 야수들이 제국의 심장부까지 파고들어 오랜 세월 공들여 쌓아 올린 문명을 하루아침에 유린하는 등 로마 사람들을 괴롭혔다. 건강이라는 측면에서 보면 예루살렘 위에 있었던 것이 당시 로마였지만, 도덕과 양속 따위에 오염되지 않은, 순수한 피와 높은 기상을 갖고 있던 이 야수들의 적수는 되지 못했다. 니체는 가증스러운 문명을 비웃고 힘 하나로 세상을 발아래 둔 이들 금발의 야수를 인간 전형 가운데 가장 아름다운 것으로 꼽았다.

이 금발의 야수는 《우상의 황혼》의 〈인류를 "개선하는 사람들"〉에 등장한다. 원래 금발의 야수는 헤아릴 수 없을 만큼 많았다. 세상이 한때 그들의 것이었다. 그러나 그 지배는 오래가지 않았다. 문명이 등장하고 그것에 동화되면서 야성을 잃은 탓이다. 로마를 유린한 게르만 전사들에게서 이를 볼 수 있다. 그들은 로마를 정복하는 데까지는 성공했다. 그러나 숲 속의 오염되지 않은 피와 힘찬 근육으로 로마를 게르만화하는 대신 문명의 감미로운 맛에 길들어 그들 자신이 도리어 로마화의 길에 들어서게 되었고 끝내 문명 세계에 편입되고 말았다. 이 편입은 로마에 승리를

---

26 KGW VIII 3, 109쪽, 14〔133〕; 니체전집 21, 139쪽, 14〔133〕.

가져다주었다. 자연에 대한 문화의 승리였다. 게르만 전사들은 게다가 그리스도교까지 받아들였다. 사랑과 용서를 앞세우고 자기 부정을 최고 덕목으로 삼아온 연민의 종교를 받아들이게 된 것이다. 이로써 게르만족은 종교적으로, 그리고 도덕적으로 길들게 되었다.

어느 시대든 사람들이 꿈꾼 것은 개선된 미래였다. 미래를 개선하려면 먼저 사람이 개선되어야 한다. 이를 위한 최선은 타고난 성품인 자연을 크게 키우는 일일 것이다. 다른 말로 사육일 것이다. 그러나 그리스도교 교회는 정반대의 길을 걸어왔다. 인간을 도덕적으로 순화해온 것이다. 인간의 자연, 곧 야성을 거세해온 것이다. 금발의 야수의 입장에서 볼 때 그 같은 순화는 죽음을 가져오는 개악일 뿐이다. 그런데도 교회는 그것을 개선으로 받아들여 인간을 철저하게 길들여왔다. 그 결과 인간은 동물원에서 길든 야수처럼 야성을 잃은 채 매질에 대한 공포와 불안, 그리고 배고픔에서 사육사의 눈치를 살피는 병든 존재가 되고 말았다.

인간 개선에 나서면서 교회가 표적으로 삼은 것이 누구보다도 이들 금발의 야수였다. 교회의 사주 아래 금발의 야수, 그것도 최상의 금발의 야수에 대한 사냥이 곳곳에서 자행되었다. 게르만족은 그렇게 사냥되었고, 끝내 "개선되었다".[27] 이를 두고 교회는 통제 불능의 야수들을 야만 상태에서 고상한 도덕의 세계로 끌어올렸다고 자평했다. 니체는 교회의 그 같은 자평을 반박해, 교회가 건강한 금발의 야수들을 병들게 했다고 했다. 교회가 건강한 인간을 망쳐 병들게 했다는 것, 결국 개선이 아니라 개악을 했다는 것이다.[28]

---

27 KGW VI 3, 93쪽, *Götzen-Dämmerung*, Die "Verbesserer" der Menschheit 2 ; 니체전집 15, 126쪽, 《우상의 황혼》, 인류를 "개선하는 사람들" 2.
28 같은 책, 같은 곳 ; 같은 책, 127쪽.

금발의 야수는 니체가 만든 말이 아니다. 그 전부터 있었던, 금발의 게르만족이라는 말로 전화되어 쓰이면서 금발에 파란 눈을 지닌 전사적 게르만족을 지칭하게 된 말이었다. 게르만족은 주변 민족들에게 두려움의 대상이 되었던 강력한 민족이었다. 비록 문명의 그늘 속에서 야성을 크게 잃었다고는 하지만 여전히 야성에 있어서 다른 민족들에 앞서 있었다. 그 야성은 이후로도 이른바 게르만 정신 속에서 살아 숨 쉬었고, 그 같은 선대의 영화를 후예들은 기억하고 있었다. 그런 그들에게 금발의 야수에 대한 향수를 새삼 일깨운 것이 니체였다. 그리고 그 향수에 불을 붙인 것이 나치즘이라고도 불리는 국가사회주의였다. 아리아족의 우수성을 강조하고 아리아족에 의한 세계 지배를 정당한 것으로 받아들이고 있던 국가사회주의 인종주의자들에게 금발의 야수는 호재였다. 그들은 금발의 야수를 신앙처럼 떠받들었다. 그리고 기회 있을 때마다 니체를 끌어들였다.

그러나 니체에게 금발의 야수는 특정 종족을 우선하는 종족 개념이 아니었다. 세계시민적 이상을 갖고 종족 사이의 혈연이 우수 인간 산출을 위한 길이라고 믿는 한편, 유대인에 대한 독일인 특유의 종족주의적 우월감을 비웃은 그는 특정 종족, 이를테면 게르만족에 의한 세계 지배를 생각하지 않았다. 오히려 다양한 종족과 개인으로 눈을 돌림으로써 편협한 게르만 민족 지상주의의 담을 허물기까지 했다. '종족들'이라는 복수형을 써, 금발의 야수는 '고매한' 종족들로서 가는 곳마다 야만인이라는 개념을 남겨두는 자들을 가리킨다고도 했다. 그리고 그 예로 로마 귀족, 아라비아 귀족, 게르만 귀족, 일본 귀족과 함께 호메로스 시대의 영웅들 그리고 스칸디나비아의 바이킹을 들었다.[29]

금발의 야수의 전형은 칼리클레스가 노모스에 의한 강자 길들이기를 문제 삼으면서 강자를 상징하는 것으로서 언급한 사자다. 사자심왕이라는 별칭을 얻은 영국 왕 리처드 1세가 그런 야수였을 것이다. 원래 독일어 'blonde Bestie'는 사자를 뜻하는 라틴어 'flava bestia'를 옮긴 것이다. 니체 철학에서 각별한 의미를 띠는 것이 독수리와 사자다. 독수리가 비상을 상징한다면 사자는 야수 중의 야수로서 해방된 정신을 상징한다. 《차라투스트라는 이렇게 말했다》의 대미를 장식하는 것도 날카로운 독수리의 울음과 함께 사자의 포효다.

힘의 세계인 자연으로 올라감으로써 니체가 요구하는 자연으로의 복귀는 완성된다. 그는 이 올라감을 통해 자연을 미화하고 자연으로 돌아갈 것을 요구한 루소를 뛰어넘었다고 믿었다. 자연을 도덕적으로 해석하고 그것으로부터 벗어날 것을 요구함으로써 상승의 계기를 외면한 홉스는 말할 것도 없다.

---

29 KGW VI 2, 289쪽, *Zur Genealogie der Moral*, Erste Abhandlung : "Gut und Böse", "Gut und Schlecht" 11 ; 니체전집 14, 373쪽,《도덕의 계보》, 제1논문 : '선과 악', '좋음과 나쁨' 11.

제7장

힘에의 의지

1. 해석상의 문제

니체에게 있어 자연으로 돌아가자는 것은 결국 힘이 지배하는 힘의 세계로 돌아가자는 것을 의미한다. 힘의 세계에서는 모든 것이 보다 많은 힘을 얻기 위해 분투한다. 힘을 잃는 순간 존재 기반을 상실해 더 이상 존재할 수 없게 되기 때문이다. 힘에 대한 이 같은 지향이 힘에의 의지다. 존재하는 모든 것은 이 의지로 말미암아 존재한다. 생성과 소멸 역시 이 의지에 의해 일어난다. 그리고 하나같이 이 의지로 환원된다. 그런 의미에서 힘에의 의지는 자연 안의 모든 것을 존재케 하고 모든 변화를 일으키는 최종 원리가 된다.

니체는 이 힘에의 의지로써 인간의 삶은 물론 자연과 우주 운행에 이르기까지 모든 존재와 변화를 설명했다. 그러면서도 힘에의 의지가 어떤 의지인지를 개념적으로 설명하지는 않았다. 니체의 방식 그대로, 연관에 따라 다양한 의미로 그 말을 썼을 뿐이다. 여기서 해석상의 문제가 생겼다. 다양한 해석이 존재하게 된 것이다. 그렇다고 혼란스러운 정도는 아니다. 방향이란 것이 있어 나름대로 길을 잡아주고 있기 때문이다. 지금까지 힘에의 의지는 대체로 세 방향에서 정리되고 해석되어왔다.

하나는 힘에의 의지를 존재의 본질이자 변화의 최종 근거로 받아들여야 한다는 해석이다. 형이상학적 해석으로서, 니체 자신이 힘에의 의지를 그렇게 정의했다. 가장 널리 수용되어온, 그만큼 친숙한 해석이기도 하다. 철학 안에서 특히 그렇다.

또 하나는, 힘에의 의지를 우선해서 인간이 정치·사회 현실에서 추구하는 권력에 대한 의지로 보아야 한다는 세속적 해석이다. 이때 제시되는 근거가, 니체가 처음으로 눈뜬 것이 그 같은 세속적 권력이었고 니체는 그것을 원리로 삶과 역사를 설명해왔다는 점이다. 니체는 이 같은 해석을 뒷받침할 글도 많이 남겼다. 니체 사후에 그의 의도와 무관하게 정치 현실과 맞물려 세기적 분란을 일으킨 해석이다. 철학 밖에서 더 잘 알려져 있는 해석이다.

나머지 하나는, 힘에의 의지를 무엇보다도 몇 개의 자연과학적 전제 위에서 확립된 자연철학적 원리로 보아야 한다는 해석이다. 힘을 우주 보편의 원리로 받아들인 것은 근대 자연과학이었고, 그것이 니체로 하여금 힘을 존재와 변화의 근원으로 받아들이도록 했다는 것이다. 니체는 이를 입증할 글도 유고에 적잖이 남겼다. 이 해석을 견지하는 학자들은 힘에의 의지를 형이상학적 또는 세속적 관점에서 해석할 수도 있겠으나 그것은 자연과학적 전제를 검토한 다음의 일이라고 주장한다. 상대적으로 주목을 받지 못하다가 힘에의 의지 해명에 결정적 열쇠가 될 수 있다는 것이 밝혀지면서 새삼 주목받게 된 해석이다.

어느 해석을 받아들이느냐에 따라 힘에의 의지의 해석은 달라진다. 그러나 힘에의 의지는 하나다. 이 하나에 대한 이들 서로 다른 해석을 어떻게 받아들여야 하는가. 니체의 인식 이론, 즉 관점주의가 그 답이다. 그 이론을 힘에의 의지 해석에 적용하면, 이들 세 해석은 한 대상에 대한 서로 다른 관점에서의 해석이 된다. 관점주의에서는 그 어떤 관점도 배타적일 수 없다. 관점 하나하나가 다 자립적이다. 먼저 그 점을 인정해야 하며, 그러고 나서 관점들 사이의 유기적 관계를 찾아내 전체에 이른 후 그 전체로부터 그 하나하나를 재해석하면 된다.

관점주의 정신에서 볼 때, 이들 세 방향의 해석에 어떤 문제가 있는 것은 아니다. 서로 다를망정 해석 근거가 분명하다. 이들이 문제 되는 것은, 각각의 해석이 자기주장으로 일관한 나머지 다른 관점에서의 해석 가능성을 인정하지 않을 때다. 그럴 때 힘에의 의지의 해석은 균형을 잃어 편협한 것이 되고 만다. 이들 세 해석을 살펴보면, 힘에의 의지에 대한 형이상학적 해석은 존재와 변화에 대한 최종 평가라는 점에서 의미 있는 해석이다. 그러나 그것을 뒷받침할 자체 토대가 취약하다. 결론으로서는 의미심장한 것이 되겠지만 그것을 입증할 길이 없다. 그래서 이 경우 힘에의 의지는 고대 그리스 자연철학자들이 제시한 아르케 정도로 간주되기 십상이다. 실증 과학의 시대인 오늘날 사람들은 그 같은 사변에 만족하지 않는다. 더 많은 것을, 이를테면 설명을 요구한다. 형이상학적 해석에서 뭔가 밑동이 잘려 나간 듯한 느낌을 받는 것도 그 때문이다.

세속적 해석도 유효한 해석이다. 힘에의 의지는 어디에서보다 삶의 현실에서 체험된다. 역사 속에서 우리가 확인하게 되는 것도 힘에의 의지다. 니체는 역사 현실에서의 힘의 지배를 정당화했을 뿐 아니라 힘을 모든 가치의 원천으로 삼기까지 했다. 그렇다 하더라도 힘에의 의지를 세속적 권력에 대한 의지로 한정해서 해석할 경우 우리는 그것의 자연과학적 기반은 물론 그것의 존재와 의미를 총체적으로 해석할 철학적 시야를 잃게 된다.

자연과학적 전제로부터의 해석도 더 이상 등한시할 수 없는 해석이다. 특히 힘에의 의지 전개에서 고려하지 않을 수 없는 해석이다. 다만, 그 같은 전제에 집착할 경우 존재와 변화를 그 근원으로부터 구명하려는 니체의 존재론적 의도와 함께 힘의 현실적 의미가 외면되면서 힘에의 의지는 단순한 과학적 원리, 이를테면 역학 이론에 그칠 우려가 있다. 어떤 경우에도 우리가 잊지 말아야 할 것이 니체는 세계 '설명'을 과제로 삼은 철학자였다는 사실이다.

이들 세 관점 어디에서 출발하든 가다 보면 우리는 하나의 뿌리에 닿게 된다. 그 뿌리에 닿는 순간 세 관점이 갖고 있는 배타적 한계는 극복되고, 이들 관점들은 힘에의 의지에 이르는 세 개의 통로가 되어 그에 대한 해석에 생산적으로 기여하게 된다. 어느 관점에서 출발하든 문제 될 것은 없다. 그러나 논의 전개를 고려할 때 이상적인 것은 형이상학적 해석, 자연철학적 해석, 세속적 해석 순이 될 것이다.

(1) 형이상학적 원리로서의 힘에의 의지

니체는 힘에의 의지를 세계의 본질[1]로, 모든 변화의 최종 근거와 성격[2]으로 규정했다. 세계의 본질, 변화의 근거와 성격은 그가 일찍부터 물어온, 그로서는 비켜 갈 수 없는 주제들이었다. 그 과정에서 그는 공간과 시간을 탐색했으며 물질의 존재와 인과 법칙 따위를 문제 삼았다. 하나같이 형이상학에서 다루어온 주제들로서 그 주제로 미루어 니체는 형이상학자로서 손색이 없으며 그의 철학 또한 형이상학으로서 손색이 없다.

그런가? 그는 일찍부터 형이상학에 맞서 그것의 극복을 과제로 삼았던 반형이상학자가 아니었던가? 실제로 니체는 그 허구성을 들어 형이상학을 신랄하게 반박해왔다. 그는 형이상학을 생에 적대적인 이념으로,

---

1 KGW VI 2, 109쪽, *Jenseits von Gut und Böse*, Fünftes Hauptstück : zur Naturgeschichte der Moral 186 ; 니체전집 14, 139쪽, 《선악의 저편》, 제5장 : 도덕의 자연발생사 186.
2 KGW VIII 3, 95쪽, 14〔123〕 ; 니체전집 21, 123쪽, 14〔123〕.

심지어 인류를 위협해온 재앙으로 받아들여 그것의 죽음을 선언하기까지 했다. 그래서 니체 하면 그의 형이상학 반박, 곧 반형이상학을 떠올리게 된다. 그러나 그가 반박한 형이상학이 어떤 형이상학이었는지를 살펴보면 이야기는 달라진다. 그가 극복의 대상으로 삼아 반박한 것은 형이상학 자체가 아니었다. 그것은 두 세계 이론에 기반을 둔, 이 땅에서의 생을 외면하고 부인하도록 사주해온 플라톤 이래의 초월적 형이상학이었을 뿐이다.

형이상학자로서의 니체와 반형이상학자로서의 니체, 여기서 그의 형이상학의 성격이 드러난다. 그는 플라톤과 그의 철학을 계승한 철학자들과는 문제에 접근하는 방식부터 달랐다. 플라톤과 그의 후계자들은 이성에 의거한 분석 형식을 발판으로 문제에 접근했다. 이와 달리 니체는 우리가 몸으로 살고 있는 구체적 현실계에서의 감각적 경험에서 출발해 문제에 접근했다. 이 점에서 그는 아리스토텔레스에 보다 가까웠다 하겠다.

철학의 역사는 만물의 근원에 대한 형이상학적 물음과 함께 시작되었다. 존재의 본질과 방식에 대한 물음에서 탈레스는 물이, 아낙시메네스는 공기가, 헤라클레이토스는 불이 존재의 근원이 된다고 했다. 니체에게는 그 근원이 힘에의 의지였다. 형식상 이들 물, 불, 공기와 힘에의 의지 사이에는 아무 차이가 없다. 즉, '모든 것의 근원은 물'이라고 말하는 것과 '모든 것의 근원은 힘에의 의지'라고 말하는 것 사이에 형식상의 차이가 없다.

차이가 있다면, 내용이 될 것이다. 그리고 그 차이는 시대적 차이에서 기인한 차이가 될 것이다. 탈레스를 시작으로 자연철학자들은 육안 관찰과 사변에 의존했다. 그들에게는 그것이 전부였다. 그들과 달리 니체 뒤에는 관찰과 실험과 검증을 원칙으로 하는 근대 과학이 있었다. 거시의 세계와 미시의 세계를 탐색할 기술적 토대가 이미 확보되어 있었고 그 성과 또한 놀라웠다. 그리고 물질의 존재와 운동에 대한 설명에서 괄목할 만한 진척이 있었다. 그 진척은 운동학적, 역학적 자연관과 함께 기계적 원자론의 확립으로 이어졌다.

근대에 들어 물질의 존재와 운동의 문제를 새롭게 제기한 것은 라이프니츠였다. 그는 기계적 원자론을 수용했다. 그리고 그 위에 아리스토텔레스의 엔텔레케이아를 받아들여 단자론이란 것을 완성했다. 단자가 모여 물체가 되고 우주가 된다는 내용이었다. 이 단자를 그는 비물질적 힘으로 받아들였다. 다시 말해서 이것은 모든 물체가, 나아가 우주 전체가 비물질적 힘으로 되어 있음을 가리킨다. 니체 또한 모든 것을 비물질적 힘으로부터 설명했다. 그 점에서 그는 라이프니츠와 기본 입장을 같이 했다.

원래 힘은 아리스토텔레스 이후 물리적 힘에다가 생명력과 정신력까지 포함하는 포괄적인 개념이었다. 이 힘을 주의주의에서는 의지라고 불렀다. 근대 주의주의를 대변한 쇼펜하우어는 이 의지를 세계의 본질로 보았다. 이때의 의지가 세계 의지다. 세계 의지는 우리가 살고 있는 표상의 세계에서 개별 의지로 객관화된다. 이 표상의 세계에 대응하는 것이 칸트의 현상의 세계이고, 의지의 세계에 대응하는 것이 칸트가 알 수 없는 x로 남겨둔 사물 자체의 세계다.

쇼펜하우어는 표상의 세계에서는 의지가 자의식과 생명력과 자연력으로 객관화된다고 했다. 이 가운데 생명력과 자연력은 니체가 힘에의 의지를 다루면서 단서로 삼게 될 것들이다. 의지는 자신이 갖고 있지 않은 것이나 부족한 것을 원하는 작용이다. 그런 작용에는 끝이 없다. 부족한 것이 충족되면 새로운 의지가 솟아나고 그것이 충족되면 거기서 또 다른 의지가 솟아나기 때문이다. 끝 모르고 솟아나는 의지는 앞을 내다보지 못한다는 의미에서 맹목적이다. 쇼펜하우어는 맹목적인 것이기는 하지만 의지를 세계의 본질로 파악함으로써, 칸트가 인식되지 않는 x로 남겨둔 사물 자체를 밝혀냈다고 믿었다. 그런 쇼펜하우어를 니체는 비판했다. 의지는 결코 맹목적일 수 없다는 것이었다. 그에 따르면 의지는 힘에의 의지로서 처음부터 보다 많은 힘을 얻어 자신을 강화하려는 지향을 갖고 있다. 니체는 자신이 이 지향으로써 쇼펜하우어의 맹목 의지를 바로잡았다고 자평했다.

탈레스가 물이라고 했던 만물의 근원을 라이프니츠는 힘(단자)이라고 했고, 그 힘을 쇼펜하우어는 의지라고 했다. 이것이 칸트의 x를 포함해 서양 형이상학이 걸어온 길이다. 만물의 근원, 니체에게는 그것이 세계의 본질이자 변화의 최종 근거인 힘에의 의지였다. 그렇다면 힘에의 의지 또한 그와 같은 형이상학적 전통 안에서의 이야기가 아닐까?

니체 해석의 역사는 짧다. 그가 19세기 중후반을 산 철학자였던 만큼, 150년이 채 되지 않는다. 따라서 어떤 해석이든 몇 세대, 몇 사람 거슬러 올라가면 그것으로 끝이다. 길지 않은 니체 해석의 역사에서 힘에의 의지에 대한 형이상학적 해석을 주도한 철학자가 하이데거다. 그 이전에도 형이상학적 해석은 있었다. 그러나 니체의 철학을 처음부터 형이상학적 관점에서 천착해 형이상학자로서 니체의 면모를 살린 것은 단연 하이데거였다. 사람들은 하이데거의 니체 해석에는 니체는 없고 하이데거가 있을 뿐이라고 말해왔다. 하이데거의 니체 해석을 읽으면 니체가 어떤 철학을 했는지는 알 수 없지만 하이데거가 어떤 철학을 했는지는 알 수 있다고 비아냥대는 사람들도 있다. 그 가운데 오해의 극치라고 말하는 사람들도 있다. 그만큼 일방적이라는 것인데, 공적으로 이야기되는 것도 있다.

하이데거에 따르면 우리는 고향을 잃은 상실의 시대를 살고 있다. 고향을 잃은 우리는 타향에서의 낯섦과 상실감에서 고향을 그리워한다. 이때의 그리움이 존재의 근원에 대한 향수다. 그러면 우리는 어떻게 고향을 되찾을 것인가. 길이 있는가? 있다. 길은 존재 의미를 반성하고 그 의미를 되찾는 데 있다. 지금까지 많은 철학자들이 존재를 문제 삼아왔다. 나름대로 존재 의미를 탐색해온 것인데, 그러나 하이데거에 따르면 지금까지 철학자들은 존재의 근원에까지 이르지는 못했다. 존재를 탐구한다고 하면서 존재하는 것들 주변을 맴돌았을 뿐 정작 존재하는 것들을 존재하게 하는 근원이자 지평인 존재 자체에는 손도 대지 못하고 방치하고만 것이다. 존재와 존재하는 구체적인 것 사이의 차이, 곧 존재론적 차이를 간과한 탓이다.

하이데거는 존재론적 차이를 간과해온 존재론 역사를 파기해야 할 존재 망각의 역사라고 부르고 그 역사에 플라톤에서 니체에 이르기까지 서양 존재론을 포함시켰다. 이제 존재론의 역사를 다시 써야 한다. 존재 망각의 역사는 니체에게서 끝을 내야 한다. 그런 의미에서 니체가 전통적 의미에서의 최후의 유럽 형이상학자가 되어야 한다. 전통 형이상학을 완성한 철학자가 되어야 하는 것이다.

하이데거가 보기에는 파기되어야 할 존재 망각의 역사에서 벗어나 있지는 못했지만 니체 또한 그 자신의 방식으로 존재를 문제 삼아온 형이상학자였다. 하이데거가 니체의 형이상학에서 주목한 것이 힘에의 의지와 영원회귀였다. 니체가 존재의 본질, 그리고 존재하는 것들의 총체로서의 우주의 운행 원리로 받아들인 것들이다. 하이데거는 이것들을 존재와의 고려에서만, 즉 형이상학적으로만 경험되고 사유될 수 있는 존재자의 기본 성격으로 해석했다. 힘에의 의지와 연관해서는 그 의지를 니체 형이상학의 토대 개념으로 파악했다. 그런 그에게 니체의 형이상학은 힘에의 의지의 형이상학이었다.

이 같은 파악과 규정은 그 방향에서 볼 때 힘에의 의지를 존재하는 모든 것의 본질로 본 니체의 존재 이해에 부합한다. 그러나 니체에게 있어 '존재론적 차이'란 일방적인 기준이다. 니체도 존재에 관해 많은 이야기를 했으나 하이데거적 의미에서는 아니었다. 공간과 시간으로 되어 있는 이 물리적 세계를 하나밖에 없는 현실로 받아들인 그에게 있어 존재는 구체적으로 존재하는 것을 의미했다. 그는 그런 것들을 떠나 존재 자체라는 것이 따로 있다고 보지 않았다. 그리고 그 같은 존재를 공허한 허구로 간주해 그 실재를 부인했다.[3] 존재란 '생'과 같은 개념을 일반화한 것으로서[4] 사물이라는 개념이 그렇듯이 관계 개념의 하나일 뿐[5]이라는 것이었다. 그에 의하면 존재하는 것은 행위와 작용과 생성뿐이다. 그 뒤에는 아무것도 없다. 존재라는 것이 따로 있는 것이 아니다.[6] 있는 것은 힘에의 의지와 그것에 의해 산출되는 현실뿐이다. 여기서 순수 존재론의 가능성은 부인된다.

하이데거의 니체 해석을 두고 말이 많았다. 그의 눈으로 니체를 읽은 사람들도 있었지만 그의 니체 해석을 백안시하는 사람들도 있었다. 요즘은 비교적 조용한 편이다. 그의 힘에의 의지에 대한 연구 성과는 방대하

---

3 KGW VI 3, 69쪽, *Götzen-Dämmerung*, Die "Vernunft" in der Philosophie 2 ; 니체전집 15, 98쪽, 《우상의 황혼》, 철학에서의 '이성' 2.
4 KGW VIII 2, 33쪽, 9(63) ; 니체전집 20, 44쪽, 9(63).
5 KGW VIII 3, 72쪽, 14(103) 1 ; 니체전집 21, 95쪽, 14(103) 1.
6 KGW VI 2, 293쪽, *Zur Genealogie der Moral*, Erste Abhandlung : "Gut und Böse", "Gut und Schlecht" 13 ; 니체전집 14, 378쪽, 제1논문 : '선과 악', '좋음과 나쁨' 13.

고 여전히 논의될 가치가 있지만, 여기는 힘에의 의지에 대한 해석 경향을 살펴보는 자리인 만큼 이 정도로 그치고자 한다. 다만 니체가 힘에의 의지에서 힘을 어떻게 해석하고 있는지는 살펴볼 필요가 있다. 니체는 힘을 이야기할 때 Macht와 함께 Kraft라는 말을 썼다. Kraft는 당시 물리학에서 주로 쓰인 말이다. Macht나 Kraft나 우리말로 옮기면 모두 힘이 되지만 독일어에서는 엄연히 다른 말들이다. 하이데거는 형이상학의 역사로 돌아가 이 두 개념이 어떻게 쓰여왔는지를 살펴보았다. 그는 Kraft는 "⋯⋯을 할 능력이 있는" 또는 "집중된, 작용의 준비가 되어 있는 능력"으로서 그리스인들, 누구보다도 아리스토텔레스가 디나미스라 부른 것을 가리킨다고 했다. 그리고 Macht는 지배력의 행사라는 의미에서 강력해 있는 힘의 상태, Kraft가 작동하고 있는 상태로서 그리스어 에네르게이아를 가리키며, 나아가 자신을 넘어서려는 의지, 그럼으로써 자기 자신에게 돌아와 닫혀 있는 본질의 단순성 속에 존재하고 자신을 주장하려는 것으로서 그리스어 엔텔레케이아를 가리킨다고 했다. 그는 이들 디나미스, 에네르게이아, 엔텔레케이아 모두가 니체의 Macht가 된다고 했다. 그러면서 니체가 Macht와 Kraft를 늘 구분해서 쓴 것은 아니라고 했다.[7]

힘에의 의지에 대한 해석을 포함한 하이데거의 니체 해석에 대한 평가는 그의 철학에 대한 평가와 궤를 같이해왔다. 하이데거 자신의 명성에 편승해 많이 읽혔다. 유행하기까지 했다. 그러면서 형이상학적 원리로서의 힘에의 의지 해석은 여러 학자들에게 수용 계승되어 유력한 해석의 하나로 자리 잡아갔다. 그 같은 관점에서 힘에의 의지를 해석한 우리 시

---

7 M. Heidegger, *Nietzsche*, Bd. I(Pfullingen : Verlag Günther Neske, 1961), 76~77쪽.

대의 철학자에 댄토A. C. Danto가 있다. 그 역시 힘에의 의지를 모든 것이 그것으로써 설명되며 결국 그것으로 환원되는, '무엇이 존재하는가?'에 대한 니체의 대답으로 받아들여 형이상학적인, 보다 정확하게 말해 존재 론적인 개념으로 해석했다.[8]

그동안 니체 사상의 수용은 오독에 의한 근거 없는 열광과 역시 근거 없는 매도로 얼룩져왔다. 그 같은 오독의 한복판에 힘에의 의지가 있다. 힘에의 의지가 정치 현실과 맞물려 권력 의지로 해석되면서 분란의 불씨 가 된 것이다. 이 와중에서 니체는 유명해졌고 그에 관한 글도 많이 쓰였 다. 그러나 그의 철학에 대한 심도 있는 철학적 논의는 좀처럼 이루어지 지 않았다. 그 결과 정치 사회적으로 채색된 통속적 니체 해석이, 거기에 다 우생학과 진화론 같은 과학의 탈을 쓴 피상적 해석이 봇물을 이루게 되었다. 니체 철학은 투박한 정치 이데올로기가 아니며 소박하고 순진한 자연과학 이론 또한 아니라는 항변이 그때그때 있었지만 항변에 그치고 말았다. 이런 상황에서 하이데거는 니체 철학의 복권을 시도한 철학자였 다. 그의 일관된 주장은 힘에의 의지는 존재하는 것의 기본 성격으로서, 그것의 본질은 형이상학적으로만 논의 가능한, 형이상학의 고유 주제라 는 것이었다. 이렇듯, 여전히 일방적이라는 지적이 있긴 하지만, 니체의 철학을 철학으로 수용해 그에 대한 해석 방향의 하나를 제시하고 길을 넓혀준 것은 하이데거의 공적이 될 것이다.

그 수로 보아 많다고는 할 수 없지만 힘에의 의지에 대한 이 같은 형이 상학적 해석에 이의를 제기하거나 토를 달아온 학자들이 있다. 힘에의 의지가 전체로서 어떻게 해석되든 그것을 형이상학적 사변으로 볼 수는

---

8 A. C. Danto, *Nietzsche as Philosopher*(New York : Columbia University Press, 1980), 215쪽.

없다는 것이다. 이들 학자들은 니체가 엄격한 고증을 바탕으로 문헌을 해석한 문헌학자이자 논리적 안목으로 세계를 읽은 훈련된 철학자였으며 세계의 본질을 탐색하는 과정에서 당시의 힘(에너지) 이론을 심도 있게 천착한 자연과학도이기도 했다는 점을 근거로 들어왔다. 나아가 니체가 당시의 힘 이론에서 세계 설명의 실마리를 찾았다고 보고, 힘에의 의지에 대한 논의는 이 실마리에서 시작되어야 한다고 말해왔다. 이들 학자에게 니체는 자연과학적 전제에서 출발해 철학과 자연과학을 넘나들며 존재와 변화의 근원을 탐색한 철학자였다. 철학과 자연과학, 그 사이가 바로 자연철학의 영역이다.

자연철학은 원래 형이상학의 한 분야였다. 주제만을 놓고 본다면 자연철학은 여전히 형이상학과 하나다. 자연철학에서 다루어온 것 역시 존재와 변화, 물질, 운동 따위다. 형이상학과 자연철학이 분별되는 것은 탐구 방법에서다. 형이상학에서는 사변이 동원된다. 이와 달리 자연철학에서는 관찰과 실험을 토대로 한 귀납적 방식이 동원된다. 자연철학을 귀납적 형이상학이라고 부르기도 하는 것은 이 때문이다. 이 같은 방법상의 차이가 보다 분명하게 드러난 것은 근대에 들어와 기계론의 확립과 실증의 정신에 힘입어 자연과학이 독자 영역을 구축하면서부터다. 이후 자연철학은 독자적인 길을 가게 되었고, 시간이 흐르면서 반형이상학적 성격까지 띠게 되었다.

니체를 자연철학자로 볼 수 있다면 그것은 근대적 의미에서이겠지만, 하이데거는 그런 규정 또한 반박한다. 그는 자연철학이 토대로 삼고 있는 자연과학의 한계부터 분명히 했다. 그에 따르면 자연과학의 탐구 대상은 물리적 현상이다. 자연과학은 현상 너머의 본질의 세계에는 침투하지 못한다. 따라서 자연과학에서 말하는 힘으로는 세계의 본질이나 변화의 최종 근거에 닿을 수가 없다. 현상에 매달려 모든 것을 단순화하고 피상화할 뿐이다. 그런 과학은 철학이 될 수 없다. 철학은 과학이 아니며, 과학자들은 철학을 모른다.[9] 일찍이 쇼펜하우어도 세계는 하나인데 그것이 철학자에게는 본질인 의지로 주어지고 과학자에게는 표상인 현상으로 주어진다고 했다. 주어지는 세계가 다르다는 것이다. 하이데거는 니체 철학에 대한, 여기서는 힘에의 의지에 대한 자연과학적 접근을 불경한 것으로까지 간주했다.

(2) 자연철학적 원리로서의 힘에의 의지

"형이상학적 사상가로서의 니체", 이것은 하이데거가 1940년 전후에 한 강의 등을 토대로 1961년에《니체》라는 단행본을 내면서 맨 앞〈힘에의 의지〉부분에 붙인 소제목이다. 거의 같은 무렵 미타슈A. Mittasch는 그 같은 해석에 맞불을 놓듯《자연철학자로서의 니체Friedrich Nietzsche als Naturphilosoph》라는 연구서를 냈다.[10]

자연철학자로서의 니체라는 해석은 새로운 도전이었다. 그 이전에 자연철학의 토대가 될, 니체의 자연과학 수용과 그 영향에 대한 조명이 없었던 것은 아니다. 초기 니체 연구를 이끈 것은 오히려 그것이었다. 1900년을 전후로 니체의 글 중 가장 많이 읽힌 것은 원숭이로부터 인간으로의 진화라는 진화 도식과 함께 시작되는《차라투스트라는 이렇게 말했

---

9 자연과학에 대한 하이데거의 평가는 이 책 제9장 1절의〈(1) 형이상학적 순환 이론인가?〉참고.
10 International Nietzsche Bibliography에는 미타슈의 이 책이 1952년에 나온 것으로 되어 있다(85쪽). 그러나 이 책을 보면 출간 연도는 나와 있지 않고 그 대신에 1944년이라는 연도가 표시된 머리말이 있다.

다》였다. 다윈의 진화 논쟁의 여진이 남아 있고 통속 다위니즘이 기승을 부리던 시기여서 이 진화 도식은 독자들에게서 민감한 반응을 불러일으켰다. 당시 독자들은 니체 뒤에 다윈이 있다는 인상을 받았다. 이것이 니체에 대한 일반의 첫인상이었다. 이 인상은 틀리지 않아서 니체가 다윈의 영향을 적잖이 받았다는 것이 하나 둘 드러났다. 그러면서 진화론과 니체의 관계를 밝히는 작업이 뒤따랐다. 틸레A. Tille의《다윈에서 니체까지Von Darwin bis Nietzsche》가 나온 것이 1895년인데, 토리노에서의 발병 후였지만 그때 니체는 아직 살아 있었다.

니체 하면 사람들은 진화론을 떠올렸지만 자연과학에 대한 그의 관심이 진화론에 국한되었던 것은 아니다. 그는 물리, 화학, 의학 이론도 광범위하게 섭렵했다. 그리고 그 자취를 유고에 낱낱이 남겼다. 그러나 그 자취는 좀처럼 주목받지 못했다. 오랫동안 유고가 모두 공개되지 않아 그 자취를 제대로 추적할 수 없었던데다가 그나마 공개된 유고에서 확인되고 있는 자취들을 제대로 읽어내지 못한 탓이다. 거기에 니체 철학에 대한 자연과학적 접근을 소박한 것으로 간주해온 편견과 그런 접근이 가져올 니체 철학의 통속화를 경계한 하이데거적 시각도 한몫했다.

그 결과 니체의 자연철학은 반세기 가까이 미답의 영역으로 남아 있게 되었다. 그러다가 1940년대에 미타슈가 자연철학자 니체의 면모를 되살리면서 니체의 자연철학에 대한 연구가 전기를 맞았다. 화학을 전공한 미타슈는 과학자의 눈으로, 니체 철학에 끼친 당시의 자연과학의 영향을 소상하게 밝혀냈다. 미타슈는 과학자인 만큼, 니체 철학 저변의 자연과학적 토대를 읽고 그 뿌리를 밝혀낼 수 있는 안목을 갖고 있었다. 그는 생의 후반을 니체의 자연과학 편력과 그 영향을 밝혀내는 작업으로 보냈다. 그리고 그 성과물을 십여 년에 걸쳐 내놓았다. 그 가운데는 책이 네

권, 논문이 세 편 있다.[11]

미타슈의 연구 성과는 획기적인 것이었다. 그가 전문적인 니체 학자가 아닌 까닭에 해석에 틈새가 있고 철학 언어 구사에도 서툴긴 했지만, 그 동안 닫혀 있던 통로 하나를 열어 니체 철학의 원천 가운데 하나를 드러 낸 것은 그의 독보적 업적이다. 전기는 이렇게 마련되었지만 후속 연구 가 따르지 못해 그의 노력은 얼마 안 가 빛이 바랬다. 그와 함께 그의 작 업과 성과도 서서히 잊혀갔다. 그의 글을 찾는 사람은 드물었다. 그의 글 을 인용하는 사람은 더욱 드물었다. 그러다가 상황이 호전된 것은 1960 년대 이후 니체의 유고 모두가 공개되고 그의 철학의 자연과학적 토대와 전제가 하나 둘 드러나면서부터였다. 연구의 다변화도 자연철학자로서 의 니체의 면모를 되살리는 데 기여했다. 자연과학과 니체의 관계를 밝 혀내는 작업은 더디기는 했지만 성과를 내기 시작했고 미타슈도 다시 주 목받기 시작했다.

가. 니체의 자연과학 학습

니체는 대학에서 고대 문헌학을 전공하고 교수가 되어서는 문헌학을 가르친 문헌학자였다. 그러나 문헌학자로 일생을 마치지는 않았다. 그는 태생이 철학자였다. 문헌학을 가르치는 동안에도 그 자신은 철학을 하고 있다고 믿었다. 심지어 문헌학을 그만두고 철학에 전념했으면 하는 꿈까

---

11 네 권의 책은 *Friedrich Nietzsches Stellung zur Chemie*(Berlin, 1944), *Von der Chemie zur Philosophie*(Ulm, 1948), *Friedrich Nietzsches Naturbeflissenheit*(Heidelberg, 1950), *Friedrich Nietzsche als Naturphilosoph*(Stuttgart, 1952). (이 중 두 번째 책은 니체만을 다 룬 저서는 아니지만 니체와 니체 시대의 자연과학을 광범위하게 다루고 있다.) 세 편의 논문 은 "Friedrich Nietzsches Verhältnis zu Robert Mayer"(1942), "Der Kraftbegriff bei Leib-niz, Rob. Mayer, Nietzsche"(1942), "Naturforshergedanken über Unsterblichkeit"(1944).

지 갖고 있었다. 기회가 왔다. 1870년, 그가 교수로 있던 바젤 대학에 철학 교수 자리가 났다. 그는 지체하지 않고 그 자리에 지원했다. 지원하면서, 자신이 대학에서 철학이 아니라 문헌학을 선택한 것은 철학을 공부할 마땅한 기회가 없었기 때문이었다고 했다. 그러나 그의 지원은 받아들여지지 않았다.

니체는 다시 문헌학자의 일상으로 돌아와 이후 10년 가까이 바젤 대학에서 고대 문헌학을 강의했다. 강의에서 그는 문헌학 수업의 일환이기는 했지만 고대 그리스 철학자들의 철학을 비중 있게 다루었다. 그러다가 1879년에 건강상의 이유로 교수직에서 물러나게 되었는데 이 때 이른 은퇴가 그에게 새로운 기회가 되었다. 이제 대학이라는 제도권과 전공의 울타리에서 벗어나 자유롭게 철학을 하게 된 것이다. 이후 그는 전적으로 철학자의 삶을 살았다. 여기까지는 누구나 알고 있을 니체의 지적 행로다.

니체에게 자연과학에 이르는 문은 처음부터 좁았다. 그가 다닌 김나지움은 고전에 역점을 둔 인문 학교였다. 자연과학에는 취약한 학교여서 몇 개의 과학 과목이 개설되어 있었을 뿐이고, 그나마 니체의 과학 성적은 좋은 편이 못 되었다. 특히 그는 수학에 약했다. 대학에 진학해서도 자연과학을 체계적으로 공부할 기회는 없었다. 그런 그에게서 우리는 문헌학자나 전통적 의미의 순수 철학자를 떠올리게 된다. 지금까지 지배적인 니체 이미지도 그런 것이었다. 그러나 철학사에서 니체만큼 자연과학에 개방적이었던 철학자도 드물었고, 그만큼 적극적으로 자연과학의 연구 성과를 수용해 자기 철학의 토대로 삼은 철학자도 드물었다.

남다른 지적 호기심과 학구열을 갖고 있던 니체는 당시의 자연과학 연구 성과, 이를테면 진화론과 에너지 이론 등에 크게 고무되었다. 그러면서 자연과학에 많은 것을 기대하게 되었다. 열악한 조건에도 불구하고 그는 분야를 가리지 않고 자연과학에 파고들어 지적 갈증을 풀어갔다. 물론 학교 밖에서의 일이었다. 그는 수학을 따로 공부하기도 했다. 자연과학에 대한 이해의 기반을 보다 확고하게 구축하기 위해서였을 것이다.

자연과학에 대한 그의 갈증과 집착이 얼마나 컸는지를 입증하는 자료들이 적잖이 남아 있다. 그중에는 그가 친지들과 나눈 편지와 그 자신의 회고가 있다. 친지들의 증언이 있으며, 그가 도서관에서 대출했거나 소장한 문헌의 목록도 있다. 편지의 하나, 그는 바젤 대학 교수로 초빙된 1869년 1월 16일 친구 로데에게 쓴 편지에서 "지난주만 해도 나는 네게 편지를 써 함께 화학 공부를 할 것을, 문헌학은 원래 있던 선조들의 서랍 속에 처박아둘 것을 제안하고자 했지. 그런데 지금 '운명'이라는 악마가 교수직으로 나를 유혹하고 있으니"라고 말한 바 있다. 전공인 문헌학을 버리고 화학 공부를 하려고 작심했었다는 내용으로서 당시 니체의 화학에 대한 열정의 정도를 말해준다. 그는 계획을 바꾸어 문헌학 교수 자리를 수락했다. 그러나 그 자리도 그의 자연과학 연찬에 장애가 되지 못했다.

그로부터 12년 후인 1881년 9월, 니체는 바젤 대학의 신학 교수 오버베크에게 이렇게 썼다. "우리끼리 하는 말이지만, 내가 두 눈 똑바로 뜨고 작업할 수 있었던 몇 안 되는 것, 그것은 거의, 전적으로 생리학과 의학 공부였지(나 제대로 아는 것이 없으니—실로 많은 것을 알아야겠다)." 1881년이라면 니체가 건강상의 이유로 교수직을 내놓고 편답 생활에 들어선 초기에 해당한다. 분야에 변화가 왔고, 그가 제대로 아는 것이 없다는 고백이지만, "거의, 전적으로" 매달릴 만큼 자연과학에 대한 그의 열의는 그의 사상이 이미 난숙한 경지에 진입한 시기에도 식을 줄 몰랐다.

그 자신의 회고에는 이런 것이 있다. 《이 사람을 보라》에 나오는 바젤 시절의 것이다.

내가 갖고 있는 지식 안에 다름 아닌 현실성이 결핍되어 있는 터에 '이
념성'이란 것이 다 무엇이랴!—진정 불타는 듯한 갈증이 나를 엄습했으
니 : 이후 나는 생리학, 의학 그리고 자연과학 말고는 아무것도 하지 않았
다. 나는 나의 직무가 명령이라도 하듯 나를 압박하고 나서야 본래의 역
사 연구로 돌아왔다.[12]

문헌학 교수로 부임한 후에도 자연과학 학습에 매진했으며, 심지어 그
학습을 본업인 문헌학 교수직에 우선하기까지 했다는 회고다.
친지의 증언으로는 엘리자베트 푀르스터-니체와 살로메의 증언, 그리
고 로데의 증언이 있다. 여동생으로서 니체와 함께 성장하고 훗날 그의
마지막 삶을 가까이에서 지켜본 엘리자베트 푀르스터-니체는 니체가
일찍이 레, 살로메와 함께 빈이나 파리로 가 의학을 공부할 계획을 세웠
었다고 증언했다.[13] 살로메도 1882년에 니체가 10년 동안 모든 저술 활
동을 중지하고……자신의 철학을 체계적으로 구축하기 위해 자연과학
에 몰두할 결심을 했고, 그러기 위해 파리나 빈 또는 뮌헨으로 가 강의를
들을 계획을 세웠었다고 증언한 바 있다.[14] 이 증언대로라면 니체는 10
년이라는 시한을 두고 모든 것을 버리고 자연과학에 전념하겠다는 구체
적인 계획을 갖고 있었다는 것, 그것이 다름 아닌 자신의 철학의 토대를

---

12 KGW VI 3, 323쪽, *Ecce homo*, Menschliches, Allzumenschliches 3 ; 니체전집 15, 408쪽,
   《이 사람을 보라》, 인간적인 너무나 인간적인 3.
13 E. Förster-Nietzsche, *Das Leben Friedrich Nietzsches*(Leipzig, 1904), Bd. 2, 397쪽.
14 L. Andreas-Salomé, *Friedrich Nietzsche in seinen Werken*(Wien, 1911), 141쪽.

다지기 위해서였다는 것이 된다. 같은 해 11월 26일, 친구 로데는 오버베크에게 니체의 라이프치히 여행을 두고 이렇게 썼다. "무엇이 그를 그곳으로 끌어들였으며, 그는 그곳에서 무엇을 하려는 것이지?……거기서 온갖 자연과학에 매달리겠지요."

또한 니체의 도서관 대출 기록 일부와 그가 소장했던 도서 일부가 남아 있어 우리는 그의 자연과학 독서의 면모를 엿볼 수 있다. 1942년에 바이마르 소재 니체 문서보관소가 남아 있는 그의 장서를 정리해《니체의 도서관Nietzsches Bibliothek》이라는 책을 펴냈다. 편집자는 이 기회에 김나지움 슐포르타와 바젤 대학에서의 니체의 도서관 대출 기록을 함께 공개했다. 그러나 그의 대출이 왕성했을 본 대학과 라이프치히 대학의 도서관 대출 기록이 없어 그의 도서 대출 전모는 알 수가 없다.

니체가 김나지움 상급반이 되어 슐포르타 도서관에서 빌려 본 책은 여덟 권인데, 여기에는 자연과학 도서는 포함돼 있지 않다. 이것은 1년이 채 안 되는 기간의 대출 기록이고, 그 이전의 대출 도서에 대해서는 알려진 것이 없다. 대학 진학 후에, 그리고 바젤 대학 교수가 된 첫 해에 니체는 나움부르크의 집에서 휴가를 보냈는데, 그때 모교 슐포르타의 도서관을 이용하곤 했다. 역시 전공인 문헌학 관계 도서를 주로 대출받았는데, 눈에 띄는 것은 3권으로 된 의학사다. 잔병치레가 잦아 평소 의학에 관심이 많았던 니체인 만큼 이는 개인적 관심에 따른 대출로 보인다.

바젤에서 자리가 잡히면서 니체의 본격적 자연과학 독서가 시작되었다. 1870~1871년 사이의 겨울 학기를 시작으로 그는 헬름홀츠H. Helmholtz의《음조 감각Tonempfindungen》, 칸토어G. Cantor의《수학의 기여Mathmat. Beiträge》, 횔너J. C. F. Zöllner의《혜성의 본성Natur der Kometen》, 푸예M. Pouillet의《물리학Physik》, 코프H. Kopp의《화학사Geschichte der Chemie》,

라덴부르크A. Ladenburg의《화학 발전사Entwicklung der Chemie》, 모어F. Mohr의《힘의 운동Bewegung der Kraft》, 뫼들러J. H. v. Moedler의《천체의 경이Das Wunderbare des Weltalls》 등 다수의 자연과학 문헌을 그곳 대학 도서관으로부터 빌려 보았다. 이 가운데 1873년에서 1875년에 이르는 겨울학기까지 칠너의 책을 네 차례, 푸예의 책을 두 차례 빌려 본 것으로 되어 있다. 그만큼 열독했다는 이야기가 된다. 보슈코비치R. J. Boscovich의《자연철학Philosophia naturalis》을 세 차례 대출받아 읽기도 했다. 그 무렵 니체는 특히 헬름홀츠와 모어, 그리고 보슈코비치의 이론을 심도 있게 추적했다.[15]

헬름홀츠는 에너지 보존 법칙을 증명하는 데 기여한 물리학자이며 모어는 힘의 호환성을 주장한 화학자다. 그리고 보슈코비치는 질료의 존재를 부인하고 원자조차 비물질적 점으로 받아들인 수학자이자 물리학자다. 이들 세 학자 가운데 보슈코비치의 이론은 니체에게 지속적인 영향을 끼쳤다. 특히 힘에의 의지와 영원회귀 사상의 형성에 깊은 영향을 끼친 것으로 확인된다.

니체가 소장했던 도서의 목록은 지금까지 세 차례, 1900년, 1913년, 1942년에 공개되었다. 그 가운데 마지막 것이 니체 문서보관소가 낸《니체의 도서관》이다. 니체는 상당수의 책을 소장하고 있었으나, 그의 사후에 적지 않은 책이 팔려 나가거나 다른 사람들에게 선물로 주어졌다.《니

---

15 이들 책 이름은 편자가 임의로 줄여 쓰거나 외국어를 독일어로 옮긴 것으로서 원제 그대로가 아니다. 원래의 서명과 출판 연도 등은 '바이마르 고전 재단Stiftung Weimarer Klassik'의 위임으로 벤데르스R. J. Benders와 외터만S. Oettermann이 펴낸《프리드리히 니체, 사진과 원전 속의 연대기Friedrich Nietzsche, Chronik in Bildern und Texten》(München : Carl Hanser Verlag, 2000), 291쪽 이하에 나와 있다.

체의 도서관》에 수록되어 있는 것은 남아 있는 장서들이다. 19개 분야 899권의 문헌인데, 자연과학·수학에 49권, 의학·건강학에 17권이 포함돼 있다. 그 정도로는 많다고 할 수 없겠으나 소장 문헌의 전문성에 비추어 본다면 적은 것도 아니다.

니체는 화학, 지질학, 생리학, 물리학, 천문학, 의학 등 분야를 가리지 않고 자연과학 책을 읽었다. 제대로 아는 것이 없다는 그의 푸념처럼 이 것저것 알아야 할 게 많았던 것이다. 그는 영역에 구애받지 않고 당시 쟁점이 되고 있던 과학 이론을 두루 섭렵했는데, 이 같은 자유분방한 독서는 그에게 단점이 되기도 했고 장점이 되기도 했다. 단점은, 한 분야에 전념하지 않은 탓에 전문 학자 수준의 이해에 도달하지 못했고, 그래서 그의 과학 이론에 허점이 적지 않았다는 것이다. 장점은, 특정 분야에 매이지 않은 까닭에 넓은 시야에서 자연을 탐색할 수 있었고 자연과학 일반에 대한 이해를 바탕으로 자연을 하나의 유기적 관계 속에서 파악할 수 있었다는 것이다.

여기서 니체의 자연과학 탐구의 방향과 성격과 한계가 드러난다. 그가 자연과학에 심취해 평생 자연과학 학습에 정진한 것이 사실이고 또 충동적으로 자연과학 분야에 전념할 결심을 한 일이 있기는 했지만, 그는 전문 물리학자나 화학자 또는 생물학자가 될 준비는 되어 있지 않았다. 관심부터가 그랬다. 처음부터 그랬던 것은 아니지만 그의 관심은 자연과학 한 분야에서 연구 성과를 내는 데 있지 않고 자연을 이해하는 데, 존재하는 것의 본질과 변화의 근거를 설명할 거점을 확보하는 데 있었다. 즉 자연에 대한 철학적 해석에 있었다.

니체는 기본적으로 자연과학을 신뢰했고 자연과학을 손에서 놓지 않았으나 맹신하지는 않았다. 그는 자연과학을 비판하기도 하고 그 한계를 지적하게 되었는데, 결정적인 것은 자연과학은 세계를 그려낼 수는 있지만 설명할 수는 없다는 것이었다. 철학자 니체가 추구한 것은 세계의 묘사가 아니라 설명이었다. 그는 여기서 자연과학과 일정 거리를 두게 되었다. 이는 당시 자연과학의 토대이자 정신이었던 기계론과 실증주의에 대한 그의 논박에서 이미 예견된 일이었다. 이 거리 두기 역시 그에게 소득이 되었다. 일정 거리가 확보되면서 자연과학을 객관화해 평가할 수 있는 시야가 열리게 되었기 때문이다. 이후 그는 자연과학의 성과들을 비판하고 자신의 관점에서 수정 보완해가며 자신의 철학을 구축해갔다.

자연에 대한 설명을 추구하면서 니체는 일찍부터 자연철학에 주목했다. 그는 자연철학 관련 문헌을 있는 대로 구해 보았다. 자연에 대한 철학적 논의에 자연에 대한 설명의 길이 있지 않을까 하는 기대에서였을 것이다. 현존하는 그의 장서에 다수의 자연철학 관련 문헌들이 포함되어 있다.[16] 그에 앞서 그가 라이프치히 대학 학창 시절인 1868년에 앞으로 읽을 책의 목록을 만든 적이 있는데, 그는 거기에 셸링의《자연철학 이념 *Ideen zu einer Philosophie der Natur*》과 오켄Oken의《자연철학 교본*Lehrbuch der Naturphilosophie*》을 포함시키기도 했다. 여기서 우리는 니체가 자신의 철학을 체계적으로 구축하기 위해 자연과학에 몰두했다는 살로메의 증언을 되새겨보게 된다.

나. 힘 이론과 힘에의 의지

근대 물리학에서 쟁점이 된 것은 자연에서 일어나는 사건의 질서가 우

---

16 Gesellschaft der Freunde des Nietzsche Archives, Nietzsches Bibliothek(Weimar, 1942), 17~27쪽.

선해서 운동의 질서인가, 아니면 힘Kraft의 질서인가 하는 것이었다. 초기에 우세했던 것은 운동의 질서라는 것이었다. 그러다가 힘 이론이 확립되면서 힘이 운동을 대신하게 되었고, 19세기 중반에 들어와 열이 에너지의 한 형태로 간주되면서 열과 에너지에 대한 연구가 활기를 띠었다. 이 시기에 확립된 것이 헬름홀츠, 마이어 등이 같은 시기에 내놓은 에너지 보존 법칙이었다. 니체는 일찍부터 이 힘 이론에 깊은 관심을 보였다. 위에서 소개한 그의 독서 계획에 헬름홀츠의《힘의 보존에 관하여 Über die Erhaltung der Kraft》,《자연력의 상호 작용에 대하여Über die Wechselwirkung der Naturkräfte》등이 들어 있어 그 관심의 정도를 말해준다.

이때 힘은 일정 공간을 점하면서 물체를 이루고 있는 물질과 달리 물체를 움직이고 물체의 운동과 모양에 변화를 주는 비물질적 작용으로 이해되었다. 힘 이론이 등장하면서 자연스레 대두된 것이 물질의 문제였다. 추세는 물질의 존재를 인정하지 않고 모든 것을 힘으로 환원하는 것이었다. 철학자 가운데는 카스파리O. Caspari가 그랬다. 카스파리의 이론을 잘 알고 있던 니체도 카스파리 편에서 물질의 존재를 부인했다. 물질의 부인은 물질을 이루고 있는 기본 입자로 간주되어온 원자의 부인으로 이어졌다.

니체는 세계를 계산 가능한 것으로 파악하려는 물리학자들에게는 세계를 설명해줄 수 있는 항구적 원인과 함께 모든 것이 환원될 수 있는 어떤 근원이 필요했고 그 같은 필요에서 생각해낸 것이 원자라고 했다. 덧붙여 지금까지 유물론에서 말하는 원자론만큼이나 훌륭하게 논박된 것은 없다고 했으며 오늘날 원자에 진지한 의미를 부여할 정도로 무지한 학자는 없을 것이라고까지 했다. 그러고는 원자를 힘의 중심에 불과한 것으로 봄으로써 그 논박의 근거를 제공한 보슈코비치를 높이 평가했

다.[17]

당시 힘이라는 말과 함께 쓰이기 시작한 것이 에너지였다. 우리는 앞에서 아리스토텔레스에 있어서의 힘과 에너지를 살펴보았다. 거기서 아리스토텔레스가 힘을 가능성으로서의 힘, 즉 잠재적 힘과 현실적으로 작용하는 힘으로 나누고 앞의 것을 디나미스, 뒤의 것을 에네르게이아로 불렀다고 했다. 이 에네르게이아가 갈릴레이 이후 에네르기Energie 또는 에너지energy라는 물리학 개념으로 쓰였으며 19세기에 들어와서는 힘, 곧 Kraft와 같은 의미로 쓰이기 시작했다. 그때까지 학자들이 선호한 말은 힘이었다. 헬름홀츠는 물론 모어가 쓴 책 표제에도 힘으로 나와 있으며 근대 에너지 역학을 확립한 마이어R. Mayer가 에너지 보존 법칙으로 알려지게 된 법칙을 공표한 것도 《무기물의 세계에 있어서의 힘에 대하여Bemerkungen über die Kräfte der unbelebten Natur》라는 글에서였다. 그러다가 1870년 이후 현실적으로 작용하는 힘으로 그 의미가 한정되면서 에너지란 말이 보다 빈번하게 쓰이게 되었다.

니체도 에너지란 말을 알고 있었다. 몇 차례 쓰기도 했다.[18] 그러나 그는 힘이란 말에 더 친숙해 있었다. 그가 읽은 책에서도 그랬고 당시 보다 널리 쓰인 말이 힘이었던 탓일 것이다. 그는 오늘날 에너지 보존 법칙으로 불리는 법칙에 의거해 세계의 존재와 운행을 설명하게 되었는데, 그때 그가 사용한 개념도 힘이었다.[19] 여기서 그가 힘과 에너지의 차이를

17 KGW VI 2, 20쪽, *Jenseits von Gut und Böse*, Erstes Hauptstück : von den Vorurtheilen der Philosophen 12 ; 니체전집 14, 29~30쪽, 《선악의 저편》, 제1장 : 철학자들의 편견에 대하여 12.
18 예컨대 KGW VIII 2, 201쪽, 10〔138〕(250) ; 니체전집 22, 238쪽, 10〔138〕(250).
19 KGW VII 3, 338~339쪽, 38〔12〕; 니체전집 18, 435~436쪽, 38〔12〕.

숙지하고 있었는가 하는 의문이 인다. 숙지하지 못했다 하더라도 당시 추세로 볼 때 그를 탓할 일은 아니다. 물론 그가 그 차이를 숙지했을 수도 있다. 아리스토텔레스의 힘 이론과 근대 힘 이론을 알고 있었던 만큼 에너지 개념의 역사를 파악하고 있었을 것이고, 명확하게 구분해 쓰지는 않았지만 에너지와 힘 사이의 미묘한 차이를 알고 있었을 것으로 추정되기도 한다. 실제로 니체에게서 힘은 에너지를 포괄하는 상위 개념이 된다는 해석이 있다. 이것은 미타슈의 해석으로서, 니체의 '힘'은 뉴턴에게서의 일을 일으키는 힘(동력, 전력)에다가 에너지, 그리고 조준력과 형성력을 모두 포괄한다는 것이다.[20]

니체에 따르면 모든 것은 힘이다. 그리고 이 모든 것의 총체가 바로 세계다. 이는 결국 이 세계가 힘으로 되어 있다는 것을 의미한다. 니체에 앞서 모든 것은 힘이라고 한 학자들이 있었다. 물질의 존재와 물질의 최소 단위로서의 원자의 존재를 부인한, 앞에서 니체의 힘 이론의 중요 원천으로 소개한 카스파리와 보슈코비치가 그들이었다. 힘은 본성상 쉬지 않고 움직인다. 다른 말로 하면 변화한다. 그것이 힘이 존재하는 방식이다. 따라서 힘으로 되어 있는 세계에서 실재적인 것은 움직임, 곧 변화뿐이다. 모든 것은 잠시도 쉬지 않고 변화한다. 이는 일찍이 헤라클레이토스가 한 주장이다. 그러면 이 운동을 일으키는 것은 무엇인가?

니체 당시 생성, 변화, 곧 사건의 설명 가운데 우세했던 것은 단연 기계론적 설명이었다. 모든 사건은 원인에 의해 촉발되어 결과로 진행된다는 것이었다. 즉 모든 사건의 진행은 원인과 결과의 연쇄로 되어 있다는 것, 따라서 인과 법칙 하나로 이 세상에서 일어나는 일을 모두 설명할 수 있

---

20 A. Mittasch, *Friedrich Nietzsches Naturbeflissenheit*, 21쪽.

다는 것이었다. 흄 편에 서서 인과 법칙을 거부한 니체는 기계론을 거부했다. 기계론 말고는 사건의 발생을 설명할 길이 없는 것일까. 사건의 목적 연관을 부인한 니체에게는 목적론도 대안이 될 수 없었다.

이럴 때 생각해볼 수 있는 것이 화학 법칙에 의한 설명이다. 이것은 우주 운동에 대한 가장 오래된 설명 방식으로서, 끌어당김과 밀어냄에서 모든 운동이 발생한다는 것이다. 사람들은 이 끌어당김에서 매력과 화해를, 밀어냄에서 혐오와 불화를 떠올렸다. 일찍이 엠페도클레스는 원소는 사랑에 의해 결합하고 미움에 의해 분리된다고 했다. 도덕적 뒷맛을 지닌, 거기에다 법칙에 의거한 설명이다. 세계에 대한 도덕적 해석을 경계하는 한편 법칙의 존재를 인정하지 않은 니체는 그 같은 설명 역시 거부할 수밖에 없었다. 그는 "여기서 보다 중요한 것은 힘의 관계의 절대적 확정이다……이 같은 힘의 관계에는 자비, 화해 따위는 존재하지 않는다. '법칙'이란 것에 대한 존경은 더더욱 존재하지 않는다"고 했다.[21]

그러면 힘은 어떻게 현실화되는가? 이것은 기계론을 받아들이고 있던 당시 물리학자들의 문제이기도 했다. 마이어는 발현Auslösung에서 답을 찾았다. 발현은 그가 에너지 보존 법칙에 이어 1876년에 발견한 두 번째 법칙이다. 그는 "실로 많은 자연의 과정은 어떤 충격이 주어질 때 발생한다. 이 경과가 오늘날 신과학에서 발현이라고 부르는 것"이라고 했다.[22] 전체 에너지 균형에는 전혀 또는 거의 문제 될 것이 없는 관여나 충격을 통해 잠재 에너지가 활성화되고 현실화된다는 주장이었다.[23] 그런 발현의 예로 흔히 제시되는 것이 눈사태와 같은 기계적 발현, 화학적 접촉 반

---

21 KGW VII 3, 283쪽, 36〔18〕; 니체전집 18, 370쪽, 36〔18〕.
22 A. Mittasch, *Von der Chemie zur Philosophie* (Ulm : J. Ebner Verlag, 1948), 546쪽.
23 같은 책, 464쪽.

응, 생리학적 자극, 정신물리학적 의지 작용 등이다.[24] 마이어는 이 발현으로써 기계론의 근거가 되는 인과 법칙을 보완했다고 믿었다.

니체는 이 이론에서 힘을 얻었다. 기계론적 해석과 도덕적 해석을 거부하고 있던 그에게 발현이 새로운 가능성으로 다가왔다. 그는 자신과 마이어의 에너지 이론 사이에서 가교 역할을 해온 페터 가스트에게 보낸 1881년 4월 16일의 편지에서 "마이어의 책에서 가장 본질적이며 유용한 것은 발현에 관한 것"이라고까지 했다.

그러나 발현에 대한 니체의 기대는 오래가지 않았다. 발현이 보완하기로 되어 있던 기계론을 원천적으로 받아들일 수 없었던데다가 관여니 충격이니 하지만 그것들을 설명할 길이 없었기 때문이다. 그는 끝내, 발현으로는 순간 힘의 발생은 설명되지만 그 발생의 근원까지 설명되지는 않는다고 보게 되었다. 발현을 설명할 수 있는 보다 근원적인 것이 있어야 했다. 그런 그에게 발현 역시 현상을 문제 삼아온 과학 이론의 하나일 뿐이었다. 그는 발현을 포기했다. 한 해쯤 지난 1882년 3월 20일에 그는 페터 가스트에게 편지를 써 "마이어가 대단한 전문가이기는 하지만 그 이상은 아니라는 것, 보다 일반적인 진술 모두에서 그가 얼마나 거칠고 소박한지를 보며 나는 놀라게 된다"고 심경을 토로했다.

쇼펜하우어에 따르면, 자연과학자 마이어가 탐구한 것은 표상의 세계가 되고 니체가 탐구한 것은 의지의 세계가 된다. 자연과학자라면 그런 구분을 받아들이지 않을 것이다. 그들에게 세계는 표상으로밖에 주어지지 않기 때문이다. 그러나 표상에 만족하지 않고 무엇이 그것을 일으키는가, 즉 그 근거를 탐색하는 철학자라면 다르다. 니체도 자연과학자들

---

24 같은 책, 546쪽.

역시 힘을 다루어왔지만 힘을 그것의 본질에서부터 사색하지는 않았다고 했다. 그런데도 자연과학자들은 그런 힘을 통해 세계를 기계론적으로 설명할 수 있다고 믿었으며, 그 가운데 적지 않은 사람들은 그 바탕에 질료가 있다고 믿었다. 그 같은 믿음에 맞서 니체는 기계론이니 질료니 하지만 그런 것들은 힘에의 의지가 생기를 잃을 대로 잃어 탈정신화된, 저급한 수준의 표현 양식에 불과하다고 했다.[25]

발현도 아니라면, 어떻게 힘의 활동을 설명할 것인가? 무엇이 힘을 활성화해 움직이게 하는가? 그것은 보다 많은 힘을 얻어 자신을 주장하려는 힘의 지향, 곧 힘에의 의지다. 이 의지가 힘 사이에 불화를 불러오고 갈등을 일으킨다. 그러면서 힘은 활성화된다. 이것이 힘이 어떻게 현실화되는가에 대한 니체의 대답이다.

이 힘에의 의지는 존재의 본질이자 변화의 최종 근거로서, 자연과학자들의 눈길이 닿지 않는 존재 내면의 의지다. 니체는 모든 것을 힘과 힘의 활동으로 환원한 물리학자들의 업적을 기렸다. 그러면서도 물리적 힘 하나로 이 세계의 존재와 변화를 설명할 수 있다는 물리학자들의 믿음만은 받아들이지 않았다. 그는 물리적 힘에는 보완이 필요하다고 보았다. 무엇이 힘의 운동을 촉발하는지, 그 근원을 밝혀내야 한다는 것이었다. 이에 그는 "우리의 물리학자들이 그것으로써 신을 만들고 세계를 만드는 저 승승장구하고 있는 개념인 힘에는 보완이 필요하다. 내가 '힘에의 의지'로 표현하고 있는 내적 세계, 즉 지칠 줄 모르고 힘을 드러내려는 욕망, 또는 힘의 행사와 집행, 창조적 충동 따위가 보태져야 한다"[26]

---

25 KGW VIII 2, 7쪽, 9(8) (8) ; 니체전집 20, 13쪽, 9(8) (8).
26 KGW VII 3, 287쪽, 36(31) ; 니체전집 18, 375쪽, 36(31).

고 했다.

니체는 힘에의 의지로써 자연과학에서 말하는 힘을 보완했고, 그럼으로써 자연과학의 한계를 넘어 힘이 어떻게 현실화되는가를, 즉 힘의 현실화의 근원을 밝혀냈다고 믿었다. 물리학자들로서는 '힘'까지였다. 힘에의 의지는 이 힘에 대한 니체의 철학적 해석이다. 여기서 물리학과 철학이 만나게 되며, 힘에의 의지는 자연철학적 원리가 된다.

(3) 세속적 지배 의지로서의 힘에의 의지

세속적 지배 의지로서의 힘에의 의지는 힘에의 의지 해석 가운데 가장 널리 알려져 있는 해석이다. 누구보다도 니체 철학에 정통하지 않은 일반 독자들에게 친숙한 해석이다. 형이상학적 해석은 고답적이어서 그만큼 거리가 멀고, 자연철학적 해석 역시 그 전문성으로 인해 접근이 쉽지 않은 탓일 것이다. 우리나라의 경우, 권력 의지라는 우리말 번역도 그것을 세속적 지배 의지로 받아들이도록 하는 데 한몫한 것으로 보인다.

우리나라에서는 오랫동안 힘에의 의지를 권력 의지로 번역해왔다. 일본의 예를 따른 것이다. 1960년대와 1980년대에 두 차례 한글판 니체 전집이 나온 일이 있다. 그때 나온 유고집의 표제도 "권력 의지"였다. 그러다가 힘에의 의지에서 힘이 세속적 힘만을 가리키지 않고 자연에 편재해 있는 힘을 지시하기 때문에 권력보다는 상위 개념인 '힘'이 더 적합하다는 주장이 나왔다. 1980년대 초에 나온 주장으로서, 이후 우리나라에서는 힘에의 의지로 옮겨 쓰는 추세다.

'권력 의지'를 고수하는 학자들도 있다. 권력이 일상에서 사회적 실력을 뜻하긴 하지만 그 말의 원래 의미가 '강제로 복종시키는 힘'이라면 그

뜻을 정치·사회적 힘으로 한정하여 기피할 이유가 없다는 것이다. 힘이라는 개념의 외연이 너무 넓어 의미가 명료하지 않다는 지적도 있다. 실제로 힘에의 의지를 권력 의지로 옮기는 것이 보다 합당한 경우도 있다. 인간 삶의 현실에서의 힘에 대한 지향을 논의하는 경우다. 그런데도 보다 많은 학자들이 힘에의 의지를 선호하는 것은 힘을 권력의 의미로 받아들일 경우 힘이 갖고 있는 존재론적, 우주론적 의미가 그만큼 퇴색되어 힘의 보편적 성격이 훼손될 수 있다는 우려에서다.

힘에의 의지를 세속적 힘에 대한 의지로 해석해온 학자들은 그 의지가 다른 곳이 아닌 니체 자신의 심리적 갈등에 근원을 두고 있다고 말해왔다. 니체는 유년과 소년 시절에 가부장적 권위의 부재에서 오는 손실감과 무력감으로 극심한 고통을 받았으며 그것을 대신할 권위로 힘에 대한 억제할 수 없는 갈구를 갖게 되었다는 것이다. 이는 신의 죽음을 다루면서 검토한 바 있는, 니체 자신의 다양한 증언에 의해 뒷받침되는 주장이기도 하다.

앞에서 니체는 어린 시절부터 세속적 의미의 힘을 체현하고 있는 신이나 위인들에 집착해왔다고 했다. 그리고 그 위업에 열광해왔다고 했다. 어린 시절 그에게는 강력한 힘의 화신인 북유럽의 가공할 신들과 잔인무도한 전설상의 영웅들이 그런 신이요 위인들이었다.

개인적 동기에서 비롯되었다고 해석되어온 힘에 대한 그의 갈구는 그가 성장하면서 전기를 맞게 되었다. 학교 수업과 독서를 통해 어떻게 힘에 대한 강력한 의지가 인간의 삶과 함께 역사를 주도해왔는가를 확인하게 된 것이 계기였다. 그러면서 그는 자연스레 힘에 대한 갈구가 개인을 넘는 인간 보편의 것이라는 데 눈뜨게 되었다. 그로서는 더 이상 신화나 전설 속의 신과 위인의 위업을 찾아 나설 이유가 없게 되었다. 그는 삶과 역사 현실로 눈을 돌렸다. 그리고 힘과 힘에 대한 의지가 인간의 삶과 역사 속에서 어떻게 추구되고 행사되어왔는지를 살펴보았다. 그러자 역사상의 위인들과 그들의 행적이 눈에 들어왔다. 하나같이 이 땅의 인간들이었지만 보다 사실적이라는 점을 빼면 그 위업으로 보아 신화나 전설 속의 신과 영웅 그대로였다. 니체를 사로잡기에 부족함이 없는 위인들이었다. 그러나 그런 위인들이 더 이상 존재하지 않는다. 그는 더 이상 위인을 찾아볼 수 없게 된 현실을 개탄했다. 현실에 낙담했지만 위인의 시대가 다시 도래할 수 있지 않을까 하는 기대에서 그는 위대한 미래에 대한 꿈만은 버리지 않았다. 여기서 우리는 그가 훗날 이상적 인간 유형으로 제시하게 될 위버멘쉬 발상의 싹을 보게 된다.

니체가 역사상의 위인들을 발견한 것은 대체로 바젤 시절 이후의 일로서 그곳 역사학자 부르크하르트의 도움이 적지 않았다. 돌이켜보면 위인은 여럿 있었지만 생각한 것만큼 많지는 않았다. 알렉산드로스 대왕, 카이사르와 같은 영웅에다가 온갖 수단을 다 동원하면서까지 지배욕을 불태운 그리스인, 도덕을 비웃고 거리낌 없이 힘을 편 르네상스인, 그 가운데 누구보다도 피에 굶주린 야수 보르자 정도가 있었을 뿐이다. 그리고 나폴레옹이 있었을 뿐이다.

니체가 바젤 대학에 교수로 부임한 1869년, 부르크하르트는 그리스 문화 일반과 르네상스 문화 연구에서 일가를 이룬, 그곳의 저명한 역사학자였다. 고대 문헌학자로서 그리스 문화와 위대한 인간의 행적에 관심이 깊었던 청년 학자 니체에게는 호기였다. 부르크하르트는 연배로 보아 그에게 아버지뻘이었다. 그러나 나이는 문제가 되지 않았다. 니체는 곧 그를 따랐다. 그도 니체를 영민한 신진 학자로 환대했다. 이들은 대학 안팎에서 많은 대화를 나누었다. 대화를 통해 상대로부터 배웠으며 자극을 받기도 했다. 물론 더 많이 배우고 더 많은 자극을 받은 쪽은 청년 니체였다. 니체는 학생 자격으로 그의 강의를 청강하기까지 했다. 그때 그가 청강한 강의가 '역사 위인론'이었다. 그는 부르크하르트의 역사학 입문을 위한 '연습'에도 참석했다.

부르크하르트는 역사 속에서 힘이 어떻게 작동해왔는지, 어떻게 추구되어왔는지를 실증적 사료를 통해 생생하게 보여주었다. 그리스 문화를 다루면서 그가 그 문화의 본질로 규정한 것이 바로 경쟁의식이었다. 그에 따르면 그리스 사람들은 자신들이 다른 사람들보다 뛰어나다고 느낄 때만 행복했다. 그런 그들은 힘에서 자신들을 능가하는 사람들을 두고 보지 못했다. 그런 자들에게 질투심을 불태웠으며 마음속의 증오를 폭발시키고는 그것을 권리로까지 생각했다. 자신들을 앞지르는 사람들에 대해서라면 복수조차 미덕이 되었다. 이 같은 질투심과 증오와 복수심이 그들을 격한 싸움으로 내몰았다. 싸움에서 그들은 거칠고 잔인했으며 파렴치하기까지 했다. 그들에게는 힘이 최고의 가치였다.

그러나 질투와 증오와 복수는 위험천만한 것이었다. 방치할 경우 모두가 그것의 희생자가 될 수밖에 없기 때문이었다. 그렇다고 그런 감정을 억제하는 것은 힘든 일이었고 제거하는 것은 더욱 힘든 일이었다. 여기서 출구가 필요했다. 그리스 사람들은 질투와 증오와 복수의 감정은 그대로 둔 채 그런 감정을 보다 세련되게 표출할 길을 찾았다. 이렇게 해서 찾아낸 것이 바로 경쟁이었다. 이후 그리스 사람들에게 경쟁을 통한 힘겨루기는 일상이 되었다. 다양한 유형의 경쟁이 선보였다. 올림픽 경기는 물론 비극 작품 경연도 그런 경쟁의 하나였다. 전쟁은 말할 것도 없다. 경쟁에서 이긴 자에게는 월계관과 기념비와 개선문의 영예가 돌아갔다. 그리스 사람들은 이 같은 경쟁에서 무한히 상승하는 힘을 맛보았으며 생

의 희열을 느꼈다.[27]

1870년대에 들어 니체는 투키디데스를 '발견'하게 되었다. 그는 투키디데스를 통해 힘이 곧 정의라는 보다 구체적인 현실을 체험하게 되었다. 그가 쇼펜하우어와 바그너의 로만주의적 이상과 몽환에서 깨어나 냉정을 되찾아가던 무렵이었다. 투키디데스는 편견 없는 역사 기술을 위해 도덕적 판단이나 종교적 관점을 배제하고 사료에 대한 면밀하고 엄격한 고증을 앞세운 과학적 역사가이자 냉엄한 안목을 지닌 현실주의자였다. 역사를 서술하면서 그가 심혈을 기울인 것이 역사 주체인 인간의 본성이 역사 전개에서 어떻게 작용해왔는가를 밝혀내는 작업이었다.

투키디데스의 객관적 역사 기술은 아테네와 스파르타 사이에서 일어난 전쟁의 전말을 서술한 《펠로폰네소스 전쟁》에서 진가를 드러냈다. 그 자신은 아테네 출신이었지만 균형을 잃지 않고 펠로폰네소스 전쟁의 역사를 있는 그대로 기술했다. 그가 기술한 사건 가운데 하나가 멜로스에 대한 아테네의 응징이었다. 아테네와 스파르타가 패권을 놓고 벌인 전쟁에서 멜로스는 중립을 지켰다. 분노한 아테네는 자신들의 편에 서지 않고 중립을 고수했다는 이유 하나만으로 멜로스 남자들을 도륙하고 여자와 어린아이들은 노예로 팔아넘겼다. 그 광경을 투키디데스는 '끔찍할 정도로' 사실적으로 기술했다.

남자들을 도륙하고 여자와 아이들을 노예로 팔아넘기기 전에 담판이 있었다. 담판에서 아테네 측은 멜로스 측에게 강자는 할 수 있는 일을 마음껏 하기 마련이며, 약자는 받아들일 수밖에 없는 것을 받아들이기 마

---

27 C. 앙들레, 〈니체와 부르크하르트〉, 차하순·정동호, 《부르크하르트와 니이체》(서강대학교 출판부, 1986), 213~218쪽 참고.

런이라는 단순한 지배 원리를 일깨웠다.[28] 이들 사이에 타협과 관용은 없었다. 힘이 있었을 뿐이다. 그리고 그것은 곧 현실이 되었다.

이 담판은 니체에게 깊은 인상을 남겼다. 여기서 그는 힘의 가공할 위력을 실감했다. 그는 유고에서 몇 차례 이 담판과 함께 투키디데스를 언급했다. 이를테면 자유정신을 누린 소피스트들이 추구한 이상으로서 투키디데스를 거명했으며[29] 그를 소피스트적인 자유 감각의 전형으로 꼽기도 했다.[30] 니체에게 소피스트들은 뛰어난 정치 감각을 지닌 현실주의자들이었다. 세상을 널리 경험한 그들은 동시에 상대주의를 수용해, 서로 다를 뿐만 아니라 경우에 따라서는 상충하기도 하는 다양한 판단을 받아들일 마음의 넓이와 깊이를 갖고 있던, 그만큼 자유로운 정신이기도 했다.

니체에게 진정한 그리스 사람은 자연철학자 헤라클레이토스와 데모크리토스를 사상적 선행자로 한 이들 소피스트들이었다. 소피스트들은 도덕 따위에는 아랑곳하지 않았다. 그들은 자신들이 도덕적이지 않다는 것을 받아들일 수 있을 만큼 강력한 정신을 소유한 철학자들이었다. 그런 소피스트들과 비교하면 덕과 그 나름의 정의라는 것을 앞세워 궤변을 늘어놓은 플라톤은 그의 스승 소크라테스와 함께 일종의 '유대인'에 불과했다.[31] 소피스트들과 플라톤 사이의 이 대비는 투키디데스와 플라톤 사이의 대비로 이어졌다. 현실에 어떻게 대처하느냐에 따른 대비로서,

---

28 Thucydides, *History of the Peloponnesian War*, Rex Warner (trans.)(London : Penguin Books, 1972), 400~408쪽.

29 KGW IV 2, 443쪽, 19〔72〕; 니체전집 9, 97쪽, 19〔72〕.

30 같은 책, 447쪽, 19〔86〕; 같은 책, 102쪽, 19〔86〕.

31 KGW VIII 3, 123쪽, 14〔147〕; 니체전집 21, 156쪽, 14〔147〕.

니체는 현실을 있는 그대로 받아들일 능력이 없었던 플라톤은 비겁하게도 현실 저편의 또 다른 세계를 상정하고는 그리로 도피하고 말았다고 조롱했다. 현실을 외면한 이상주의자였다는 것이다. 그에게는 투키디데스가, 자신을 지배함으로써 사물까지 지배하게 된 현실주의자였다.[32]

니체에게 투키디데스는 온갖 유형의 생에 적대적인 플라톤주의로부터의 쾌유를, 남다른 사랑과 요양을 의미했다. 플라톤주의 극복을 위해 싸워왔던 그에게 투키디데스는 예사롭지 않은 사상가였다. 그는, 속이는 일이 없으며 다른 곳이 아닌 현실성 안에서 이성을 보려는 불굴의 의지를 지녔다는 점에서 투키디데스가, 그리고 아마도 마키아벨리의《군주론》이 자신과 가장 많이 닮았을 것이라고 했다.[33] 이 투키디데스에게서 그는 힘이 모든 것을 결정하도록 되어 있다는 냉혹한 현실과 함께 부르크하르트가 말한 그 경쟁의 본능을 확인했다. 인간 투키디데스에 대한 관심도 각별해서 그는 1873년과 1874년 사이에 바젤 대학 도서관에서 로셔Roscher의《투키디데스의 생애Leben des Thukydides》를 두 차례 빌려 보았고, 1875년에는 크뤼거Krüger의《투키디데스의 생애Leben des Thuky-dides》를 한 차례 빌려 보았다.

그리스 사람들의 힘을 향한 부단한 의지는 소크라테스 철학과 그리스도교의 등장과 함께 쇠락의 길로 들어섰다. 도덕과 저편의 세계에 대한 신앙이 등장하면서 현실성은 이상성에 밀리게 되었고 그와 더불어 힘을 향한 세속적 의지가 설 자리를 잃고 만 것이다. 유럽 세계는 끝내 이들 도덕과 신앙의 지배 아래 들었고, 이후 모든 것이 그것들의 통제와 관리

---

32 KGW VI 3, 150쪽, *Götzen-Dämmerung*, Was ich den Alten verdanke 2 ; 니체전집 15, 198쪽,《우상의 황혼》, 내가 옛 사람들의 덕을 보고 있는 것 2.
33 같은 책, 같은 곳 ; 같은 책, 197~198쪽.

를 받게 되었다. 무엇보다도 힘을 펴려는 개인적 욕망과 야심이 통제와 관리의 대상이 되었다.

이 같은 통제와 관리는 2,000년 가까이 지속되었다. 그사이 도덕과 내세 신앙의 멍에를 진 채 힘겨운 삶을 살아온 인간은 저도 모르게 소심해지고 무기력해졌으며, 매사 고분고분해졌다. 생명의 활력을 잃은 탓에 인간의 현실은 암울했고 전망은 더욱 암울했다. 그렇다고 힘을 펴려는 개인적 욕망과 야심이 뿌리째 뽑힌 것은 아니었다. 생명의 본질이자 에너지인 힘에의 의지는 그 같은 외형적 통제와 관리로 잠재울 수 있는 것이 아니기 때문이었다. 다만 수면 아래로 잠복해 동면에 들어갔을 뿐이었다. 뒤에서 재론하겠지만, 니체에 따르면 인간 길들이기의 효과는 피상적인 수준에 그칠 뿐이다. 인간의 야성은 빠른 복원력을 갖고 있어서 기회만 주어지면 어느 때고 폭발해 제자리로 돌아간다. 그리스 사람들을 통해 표출된 바 있는 인간의 야성이 그랬다.

그러나 잠복 기간은 생각보다 길었다. 때는 오지 않을 것처럼 보이기까지 했다. 그러다가 지금부터 600년 전쯤 힘에의 의지가 도덕과 신앙의 지각을 뚫고 갑자기 폭발했다. 이 폭발과 함께 생에 대한 열정과 힘에 대한 갈망이 화려하게 되살아났다. 우리가 르네상스라고 부르는 새 시대는 이렇게 열렸다. 사람들은 낡은 외투라도 되듯, 그동안 삶을 지배해온 도덕과 신앙을 벗어버렸다. 그러자 인간의 본성이 생생하게 솟아올랐다. 그들은 이 본성을 마음껏 폈다. 힘과 명예를 최고의 가치로 삼았으며 힘을 얻고 명예를 얻기 위해서라면 죽음도 마다하지 않았다. 개인과 개인, 가문과 가문, 도시와 도시, 국가와 국가가 경쟁과 전쟁에 돌입했다. 싸움이 삶의 방식이 되다시피 했다. 심지어 교회까지 지배력을 확보하기 위해 전쟁을 일으켰다. 증오를 폭발시키고는 그것을 권리로 생각하고 복수를 미덕으로 간주한 고대 그리스 사람들의 기상이 되살아난 듯했다. 상승의 기운이 도처에서 역력했다.

이 같은 기운 속에서 고개를 든 것이 원하기만 한다면 무엇이든 할 수 있다는 인간의 자기 확신이었다. 그 같은 확신에서 르네상스인들은 자신들의 능력을 유감없이 발휘했다. 경계는 문제가 되지 않았다. 그래서 가능한 한 모든 분야에서 능력을 과시하게 되었는데, 이렇게 하여 출현한 것이 만능인l'uomo universale으로 불리는 르네상스 천재들이었다. 알베르티, 레오나르도 다 빈치, 미켈란젤로 등이 그런 천재였다. 니체에게는 천재의 모습으로 등장한 영웅들이었다.

천재는 군사와 정치 분야에서도 나왔다. 군사 분야에는 보르자가 있었고 정치 분야에는 마키아벨리가 있었다. 보르자는 역사상 유례를 찾아보기 힘든 세속적 권력의 화신이었다. 교황 알렉산테르 6세의 혼외 아들로 태어난 그는 십대 후반에 추기경이 되었다. 그 자신의 신앙의 공덕으로 추기경이 된 것은 아니었다. 그것은 보르자 가문의 힘을 키워 교회의 지배를 공고히 하려 했던 교황의 치밀한 계획에 의한 것이었다. 몇 년후 보르자는 교황과 의기투합해, 이탈리아 통일에 대한 염원에서 추기경 자리를 내놓고 교황군의 사령관이 되었다. 공식적 직함은 그랬지만 그는 당시 교회 국가의 실질적 수령이나 다름없는 막강한 권력을 행사하고 있었다. 심지어 교황에 즉위하려는 야심까지 갖고 있었던 그는 1500～1501년 중부 이탈리아(로마냐) 원정에 나서 주변을 온통 피로 물들였다. 그는 늑대처럼 사나웠고 여우처럼 교활했다. 도전하거나 저항하는 사람들을 무자비하게 죽였다. 감언이설로 배신자를 회유하고는 그 자리에서 죽였다. 그가 신봉한 정의는 단 하나, 힘이었다. 니체가 소년 시절에 열광했던 동고트의 무자비한 왕 에르마나리크를 떠올리게 하는 인물이었다.

니체는 르네상스 해석에서 부르크하르트로부터 많은 것을 받아들였다. 그러나 보르자에 대한 평가에서만은 그렇지 않았다. 부르크하르트는 권력 의지를 혐오했다. 그가 내세운 것은 문화 의지였다. 그에게 보르자는 피에 굶주린 짐승에 불과했다. 거기에다 '교황으로서의 보르자'는 그로서는 생각만 해도 가증스럽기 짝이 없는 일이었다. 니체는 반대로 그런 보르자에게서 오히려 경이를 느꼈다. 그에게 있어 보르자는 선과 악 같은 도덕을 초월한 자유로운 인간이었으며, 더 많은 힘과 싸움, 그리고 유능함이라는 르네상스 덕을 구현한, 더없이 건강한 "야수"였다.[34]

니체는 마키아벨리도 높게 평가했다. 마키아벨리는 정치는 도덕이나 종교로부터 독립된 영역이므로 그런 것들을 개입시켜 정치적 사건을 판단하고 평가해서는 안 된다고 했다. 나아가 정치적 목적을 달성하기 위해 군주가 갖추어야 할 것은 여우 같은 간지와 사자 같은 힘뿐이라고 했다. 이때 그가 염두에 둔 것이 보르자였다. 보르자를 가까이서 지켜본 바 있는 그는 보르자를 '위대한 정신에다 원대한 야망'을 지닌 인물로 기렸다. 그를 이상적 군주의 모델로 삼기까지 했다.

알렉산데르 6세가 죽고 보르자 역시 얼마 가지 않아 패망하고 말았다. 이들의 죽음과 패망으로 교황청은 어느 정도 평정심을 되찾았다. 이후 마키아벨리는 도덕과 종교를 백안시하고 책략과 폭력을 정당화했다는 이유로 교회로부터 적지 않은 수모를 당하게 되었다. 심지어 교황청은 그의 모든 저서를 금서로 지정하는 한편 그를 정도를 벗어나 권모술수를 사주한 인물로 몰아 규탄하기까지 했다.

---

34 KGW VI 2, 119쪽, *Jenseits von Gut und Böse*, Fünftes Hauptstück : Zur Naturgeschichte der Moral 197 ; 니체전집 14, 152쪽, 《선악의 저편》, 제5장 : 도덕의 자연발생사 197.

보르자에게 열광한 니체는 마키아벨리에게도 매료되었다. 그는 마키아벨리에게서 또 다른 유형의 인간 이상을 발견했다. 도덕과 종교를 딛고 일어서 힘을 인간 행동의 유일한 척도로 삼은 마키아벨리의 사상은 그에게 위버멘쉬적이자 신적이며 범상치 않은 것이었다.[35] 그는 마키아벨리가 《군주론》에서 피렌체의 건조하고 상쾌한 대기를 음미할 수 있게 했다고도 했다.[36] 그에게 건조하고 상쾌한 대기는 산 정상에서나 누릴 수 있는 최상의 경지였다. 현실적이었다는 점에서, 도덕과 종교를 백안시하는 한편 힘의 행사를 정당한 것으로 봤다는 점에서 마키아벨리는 니체에게 투키디데스 그리고 보르자와 하나였다.

보르자와 마키아벨리, 알베르티와 레오나르도 다 빈치와 미켈란젤로의 르네상스는 힘에의 의지를 만방에 불태운 남성 문화의 전형이었다. 근대 문화가 다다르지 못할 막강한 힘을 발산해 근대에 이르는 길을 밝혀준 역사적 사건이기도 했다. 근대 문화는 르네상스에 많은 빚을 졌다. 니체는 르네상스기를 10세기 이후 1,000년 세월의 황금기로 기렸다. 그에게 르네상스는 무엇보다도 사상의 해방, 권위에 대한 경멸, 출신의 긍지에 대한 교양의 승리, 인간이 쌓아온 학문적 전통과 학문에 대한 열광, 개인의 해방을 의미했다.[37]

르네상스 운동은 질풍처럼 알프스 너머 사방으로 힘을 떨치다가 1600년경에 이르러 그 역사를 마감하고 말았다. 수명을 다한 것인데, 그 연유

---

35 KGW VIII 2, 267~268쪽, 11(54) (320) ; 니체전집 20, 317쪽, 11(54) (320).

36 KGW VI 2, 43쪽, *Jenseits von Gut und Böse*, Zweites Hauptstück : der freie Geist 28 ; 니체전집 14, 56쪽, 《선악의 저편》, 제2장 : 자유정신 28.

37 KGW IV 2, 203쪽, *Menschliches, Allzumenschliches I*, Fünftes Hauptstück : Anzeichen höherer und niederer Cultur 237 ; 니체전집 7, 238~239쪽, 《인간적인 너무나 인간적인 I》, 제5장 : 좀 더 높은 문화와 좀 더 낮은 문화의 징후 237.

를 두고 말이 많았다. 역사학자들은 그렇게 된 까닭을 외적 환경 변화에서 찾았다. 신항로 발견으로 영국과 네덜란드 같은 신흥 해양 국가들이 부상하면서 지중해 깊숙이 자리한 이탈리아의 경제가 침체되고, 주변 열강들의 세력 다툼 속에서 국토마저 유린되면서 그 힘찬 기운이 가셨다는 것, 그러면서 영웅의 르네상스적 형태인 천재는 더 이상 나타나지 않게 되었다는 것이다.

철학자 니체는 그 연유를 내부에서 찾았다. 내부의 창조적 힘이 소진된 결과라는 것이다. 자신의 억제할 수 없을 만큼 넘치는 재능을 마음껏 발휘하는 천재는 재능을 축적한다거나 관리하는 일에 마음을 쓰지 않는다. 그러니 낭비가 심할 수밖에 없고, 천재의 시대는 곧 바닥을 드러낼 수밖에 없다. 천재, 곧 위대한 '개인'의 왕국은 오래가지 않는다. 니체에게는 바로 르네상스가 그런 경우였다.[38]

내부 힘의 소진에 편승하여 르네상스의 몰락을 앞당긴 사건도 있었다. 종교 개혁이 그것이었다. 니체는 독일의 종교 개혁을 낙후된 정신의 인간들, 중세 세계관에 전혀 싫증을 느끼지 못하는 인간들, 그래서 중세가 해체되고 있다는 징후를 환영하기는커녕 불만스럽게 받아들인 인간들이 벌인 저항 운동으로 해석했다. 종교 개혁을 인간 중심적인 고대 그리스 로마 정신의 재생에 맞서 중세 그리스도교 세계로의 회귀를 희구한 인간들이 꾀한 복귀 운동으로 해석한 것이다. 이 같은 정황 속에서 르네상스는 더 이상 그 위대한 과업을 다할 수 없었다. 니체는 종교 개혁과 같은 저항이 없었다면 계몽주의의 아침놀은 훨씬 이전에 그 아름다운 광채를 띠고 피어올랐을 것이라고 아쉬워했다.[39]

---

38 KGW VIII 3, 213쪽, 15(23) ; 니체전집 21, 264쪽, 15(23).

니체가 출신의 긍지에 대한 교양의 승리를 르네상스의 특징의 하나로 기리고 종교 개혁에 의한 계몽주의의 지체를 애석하게 생각한 것은 평소 출신의 중요성을 강조하고 계몽주의를 비웃어온 것이 그고 보면 낯설게 들린다. 그러나 위의, 지체한 계몽주의의 아침놀을 아쉬워한 글이 쓰인 시기를 보면 그렇지가 않다. 이 글이 쓰인 1870년대 후반은 그가 실증의 정신과 함께 이성에 신뢰를 보인 시기였다. 그 무렵 그는 교양을 통한 인간의 자기 계발을 중시했으며, 학문 일반을 높게 평가하는가 하면 중세의 전통과 권위를 부정하고 신의 계시 대신에 인간의 자율적 이성을 앞세우고 있었다.

르네상스가 수명을 다하면서 모든 것이 다시 평범해졌다. 창조적 힘이 고갈되면서 상승의 기운이 꺾인 것이다. 거기에다 얼마 되지 않아 민주주의 시대를 맞아 세상은 대중화되어갔고 그만큼 천박해졌다. 창조적 힘의 결집과 집중은 더 이상 기대할 수 없게 되었다. 오히려 평등이 새로운 신앙이 되면서 그나마의 힘조차 잘게 쪼개져 흩어졌다. 인간은 다시 깊은 동면에 들어갔다. 전망은 더욱 어두워 그렇게 끝나는 듯했다. 그러다가 잠에서 깨어나기라도 하듯 다시 한 번 그 힘이 분출되는데 이번에는 개인 나폴레옹을 통해서였다. 니체에게 나폴레옹은 영웅 가운데 영웅이었다. 르네상스적 의미에서 천재이기도 했다. 불과 몇 세대 전의 인물이어서 니체는 그의 숨결을 느끼는 듯했다. 그러나 나폴레옹의 지배 또한 오래가지 못했다. 한 개인으로서는 감당할 수 없는 시대의 저항 때문이었다. 그는 패했고, 그와 함께 마지막 영웅도 사라졌다.

---

39 KGW IV 2, 203~204쪽, *Menschliches, Allzumenschliches I*, Fünftes Hauptstück : Anzeichen höherer und niederer Cultur 237 ; 니체전집 7, 238~240쪽, 《인간적인 너무나 인간적인 I》, 제5장 : 좀 더 높은 문화와 좀 더 낮은 문화의 징후 237.

니체는 다시 영웅이 사라진 현실을 개탄하고 다가올 인류의 미래를 어둡게 내다보았다. 그럴 때 그의 앞에 홀연히 나타나 그나마 남아 있는 불씨를 살린 것이 부르크하르트와 바그너였다. 이들의 등장에 힘입어 니체는 영웅의 근대적 형태인 천재에 대한 꿈을 가까스로 이어가게 되었다. 그는 부르크하르트에게서 '거인'의 모습을 보았다. 부르크하르트는 귀족주의적 기품에다가 스토아적 냉철함을 지닌 학자였다. 그의 조화된 자질과 가부장적 위엄에 니체는 깊은 인상을 받았다. 부르크하르트는 그에게 새로운 이상이 되었다. 그러나 역시 오래가지 않았다. 부르크하르트는 니체의 마키아벨리즘을 경멸하고 니체는 니체대로 부르크하르트의 조용한 학자적 삶을 일종의 가면으로 보게 되면서 서로가 거리를 두게 되었다.

같은 시기에 니체는 인간 바그너와 그의 음악에도 심취했다. 그는 바그너에게 신앙에 가까운 헌신을 했다. 바그너는 그에게 힘에의 의지를 체현하고 있는 인물이자 몰락의 길에 들어선 서구의 문화를 일으켜 세울 수 있는 천재였다. 니체는 바그너의 예술적 열정과 힘에 매료되었다. 그러나 이 매료도 바그너가 십자가 앞에 무릎을 꿇고 내면의 속물근성과 편협한 민족주의를 드러내는 순간 실망과 환멸로 끝나고 말았다.

니체가 환멸로 인해 끝내 바그너와 등지게 되긴 했지만, 그의 힘에의 의지 발견에서 바그너가 한 기여를 강조하는 학자들이 있다. 니체가 바그너에게서 세속적 힘에 대한 구체적 지향을 체험했다는 것이다. 그런 학자 가운데 한 사람인 카우프만W. Kaufmann은 니체가 바그너에게서 세속적 힘에 대한 의지와 극단의 야망을 보고, 힘에의 의지가 어떻게 예술적 창조성으로 변형될 수 있는가에 대한 암시를 받았다고 했다. 니체에게 힘에의 의지에 대한 직접적 탐구를 위한 단일한 기회를 제공한 사람이 바그너였다고도 했다. 그는 나아가 1870년대 후반에 니체의 작품에 드디어 힘에의 의지라는 말이 공포와 함께 기본적 심리 현상의 하나로 등장하게 되는데, 이때 힘이 일원론적 형이상학의 기본 힘으로 등장한 것은 아니었다고 했다. 이때의 힘은 분명 세속적 힘과 사회적 성공, 친구를 사귀는 것과 같은, 다른 사람들에 대한 영향 행사를 의미했다는 것이다.[40] 카우프만은 나아가 힘에의 의지는 하이데거적 의미에서나 실증주의자들의 의미에서나 형이상학적 원리가 아니라, 일차적으로 그리고 무엇보다도 심리학적 가정의 열쇠 개념이었다고 했다.[41] 카우프만을 포함한 이들 학자들의 주장은 힘에의 의지의 '발견'이라는 점에서, 달리 말해 그 뿌리를 밝혀내려 했다는 점에서 의미 있는 것들이다. 그러나 더 나아가지 않고 거기서 멈춘 점은 아쉬움으로 남는다.

이렇게 하여 니체는 힘에의 의지를 찾아 신화 속의 영웅에서 역사상의 영웅을 거쳐 그의 시대의 거인과 천재에 이르렀다. 이때의 힘은 세속적 의미의 권력으로서, 그것으로써 힘에의 의지의 전체 성격을 규정할 수 있다는 것이 힘에의 의지를 권력 의지로 해석해온 학자들의 입장이다. 그런 학자들은 권력에 대한 지향은 니체 평생에 걸친 것으로서, 그가 훗날 이상적 인간으로 제시한 금발의 야수, 그가 예찬한 주인의 도덕과 표방한 귀족주의 등에서 그 세속적 성격을 다시 확인할 수 있다고 말한다.

---

40 W. Kaufmann, *Nietzsche*(Princeton : Princeton University Press, 1974), 178〜181쪽.
41 같은 책, 204쪽.

2. 힘에의 의지

지금까지 우리는 힘에의 의지가 어떻게 해석되어왔는가를 세 관점에서 살펴보았다. 이들 해석을 앞서 제시한 관점주의 방식에 따라 정리하면 다음과 같이 될 것이다. 니체가 유년 시절부터 그 위력을 실감해 동경한 힘은 세속적인 힘이었다. 그는 이 힘에 대한 추구를 인간의 삶을 포함해 역사를 움직이는 동력으로 받아들였다. 그러다가 자연에 눈뜨고 자연과학, 특히 당시의 힘 이론을 접하게 되면서, 힘에 대한 지향이 생명체 일반은 물론 존재하는 것 모두에 내재해 있으며, 모든 것이 그 지향에 의해 존재하며 일어난다는 것을 발견하게 되었다. 그는 나아가 그 같은 힘에의 의지가 무엇을 의미하는지를 생각해보았다. 그리고 힘에의 의지가 세계의 본질과 운행의 원리가 된다는 통찰에 이르렀다. 이는 힘에의 의지가 모든 존재의 존재 의미이자 변화의 최종 근거가 된다는 것으로서 형이상학적 통찰이었다.

이렇게 하여 세속적 힘에 대한 추구로 그 모습을 드러낸 니체의 힘에의 의지는 자연과학의 검증을 거쳐 형이상학적 해석의 단계에 이르게 되었다. 이들 과정이 순차적으로 전개된 것은 아니다. 시기적으로 강조된 것이 있기는 했지만 니체는 그때그때 주어진 관점, 그러니까 이들 세 관점에서 인간의 삶과 자연, 그리고 우주의 존재와 운행을 설명해왔다.

지금까지 힘에의 의지에 대한 해석을 둘러싸고 이론이 분분했던 데는 그것이 서로 다른 몇 개의 관점에서 주어진 것이라는 점을 간과하고 그 가운데 어느 하나에 집착한 탓일 것이다. 달리 말해, 관점주의적 안목으로 그것을 읽어내지 못한 탓일 것이다. 관점주의적 읽기에 취약한 사람은 누구보다도 형식 논리로 잘 훈련된 사람, 그래서 생각은 논리적이어야 한다고 믿는 사람이다. 그런 사람은 어느 하나의 관점을 고수하거나 하나의 관점을 중심으로 사물을 판단한다. 그리고 논리 필연성이란 것을 절대 척도로 삼는다. 그 때문에 시야가 좁을 수밖에 없다.

힘에의 의지에 대한 앞의 세 해석에는 공과 과라고 할 만한 것들이 있다. 힘에의 의지를 세속적 권력 의지로 해석해온 사람들은 대체로 니체가 어떻게 힘에 주목하게 되었고 그 힘의 본질을 힘에 대한 지향으로 보게 되었으며, 끝내 그 힘에의 의지를 인간의 삶과 역사를 움직이는 원리로 받아들이게 되었는가에 주안점을 두고 힘에의 의지를 읽어온 사람들이다. 세속적 해석은 힘에의 의지의 '발견'이라는 점에서 높이 평가받을 만하고, 틀린 것도 아니지만, 세속적 힘에 역점을 둔 나머지 힘이 자연 속에서 어떻게 작용하는지, 어떤 철학적 함의를 갖는지에 대해서는 소홀했다는 단점이 있다.

힘에의 의지를 자연과학, 엄격히 말해 자연철학의 관점에서 해석해온 사람들은 당시 자연과학에서의 힘 이론을 배경으로 니체가 어떻게 힘에 대한 지향을 우주 보편의 것으로 받아들이게 되었는지를 밝혀낸 사람들이다. 그것만으로도 공적이 되겠지만, 그들은 힘에의 의지의 철학적 의미를 추적하는 데까지는 나아가지 못했다. 실증의 정신에서 갖게 되는 관심과 기술적 한계 때문이었을 것이다.

힘에의 의지를 형이상학적으로 해석해온 사람들은 그 의지의 의미를 처음부터 존재론적 관점에서 묻고 사색해온 사람들이다. 이들의 해석은 힘에의 의지가 존재의 본질이자 변화의 최종 근거가 된다는 것으로서 힘에의 의지에 대한 최종 규정이 될 것이다. 니체 자신도 그랬지만, 어떤 관점에서 출발하든 결국 그 결론에 이르게 된다는 점에서 그렇다. 그 점에서 힘에의 의지 해석에서 형이상학적 해석이 머릿돌이 된다고 말할 수 있으나 거기에는 힘에 대한 니체의 구체적인 체험과 자연과학적 전제에 대한 충분한 고려가 없어 사변의 성격이 강하다. 이 해석이 토대가 취약하고, 그것만으로는 공허하게 들리기까지 한다는 비판을 받아온 것도 그 때문이다.

우리는 힘에의 의지를 다양한 지층에서 다양한 방식으로 체험한다. 그리고 어떤 방식으로 체험하든, 힘을 더 얻어 자신을 전개하겠다는 힘에의 의지에서 엄청난 폭발력을 확인하게 된다. 내부의 잠재적 폭발력으로, 그러나 그것만으로는 아직 아무것도 아니다. 그것은 폭발해야 하고, 그러려면 그것에 불을 붙여주는 것이 있어야 한다. 그것에 불을 붙여 발동케 하는 것이 바로 외부의 저항이다. 외부 저항에서 힘에의 의지는 깨어난다. 이때 중요한 것은 저항의 강도다. 그 강도에 따라 힘에의 의지는 자신의 힘의 크기를 느끼게 되며 그만큼의 힘을 향유하게 된다. 이렇듯 힘에의 의지는 그 의지를 펴기 위해 자신에게 저항해오는 상대를 필요로 한다.[42]

힘에의 의지의 발견과 함께 니체의 철학은 완성 단계에 진입하게 되었다. 그때까지 그의 사유는 아폴론적인 것과 디오니소스적인 것의 대립에서 볼 수 있듯이 이원 구조로 되어 있었다. 니체 독서는 이 이원 구조의 토대 위에서 시작된다. 이 점을 강조하는 학자들은 초기 작품《비극의 탄생》에서 선보인 이 두 대립 개념이 그 이후의 니체 사유 전체를 이해하는 데 실마리가 된다고 말해왔다. 심지어 이 이원 구조를, 정도의 문제는 있겠지만, 니체의 체계적이지 못한 철학을 떠받치고 있는 기본 카테고리로 받아들일 수 있다고도 말해왔다.[43] 아폴론적인 것과 디오니소스적인

---

42 KGW VIII 2, 88쪽, 9[151] (104) ; 니체전집 22, 108쪽, 9[151] (104).

것은 그 예의 하나일 뿐, 니체 사유의 이원 구조가 그것들로 끝나는 것은 아니다. 또 다른 이원 구조로 자연과 가치, 낭비와 목표, 경험적 자아와 진정한 자아, 물리적 세계와 문화 등을 드는 학자도 있다.[44]

이 이원 구조에 따라 세계를 경험할 경우, 우리는 세계를 이원화하게 된다. 두 개의 원리를 받아들이게 되는 것인데, 이 경우 그것이 보다 높은 하나의 원리에 수렴되지 않는 한 세계의 본질과 변화의 최종 근거는 밝힐 길이 없게 된다. 세계의 본질과 변화의 최종 근거는 하나일 수밖에 없기 때문이다. 이것은 니체에게도 문제가 되었다. 그는 마침 '보다 높은 하나의 원리'를 발견하게 되는데 곧 힘에의 의지에서였다. 힘에의 의지로써 모든 것이 분명해졌다. 이 힘에의 의지와 함께 아폴론적인 것과 디오니소스적인 것의 대립과 같은 대립은 하나의 전체 속에서 상대화되어 내부 운동 원리가 되기에 이른다. 이에 카우프만은 힘에의 의지가 니체 철학 전개에서 이전과 이후를 가르는 분기점의 의미를 갖는다고 말한다.[45] 이후 니체는 힘에의 의지에 힘입어 세계를 설명하게 되었지만, 그렇다고 아폴론적인 것과 디오니소스적인 것 등 이 대립자들 사이의 대립이 해소되는 것은 아니다. 대립자 사이의 상호 작용은 힘에의 의지에 수렴될 뿐 계속된다. 힘에의 의지가 현실화되는 것도 이 작용에 의해서다.

이원 구조는 니체 사유의 특징이지만, 세계 설명의 기본 틀로 이미 널리 사용되어온 것이기도 하다. 목적과 수단, 주관과 객관, 능동과 피동, 물자체와 현상 따위가 그런 틀들이다. 니체는 그런 것들도 힘에의 의지라는 단일한 원리에 근거해 재평가해보았다. 그러자 하나같이 힘에의 의

---

43 I. Frenzel, *Nietzsche*, 48쪽 참고.

44 W. Kaufmann, *Nietzsche*, 178쪽 참고.

45 같은 책, 같은 곳.

지로 환원될 성질의 것들임이 드러났다. 니체는 그런 것들이 그 자체로 존재하는 것은 아니라고 보게 되었다. 그에게 있어 그 자체로 존재하는 것은 힘에의 의지뿐이다. 목적이나 수단 따위는 힘에의 의지의 의미에서 해석에 불과하다.[46] 목적과 함께 목표와 의미도 마찬가지다. 모든 사건에 내재해 있는 의지인 힘에의 의지의 표현 양식이자 변성에 불과하다.[47] 이제는 힘에의 의지이고, 그 의지로부터 모든 것이, 인간의 삶과 역사에서 세계의 존재와 운행에 이르기까지 모든 것이 설명되어야 한다. 그리고 그것으로 환원되어야 한다. 이 세계는 힘에의 의지 말고는 아무것도 아니기 때문이다.[48]

힘에의 의지는 만족을 모른다. 그래서 끝없이 분투하게 되는데 이 분투에서 생은 무한히 긍정되고 고양되며 인간은 그 정도에 따라 고급화된다. 여기서 힘에의 의지는 인간에게 자기 고양과 강화의 길이 된다.[49] 힘에의 의지를 통한 자기 고양과 강화는 그러나 쉬운 길이 아니다. 적대적인 것들이 있어 그 길을 가로막거나 아예 무산시키려 들기 때문이다. 생에 적대적인 것들이 되겠는데, 그런 것에 무엇보다도 쇠미, 조락, 나태, 궁핍 따위를 징표로 하는 생리적 퇴행이 있다. 데카당스로서, 힘에의 의지가 쇠퇴하는 곳이라면 어디서든 예외 없이 확인하게 되는 것이 그것이다.[50]

오늘날 만연해 있는 데카당스 역시 유럽적 현상으로서 역사가 매우 깊

---

46 KGW VIII 1, 137쪽, 2(147) (30) ; 니체전집 19, 170쪽, 2(147) (30).
47 KGW VIII 2, 286쪽, 11(96) (348) ; 니체전집 20, 340쪽, 11(96) (348).
48 KGW VII 3, 339쪽, 38(12) ; 니체전집 18, 436쪽, 38(12).
49 KGW VIII 1, 212쪽, 5(63) B ; 니체전집 19, 260쪽, 5(63) B.
50 KGW VI 3, 181쪽, *Der Antichrist*, 17 ; 니체전집 15, 232쪽,《안티크리스트》, 17.

다. 철학에서는 소크라테스 이후의 반헬레니즘 철학이 데카당스의 징후다.[51] 종교에서는 병든 토양에서 자라 온갖 질병을 안고 있는 그리스도교가 데카당스의 전형이다.[52] 정치에서는 평등을 이념으로 하여 국가의 몰락을 가져온 근대 민주주의 운동이 데카당스며, 예술에서는 음악을 병들게 한 바그너 풍의 퇴폐 음악이 데카당스다.[53]

니힐리즘이 극복되어야 하듯 데카당스도 극복되어야 한다. 길은 힘에의 의지를 삶의 방식으로 받아들여 구현하는 데 있다. 즉 위계를 재건함으로써 힘의 질서를 회복하는 데 있다. 니체는 자신의 철학이 "위계질서를 향해 방향이 잡혀 있다"고 했다.[54] 힘이 지배하는 세계에서는 위계가 정의다. 따라서 진정 정의로운 사회는 불평등한 사회다. 니체는 차라투스트라의 입을 통해, 정의가 말해주는 것이 인간은 평등하지 않다는 것이라고 했다.[55]

51 KGW VIII 2, 409쪽, 11〔375〕; 니체전집 20, 491쪽, 11〔375〕.

52 같은 책, 177쪽, 10〔96〕(215); 같은 책, 209쪽, 10〔96〕(215).

53 KGW VI 3, 15쪽, *Der Fall Wagner*, 5; 니체전집 15, 28~29쪽,《바그너의 경우》, 5.

54 KGW VIII 1, 288쪽, 7〔6〕; 니체전집 19, 343쪽, 7〔6〕.

55 KGW VI 1, 126쪽, *Also sprach Zarathustra*, Zweiter Theil : Von den Taranteln ; 니체전집 13, 169쪽,《차라투스트라는 이렇게 말했다》, 제2부 : 타란툴라에 대하여.

제8장

귀족주의

1. 니체의 귀족주의, 어디까지 지적인 것인가?

불평등이 정의이며 불평등한 사회가 정의로운 사회라는 니체의 주장은 격한 반발을 불러왔다. 만인 평등을 기치로 한 민주주의가 자리를 잡아가고 있던 시기여서 예상된 반발이었다. 누구보다도 민주주의 운동을 정치적 진보로 받아들이고 있던 사람들이 그의 주장을 시대착오적 망발로 받아들여 성토했다.

니체는 그 같은 반발에 아랑곳하지 않았다. 도리어 평등을 이상으로 한 민주주의가 말 그대로 정치적 발전을 가져왔으며, 그 같은 발전을 통해 인류의 진보에 기여해왔는가, 반문하고는 그것이 계량적 평등주의를 통해 인간을 끌어올릴 내부의 힘을 고갈시킴으로써 진보는커녕 정치적 퇴보를 가져왔고, 끝내 인류를 나락으로 내몰아왔다고 응수했다.

근대 민주주의가 추구해온 것은 힘에의 의지가 아니라 평등에의 의지였다. 니체에 따르면 평등에의 의지는 상승의 원리인 힘에의 의지에 반하는 하강의 원리다. 그러나 그가 산 19세기에 들어 대세는 평등이었다. 평등이 이미 시대정신이 되어 있었다. 앞선 세기에 프랑스에서는 혁명 대중이 왕정을 폐지하고 국왕 루이 16세를 처형했다. 평등한 세상의 도래, 곧 대중의 승리를 알리는 상징적인 사건이었다. 이후 대중이 시대의 주인이 되어 역사 전면에 나서게 되었다.

대중은 그러면 누구인가? 얼굴 없는 비역사적 존재로서 힘의 질서를 거부해온 반역의 무리가 아닌가. 니체는 대중을 그렇게 보았고 그런 대중을 혐오했다. 그는 대중을 천민Pöbel, 다수Menge, 민중Volk, 짐승 떼 Herde, 떼 짐승Herdentier, 잡것Gesindel 따위로 불러 매도했다. 심지어 파리 떼에 비유하기도 했다. 이들 천민, 잡것들의 소음 속에서 그는 반대중적인 계급 사회를 건강한 사회로 꿈꾸게 되었으며 그와 함께 귀족주의를 표방하게 되었다.

인류 역사만큼이나 오래된 것이 귀족주의다. 귀족주의는 철학에도 있다. 여러 형태로 존재해왔는데, 그 가운데 하나가 엘리트주의다. 철학에서의 이야기라면 귀족주의는 마땅히 지적인 것이어야 한다. 그래야 철학의 정신과 성격에 부합하기 때문이다. 실제로 철학에서는 귀족주의를 지적 귀족주의로 불러왔다. 혈통적 귀족주의와 구별하려는 의도에서였다.

귀족주의를 표방한 철학자는 적지 않았다. 그런데, 눈에 띄는 것이 있다. 그 가운데 적지 않은 철학자들이 혈통에 대한 긍지와 함께 천골에 대한 경멸을 노골적으로 또는 은연중에 드러냈다는 것이다. 정신의 힘을 강조하면서도 정신 하나만으로는 귀족의 고매한 품격에 이를 수 없다고 본 철학자들이었다. 물론 그런 철학자들도 정신의 능력이 지적 귀족주의의 조건이 된다는 점은 인정한다. 그들의 주장은, 그러나 그것도 품격 있는 혈통이 뒷받침될 때의 이야기라는 것이다.

누구보다도, 정신과 같은 지적인 능력을 신체에 봉사하도록 되어 있는 비자립적 도구 정도로 본 니체가 그 같은 주장을 폈다. 그에 따르면 도구에 불과한 정신은 인간을 귀족의 품격으로 끌어올리지 못한다. 그럴 힘이 없다. 거기에다 지적 능력에는 건강하지 못한 것이 많다. 앞에서 이야기한 퇴행도 그 가운데 하나다. 지금까지 인간을 천박하게 만들어온 것도 그 같은 능력이다. 진정한 지적 귀족이 되기 위해서는 정신적 품격을 갖추어야 하지만 이렇듯 믿고 맡길 수 없는 것이 정신이다. 그러니 먼저 정신의 품격부터 높여야 한다. 그러려면 뭔가가 나서주어야 하는데 이 뭔가가 큰 이성인 신체, 곧 품격 있는 혈통이다. 니체의 글이다.

> 타고난 귀족, 혈통상의 귀족이 있을 뿐이다……정신 하나가 귀족을 만드는 것은 아니다. 먼저 정신을 귀족으로 만드는 뭔가가 있어야 한다. 무엇이 있어야 한다는 것인가. 혈통이 있어야 한다는 것이다.[1]

니체에 따르면 남다른 지적 능력에도 불구하고 지적 귀족이 될 수 없었던 사람들이 적지 않았다. 천골 소크라테스가 그런 사람의 하나였다. 소크라테스는 지적 탁월성과 고매함으로 인해 철학자 가운데 철학자로 꼽혀온 철학자였다. 그런 그가 지적 귀족이 아니라면 어떤 철학자가 지적 귀족인가? 소크라테스 같은 철학자를 염두에 두고 한 것이 아니라면, 굳이 '지적'이니 뭐니 하는 것으로 귀족주의의 성격을 규정할 이유가 어디 있는가? 니체는 소크라테스가 지적으로 탁월하고 고매했다는 전통적 평가부터 일축했다. 그의 주장은 천골 소크라테스는 퇴폐적이었으며 그의 가르침 또한 요설에 불과했다는 것이다. 다른 말로, 천골로 태어난 그는 진정한 의미로 탁월함이 무엇인지 고매함이 무엇인지 알 수 없었다는 것이다.

니체는 천골을 불신했다. 그 불신은 타고난 것이기도 했고 몸에 밴 것이기도 했다. 그는 자신이 귀족의 혈통을 타고났다고 믿었다. 자신이 100년쯤 전에 종교의 자유를 찾아, 즉 프로테스탄트 신앙을 지키기 위해 귀

---

1 KGW VII 3, 412쪽, 41(3) ; 니체전집 18, 528쪽, 41(3).

족 신분을 포기하고 독일로 이주한 폴란드 귀족의 후예라는 것이었다. 그는 그 자신이 폴란드인으로 불린 일이 있으며 자신의 외모에서 폴란드인의 특징을 확인할 수도 있다고 했다. 자랑이라도 하듯, 독일인보다 슬라브인이 탁월해 보이는데 슬라브인 중에서도 폴란드인이 가장 탁월하며 가장 뛰어난 기사의 품위를 지니고 있다고도 했다. 나아가 그는 세평에 맞서 "귀족적" 권리를 행사한 코페르니쿠스와, 추하고 무감각한가 하면 소시민적인데다 서툴기까지 한 독일 영향으로부터 음악을 해방시킨 쇼팽이 다름 아닌 폴란드 사람이었음을 환기시켰다.[2] 니체는 자신의 혈통을 그렇게 믿었고 그에 대한 자부심 또한 대단했지만, 그의 조상이 폴란드 귀족이었다는 것은 그의 집안에서 전승된 이야기로서 신빙성을 의심하는 학자들이 많다. 이를테면 니체 전기 작가 얀츠는 니체의 가문이 16세기에 보헤미아 지방에서 독일로 이주했을 가능성은 있으나 그의 슬라브 혈통을 뒷받침할 근거는 전혀 없다고 단언한다.[3]

철학에서 귀족주의의 역사를 연 것은 단연 헤라클레이토스와 피타고라스였다. 시인으로는 테오그니스가 있었다. 헤라클레이토스는 공개적으로 민중을 경멸해, 민중은 눈이 있어 보고 귀가 있어 들으면서도 자기가 무엇을 보고 듣고 있는지를 알지 못한다고 했다. 그에게 그 같은 민중은 상종할 가치가 없는 우매한 군상에 불과했다. 그런 그에게 변고가 일어났다. 정치 투쟁에서 승리한 민중이 귀족을 밀어내고 도시를 장악한 것이다. 그는 민중의 지배를 받아들이든가 고향을 떠나든가 선택을 해야 했다. 평소 민중을 경멸해온 그에게 선택은 처음부터 분명했다. 고향

2 KGW V 2, 579~580쪽, 21(2) ; 니체전집 12, 726~728쪽, 21(2).
3 C. P. Janz, *Friedrich Nietzsche*, Bd. 1, 27~28쪽.

을 떠나는 것이었다. 그는 지체하지 않고 대대로 살아온 고향 에페소스를 등지고 은거에 들어갔다. 남아 있는 기록을 보면, 그는 인간을 위아래로 구분해 "많은 인간이 열등하며, 적은 수효의 인간만이 우량하다"[4]고 말하는가 하면 "최선의 인간이라면, 그런 자는 내게 만 명의 인간 못지않다"[5]고까지 한 것으로 되어 있다.

헤라클레이토스는 니체에게 대중과 거리 두기라는 실천적 지혜를 일깨워주었다. 니체가 자신의 차라투스트라로 하여금 가게 한 길도 헤라클레이토스가 일찍이 간 길이었다. 어중이떠중이가 모여 사는 숲가의 도시 "얼룩소"를 등지고 산정의 동굴로 올라가 무리 인간의 소음에서 벗어나는 차라투스트라의 행로에서 우리는 번창한 고향 도시를 떠나 은거에 들어가는 헤라클레이토스의 모습을 보는 듯하다.

니체는 일찍부터 헤라클레이토스 철학에 주목했다. 그와 대조적으로 피타고라스 철학에는 특별히 주목하지 않았다. 그러나 피타고라스의 삶에 대해서만은 달랐다. 피타고라스도 민중을 멀리했다. 특히 민중의 잡담을 경계했다. 영혼을 혼탁하게 한다는 이유에서였다. 그렇다고 은거하지는 않았다. 그 대신에 높은 신분의 선택된 자들을 위한 교단을 세웠다. 그리고 그 교단을 중심으로 제자들과 함께 금욕적 삶을 살았다. 목표는 영혼의 정화였다. 어떻게 영혼을 정화할 것인가. 그는 침묵을 요구했다. 거기에다 민중으로서는 범접할 수 없는 높은 경지의 음악과 수학, 그리고 천문학을 권장했다.

민중으로서는 모멸감을 느낄 만한 안하무인의 오만이었다. 때마침 그

---

4 H. Diels, *Die Fragmente der Vorsokratiker*(Hamburg : Rowohlt, 1957), 29쪽, 5[22] Herakleitos aus Ephesos, Fr. 104.
5 같은 책, 26쪽, Fr. 49.

는 크로톤에 정착해 자신의 이상 정치를 펴고자 했다. 그러자 분노한 그곳 민중이 들고일어나 그의 추종자들을 처단하고 그를 추방해버렸다. 니체는 그런 피타고라스와 그의 추종자들을, 침묵을 통해 잡담을 잊고 담화를 체득했다는 이유 때문이기는 했지만, 당시 최고의 정치인으로 꼽았다.[6] 고매한 인간을 위한 교단을 세운 그를 지배권을 쟁취하려는 민중의 돌진 속에서 반민주주의적 이상을 구현하기 위한 시도로 높게 평가하기도 했다.[7]

테오그니스는 보다 공격적인 귀족주의를 폈다. 그의 민중 경멸은 민중 증오에 가까웠다. 민주를 표방한 민중들에 의해 고매한 귀족이 제거되고 귀족 사회가 붕괴되고 있는 현실을 눈앞에 두고 그는 민중에게 저주에 가까운 욕설을 퍼부었다. 그는 민중이 최고 가치로 여기는 금권을 가소롭게 여겼다. 나아가 민중을 사나이다운 자긍심과 격조가 없는 허섭스레기 정도로 취급했다. 김나지움 시절에 수업을 통해 테오그니스를 알게 된 니체는 일찍부터 그에게 관심을 보였다. 라틴어 졸업 논문 주제로 그를 선택한 것으로 미루어 그 관심은 남달랐던 것으로 보인다. 그는 이 논문에서 당시의 사회적 배경과 함께 테오그니스의 삶과 작품을, 그리고 그의 정치관과 도덕관을 다루었다. 테오그니스의 전부를 다룬 셈이다. 그러나 이것은 시작에 불과했다.

대학에 진학해 고전 문헌학을 전공하게 되면서 니체는 테오그니스를 본격적으로 다룰 기회를 맞았다. 그는 리츨 교수의 지도 아래 라이프치히 문헌학 동아리에서 활동하게 되었는데, 그것이 기회가 되었다. 거기

---

6 KGW V 1, 240쪽, *Morgenröthe*, Viertes Buch : 347 ; 니체전집 10, 302쪽,《아침놀》, 제4권 : 347.
7 KGW VII 2, 238쪽, 26(343) ; 니체전집 17, 316쪽, 26(343).

서 그는 테오그니스의 잠언 모음에 대한 연구 논문을 발표하게 되었다. 이 발표로 그는 리츨에게 극찬을 받았다. 리츨은 발표 논문을 손질해 출판할 것을 제의하기까지 했다. 이렇게 해서 1867년에《라인 문헌학 박물관》에 발표된 논문이 〈테오그니스 잠언 모음의 역사에 관해〉다.

그로부터 20년이 지난 1887년, 니체는《도덕의 계보》에서 자연적 가치인 '좋음'과 '나쁨'을 어원학적으로 고찰하면서 원래 고귀한, 높은 신분의 혈통을 타고난 귀족은 진실한 자, 자연적 가치로 볼 때 '좋은 것'이었고, 그렇지 못한 혈통을 타고난 평민은 거짓말을 일삼는 자로서 '나쁜 것'이었다고 밝히게 된다. 여기서 진실한 자는 그리스의 귀족이 되겠는데, 그가 이때 그 대변자로 내세운 것이 바로 테오그니스였다.[8]

니체는 바젤 대학 교수가 되어서도 테오그니스를 놓지 않았다. 학자들은 귀족주의와의 연관에서 니체의 이 같은 테오그니스 편력을 예사롭지 않은 것으로, 문헌학적 작업의 일환으로 시작되었지만 문헌학의 테두리를 넘어선 것으로 보고 있다. 그가 다룬 당시의 사회적 배경과 테오그니스 자신의 정치관과 도덕관에 비추어 볼 때 그의 테오그니스 작업을 순수하게 문헌학적인 것으로 한정할 수 없다는 것이다. 우골리니G. Ugolini도 니체가 앞서 소개한 졸업 논문에서 테오그니스를 도리아 귀족의 대변자, 고대archaisch 지혜의 구현자 겸 수호자로 간주했다고 본다.[9] 프렌첼역시 니체 전기에서 그의 테오그니스 단편 연구가 문헌학적 결실에 그치는 것이 아니라고 본다. 그가 테오그니스를 귀족으로서 이해하고 있었으

---

8 KGW VI 2, 276~277쪽, *Zur Genealogie der Moral*, Erste Abhandlung : "Gut und Böse", "Gut und Schlecht" 5 ; 니체전집 14, 358쪽,《도덕의 계보》, 제1논문 : '선과 악', '좋음과 나쁨' 5.

9 G. Ugolini, "Philologica", H. Ottmann (Hrsg), *Nietzsche*(Stuttgart · Weimar : Verlag J. B. Metzler, 2000), 158쪽.

며, 테오그니스 연구가 그에게 수상의 영예를 가져다준 아리스토텔레스 연구와 함께 그의 철학적 소질을 일깨웠다고 볼 수 있다는 것이다.[10]

귀족을 뜻하는 그리스어 아리스토스는 원래 최선의 인간, 정신적으로 뛰어난 인간을 가리켰다. 그 같은 의미로 귀족을 정의하고 그 귀족의 지배를 옹호한 철학자가 인간을 이성을 대표하는 지적 귀족, 의지를 대표하는 전사, 욕망을 대표하는 농부와 장인 등 세 계급으로 나누고 지적 귀족을 최고의 계급으로 본 플라톤이었다. 여기서 귀족주의는 지적인 성격을 띠게 되었고 그와 더불어 '지적' 귀족주의의 토대가 마련되기에 이르렀다. 그러면서 혈통과 무관한 지적 귀족들이 존재하게 되었다. 플라톤에게는 누구보다도 소크라테스가 그런 귀족이었을 것이다.

서양 역사에서 명실상부한 지적 귀족이 대거 등장한 것은 르네상스 시대의 일이다. 이 시대에 이르러 강조된 것은 무엇보다도 개인의 능력이었다. 혈통은 문제가 되지 않았다. 이렇게 하여 혈통에 상관없이 다수의 지적 귀족이 등장하게 되었는데, 그런 귀족 가운데 한 사람이 사생아로 태어난 천골 레오나르도 다 빈치였다.

이후 민주주의가 자리를 잡아가면서 혈통의 의미는 더욱 퇴색해갔다. 그러면서 수로 보아 르네상스 천재에 훨씬 미치지 못했지만 그런대로 다양한 분야에서 지적 귀족으로 불릴 만한 천재들이 나왔다. 그 가운데 귀족 혈통을 타고난 천재도 있었지만 그렇지 않은 천재도 있었다. 귀족이든 아니든, 천재면 그만이었다. 니체에게는 이들 천재가 그나마 새로운 희망이었다. 그런 그 앞에 등장한 천재가 쇼펜하우어였다. 부르크하르트도 그런 천재였다. 근대 지적 귀족주의의 면모를 여실히 보여주는 인물

---

10 I. Frenzel, *Nietzsche*, 27쪽.

들이었다. 천재의 조건을 열거한 천재론을 펴 이름을 남긴 인물들이기도 했다. 키르케고르도 천재의 반열에 오를 만한 철학자였다. 그러나 니체는 이름 정도를 알았을 뿐, 그를 몰랐다. 알았더라면 누구보다도 그와 의기투합했을 것이다. 그만큼 키르케고르는 철학의 전통과 현실에 대한 비판에서, 무엇보다도 비판의 표적과 방식에서 니체와 유사했다.

순서로 봐서는 쇼펜하우어, 키르케고르, 부르크하르트가 되겠지만 니체의 지적 귀족주의의 단서를 고려해볼 때 키르케고르에서 이야기를 시작하는 것이 바람직하다. 키르케고르는 헤겔의 맞수였다. 세계를 자유를 본질로 하는 이성인 절대자가 자기를 실현해가는 과정으로 해석한 헤겔에게 절대자는 모든 차별을 안에 품고 있는 전체로서, 그것만이 진정한 의미에서 실재이고 진리였다. 이 절대자 위에 그는 거대한, 추상적이며 이론적인 철학 체계를 수립했다. 그리고 진리의 보편성과 절대성을 확신했다.

키르케고르는 헤겔의 추상적인 그리고 이론적인 체계에 반발했다. 이 반발은 진리의 보편성과 절대성에 대한 반발이기도 했다. 그는 그 같은 진리에 '여기 그리고 지금'이라는 인간의 구체적이고 특수한 실존을 맞세웠다. 그에 따르면, 구체적이고 특수한 실존에게는 객관적이고 보편적인 절대 진리가 존재하지 않는다. 주관적이고 특수한 상대적 진리가 있을 뿐이다. 이것은 인간 또는 우리라는 집단의 진리는 존재하지 않고 개인적인, 즉 나의 진리가 있을 뿐임을 의미한다. 그렇게 되면 다른 사람들과 함께할 수 있는 진리는 내게 진리가 될 수 없고, 나의 진리 또한 그것이 객관화되어 다른 사람들과 함께할 수 있게 되는 순간 더 이상 나의 진리가 될 수 없다.

키르케고르 철학의 출발점은 특수하고 구체적인 실존에 있었다. 종착

점도 거기에 있었다. 그에게는 실존이 전부였다. 그런 실존을 파괴하는 것이 집단의식, 곧 '나'라고 하는 특수하고 구체적인 의식을 증발시켜버리는 거대한 익명 체계인 '우리'다. 이 '우리'를 다른 말로 하면 대중이 된다. 대중에게는 특수하고 구체적인 실존인 '나'가 존재하지 않는다. 여기서 대중은 '나'의 죽음이 된다. 키르케고르는 실존을 내세우면서 이 대중을 철저하게 배척했다. 그는 대중을 공중, 집단, 무리, 천민 따위로 불러 매도했으며 민주를 앞세운 대중 혁명과 대중문화를 규탄했다. 나아가 대중적인 것 모두를 거부했는데, 교회를 기반으로 한 신앙의 대중성도 예외가 되지 못했다.

니체도 절대 진리를 부인하고 대중을 매도했다. 앞에서 보았듯이 그도 대중을 천민, 다수, 민중, 짐승 떼 따위로 불러 경멸했다. 그가 키르케고르와 영향을 주거니 받거니 한 일이 없었던 점을 고려하면 놀라운 일치가 아닐 수 없겠다. 게다가 그의 글에는 어투와 내용에 있어서 키르케고르를 연상케 하는 것이 여럿 있다. 그 가운데 하나가 《차라투스트라는 이렇게 말했다》에 나오는 "만약 네가 어떤 덕을 갖고 있고 그것이 네 것이라면 너는 그것을 그 누구와도 공유하지 못한다"라는 구절이다.[11]

니체가 가까스로 키르케고르를 알게 된 것은 정신병 발병으로 모든 활동을 마감하기 한 해 전인 1888년 초에 코펜하겐 대학 교수인 브란데스의 서신을 통해서였다. 키르케고르가 일찍이 없었던 심오한 심리학자였다는 소개였다. 답신에서 니체는 키르케고르에 대해 관심을 보였다. 그의 심리학 문제를 다루어보겠다는 생각까지 비쳤다. 그러나 실제로 그의

---

11 KGW VI 1, 38쪽, *Also sprach Zarathustra*, Erster Theil : Von den Freuden-und Leiden-schaften ; 니체전집 13, 55쪽, 《차라투스트라는 이렇게 말했다》, 제1부 : 환희와 열정에 대하여.

사상을 접할 기회는 없었다. 키르케고르의 작품이 덴마크어로 쓰인 것도 장애가 되었을 것이다. 기회가 있었다면 니체는 그의 사상을 심도 있게 추적했을 것이고, 많은 부분에서 동감했을 것이다. 충돌도 했을 것이다. 키르케고르가 신을 통해서만 구원이 가능하다고 믿은 그리스도교 신앙인, 곧 독실한 '크리스트'였던 데 반해 니체 자신은 바로 그 신의 죽음을 선언하고 신으로부터의 해방을 최대의 과제로 받아들인 안티크리스트였기 때문이다.

니체는 뒤늦게야 키르케고르의 이름 정도를 알게 된 것과 달리 쇼펜하우어의 철학은 일찍부터 알고 있었다. 정통해 있었다고 말할 수도 있다. 한때의 일이기는 했지만 그는 쇼펜하우어를 사상적 스승으로 기리기까지 했다. 쇼펜하우어 역시 헤겔의 맞수였다. 세계를 절대자인 이성의 자기실현 과정으로 본 헤겔과 달리 쇼펜하우어는 의지를 세계의 본질로 규정했다. 헤겔에게 있어서 존재의 근원은 이성이었다. 쇼펜하우어에게 있어서는 의지가 존재의 근원이었다.

앞에서, 표상의 세계에서 객관화되는 의지는 부족한 것을 채우려는 끝없는 작용으로서 만족을 모른다는 쇼펜하우어의 이론을 소개한 바 있다.[12] 만족을 모르는 이 작용에서 불만이 싹트고 불만이 커지면서 고통이 증대된다. 나중에는 산다는 것 자체가 고통이 된다. 이 고통에서 벗어날 길은 없는가? 쇼펜하우어는 두 개의 길을 제시했다. 하나는 잠정적인 것으로서, 사물에 내재해 있는 보편성의 인식을 그 기능으로 하고 있는 예술을 통해 욕망을 잠재우는 길이며, 다른 하나는 불가에서 말하는 해탈을 통해 욕망에서 아예 벗어나는 길이다.

---

12 이 책 제7장 1절의 〈(1) 형이상학적 원리로서의 힘에의 의지〉 참고.

이때 무엇보다도 필요한 것이 의지의 사슬을 끊고 대상 속의 이데아를 순수하게 관조할 수 있는 비범한 능력이다. 이 비범한 능력이 천재성으로서, 구체적으로는 우리 자신의 이해관계와 의지, 그리고 목적으로부터 완전히 벗어날 수 있는 능력을, 그와 함께 순수한 앎의 주관, 즉 '세계에 대한 투명한 시선'을 견지하기 위해 일시적으로나마 개인적 특징까지 완전히 포기할 수 있는 능력을 가리킨다.[13]

세계에 대해 투명한 시선을 견지하기 위해 개인적 특징과 이해관계와 목적에서 벗어나야 하는 천재에게는 그에 상응하는 고통이 따른다. 이 고통은 생의 현상 형식이 어느 정도로 첨예화되어 있는지, 그 정도에 따라 증가하기도 하고 감소하기도 한다. 식물, 곤충을 거쳐 척추동물에 이르면서 감수성은 증가하고 증가하는 만큼 고통을 더 많이 느끼게 된다. 사람들 사이에서도 그렇다. 고뇌가 되겠는데, 사물을 명료하게 인식하는 사람이 그렇지 못한 사람보다 더 많이 고뇌하게 된다. 천재가 가장 많이 고뇌할 수밖에 없는 이유다. 게다가 천재는 고독하기까지 하다. 고뇌 속에서 동반자 없이 자신만의 길을 가야 하기 때문이다.[14]

쇼펜하우어의 철학에 심취해 있던 초기에 니체는 그의 천재론을 수용했다. 이를 반영이라도 하듯 니체는, 고매하고 고상한 과제를 시야에서 잃지 않으려는 개개 인간은 주어진 과업, 이를테면 주관의 흔적을 씻어내야 하며, 사물의 영원불변한 본질의 순순한 반사로서 시간의 상호 작용 너머로 드높여져 있어야 하고, 이 과업에 참여하고 있는 사람은 그 같

---

13 A. Schopenhauer, *Die Welt als Wille und Vorstellung I*, Erster Teilband, Drittes Buch, §36(Zürich : Diogenes Verlag, 1977), 240쪽.

14 쇼펜하우어가 편 천재론에 대해서는 *Die Welt als Wille und Vorstellung II*, Zweiter Teilband, Ergänzungen zum dritten Buch, Kapitel 31, Vom Genie, 445~472쪽 참고.

은 청소를 통해 천재의 탄생과 천재의 작품 산출을 준비해야 할 것이라고 했다.[15] 그 무렵 천재는 니체의 종교가 되었다. 사람들은 천재에게 많은 것을 기대하고 그런 천재를 예찬하기도 하지만 니체에 따르면 그것은 오산이다. 천재는 결코 뭇 인간을 위해 존재하지 않는다. 오히려 천재가 인류의 정점으로서 인류 최고의 목표가 된다. 뭇 인간은 그 같은 천재의 출현을 준비해야 한다. 문화가 지향해야 할 최고의 목표가 그것이다.[16] 목표는 인류가 아니라 천재다.

쇼펜하우어의 천재론은 그 자신의 형이상학과 인식론에 뿌리를 둔 관상적 천재론으로서 로만주의 성격이 뚜렷하다. 니체는 서구 문화가 몰락의 길을 걸어왔다는 현실적 자각과 함께 그 문화의 재건을 염원하게 되면서 더 이상 그 같은 관상적 천재론에 머물러 있을 수 없게 되었다. 그는 보다 현실적인 대안을 찾아야 했다. 그런 그에게 인간의 현실 역사 속에서 자신의 시대를 만들어가는 위대한 개인이 천재의 모습으로 다가왔다. 부르크하르트가 그런 개인이었다.

위대한 개인은 아무 때나 등장하지 않는다. 그런 개인의 출현에는 충족되어야 할 조건들이 있다. 부르크하르트는 두 개의 조건을 제시했다. 물질적 조건과 정신적 조건으로서, 그 가운데 보다 근원적인 것은 정신적 조건, 곧 문화다. 문화는 매우 섬세하다. 그만큼 불안정하다. 이 문화를 위협하는 것이 문화에 대한 감각을 갖고 있지 못한 거칠고 충동적인 대중이다. 부르크하르트는 대중의 발호 속에서 유럽 문화가 섬세함을 잃고 조야한 상태에 빠져들고 있는 현실을 지켜보고 있었다. 그런 그에게

---

15 KGW III 2, 221쪽, *Ueber die Zukunft unserer Bildungsanstalten*, Vortrag IV ; 니체전집 3, 265쪽, 우리 교육 기관의 미래에 대하여(강연 IV).
16 KGW III 3, 371쪽, 11〔1〕; 니체전집 4, 455쪽, 11〔1〕.

대중은 반문화 그 자체였다. 그는 그 같은 반문화의 소용돌이 속에서 문화를 보호하고 창달할 수 없을까, 길을 모색했다. 모색 끝에 그는 탁월한 인간의 출현에 그 길이 있다고 믿게 되었다. 이 탁월한 인간이 그가 말하는 천재였다.

이때의 천재는 거대하고 자기 확신에 차 있는 집약된 의지를 가리킨다. 인간 집단이 명료하게 파악하고 있지 못한 것, 혼란스럽고 불분명한 것을, 이를테면 막연한 동경과 소망 따위를 확실한 행동으로 실현해내는 인간을 가리킨다.[17] 그 같은 천재 문화의 전형이 고대 그리스 도시 국가의 문화와 르네상스 문화였다. 니체는 부르크하르트의 이 천재론에 적극적으로 화답했다. 그 역시 유럽 문화가 대중의 손에서 품격을 잃고 조야한 상태에 빠져 있다는 판단에서 문화를 다시 일으킬 천재의 출현을 고대하게 되었고, 그러면서 지향해야 할 문화의 전범이 되고 있는 고대 그리스 도시 국가와 르네상스 문화에 남다른 향수를 느끼게 되었다.

키르케고르, 쇼펜하우어, 부르크하르트 가운데서 천재와 대중의 공존이라는 어쩔 수 없는 시대적 경험을 갖고 있었던 부르크하르트가 상대적 의미에서이기는 했지만 대중에 대해서 보다 관대했다고 말할 수 있다. 그와 달리 쇼펜하우어는 대중에 대해 냉소적이었으며 키르케고르는 적대적이었다.

부르크하르트와 교류하던 바젤 시절만 해도 니체 또한 대중에 대해 보다 온건했다. 대중이 도구로서나마 위대한 인간의 산출에 봉사할 수는 있겠다는 기대에서였다. 그때만 해도 그는 대중이 비록 좋지 못한 종이에 낡은 판으로 제작된 빛바랜 존재이기는 하지만 위대한 인간의 복제품

---

17 C. 앙들레, 〈니체와 부르크하르트〉, 187~196쪽 참고.

이라는 점에서, 위대한 인간에 대한 저항이라는 점에서, 위대한 인간을 위한 도구가 되기도 한다는 점에서 주목할 만하다고 했다.[18]

그러나 시간이 흐르면서 그의 대중 경험은 절망적인 것이었다. 그는 어떻게 대중이 폭도로 돌변하여 저항을 넘어 힘의 질서를 무너뜨리는가를, 대중 정치 현실과 대중문화의 와중에서 어떻게 인간이 위대한 것에 대한 감각을 잃은 채 천골이 되어가는가를 대중 사회 한복판에서 생생하게 체험했다. 대중이 도구로서 위대한 인간의 산출에 기여할 수 있을 것이라는 그의 믿음은 크게 흔들렸다. 그렇다고 도구로서의 대중의 역할에 대한 기대를 아주 버린 것은 아니었지만, 그는 대중 비판으로 돌아서 대중적인 것 모두를 단죄하기에 이르렀다. 그 예리함으로 볼 때 키르케고르를 능가하는 단죄였다. 그는 특히 인간의 천민화를 선도해왔거나 주도하고 있는 대중 운동, 이를테면 그리스도교와 무정부주의와 '민주주의' 운동에 비판의 날을 세웠다.

(1) 천민 종교 그리스도교

주인의 도덕을 노예의 도덕으로 전도시키고 천골 편에서 귀골 지배 계급에 대항하여 싸워온 그리스도교는 전형적인 천민 대중 운동이었다. 교회는 신은 공의로운 분이어서 아래에서 고통 받고 있는 사람들은 끌어올리고 위에서 힘을 행사하는 사람들은 끌어내릴 것이라고 가르쳐왔다. 예수도 너희 가운데 가장 위대한 자가 너희의 종이 되어야 한다고 했으며[19]

---

18 KGW III 1, 316쪽, *Unzeitgemässe Betrachtungen II*, Vom Nutzen und Nachteil der Historie für das Leben 9 ; 니체전집 2, 372쪽,《반시대적 고찰 II》, 삶에 대한 역사의 공과 9.
19 〈마태복음〉 23장 11절.

지금 배부른 자는 배를 주리게 되며 지금 웃고 있는 자는 울게 될 것이라고도 했다.[20] 천민 대중에게 이 이상으로 기쁜 소식은 없었다. 말 그대로 복음이었다. 그런 예수의 가르침을 니체는 사악한 소식, 첫째가는 자, 위대한 자에 대한 저주로 받아들였으며 보다 높은 경지에 오른 지체 높은 인간에 대한 목숨 건 싸움으로 받아들였다.[21] 교회는 이 복음을 앞세워 첫째가는 자, 위대한 자, 지체 높은 자들을 끌어내려 왔다. 교회는 성공을 했고 그 결과 모두가 비천해지고 천박해졌다. 니체에게 그 같은 그리스도교 운동은 온갖 종류의 쓰레기와 불량품으로 이루어진 퇴화 운동에 불과했다.[22]

니체는 종교에 대해 대체로 비판적이었다. 특히 그리스도교에 대해 비판적이었다. 퇴폐적이고 현실 거부적이라는 것이 이유였다. 그러나 모든 종교가 그렇다는 것은 아니었다. 그에 따르면 종교 가운데는 반대로 위계를 확립해 귀족의 지배를 뒷받침함으로써 상승의 길을 연 것도 있다. 그런 것의 하나로 그가 꼽은 것이《마누 법전》을 기반으로 한 고대 인도의 종교다. 그는 거기에서 새로운 빛을 보았다. 그것을 첫째가는 자, 위대한 자들의 종교로 기리기까지 했다.

《마누 법전》은 우주 개벽에서 시작하여 카스트제 엄수 규칙, 윤회와 해탈에 대한 교설에 이르기까지 종교 규범과 사회 규범을 두루 체계화한 법전이다. 그 법전에 사회 계급인 브라만(사제), 크샤트리아(무사), 바이샤(농민, 상인 등의 서민), 수드라(노예)가 명시적으로 규정되어 있다. 인류의 시조 마누의 계시를 받아 기록한 것이라지만, 언제 누가 기록했는

---

20 〈누가복음〉6장 25절.
21 KGW VI 3, 169쪽, Der Antichrist, 5 ; 니체전집 15, 218쪽,《안티크리스트》, 5.
22 KGW VIII 3, 59쪽, 14(91) ; 니체전집 21, 79쪽, 14(91).

지에 대해 알려진 것이 없고, 또 법전이라고는 하지만 내용상 종교 성전의 성격이 짙다. 당시 인도 사회는 엄격한 계급 사회였다. 계급은 신성불가침한 것이어서 계급 사이의 통혼이 금지되어 있었다. 상위 카스트에 대한 반란 역시 철저하게 금지되어 있었다. 계급을 뛰어넘는 신분 상승 따위는 생각할 수조차 없었다.

니체가 카스트 제도와 그것을 규정한 《마누 법전》을 알게 된 것은 김나지움 시절에 고대 인도 사상과 접촉하면서부터였다. 그 접촉은 교과 과정에 따른 것으로서 기본 틀을 개괄하는 정도였다. 이후 몇 차례 더 접촉할 기회가 있었지만 그 기회가 천착 단계로까지 이어지지는 않았다. 그러다가 그에게 그 법전이 새롭게 다가온 것은 1880년대 후반, 반평등적 위계의 복원이 절실한 현안이 되면서부터였다. 1888년 초, 그는 자콜리오가 1876년에 낸 프랑스어 번역본 법전을 구해 읽었다. 문제가 많은 번역본이었지만 니체에게 고대 인도의 계급 사회에 이르는 길을 열어준 것이 그것이었다. 니체는 《마누 법전》에서 동방의 생기를 느꼈다. 그는 법전에 곧바로 반응했다. 같은 해 여름과 가을에 나온 《우상의 황혼》과 《안티크리스트》 그리고 유고 등에서였다.

1888년 3월 31일, 니체는 페터 가스트에게 이렇게 썼다.

어떤 근원적인 가르침을 내게 제공한 지난 몇 주간에 대해 감사하는 마음입니다. 프랑스어로 되어 있는 《마누 법전》을 발견한 것인데……베다, 카스트에 대한 표상과 태고의 관습을 바탕으로 한 승려들의 도덕 법전의 하나인 이 완전한 아리아족의 작품이 종교에 대한 나의 표상을 더없이 놀라운 방식으로 보충해주고 있습니다. 고백하건데, 나는 우리가 위대한 도덕 입법으로부터 물려받은 것들 모두가 이 법전의 모방이요, 캐리커처로

보인다는 인상을 받고 있습니다……유대인은 찬달라 종족의 하나로 보
이고요…….

《마누 법전》은 출처부터 달랐다. 그리스도교 성서가 찬달라 종족인 셈
족의 작품인 데 반해《마누 법전》은 고귀한 아리아족의 작품이었다. 추
구해온 이상도 판이했다. 성서가 추구해온 것은 인간을 도덕적으로 길들
이는 것이었다. 이와 달리《마누 법전》이 추구해온 것은 종족을 크게 키
워내는 것, 니체의 표현으로 한다면 인간을 사육하는 것이었다. 니체는
이렇듯 그리스도교 위에《마누 법전》을 성전으로 하는 인도 종교를 두
고, 그와 함께 셈족 위에 아리아족을 둠으로써 훗날 분란의 씨앗이 될 종
족 문제에 손을 대게 되었다. 그에게 아리아족은 귀골이었다.

니체에게《마누 법전》은 그것을 성서와 비교하는 것 자체가 죄스러울
정도로 뛰어나고 신성한 것이었다. 거기에는 유대적 요소가, 이를테면
고약한 냄새를 풍기는 율법주의와 미신적 요소가 없다. 인도에서 고귀한
계층의 철학자와 전사들이 민중을 통솔할 수 있었던 것도 이 법전의 권
위에 의해서였다. 니체는, 이 법전을 비추는 것은 태양의 빛, 완전성에 대
한 감각과 생에 대한 긍정, 생명 에너지의 발산에서 오는 쾌감 등으로서,
거기서는 생을 비방하고 부인해온 그리스도교가 헐뜯어온 것, 즉 생식,
여자, 혼인 등이 진지하게, 그리고 경외심 속에서 다루어지고 있다고 높
이 평가했다.[23]

니체에게《마누 법전》은 성서를 대신하고도 남을 만한 것으로 보였다.
그래서 찬사를 아끼지 않았던 것인데 시간이 흐르면서 그는 냉정을 되찾

---

23 KGW VI 3, 238쪽, *Der Antichrist*, 56 ; 니체전집 15, 302쪽,《안티크리스트》, 56.

았다. 많은 시간이 흐른 것은 아니었으나 법전의 이면을 보기에는 충분했다. 이면이 시야에 들어오면서 그는《마누 법전》이 성서와 다르되, 생각한 것만큼 다르지는 않다고 보게 되었다. 법전의 태생적 문제가 하나둘 드러났다. 그 가운데는 치명적이라 할 만한 것도 있었다.

《마누 법전》의 탁월성이라면 무엇보다도 자연의 질서인 힘의 질서를 카스트 제도를 통해 반영하고 있다는 점이 될 것이다. 그 점에서 그것은 자연 질서, 최상의 자연 법칙에 대한 재가가 된다. 계급 질서 복원에 인류의 미래를 건 니체에게는 구원의 빛이 아닐 수 없었다. 그러나 곧 한계가 드러났다.《마누 법전》은 최상의 자연 법칙을 재가하고 있기는 하나 재가에 그칠 뿐 자연 법칙을 직접 산출하는 것은 아니었다. 카스트를 나누어 위계를 확립하는 것은 그 법전이 아니라는 것이다. 그것은 그 이전의 자연이다. 재가하는 것에 불과한 그 같은 법전에는 근원적 권위가 있을 수 없다.

자연에는 세 카스트가 있다. 무엇보다도 영적인 자, 무엇보다도 근육과 열정이 강한 자, 이도 저도 아닌 평균치가 그것이다. 무엇보다도 영적인 자는 선택된 자로서 수가 아주 적다. 대부분의 사람은 마지막 유형인 이도 저도 아닌 평균치들이다. 이 자연적 카스트를 제도화한 것이 바로《마누 법전》이다.[24] 그 제도화 과정에서 법전이 성문화되기에 이르는데 이때 예기치 않은 문제가 발생했다. 자연과 법전 사이에 간극이 생겼고 그 간극으로 인해 자연 왜곡이 일어난 것이다.

게다가 제도화되고 성문화되는 과정에서《마누 법전》역시 기존 종교나 교조적 철학의 전철을 밟게 되었다. 즉, 법전으로서 최고의 권위를 지

---

24 같은 책, 240쪽, 57 ; 같은 책, 305쪽, 57.

녀야 했고 의심의 여지가 없는 신성불가침한 것이어야 했다. 다른 말로, 처음부터 보충과 재해석이 필요하지 않을 만큼 완벽한 형태를 갖춘 것이어야 했으며 사람들이 이것저것 헤아리지 않고, 무의식적 상태에서조차 복종할 만큼 절대 권위에 신성까지 띠어야 했다.[25] 없다면, 만들어서라도 법전에 절대 권위와 신성을 부여해야 했다. 수단은 문제가 되지 않았다. 날조라고 해서 문제 될 것이 없었다. 이렇게 하여 《마누 법전》에서조차 거짓이 허용되기에 이르렀다. 이것이 그동안 사제와 교조적 철학자들이 일삼아온 이른바 "신성한 날조die heilige Lüge"였다.

니체는 이 날조를 "경건한 날조die fromme Lüge"라고 부르기도 했다.[26] 모든 사제 제도의 근간을 이루는 것이 이 날조다. 신성한 날조는 철학에도 있었다. 플라톤의 철학에서 볼 수 있는 것이 그런 날조였다. 무소불위의 권위를 누려야 했던 이들 사제와 교조적 철학자는 그 권위를 사후 세계까지 확대하여 사람들을 철저하게 자신들의 영향 아래 묶어두어야 했다. 이때 필요했던 것이 천상의 권위였고, 그 같은 권위를 위해 그들이 생각해낸 것이 선과 악, 징벌하고 보상하는 신, 내세, 양심, 도덕, 진리 따위였다. 하나같이 자연에 반하는 것들이다. 이후 자연적인 사건조차 초자연적인 것에 의해 해석되기에 이르렀다.[27] 날조로서, 날조라는 점에서 《마누 법전》 역시 플라톤이나 공자, 그리스도교 그리고 유대교 교사들과 다를 바 없게 되었다.[28] 독단적 철학의 교설이나 다른 종교의 경전처럼

---

25 같은 책, 같은 곳 ; 같은 책, 304쪽, 57.
26 KGW VIII 3, 228쪽, 15[42] ; 니체전집 21, 281쪽, 15[42].
27 같은 책, 227~230쪽, 15[42] ; 같은 책, 280~285쪽, 15[42].
28 KGW VI 3, 96쪽, *Götzen-Dämmerung*, Die "Verbesserer" der Menschheit 5 ; 니체전집 15, 130쪽, 《우상의 황혼》, 인류를 '개선하는 자들' 5.

불임의 권위가 되고 만 것이다.

《마누 법전》에 의해 뒷받침된 사제 계급도 문제였다. 니체는 계급을 옹호했다. 그러나 사제 계급만은 철저하게 배척했다. 르상티망의 화신으로서 복수심에 불타는, 교활하고 위선에 찬, 노예근성을 지닌 천민의 전형이라는 이유에서였다. 니체가 사제를 비판할 때 염두에 둔 것은 단연 셈족의 유대교와 유대교 정신을 계승한 그리스도교 사제들이었다. 그러나 그 이전에 사제 제도를 확립한 것이《마누 법전》이었다. 니체는 사제 정신이 가장 고약하게 드러나 있는 것이 순수하기 이를 데 없다는 이 아리아족의 법전이라고 했다.[29] 문제는, 그 법전이 이후 널리 모방되어 사제 제도의 효시가 되었고, 그와 함께 신성한 날조가 널리 모방되면서 세계가 온통 더럽혀지고 말았다는 점이다.[30]

《마누 법전》에는 후대에 끼친 영향으로 볼 때 돌이킬 수 없는 해악이 또 있다. 그 법전에 치명적이라 할 만한 문제가 있다고 했는데, 이를 두고 한 말이다. 자연의 도덕화가 바로 그 해악이다. 니체의 일관된 주장은 자연은 도덕적 실체가 아니라는 것이었다. 자연은 선할 것도 악할 것도 없다는 것, 있는 그대로의 것으로서 순수하다는 것이었다. 그런 자연을《마누 법전》이 선과 악, 죄와 속죄, 그리고 업(業) 따위로 분칠해 더럽히고 만 것이다. 니체는《마누 법전》이 자연을 도덕으로 환원해버렸으며, 인간적인 원동력을 징벌에 대한 공포와 포상에 대한 희망으로, 그러니까 징벌과 포상 양자를 손에 넣고 있는 법전에 대한 공포와 희망으로 환원해버렸다고 비판했다.[31] 결국 자연의 질서를 재가한 것으로 평가되었던

---

29 KGW VIII 3, 178쪽, 14〔204〕 ; 니체전집 21, 222쪽, 14〔204〕.
30 같은 책, 234쪽, 15〔45〕 ; 같은 책, 288쪽, 15〔45〕.
31 같은 책, 177쪽, 14〔203〕 ; 같은 책, 222쪽, 14〔203〕.

법전이 도리어 그 질서를 파괴, 교란한 셈이 되고 말았다.

이렇게 하여, 한때 새로운 빛으로 다가와 인간의 미래에 대한 희망을 일깨워준 《마누 법전》 역시 특유의 신성한 날조와 사제 제도 그리고 자연의 도덕화 등으로 인해, 상대적 우위에도 불구하고 그리스도교의 대안이 될 수 없음이 분명해졌다. 니체는 다시 천민 종교 그리스도교가 지배하는 원래의 현실로 돌아왔다. 그리고 그것과의 싸움에 힘을 모았다.

(2) 반계급적 무정부주의

모든 인간은 신 앞에서 같다는 원리상의 평등에도 불구하고 그리스도교는 살아남기 위해 세속 정치권력과 타협해야 했고 그 과정에서 엄격하게 계급화되어 있는 사회 구조에 적응해야 했다. 교회는 왕은 신이 세운다는 왕권신수설을 앞세워 왕권에 봉사했으며 사제는 사제대로 사회 계급에 편입되어 계급이 주는 특권을 누렸다.

사제들의 계급적 특권과 지위는 근대에 들어와서도 여전했다. 사제를 제1신분으로 하여 구성된 프랑스 삼부회에서 그 역사적 예를 볼 수 있다. 루터의 만인사제주의에 의해 타격을 받았다고는 하나 이후에도 가톨릭교회를 중심으로 사제들은 일정 권력을 행사해왔다. 교회 자체가 권력 구조로 되어 있었다. 신 앞에서의 만인 평등을 가르쳐온 그리스도교의 역설적인 모습이었다.

그러다가 근대 중반에 이르러 다발적으로 일어난 민주 혁명은 평등한 사회를 구현하는 데 있어서 괄목할 만한 진척을 보았다. 왕을 정수리로 한 절대 권력 구조를 무너뜨렸으며 교회의 사회적 역할에도 제한을 가했다. 게다가 종교의 자유가 확대되면서 그동안 독점적 지위를 누려온 교회는 안으로 움츠러들 수밖에 없었다. 이 같은 진척에도 불구하고 근대 민주 혁명 역시 인간을 권력으로부터 온전히 해방시키지는 못했다. 보다 현실적인 구조로 권력을 재편하는 계기가 되었을 뿐 권력 구조 자체를 소멸시키지는 못한 것이다. 세상은 여전히 힘 있는 자의 것이었다.

인간을 지배 구조의 억압에서 해방시키려는 운동은 민주 혁명 이후에도 계속되었다. 이번에는 사회주의 운동이 앞장섰다. 평등한 세상의 구현이라는 이념으로 기대를 받았지만 사회주의도 계급을 완전히 소멸시키지는 못했다. 국가와 정부 조직을 통해 그 이념을 구현하려 했기 때문이었다. 그러자 보다 급진적인 사람들이 나섰다. 사회주의로는 되지 않으니 모든 유형의 권력을 뛰어넘어 아예 국가 형성 이전의 태고 시대로 돌아가자는 사람들이었다. 이렇게 하여 등장한 것이 근대 무정부주의였다.

권력의 집중과 신장을 건강한 사회의 조건으로 본 니체에게 최소한의 권력 구조조차 인정할 수 없다는 무정부주의는 반자연적이며 반역사적인, 일종의 역리였다. 그는 무정부주의를 혐오했다. 무정부주의는 그리스도교와 다를 것이 없었다. 그는 무정부주의에서 뒤에 숨어 지배 계급에 대한 시샘과 복수심을 불태워온 그리스도교의 또 다른 모습을 보았다. 그런 그에게 무정부주의자들과 그리스도교도는 혈통에서 하나였다.[32]

……그리스도교도와 무정부주의자는 완전히 같다고 말할 수 있다. 추구하는 목적과 그 본능이 오로지 파괴에 있다는 점에서 그렇다……그리스도교도와 무정부주의자, 하나같이 퇴폐적이다. 둘 다 해체하여 풀어버

---

32 KGW VI 3, 242쪽, *Der Antichrist*, 57 ; 니체전집 15, 307쪽, 《안티크리스트》, 57.

리고, 독을 써 말살하고, 기력을 핍진하게 만들고 피를 빨아내는 일 말고 는 할 수 있는 일이 없다. 서 있는 것, 장엄하게 서 있는 것, 지속적인 것, 생에 미래를 기약해주는 것 모두에 죽음을 무릅쓰고 드러내는 증오 본능을 갖고 있다는 점에서······.[33]

니체는 무정부주의를 격하게 규탄했다. 그러나 그것은 힘에의 의지가 생명의 본질로 자리 잡은 훗날의 일이었고 초기만 해도 무정부주의에 대한 그의 반응은 단호하지 않았다. 애매하기도 했고 어설프기도 했다.

니체는 나름대로 정치 현실에 관심을 갖고 있었다. 과장된 면이 없지 않았으나 예민하게 반응하기도 했다. 그러나 그는 정치 감각이 떨어졌고, 정치적으로 훈련되어 있지도 않았다. 그래서 정치 현실을 제대로 파악하지 못한 경우도 있었다. 정치 언어를 격에 맞게 구사할 줄도 몰랐다. 특히 각론에 약했다. 그런 그에게 기대할 수 없는 것이 체계적이고 세련된 정치 이론이다. 그 때문이었겠지만, 그는 외곬으로 자신의 입장을 고집해갔다. 그에게 타협의 여지는 없었다. 무정부주의에 대해서도 그랬다.

근대 무정부주의의 이념을 제시한 것은 고드윈이었고 그 기틀을 확립한 것은 프루동이었다. 이렇게 시작된 무정부주의 운동은 대중의 시대를 맞아 대중화되어갔다. 그 가운데 일부는 폭력적 무정부주의로 발전했다. 그 선봉에 바쿠닌이 있었다. 그가 무정부주의 운동을 주도한 것은 19세기 중반과 후반으로서 니체의 성기와 겹친다. 그에 뒤이어 무정부주의를 계승 발전시키게 될 크로포트킨은 니체와 같은 연배였다.

고드윈은 사회악의 근원이 사유 재산과 국가에 있다고 했다. 그래서

---

33 같은 책, 243쪽, 58 ; 같은 책, 308~309쪽, 58.

사유 재산과 함께 국가의 철폐를 주장했다. 생산물을 필요에 따라 평등하게 분배함으로써 사회 정의를 구현하고 국가의 지배에서 벗어나 만민 평등을 성취하자는 것이었다. 프루동은 사유 재산을 도적질해 취한 장물로까지 간주했다. 그런 그에게 최고의 사회적 가치는 단연 평등이었다. 그리고 자유였다. 이에 그는 사유 재산이 인정되지 않는 평등한 사회에서의 사회적 연대를 강조하게 되었고, 추구해야 할 최고의 덕목으로 그 어떤 법규나 정부도 없는 상태에서의 개인의 자유를 제시하게 되었다.

바쿠닌은 무정부주의적 공산주의를 제창했다. 혁명가이면서 러시아 니힐리스트이기도 했던 그는 국가를 최후의 악당으로 매도, 모든 국가 조직을 파괴하자고 선동했다. 그 자신이 앞장섰다. 폭력도 불사했다. 이같은 폭력 행사에 반대하고 나선 것이 크로포트킨이었다. 크로포트킨은 권위적 형태인 공산주의에도 반대했다. 그의 꿈은 국가를 소멸시키고 자급자족적인 마을 공동체로 돌아가는 것이었다. 여기서 그는 다윈이 선택의 메커니즘으로 든 최적자 생존에 반기를 들게 되었다. 그가 대안으로 주창한 것이 공산주의적 무정부주의였다.

공교롭게도 니체에게는 무정부주의자들과 마주칠 기회가 있었다. 1869년 9월 바젤에서 제1인터내셔널의 4차 대회가 개최되었다. 인구 몇 만에 불과했던 도시 바젤로서는 세기의 주목을 끈 역사적 사건이었다. 때를 맞춰 과격한 언동으로 이름이 나 있던 바쿠닌이 바젤에 도착했다. 마침 온갖 사회적 악폐를 자본주의의 산물로 몰아붙여 왔다는 이유로 사회주의를 비판하면서 마르크스 등과 갈등을 빚고 있던 터였다. 게다가 올바른 목적을 위해서라면 테러조차 정당화할 수 있다는 주장으로 곳곳에서 풍파를 일으키고 있던 터였다. 그런 그가 바젤에 등장한 것은 세인의 관심을 끌기에 충분했다. 바젤에 도착하자마자 그는 작심한 듯 분란을 일으켰다. 권력 집중이라면 형태를 가리지 않고 반대해온 그가 인터내셔널 내의 권력 집중, 곧 중앙집권화를 신랄하게 규탄하고 나선 것이다. 그와 인터내셔널 사이의 갈등은 폭발 지경까지 갔다. 바쿠닌은 1872년에 끝내 인터내셔널에서 축출되고 말았다.

니체가 바젤 대학 교수로 부임한 것은 1869년 봄, 예의 인터내셔널 4차 대회 개막 반년 전쯤의 일이었다. 부임 이후, 그는 드레스덴 소요 당시 바쿠닌의 투쟁 동지였던 바그너와 교분을 쌓고 있었다. 바그너는 그 무렵 바쿠닌을 멀리하고 있었다. 니체로서는 그런 그와 바쿠닌에 대해 이야기를 나누는 것이 불편했을 것이다. 그렇기는 했지만 니체와 바그너의 대화에서 세인의 주목을 끈 바쿠닌의 바젤 등장과 함께 그의 과격한 무정부주의가 어느 정도 이야기된 것으로 전한다.[34] 니체는 같은 시기에 부르크하르트와도 교분을 쌓고 있었다. 부르크하르트는 유럽 문화를 유린했다는 이유로 파리 코뮌에 대해 매우 비판적이었다. 니체는 그와 자주 대화를 나눴는데 이 대화에서도 어떤 형태로든 바젤 인터내셔널과 함께 바쿠닌 이야기가 오갔을 것으로 판단된다.

이런저런 정황으로 볼 때 니체로서도 세계적 주목 속에서 열린 그곳 바젤의 인터내셔널 4차 대회와 바쿠닌에 대해 뭔가 할 말이 많았을 텐데 특별히 반응을 하지는 않았다. 전기 작가 얀츠는 니체가 이 행사를 주목하지 않았거나 의도적으로 외면한 것 같다고 쓰고 있다.[35] 때는 니체 사상 발전 단계에서 초기에 해당하는 시기여서 그에게 무정부주의에 대한 철학적 대응이 마련되어 있지 않았을 수도 있다. 그 점을 고려하더라도

---

34 C. P. Janz, *Friedrich Nietzsche*, Bd. 1, 342쪽.
35 같은 책, 같은 곳.

니체가 이 세기적 행사에 주목하지 않았다는 것은 물론이고 그것을 의도적으로 외면했다는 것도 좀처럼 납득하기 어렵다. 주변의 변화에 민감하게 반응을 해왔고 거친 것이기는 했지만 매사에 정공법을 쓴 그였기 때문이다.

니체가 무정부주의자들에 대해 말문을 연 것은 그로부터 4년 정도 지난 1873년의 일이었다. 그는 유고에서 "오늘날의 세태에 대한 증오심에서 역사와 과거를 파괴하려 드는 바쿠닌. 지난 과거 모두를 지워 없애려면 아예 인간을 지워 없앨 필요가 있으리라. 그러나 그는 오로지 지금까지 쌓아온 정신적 자산, 전체 정신의 지속적 생존을 파괴하려 할 뿐이다. 새로운 세대는 그 자신의 새로운 문화를 찾아내야 할 것이다……"[36]라고 했다. 그런가 하면 슈트라우스를 비판하면서 프루동을 언급한 일도 있다. 저서 257쪽에서 프루동의 옹골찬 말에서 우스꽝스럽고 시원찮게 힘을 뺐다는 것이었다.[37] 시각은 달랐지만, 바쿠닌과 프루동의 이름을 댄 것으로 미루어 이 단계에서 니체는 이들 무정부주의자의 사상을 개략적으로나마 알고 있었던 것으로 보인다.

무정부주의를 그리스도교와 하나로 본 니체는 계급적 질서를 부정하고 만민 평등이라는 유토피아를 꿈꾼다는 점에서 사회주의 역시 무정부주의와 다를 것이 없다고 했다. 그리고 1880년대 유고에서 "첫째, 나는 순진하게도 '선한 것, 참된 것, 아름다운 것'이라는 대중적 난센스와 평등한 권리라는 것을 꿈꾸고 있는 사회주의를 싫어한다. 무정부주의 또한 보다 잔인한 방법이기는 하지만 같은 이상을 추구하고 있으니……"[38]라

36 KGW III 4, 182쪽, 26〔14〕; 니체전집 5, 223쪽, 26〔14〕.
37 같은 책, 192쪽, 27〔2〕; 같은 책, 234쪽, 27〔2〕.
38 KGW VII 3, 200쪽, 34〔177〕; 니체전집 18, 266쪽, 34〔177〕.

고 썼다. 방법에 차이가 있기는 하지만 추구하는 이상에서 무정부주의와 사회주의는 하나라는 것이다. 그는 무정부주의와 사회주의를 수단과 목적의 관계로 파악하기도 했다. 무정부주의는 사회주의 선동 수단에 불과하고, 사회주의가 무정부주의를 이용해 두려움을 불러일으킴으로써 사람을 홀려 광포하게 만든다는 것이다.[39] 무정부주의 뒤에 사회주의가 있다는 주장이다.

니체가 무정부주의와 사회주의를 하나로 본 것은 과문한 탓일 것이다. 아니면 핵심 이념만을 문제 삼은 탓일 것이다. 당시 무정부주의와 사회주의는 격한 갈등을 빚고 있었다. 마르크스와 엥겔스가 프루동의 무정부주의가 과학적 사회주의를 구현하는 데 장애가 된다고 비판하면서 촉발된 갈등이었다. 그런 비판에 잠자코 있을 바쿠닌이 아니었다. 독재에 대한 우려에서 국가에 반기를 들어온 그는 그대로 국가를 수단으로 천년왕국이라는 목표를 달성하려 한 마르크스를 공격했다. 또한 같은 이유로, 프롤레타리아 정당의 결성은 물론 정부 주도의 사회주의 경제 체제에도 반기를 들었다.

이런 반발에 사회주의 진영도 가만히 있지 않았다. 곧 무정부주의를 유토피아적-소부르주아적 혁명 이데올로기에 불과한 것으로 몰아가는 한편, 무정부주의자들이 테러와 총파업 같은 과격한 행동으로 노동 운동을 교란시키고 있다고 되받아 비판했다. 레닌은 《무정부주의와 사회주의》의 두 번째 테제에서 무정부주의를 부르주아 개인주의로 규정했다. 세 번째 테제에서는 무정부주의를 절망의 산물로, 동요하고 있는 지식인이나 부랑인의 정신 상태로 매도하기까지 했다. 레닌의 이 테제가 나

---

39 KGW VIII 2, 169쪽, 10[82] (202) ; 니체전집 20, 199쪽, 10[82] (202).

온 것은 니체가 정신 질환으로 모든 학문 활동을 마감한 1889년으로부터 12년 정도 지난 1901년의 일로서 니체와는 직접적인 관계가 없다. 그러나 그 테제에 드러나 있는 무정부주의와 사회주의의 갈등은 이미 니체 생전에 불거져 있었다.

니체는 그의 시대가 무정부주의 시대에 진입하고 있다고 판단했다. 그는 이미 무정부주의자-개들이 유럽 문화 세계의 골목골목을 누비면서 더욱 미친 듯이 으르렁거려가며 이빨을 드러내고 있다고 했다.[40] 그러나 무정부주의의 기세는 오래가지 않았다. 폭력화되면서 사회의 호응을 얻는 데 실패한데다가 사회주의 진영의 견제 속에서 초기의 활력을 잃은 탓이었다. 그와 함께 니체의 무정부주의 세상에 대한 우려도 기우로 끝나고 말았다.

(3) '민주주의'

세상은 왕이 지배하든가 평민이 지배하든가 둘 중 하나다. 니체의 말을 빌린다면, 주인이 지배하든가 노예가 지배하든가 둘 중 하나다. 역사는 왕의 지배로 시작되었다. 그렇게 수천 년을 보냈다. 그러다가 근대에 들어 평민의 권리가 신장되면서 왕의 지배는 흔들렸고, 끝내 누가 지배해야 하는가를 놓고 왕과 평민이 충돌하게 되었다. 밀고 밀리는 싸움에서 승기를 잡은 것은 수에서 압도하고 있던 평민이었다. 평민은 그 과정에서 다양한 정치 선언을 통해 그때그때 민주 의지를 다지고 전의를 가

---

40 KGW VI 2, 127쪽, *Jenseits von Gut und Böse*, Fünftes Hauptstück : zur Naturgeschichte der Moral 202 ; 니체전집 14, 161~162쪽, 《선악의 저편》, 제5장 : 도덕의 자연발생사 202.

다듬어갔다. 발표된 선언은 많았지만 골자는 하나, 인간은 평등하게 창조되었으며 조물주로부터 남에게 양도할 수 없는 권리를 부여받았다는 것, 따라서 주권은 국민에게 있다는 것이었다. 평민이 지배해야 한다는 것이었다.

그런 선언 가운데 하나가 1789년에 프랑스에서 나온 〈인간 및 시민의 권리 선언〉으로서 1조에 "인간은 나면서부터 자유로우며 평등한 권리를 가진다"고 되어 있다. 3조에는 "모든 주권은 본시 국민에게 있다. 어떠한 집단이나 개인도 그것으로부터 명백히 유래하지 않은 권한을 행사할 수 없다"고 되어 있다. 국민이 주권의 원천이라는 것, 왕이나 왕을 옹립하고 있던 귀족에게 그 어떤 특권도 인정할 수 없다는 것이었다.

유혈이라는 혹독한 대가를 치르기는 했지만 평민은 혁명에서 성공했다. 주권을 쟁취한 평민은 왕정을 폐지하고 왕과 귀족들이 그때까지 누려온 특권을 모두 박탈했다. 프랑스에서 타오른 이 혁명의 불길은 유럽 곳곳으로 들불처럼 번져나갔다. 동시다발적으로 일어난 혁명의 소용돌이 속에서 왕정은 하나 둘 폐지되고 도처에서 평민이 국정을 장악하게 되었다.

사람들은 이 같은 정치적 전개를 진보로 받아들여 환영했다. 그러나 환영 일색은 아니었다. 대중 혁명이 오히려 정치적 퇴보를 가져올 것이라는 우려에서 미래를 어둡게 전망한 사람들도 있었다. 평민이라 불리든 민중이라 불리든 무능하고 무책임한 무리 인간에 의해 국정이 좌지우지되는 현실을 앞에 두고 절망한 사람들이었다. 이들 절망한 사람에게 민주주의의 승리는 고매한 가치에 대한 천민적 가치의 승리를 의미했다. 이에 그들은 기회가 있을 때마다 민주가 가져올 파행과 그것이 야기할 파국을 경고했다. 그 경고는 그러나 절대 다수의 승리의 함성에 묻혀 제

소리를 내지 못했다.

민주주의에 대한 이 같은 불신과 우려에서 우리는 플라톤의 민주주의 비판을 되돌아보게 된다. 플라톤은 일찍이 정치 형태를 귀족 정치, 군사 정치, 과두 정치, 민주 정치, 전제 정치로 나누고, 민주 정치를 전제 정치와 함께 그 밖의 정치 형태 아래 두었다. 귀족은 이성을 지닌 합리적인 사람들이며, 군인은 명예를 알고 지킬 줄 아는 용기 있는 사람들이다. 과두는 세속적 욕망을 갖고 있지만 어느 정도 자제력을 갖고 있는 사람들이다. 이에 반해 민주주의자, 곧 민중은 합리적이지 못한데다 명예를 모르는 오합지졸들이다. 보다 고약한 것은 민주주의의 결함에다가 무자비함까지 지닌 전제 군주다.

플라톤의 형이상학을 생에 적대적인 것으로 간주해 거부한 니체였지만 민주 정치에 대한 불신과 귀족 정치에 대한 선호에서만은 플라톤과 생각을 같이했다. 그도 지배 체제를 왕의 지배와 귀족의 지배, 민중의 지배로 계층화했다. 맨 위가 왕권이다. 왕권은 아주 탁월한 인간, 지도자, 구원자, 반신(半神)에 대한 믿음을 대표한다. 그다음이 귀족주의인데, 귀족주의는 엘리트-인간과 보다 높은 카스트에 대한 믿음을 대표한다. 그다음, 맨 아래가 민주주의다. 위대한 인간과 엘리트-사회에 대한 불신과 함께 "모두는 모두에 대해 평등하다"라는 주장, 곧 "근본적으로 우리는 모두 이기적인 짐승이자 천민"이라는 주장으로 대표되는 저급한 단계다.[41] 이들 지배 형태 가운데 왕의 지배가 최선이다. 왕의 지배에서는 힘의 집중이 이루어지며 추구해야 할 목표가 분명하다. 차선은 귀족의 지배다. 왕의 지배에는 미치지 못하지만 건강한 미래를 기약할 수 있는 지

---

41 KGW VII 2, 222쪽, 26(282) ; 니체전집 17, 295쪽, 26(282).

배 체제다. 최악은 민중의 지배, 곧 위대한 것에 대한 감각과 함께 미래에 대한 전망을 상실한 반역사적 지배 체제인 민주주의다.

때는 민주의 시대, 역사가 거꾸로 흐르고 있는 것이다. 니체는 이 흐름을 되돌리려 했다. 그리하여 정면으로 민주주의에 맞섰다. 제도와 생활 방식을 가리지 않았다. 그는 민주라 불리는 것 모두를, 그 가운데 무엇보다도 근대 민주주의를 제도적·이념적으로 뒷받침해온 의회 제도와 함께 사회주의를, 나아가 대중 혁명과 대중 국가, 대중 교육과 문화를 비판했다.

가. 의회 제도

민주 국가에서 국가의 의사를 결정하는 것은 국민이고 그 의사를 대변하는 것은 직접민주주의가 아니라면 의회다. 혁명에 성공한 나라들은 앞다투어 의회 제도를 채택했다. 의회의 구성과 운용 방식에 문제가 없었던 것은 아니지만 의회는 빠른 속도로 민주주의의 요람이자 상징으로 자리 잡아갔다.

의회는 국민이 선거로 뽑은 대표들로 구성되는 합의체다. 선거에는 여러 방식이 있다. 그 가운데 근대 의회 운용 원리에 가장 부합하는 것은 보통 선거와 평등 선거다. 보통 선거와 평등 선거에서는 수가 결정을 한다. 다수의 표를 받으면 그만이다. 정치적 판단과 그것에 대한 책임은 문제가 되지 않는다. 니체에게는 이 다수가 문제였다. 안일을 최고의 가치로 받아들일 뿐 과거에 대한 반성도 미래에 대한 책임도 느끼지 못하는 비역사적 인간, 명예를 모르는데다 자제력까지 갖고 있지 못한 무리 인간에 불과하기 때문이었다.

누구든 국민의 대표가 되어 의회에 진출하려면 이 무리 인간의 지지를 받아야 한다. 여기서 의회에 진출하려는 야심을 갖고 있는 사람들은 그 같은 인간들의 지지를 얻는 데 모든 것을 걸게 된다. 물불을 가리지 않는다. 아첨은 물론이고 선동에 매표까지 한다. 음모도 꾸민다. 정치적 소신이나 양심 따위는 안중에 없다. 국민의 대표는 결국 그런 무리 인간이 이해관계에 따라 뽑게 되고, 그렇게 뽑힌 대표는 무리 인간, 곧 대중의 이해관계를 정치에 반영하게 된다. 그 결과 얼굴 없는 무리 인간들이 대표를 통해 자연스레 의회를 장악하게 되고, 국정은 그런 인간의 손에 들어가게 된다. 그와 더불어 천민적 가치가 국가 경영에서 지배적 가치가 된다. 그러면서 모든 것이 빠르게 천민화돼간다.

의회와 함께 인간 천민화를 촉진하는 것이 있다. 의회 정치의 강력한 동반자인 대중 매체로서 대중 매체는 천민화의 기수라는 점에서 의회와 하나다. 이 둘을 묶어 니체는 이들이 무리 인간을 주인으로 군림하게 만드는 일에서 그 방편이 되고 있다고 비판했다.[42] 우리는 곧 니체의 대중 매체 비판으로 돌아오게 된다.

나. 사회주의

민주주의 이념과 제도에 대한 니체의 비판은 자연스레 이념상 같은 것을 목표로 하는 사회주의 비판으로 이어졌다. 사회주의가 추구해온 이상은 노동 계급을 지배 계급으로 끌어올려 세상을 노동자 민중의 것으로 만들겠다는 것이었다. 마르크스와 엥겔스가 〈공산당 선언〉에서 천명한 것도 '노동 계급에 의한 혁명의 첫 단계는 노동 계급을 지배층으로 끌어올려 민주주의 투쟁에서 승리하는 것'이었다. 이들에게는 자본주의의 지

---

42 KGW VII 3, 200쪽, 34(177) 2) ; 니체전집 18, 266~267쪽, 34(177) 2).

배에 대한 노동 계급의 승리가 곧 민주주의에 이르는 길이었다.

사회주의라는 말은 19세기 초반에 자본주의가 원리로 하고 있던 개인주의에 대립하는 의미로 쓰이기 시작했다. 실제로 사회주의는 개인주의적인 자본주의 시장 원리에 맞서 토지, 공장 등 생산 수단의 사회적 소유를 통해 평등하고 정의로운 사회를 건설하자는 것을 이념으로 한 운동이었다. 이 운동에 참여한 사람들은 그러한 이념의 실현을 통해서 실업과 빈곤에서 기인하는 사회적 병폐를 제거할 수 있으며 협동과 형제애로써 경쟁에서 기인하는 온갖 사회적 갈등을 극복할 수 있다고 믿었다.

힘에의 의지를 내세워 개인주의를 옹호하고, 불평등을 정의로 받아들이면서 평등하고 정의로운 사회의 건설이란 것을 비웃고, 형제애 따위를 약자의 생존 전략 정도로 폄훼하는가 하면, 협동이 아니라 갈등을 상승의 계기로 받아들여 환영한 니체는 처음부터 사회주의와 상극이었다. 그는 사사건건 사회주의와 마찰을 빚었다. 그에게는 사회주의 역시 반역사적 천민 운동, 그것도 가장 가증스러운 천민 운동에 불과했다.

〈공산당 선언〉이 나온 1848년, 그때 니체는 네 살쯤 되었다. 그는 먹구름처럼 덮쳐오는 사회주의 기운 속에서 소년기와 청년기를 보냈다. 청년기에 들어 사회주의 운동에 반응을 하곤 했지만 본격적인 것은 아니었다. 그러다가 그 자신의 철학이 틀을 갖추게 되면서 그는 사회주의 운동을 격하게 비판하고 나섰다. 그 과정에서 그가 어떤 식으로든 마르크스와 엥겔스, 그리고 〈공산당 선언〉에 반응했을 법한데 좀처럼 그 반응의 흔적을 찾아볼 수가 없다. 니체가 바쿠닌에게 그랬듯이 마르크스와 엥겔스, 그리고 그 선언에 대해서도 특별히 주목하지 않았거나 의도적으로 외면한 것이 아닐까 생각해보게 된다. 과문한 것이 아닐까 생각해보게도 된다. 전선이 확실한 터에 이들의 이름까지 댈 필요는 느끼지 못했을 수도 있다.

니체는 사회주의 교설을 생각해낸 사람들을 지목해 "실패하여 잘못된 인간이거나 족속임이 분명하다"[43]고 했다. 사회주의야말로 "갈 데까지 간, 더없이 보잘것없는 인간들, 비천하기 짝이 없고 멍청하기 짝이 없는 인간들, 이를테면 피상적인데다 질투심에 불타는 인간들, 천성의 4분의 3이 광대인 자들의 횡포로서, 사실인즉 근대 이념과 그것이 가져온 잠재적 무정부주의의 귀결"[44]이라고도 했다.

니체에 따르면, 사회주의가 그 거창한 구호 뒤에 숨기고 있는 것이 있다. 있는 자의 것을 빼앗아 남부럽지 않게 누리려는 음모가 그것이다. 더 부살이하는 게으른 자, 그러면서도 남부럽지 않은 삶을 누리려는 자들에게는 재화의 평등한 배분 이상의 사회 정의는 없다. 그 같은 사회 정의를 구현하는 데 많은 노고가 따르는 것도 아니다. 기다리고 있다가 있는 자, 땀 흘려 일해온 자의 것을 빼앗아 '공평하게' 나누기만 하면 된다. 게으른 자들의 이 같은 파렴치한 심보를 사회주의 선동가들이 놓칠 리 없다. 그들은 그런 사람들에게 파고들어 있는 자에 대한 증오에 불을 붙이고 공평한 분배를 사회적 권리로 받아들이도록 부추긴다. 그것으로 충분하다. 그런 선동가보다 역한 것은 없다. 니체는 잡것 가운데, 변변찮은 것이기는 하지만 근로자의 타고난 성품과 즐거움과 자족감은 묻어둔 채 시샘하고 복수하도록 부추기는 사회주의 잡것, 찬달라-사도들을 가장 증오한다고 했다.[45]

그 점에서, 사회주의 역시 강자에 대한 르상티망을 감추고 있는 천민

---

43 같은 책, 312~313쪽, 37〔11〕; 같은 책, 405쪽, 37〔11〕.
44 같은 책, 312쪽; 같은 책, 404쪽.
45 KGW VI 3, 242쪽, *Der Antichrist*, 57; 니체전집 15, 307쪽, 《안티크리스트》, 57.

운동이라는 점에서 사회주의와 그리스도교 또한 하나다. 이들은 본능에서부터 하나다. 사회주의자들도 이 점을 잘 알고 있다. 사회주의 전파를 위해서는 그리스도교 본능에 호소하는 것이 효과적이라는 것도 익히 알고 있다. 이미 광범위하고 깊게 뿌리내리고 있는 것이 그리스도교 본능이니, 영리한 책략이 아닐 수 없다.[46]

사회주의와 그리스도교가 이념상 하나이기는 하지만 이들 사이에 다른 점이 없는 것은 아니다. 그 가운데 하나, 책임을 묻는 일에서 다르다. 그리스도교도들은 자신이 불행한 이유를 자기 자신에게서 찾는다. 자기 자신에게 책임을 돌리는 것이다. 이에 반해 사회주의자들은, 그 이유를 다른 사람에게서 찾고 그 책임을 다른 사람들에게 돌린다.[47] 사회주의자들은 반성을 하지 않는다. 그 대신에 다른 사람들과 사회를 원망한다.

사회주의를 포함한 이른바 민주주의에 대한 니체의 비판은 강도나 예리함에서 유례가 없는 것이었다. 그는 그 같은 비판으로 토크빌, 르낭 등과 함께 '민주주의의 적'이 되었다. 그에게는 반동 철학자라는 비난이 따라다녔다. 특히 사회주의 진영에서 그를 그렇게 불렀다. 생전에 그 같은 비난을 예상했을 테지만 니체는 아랑곳하지 않았다. 오히려 민주주의가 현실이 되고 삶의 방식이 된 현실을 앞에 두고 그 비판의 수위를 높여갔다.

다. 대중 혁명

근대 대중 혁명에서 대중이 목표로 한 것은 자유와 평등의 쟁취였다.

---

46 KGW VIII 3, 218쪽, 15(30) 2 ; 니체전집 21, 269쪽, 15(30) 2.
47 KGW VI 3, 127쪽, *Götzen-Dämmerung*, Streifzüge eines Unzeitgemässen 34 ; 니체전집 15, 169~170쪽, 《우상의 황혼》, 어느 반시대적 인간의 편력 34.

여기에 박애를 보태면 1789년 프랑스 혁명의 이념이 된다. 자유롭고 평등하며 인간애가 넘치는 세상을 꿈꾸고 있던 대중들은 이 이념에 환호했다. 프랑스 혁명은 사회악과 정치적 모순을 개혁하려는 시도로 해석되었으며, 거기에 온갖 현란한 수사가 뒤따랐다. 이 혁명을 시작으로 1820년에서 1848년 사이에 프랑스에서 후속 혁명이 일어났으며 벨기에, 오스트리아, 에스파냐, 포르투갈, 롬바르디아 그리고 니체가 태어나 자란 프로이센에서도 혁명의 불길이 솟았다. 특히 1848년은 혁명의 해로 불릴 만큼 다발적으로 혁명이 일어난 해였다.

프로이센에서의 혁명은 군중이 정부의 사퇴를 요구하면서 일어났다. 흉년과 물가 상승으로 정치적 긴장이 고조된 터였다. 장인들은 공장과 기계 설비를 파괴했으며 봉건적 의무의 철폐를 내건 농민들은 영주들의 저택에 방화를 했다. 왕은 진압 군대를 투입했다. 그러나 발포로 사상자가 나자 사태는 더욱 악화되었다. 결국 왕 프리드리히 빌헬름 4세는 폭동에 굴복해, 사상자에게 애도를 표하는 한편 헌법 제정에 동의하게 되었다. 이것은 니체가 네 살 난 해에 있었던 일이다. 평소 왕권을 신봉하고 있던 니체의 아버지는 이 대중 혁명에 몹시 분개했다. 존경하는 국왕 프리드리히 빌헬름의 생일에 태어났다고 하여 아들 니체에게 프리드리히 빌헬름이란 이름을 지어준 그 아버지였다. 니체가 나이 들어 이 혁명을 겪었더라면 그 역시 분개했을 것이다. 대중에 대한 불신과 함께 왕권에 대한 신봉은 니체 집안의 내력이었다.

당시 대중 혁명에 분개한 또 한 사람의 철학자가 덴마크의 키르케고르였다. 그는 유럽 곳곳에서 혁명이 일어난 1848년을 파국의 해로 규정했다. 그가 떠받들고 있던 것은 왕권신수설이었다. 그에게 왕권에 대한 도전은 신에 대한 도전을 의미했다. 니체는 신의 존재와 역사를 거부하면서 왕권신수설도 거부하게 되었지만 탁월한 군주에 의한 강력한 통치권 확립에 대한 열망에서만은 키르케고르에게 결코 뒤지지 않았다. 니체에게도 왕은 존귀한 존재였다. 최고의 전사요 판관이자 법의 수호자였다.

루이 16세를 처형한 프랑스 혁명 대중은 승리를 구가하면서 자신들의 힘이 얼마나 위대한가를 새삼 실감했다. 그들은 더 이상 왕을 모실 이유가 없을 만큼 자신들이 성숙해 있다고 자부했다. 이 사건을 분수령으로 유럽에서의 왕권 몰락은 현실이 되어갔다. 왕들의 시대는 그렇게 끝나가고 있었다. 니체는 대중의 자평과 반대로 대중의 미숙함에 왕권 몰락의 탓을 돌렸다. 대중이 그만큼 성숙해서가 아니라, 품격을 잃어 왕을 모실 수 없을 만큼 천민화되었기 때문에 그렇게 된 것이라는 주장이었다.[48]

대중 혁명을 그 뿌리로부터 거부한 니체는 혁명 세력이 구호로 내건 자유와 평등과 박애를 비웃었다. 실현이 가능하지 않은 망상에 지나지 않는다는 것이었다. 혁명에서 대중은 무엇보다도 자유를 위해 싸웠다. 그것을 쟁취하기 위해 목숨까지 걸었다. 그러나 이때의 자유는 속박으로부터의 해방을 의미하는 소극적 자유였다. 그런 자유에는 해방에서 오는 환희는 있으나 미래에 대한 전망이 없다. 그 때문에 해방을 쟁취했다 하더라도 길과 목표를 잃어 갈피를 잡지 못하게 된다. 나중에는 사막에서 길을 잃고 방황하다 지친 사자처럼 탈진하게 된다. 자유를 향유할 수 있으려면 이 소극적 자유를 적극적 자유로 전환해야 한다. 그렇지 못할 경우, 자유는 축복이 아니라 재앙이 될 것이고, 가까스로 자유를 쟁취한 사람들은 그 자유를 감당하지 못하고 도리어 막 벗어난 속박으로 되돌아가려는 충동을 갖게 될 것이다. 니체의 눈에는 당시 혁명 대중이 그런 군상

---

48 KGW VII 1, 268쪽, 7(56) ; 니체전집 16, 341쪽, 7(56).

들이었다.

평등도 그렇다. 혁명 대중은 평등도 외쳐댔지만 힘이 지배하는 세계에 있을 수 없는 것이 그것이다. 니체는 거듭해서 자연에는 평등이 존재하지 않으며 존재해서도 안 된다고 했다. 자연에는 힘의 크기에 따른 엄격한 위계가 있을 뿐이다. 그런 세계에서는 불평등이 정의가 된다. 그가 이미 했던 말이다. 따라서 평등이란 머릿속에서나 그릴 수 있는 환상일 뿐 현실이 될 수 없다.

박애도 마찬가지다. 신에 대한 사랑이 아닌 인간에 대한 사랑이 박애다. 아이스킬로스가 인간에 대한 사랑을 그렇게 불렀다. 박애는 모든 사람에 대한 평등한 사랑, 차별을 두지 않는 순수한 사랑으로서 이해관계를 떠나서야 가능한 사랑이다. 지배하거나 지배당해야 하는 힘의 세계에 그 같은 포괄적이고 무조건적인 사랑이 있을 수 있는가. 니체는 인간은 이기적일 수밖에 없다고 말해왔다. 따라서 힘이 지배하는 세계 어디에도 있을 수 없는 것이 박애다. 박애 역시 환상일 뿐 현실이 될 수 없다.

재앙이 될 수도 있는 자유와 환상일 뿐인 평등과 박애를 이념으로 한 혁명에서 대중은 그 모두를 쟁취하겠다고 분연히 일어났다. 그러나 정작 그들은 자신들이 요구하는 게 어떤 것인지 알지 못했다. 동시에 추구할 수 없는 것이 그런 것들이라는 사실을 몰랐던 것이다. 특히 자유와 평등이 그렇다. 이들은 양립할 수 없는 가치들이다. 개개 인간의 자유를 제한하지 않고는 평등에 이를 수가 없다. 마찬가지로 평등이라는 틀에서 벗어나지 않고는 어느 누구도 자유로울 수가 없다. 머리말 〈왜 니체인가?〉에서 보았듯이 자유와 평등은 선택의 문제다. 자유로운 삶을 살기 위해서는 평등을 포기해야 하며 평등한 사회를 위해서는 개개인이 누릴 수 있는 자유를 포기해야 한다. 그런데도 혁명 대열에 나선 대중은 이 모두

를 요구했다. 그 결과 혁명에는 성공했지만 그 이념들을 구현하는 데는
실패하고 말았다. 결국 자유로운 세상도 평등한 세상도 오지 않았다. 인
간애가 넘치는 세상도 오지 않았다. 뜬구름을 잡겠다고 아우성쳐댄 꼴이
되고 말았다. 그런데도 이들 이념 하나하나는 엄청난 위력을 발휘했고,
유럽 대륙 전체가 자유와 평등과 박애라는 어처구니없는 광기에 압도되
고 말았다.

대중은 혁명에서 성공했다. 대중 혁명에서는 수(數)가 곧 세(勢)였다.
왕을 정수리로 한 귀족 계급은 무너지고 대중이 역사의 전면에 나서게
되었다. 니체가 병들고 부패한 찬달라 계급으로 불러온 대중이 세상의
주인이 된 것이다. 주인과 노예가 바뀌는 역사적 순간이었다. 일종의 노
예들의 반란으로서, 니체는 이 프랑스 혁명과 함께 노예들의 마지막 거
대한 반란이 시작되었다고 했다.[49] 그에게 대중 혁명은 서구 역사를 파
국으로 내몬 일대 재난이었다.

라. 대중 국가

대중 혁명은 대중 국가를 출현시켰다. 원래 국가는 사회를 이루고 있
는 구성원이 능력 있는 사람을 지배자로 뽑아 그와 계약을 맺으면서 성
립하거나, 종족이나 계급 사이에 힘의 지배가 확립되면서 성립하거나,
둘 중 하나다. 앞의 것이 계약설이고 뒤의 것이 실력설이다. 힘으로써 인
간 역사를 설명해온 니체에게 계약설을 받아들일 여지는 처음부터 없었
다. 그는 실력설 편에 섰다. 실력설 편에서 그는 "나 '국가'라는 것을 거론

---

49 KGW VI 2, 65쪽, *Jenseits von Gut und Böse*, Drittes Hauptstück : das religiöse Wesen 46
; 니체전집 14, 84쪽, 《선악의 저편》, 제3장 : 종교적인 것 46.

한 바 있거니와 어떤 인간을 두고 하는 말인지는 분명하리라. 전투적으로 조직되어 있고 조직력을 갖고 있는, 수적으로 압도하고 있지만 아직 형태를 이루지 못한 채 유랑하고 있는 주민들에게 주저 없이 무서운 발톱을 들이대는 금발의 야수 무리, 정복자 종족, 주인 종족 말이다. 지상에서 국가는 이렇게 시작되었다. 나는 국가가 '계약'에 의해 성립되었다는 몽상은 정리되었다고 생각한다"[50]고 했다.

기원으로 볼 때 국가는 금발의 야수와 정복자와 주인의 요람이었다. 그런 국가는 힘의 원리에 따라 힘의 정치를 펴야 했고 힘을 향한 개개 인간의 의지를 고무하고 격려해 크게 키워야 했다. 뛰어난 개인을 양육하고 보호해야 했던 것이다. 니체가 국가에 기대한 것도 그것이었다. 국가는 결코 목적이 될 수 없다. 목적은 뛰어난 개인의 산출이다. 국가라면 수단이 되어 그 같은 목적을 이루도록 기여해야 한다. 니체는 "천재 출현을 준비하고 산출하는 것 이상의 높은 문화 경향은 없다. 국가 역시 잔인한 근원과 지배욕에 찬 거동에도 불구하고 이 목적을 위한 하나의 수단일 뿐"[51]이라고 했다.

그러나 국가는 그 반대의 길을 걸어왔다. 성립되자마자 자신의 존속과 안위를 최우선으로 돌보게 되면서 국가 자체가 목적이 된 탓이다. 이 하나를 위해 국가는 구성원을 조직하고 각자에게 몫을 주어 국가에 봉사하도록 했다. 이렇게 하여 국가는 거대한 기계가 되어 개인 위에 군림하게 되었다. 그렇다고 인간 모두가 그런 국가에 복종해온 것은 아니다. 그

---

50 같은 책, 340쪽, *Zur Genealogie der Moral*, Zweite Abhandlung. : "Schuld", "schlechtes Gewissen", Verwandtes 17 ; 같은 책, 433~434쪽, 《도덕의 계보》, 제2논문 : '죄', '양심의 가책' 그리고 그와 유사한 것들 17.

51 KGW III 3, 371쪽, 11〔1〕 ; 니체전집 4, 455쪽, 11〔1〕.

가운데는 힘에의 의지를 폄으로써 국가 권력에 도전한 개인들도 있었다. 영웅과 천재 같은 예사롭지 않은 개인들로서, 국가에게는 눈엣가시들이었다. 국가는 그런 개인을 엄격한 감시와 통제로 억압하고 주저앉혀 왔다. 필요하다면 제거도 마다하지 않았다. 뛰어난 개인을 양육하고 보호해야 할 국가가 도리어 그 같은 개인의 출현과 성장을 막아온 것이다. 국가는 잠재적 위협에도 대처해야 했다. 그래서 다양한 수단을 동원하게 되었는데, 그 가운데는 보다 거친 것이 있는가 하면 보다 세련된 것도 있다. 군대와 학교가 각각 그런 수단들이다.[52]

감시와 통제, 그리고 그 같은 수단에 힘입어 국가는 이 땅에서 최고의 권위가 될 수 있었다. 그렇게 하여 국가는 그 자체로 신성한 목적이 되고, 개인은 수단이 되어 국가에 대한 봉사를 지상의 의무로 떠맡게 되었다.[53] 목적과 수단이 전도된 것이다. 최고 권위에 오르자마자 국가는 무소불위의 권력을 휘두르기 시작했다. 본색을 드러내, 그동안 그 어떤 형태도 갖추지 않은 상태에서 자유롭게 살아온 백성들을 고정된 틀에 잡아넣어 다스리기 시작한 것이다. 국가는 무자비한 기계가 되어 폭력을 휘두르게 되었고, 그 결과 백성과 반짐승 상태의 인간은 부드러운 반죽이 되어, 끝내 국가가 제공한 틀에 맞게 주조되기에 이르렀다.[54] 천재와 같은 뛰어

---

52 KGW IV 3, 145쪽, *Menschliches, Allzumenschliches II*, Erste Abtheilung : Vermischte Meinungen und Sprüche 320 ; 니체전집 8, 182쪽,《인간적인 너무나 인간적인》, 제1장 : 혼합된 의견과 잠언들 320.
53 다음을 참고. KGW III 1, 361쪽, *Unzeitgemässe Betrachtungen*, Drittes Stück : Schopenhauer als Erzieher 4 ; 니체전집 2, 424쪽,《반시대적 고찰 III》, 교육자로서의 쇼펜하우어 4.
54 KGW VI 2, 340쪽, *Zur Genealogie der Moral*, Zweite Abhandlung : "Schuld", "schlechtes Gewissen", Verwandtes 17 ; 니체전집 14, 433쪽,《도덕의 계보》, 제2논문 : '죄', '양심의 가책' 그리고 그와 유사한 것들 17.

난 개인의 요람이 되어야 할 국가는 이렇게 하여 오히려 그러한 개인의 무덤이 되고 말았다.

자신을 지켜야 하는 국가는 그만큼 영악하다. 절대 통치권을 행사하기 위해 개인을 가혹하게 다스리지만, 감언이설로 달랠 줄도 안다. 국가를 최고 목표로 받아들이지 않고 그 너머에 자신의 목표를 세우고 그 목표에 이르기 위해 애쓰는 개인은 국가 권위에 도전하는 반동으로 간주해 응징하겠지만, 국가에 고분고분 복종하는 사람에게는 모든 것을 주겠다는 것이다.[55] 어느 누구도 국가 앞에서 자기주장을 해서는 안 된다. 먼저 자기를 죽여야 한다. 그것이 국가가 원하는 일, 국가에 복종하는 일이며 봉사하는 일이다. 달리 말해 개인은 힘에의 의지라는 자신의 본성을 거부해야 한다. 예서 개인은 자신을 부인하고 국가라는 무거운 십자가를 지고서 죽음의 언덕에 오르게 된다.

국가는 조직화된 폭력이다.[56] 그 같은 폭력 아래 힘에의 의지를 본질로 하는 생명은 자신을 전개할 수가 없다. 자신을 전개하기는커녕 국가지상주의라는 광기에 압도되어 질식하고 만다. 그런 국가가 완벽하게 조직되면 될수록 그 폐해는 그만큼 커진다. 그 정도에 따라 생명은 그만큼 더 위축되기 때문이다. 생명의 위축, 그 끝은 언제나 죽음이다. 이에 니체는 모든 것이 서서히 목숨을 끊게 되는 곳, 그곳이 곧 국가라고 했다.[57]

국가는 해체되어야 한다. 국가가 없는 곳에 비로소 생명이 있고 개인

---

55 KGW VI 1, 58쪽, *Also sprach Zarathustra*, Erster Theil : Vom neuen Götzen ; 니체전집 13, 81쪽, 《차라투스트라는 이렇게 말했다》, 제1부 : 새로운 우상에 대하여.

56 KGW VIII 2, 339쪽, 11〔252〕; 니체전집 20, 404쪽, 11〔252〕.

57 KGW VI 1, 58쪽, *Also sprach Zarathustra*, Erster Theil : Vom neuen Götzen ; 니체전집 13, 81쪽, 《차라투스트라는 이렇게 말했다》, 제1부 : 새로운 우상에 대하여.

이 있으며 천재와 함께 인간의 미래가 있기 때문이다. 니체는 국가가 무너지는 곳, 그곳에 비로소 인간다운 인간, 존재할 가치가 있는 인간이 있고 위버멘쉬에 이르는 교량이 있다고 했다.[58] 여기서 묻게 된다. 국가의 해체라면 무정부주의자들이 주장해온 것이 아닌가? 그러면 니체가 지금까지 해온 무정부주의 비판은 어떻게 되는가? 어떤 의미에서는 니체 자신이 무정부주의자가 아니었나?

니체가 무정부주의에 아주 근접해 있다고 보는 시각도 있다.[59] 원리상 그렇게 볼 수도 있을 것이다. 그러나 근대 무정부주의의 이념에서 보면 그렇지가 않다. 국가 철폐를 요구한 점에서는 니체와 무정부주의자들이 하나였지만 그 철폐의 목적에서는 상반되었기 때문이다. 무정부주의자들의 목표는 국가 해체를 통해 국가 권력의 남용에서 비롯된 불평등한 사회 구조를 개선해 완전한 자유와 평등을 구현하는 것이었다. 이와 반대로 니체가 목표로 한 것은 국가 해체를 통해 국가의 주도 아래 억압된 힘에의 의지를 되살리는 것, 무분별한 자유와 무차별한 평등으로 치달아온 근대 정치·사회 현실을 타개하고 힘의 질서를 회복하는 것이었다.

물론 니체가 여기서 문제 삼고 있는 국가는 근대적 형태의 국가다. 그에게 있어 최선은 국가 이전의 자연 상태다. 차선은 왕을 정수리로 한 국가, 곧 위계로 되어 있는 국가다. 그리고 최악은 대중 국가다. 근대 대중 국가의 등장으로 국가의 해악은 절정에 이르렀다. 국가 권력이 대중의 손으로 넘어가면서 더욱 영악해지고 치밀해진 것이다. 평등에 살 길이 있다고 믿은 대중은 평등에의 의지로 무장하고는 힘에의 의지로써 평등

---

58 같은 책, 59~60쪽 ; 같은 책, 83쪽.
59 B. H. F. Taureck, *Nietzsche-ABC*(Leipzig : Reclam Verlag, 1999), 202쪽 참고.

을 위협하는 강자들과 일전을 벌이게 되었다. 대중은 결속했다. 작은 힘이나마 모아 큰 힘을 이룬 후 강자를 압도하겠다는 것이었다. 예서 우리는, 무능력하고 천성이 게으른 천민들이라고는 하지만 그런 자들이 평등이라는 무기로 그나마 힘을 규합해 보다 큰 힘에 이르고, 그 힘을 통해 힘 있는 소수의 지배에 대항한다면 이것 또한 철저하게 힘의 논리에 따른 것이 아닌가, 평등에의 의지야말로 어떻게 보면 보다 정교하고 치밀하게 계산된 힘에의 의지의 표현이 아닌가 묻게 된다.

어느 단계까지는 그렇다고 말할 수 있다. 그러나 이들은 결코 하나가 될 수 없다. 목적부터가 다르다. 대중이 다지는 평등에의 의지는 니체가 모든 존재의 본질이자 변화의 최종 근거로 규정한 힘에의 의지가 아니다. 수에서 압도하는 작은 사람들이 힘을 모아 큰 사람들을 몰아낸다. 그런 승리를 위해 작은 사람들은 힘을 확보하려는 의지를 불태운다. 그러나 여기까지다. 이들과 달리 힘에의 의지를 모든 존재의 본질이자 변화의 최종 근거로 받아들여 추구하는 강자는 그 의지를 자신의 존재의 방식으로 삼는다. 그래서 끝없이 도전하고 도전을 통해 자신을 전개해간다.

그런 강자에게 힘에의 의지는 자기 목적이 된다. 힘에의 의지가 자신이 살아가는 이유이자 방식이 된다는 점에서 그렇다. 이와 반대로 약자 대중이 도모하는 것은 고작 살아남는 것이고, 그래서 대중은 적을 제거해 안전이 확보되면 곧바로 주저앉는다. 원하는 것을 얻었기 때문이다. 여기서 힘에의 의지는 생명의 본질에서 생존을 위한 구차한 수단으로 전락하고 만다.

근대 대중 국가가 평등을 공정 사회의 원동력으로 받아들이면서 최우선 과제로 삼아온 것이 바로 공공 안녕의 확립이다. 이를 위해 국가는 평등의 수호자가 되어 평등 사회 구축에 매진하게 된다. 실제로 근대 국가는 국민 교육이란 것을 통해 국민을 체계적으로 규격화해왔으며 대중문화의 전파를 통해 삶의 방식을 획일화해왔다. 평등을 지향하면서 국가가 우선해서 하게 되는 것이 평등을 위협하는 자들, 이를테면 평균 이상의 인간들을 족쇄를 채워 관리하는 일이다.

국가는 한시라도 방심하면 안 된다. 이에 국가는 신상 카드까지 만들어가며 개개 국민의 일거수일투족을 감시한다. 경찰은 기본이고, 여차하면 군인까지 동원한다. 보니것K. Vonnegut, Jr.의 〈해리슨 버거론Harrison Bergeron〉이라는 단편 소설이 있다. 남보다 월등히 뛰어난, 평균을 웃도는 한 소년이 어떻게 전체주의적 감시와 통제 속에서 죽음으로 내몰리게 되는가를 적나라하게 보여주는 작품이다. 주인공은 천재 소년 해리슨이다. 2081년에 모든 사람이 그토록 염원하던 평등이 구현된다. 어렵사리 성취한 이 평등한 세계에서는 어느 누구도 다른 사람보다 뛰어나서는 안 된다. 능력은 물론 외모에서도 똑같아야 한다. 사람 사이의 차이는 인정되지 않는다. 평등을 깨기 때문이다. 이에 국가는 엄격한 감시 기반을 구축한다. 그런 국가에 해리슨과 같은 뛰어난 개인은 위협이 된다. 위협을 느낀 국가는 마침내 해리슨을 감옥에 가두어 사회로부터 격리시킨다. 이에 반발한 해리슨은 탈옥을 시도하지만 이내 발각되어 당국에 의해 사살되고 만다.

오늘날 해리슨은 누구이며 그런 해리슨을 처형하는 것은 누구인가? 해리슨은 남다른 능력을 지닌 인간들, 자기 확신에서 자신의 길을 가고자 하는 개인들이다. 천재와 같은 엘리트뿐만이 아니다. 자기 자신이 되고자 하는 사람, 자신의 삶을 살고자 하는 사람 모두가 해리슨이다. 그를 처형하는 것은 국가다. 그리고 그 뒤에 평등 신앙을 갖고 있는 대중이 있다.

오늘날 대중 국가에는 대중이 존재할 뿐 개인은 존재하지 않는다. 개인이 존재하지 않는다는 것은 인류라는 익명의 추상적 집단이 있을 뿐 인간은 존재하지 않는다는 것을 의미한다. 그런 의미에서 국가는, 특히 대중 국가는 개인의 종말이다.

마. 대중 교육과 대중문화

대중 국가의 출현과 함께 사회 전반의 대중화가 빠르게 진척되었다. 교육 분야에서 특히 그랬다. 정책적 배려에서 국가가 교육의 대중화에 박차를 가한 덕이었다. 산업화와 함께 증가 일로에 있던 숙련 노동력에 대한 수요도 한몫했다. 곳곳에 학교가 세워졌으며 학생 수가 폭발적으로 증가했다. 그 결과 문맹이 크게 퇴치되었다. 누구나 글을 읽고 쓰게 되면서 글이 넘쳐났으며, 그만큼 많이 읽혔다. 이렇게 하여 귀족들이 독점적으로 향유해온 문화적 특권을 누구나 누릴 수 있는 토대가 마련되었다.

사람들은 문맹 퇴치를 근대 대중 교육의 최대 공적으로 꼽아왔다. 그래서 너나 할 것 없이 나서서 그 공적을 기렸지만 반시대적 철학자 니체는 여기서도 예외였다. 그는 교육의 대중화가 오히려 문화 창출의 풍토를 척박하게 만들고 문화를 저급한 수준으로 끌어내릴 뿐이라고 보았다. 누구나 읽고 쓸 수 있게 되면서 사이비 지식과 천박한 지식이 넘쳐나게 되었으며, 그 결과 모르는 것이 없는, 그러면서 제대로 아는 것도 없는 얼치기 지식인, 유식한 바보들이 거리를 누비게 되었고, 그와 함께 사회가 빠르게 우민화되고 있다는 비판이었다.

오늘날 문맹 퇴치 정도가 문화 수준을 가늠하는 잣대가 되고 있지만 니체는 누구나 책을 읽게 된 오늘날, 그렇게 한 세기를 보내고 나면 쓰는 것은 물론 생각까지 부패해 넋조차 악취를 풍기게 되리라고 했다.[60] 그에 의하면 인간을 강건케 하는 것은 힘찬 근육과 순수한 피다. 그런 근육에서 힘을 빼고 피를 오염시켜 인간을 병들게 하는 것이 바로 얼치기 지식이다. 이 반푼어치 지식이 인간에게 빈혈을 일으킨다. 따라서 건강하고 수준 높은 문화를 향유할 능력이 없는 사람이라면 문맹이 차라리 낫다. 애매한 지식으로부터 자신을 보호해 그나마 건강을 지킬 수 있을 것이기 때문이다.

루소가 이상적 인간으로 제시한 고매한 미개인들도 글을 몰랐다. 그 때문에 그들은 따뜻한 심장의 고동 소리를 들으면서 자연 속에서 때 묻지 않은 삶을 살 수 있었다. 이슬람교도들이 자랑삼아 하는 이야기가 있다. 마호메트는 문맹이었고, 그 때문에 허튼 지식에 물들지 않고 신의 계시를 왜곡 없이 전할 수 있었다는 것이다. 같은 맥락에서의 이야기일 것이다.

대중 교육의 성공은 대중문화의 만연으로 이어졌다. 대중문화는 대중 매체가 만들어낸 대중 사회의 문화를 가리킨다. 니체 당시에 대중 매체로 무엇보다도 신문이 있었다. 잡지도 있었으나 영향력에서 신문에 미치지는 못했다. 니체가 대중문화를 비판하면서 표적으로 삼은 것도 신문이었다.

니체가 인류의 과제로 받아들인 것은 문화 창달이었다. 그러나 이때의 문화는 경작, 재배, 개화를 뜻하는 원래 의미의 문화였다. 니체의 말로 하면, 위대한 작품을 산출하고[61] 천재를 산출하는 데[62] 뜻을 둔 문화였다.

60 KGW VI 1, 44쪽, *Also sprach Zarathustra*, Erster Theil : Vom Lesen und Schreiben ; 니체 전집 13, 63쪽, 《차라투스트라는 이렇게 말했다》, 제1부 : 읽기와 쓰기에 대하여.
61 KGW III 4, 20쪽, 19[41] ; 니체전집 5, 27쪽, 19[41].
62 KGW III 1, 354쪽, *Unzeitgemässe Betrachtungen III*, Schopenhauer als Erzieher 3 ; 니체 전집 2, 415쪽, 《반시대적 고찰 III》, 교육자로서의 쇼펜하우어 3.

그 같은 문화를 창달하는 데는 타고난 능력이 요구된다. 이 타고난 능력이 문화의 조건이 된다. 그 조건 위에서 인간을 모범에 따라 크게 키우는 것이 문화의 소임이다. 밭을 갈아 작물을 키우듯 인간의 자연적 소질을 찾아내어 경작하고 재배하여 꽃을 피우는 것이다.

문화는 흔히 인간의 정신 작업의 소산으로 해석되어왔다. 그러나 정신을 신체에 봉사하도록 되어 있는 비자립적 하부 기능 정도로 받아들인 니체에게 정신은 그 어떤 것의 근원도 될 수 없다. 정신은 그 어떤 것도 자력으로 산출할 수 없다. 근원적인 것은 신체다. 따라서 무엇을 하든 우리는 신체에서 출발할 수밖에 없다. 문화도 마찬가지여서 그 모태는 신체, 곧 생물학적 현실인 생명이어야 한다. 이 생명이 문화가 자라 만개하는,[63] 문화의 근원이 된다. 이것은 정신이 아니라 신체가 문화의 주체가 되어야 한다는 것을 의미한다. 정신문화라는 말이 있지만, 니체에 따르면 그것은 거짓 문화다. 참문화는 신체를 주체로 한 신체 문화다.

대중화된 거짓 문화가 곧 대중문화다. 대중문화는 반문화다. 정신이란 것을 내세워 신체 위에 군림하려 듦으로써 참문화의 싹을 밟아 주저앉혀 왔다는 점에서 그렇다. 그런 대중문화는 현란하고 요란스럽기는 하지만 생식 능력을 상실한 거세된 장식 문화에 불과하다. 이제는 문화를 제자리로 돌려놓아야 한다. 달리 말해, 신체를 문화의 주체로 삼아 몸짓, 섭생, 생리학에서 출발해야 한다.[64]

니체는 참문화와 반문화를 기준으로 문화를 다양한 형태로 나누었다.

---

63 같은 책, 322쪽, Zweites Stück : Vom Nutzen und Nachtheil der Historie für das Leben 10 ; 같은 책, 379쪽,《반시대적 고찰 II》, 삶에 대한 역사의 공과 10.

64 KGW VI 3, 143쪽, Götzen-Dämmerung, Streifzüge eines Unzeitgemässen 47 ; 니체전집 15, 189쪽,《우상의 황혼》, 어느 반시대적 인간의 편력 47.

그 가운데 하나가 귀족 문화와 대중문화다. 귀족 문화는 본연의 엘리트 문화를 가리킨다. 반대로 대중문화는 천민적 사이비 문화를 가리킨다. 다른 하나는 고상한 문화와 비속한 문화다. 군사 문화와 산업 문화가 각각 그런 문화다.[65]

또 다른 하나는 소크라테스적 문화와 예술가적 문화와 비극 문화다. 알렉산드리아 문화, 헬레니즘 문화, 불교문화가 각각 그런 문화들이다.[66] 이들 세 형태의 문화 가운데 최악은 소크라테스적 문화, 즉 알렉산드리아 문화다. 천민적이며 비속한, 이를테면 반문화적 요소들을 고루 갖추고 있는 것이 그것이다. 그러면 우리 시대의 대중문화는 어떤 문화인가. 단연 소크라테스적 알렉산드리아 문화다. 니체는 현대 문화가 하나같이 알렉산드리아 문화의 그물에 걸려 있다고 했다.[67]

대중문화는 대중 매체가 만들어낸 문화, 그 첨병 역시 예나 지금이나 대중 매체다. 니체 이전에도 신문과 잡지가 있었지만 독자가 제한적이었기 때문에 그만큼 조용했다. 그러다가 19세기에 들어 인쇄 설비가 개선되고 보도의 자유가 확대되면서 이들 매체는 발행 부수를 크게 늘려갔다. 1830년대에는 여성 잡지까지 나와 가세했다. 매체 수효의 증가는 매체 사이에 치열한 경쟁을 불러왔다. 신문이든 잡지든 살아남아야 했고, 그러기 위해서는 보다 많은 독자를 확보해야 했다. 더 많은 독자의 확보를 위해 매체들은 눈높이를 대중 수준으로 낮추어 흥미를 유발하는 등 독자들에게 영합해갔다. 스캔들도 만들었으며 정보 조작도 마다하지 않

65 KGW V 2, 81쪽, *Die fröhliche Wissenschaft*, Erstes Buch : 40 ; 니체전집 12, 110쪽, 《즐거운 학문》, 제1부 : 40.
66 KGW III 1, 112쪽, *Die Geburt der Tragödie*, 18 ; 니체전집 2, 135쪽, 《비극의 탄생》, 18.
67 같은 책, 같은 곳 ; 같은 책, 같은 곳.

았다.

황색 언론이 본격적으로 등장한 것은 19세기 말 미국에서였다고 하지만, 유럽 대륙에서도 이미 야비하고 선정적인 기사로 지면을 채운 저질 저널리즘이 뿌리를 내리고 있었다. 곳곳에서 저질 신문과 잡지가 언론의 탈을 쓰고 날뛰었다. 니체 이전, 그러니까 한 세대 전에 '코르사르 사건'이란 것이 있었다. 키르케고르와 주간 풍자지《코르사르Korsar》가 벌인 공방이었다.

자기 상실이라는 질병으로 신음하고 있던 대중 사회에 "단독자"를 처방으로 내놓은 키르케고르는 당시 좌충우돌하던 대중 운동을 신랄하게 조롱했다. 그는 "대중은 비진리이며 단독자만이 영원한 진리"라는 신념에서 대중적인 것을 무차별하게 비판했다. 이에《코르사르》가 비열하기 짝이 없는 방법으로 반격을 가했다. 삽화까지 동원해가며 그를 웃음거리로 만든 것이다. 키르케고르의 반대중적 거동에 반감을 갖고 있는 대중의 지지를 계산하고 벌인 의도적 농락으로서 전형적인 대중 매체의 횡포였다.

대중은 저널리즘의 후원자이자 희생자다. 저널리즘은 대중을 기반으로 성장한다. 그 점에서 대중이 저널리즘의 후원자가 되지만 저널리즘에 농락당하는 것 역시 대중이다. 여기서 대중은 저널리즘의 희생자가 된다. 자신들이 농락당하고 있다는 사실을 모를 뿐이다. 당시 키르케고르 편에 선 사람은 거의 없었다. 그 대신에 대중은 한 개인이 어떻게 공개적으로 웃음거리가 되는가를 보며 함께 즐겼다. 키르케고르는 혼자서《코르사르》를 상대로 격한 싸움을 벌였다. 그는 저질 언론으로부터 우호적인 대접을 받기보다는 모욕을 당하는 편이 더 명예스러운 일이라고 생각했다. 거친 공방 끝에《코르사르》를 무릎 꿇게 하는 데 성공했으나 그 또한 이 '개싸움'에서 만신창이가 되고 말았다. 키르케고르처럼 저질 대중 매체와 끈질기게 싸워 자신을 지킨 사람도 있었지만 그것은 아주 드문 경우고, 대부분은 그 같은 매체에 희생될 수밖에 없었다.

니체는 처음부터 언론과 거리를 두고 있었고 그의 삶 또한 밖에서 볼 때 조용한 것이었기 때문에 키르케고르처럼 언론에 노출되어 있지 않았다. '거리 두기' 지혜를 터득하고 있던 그는 대중과 거리를 둘 줄도 알았다. 그렇지 않았더라면 그의 예사롭지 못한 삶과 과격한 사상으로 미루어 그 역시 웃음거리가 되어 뭇사람들의 입에 오르내렸을 것이다. 드러나지 않은 덕에 조용히 글을 읽고 쓰는 일에 몰두할 수 있었지만 그 또한 대중 매체의 선동과 소란에 환멸을 느꼈다.

니체는 어느 매체보다 신문을 격하게 성토했다. 신문이 소리를 질러대어 사람들의 귀를 먹먹하게 하며, 사람들을 놀라게 하고 흥분시키기 위해 매일 폐를 혹사시키고 있다고 했다. 그러면서 신문이 우리의 귀와 감각을 오도하기 위해 끊임없이 일으키는 맹목적 소음 이상일 수가 있을까, 물었다.[68] 신문에서 그는 그 선동적 글투, 방향 잃은 외침, 불순한 연막, 뒷거래 따위를 역겨워했다. 그리고 그런 신문을 두고 존재할 가치가 없는, 병든 인간들이 토해놓은 담즙에 불과하다고 했다.[69] 저널리스트들을 반쯤 죽어 있는 자나 죽어 있는 자들로부터 뭔가를 탈취해 챙기는 송장 도둑 취급을 하고는[70] 그런 자들이 말의 개숫물로부터, 그리고 영혼

---

68 KGW IV 3, 147쪽, *Menschliches Allzumenschliches II*, Erste Abtheilung : Vermischte Meinungen und Sprüche 321 ; 니체전집 8, 185쪽,《인간적인 너무나 인간적인 II》, 제1장 : 혼합된 의견과 잠언들 321.

69 KGW VI 1, 59쪽, *Also sprach Zarathustra*, Erster Theil : Vom neuen Götzen ; 니체전집 13, 81~82쪽,《차라투스트라는 이렇게 말했다》, 제1부 : 새로운 우상에 대하여.

70 KGW VII 1, 588쪽, 17〔72〕 ; 니체전집 16, 743쪽, 17〔72〕.

의 누더기로부터 신문이란 것을 만들어내고 있다고 야유하기도 했다.[71]

그는 나아가 "신문은 하나같이 인간의 가장 끔찍스러운 도착 징후를 드러내 보여준다. 혐오 덩어리를 말이다. 문명인의 아침 식탁에 이 역겨운 전체 요리가 올라오고 있다. 이 세상의 모든 것에서, 신문과 벽 그리고 사람들의 얼굴에도 범죄가 줄줄 흐르고 있다. 어떻게 깨끗한 손이 구역질에서 오는 경련을 일으키지 않고 저널과 접촉할 수 있으랴?"[72] 묻기까지 했다.

그런 그에게 더욱 가증스러운 것은 저널리즘 정신이 대학에까지 파고들어, 그것도 철학의 이름으로 목소리를 높이고 있는 현실이었다.[73] 그는 신문 문화면에 동원되는 지식인들을 중세 궁정의 어릿광대에 빗대어 근대 문화의 어릿광대로 불렀다. 덜떨어진데다 우스꽝스럽고 허풍스럽다는 것이다.[74]

2. 니체의 귀족주의, 반인도적인가?

니체는 대중과 대중적인 것 모두를 단죄했다. 이 단죄는 역으로 니체

71 KGW VI 1, 219쪽, *Also sprach Zarathustra*, Dritter Theil : Vom Vorübergehen ; 니체전집 13, 292쪽,《차라투스트라는 이렇게 말했다》, 제3부 : 그냥 지나가기에 대하여.
72 KGW VIII 2, 328쪽, 11〔218〕; 니체전집 22, 390쪽, 11〔218〕.
73 KGW III 1, 420쪽, *Unzeitgemässe Betrachtungen III*, Schopenhauer als Erzieher 8 ; 니체전집 2, 491쪽,《반시대적 고찰 III》, 교육자로서의 쇼펜하우어 8.
74 KGW IV 2, 167쪽, *Menschliches Allzumenschliches I*, Viertes Hauptstück : Aus der Seele der Künstler und Schriftsteller 194 ; 니체전집 7, 196쪽,《인간적인 너무나 인간적인 I》, 제4장 : 예술가와 저술가의 영혼으로부터 194.

에 대한 대중의 단죄를 불러왔다. 대체로 니체 사후의 일이었지만, 모멸감을 느낀 대중과 대중의 선동가들은 니체가 그들에게 퍼부었던 욕설 이상의 욕설을 그에게 퍼부었다. 골자는, 그가 낡은 잔재인 귀족주의를 통해 지난 몇 세기에 걸쳐 진척되어온 민주주의 흐름을 역류시키려 했고, 정치, 사회적 진보에 대한 대중의 확신에 맞서 오히려 그것을 왜소화를 통한 인간의 몰락으로 진단함으로써 대중의 기대에 찬물을 끼얹었었는가 하면 힘의 논리를 앞세워 갈등을 조장하는 등 평화를 위협했다는 것이었다. 니체의 불손하고 대중 모멸적인 언사도 문제가 되었다. 그는 오만한 자로 비쳤고 그런 그에게 대중은 분개했다.

거기에 니체는 인간의 존엄성을 비웃고 인간 사이의 불화를 야기하는 한편 절대 다수의 인간을 천민으로 매도한 반인도적 철학자라는 비난이 뒤따랐다. 그의 공격적 언사를 보면 변명의 여지가 없어 보인다. 그런데도 그는 여전히 많이 읽히고 있으며 비중 있게 다루어지고 있다. 비판하는 사람도 많지만 열광하는 사람도 그에 못지않게 많다. 철학사에서의 그의 자리 또한 확고하다. 이를 어떻게 설명할 것인가? 왜 우리는 아직도 그의 철학과 실랑이를 하고 있는가?

그것은 그의 사상이 그만큼 호소력을 갖고 있기 때문이 아닐까. 거기에 어떤 메시지가 있기 때문이 아닐까. 그런데도 그가 일방적으로 비판을 받아왔다면, 그것은 우리가 그를 잘못 알고 있기 때문이 아닐까. 여기서 우리는 니체 독서 전반을 반성하게 된다. 니체 독자라면 누구나 어느 단계에서 갖게 되는 의문이며 반성이다. 니체 독서에서는 관점주의적 읽기가 관건이 된다고 했다. 니체의 글을 그렇게 읽어온 독자들의 결론은 그의 속 깊은 생각은 그런 게 아니었다는 것이다. 그의 언사가 불손하고 대중 모멸적이기는 했지만 그가 자신에게 주어진 것으로 받아들인 철학적 과제를 염두에 두고 그의 글을 읽어가면 모진 언사 뒤에 있는 그의 인간 사랑을 접하게 된다는 것이다.

니체가 자신의 철학적 과업으로 받아들인 것은 이른바 치유의 사명이었다. 철학적 의사를 자임하면서 그가 내린 진단은 인간은 생에 적대적인 이념이나 신앙 따위로 병들어 그대로 둘 수 없는 지경에 와 있다는 것이었다. 의사로서 그가 해야 했던 일은 환자에게 병이 어디까지 왔나를 일깨워주는 동시에 환부를 잘라내고 도려내는 것이었다. 그러기 위해 그는 환자가 냉혹한 현실에 눈떠 결단을 하도록 다그쳐야 했다. 그는 모독적으로 들릴 수 있는 거친 말도 거침없이 내뱉었다. 우리는 자신의 일에 충실한 의사를 원망하지 않는다. 마찬가지여서, 의사 니체의 헌신에서 오히려 그의 남모르는 인간 사랑을 확인할 수 있다는 것이 그를 변호해온 사람들의 주장이다.

사실, 니체를 균형 있게 읽어온 독자라면 그가 반인도적 사상가였다는 세평에 의구심을 갖게 될 것이다. 나아가, 그의 글에서 인간의 미래를 고민하는 철학자의 모습을 보게 될 것이다. 실제로, 그의 글 여기저기에 인간 모독적이라 할 만한 표현들이 있어 거부감을 불러일으키기도 하지만 전체를 놓고 보면 니체 철학은 인도적 철학으로서 손색이 없다고 말하는 사람들이 적지 않다. 그중 한 사람으로 자주 소개되는 인물이 토마스 만이다.

진의와 전체를 고려하지 않고 표현 몇 개를 골라 문제 삼는다면 예수도 반인도적 인물이 될 것이다. 일찍이 그도 몽매한 대중을 향해 "귀가 있다면 들어라"[75]라고 내뱉었다. 귀를 갖고 있지 못한 무리를 독사의 자

---

75 〈마태복음〉 13장 9·43절 ; 〈마가복음〉 4장 9·23절 등.

식이라고 부르기도 했다.[76] 그런가 하면 잎사귀만 무성할 뿐 열매를 맺지 못하는 무화과나무를 저주해 말라 죽이는 본을 보이기까지 했다.[77] 표현으로 본다면 하나같이 대중 모독적인데다 위협적이지만 그 진의를 터득한 사람이라면 그런 예수의 언행을 두고 인간 모독 운운하지 않을 것이다. 그 같은 언행 뒤에 있는 그의 깊은 인간 사랑을 알기 때문이다. 니체의 불손하고 대중 모독적인 언사도 그런 것이 아닐까.

물론 니체는 언어와 사람을 대하는 태도에서 예수와 사뭇 달랐다. 그는 고매한 인품의 성자가 아니었다. 그리고 그의 글에는 온화함이라든가 인간적 감동을 주는 표현이 없다. 그리고 예수처럼 인간 사랑을 몸소 실천하지도 않았다. 그러나 그것도 정도의 차이일 뿐이다. 니체의 차라투스트라도 자신의 말을 알아듣지 못하는 군중을 향해 "나는 이 귀들을 위한 입이 아닌가 보다"[78]라고 내뱉었다. 귀 있는 자 들으라고도 했다.[79] 그러고는 군중에게 등을 돌렸다. 이것은 좌절의 표현이다. 성전을 저주하고, 자신의 품에 안기지 못하는 예루살렘을 두고 안타까워한 예수를 떠올리게 하는 부분이다.

더더구나 차라투스트라의 행로를 보면 니체가 결코 인간 본연을 거부하지 않았으며 인류에 반하는 언사를 하지 않았다는 점이 드러난다. 그가 생각한 인간 본연과 따라야 할 인류가 달랐을 뿐이었다. 그가 생각한 인간 본연은 자연 속에서 사는 생에 우호적인 삶이며, 그가 제시한 인류

---

76 〈마태복음〉 12장 34절.

77 〈마태복음〉 21장 19절.

78 KGW VI 1, 12·14쪽, *Also sprach Zarathustra*, Erster Theil : Zarathustras Vorrede 5 ; 니체 전집 13, 23·26쪽, 《차라투스트라는 이렇게 말했다》, 제1부 : 차라투스트라의 머리말 5.

79 같은 책, 254쪽, Dritter Theil : Von alten und neuen Tafeln 16 ; 같은 책, 341쪽, 제3부 : 낡은 서판과 새로운 서판에 대하여 16.

은 성장을 위해 서로를 격려하고, 필요하다면 적이 되어 서로에게 상승의 발판이 되어주는 것이다. 그가 신과 벌인 투쟁도 인간 해방을 위한, 생에 우호적인 삶의 회복을 위한 것이었으며, 전 생애를 거쳐 심혈을 기울인 가치의 전도 역시 인간의 건강한 미래를 위한 것이었다. 그가 평등을 거부하고 엘리트 산출을 위한 인간 사육을 획책했다는 비판이 있지만 그가 거부한 것은 인간을 퇴화시키는 계량화된 평등이었으며 인간 사육 역시 인류 전체의 양육을 목표로 한 것이었다.

니체가 나치 인종주의자들에게 게르만 민족의 우수성을 고취해 인간 청소를 통한 특정 인종의 말살을 부추겼다는 주장이 있다. 그의 철학의 반인륜적 성격을 이야기할 때 사람들이 자주 드는 역사적 예다. 그러나 그것도 근거 없는 이야기다. 앞에서 보았듯이 그는 인간 사육을 주장하면서 특정 인종이나 민족을 염두에 두지 않았다. 그의 관심은 어디까지나 "어떻게 이 땅이 전체로서 관리될 수 있을까? 그리고 무슨 이유로 '인간'이 민족이나 종족으로서가 아니라 전체로서 양육되고 사육되어야 하는가?" 하는 데 있었다. 그는 이 물음과 그 막중한 과업이 운명처럼, "불가피하게 주저주저하면서, 그리고 두려워하면서 다가오고 있다."[80]고 했다.

니체는 당시 유럽에서 발흥하고 있던 민족주의에 반대해 민족Nation의 융합을 주장했다. 그때 그가 표명한 것이 그런 융합에 정평이 나 있는 독일인이 민족들Völker 간의 소통의 중재자와 중개자로서 기여할 수 있을 것이라는 기대였다.[81] 독일 민족에게는 중재자 정도의 역할을 인정한 것

---

80 KGW VII 3, 306쪽, 37〔8〕; 니체전집 18, 398쪽, 37〔8〕.
81 KGW IV 2, 319쪽, *Menschliches, Allzumenschliches I*, Achtes Hauptstück : Ein Blick auf den Staat 475 ; 니체전집 7, 381쪽, 《인간적인 너무나 인간적인 I》, 제8장 : 국가에 대한 조망 475.

이다. 니체는 독일인에 의한 세계 지배를 꿈꾼 일이 없다.

그는 차라투스트라를 통해 새로운 귀족을 세우겠다고 했다. 이때의 새로운 귀족은 천민과 모든 폭군적인 것에 대적하는 적대자로서 새로운 서판에 "고결"이라는 말을 써넣을 자, 미래를 분만하고 양육할 자, 미래의 씨를 뿌릴 자를 가리킨다. 차라투스트라는 이들 귀족에게 어디서 왔는가가 아니라 어디로 가고 있는가를 명예로 삼도록 하라고 당부했다.[82] 인종이니 민족이니 하는 혈통 집단은 더 이상 문제 삼지 않겠다는 것이다.

철학적 의사가 되려면 먼저 그 자신의 건강을 지켜야 한다. 병든 의사의 말을 누가 믿을 것인가. 의사라면 먼저 인간을 병약하게 만드는 것들, 이를테면 다른 인간에 대한 연민과 역겨움에서 벗어나 자신을 지켜야 한다. 그러고 나서 건강한 사람들로부터 병든 사람들을 떼어놓아야 한다. 떼어놓는 것으로도 되지 않는 병자들도 있다. 어떻게 할 것인가. 니체는 그런 사람을 위해 의사가 될 필요까지는 없다고 했다. 버릴 수밖에 없는 자는 버릴 줄 알아야 한다는 것이다. 그는 새로운 행(行)을 시작하는 것보다 끝을 맺는 데 더 많은 용기가 필요하다고 했다. 그리고 이것은 모든 의사와 시인이 알고 있는 일이라고 했다.[83] 치유 불가능한 환자를 포기하기 위해 의사가 갖추어야 할 덕목이 바로 그 같은 냉혹함이다. 고통스러운 일이며 희생이 따르는 일이지만, 달리 길이 없다. 그 같은 냉혹함과 고통스러운 희생을 두고 반인도적이라고 말할 수 있는가.

---

82 KGW VI 1, 250~251쪽, *Also sprach Zarathustra*, Dritter Theil : Von alten und neuen Tafeln 11 · 12 ; 니체전집 13, 335쪽,《차라투스트라는 이렇게 말했다》, 제3부 : 낡은 서판과 새로운 서판에 대하여 11 · 12.
83 같은 책, 255쪽, 17 ; 같은 책, 342쪽, 17.

제9장

영원회귀

니체는 존재의 본질이자 변화의 최종 근거인 힘에의 의지로부터 존재하는 모든 것의 존재와 변화를 설명했다. 그러면서도 정작 존재하는 것의 총체인 우주가 어떻게 생겼으며 어떻게 운행되는가, 그 존재 방식과 운행 방식은 설명하지 못했다. 설명할 길이 없었던 것이다. 그러던 어느 날 그는 극적인 체험을 하게 되었다. 우주가 열리면서 그동안 감추어온 존재와 운행의 비밀을 일순에 드러낸 것이다. 순간 모든 것이 명료해졌다. 1881년 8월 어느 날에 있었던 일이다. 비밀은, 우주는 일정량의 힘(또는 에너지)으로 되어 있다는 것, 그 양이 일정한 만큼 우주 공간은 유한할 수밖에 없고, 힘은 운동을 본성으로 하고 있으니 그 운동에 끝이 있을 수 없다는 것, 유한한 공간 속에서의 힘의 끝없는 운동은 반복 운동일 수밖에 없다는 것이었다. 반복 운동에는 일회적인 것이 있을 수 없다. 이미 있는 것의 순환이 있을 뿐이다. 그렇게 되면 지금 존재하고 있는 것들은 이미 무한한 횟수에 걸쳐 존재해왔고, 앞으로도 무한한 횟수에 걸쳐 존재하게 된다. 즉 영원히 회귀하게 된다.

천기가 누설되는 순간이었다. 니체는 만물의 영원한 회귀라는 이 우주 법칙이 '떠올랐다'고 했다. 그러나 그의 글을 보면 덮쳐왔다는 표현이 더 적절해 보인다. 그는 당황했다. 우주 해명을 위해 애써온 그였지만 그 순간이 준비되어 있지 않았으며 그 심오한 비밀을 감당할 만큼 정신적으로 성숙해 있지도 않았던 것이다. 이 우주의 비밀은 지진처럼 그의 정신세계를 뒤흔들어놓았다. 그에게는 그것을 발설할 용기가 없었다. 그달 14

일에 제자이자 친구인 페터 가스트에게 그때의 정황을 짧게 전했을 뿐이다. 페터 가스트는 니체와 힘 이론에 대해 함께 연구하고 생각을 나누어온 사이였다. 니체는 누구보다도 먼저 그를 떠올렸고 그에게 간략하게나마 정황을 밝혀야 한다고 믿었던 것 같다.

자, 친애하는 친구여! 8월의 태양이 우리 머리 위에 떠 있고, 해(年)는 그곳으로부터 흘러가고 있으며 산 위 그리고 숲 속은 점점 적막해지고 평화로워지고 있습니다. 나의 지평 위로는 지금껏 보지 못한 생각들이 떠올랐고요. 나 그것에 관해 그 어떤 것도 입 밖에 내지 않으렵니다. 나 의연한 침묵 속에서 내 자신을 보존하려 합니다. 나 아마도 몇 해를 더 살아야 할 것입니다…….

이것이 우주 비밀을 터득한 순간의 극적 체험에 대한 니체의 최초 반응이었다. 그러나 이 정도의 반응만으로는 그때 어떤 일이 일어났는지 알 수가 없다. 2년 반쯤 지나서 니체는 다시 그날 그 일로 돌아와 그때의 정황을 떠올렸다. 이야기는 길어졌지만, 여전히 알 듯 말 듯한 이야기였다. 그것도 차라투스트라의 입을 통해서였다. 물론 여기서 차라투스트라는 니체 자신이다. 우주 운행 법칙인 영원한 회귀를 통찰한 차라투스트라는 경악했다. 그는 이 가공할, 감히 발설할 수 없는 심연의 사상과 힘겹게 씨름하게 되었다. 그는 그 사상을 끌어올려 드러내고자 했다. 그러나 그 사상은 잠에 빠져, 어두운 심연에서 올라올 생각을 하지 않고 있었다. 얼마 후 가까스로 그 사상을 끌어올리게 되었는데 그 순간 그는 메스꺼움을 느꼈다. 그러면서 송장처럼 그 자리에 쓰러지고 말았다. 그렇게 이레를 보냈다. 마침내 그는 자리에서 일어났다. 일어나 그는 그동안 곁에서 그를 지켜온 그의 짐승들에게 영원회귀라는 괴물이 어떻게 그의 목구멍으로 기어 들어와 그를 질식시켰으며, 그가 어떻게 그 괴물의 머리를 물어뜯어 뱉어냈는지를 들려주었다. 그리고 바로 그 일로 인해 그 자신이 병들어 눕게 되었다고 말해주었다.[1]

그러자 말 상대로 나온 그의 짐승들이 대꾸했다.

오, 차라투스트라여……그대는 영원회귀를 가르치는 스승이시다. 이제는 그것이 그대의 숙명인 것을! 처음으로 그대가 이 가르침을 펴야 한다는 것, 이 막중한 숙명이 어찌 그대에게 더없이 큰 위험이 되지 않으며 병이 되지 않으리요![2]

영원회귀에 대한 니체의 통찰은 종교적 체험과 같은 것이었다. 차라투스트라를 통해 전해준 내용 또한 종교적 오의와 같은 것이었다. 게다가 그것은 니체의 가르침이 대체로 그렇듯이 체계적으로 개진되지 않았다. 논증은 말할 것도 없고, 이론으로서의 최소한의 격도 갖추고 있지 않았다. 그 자신은 그것을 교설Lehre 또는 사상Gedanke으로 불렀다. 논이나 설로 끝나는 여느 논증적 이론과 격이 다르다는 것을 드러내고 그런 것들과 거리를 두려는 생각에서였을 것이다.

니체는 영원회귀 사상이 지금까지의 형이상학과 종교의 자리를 대신해야 한다고 했다.[3] 그것에 형이상학과 종교가 그동안 누려온 절대 지위

---

1 KGW VI 1, 266~269쪽, *Also sprach Zarathustra*, Dritter Theil : Der Genesende ; 니체전집 13, 357~361쪽,《차라투스트라는 이렇게 말했다》, 제3부 : 건강을 되찾고 있는 자.
2 같은 책, 271~272쪽 ; 같은 책, 365쪽.
3 KGW VIII 2, 6~7쪽, 9(8) ; 니체전집 22, 13쪽, 9(8).

를 부여해야 한다는 요구였다. 그의 이 같은 요구도 영원회귀를 형이상학적 교설이나 종교적 오의 정도로 받아들이게 했고, 그만큼 그 접근을 어렵게 만들었다. 그뿐만이 아니어서 그가 영원회귀의 교사로 내세운 차라투스트라도 그 생존 연대조차 확실치 않은 고대 페르시아 종교 창시자였고, 말 상대 또한 알 듯 말 듯한 시사로 일관한 그의 짐승들이었다.

니체 사상에서 영원회귀만큼 난해한 것은 없다고들 말한다. 손에 잡히는 것이 전혀 없다는 것이다. 그렇다 보니 손을 댈 엄두를 내지 못하거나, 손을 댄다 하더라도 겉만 맴돌기 십상이다. 그러나 영원회귀는 니체가 받아들이고 있던 과학적 전제의 논리적 귀결로서 그의 사상 가운데 그만큼 논리적이고 명료한 것도 없다.

1881년 여름의 일이 있고 나서 7년쯤 지나 니체는 자전적 작품인 《이 사람을 보라》에서 영원회귀를 통찰하게 된 순간의 정황을 이렇게 회고했다.

이제 나 차라투스트라의 내력을 이야기하겠다. 이 작품의 기본 주제, 도달될 수 있는 것 가운데 최고 긍정 형식인 이 영원회귀 사상은—, 1881년 8월에 떠올랐다. 이 사상은 '인간과 시간의 6,000피트 저편에서'라는 서명과 함께 종이 위에 한숨에 쓰였다. 그날 나는 숲을 가로질러 질바플라나 호숫가를 걷고 있었다. 나는 주얼라이에서 멀지 않은 곳, 피라미드 모습의 육중한 바위 앞에 서게 되었다. 바로 그때 그 사상이 떠올랐다.[4]

4 KGW VI 3, 333쪽, *Ecce homo*, Also sprach Zarathustra 1 ; 니체전집 15, 419쪽, 《이 사람을 보라》, 차라투스트라는 이렇게 말했다 1.

그해에 니체는 요양을 위해 스위스 알프스에서 여름을 나고 있었다. 깊은 호수 몇 개가 끊어질 듯 이어질 듯 놓여 있는, 해발 1,800미터, 그러니까 6,000피트의 산속이었다. 호수 주변에는 수면으로부터 2,000미터 안팎의 산들이 양쪽에 솟구쳐 있었다. 시간이 멎은 듯한 적막한 여름이었다. 그는 늘 그랬듯이 질바플라나 호반을 따라 산책을 하고 있었다. 가파른 산을 끼고 걷던 중 물가에 있는 피라미드 모습의 바위를 마주하게 되었다. 바로 그때 그동안 감추어져 있던 우주의 문이 열렸다.

니체는 그 이전에 영원회귀를 통찰한 사람은 없었다고 했다. 그가 영원회귀라는 우주 운행의 법칙을 터득한 첫 번째 사람이 된다는 것이다.[5] 그런 그에게 영원회귀 통찰은 충격적인 것이었으며, 그만큼 새로운 것이었다. 그러나 모든 것은 영원한 순환 과정에 있다는 순환 이론은 여러 형태로 존재해왔기 때문에 전적으로 낯선 것은 아니었다. 어떤 이론을 숙지하고 있었다는 것과 그것을 받아들였다는 것은 전혀 다른 차원에서의 이야기가 되겠지만 니체도 이들 순환 이론을 잘 알고 있었다. 그런데도 그 자신이 영원회귀를 통찰한 최초의 사람이 된다면, 그것은 그의 영원회귀가 이전의 순환 이론과 전적으로 다른 것임을 의미한다.

영원회귀 하면 먼저 떠오르는 것이 헤라클레이토스의 순환 이론을 효시로 하는 전통 순환 이론이다. 전통 순환 이론은 사변에 기초한 형이상학적 우주론이었다. 흔히들, 니체의 영원회귀 또한 그런 이론의 하나가 아닐까 하는 생각에서 그 순환 이론에서 영원회귀 논의의 단서를 찾아왔다. 그 때문에 영원회귀는 형이상학적 교설의 하나로 해석되기에 이르렀

---

5 KGW VI 1, 271쪽, *Also sprach Zarathustra*, Dritter Theil : Der Genesende 2 ; 니체전집 13, 365쪽, 《차라투스트라는 이렇게 말했다》, 제3부 : 건강을 되찾고 있는 자 2.

다. 실제로 적지 않은 학자들이 영원회귀를 그렇게 해석해왔다.

반면, 그런 해석에 이의를 제기한 학자들도 있다. 영원회귀 사상 저변의 자연과학적 전제를 읽어낸 사람들이다. 그들은 영원회귀는 사변이 아니라 몇 개의 물리학적 전제에 기초한 니체의 우주론이라는 주장을 펴왔다. 여기서 힘에의 의지 해석을 둘러싸고 일어난 것과 같은 공방이 재연되었다. 영원회귀에 대한 논의는 그 단서를 형이상학적 전통에서 찾아야 한다는 주장과 자연과학적 전제에서 찾아야 한다는 주장 사이의 공방이다.

영원회귀에 대한 해석은 이들 가운데 어디서 단서를 찾는가에 따라 완전히 달라진다. 따라서 영원회귀 논의에서는 두 관점에 대한 검토가 우선이다. 그 같은 검토는 우리에게 영원회귀 해석의 발판을 제공하게 될 것이다. 그러나 그것으로 끝이 아니다. 어떻게 해석되든 해명되어야 할 문제가 몇 개 더 남아 있기 때문이다. 그 가운데 하나가 영원회귀가 힘에의 의지와 모순되지 않나 하는 것이다. 이미 있는 것이 영원히 회귀하는 세계에는 추구할 목표나 이상은 물론, 절대적 의미의 상승과 하강이 있을 수 없다. 그런데 힘에의 의지는 보다 많은 힘을 목표로 분투하는 의지가 아닌가. 어떻게 같은 것이 영원히 회귀하는 세계에 그 같은 목표가 있을 수 있는가 하는 것이다.

같은 맥락에서의 이야기로서, 영원회귀가 위버멘쉬와 상충하고 있지 않나 하는 지적도 있다. 위버멘쉬는 니체가 이루어야 할 목표로 제시한 이상적 유형의 인간이다. 위버멘쉬가 되기 위해 인간은 자신을 뛰어넘어 거듭나야 한다. 그런데 아무 목표가 없는 회귀의 세계는 인간의 의지가 개입할 여지가 전혀 없는 세계, 무엇을 하든 달라질 것이 없는 세계다. 이 같은 세계에 성취해야 할 목표로서 위버멘쉬가 있을 수 있나 하는 것이다.

　해명되어야 할 문제로 지적되고 있는 것에 이런 것도 있다. 잠시도 쉬지 않고 영원히 회귀하는 세계는 헤라클레이토스가 유일한 실재로 받아들인 변화의 세계다. 이 변화를 비실재적인 것으로 물리치고 불변의 존재를 실재로 받아들인 것은 파르메니데스였다. 니체에게 있어서도 실재적인 것은 변화다. 그런데 이미 있는 것이 영원히 회귀하는 세계는 무로부터의 절대 생성이나 무로의 절대 소멸이 없는 불변의 세계다. 이 불변의 세계는 파르메니데스의 존재의 세계가 아닌가.

　거기에다 불교적 전통의 뿌리가 깊은 우리나라 같은 곳에서 제기되어 온 의문이 있다. 니체는 영원회귀 교설을 펴는 과정에서 불교의 윤회설을 연상시키는 글을 몇 개 남겼다. 그는 불교를 알고 있었고 불교에 상대적 호감을 갖고 있었다. 그렇다면 니체의 영원회귀와 불교의 윤회설 사이에, 아니면 고대 인도의 윤회설 사이에 어떤 연관이 있는 것이 아닐까, 니체가 그것들로부터 뭔가를 받아들인 것은 아닐까 하는 것이 그것이다.

　문제는 또 있다. 니체가 그 전제로 삼은 시간과 공간에 대한 당시의 물리학 이론이 재검토되고 있고 무엇보다도 시간과 공간의 항구성 자체가 의심스럽게 된 오늘날 그 전제가 여전히 유효한가 하는 것이다. 영원회귀에 대한 관점에 따른 해석상의 문제와 함께 이들 문제를 숙지하고 있다면 영원회귀 사상의 문을 반쯤은 연 것이 된다.

1. 해석상의 문제

(1) 형이상학적 순환 이론인가?

또 해석상의 문제인가? 그렇다. 니체 철학에서 해석상의 문제는 그의 관점주의적 세계 경험에서 기인하는 원천적인 문제로서 영원회귀 해석에서도 예외가 아니다. 위버멘쉬를 다루게 될 제11장에서 우리는 이 문제에 다시 부딪히게 될 것이다. 그러나 이번 경우에는 논란의 여지가 많지 않다. 논의 중 영원회귀 사상의 전제가 드러나게 되고, 그 전제가 해석 방향을 제시하게 되기 때문이다.

헤라클레이토스에 따르면 만물의 궁극적 질료는 불이다. 불은 쉬지 않고 타오른다. 그런 불을 궁극의 질료로 하는 이 세계에 변치 않는 것은 존재하지 않는다. 모든 것은 잠시도 쉬지 않고 변화한다. 쉬지 않고 변화하지만 그 변화가 무질서하게 일어나는 것은 아니다. 변화는 질서 정연하게 일어난다. 이 세계에는 변치 않는 것이 없지만 우주에는 불변의 법도라는 것이 있다. 우주의 이법이 되겠는데 모든 것은 이 불변의 법도에 따라 질서정연하게 불에서 나와 다시 불로 돌아간다. 불에서 공기가, 공기에서 물이, 물에서 흙이 나온다. 이것이 내리막길이다. 그러다가 역순으로 다시 불로 돌아가는데 이것이 오르막길이다. 이렇듯 모든 것은 오르락내리락 반복 운동을 한다. 같은 원리로 차가운 것은 따뜻한 것이, 따뜻한 것은 다시 차가운 것이, 촉촉한 것은 마른 것이, 마른 것은 다시 촉촉한 것이 된다.[6] 일종의 순환 운동으로서 이 운동에는 처음과 끝이 없

---

6 H. Diels, *Die Fragmente der Vorsokratiker*, 31쪽, Fr. 126.

다. 순환 운동에서는 처음이 끝이 되고 끝이 처음이 되기 때문이다.[7]

이 끝없는 변화를 일으키는 것은 무엇인가? 대립 관계에 있는 것들 사이의 불화다. 불화에서 대립하고 있는 것들은 밀고 밀리는 싸움을 벌인다. 그 과정에서 생겨나는 것도 있고 사라지는 것도 있다. 만물은 그렇게 생성하고 소멸한다. 헤라클레이토스는 이 싸움을 전쟁이라고 부르고는 그 싸움이 생성과 소멸을 주관하는 만물의 아버지이자 왕이 된다고 했다.[8]

법도에 따라 이루어지는 이 순환 운동에는 주기가 있다. 이 주기를 설명해주는 것이 우주의 대화재다. 우주가 일정한 주기로 큰 화재를 일으킨다는 것이다. 이 대화재가 18,000년에서 10,800년으로 계산되는 대우주년이다.[9] 훗날, 스토아 철학자들은 이 대우주년을 토대로 자신들의 순환 이론을 폈다.

피타고라스는 영혼의 윤회를 믿은 것으로 알려져 있다. 영혼이 다른 세계에서 죄를 지어 신체와 결합하게 되었으며, 그 상태에서 참회와 방랑 생활을 하게 되었다는 것이다. 이 결합은 거듭된다. 그 과정에서 영혼은 짐승의 신체를 타고날 수도 있다. 일종의 윤회로서 고통스러운 반복이다. 이 고통에서 벗어나기 위해서는 윤회의 굴레에서 벗어나야 하는데 영혼이 신체에 묶여 있는 한 불가능하다. 신체는 여기서 영혼을 가둬두고 있는 감옥으로 이해된다. 이 감옥에서 벗어날 길은 없는가. 피타고라스와 그의 제자들은 그 길을 영혼의 정화에서 찾았다. 순결한 영혼만이 신체에서 벗어날 수 있을 것이라는 믿음에서였다.

---

7 같은 책, 29쪽, Fr. 103.
8 같은 책, 27쪽, Fr. 53.
9 J. Burnet, *Early Greek Philosophy* (New York : Meridian Books, 1957), 156쪽.

윤회하는 것은 영혼만이 아니다. 모든 것이 윤회한다. 이 윤회는 어떻게 진행되는가? 그것은 우주가 어떻게 운동하는가, 그 방식에 의해 결정된다. 피타고라스는 이 운동이 곡선 형태로 전개된다고 보았다. 원환 운동을 한다는 것으로서 그런 운동에서는 성좌에서 작디작은 것에 이르기까지 모든 것이 반복해서 제자리로 돌아오게 된다. 돌고 도는 이 시간의 단위가 피타고라스학파가 가르친 또 다른 형태의 대우주년이다.[10]

이들 헤라클레이토스와 스토아 철학자들, 그리고 피타고라스의 순환 운동과 윤회에서 우리는 니체의 영원회귀 사상의 원형을 보는 듯하다. 내용에서도 그렇지만 그 투나 전달 방식에서도 그렇다. 니체는 차라투스트라를 등장시켜 영원회귀 사상을 펴는데, 이 차라투스트라가 엠페도클레스를 연상시킨다고 말하는 학자들도 있고, 그에게서 피타고라스의 면모는 물론 스토아 철학에서 말하는 현자의 모습 또한 보게 된다고 말하는 학자들도 있다. 그 사상과 편력으로 미루어 차라투스트라를 헤라클레이토스로 보는 시각도 있다.

니체의 영원회귀에서 우리는 이들 전통 순환 이론을 떠올리게 된다. 그 투나 전달 방식으로 미루어 자연스러운 일일 것이다. 그 가운데 제일 먼저 떠올리게 되는 것이 헤라클레이토스의 순환 이론이다. 적지 않은 학자들이 니체의 영원회귀가 이들 철학자의 순환 이론, 특히 헤라클레이토스의 것과 같은 순환 이론이 아닐까, 적어도 그것과 같은 맥락에서 논의될 성질의 것이 아닐까를 물어왔다. 니체의 세계는 힘과 힘의 운동으로 되어 있는 공간이다. 그런 세계 어디에도 항구적인 존재는 없다. 변화가 있을 뿐이다. 그러면 이 변화는 어떻게 일어나는가? 힘의 불균형에서

---

10 J. Hirschberger, *Geschichte der Philosophie I*, 25쪽.

촉발되는 힘들 사이의 밀리고 밀리는 싸움에서 일어난다. 여기서도 싸움은 만물을 산출하는 만물의 아버지이자 왕이 된다. 변화만이 실재하며, 싸움(전쟁)이 만물의 아버지이자 왕이 된다는 것으로서 헤라클레이토스의 사상 그대로다.

니체는 선대 철학자들의 철학에 열광하거나 반발해가며 자신의 철학을 전개해갔다. 열광의 경우 신앙에 가까운 것이었지만 대체로 오래가지는 않았다. 실망과 환멸이 뒤따르면서 그는 열광했던 철학자들을 등지고는 했다. 그런 그에게 헤라클레이토스는 몇 안 되는 예외적인 존재, 철학자 중의 철학자였다. 그에게 헤라클레이토스의 철학은 철학 그 자체이기도 했다. 그는 철학을 정의하기를, 가장 보편적인 역사 형식이자 시도로서 헤라클레이토스의 생성을 어떤 방식으로든 기술하고 기호로 축약하는 것이라고 했다.[11] 그런 그는 세계를 선과 악 저편의 신적 유희로 본 점을 들어 헤라클레이토스를 베단타 철학과 함께 자신의 선행자로 삼기까지 했다.[12]

헤라클레이토스 철학에는 니체가 덧붙이거나 뺄 것이 없었다. 그렇다면 그가 헤라클레이토스의 오르락내리락하는 불의 반복 운동에서 영원한 회귀를 읽은 것이 아닐까 묻게 된다. 그러나 우리는 기대 밖의 대답을 듣게 된다. 니체는 철학 활동의 마지막 해가 되는 1888년에 헤라클레이토스로 돌아와 영원회귀를 거론한 일이 있다. 모든 사물이 아무 조건 없이 그리고 끝없이 반복된다는 순환에 대한 차라투스트라의 교설은 결국 헤라클레이토스에 의해 이미 가르쳐졌을 수도 있다는 것이었다.[13]

---

11 KGW VII 3, 286쪽, 36[27] ; 니체전집 18, 373쪽, 36[27].
12 KGW VII 2, 199쪽, 26[193] ; 니체전집 17, 263쪽, 26[193].
13 KGW VI 3, 311쪽, *Ecce homo*, Die Geburt der Tragödie 3 ; 니체전집 15, 393~394쪽,《이

"가르쳐졌을 수도 있다"는 것은 무엇을 의미하는가? 그의 영원회귀와 헤라클레이토스 철학 사이에는 직접적 관계가 없다는 것이 아닌가. 그래서 평소와 달리 남 이야기 하듯 한 것이 아닌가. 니체는 차라투스트라, 곧 그 자신이 영원회귀 교설을 편 첫 번째 사람이 된다고 하지 않았는가.

헤라클레이토스가 아니었다면 그의 사상의 핵심을 물려받아 순환 이론을 편 스토아 철학자들로부터 니체가 어떤 시사를 받은 것은 아닐까? 그는 영원회귀가 헤라클레이토스에 의해 이미 가르쳐졌을 수도 있다고 토로한 자리에서 적어도 스토아 철학자들에게 그 흔적이 남아 있다고 했다. 그러나 그것이 전부였다. 그가 스토아 철학자들에게 어떤 영향을 받았을 가능성은 없어 보인다. 스토아 철학자들은 우주를 설명하면서 신을 끌어들였다. 우주를 만든 것은 신이고, 신이 우주의 대화재를 통해 우주를 다시 자신에게 불러들였다가 내놓는다는 것, 그 과정에서 세계 건설과 파괴의 고리가 생겨난다는 것이었다. 여기서 순환이 일어나는데, 스토아 철학자들은 그 순환을 신의 섭리에 따라 이성적이며 목적론적으로 진행되는 것으로 받아들였다. 이들 신의 섭리와 이성적이며 목적론적인 우주 진행은 신의 존재를 부인하고 이성의 힘을 믿지 않았을 뿐만 아니라 목적론을 반대해온 니체가 받아들일 수 없는 것들이었다.

스토아 철학자들의 순환 사상도 아니라면 다음으로 생각해보게 되는 것이 니체가 피타고라스의 윤회 사상을 받아들였을 가능성이다. 피타고라스학파에 따르면 모든 것은 정확한 순서와 배열에 따라 제자리로 돌아온다. 그 순서와 배열을 문제 삼지 않는다면 이 회귀 사상은 니체의 영원회귀와 매우 가깝다. 그래서 그에 대한 피타고라스의 영향을 생각해보게

사람을 보라》, 비극의 탄생 3.

되지만 그럴 가능성 또한 없어 보인다. 니체는 피타고라스에 대해 그때 그때 언급해왔다. 그러한 언급은 주로 1870년대에 집중되어 있는데, 수, 음악, 교단, 고행, 신비주의에 관한 것들과 영혼의 윤회에 관한 것들로 되어 있다. 윤회에 관한 것으로는 그리스 자연철학자들의 철학을 성격 지으면서 한 짧은 언급들로서 피타고라스에게 있어서의 "불멸에 대한 신념. 영혼의 윤회와 질료의 윤회"[14] 그리고 "영혼의 윤회 리듬"[15] 등이 있다.

피타고라스에 대한 니체의 언급 가운데 주목하게 되는 것이 하나 있다. 1873년에 쓴 〈삶에 대한 역사의 공과〉에 나오는 아래의 언급이다.

천체의 별자리가 같은 위치에 있게 되면 땅 위에서도 같은 일이, 그러니까 개별적이고 작은 것에 이르기까지 되풀이하여 일어날 수밖에 없으며, 그래서 별들이 서로 간에 어떤 특정한 위치에 있을 때, 그때마다 스토아학파의 한 사람이 에피쿠로스학파의 한 사람과 손을 잡고 카이사르를 살해하게 되며, 또 다른 별자리에서는 콜럼버스가 아메리카 대륙을 발견하게 될 것이라는 피타고라스학파의 견해가 옳을 경우에 한하여 근본적으로 이미 한 번 가능했던 것은 두 번째로 가능하게 되리라.[16]

이 글은 니체가 영원회귀를 통찰한 1881년으로부터 7년 전에 쓰인 것으로서 투도 그렇지만 내용에서도 유보적이다. 그만큼 피타고라스의 회귀 사상에 거리를 두고 있었다는 이야기가 된다. 영원회귀 통찰 이전의

---

14 KGW III 3, 425쪽, 16(17) ; 니체전집 4, 518쪽, 16(17).

15 KGW III 4, 122쪽, 21(22) ; 니체전집 5, 154쪽, 21(22).

16 KGW III 1, 257쪽, *Unzeitgemässe Betrachtungen II*, Vom Nutzen und Nachtheil der Historie für das Leben 2 ; 니체전집 2, 305쪽,《반시대적 고찰 II》, 삶에 대한 역사의 공과 2.

언급이어서 그럴 수밖에 없었다고 말할 수도 있지만, 상황은 후에도 달라지지 않았다. 니체는 피타고라스의 회귀 문제를 문제로 제기하지 않았으며, 피타고라스에 대해서는 그가 말년에 헤라클레이토스에게 했던 정도의 인정, 즉 영원회귀가 그에 의해 가르쳐졌을 수도 있다는 개연성조차 피력하지 않았다. 이것은 피타고라스의 윤회 사상이 니체에게 시사한 것이 없었기 때문이 아닐까.

피타고라스도 아니라면, 니체의 영원회귀의 사상적 뿌리를 고대 그리스 형이상학 전통에서 찾는 일은 일단 벽에 부딪힌다. 이후에 등장한 것이 그리스도교, 그리스도교는 처음부터 순환 이론을 철저히 배척했다. 알파에서 오메가로 진행되는 신의 창조 사업에 반하는 것이기 때문이었다. 여기서 영원회귀의 사상적 근원을 전통 순환 이론에서 찾으려는 노력은 실패로 돌아가게 된다. 그러면서 우리는 영원회귀에 대한 형이상학적 해석의 가능성 자체에 의문을 갖게 된다.

그러나 이것은 형이상학을 어떻게 규정하는가에 따른 문제로서 그 규정 방식에 따라 이야기가 달라진다. 형이상학에서 다루어온 핵심 주제 가운데 하나가 우주의 존재 방식과 운행 방식이다. 그 주제로 미루어 니체의 영원회귀는 형이상학적 우주론이 되기에 손색이 없다. 게다가 하이데거의 해석처럼 그것이 전체로서의 존재자에 대한 진술을 포함하고 있다면 더 말할 것이 없다. 실제로 하이데거는 영원회귀가 니체 형이상학의 기본 사상이 된다고 주장한다.[17] 나아가 그것이 서구 사유에 주지되어왔을 뿐만 아니라 철학에 그치지 않고 서구 역사 전개에서 근본적으로 함께 기여한, 일련의 상응하는 교설들에 접근해 있다고 주장한다.[18] 그는

---

17 M. Heidegger, *Nietzsche*, Bd. I, 255쪽.

영원회귀에 대한 해석이 서양 사유에서의 마지막 '형이상학적' 기본 입장에 대한 해석이 된다고도 했다.[19]

형이상학자로서의 니체, 이것이 하이데거의 일관된 해석이다. 그런 만큼 하이데거는 영원회귀에 대한 자연과학적 접근을 거부했다. 힘에의 의지의 자연과학적 해석을 거부한 것과 같은 논거에서였다. 피상적인데다 너무 소박하다는 것이었다. 그는 영원회귀를 설명할 때 동원되는 개념들로 유한성, 무한성, 공간, 시간, 회귀, 생성, 혼돈 따위를 들고는 자연과학이 결코 설명할 수 없는 것이 그런 것들이라고 했다. 자연과학도 어쩔 수 없이 힘, 운동, 공간, 시간에 대한 특정 표상을 사용하고는 있지만 힘이 무엇이고 운동, 공간, 시간이 무엇인지를 결코 말해주지 못한다는 것이다. 그는 자연과학은 자연과학에 머물 뿐이어서, 저도 모르게라도 철학에 진입하지 못하는 한 그런 것들이 무엇인지 제대로 질문조차 하지 못한다고까지 했다.[20] 자연과학은 철학의 도움 없이는 그런 것들에 대해 질문조차 제대로 할 수 없다는 것, 그런 것들은 어디까지나 철학의 문제라는 것이었다. 그의 주장은 영원회귀는 전체로서의 존재자에 대한 것, 어디까지나 철학, 형이상학 안에서의 이야기라는 것이다.

하이데거는, 니체가 물리학을 제대로 이해하지 못한데다 물리학이 철학에 속하지도 않기 때문에 영원회귀 증명 과정에서 물리학 속에서 길을 잃고 말았다는 일각의 주장에 대해서도 한마디 했다. "우리 영리한 사람들"은 자연과학적 명제나 증명 근거에 의거해서는 철학적 교설을 증명할 수 없다는 것을 이미 알고 있다는 것이었다.[21] 그는 니체가 자연과학

18 같은 책, 257쪽.
19 같은 책, 258~259쪽.
20 같은 책, 371~372쪽.

속에서 길을 잃은 것이 아니라 오히려 당시의 자연과학이 수상쩍은 방식으로 수상쩍은 철학으로 잘못 들어서고 말았다고 했다.[22] 한 걸음 더 나아가 그는 니체가 영원회귀를 이론이 아니라 사상이라고 불렀던 점에 유념, 언제부터 사상이 물리학이나 생물학의 대상이 되었는가 되물었다.[23] 여기서 '수상쩍은 철학'은 자연과학의 탈을 쓴 채 철학 행세를 하는 '사이비 철학'을 지칭하는 것으로 봐야 할 것이다.

그러면서 하이데거는 니체가 열아홉 살 나이에 "인간을 포괄하고 있는 고리는 어디에 있는가? 세계인가? 신인가?" 하고 물은 일이 있음을 환기시키고는, "20년 가까이 지나서, 선회하면서 존재하는 것 전체를 에워싸는 고리에 대한 물음을 그는 영원회귀에 대한 교설로 대답했다"고 했다.[24] 고리를 은유로 한 영원회귀 교설은《차라투스트라는 이렇게 말했다》의 제3부 〈일곱 개의 봉인(또는 "그렇다"와 "아멘의 노래")〉에 다시 나온다.

하이데거의 영원회귀 해석은 그의 니체 해석 전체가 그렇듯이 주목을 받았다. 논박이 이어졌다. 골자는, 추상을 거부하고 사변을 경계한 니체가 출발점으로 삼은 것은 우리가 살고 있는 이 현실계였으며 그런 그가 그 무엇보다 신뢰한 것은 자연과학이었다는 것이다. 덧붙여, 현상을 그려내는 것이 고작이라는 이유로 니체가 자연과학을 비판했지만 그것은 존재하는 것의 본질을 찾아가면서 하게 된 비판일 뿐이었고, 그가 이해하려 했던 것은 현실계였고 그는 이때 자연과학이 큰 도움이 되리라고

---

21 같은 책, 367쪽.
22 같은 책, 375쪽.
23 같은 책, 같은 곳.
24 같은 책, 262쪽.

믿었다는 것이다.

니체는 자연과학을 신뢰했지만, 철학과 자연과학 사이의 경계도 잘 알고 있었다. 그는 물리학에서 길을 잃지도, 물리학에 의해 왜곡된 철학으로 오도되지도 않았다. 그의 자연과학 편력을 보면 그는 그런 철학에 오도됨 없이, 오히려 물리학에서 제 길을 찾았다고 말할 수 있다. 무엇보다도 그가 확립한 우주론인 영원한 회귀에서 그렇다. 니체는 코페르니쿠스, 갈릴레이와 함께 시작된 근대 과학 혁명이 완성 단계에 이른 과학의 시대를 살았다. 우주 설명의 토대가 되는 역학 이론도 확립되어 있었으며, 망원경이 발견되면서 우주 깊은 곳까지 탐색이 가능했던 시대, 관점을 지구 밖으로 옮겨 지구를 바라볼 수 있는 거점이 마련되어 있던 시대였다. 그는 과학의 시대를 과학의 눈으로 살았다. 그리고 근대 과학의 연구 성과를 적극적으로 받아들였다. 그 수용을 그대로 반영하고 있는 것이 바로 영원회귀의 전제가 되는, 공간과 시간과 힘에 대한 그의 교설이다.

(2) 자연과학 이론인가?

형이상학의 세계가 물리학physika 뒤meta의 저편 세계라면 니체의 세계는 공간과 시간으로 되어 있는 물리학 이편의 세계, 곧 우리가 살고 있는 이 세계다. 그에게는 이 세계가 유일한 현실이다. 물리학 이편의 세계를 현실로 받아들였다는 것은 그가 시간과 공간을 실재하는 것으로 받아들였다는 것을 의미한다. 그러면 공간과 시간의 실재성을 결정하는 것은 무엇인가? 힘에의 의지를 존재의 본질이자 모든 변화의 최종 근거로 본 니체에게는 힘과 힘의 운동이 그 답이었다.

영원한 회귀가 가능하려면 공간은 닫혀 있어야 하고 시간은 열려 있어야 한다. 달리 말해 공간은 유한하고 시간은 무한해야 한다. 그리고 회귀를 하는 주체가 있어야 한다. 이들 조건 가운데 어느 하나라도 충족되지 않으면 영원한 회귀는 불가능하다. 니체에 따르면 그 조건들은 모두 충족되어 있다. 공간은 유한하고 시간은 무한하다. 회귀의 주체 또한 존재한다. 힘과 힘에 의해 존재하는 모든 것이 그 주체다.

니체는 어떻게 그 같은 결론에 이르렀는가? 당시 확립된 에너지 보존 법칙을 통해서였다. 그는 이 에너지 보존 법칙에서 우주 설명의 실마리를 찾았다. 에너지 보존 법칙은 헬름홀츠, 마이어, 줄J. P. Joule 등에 의해 19세기 중반에 확립된 법칙이다. 니체는 일찍부터 에너지 보존 법칙을 알고 있었던 것으로 보인다. 1875년에 그가 남긴 유고에 에너지 보존이란 말과 에너지 법칙이란 말이 나와[25] 그 추정이 가능하다. 그러나 그때까지만 해도 그는 에너지 보존이 무엇을 의미하는지, 그 우주론적 의미는 터득하지 못하고 있었다. 그러다가 그 의미를 터득하게 되는데, 마이어의 에너지 보존 법칙과의 접촉이 그 계기가 되었다.

질바플라나 호반에서의 체험이 있기 몇 달 전인 1881년 4월, 니체는 페터 가스트로부터 마이어의 《열역학》을 받았다. 페터 가스트가 보내주겠다고 약속했던 책이었다. 니체는 지체하지 않고 이 책을 탐독한 것으로 보인다. 그의 신속한 반응으로 미루어 그렇다. 그는 같은 달 16일에 가스트에게 보낸 편지에서 "로베르트 마이어의 책처럼 훌륭하며 산뜻하고 즐거운 책에서는 천체의 하모니를 들을 수 있습니다. 과학적 인간만이 들을 준비가 되어 있는 음악 말입니다"라고 했다. 여기서 과학적 인간이란 자신과 같은 사람들을 두고 한 말이었다. 과학적 인간, 그것은 그 무

---

25 KGW IV 1, 257쪽, 9(2) ; 니체전집 6, 322쪽, 9(2).

럼 니체의 자부심이기도 했다.

에너지 보존 법칙은 '에너지에는 여러 형태가 있다. 이들 에너지는 끝없이 변형한다. 그 과정에서 에너지의 양이 증가하거나 감소하는 일은 없다. 있는 것이 소멸하는 일도 없고, 없는 것에서 뭔가 새로 생겨나는 일도 없다. 따라서 에너지의 총량에는 변화가 없다'는 내용의 법칙이다.

앞서 소개한 1881년 8월, 니체가 질바플라나 호숫가를 산책하고 있을 때였다. 순간 에너지 보존 법칙이 무엇을 의미하는지, 그 의미가 어둠을 가르는 빛처럼 그를 덮쳐왔다. 무로의 소멸과 무로부터의 생성이 없는, 총량에서 불변하는 힘과 그 힘의 운동이 무엇을 의미하는지가 갑자기 명료해진 것이다. 힘의 총량이 일정하다는 것은 그 힘의 활동 영역인 공간이 닫혀 있다는 것, 곧 유한하다는 것을 의미한다. 그리고 힘에 엄밀한 의미에서의 생성과 소멸이 없다는 것은 그 힘의 운동에 끝이 있을 수 없다는 것을, 그 힘으로부터 산출되는 시간은 열려 있다는 것, 곧 무한하다는 것을 의미한다. 닫혀 있는 공간 안에서의 운동이니 힘의 운동은 그 궤적이 직선일 수가 없다. 어떤 형태의 것이든 고리의 모습일 수밖에 없다. 그런 운동에는 일회적인 사건은 있을 수 없다. 모든 것은 반복해서 제자리로 돌아올 수밖에 없다. 이로써 모든 것이 분명해졌다. 우주 안에 있는 모든 것은 정지하는 일 없이 영원히 회귀한다는 것이다. 굳게 닫혀 있던 우주의 문을 열 열쇠를 손에 넣는 극적인 순간이었다.

질바플라나 호반에서의 체험으로부터 5년 정도가 지난 1886년 여름과 1887년 가을 사이에 남긴 유고에서 그는 그때의 체험을 정리하면서 "에너지 존속의 명제가 영원회귀를 요구한다"[26]고 했다. 이때 존속Bestehen

---

26 KGW VIII 1, 209쪽, 5〔54〕; 니체전집 19, 256쪽, 5〔54〕.

은 보존Erhaltung을 의미한다. 영원회귀 사상의 근원에 대한 이보다 더 명
쾌한 설명은 없을 것이다.

그에 한 해 앞선 1885년에 그는 에너지 보존 법칙으로부터의 직접적
영향을 보여주는 아래의 글을 남기기도 했다.

그리고 너희 또한 '이 세계'가 내게 무엇인지 알고 있는가? 나 그것을
나의 거울에 비추어 보여주어야 할까? 이 세계, 그것은 시작도 끝도 없
는, 더 커지지도 작아지지도 않을뿐더러 소모되지도 않는, 고정된 그리
고 견고한 크기를 갖고 있는 힘, 즉 거대한 힘이다. 자신의 경계인 무(無)
에 둘러싸인 채, 변하고 있지만 전체로는 그 크기에서 불변하여 마치 지
출과 손실이 없는, 마찬가지로 증가나 새로운 소득이 없는 살림살이와 같
은…….[27]

니체는 1888년에 다시 이 문제로 돌아와 이렇게 쓰기도 했다.

새로운 세계 개념―1) 세계는 존립해 있다. 그것은 생성하지도 소멸하
지도 않는다. 아니면 오히려 그것은 생성하고 소멸한다. 그러나 그것은
생성을 시작한 일이 없으며 중단한 일도 결코 없다. 그것은 그 둘 속에서
자신을 보존해왔다……그것은 자신의 힘으로 생존하고 있다 : 자신이 토
해낸 것, 그것이 바로 그의 영양이니…….[28]

---

27 KGW VII 3, 338쪽, 38〔12〕 ; 니체전집 18, 435쪽, 38〔12〕.
28 KGW VIII 3, 166쪽, 14〔188〕 1 ; 니체전집 21, 208쪽, 14〔188〕 1.

가. 공간

일상에서 공간은 위아래, 앞뒤, 오른쪽 왼쪽으로 퍼져 있는 '비어 있는 장소'를 의미한다. 뉴턴도 공간을 그렇게 정의했다. 그리고 그런 공간의 존재를 믿었다. 물체의 분자 운동 이전에 그 어떤 것으로도 상대화되지 않는 공간이 객관적으로 존재한다고 본 것이다. 객관적으로 존재하는 이 공간이 바로 절대 공간이다. 절대 공간은 그러나 후대 물리학자들에 의해 논박되었다. 시간과 마찬가지로 공간도 운동하는 물질을 떠나서는 생각할 수 없고, 그 때문에 비어 있는 공간이나 공간 그 자체라는 것은 생각할 수도 없다는 논박이었다. 이 논박에 결정적인 힘을 실어준 것이 아인슈타인의 일반상대성 이론이었다. 공간은 그 안에 있는 물질과 불가분의 관계에 있다는 이론으로서, 이 이론에 따르면 공간의 크기와 형태는 이 물질에 의해 결정된다.

이렇게 되면 공간이 있고 그 안에 물질이 있는 것이 아니라 물질이 있는 곳이 곧 공간이 된다. 시간도 마찬가지다. 이것은 공간과 시간은 물질로부터 사유된다는 것을 의미한다. 니체도 절대 공간을 받아들이지 않았다. 공간 자체라는 것은 존재하지 않는다고 본 것이다. 그는 1880년대 유고에서 "나는 힘의 기체(基體)로서의 절대 공간을 믿는다. 이 힘이 경계를 정하며 형태를 만든다. 시간은 영원하다. 그러나 공간 자체는 물론이고 시간 자체도 존재하는 것이 아니다"[29]라고 했다. 힘의 기체로서의 절대 공간을 믿는다는 것은 매우 혼란스러운 표현이다. 그러나 "힘의 기체로서의"라는 단서와 함께 힘이 경계를 정해 형태를 만든다고 한 점으로 미루어, 이때의 절대를 뉴턴의 의미에서의 절대로는 볼 수 없다. 여기서

---

29 KGW VII 3, 285쪽, 36(25) ; 니체전집 18, 372쪽, 36(25).

는 힘이 존재하는 한 그 영역으로서 있어야 할 공간의 절대 조건을 강조한 것으로 보인다. 결론은 그다음 문장, 즉 공간 자체는 존재하지 않는다는 것이다.

비어 있는 공간은 없다. 니체는 "공간이라는 것은 일종의 추상이다. 공간이, 말하자면 비어 있는 공간이 그 자체로 존재하는 것은 아니다. '비어 있는 공간'이 있다는 믿음에서 많은 난센스가 생겨난다"[30]고 했다. 그 가운데 하나가 공간이 실재한다는 것이다. 그러나 이 경우 공간은 시간과 달리, 그리고 물질이란 것이 그렇듯이, 주관의 형식에 불과하다.[31] 그는 "우리는 시간본능, 공간-본능, 근거-본능을 갖고 있다. 그러나 그것은 시간과 공간, 인과 법칙과는 아무 상관이 없다"[32]고 했으며 "비어 있는 공간은 존재하지 않는다. 모든 것은 힘"[33]이라고도 했다. 니체에게도 힘과 공간은 하나였다. 힘의 영역이 곧 공간이었다. 예서 힘과 공간은 동일한 것의 두 표현이자 상이한 관찰 유형이 된다.[34]

에너지 보존 법칙에 따르면 에너지에는 총량이란 것이 있다. 일정한 크기를 갖고 있다는 것으로서, 그렇게 되면 공간에는 '여기가 끝'이라고 말할 수 있는 경계가 있기 마련이고 결국 공간은 유한한 것이 된다. 우리가 일상에서 좀처럼 생각할 수 없는 것이 그 같은 경계다. 일정 크기의 공간이 존재하기 위해서는 보다 큰 공간이 있어야 하고, 보다 큰 공간이 있기 위해서는 그보다 한층 더 큰 공간이 있어야 하기 때문이다. 이런 확

---

30 KGW VII 2, 250쪽, 26〔384〕; 니체전집 17, 332쪽, 26〔384〕.
31 KGW VII 1, 5쪽, 1〔3〕; 니체전집 16, 9쪽, 1〔3〕.
32 KGW VII 2, 250쪽, 26〔385〕; 니체전집 17, 332쪽, 26〔385〕.
33 KGW VII 1, 5쪽, 1〔3〕; 니체전집 16, 9쪽, 1〔3〕.
34 KGW VII 2, 264쪽, 26〔431〕; 니체전집 17, 351쪽, 26〔431〕.

장은 무한대로 가능하다. 이렇게 되면 우리는 공간의 한계를 그을 수 없다. 여기서 공간은 무한한 것이 아닐까 생각하게 된다. 그러나 그런 공간은 철학적 사변에서나 가능한 공간이다.

니체는 공간에 대한 당시의 수학과 물리학 이론을 다양하게 추적했다. 그 과정에서 적지 않은 영향을 받아들였는데, 특히 헬름홀츠, 랑게, 칠너, 카스파리, 마흐, 칸토어와 리만 등에게 영향을 받은 것으로 알려져 있다.[35] 그 가운데 리만의 영향을 강조하는 학자도 있다. 이를테면 댄토는 니체가 리만의 글을 읽고 있었으며, 그로부터 '제한된 크기의 공간'이란 것을 받아들여 그 자신의 영원회귀의 과학적 기반의 하나로 삼았다고 했다.[36]

공간을 유한한 것으로 받아들인 니체는 이를 확인하기라도 하듯 1885년 7월 23일 페터 가스트에게 보낸 편지에서 "내가 유한한, 즉 일정하게 형성된 공간을 기계론적인 세계 해석의 의미에서 뿌리칠 수 없는 것으로 여기고 있다는 것……그것을 나는 이미 그대에게 구두로 이야기한 바 있습니다"라고 썼다.

나. 시간

시간에서도 공간에서와 같은 문제가 대두되었다. 시간 자체라는 것이 존재하는가 하는 문제였다. 갈릴레이는 시간 자체라는 것이 있다고 했다. 시간은 그것을 지각하는 사람들의 주관을 떠나 우주 어느 곳에서나 한결같이 흐르고 있다는 것이었다. 뉴턴은 그 같은 시간을 절대 시간이

---

35 A. Mittasch, *Friedrich Nietzsche als Naturphilosoph*, 52쪽.
36 A. Danto, *Nietzsche as Philosopher*, 76쪽.

라 불렀다. 이 절대 시간에도 논박이 뒤따랐다. 시간은 운동하는 물체에서 산출되고 표상되는 것으로서 그 같은 운동을 떠나서는 생각할 수 없는 것이라는 논박이었다. 이것은 비어 있는 공간이 존재하지 않듯이 물체의 운동으로부터 독립된 비어 있는 시간 또한 존재하지 않는다는 것을 의미한다. 절대 시간에 결정적인 타격을 가한 것 역시 아인슈타인의 일반상대성 이론이었다.

절대 공간의 존재를 받아들이지 않은 니체는 절대 시간도 받아들이지 않았다. 공간이 그렇듯이 내용을 갖고 있지 않은 시간 또한 있을 수 없다고 본 것이다. 우리는 변화를 통해 시간 표상을 갖는다. 변화에는 선과 후가 있다. 이 선과 후가 말해주는 것이 그 사이에 시간이 그만큼 흘렀다는 것이다.[37] 변화가 없다면 시간은 산출되지도 표상되지도 않을 것이다.

니체는 변화만이 실재적이라고 했다. 이 변화에서 산출되고 표상되는 것이 시간인 만큼 시간에서 결정적인 것은 이 변화다. 변화가 변화의 방향과 속도로 시간의 방향과 속도를 결정한다는 점에서 그렇다. 니체도 실재하는 시간은 실재하는 사건의 경과에 부합할 수밖에 없다고 했다.[38] 변화의 속도가 시간의 속도가 되며 변화의 방향이 시간의 방향이 된다는 것이다. 이렇듯 시간의 실재를 확인해주는 것은 변화다. 따라서 시간은 그 변화를 지각하는 존재에게만 표상된다. 이를 두고 니체는 시간은 공간이 그렇듯이 지각하는 존재에게만 있다고 했다.[39]

시간의 흐름은 기계적 방식으로 측정된다. 이렇게 측정된 시간이 때와 장소에 구애받지 않는 물리적 시간이다. 객관적 시간이라고도 한다. 자

---

37 KGW V 2, 447쪽, 11〔281〕; 니체전집 12, 556쪽, 11〔281〕.
38 같은 책, 411쪽, 11〔184〕; 같은 책, 510쪽, 11〔184〕.
39 KGW III 4, 52쪽, 19〔140〕; 니체전집 5, 66쪽, 19〔140〕.

연과학의 세계나 사회적 관계에서 통용되는 시간이다. 그러나 구체적 사건의 경과 속에서 우리의 지각에 주어지는 시간은 그런 시간이 아니다. 정황에 따라 우리는 같은 시간을 길게 느끼기도 하고 짧게 느끼기도 한다. 천 년을 하루같이 느끼는 사람이 있는가 하면 하루를 천 년같이 느끼는 사람도 있다. 이럴 때 천 년이나 하루라는 객관적 수치는 의미가 없다. 이렇듯 정황에 따라 달리 느껴지는 시간이 흔히 말하는 주관적 시간이다.

지각하는 사람에게만 시간이 존재한다고 했지만 우주 차원에서 볼 때 누가, 어떻게 시간을 지각하는가 하는 것은 중요하지 않다. 시간은 그것을 지각하는가 여부에 상관없이 흐르기 때문이다. 중요한 것은 우주 시간에 처음과 끝이 있는가 하는 것이다. 시간은 변화를 통해 산출된다고 했다. 이 변화를 일으키는 것이 힘의 활동이다. 그렇다면 힘의 활동이 그 대답이 될 것이다. 힘의 활동에 시작과 끝이 있다면 그 시작과 끝이 시간의 시작과 끝이 될 것이기 때문이다.

우리가 힘의 활동에서 생각할 수 없는 것이 그 같은 시작과 끝이다. 힘의 활동의 시작과 끝은 정지라는 것을 받아들일 때에야 가능하다. 그리고 정지는 힘이 완전한 균형을 이룰 때 가능하다. 머릿속에 그런 상태를 그려볼 수는 있지만 그런 일은 실제로는 일어나지 않는다. 힘이 활동을 본성으로 하기 때문이다. 힘이 정지 상태에 드는 일이 있을 수 있다면 영원한 시간의 흐름 속에서 적어도 한 번쯤은 그런 일이 있었을 것이고 그 순간 우주는 정지 상태에 들어 지금 모든 것이 정지해 있을 것이다. 그러나 그런 일은 일어나지 않았다. 앞으로도 일어나지 않을 것이다. 정지가 활동을 본성으로 하는 힘에 위배되기 때문이다.

힘의 완전한 균형 대신에 생각해볼 수 있는 것이 있다. 힘의 소진이다. 우리는 태엽이 다 풀려 움직일 수 없게 된 시곗바늘을 떠올려볼 수 있다.

그렇다면 힘의 소진에 의한 정지 상태 역시 가능하지 않을까. 그럴 가능성 또한 없다. 에너지 보존 법칙을 받아들이는 한 힘의 소진은 있을 수 없기 때문이다. 다음은 힘과 쉼, 힘의 균형, 힘의 소진 가능성에 대한 니체의 글들이다.

'힘'이 '쉼'과 '같은 상태'에 있다는 것과 충돌하게 된다는 것. 힘의 한도는 크기에서 고정되어 있으나, 그것의 본질은 유동적이고 긴장 상태에 있으며 불가항력적이라는 것.[40]

불안정한 균형이란 자연 속에서는 두 개의 일치하는 삼각형이 그렇듯이 좀처럼 나타나지 않는다. 따라서 힘의 정지 또한 있을 수 없다. 만약 정지가 있을 수 있는 일이라면, 그런 일은 이미 일어났을 것이다![41]

힘의 활동에 정지가 있을 수 없다는 것은 시간의 흐름에 끝이 있을 수 없다는 것을 의미한다. 시간의 끝없는 흐름, 그것이 곧 영원이다. 단위 시간 속에 살고 있는 우리는 이 영원을 경험하지 못한다. 표상하지도 못한다. 평생을 앉아서 시간을 늘여보아도 끝은 보이지 않는다. 방향을 달리해 뒤를 돌아보아도 시작 역시 보이지 않는다. 시간의 단위에 겁(劫)이란 것이 있다. 사방 15킬로미터쯤 되는 암반을 백 년에 한 번씩 천녀의 얇은 옷자락이 스쳐 지나간다. 그렇게 억 년을 해도 100만 번밖에 스치지 못한다. 겉에 흔적을 남기는 정도가 될 것이다. 그렇게 해서 그 바위가 모두

---

40 KGW VII 3, 258~259쪽, 35〔54〕; 니체전집 18, 338~339쪽, 35〔54〕.
41 KGW V 2, 414쪽, 11〔190〕; 니체전집 12, 514쪽, 11〔190〕.

마멸될 때까지가 1겁이다. 그것도 모자라 우리는 억 겁을 이야기하고 억만 겁을 이야기한다. 그러나 억만 겁이라 해도 일정 단위의 시간으로서 영원에는 미치지 못한다. 영원에서 볼 때는 억만 겁도 한순간에 지나지 않을 것이다.

또 다른 의미의 영원이 있다. 무시간 상태로서, 아우구스티누스가 말한 영원이다. 그에 따르면 시간 그 자체란 존재하지 않는다. 영원한 신이 존재할 뿐이다. 이 신이 시간 밖에서 만물을 창조했고 그와 함께 시간이 존재하게 되었다. 신이 시간 속에서 창조를 한 것이 아니라 창조를 통해 시간을 창조했다는 것이다. 여기서 시간과 창조된 세계는 같은 것의 두 국면이 된다. 그러나 우리가 살고 있는 이 세계를 유일한 현실로 받아들인 니체에게 시간 밖이란 있을 수 없다. 그런 그에게 있어 영원은 끝없는 변화에서 표상되는 끝없는 시간을 가리킨다.

다. 유한한 공간과 무한한 시간 속에서의 운동

유한한 공간과 무한한 시간 속에서 힘이 끝없이 운동을 한다면 어떤 일이 일어날까? 공간이 유한하니 그 운동은 직선으로 진행되지 않을 것이다. 공간의 벽에 부딪혀 더 나아갈 수 없을 것이기 때문이다. 그렇게 되면 힘은 공간에 갇힌 채 그 안에서 운동을 할 것이고, 그 운동은 돌고 도는 순환 운동이 될 것이다. 순환 운동에는 시작과 끝이 있을 수 없다. 그런 의미에서 영원할 수밖에 없다. 이를 두고 니체는 공간 구조가 영원한 운동의 원인이 된다고 했다.[42]

순환 운동에서 모든 것은 만났다가 헤어지고, 헤어졌다가 다시 만나는

---

42 KGW VII 3, 258쪽, 35(54) ; 니체전집 18, 338쪽, 35(54).

일을 끝없이 반복하게 된다. 이 반복을 통해 존재하는 것 모두는 영원히 이미 있었던 상태로 회귀하게 된다. 나무를 예로 들어보자. 나무는 죽어 분해 과정을 겪는다. 화학적 분해가 되겠는데, 그 가운데 어떤 것은 흙이 되어 땅으로 돌아가고, 어떤 것은 바람에 날려 공기 속으로 흩어질 것이며, 어떤 것은 물이 되어 흘러갈 것이다. 그러나 무(無)가 존재하지 않으니 그 어떤 것도 무로 완전히 소멸하는 일은 없을 것이다. 단지 분해되어 흩어질 뿐이다. 그러다가 시간이 흐르면 응결 과정을 거쳐 다시 나무의 모습으로 되돌아올 것이다. 분해와 응결은 반복될 것이고 나무는 반복해서 나무로 환생할 것이다.

또 다른 예를 들어보자. 레미콘이란 것이 있다. 밀폐된 공간 속에서 동력으로 자갈이나 모래를 시멘트와 섞는 장치다. 밀폐되어 있기 때문에 거기에 새로 첨가되는 것은 물론 밖으로 빠져나가는 것도 있을 수 없다. 그 상태에서 계속 기계를 돌릴 경우, 있을 수 있는 일은 일정량의 자갈 또는 모래가 시멘트와 만났다 헤어졌다 하는 것이다. 이들은 만나 어떤 형체를 이루었다가 헤어져 해체되고, 다시 만나 형체를 이루는 일을 반복하게 된다. 편의상 모래알에 부호 A, B, C……를 붙여보자. 그리고 이들 A, B, C가 한데 모여 어떤 특정 형체를 이루었다고 하자. 시간이 지나면 이들은 돌고 도는 기계 속에서 분리되어 제 갈 길을 갈 것이다. 다시 만나 동일한 형체를 이룰 공산은 그리 크지 않아 보인다. 운동 과정에서 A와 B가 용케 만날 수 있다. 그러나 C가 다른 곳에 있다면 이전과 동일한 형태로 돌아갈 수가 없다. 그래서 동일한 것의 회귀는 좀처럼 생각할 수가 없다. 억 겁이 걸릴 수도 있고 그 이상이 걸릴 수도 있다. 그러나 논리적으로 더욱 사유 불가능한 것은 이들이 이런 식으로 영원히 비껴가 다시 만나지 않을 가능성이다. 이합집산의 세계에서는 시간이 문제 될 뿐이다.

　같은 것의 이런 영원한 회귀는 하나의 가능성이 아니라 거역할 수 없는 우주 운행 법칙이다. 유한한 공간에서의 무한한 시간이라는 전제를 받아들이는 한 이 영원한 회귀 말고 다른 가능성은 없다. 니체의 글이다.

　　이 세계가 일정 크기의 힘과 일정 수의 힘의 중심으로 사유될 수 있다면……그것으로부터 이 세계가 그 존재의 거대한 주사위 놀이 속에서 산정 가능한 수의 결합을 하지 않을 수 없다는 결론이 나온다. 무한한 시간 속에서 가능한 결합 하나하나는 언젠가 한 번은 이루어졌을 것이다. 그보다는 무한한 횟수에 걸쳐 이루어졌을 것이다. 그리고 결합 하나하나와 그 결합의 다음 회귀 사이에 가능한 결합들이 진행되었음이 분명하고, 이 결합 하나하나가 같은 순서로 결합 전체의 연속을 조건 지으니, 이로써 절대 동일한 순서의 순환은 증명된 셈이리라. 이미 무한에 걸쳐 자주 반복된, 그리고 무한 속에서 자신의 유회를 유회하는 순환 운동으로서의 세계.
　　이 개념은 말할 것 없이 기계론적인 것이 아니다. 그런 것이라면 동일한 경우의 끝없는 회귀가 아니라 최종 단계를 야기했을 것이다. 아직 세계가 그런 단계에 도달한 적이 없기 때문에, 기계론은 불완전한 것, 잠정적인 가정에 불과한 것으로 간주되어야 한다.[43]

　니체에게 있어 이 순환의 은유가 원환이다. 원환이라고 해서 완벽한 기하학적 원환이어야 하는 것은 아니다. 어떤 궤적으로 돌든 순환이면 된다. 이를 뒷받침하듯 니체는 위아래로 반복해서 뒤집히는 모래시계를

43　KGW VIII 3, 168쪽, 14〔188〕5) ; 니체전집 21, 210~211쪽, 14〔188〕5).

들어 영원회귀를 설명한 일도 있다.[44] 그러면서도 그가 영원회귀를 설명하면서 선호한 것은 단연 원환이었다. 그는 결혼반지[45]를 예로 들었으며, 원을 그리며 하늘을 나는 독수리와 그 목을 감고 있는 뱀[46]을 예로 들기도 했다. 그의 글에는 아예 시간의 흐름이 원환Kreis이라고 한 곳도 있다.[47]

원환 운동에는 절대적 의미의 선후 관계가 있을 수 없다. 과거의 일이라고 하더라도 앞을 내다보면 다시 겪게 될 미래의 일이 될 것이며, 앞으로 겪게 될 미래의 일이라고 하더라도 돌아보면 이미 과거에, 그것도 수없이 반복해서 겪었던 일일 것이기 때문이다. 이 같은 운동에는 절대적 과거도 절대적 미래도 없다. 여기서 시간의 계기로서의 과거, 현재, 미래라는 절대 구분은 무의미해진다.

(3) '과학'의 전제를 넘어

힘과 힘의 운동으로 되어 있는 유한한 공간과 그 운동에서 산출되는 무한한 시간은 당시 물리학자들이 거두어들인 연구 성과였다. 그러나 물리학자들에게는 그것이 전부였다. 한때 니체가 그랬듯이 그들은 이 유한

---

44 KGW V 2, 250쪽, *Die fröhliche Wissenschaft*, Viertes Buch : Sanctus Januarius 341 ; 니체 전집 12, 315쪽, 《즐거운 학문》, 제4부 : 성 야누아리우스 341.

45 KGW VI 1, 283~287쪽, *Also sprach Zarathustra*, Dritter Theil : Die sieben Siegel ; 니체전 집 13, 380~385쪽, 《차라투스트라는 이렇게 말했다》, 제3부 : 일곱 개의 봉인.

46 같은 책, 21쪽, Erster Theil : Zarathustras' Vorrede 10 ; 같은 책, 35쪽, 제1부 : 차라투스트라 의 머리말 10.

47 같은 책, 196쪽, Dritter Theil : Vom Gesicht und Räthsel 2 ; 같은 책, 262쪽, 제3부 : 곡두와 수수께끼에 대하여 2.

한 공간과 무한한 시간이 무엇을 의미하는지, 그 우주론적 의미를 포착하지는 못했다. 니체는 그 정도의 성과에 만족할 수가 없었다. 철학자인 그에게는 물리학자들에게 없는 무기가 있었다. 논리로서, 그는 물리학자들이 거두어들인 성과에 논리를 개입시켜보았다. 순간 그를 엄습한 것이 저 우주의 비밀, 모든 것은 영원히 회귀하도록 되어 있다는 것, 다른 가능성은 없다는 것이었다.

논리를 개입시키는 순간 니체는 자연과학의 경계를 넘어서고 있었다. 그는 영원한 회귀가 단위 시간을 사는 인간에게 경험적 사실로 주어지지 않으며, 따라서 그것을 과학적으로 검증할 길이 없음을 잘 알고 있었다. 우주 전체를 바라볼 수 있는 거점이 마련되어 있지 않았기 때문이었다. 여기서 니체에 있어서의 과학과 철학의 경계가 분명해진다. 과학 너머의 영원회귀, 니체는 그것을 당시 통용되던 과학의 언어와 방식으로는 설명할 수 없었다. 그렇다고 함구하고만 있을 수도 없었다. 그래서 천기를 누설하게 되는데, 그런 그에게 새로운 언어가 필요했고 그 언어를 구사할 새로운 사람이 필요했다. 이 단계에서는 마이어나 헬름홀츠의 도움은 더 이상 필요하지 않았다.

누군가 나서서 새로운 언어로 영원한 회귀라는 이 우주 운행의 원리를 밝혀 설명해야 한다면 그것은 그 원리를 통찰한 첫 번째 사람인 니체 자신이 될 것이다. 그러나 그는 영원회귀를 통찰한 순간 충격을 받았으며 한동안 그 충격에서 벗어나지 못했다. 그 자신의 고백대로 그에게는 영원회귀 사상을 감당할 능력도 발설할 능력도 없었던 것이다. 이럴 때 내세우게 되는 것이 대변자다. 니체도 대변자를 세웠다. 대변자를 통해 그 사상을 어느 정도 객관화해 그것과 거리를 둠으로써 이것저것 헤아려볼 여유를 가져보자는 의도에서였다. 이때 대변자는 종교적 오의와도 같은 우주 비밀을 들려주어야 하는 만큼 선지자적 권위를 지닌 인물이어야 했다. 예언자 차라투스트라가 제격이었다. 그는 이 차라투스트라를 모세가 아론을 앞세웠듯이 앞세웠다.

이렇게 하여 차라투스트라가 영원회귀를 가르치는 교사가 되어 나서게 되었다.[48] 그러나 머지않아 니체는 여유를 되찾았고, 앞으로는 그 자신이 나서겠다는 다짐을 하게 되었다. 이제는 차라투스트라가 아니라 자신이 말하겠다는 것이었다. 《차라투스트라는 이렇게 말했다》의 완성을 앞에 둔 1884년 초의 일이었다.[49] 그로부터 4년 정도가 지난 1888년, 니체는 그 자신이 영원회귀를 가르치는 교사라고 했다.[50] 차라투스트라를

---

48 니체는 어디서 차라투스트라에 대한 발상을 얻었는가? 차라투스트라는 일찍부터 서방 세계에 알려져 있었다. 서양 사상에 적지 않은 영향을 끼친 것으로 확인되고 있는데, 그 가운데 하나로 학자들이 드는 것이 플라톤의 이원론이다. 차라투스트라의 가르침을 그리스도교 교리의 원형으로 보는 시각도 있다. 성서가 기록된 시기, 그러니까 유대인이 바빌로니아에서 포로 생활을 하고 있을 때 그곳 차라투스트라교를 받아들여 유대교 교리의 골격을 갖추는 데 원용했다는 것이다. 그 예로 제시되는 것이 천국과 지옥, 아벨(스펜타 마이뉴)과 카인(앙그라 마이뉴), 사탄 등이다. 그러나 그리스도교가 등장하고 유럽 세계가 그리스도교화되면서 이교 창시자 차라투스트라는 설 자리를 잃고 말았다. 교회로서는 차라투스트라의 가르침의 영향을 인정하기가 거북했을 것이다. 그러다가 그리스도교적 전통 이전의 고대 그리스 문화가 되살아난 르네상스에 이르러 상황이 달라졌다. 차라투스트라가 다시 주목을 받게 된 것이다. 그는 사람들의 입에 다시 오르내리게 되었으며 예술 작품(라파엘로의 그림 〈아테네 학당〉)에 등장하기까지 했다. 고전에 밝았을 뿐만 아니라 르네상스에 깊은 관심을 갖고 있던 니체는 그런 그를 잘 알고 있었을 것이다. 그러나 어떤 경로로 니체가 차라투스트라를 알게 되었는지는 알려져 있지 않다. 학자들은 그가 에머슨의 《에세이Essays》를 통해 차라투스트라에게 주목하게 된 것으로 보고 있다. 그는 유고에서 이 작품에 대해 "나는 그 어떤 책에서도 이토록 내 집처럼 그리고 편하게 느낀 일이 없다. 찬양하지 말아야겠다. 나와 너무 비슷하니"(KGW V 2, 486쪽, 12〔68〕 ; 니체전집 12, 605쪽, 12〔68〕)라고 한 바 있다. 니체는 에머슨의 《에세이》를 읽으며 밑줄을 치기도 하고 표시를 해두기도 했으며, 가장자리에 "바로 이거야!Das ist es!"라고 써넣기도 했다. 다음을 참고. *Friedrich Nietzsches Sämtliche Werke(Kritische Studienausgabe)*, Bd. 14(Berlin, 1980), 279쪽, Kommentar zu Bd. 4 ; B. H. F. Taureck, *Nietzsche-ABC*, 247〜248쪽.

49 KGW VII 2, 79쪽, 25〔277〕 ; 니체전집 17, 107쪽, 25〔277〕.

앞에 세웠지만 그 뒤에 자신이 있었다는, 차라투스트라가 실은 자신이었다는 실토였다.

차라투스트라는 우리에게 조로아스터로 더 잘 알려져 있는, 고대 이란의 종교 창시자다. 조로아스터는 차라투스트라가 그리스어를 거쳐 영어 등으로 번역되면서 전화된 이름이다. 니체도 "조로아스터"[51]라는 이름을 쓰기는 했지만 그것은 극히 예외적인 경우였고 주로 차라투스트라라는 이름을 썼다.

차라투스트라를 내세우기는 했지만 니체의 차라투스트라는 역사상의 차라투스트라가 아니다. 가르침에서부터 그러한데, 상반되기까지 하다. 그러면 왜 차라투스트라였나? 니체는 아무도 그 이유를 묻지 않았다고 했다. 그러면서 자신이 차라투스트라를 등장시킨 연유를 다음과 같이 밝혔다.

처음으로 차라투스트라가 선과 악의 투쟁에서 사물을 움직이는 본래의 수레바퀴를 보았다―도덕을 힘, 원인, 목적, 그 자체로서 그러니까 형이상학적인 것으로 옮겨놓은 것은 그의 작품이다―……차라투스트라는 가장 숙명적인 이 오류, 즉 도덕을 창조했다. 따라서 그는 그 오류를 인식한 최초의 사람임에 틀림없다. 그가 그 어떤 사상가보다 더 오래 그리고 더 많은 경험을 했다는 것 때문만이 아니다―역사 전체가 '도덕적 세

---

50 KGW VI 3, 154쪽, *Götzen-Dämmerung*, Was ich den Alten verdanke 5 ; 니체전집 15, 203쪽, 《우상의 황혼》, 내가 옛 사람들의 덕을 보고 있는 것 5.

51 다음을 참고. KGW III 2, 300쪽, *Die Philosophie im tragischen Zeitalter der Griechen*, 1 ; 니체전집 3, 356쪽, 《그리스 비극 시대의 철학》, 1 ; KGW III 3, 110쪽, 5(54) ; 니체전집 4, 140쪽, 5(54).

계 질서'라는 명제에 대한 실험적 반박이니.―그보다 중요한 것은 차라투스트라가 그 어떤 사상가보다 진실하다는 것이다. 그의 가르침, 그것만이 진실성을 최고의 덕으로 삼았으니―실재성 앞에서 도피하는 '이상주의자들'의 비겁과는 반대되는 것이다……진실성에서 나오는 도덕의 자기 극복, 자신에게 맞서 하는 도덕주의자들의 자기 극복―내 안으로의―이것이 내가 입에 올린 차라투스트라라는 이름이 의미하는 바다.[52]

역사상 차라투스트라는 유일 창조신인 아후라 마즈다를 모신 예언자였다. 아후라 마즈다는 사유를 통해 천지를 창조한 창조주로서 시작이자 끝이다. 그에게는 아들 스펜타 마이뉴와 앙그라 마이뉴가 있었다. 스펜타 마이뉴는 선과 생명을, 그리고 앙그라 마이뉴는 악과 죽음을 택했다. 본성이 선하거나 악해서가 아니었다. 선택의 결과 그렇게 되었을 뿐이다. 이렇게 하여 선과 악이 세상에 들어오게 되었다. 아후라 마즈다는 그 같은 선택 이전의 존재로서 처음부터 선과 악에서 벗어나 있었다. 선과 악의 저편은 니체가 이상적 경지로 제시한 높은 경지다. 아후라 마즈다의 이 창조 역사를 세상에 전해준 것이 역사상의 차라투스트라였다. 니체에 따르면 선과 악을 기반으로 한 도덕을 만들어낸 것도 그였다. 그런 만큼 차라투스트라는 선과 악이라는 오류를 인식한 첫 번째 사람임에 틀림이 없고, 오류의 인식을 통해 도덕 이전의 경지, 즉 선과 악의 저편의 경지를 암시해주고 있다는 점에서, 그리고 진실성에 의한 도덕의 자기 극복의 모범을 보여주고 있다는 점에서 역사상의 차라투스트라는 니체

---

52 KGW VI 3, 365쪽, *Ecce homo*, Warum ich ein Schicksal bin 3 ; 니체전집 15, 458~459쪽, 《이 사람을 보라》, 왜 나는 하나의 운명인지 3.

에게 의미심장한 인물로 다가왔을 것이다.

역사상의 차라투스트라와 니체의 차라투스트라가 상반된 교설을 편 것은 그 무엇보다 영원회귀에서였다. 시작이자 끝인 유일 창조주 아후라 마즈다에게는 있을 수 없는 것이 우주의 순환, 곧 만물의 영원한 회귀다. 이 창조주 아후라 마즈다를 대신해 영원회귀를 논박한 것이 역사상의 차라투스트라였고, 그런 차라투스트라의 가르침을 뒤엎고 영원한 회귀를 가르친 것이 니체의 차라투스트라였다.

아무튼 니체의 차라투스트라의 등장과 함께 영원회귀 교설은 전달 방식과 언어에서 달라졌다. 예언자적 거동에다 알 듯 말 듯한 상징 언어로 바뀐 것이다.《차라투스트라는 이렇게 말했다》에는 영원회귀에 대한 그의 가르침이 반복해서 나온다. 그 가운데 이런 것이 있다. 장소는 항해 중의 배 안이었고, 듣는 사람들은 뱃사람들이었다. 차라투스트라는 그들에게 자신이 본 곡두 이야기를 한다.

어느 날 차라투스트라는 오솔길을 걷고 있었다. 그의 어깨에는 호기심 많은 난쟁이가 앉아 있었다. 난쟁이가 그의 어깨에서 뛰어내렸다. 어느 성문 앞에서였다. 차라투스트라가 난쟁이에게 말했다.

여기 성문을 통해 나 있는 길을 보라! 난쟁이여! 나는 말을 이어갔다. 길은 두 얼굴을 갖고 있다. 두 개의 길이 이곳에서 만나는 것이다. 그 길들을 끝까지 가본 사람이 아직은 없지.

뒤로 나 있는 이 긴 골목길. 그 길은 영원으로 통한다. 그리고 저쪽 밖으로 나 있는 저 긴 골목길, 거기에 또 다른 영원이 있다.

이들 길은 예서 맞부딪치고 있다. 머리를 맞대고 있는 것이다. 그렇게 여기, 바로 이 성문을 통해 나 있는 길에서 만나고 있는 것이다. 그 위에 이름이 씌어 있구나. '순간'이라고.

난쟁이여, 그러나 누군가 있어 이들 두 길 가운데 하나를 따라 앞으로, 더욱 앞으로, 그리고 더더욱 멀리 갈 경우, 그래도 이 길들이 영원히 맞부딪치고 있으리라고 보는가?

그러자 난쟁이가 비웃듯이 중얼거렸다.

곧바른 것은 하나같이 속임수지. 진리는 하나같이 굽어 있으며, 시간 자체도 일종의 둥근 고리이거늘.

차라투스트라가 되물었다.

보라, 여기 순간이라는 것을!……여기 순간이라는, 성문을 통해 나 있는 이 길로부터 길고 영원한 골목길 하나가 뒤로 내달리고 있다. 우리 뒤에 하나의 영원이 놓여 있는 것이다.

만물 가운데서 달릴 줄 아는 것이라면 언젠가 이 골목길을 달렸을 것이 아닌가? 만물 가운데서 일어날 수 있는 것이라면 언젠가 일어났고, 행해졌고, 그렇게 지나가 버렸을 것이 아닌가?…….

그리고 달빛 속에서 느릿느릿 기어가고 있는 이 거미와 이 달빛 자체, 함께 속삭이며, 영원한 사물에 대해 속삭이며 성문을 통해 난 길에 와 있는 나와 너, 우리 모두는 이미 존재했었음이 분명하지 않은가.[53]

---

53 KGW VI 1, 195~196쪽, *Also sprach Zarathustra*, Dritter Theil : Vom Gesicht und Räthsel
   2 ; 니체전집 13, 261~263쪽,《차라투스트라는 이렇게 말했다》, 제3부 : 곡두와 수수께끼에
   대하여 2.

흡사한 이야기가 앞에서 소개한, 차라투스트라가 짐승들과 나눈 대화에도 나온다. 몸져누웠다가 가까스로 자리에서 일어난 그는 곁에서 자신을 돌봐온 짐승들과 지난 이레 동안 자신이 겪은 일을 두고 이야기를 주거니 받거니 한다. 차라투스트라의 심중을 헤아린 짐승들이 말했다.

모든 것이 가고, 모든 것이 되돌아온다. 존재의 수레바퀴는 영원히 돌고 돈다. 모든 것이 죽고, 모든 것이 다시 소생한다. 존재의 해〔年〕는 영원히 흐른다.

모든 것이 꺾이고, 모든 것이 다시 이어진다. 똑같은 존재의 집이 영원히 지어지는 것이다. 모든 것이 헤어지고, 모든 것이 다시 만나 인사를 나눈다. 존재의 수레바퀴는 이렇듯 영원히 자신에게 신실하다.

순간 존재는 시작된다. 모든 여기를 중심으로 저기라는 공이 굴러간다. 중심은 어디에나 있다. 영원이라는 오솔길은 굽어 있다……[54]

그러자 차라투스트라가 대꾸했다.

나 다시 오리라. 이 태양, 이 대지, 이 독수리, 이 뱀과 함께. 그렇다고 새로운 생이나 좀 더 나은 생, 아니면 비슷한 생으로 다시 오는 것은 아니다.

나 더없이 큰 것에서나 더없이 작은 것에서나 같은, 그리고 동일한 생으로 영원히 돌아오는 것이다. 또다시 만물의 영원한 회귀를 가르치기 위해서 말이다.[55]

---

54 같은 책, 268~269쪽, Der Genesende 2 ; 같은 책, 361쪽, 건강을 되찾고 있는 자 2.
55 같은 책, 272쪽 ; 같은 책, 366쪽.

이들 대화의 내용은 극적이고 어휘는 현란하다. 그것만으로도 흥미를 느끼기에 충분하다. 우리는 이들 글에서 헤라클레이토스의 단편을 읽을 때와 같은 흥분과 감동을 느끼게 된다. 광활한 우주를 손에 넣고 다루듯 하는 그에게 경외심을 느끼게도 된다. 여기서 영원회귀는 종교적 오의처럼 심오한, 그러면서 알 듯 말 듯한 사상이 된다.

이 경지에서 니체는 이미 자연과학의 경계를 넘어서 있었다. 그는 자연과학에 매진했다. 그러나 그가 마음에 둔 것은 존재하는 것의 총체로서의 우주의 존재와 운행 방식을 밝혀내는 것이었다. 자연과학을 순수 자연과학으로 하지는 않았다는 것이다. 그가 한 것은 자연에 대한 철학이었다. 예서 그는 자연과학의 경계를 넘어서게 되었지만, 그렇다고 해서 저편에 또 다른 세계가 있다는 것은 아니다. 세계는 하나이고, 이때의 저편은 현상으로 주어지지 않은 세계의 근원을 가리키는 것으로 받아들여야 한다. 이 근원이 존재론에서 다루어온 세계의 뿌리다. 여기서 영원회귀에 대한 형이상학적 해석의 길이 열린다. 그러나 그 자연과학적 전제에서 볼 때 영원회귀는 순수 형이상학적 사변이 아니다. 자연과학적 전제 없이는 영원회귀를 설명할 길이 없다는 의미에서 그렇다. 자연과학적 전제, 곧 자연과학적 토대 위에 정초된 철학적 우주론, 이것이 영원회귀는 형이상학적 순환 이론의 하나인가, 자연과학 이론의 하나인가를 둘러싸고 제기되어온 해묵은 물음에 대한 답이 될 것이다.

2. 이른바 '모순'의 문제

(1) 힘에의 의지와 모순되지 않는가?

영원회귀는 '같은 것'의 영원한 회귀다. 모든 것이 무로 소멸하거나 무에서 생겨나는 일 없이 영원히 원래 상태로 돌아오도록 되어 있다는 점에서, 그 같은 회귀에 새로운 것은 있을 수 없다는 점에서 그렇다. 절대 상승과 절대 하강 또한 있을 수 없다. 이미 있는 것의 끝없는 반복이 있을 뿐이다. 무엇을 하든, 무엇을 추구하든 그 결과는 하나, 모든 것이 제자리로 돌아오는 것이다. 이런 세계에 추구할 목표는 있을 수 없다. 그렇다면 힘에의 의지는 무엇인가? 보다 많은 힘에 대한 지향, 보다 많은 힘을 목표로 하는 의지가 아닌가. 끝없이 상승하려는 힘에의 의지와 무엇을 하든 달라질 것이 없는 영원한 회귀, 이들은 서로 모순되지 않는가?

그렇게 보일 뿐이다. 힘이 지배하는 세계에서는 개별 힘들 사이의 싸움이 격하게 일어난다. 이 싸움에서는 승자만이 살아남는다. 그래서 모두가 보다 많은 힘을 확보하기 위해 분투한다. 그러나 이때의 보다 많은 힘이 힘 밖에 있는 목표는 아니다. 힘에의 의지, 그것은 힘이 존재하는 방식이다. 그 자신이 아닌 무엇을 향한 의지는 아니라는 것이다. 물론 싸움의 결과에 따라 개별적 힘의 단위에서 증감이 일어난다. 그렇다고 그것이 우주적 힘의 증대나 감소로 이어지는 것은 아니다. 격한 운동에도 불구하고 에너지의 총량에 변화가 없는 것과 같은 이치다. 높낮이가 있는 파도와 밀려들었다가 빠져나가는 밀물과 썰물에서 확인하게 되는 것도 그 같은 이치다. 파도와 밀물, 썰물 등 바다에 부침은 있지만, 그렇다고 절대 해수면이 상승하거나 하강하는 것은 아니다.

니체는 이를 두 측면에서 해석했다. 기계적 측면과 경제적 측면으로서, "기계적으로 본다면 생성의 전 과정에서 에너지는 일정하게 유지되지만, 경제적으로 본다면 에너지는 영원한 순환 과정에서 최고점에 오르기도 하고 최고점에서 다시 아래로 떨어지기도 한다. 이 힘에의 의지는 해석을 통해, 힘을 소비하는 방식을 통해 자신을 드러낸다"[56]는 것이다. 기계적 측면에서 보면 에너지 총량에 증감이 없지만 경제적 측면에서 보면 에너지 운동은 상승과 하강으로 되어 있다는 것이다. 힘에의 의지가 작동하는 것은 이 경제적 측면에서다.

영원회귀와 힘에의 의지가 모순 관계에 있지 않나 묻기 전에, 힘에의 의지가 없다면 어떻게 될까 되물어볼 수 있다. 영원한 회귀라는 운동이 가능할까? 가능하지 않다. 힘에의 의지가 없다면 더 많은 힘을 확보하려는 의지에서 촉발되는 힘들 사이의 충돌이나 마찰이 있을 수 없을 것이고, 충돌이나 마찰이 있을 수 없으니 밀고 밀리는 운동, 곧 상승과 하강이 있을 수 없을 것이기 때문이다. 그렇게 되면 힘이 완전한 균형을 이룰 때와 마찬가지로 우주 내 모든 것이 정지 상태에 들 것이고 회귀의 수레바퀴는 멎게 될 것이다. 이것은 힘에의 의지가 없다면 그 어떤 회귀 운동도 있을 수 없다는 것을 가리킨다.

우리가 살고 있는 이 회귀의 세계는 어떠한가? 모든 것이 운동을 하고 있지 않은가. 그것은 역으로 힘에의 의지가 작동하고 있다는 것을 말해주지 않는가. 여기서 힘에의 의지는 영원한 회귀를 일으키는 운동의 동력으로 이해된다. 힘에의 의지는 영원회귀와 모순되지 않는다. 오히려 그 조건이 된다.

---

56 KGW VIII 2, 201쪽, 10(138) (250) ; 니체전집 20, 238쪽, 10(138) (250).

(2) 위버멘쉬와 모순되지 않는가?

니체는《차라투스트라는 이렇게 말했다》에서 영원회귀에 대한 가르침을 펴면서 위버멘쉬를 오늘을 사는 인간이 성취해야 할 목표로 제시했다. 인간은 자신을 극복해 자신 위에 자신을 세워야 한다는 것이다. 여기서 묻게 되는 것이, 상승을 했다고 해서 영원히 그 높이를 지킬 수 있는 것도 아니고 하강을 했다고 해서 영원히 그 자리에 주저앉는 것도 아닌 회귀의 세계에서 왜 우리는 우리 자신을 극복해야 하며, 그 위에 우리 자신을 세워야 하는가 하는 것이다. 영원히 회귀하는 세계에서 우리는 우리의 의사와 상관없이 원래 상태로 돌아오게 되어 있다. 이럴 때 우리 자신을 회귀라는 우주 운동에 맡기는 것 말고 달리 할 수 있는 일이 없다. 이런 세계에 위버멘쉬라는 목표가 있을 수 있는가?

그 대답은 위버멘쉬가 어떤 유형의 인간인가 하는 데 있다. 위버멘쉬는 지금까지의 형이상학적 미망에서 벗어나 우리가 살고 있는 이 세계를 유일한 현실로 받아들이는, 그러니까 깨어난 인간이자, 도덕적 가식에서 벗어나 있는 그대로의 삶을 사는 자유롭고 정직한 인간이다. 형이상학적 망상 따위로 혼탁해지지 않은 맑고 투명한 눈을 갖고 있는 인간이다. 그런 인간만이 할 수 있는 것이 우주 운행을 왜곡 없이 있는 그대로 받아들이는 일이다. 영원한 회귀라는 우주 운행이 통찰되는 것도 그런 인간에게서다. 이것은 무엇을 의미하는가? 영원회귀를 우주 운행의 원리로 받아들이려면 먼저 위버멘쉬가 되어야 한다는 것, 영원회귀가 우주 운행의 원리로서 의미를 갖으려면 위버멘쉬와 같은 깨어 있는 인간이 있어야 한다는 것을 의미한다.

위버멘쉬는 영원회귀를 뛰어넘거나 돌파하도록 되어 있는 목표가 아니다. 영원회귀에 귀의해 그 속에서 자신의 존재 의미를 찾고 모든 것을 가감 없이 승인하고 긍정하는 인간이다. 위버멘쉬도 회귀를 한다. 그 과정에서 상승도 하고 하강도 한다. 위버멘쉬는 결코 한번 성취하면 그만인 존재론적 목표가 아니다. 깨어난 인간, 세상의 이치를 통찰한 인간일 뿐이다. 여기서 위버멘쉬는 깨달음, 곧 인식의 문제가 된다. 영원회귀와 그것을 우주 운행 원리로 받아들이는 위버멘쉬는 결코 모순되지 않는다. 물론 영원회귀는 엄연한 우주의 원리로서, 인간에게 통찰되거나 긍정되어야 할 필요를 갖고 있지 않다. 그러나 현실적인 의미라는 점에서 영원회귀와 위버멘쉬는 서로를 필요로 한다고 말할 수 있을 것이다.

3. 그 밖의 문제들

(1) 같은 것이 회귀하는 세계—변화의 세계인가 존재의 세계인가?

모든 것이 영원히 회귀하는 세계는 끝없는 운동의 세계, 잠시도 쉬지 않고 유전하는 세계다. 이 같은 세계에서 실재적인 것은 변화뿐이다. 일찍이 헤라클레이토스는 항구적 실체를 부인하고 변화만이 실재적이라고 했다. 이와 반대로 파르메니데스는 변화를 속견으로 간주하고 실재의 항구 불변성을 강조했다. 이 실재를 그는 존재라고 불렀다. 헤라클레이토스를 사상적 조상의 한 사람으로 기려온 니체는 그의 편에 섰다. 그는 변화를 실재로 받아들이는 한편 '존재'를 빛바랜 추상으로 간주해 그 실재성을 인정하지 않았다.

변화를 실재적인 것으로 본 니체에게 세계는 역동적인 디오니소스적 세계다. 그는 철학에서도 디오니소스적 철학을 표방했다. 디오니소스 철학에서 결정적인 것이 소멸과 파괴, 대립과 투쟁, 그리고 생성에 대한 긍정과 함께 '존재' 개념에 대한 극단적 거부다. 디오니소스적 철학을 내세우면서 그는 헤라클레이토스에게 더없이 친근감을 느낀다는 것을 인정하지 않을 수 없다고 했다. 영원회귀가 이미 헤라클레이토스에 의해 가르쳐졌을지도 모른다고 한 자리에서였다. 존재에 대한 극단적 거부, 이로써 니체는 파르메니데스의 존재를 거부한 것이 된다.

니체는 이렇듯 존재를 거부했고, 변화인가 존재인가 하는 문제는 그로써 일단락되는 듯했다. 그러나 영원회귀와 함께 변화냐 존재냐 하는 문제는 새로운 국면을 맞게 되었다. 니체는 힘과 힘의 운동이 있을 뿐 그밖에는 아무것도 없다고 했다. 그 밖에 아무것도 없다는 것은 비존재, 곧 무는 존재하지 않는다는 것을 뜻하며, 무가 존재하지 않는다는 것은 그 어떤 것도 무에서 생겨나지 않으며 무로 소멸하지 않는다는 것을 뜻한다. 그렇게 되면 존재하는 것은 불생불멸하게 된다. 결국 존재하는 것은 존재하고 존재하지 않는 것은 존재하지 않게 된다. 존재하는 것은 존재하고 존재하지 않는 것은 존재하지 않는다는 것은 파르메니데스 존재 이론의 핵심이 아닌가.

헤라클레이토스는 그 누구도 같은 냇물에 두 번 들어갈 수 없다고 말한 것으로 전한다. 새로운 물이 계속 유입되기 때문에 시간의 경과 속에 같은 냇물이란 것이 있을 수 없고 다시 그런 냇물에 들어가는 사람 또한 잠시도 쉬지 않고 변화하기 때문에 같은 사람이라고 말할 수 없다는 이유에서였다고 한다. 같은 것이 영원히 회귀하는 세계에서도 그럴까? 그렇지 않을 것이다. 같은 것이 영원히 회귀하는 세계에 새로운 것은 있을 수 없다. 이것은 회귀의 세계에는 엄밀한 의미에서 새로운 냇물, 새로운 사람이 있을 수 없음을 뜻한다. 냇물은 반복해서 바로 그 냇물로 돌아오고 사람 또한 반복해서 바로 그 사람으로 돌아오도록 되어 있기 때문이다. 결국 역설적으로 같은 사람이 같은 냇물에 반복해서 들어갈 수밖에 없게 된다. 반복이 일어나는 시간 단위가 문제 되고 반복의 과정이 문제 될 뿐이다.

이렇게 되면 니체는 파르메니데스의 존재 편에서 헤라클레이토스의 변화를 논박한 것이 된다. 여기서 다시 묻게 된다. 영원히 회귀하는 세계는 변화의 세계인가 존재의 세계인가? 힘에의 의지의 세계는 변화의 세계다. 이에 반해 같은 것이 영원히 회귀하는 세계는 절대 생성과 소멸이 없는 세계로서 엄밀한 의미에서 존재의 세계가 된다. 이를 어떻게 설명할 것인가? 니체는 힘의 활동은 기계적으로 볼 때와 경제적으로 볼 때가 다르다고 했다. 마찬가지가 아닐까. 기계적으로 보면 존재가 되고 경제적으로 보면 변화가 되지 않을까.

분명한 것은 존재와 변화가 더 이상 선택의 문제가 되지 않는다는 점이다. 실제로 니체는 변화를 이미 있는 것들의 이합집산으로 보고 절대 생성과 소멸을 인정하지 않음으로써 파르메니데스의 존재에 한 발짝 다가섰다. 그러면서도 이합집산을 통한 것일망정 변화를 실재적인 것으로 인정함으로써 헤라클레이토스를 떠나지 않았다. 변화와 존재는 끝내 접점을 갖게 되는데, 바로 이 영원회귀에서다. 여기서 니체는 변화(생성)만으로는 되지 않는다고 보게 되었다. 변화에 존재가 각인되어야 한다는 것이다. 그리고 변화에 존재를 각인하는 것이 최상의 힘에의 의지가 된다고 했다. 나아가 모든 것이 회귀한다는 것이야말로 생성의 세계를 극단으로 존재의 세계에 접근시키는 것이 되며, 그렇게 보는 것이 우리가 할 수 있는 최고의 고찰이 된다고 했다.[57]

(2) 불교의 윤회 사상과 어떤 영향 관계에 있는 것이 아닐까?

앞에서 니체의 영원회귀가 피타고라스의 윤회 사상과 가깝기는 하지만 그가 피타고라스의 영향을 받은 것은 아니라고 했다. 학자들은 피타고라스가 우파니샤드에 기원을 둔 것으로 보이는 오르페우스교의 윤회 사상을 받아들였거나, 동방 여행 중에 접촉한 힌두교로부터 직접 윤회 사상을 받아들인 것으로 보고 있다. 그의 윤회 사상 역시 그 기원을 동방에 두고 있다는 것이다.

동방 윤회 사상 하면 떠오르는 것이 있다. 불교의 윤회설이다. 니체는 불교를 상당 수준 알고 있었다. 피타고라스 철학에 냉담했던 그는 불교에 대해서는 관심을 보였고, 전적인 것은 아니었다 하더라도 우호적이었다. 그는 불교의 핵심 교리의 하나인 윤회설도 숙지하고 있었을 것이다. 그렇다면 그가 불교의 윤회설에서 영원회귀의 단서를 찾아낸 것은 아닐까. 아니면 불교의 영향 아래서 영원한 회귀에 눈뜬 것이 아닐까.

니체가 불교를 포함해 고대 인도 사상을 접한 것은 김나지움 시절에 교사 슈타인하르트K. Steinhart와 코버슈타인K. A. Koberstein을 통해서였다. 기초 교육 과정 중의 접촉이었던 만큼 깊이 있는 것은 되지 못했다. 그러다가 1864년에 본 대학에 진학하면서 다시 인도 사상과 접촉하게 된 것으로 보인다. 그곳에서 샤르슈미트 교수의 '철학의 일반 역사'를 수강했던 것인데, 학자들은 이때 그가 인도 사상에 다시 접할 기회를 가졌으리라고 추정한다. 그가 쓴 노트에 불교와의 연관에서 허무주의란 말이 나온다. 한 해 정도 본에 머문 그는 라이프치히 대학으로 대학을 옮겼다. 라

---

57 KGW VIII 1, 320쪽, 7〔54〕 ; 니체전집 19, 380쪽, 7〔54〕.

이프치히에서의 어느 날, 그는 우연히 쇼펜하우어의 《의지와 표상으로서의 세계》를 발견하게 되었다. 이 발견이 그에게 불교 이해의 전기가 되었다.

쇼펜하우어는 고대 인도 사상에 밝았던 첫 서양 철학자였다. 그는 일찍부터 인도학자 프리드리히 마이어를 통해 오우프네카트(우파니샤드)를 알게 되었으며 슐레겔을 통해 인도 신화, 유출설, 윤회전생 등을 접하게 되었다.[58] 중국에서 꽃피운 대승불교도 알게 되었는데, 역시 마이어를 통해서였다. 타고난 염세주의자였던 그에게 생은 무의미한 고통이었다. 그의 말대로 한숨의 골짜기였다. 그는 그 고통으로부터의 해방을 우선 과제로 삼았다. 이때 그에게 구원의 빛을 던져준 것이 힌두 사상과 불교, 앞에서 이야기한 고행을 통한 해탈이었다.

니체는 《의지와 표상으로서의 세계》를 통해 쇼펜하우어의 인도 사상 편력을 접하게 되었다. 역시 타고난 염세주의자였던 니체는 쇼펜하우어 철학에 심취했다. 머지않아 생을 부인했다는 이유로 그에게 등을 돌리게 되지만, 불교와 힌두 철학에 대한 초기 이해에서 니체는 그에게 적잖은 도움을 받았다.

니체가 이들 인도 사상을 보다 깊이 학습하게 된 것은 교수로 바젤 대학에 부임한 1869년 이후의 일로 보인다. 모자라는 부분을 벌충이라도 하려는 듯 그는 틈틈이 불교와 힌두 철학 관련 문헌을 구해 보았다. 1870년과 1871년 사이에 그는 바젤 대학 도서관에서 쾨펜K. F. Köppen의 《붓다의 종교Die Religion des Buddha》를 빌려 읽었고, 1878년과 1879년 사

---

58 A. Hübscher, "Schopenhauer und die Religionen Asiens", *Schopenhauer-Jahrbuch*, Bd. 60(Frankfurt am Main, 1979), 3~5쪽.

이에는 하우크M. Haug의《브라마와 브라마넨Brahma und die Brahmanen》
을 빌려 읽었다. 그런가 하면 남아 있는 그의 장서 중에 올덴베르크H.
Oldenberg의《붓다. 그의 삶과 가르침, 그리고 교단Buddha, Sein Leben, seine
Lehre, seine Gemeinde》과 바커나겔J. Wackernagel의《브라마니즘의 기원에
관하여Über den Ursprung des Brahmanismus》가 있어 불교를 포함한 고대 인
도 사상에 대한 그의 식을 줄 모르는 관심을 확인할 수 있다.

평생 친구 도이센P. Deussen도 큰 도움이 되었다. 도이센은 훗날 '쇼펜
하우어 학회'를 설립해 쇼펜하우어 철학의 국제화를 주도하게 될 철학
자였다. 그는 고대 인도 문헌의 번역과 출간으로 이름이 나 있었다. 1883
년, 니체는 그해에 나온 도이센의《베단타의 체계Das System des Vedânta》
를 탐독했다. 1887년에는 도이센이 니체를 방문해 자신이 번역한《베단
타의 수트라Die Sûtra's des Vedânta》를 선물하기도 했다.

니체는 다양한 경로로 불교와 접촉했고, 상당 수준 불교를 알고 있었
지만 정통했다고는 말할 수 없다. 그는 식을 줄 모르는 관심에도 불구하
고 불교를 체계적으로 연구하지 않았다. 쇼펜하우어와 달리 거기에서 구
원의 빛을 보지도 못했다. 오히려 그는 그 자신의 철학이 완성되는 과정
에서 불교와 충돌하게 되었다.

니체는 불교에 대해 호감을 갖기도 했고 반감을 갖기도 했다. 호감은
불교가 초월적 망상을 갖고 있지 않다는 점, 그래서 불교가 그리스도교
보다 백배나 실제적이며 객관적이라는 점, 거기에다 수백 년에 걸친 철
학 운동을 배경으로 하여 등장했기 때문에 신의 개념을 갖고 있지 않다
는 점, 그만큼 성숙해 있었다는 점[59]에 있었다. 그는 불교를 역사상 하나

---

59 KGW VI 3, 184쪽, Der Antichrist, 20 ; 니체전집 15, 236쪽,《안티크리스트》, 20.

밖에 없는 실증적 종교로 받아들였다. 불교는 '죄'와 죄에 대한 싸움 운운하는 그리스도교와 달리 고통스러운 현실에서의 '고통에 대한 싸움'을 말해왔다.[60] 선과 악이라는 비자연적 가치를 뛰어넘어 자연으로 돌아갈 것을 요구한 니체는 그런 불교를 선악 저편의 종교로 기리고는[61] 유럽은 아직 불교를 받아들일 만큼 성숙해 있지 못하다고까지 했다.[62]

니체는 불교를 그리스도교 위에 두었다. 그러다가 불교의 우위는 상대적인 것으로 바뀌었다. 불교 내면의 허무주의와 퇴폐의 기조를 읽게 되면서부터였다. 그는 허무주의적이라는 점에서 불교는 그리스도교와 다를 것이 없다고 보았다.[63] 그에게 이 땅에서의 생에 등을 돌리고 니르바나를 추구하는 불교는 현실의 생을 거부하고 내세에서의 영생을 꿈꾸는 그리스도교와 하나가 되었으며, 퇴폐적이라는 점에서도 그리스도교와 하나가 되었다.[64] 여기에 그의 불교에 대한 반감이 있었다.

불교를 이야기할 때 빼놓을 수 없는 것이 니르바나와 업, 그리고 윤회전생이다. 그러나 니체가 이들에 특별히 주목한 것 같지는 않다. 앞에서 언급한 올덴베르크의 저서는 니체의 질바플라나 호반에서의 체험과 같은 해인 1881년에 나왔다. 얼마간의 시차를 두고 읽었을 것으로 보이지만, 이후 영원한 회귀를 반복해서 거론하면서 니체는 불교의 윤회설을 언급하지 않았다. 불교의 윤회설이 특별히 그의 관심을 끌지는 못했기 때문이 아닐까.

---

60 같은 책, 같은 곳 ; 같은 책, 같은 곳.
61 같은 책, 같은 곳 ; 같은 책, 같은 곳.
62 같은 책, 187쪽, 22 ; 같은 책, 239쪽, 22.
63 KGW VIII 2, 409쪽, 11〔373〕; 니체전집 20, 490쪽, 11〔373〕.
64 KGW VI 3, 184쪽, *Der Antichrist*, 20 ; 니체전집 15, 235쪽, 《안티크리스트》, 20.

영원회귀의 관점에서 볼 때 니체는 오히려 불교의 윤회설에 거부감을 느꼈을 것이다. 이 거부감은 영원회귀와 윤회설의 불화에서 기인하는 것으로, 그 점에서 그의 철학에 불교의 윤회설이 자리할 곳은 처음부터 없었던 것으로 보인다. 니체의 영원회귀와 불교의 윤회설은 윤회하거나 회귀하는 것은 무엇인가, 윤회나 회귀는 어떻게 일어나며 우리는 그 같은 것들에 어떻게 처신해야 하는가 하는 문제에서 다르다 못해 상반된 견해를 보이기까지 했다.

불교에서 윤회하는 것은 중생이다. 생명이 있는 모든 것이다. 이와 달리 니체의 영원회귀에서 회귀하는 것은 존재하는 모든 것이다. 중생은 그 가운데 하나일 뿐이다. 따라서 영원회귀에서는 사람이든 나무든 돌이든 예외가 없다. 그것은 우주 전체의 운행 법칙이다. 윤회나 회귀의 방식도 다르다. 윤회설에 따르면, 중생의 행위는 씨앗과 같은 것이어서 열매를 맺는다. 결과를 보게 된다는 것이다. 현세에서 못 본다면 내세에서라도 보게 된다. 이때의 행위가 업이다. 중생은 이 업에 따라 윤회하는 생을 살게 된다. 즉 지옥, 축생, 아귀, 아수라, 인간, 신으로 되어 있는 육도(六道) 속에서 생사를 거듭하게 된다. 이것이 인과응보로서, 그 어느 것도 이 인과 법칙의 지배에서 벗어나지 못한다. 이와 달리 니체에게 있어 우주는 도덕적 실체가 아니다. 따라서 영원회귀에는 업이 없다. 영원회귀가 기계적으로, 즉 인과 법칙에 따라 진행되는 것도 아니다. 니체에게 있어 이 회귀를 일으키는 것은 힘이고, 이때 결정적인 것은 힘에의 의지다.

윤회하거나 회귀하는 세계에서 어떻게 살 것인가에 대해서도 니체는 불교와 상반된 길을 제시했다. 불교에 따르면 육도 속에서 거듭되는 중생의 생사는 그 자체로 고통이 아닐 수 없다. 이 같은 고통으로부터의 해방은 윤회의 굴레에서 벗어나는 데 있다. 해탈이 되겠는데, 불가에서는 해탈을 수행의 궁극적 목표로 삼는다. 고통스러운 것이라는 점에서는 니체의 영원회귀도 마찬가지다. 같은 것의 영원회귀란 존재하는 것의 무의미한 반복에 불과하고 그 같은 반복에서 우리는 극단의 권태를 느끼게 되기 때문이다. 이 고통에서 벗어나 의미 있는 삶을 살 길은 없다. 부인도 해보고 저항도 해보지만 결과는 늘 같다. 삶은 고통 그 자체다. 어떻게 할 것인가? 여기서 니체는 윤회의 고리를 끊어버리라는 불교의 가르침과 반대되는 해법을 내놓았다. 영원회귀를 우주의 참모습으로 받아들이고 적극적으로 긍정해 우리 자신의 삶의 방식으로 삼으라는 것이다. "좋다. 그렇다면 다시 한 번!"을 말할 수 있는 경지에 오르라는 것, 영원히 회귀하는 세계에서 벗어나려 하는 대신 그 속으로 뛰어들어 그 속에서 자신의 운명을 사랑하라는 것이다.

4. 영원회귀, 아직도 유효한가?

영원회귀는 자연과학의 토대 위에서 전개된 우주론이다. 그러나 이때의 자연과학은 니체가 살았던 19세기의 자연과학이었다. 이후 한 세기 넘게 시간이 흘렀고, 그사이 자연과학은 놀라울 정도로 발전했다. 새로운 이론도 많이 나왔으며 당시의 이론 가운데 적지 않은 것이 논박되고 수정되었다. 니체는 영원회귀가 자연과학적으로 충분히 뒷받침되며 영원회귀 말고 다른 가능성은 있을 수 없다고 확신했다. 그러나 지금까지 자연과학에 재검토의 여지가 없는 절대, 이를테면 보완이나 수정은 물론 반박의 여지가 없는 절대는 존재하지 않았다. 니체가 받아들인 닫혀 있는 공간과 열려 있는 시간, 그리고 힘도 예외가 되지 않는다.

닫혀 있는 공간에 열려 있는 시간, 그 안에서의 힘과 힘의 운동이라는 전제가 재론되고, 끝내 의심스럽게 된다면 니체의 영원회귀는 바탕에서부터 흔들릴 수밖에 없다. 이미 고개를 들고 있는 것이 그럴 가능성이다. 니체 사후에 유한한 공간과 무한한 시간 그리고 총량이 일정하다는 힘에 대한 이론을 흔드는, 부분적으로 뒤엎는 이론들이 나왔다. 무엇보다도, 무는 존재하며 무로부터의 창조가 가능하다는 이론이 나왔다. 이 이론의 등장으로 힘에 대한 재론은 물론 공간과 시간에 대한 재론이 불가피해졌다. 니체는 무는 존재하지 않는다는 전제에서 출발했다. 무가 존재하지 않으니 무에서 생겨나는 것도, 무로 사라지는 것도 없다는 것이었다. 우주는 그 크기와 물질의 양과 종류에서 영원히 변치 않는다는 당시 우주 모델을 그대로 반영한 것으로서, 아인슈타인도 그렇게 믿었다.

이후 우주가 팽창하고 있다는 것이 밝혀지고 태초에 빅뱅이 있었다는 것을 입증할 자료들이 속속 나오면서 새로운 우주 모델이 제시되게 되었다. 우주는 무에서 태어났고 그 직후에 빅뱅 단계에 이르렀다는 것, 때가 되면 다시 무로 돌아가 소멸하게 될 것이라는 내용이다. 이 모델에 따르면 우주는 자체 중력을 이겨내며 팽창을 하게 되는데 그 과정에서 많은 에너지가 소모되고 그 소모 정도에 따라 팽창을 멈추고 빠른 속도로 수축하면서 빅뱅의 반대 현상이 일어나게 된다. 즉 우주가 하나의 덩어리, 고(高)에너지 상태가 되어 정지 상태에 들게 되고 이 정지 상태와 더불어 우주는 끝내 무로 돌아간다. 호킹 등의 주장이다. 그렇게 되면 에너지는 물론 시간과 함께 공간도 사라지게 된다.

1980년대에 들어와서는 창생론이란 것까지 나왔다. 빌렌킨A. Vilenkin 의 이론으로, 무는 존재하고 그 무로부터의 창조 또한 가능하다는 것이다. 여기서 무는 시간과 공간은 물론 에너지가 없는 상태를 말한다. 빌렌

킨의 주장은, 양자론에 따르면 아무것도 없는 진공 속에서 입자가 계속 태어나고 소멸하는데 그로부터 무의 상태에서 작은 우주가 자연적으로 생겨난다는 것을 계산해낼 수 있다는 것이다.

이들 이론에서 니체 영원회귀의 자연과학적 전제들은 의심스러운 것이 되었다. 물론 확정된 것은 아직 없다. 자연과학의 성격상 확정적인 것은 있을 수 없을 것이다. 창생론과 빅뱅 이론 등도 오늘날 유력한 이론으로 받아들여지고는 있지만 그 검토가 끝난 것은 아니다. 때가 되면 이들 이론도 논박될 수 있다. 자연과학에 보완이나 수정 그리고 반박의 여지가 없는 절대가 존재하지 않는다면 이들 이론이라고 해서 예외가 될 수는 없기 때문이다. 물론 그렇다고 해서 이들 이론이 의미를 잃는 것은 아닐 것이다. 보완과 수정, 그리고 반박이 지금까지 자연과학이 걸어온 길이다. 이 단계에서 우리가 생각해볼 수 있는 것이 영원회귀 또한 언젠가는 지난날의 우주 모델이 될 수 있다는 점이다. 오늘날 천동설을 이야기하듯 영원회귀를 이야기할 때가 올 수도 있다는 점이다.

자연과학의 세계에는 확정된 것이 없지만 자연과학에 종사하거나 자연과학의 성과를 받아들이는 사람들에게는 변치 않는 덕목이 있다. 과학의 정신, 곧 열려 있는 마음이다. 탈레스와 오늘날의 자연과학자 사이의 차이는 그들이 살았던 시대의 자연과학 수준의 차이에서 기인한다. 그러나 정신에서는 하나다. 니체 역시 마찬가지다. 그의 영원회귀가 그 유효성 여부에 상관없이 의미를 갖게 되는 것은 바로 이 정신에서일 것이다.

영원회귀가 더 이상 유효하지 않을 경우, 니체 철학을 떠받들어 온 축하나가 무너지게 된다. 큰 충격이 뒤따르겠지만 그의 철학 전체를 무너뜨릴 정도의 충격은 되지 않을 것이다. 물론 영원회귀가 파기되면 니체의 우주론과 함께 그것과 연계되어 있는 주제들, 이를테면 우리가 곧 다루게 될 우주 허무주의 등에 대한 재해석이 불가피할 것이다. 그렇다고 신의 죽음, 가치의 전도, 힘에의 의지는 말할 것도 없고 위버멘쉬와 같은 니체 철학의 핵심 주제들이 그 때문에 근본에서부터 다시 논의되어야 하는 것은 아닐 것이다.

/ 제10장 /

우주 허무주의

1. 허무주의

영원히 회귀하는 세계에서 우리는 태어났다가 죽고 죽었다가 다시 태어나는 일을 끝없이 반복하게 된다. 이처럼 끝없이 반복되는 것이 삶이라면 그것은 영생의 또 다른 방식이 될 것이고, 다가올 죽음으로 모든 것이 끝난다는 생각에서 죽음을 두려워하는 사람들에게는 위안이 될 것이다. 죽었다가 다시 태어나는 것은 잠시 잠에 들었다가 깨어나는 것과 다를 바 없을 것이기 때문이다. 이 얼마나 다행인가. 그래서 영원한 회귀를 환영하게 되지만 과연 그래서 다행인지, 생각해볼 일이다.

영원한 삶을 소망하면서도 우리는 정작 영원히 산다는 것이 무엇을 의미하는지 모른다. 영원을 끝없는 시간 정도로 생각하고 있을 뿐이다. 우리에게는 옛날을 돌이켜보거나 앞날을 내다보면서 시간을 자의적으로 늘려본 경험이 있다. 그리하여 긴 시간을, 보다 긴 시간을, 그보다 더 긴 시간을 떠올리는 것에 익숙하다. 영생에 대한 소망에서 100년에 100년을 더 살 수 있으면, 즉 200년을 살 수 있으면 하고 소망해보기도 하고, 더 늘려 천 년, 만 년까지 머릿속에 그려보기도 한다. 그러나 그것도 끝이 아니다. 앞에서 보았듯이, 평생을 앉아 그런 식으로 늘려본다고 하더라도 시간의 끝은 눈에 들어오지 않기 때문이다. 그래서 우리는 영원한 생이 어떤 것인지 모른다.

영생을 소망하면서 우리는 낙원에서의 영원한 삶을 떠올린다. 낙원에서의 영원한 삶이라면 더없는 축복이 될 것이다. 그러나 그런 삶에 끝이 없다면 어떻게 될까. 1,000만 년, 1억 년을 그렇게 살다 보면 따분해지지 않을까. 끝내 싫증을 내게 되지 않을까. 조지 버나드 쇼의 희곡 〈인간과 초인Man and Superman〉에도 "천국은 싫증이 난단 말이야"라는 말이 나온다.[1] 사람을 싫증 나게 만드는 곳이라면 그곳은 더 이상 천국이 아닐 것이다.

레안더R. Leander의 동화에 이런 이야기가 나온다. 어떤 사내가 죽어 베드로 앞에 섰다. 베드로가 그에게 친절하게 무엇을 원하는지 물었다. 다른 사람이 아닌 베드로가 영접을 나온 것도 그렇고 친히 원하는 것을 묻는 것으로 보아 영락없는 천국이었다. 사내는 행복했던 삶의 순간을 떠올리고는 풍성한 아침 식사와 세상 소식을 전해주는 읽을거리 등을 주문했다. 생전에 그를 행복하게 했던 것들이었다. 주문대로 되었다. 하루하루가 그렇게 지나갔다. 아주 행복했다. 천국은 이런 곳이려니 했다. 이렇게 5년, 10년 지내고 나니까 일상에서 생기가 가시고 사는 것이 왠지 따분해졌다. 변화를 찾아보지만 허사였다. 매일 아침 어김없이 다른 것들과 함께 풍성한 아침 식사와 읽을거리가 나왔다. 점점 따분하다 못해 지루하기까지 했다. 나중에는 모든 것이 권태로워졌고, 권태가 깊어지면서 산다는 것 자체가 고역이 되었다. 휴식이 필요했다. 그러나 영원한 삶에 그런 휴식이 있을 리 없다. 다음 날 아침에도 그는 어김없이 풍성한 식사와 읽을거리 따위를 받아야 했다. 더 이상 참을 수 없었다. 그래서 베드로에게 천국이 이런 곳이냐고 불평을 털어놓았다. 그러자 베드로는 사내에게 뭔가 잘못 알고 있다고 말했다. 사내가 있는 곳은 바로 지옥이었던 것

---

1 G. B. Shaw, *Man and Superman* (New York : Barnes & Noble Classics, 2004), 425쪽.

이다. 이렇듯 좋은 것, 원하는 것의 되풀이라고 하지만 그것이 끝없는 단순 반복이라면 그런 세계가 지옥이 아니고 무엇이란 말인가. 고통스러운 삶의 반복이라면 더 말할 것도 없다.

풍성한 식사와 읽을거리 등은 그 나름의 의미가 있는 것들이다. 그 정도의 의미도 없는, 아무 목표나 목적 없는 무의미한 삶을 끝없이 반복해야 한다면 더할 수 없이 고통스러울 것이다. 그나마 다행인 것은 인간에게는 그 같은 반복에 대한 기억이 없다는 점이다. 그래서 태어날 때마다 새로운 삶을 살고 있다고 믿어 삶에 의미를 부여하게 된다. 그 삶이 일회적이라는 생각에서 열심히 시간을 아껴가며 살기도 한다. 그 삶이 고통스러운 것일 수도 있다. 그렇다 하더라도 그 고통이 이 생으로 끝이라는 생각에서 위로를 받게 된다. 그러나 그런 삶에 끝이 있을 수 없다는 사실, 좋건 나쁘건 그런 삶을 이미 무수한 횟수에 걸쳐 살아왔고 앞으로도 살게 될 것이라는 사실에 눈뜨는 순간 상황은 달라진다.

우리 가운데 어느 누구도 자신의 삶을 선택하지 않았다. 그 까닭을 모른 채 태어나 살다 죽는 일을 끝없이 반복해왔을 뿐이다. 그런 삶에 목표와 목적이 있을 리 없다. 그런데도 그런 삶을 앞으로도 끝없이 반복해야 한다. 공허하고 허무한 일이 아닐 수 없다. 무엇을 하든 그 끝은 하나, 바로 끝 모를 깊은 공허와 허무다. 이 공허와 허무를 응시하는 순간 우리는 전율하게 된다. 이때 우리를 엄습하는 것이 허무주의다. 삶에서 그만큼 위협적이고 파괴적인 것도 없다. 여기서 역설이 성립한다. 우리는 영원한 삶을 소망하고 그런 삶이 행복한 것이기를 바라지만 그것이 권태를 가져오고 그 권태가 끝내 고통이 된다면 그런 삶은 우리에게 축복이 아니라 저주가 될 수 있다는 것이다.

그럴 때 우리는 "이제 그만!" 하고 소리치게 될 것이다. 무의미한 회귀의 고리를 끊고 안식하고 싶어서다. 고통에서 벗어나 쉬고 싶은 것이다. 그러나 이 우주는 우리의 그 같은 외침에 귀 기울이지 않을 것이다. 무심하고 냉엄하게 그 가공할 우주 운동을 반복할 것이다. 이 얼마나 끔찍한 일인가. 여기서 우리는 절망하게 되고 절망 속에서 삶을 저주하게 된다. 이 같은 정황을 니체는《즐거운 학문》에서 이렇게 그리고 있다.

어느 날, 또는 어느 날 밤, 어떤 악령이 더없는 고독 속에 있는 네게 다가와 '네가 지금까지 살아왔고 지금도 살고 있는 이 삶을 너 다시 한 번, 그리고 무수한 횟수에 걸쳐 살아야 하며, 거듭된 삶에 새로운 것이란 있을 수 없고, 다만 모든 고통과 기쁨, 모든 생각과 한숨, 그리고 너의 삶의 말할 수 없이 작고 큰 것들이 네게 같은 순서와 배열로 되돌아와야 하며—나무 사이의 이 달빛과 거미, 그리고 이 순간과 나 또한 되돌아와야 하고. 영원한 존재의 모래시계는 거듭 돌려지고—그리고 먼지 가운데서 가장 미세한 먼지인 너 또한 그와 더불어!'라고—말한다면 너 어찌 땅에 꺼꾸러져 이를 갈며 그렇게 말하는 악령을 저주하지 않겠는가?[2]

영원회귀에서 오는 이 같은 허무주의가 우주 차원의 허무주의다. 니체가 극단적 허무주의라고 부른 허무주의다. 니체는 유럽에서의 그 같은 허무주의를 불교의 유럽적 형태로 보았다.[3] 극단적 허무에 대한 경험이라는 점에서 영원회귀에서 오는 허무주의와 불교 허무주의는 하나이지만, 허무에 대처하는 방식에서는 다르다. 불교 역시 허무를 기조로 하

2 KGW V 2, 250쪽, *Die fröhliche Wissenschaft*, Viertes Buch : Sanctus Januarius 341 ; 니체전집 12, 314~315쪽,《즐거운 학문》, 제4부 : 성 야누아리우스 341.
3 KGW VIII 1, 217쪽, 5(71) 6 ; 니체전집 19, 265~266쪽, 5(71) 6.

지만 거기에는 허무에서 벗어날 방도가 마련되어 있다. 출구로서 해탈을 통해 들 수 있는 니르바나가 그것이다. 현실적 삶에서는 그것이 추구해야 할 이상이 되며 살아야 할 의미가 된다. 이와 달리 영원회귀에서 오는 허무주의에는 출구가 없다. 해탈도 없고 니르바나도 없다. 게다가 그리스도교가 말하는 구원도 없다. 끝을 알 수 없는 절망과 체념이 있을 뿐이다.

니체는 생명, 곧 삶은 기쁨이 솟아오르는 샘이라고 했다. 그의 생명 예찬은 신앙에 가까운 것이었다. 그러나 이처럼 허무하고 고통스러운 것이 우리의 삶이라면, 그것은 오히려 비탄의 샘이 되지 않을까. 절망과 체념에서 오는 비탄, 이것이 니체 철학의 끝인가?

2. Amor fati(운명애)

허무주의는 인간의 운명이다. 벗어날 길이 없다는 뜻에서 그렇다. 그렇다고 인간은 선뜻 물러서지 않는다. 물러서는 대신에 그것을 모면할 길이 없을까, 그 길을 모색하게 된다. 그 결과에 상관없이 예서 인간은 운명과 대면하게 되고, 어떤 방식으로든 운명에 대처하게 된다. 크게 두 방식이 있다. 하나는 외면 또는 반발이고, 다른 하나는 순응이다. 외면은 일종의 피해 가기로, 인간이 자신을 속이지 않는 한 가능하지 않은 대처 방식이다. 이 땅에서의 허무적 삶을 포기하고 내세에서의 충만한 삶을 머릿속에 그려온 사람들이 해온 방식이다. 니체에 따르면 이것은 현실에 대한 절망의 산물로서 재론할 가치가 없는 자기기만이다. 반발은 운명에 맞서는 것이다. 운명을 거부하는 것으로서, 그러나 인간이 그 거부에서 성공하는 일은 없다. 운명은 오히려 덤벼드는 사람을 더욱 엄하게 다스려 무릎을 꿇게 한다. 무릎을 꿇으면서 인간은 절망하게 되고 절망 정도에 따라 더욱 비참해진다. 순응은 운명을 받아들여 따르는 길이다. 운명에 대한 외면과 반발이 얼마나 무모한 일인가를 터득한 사람들이 선택하게 되는 길이다. 운명과의 마찰을 피하고 그나마 마음의 평정을 얻는 길이다.

일찍이 스토아 철학자들이 몸소 실천하고 가르친 것이 운명에 대한 순응이었다. 그들은 운명에 순응하는 순간 외적 강제는 사라지고 오히려 운명이 안내자가 되어 인간을 인도하게 될 것이라고 가르쳤다. 어떻게 하는 것이 운명에 순응하는 것인가? 자연에 내재해 있는 신적 법칙인 섭리에 합당한 삶을 살면 된다. 그들의 가르침은 섭리에 맞서 자기주장을 할 때 인간은 좌절하게 되고 좌절 속에서 부자유와 강제를 통감하게 되지만, 그 섭리에 순응할 때 강제에서 벗어나 자유를 누리게 된다는 것이다.

하늘을 날려는 물고기가 있다고 하자. 물고기는 수면 위로 솟구쳐보지만 뜻을 이루지 못하고 이내 물속으로 떨어지고 말 것이다. 반복해서 시도해보아도 결과는 늘 같을 것이다. 처음부터 하늘을 날 수 없게 되어 있기 때문이다. 실패를 거듭하면서 물고기는 좌절할 것이다. 그러면서 마음대로 되는 것이 없다는 푸념 속에서 부자유를 통감할 것이고 그만큼 불행해질 것이다. 그런 물고기에게 자신이 살고 있는 물은 자신을 잡아두는 감옥이 될 것이다. 그와 달리 자신에게 주어진 생존 조건과 환경을 필연적인 것으로 받아들여 자연의 이치에 따라 살아가는 물고기라면 그런 무모한 도전을 하지 않을 것이고 좌절에서 오는 속박을 느끼지 않을 것이다. 속박을 느끼기는커녕 원하는 대로 이리저리 유영할 것이다. 빠르게, 때로는 느릿느릿 자유롭게 유영할 것이다. 스토아 철학자들에 의

하면 자유는 이런 방식으로 주어진다. 이것이 그들이 말하는 필연 속의 자유다. 에픽테토스도《엔케이리디온》에서 "일들이 네가 바라는 대로 일어나기를 바라지 말고, 모든 일이 일어나는 그 방법대로 일어나기를 소망하라. 이것이 평화에 이르는 길"[4]이라고 했다.

운명에 순응할 것을 권하면서 스토아 철학자들은 인간의 삶을 곧잘 연극에 비유했다. 에픽테토스는 보잘것없는 작은 역이든 비중이 큰 역이든, 비극적인 것이든 희극적인 것이든 인간은 자신에게 주어진 역을 다하고 무대 뒤로 물러나면 된다고 했다. 모든 것은 연출자인 자연의 소관이니 배역을 맡은 인간이 이렇다 저렇다 할 게 아니라는 것이다.[5] 아우렐리우스도 우주를 향해 "아 우주여, 그대의 목적에 합당한 것은 하나같이 내게도 합당하도다. 그대에게 시기에 적합한 것은 내게 있어서도 너무 이르지도 너무 늦지도 않도다"[6]라고 했다.

운명에 순응하라는 스토아 철학자들의 가르침은 삶을 달관한 현자의 지혜로서 당시 공허한 삶을 앞에 두고 갈피를 잡지 못하고 있던 사람들에게 위안이 되었으며, 중세 그리스도교 철학을 거쳐 근대 스피노자에 이르기까지 후대 철학에 깊고 지속적인 영향을 끼쳤다. 그만큼 호소력이 있다는 이야기가 되겠는데, 그 같은 호소력으로도 어쩔 수 없는 것이 있다. 달리 길이 없어 하게 되는 순응 저변에 있는 체념이다. 순응이라고 했지만, 스토아 철학자들이 권한 순응에는 가혹한 운명 앞에서 마음을 다

---

4 Epictetus, *Enchiridion*, Chapter 8, Epictetus, *Discourses and Selected Writings*, R. Dobbin (trans.·ed.)(London : Penguin Books, 2008), 224쪽.

5 같은 책, Chapter 17, 227~228쪽.

6 Marc Aurel, *Wege zu sich Selbst*, Viertes Buch, Aph. 23, übertragen von W. Theiler(Insel Verlag, 1976), 68쪽.

스리려는 의도가 있었다. 일종의 타협으로서, 그런 타협으로 마음을 달랠 수는 있으나 그런 마음 상태는 오래가지 않는다. 때가 되면 다시 휩싸이게 되는 것이 허무의 감정이기 때문이다. 거기에 적극적 긍정과 사랑에서 오는 희열이 없는 탓이다. 물론 잠시나마 마음을 달래는 것만으로도 소득이 될 것이다. 그러나 운명에 대한 궁극적 해법이 되지 못한다.

니체도 영원한 회귀를 우주 운행의 질서로 받아들여야 할 것이라고 했다. 여기서 영원회귀를 받아들이라는 것은 회귀하는 삶을 살도록 되어 있는 우리 자신의 운명을 받아들이라는 말이 된다. 운명을 받아들인다는 점에서 그는 스토아 철학자들과 하나였지만 그 방식에서는 달랐다. 니체에게 스토아 철학자들이 주장하는 순응은 소극적인 수용에 불과했다. 그런 순응으로는 깊이를 알 수 없는 허무를 극복하지 못한다. 운명은 순응이나 타협의 대상이 아니라 우리가 딛고 일어서야 할 극복의 대상이다. 그러면 우리는 어떻게 허무적 운명을 딛고 일어설 수 있는가? 길은 영원한 회귀를 우리의 운명으로 받아들이되 능동적으로 받아들여 그에 합당한 삶을 사는 데 있다. 영원회귀에 귀의해 우주 운동에 동참하는 것이다. 달리 말해 우주 운동과 하나가 되는 것이다. 그럴 때 우리는 브라만과 아트만의 합일에서 오는 것과 같은 일체감을 느끼게 되며 환희 속에서 우리 자신의 운명을 긍정하고 사랑하게 된다.

니체는 운명에 대한 순응이 아니라 긍정을 가르쳤다. 운명에 대한 긍정은 그 같은 운명을 타고난 우리 자신에 대한 긍정이 된다. 이 긍정과 함께 우리는 우리 자신의 운명을 사랑하게 되며 그 사랑에서 기쁨을 누리게 된다. 예서 우리의 생명, 곧 삶은 비탄의 샘에서 기쁨의 샘으로 전환된다. 운명에 대한 사랑이 'amor fati', 우리말로는 운명애다.

Amor fati는 원래 스피노자의 "신의 지적 사랑Amor dei intellectualis"에

서 유래한 말이다. 스피노자는 거대한 존재 체계인 자연을 실체로 보았다. 그에게는 이 자연이 곧 신이었다. 자연은 그 본성에 따라, 즉 신적 본성에 따라 존재한다. 거기에는 그 어떤 목적도 내재해 있지 않다. 모든 것은 인과 필연성에 따라 존재하며 모든 사건 역시 엄격한 규칙성과 제일성에 따라 일어난다. 이 자연의 이법에 눈뜨는 순간 우리는 모든 것을 "영원의 상(相) 아래sub specie aeternitatis"에서 이해하게 되며, 신을 영원한 원인으로 알게 되면서 기쁨과 함께 만족을 맛보게 된다. 이 기쁨과 만족 속에서 우리는 자연을, 곧 신을 긍정하게 되고 사랑하게 된다.

신에 대한 사랑은 실체인 자연에 대한 사랑이요 그 양태인 우리 자신에 대한 사랑이기도 하다. 여기서 신에 대한 인간의 사랑과 인간에 대한 신의 지적 사랑은 하나가 된다. 그리고 신에 대한 인간의 지적 사랑은 인간을 통한 신의 자기 사랑이 되기도 한다.[7] 우리는 이 사랑에서 우주와의 조화를 발견하게 되며, 앎과 의지, 자유와 필연이 하나가 되는 경험을 하게 된다. 더불어 신에 대한 이 같은 사랑이 우리 자신의 운명에 대한 사랑임을 깨닫게 된다.

운명에 대한 사랑에서 영원회귀는 긍정된다. 영원회귀야말로 존재하는 것 전체에 대한 긍정으로서, 인간이 할 수 있는 최고의 긍정이 된다.[8] 니체는 운명에 대한 이 같은 사랑을 앞으로도, 뒤로도, 그것 말고는 영원히 다른 것을 원치 않는 인간의 위대성에 대한 정식으로 기렸다.[9] 이 단

---

7 B. de Spinoza, *Ethics*, J. Gutmann (ed.)(New York : Hafner Press, 1946), V. Of the Power of the Intellect ; or of Human Freedom 14, Proposition XXXVI, 274쪽.

8 KGW VI 3, 333쪽, *Ecce homo*, Also sprach Zarathustra 1 ; 니체전집 15, 419쪽, 《이 사람을 보라》, 차라투스트라는 이렇게 말했다 1.

9 같은 책, 295쪽, Warum ich so klug bin 10 ; 같은 책, 373~374쪽, 나는 왜 이렇게 영리한지 10.

계에서 세상을 암울하게 만들어온 허무주의의 연막은 걷히고 우리는 웃음을 되찾게 된다. 웃음을 되찾으면서 우리는 "그것이 생이더냐? 좋다. 그렇다면 다시 한 번!" 하고 외치게 되며, 그와 더불어 영원회귀에서 오는 극단의 허무주의를 극복하게 된다.

니체는 자신의 운명을 사랑했다. 이 운명에 대한 사랑이 그에게는 더 없는 내적 본성이 되었다.[10] 그는 이제부터는 그 사랑이 자신의 마지막 사랑이 될 것이라고 했다.

Amor fati : 이제부터는 그것이 나의 사랑이 되리라! 나는 추악한 것에 대해 전쟁을 벌이지 않을 것이다. 나는 불평을 하지 않을 것이다. 불평하는 자에 대한 불평조차 하지 않을 것이다. 외면하기, 그것이 내게는 유일한 부정이 되리라! 그리고 매사에서, 큰일에서나 작은 일에서나, 언젠가 때가 되면 나 단지 긍정하는 자가 되고자 한다![11]

그렇다! 나 이제 필연적인 것만을 사랑하리라! 그렇다! 운명애가 나의 마지막 사랑이 되리니![12]

운명에 대한 사랑은 생에 대한 사랑이자 긍정이다. 이 긍정이 니체가 말하는 디오니소스적 긍정이다. 이 긍정에서 우리는 영원한 회귀를 소망

---

10 같은 책, 434쪽, *Nietzsche contra Wagner*, Epilog 1, 361쪽, *Ecce homo*, Der Fall Wagner 4 ; 같은 책, 544쪽, 《니체 대 바그너》 후기 1, 454쪽, 《이 사람을 보라》, 바그너의 경우 4.
11 KGW V 2, 201쪽, *Die fröhliche Wissenschaft*, Viertes Buch : Sanctus Januarius 276 ; 니체 전집 12, 255쪽, 《즐거운 학문》, 제4부 : 성 야누아리우스 276.
12 같은 책, 562쪽, 16(22) ; 니체전집 12, 704쪽, 16(22).

하게 된다. 여기서 우리는 생에 대해 디오니소스적으로 처신해야 한다는 과제를 떠맡게 된다.

디오니소스적 긍정에서 이를 갈며 저주하지 않을 수 없었던 저 악령과 그 저주는 인간을 허무주의의 수렁에서 구원해주는 신이 되며 복음이 된다. 순간 우리는 "너는 신이로다. 나는 이보다 더 신성한 이야기를 들어본 일이 없다!"고 말하게 될 것이다. "그런 생각이 너를 지배하면 너를 변화시킬 것이며 아마도 분쇄시킬 것이다. 그렇게 되면, 너의 행위 위에 '너이 삶을 다시 한 번, 그리고 무수히 반복해서 살기를 원하는가?'라는 질문이 최대의 무게로 얹히게 될 것이다! 그러면, 너 이 궁극적이고 영원한 확인과 봉인 말고는 그 어떤 것도 요구하지 않기 위해서 어떻게 너 자신과 너의 삶을 만들어가야만 하는가?"[13]라고 묻게 될 것이다.

디오니소스적 세계는 영원히 자신을 창조하고 파괴하는 세계다. 그 같은 창조와 파괴에 대한 긍정에서 세상에 대한 체념과 비관은 씻은 듯 사라진다. 그 같은 긍정을 체현하고 있는 것이 그리스 비극 작품에 나오는 영웅들이다. 가혹한 운명 속에서 생을 긍정하고 고양시킬 줄 알았던 그들은 파멸의 고통에도 불구하고 생은 파괴로 끝나지 않는다는 디오니소스적 지혜를 통해 영원한 창조의 기쁨을 누렸다.

니체에게 디오니소스는 생에 적대적인 신에 대한 대안이었다. 그는 존재 자체를 성스러운 것으로 긍정하며 가공할 고통까지도 정당화하는 디오니소스를 생을 저주하여 부인하는, 십자가에 못 박힌 자에 맞세웠다. 갈기갈기 찢기고 잘린 디오니소스를 생에 대한 약속으로, 영원히 되살아

---

13 같은 책, 250쪽, *Die fröhliche Wissenschaft*, Viertes Buch : Sanctus Januarius 341 ; 같은 책, 315쪽, 《즐거운 학문》, 제4부 : 성 야누아리우스 341.

나 파멸로부터 제 모습으로 돌아오는 존재로 기리는 한편, 십자가에 못 박힌 신은 생에 대한 저주로 본 것이다.[14]

/ 제11장 /

위버멘쉬

목적도 목표도 없이 회귀하는 세계 속에 던져진 채 무의미한 삶을 사는 인간에게 그 같은 삶을 자신의 운명으로 받아들여 사랑하라고 하지만 그것도 인간에게 그럴 만한 힘이 있을 때의 이야기다. 니체는 초월적 이상과 신앙, 그리고 도덕적 강박 따위로 자학적 삶을 살아온 나머지 왜소할 대로 왜소해진 오늘날의 인간에게는 그럴 힘이 남아 있지 않다고 보았다. 그렇다면 운명을 받아들여 사랑하라는 그의 말은 허사가 아닌가. 좌절한 자의 부질없는 덕담에 불과하지 않은가.

니체는 오늘을 사는 인간을 역사의식 없이 순간의 안일 하나에 매달려 있는 얼굴 없는 인간, 허섭스레기 정도로 얕보았다. 그는 그런 인간들에게 절망했다. 그러나 희망을 잃지는 않았다. 그런 자들에게도 어버이로서 자녀들을 자신들보다 건강하고 뛰어나게 양육하려는 나름의 의지가 있고 그럴 여력 또한 남아 있다고 본 것이다.

앞으로 태어날 인간은 크게 자라 오늘의 왜소한 인간을 내려다볼 수 있는 경지까지 올라야 한다. 그리고 오늘을 사는 인간은 그 같은 인간의 출현을 위해 헌신해야 한다. 한 알의 밀알이 되어 자신을 희생해야 하는 것이다. 이것이 변변치 못한 오늘날의 인간이 그나마 인류 역사를 위해 할 수 있는 마지막 기여가 될 것이다. 니체는 이 미래의 인간을 위버멘쉬 Übermensch라고 불렀다. Übermensch에서 über는 '위' 또는 '넘어서'를, Mensch는 사람man을 가리킨다. 오늘날의 인간을 넘어선, 인간 위의 인간이라는 뜻이다. 머리말의 주 2에서 밝혔듯이 이 위버멘쉬를 우리나라에서는 오랫동안 초인(超人)으로 번역해왔다. 일본 사람들이 그렇게 번역했고 우리가 그것을 그대로 받아들였던 것인데, 니체 철학 전체의 맥락 속에서 자신을 극복한 사람으로 초인을 받아들이고, 그런 의미로 초인이라는 말을 쓴다면 크게 문제 될 것이 없겠으나 그냥 초인이라고 할 경우 위버멘쉬가 초월적 인격으로 오독될 우려가 있다. 그렇게 되면 초월적이라는 이유에서 플라톤의 이데아의 세계와 그리스도교의 신의 죽음을 선언한 니체에 대한 돌이킬 수 없는 오해가 될 것이다.

여기서 위버멘쉬를 우리말로 어떻게 번역할 것인가부터 문제가 된다. 독일에도 위버멘쉬 하면 인간 한계 밖의 초월적 인간을 떠올리는 사람들이 있다. 역시 오독의 결과라고 하겠는데, 그 정도의 오독은 어느 때 어느 곳에나 있을 수 있는 것이어서 우려될지언정 새삼스러운 것은 못 된다. 게다가 그것은 해석의 문제여서 해석 당사자의 문제에 그친다. 그러나 번역의 경우는 다르다. 활자화되는 순간에 뿌리를 내리게 되고 생명력을 얻어 빠르게 번식하게 되기 때문이다. 그렇게 되면 오역이든 아니든 한 개인이 책임져야 할 해석의 한계를 벗어나게 된다. 그만큼 그 여파는 클 수밖에 없다.

여기에 역자들의 어려움이 있다. 역자들은 위버멘쉬 번역을 두고 고심해왔다. 그 흔적이 위버멘쉬 번역의 역사에 역력히 남아 있다. 영역의 경우 초기 역자들이 선호한 것은 'superman'이었다. 그때만 해도 크게 문제 될 것이 없어 보였다. 이후 superman이 영어 세계에 광범위하게 뿌리내리게 되었다. 1903년에 나온 쇼의 희곡 작품 〈인간과 초인〉의 역할이 컸다. 니체 사후 3년 정도 지나서 나온 작품으로서 man과 superman으로 되어 있는 표제부터 매우 니체적인 조합이다. 게다가 반복해서 등장하는 '생명력'이란 말과 성과 성의 관계에서 남자에게 주어진 우생학적 역할 등에서 우리는 니체를 떠올리게도 된다.

쇼는 이 작품에서 인간 니체를 등장시키기까지 한다. 조각상과 악마의 대화에서 슈퍼맨superman이 누구를 가리키느냐는 조각상의 물음에 악마가 "슈퍼맨이란 말이 생명력을 신봉하는 사람들 사이에서 최근 유행이 되고 있지요. 천국에서, 새로 도착한 사람 가운데, 저 폴란드 혈통의 그 독일 미치광이를 만나지 않았나요? ── 뭐라고 하더라? 니체라고 하던가?" 하고 되묻는 대목에서다.[1] 이 책에 바그너가 지크프리트라는 슈퍼맨을 장난삼아 만들어놓은 적이 있다는 이야기도 나온다.

눈에 띄는 것은 작가가 superman과 함께 superhuman이란 말을 쓰고 있다는 점이다. 그러나 의미상 차이는 없어 보인다. 독일어 역자들은 이 작품을 독일어로 옮기면서 'Mensch und Übermensch'로 번역했다. 니체의 언어 그대로 Mensch und Übermensch로 옮긴 것이지만, superman을 Übermensch로 옮김으로써 결국 위버멘쉬의 영어 번역 superman에 힘을 실어준 결과가 되고 말았다.

superman이란 말에서 독자들은 인간의 종과는 다른 존재, 심지어 신적인 존재나 반신반인과 같은 존재를 떠올렸다. 때마침 등장한 공상 과학 소설도 한몫했다. 초인간적인 능력을 지닌 영웅 슈퍼맨이 등장하면서 위버멘쉬의 이미지가 그런 존재로 통속화되어간 것이다. 그 결과 위버멘쉬는 범접할 수 없는 초인간적 능력으로 인해 한편으로는 경탄과 동경의 대상이 되고 다른 한편으로는 거리감과 공포를 안겨주는 그런 상상 속의 인간으로 받아들여지기에 이르렀다.

이런저런 이유로 적지 않은 초기 영역자들은 위버멘쉬를 어떻게 옮길

---

1 G. B. Shaw, *Man and Superman*, 468쪽.

까를 두고 많은 생각을 했다. superman과 Übermensch 사이에서의 고심이었는데, superman으로 옮긴 사람들도 나오고 독일어 Übermensch를 그대로 쓴 학자들도 나왔다. Übermensch를 영어식으로 표기해 Uebermensch로 쓴 학자들도 나왔다. 그런 학자는 이미 1898년에 나왔다.[2] 음역이 되겠는데, 그 예를 따른 초기 학자들도 나름대로 많은 생각을 했을 것이다. 음역은 달리 길이 없을 때 마지막으로 하게 되는 선택으로서, 거기에는 그 뜻이 곧바로 전달되지 않는 어려움이 있는데다 주를 달아 설명하든가, 아니면 문맥 속에서 해석을 해줘야 하는 번거로움이 따른다. 글이 끊기는 문제도 있다. 이 같은 어려움에서 1910년을 전후해 대안으로 나온 것이 overman이었다.[3] 위버멘쉬를 영어로 직역한 것이다. 그러나 큰 호응은 얻지 못했다. over의 의미가 명확하지 않았기 때문이다. 자신을 극복한, 즉 '넘어서'라는 über의 의미가 제대로 전달되지 않은 것이다. 게다가 '윗사람'이라는 신분상의 의미로 받아들여지면서 거부감을 일으킨 이유도 있었을 것이다. 이후 고심은 계속되었지만 결말은 나지 않았다. 그래서 Übermensch나 Uebermensch로 돌아간 학자들도 있고, superman을 고수하는 학자들도 있다. overman을 고집하는 학자들도 있다.

영어권에서만의 문제가 아니어서 우리나라에서도 위버멘쉬 번역은 1980년 이후 문제가 되었다. 초인이라는 말에 오해의 여지가 있다는 뒤늦은 자각의 결과였다. 그러나 원래 개념에 적합한 우리말을 찾아내지는 못했다. 이때 대안으로 나온 것이 Übermensch를 음역하고 그 내용을 설

---

2 H. W. Reichert · K. Schlechta (eds.), *International Nietzsche Bibliography*, Nr. 356, 12쪽.
3 같은 책, Nr. 713, 25쪽.

명하자는 것이었다. 최선은 아니지만, 그것을 달리 옮길 때 일어나는 의미 훼손을 막는 길이 될 것이라는 판단에 따른 것이었다. 이에 호응해, 이후 우리나라에서도 많은 니체 전공 학자들이 Übermensch를 음역해 '위버멘쉬'로 쓰고 있다.

철학 개념으로서의 위버멘쉬는 니체의 작품이다. 위버멘쉬 하면 니체를 떠올리게 되는 것도 그 때문이지만 그가 만든 말은 아니다. 위버멘쉬는 독일어 사전에 등재되어 있는 일반 명사다. 사전에는 신인(神人) Gottmensch, 신의 인간Gottesmensch, 완전한 인간vollkommener Mensch 등으로 나와 있다.[4] 위버멘쉬를 영웅의 의미로, 영웅을 일종의 위버멘쉬로 설명하고 있는 사전도 있다.[5] 그러나 위버멘쉬는 일상에서 널리 쓰여온 말은 아니다. 위버멘쉬의 형용사형은 übermenschlich다. 괴테의 《파우스트》에 Übermensch라는 말이[6], 포이어바흐의 《그리스도교의 본질》[7]에 übermenschlich라는 말이 나온다.

인간은 예로부터 인간 이상의 인간을 꿈꾸어왔다. 성숙해가는 과정에서 자신의 한계와 부족함에 눈뜨면서 꾸게 된 꿈이다. 포이어바흐는 신을 그 같은 꿈의 산물로 보았다. 인간이 투사한 꿈의 총화가 바로 신이라

---

4 G. Wahrig, *Deutsches Wörterbuch*(Gütersloch · Berlin · München · Wien ∶ Bertelsmann Lexikon-Verlag, 1972), 3661쪽.

5 Dudenverlag, *Duden*, Bd. 8(Manheim · Wien · Zürich, 1972), Der sinn-und sachverwandten Wörter, 329쪽.

6 J. W. Goethe, *Faust*(Stuttgart ∶ Reclam Verlag, 1956), 17쪽. v. 489~490. 여기에 대지의 영이 파우스트에게 "—Welch erbämlich Grauen Faßt Übermensch dich! Wo ist der Seele Ruf?(위버멘쉬라는 너를 그 어떤 하찮은 공포심이 사로잡기라도 했단 말이냐! 그 영혼의 외침은 어디 있는 것이지?)"라고 묻는 장면이 나온다.

7 L. Feuerbach, *Das Wesen des Christentums*(Frankfurt am Main ∶ Suhrkamp Verlag, 1976), 32 · 49 · 64쪽 등등.

는 것이다. 그러나 그 꿈은 현실이 될 수 없었고, 인간은 신이 될 수 없었다. 그렇다고 쉽게 꿈을 버리지는 않았다. 그 대신에 인간은 신에 버금가는 존재를 그려보게 되었다. 여전히 인간 위의 존재로서 이렇게 하여 등장한 것이 반신반인이었다. 신화시대의 heros들이 그런 존재였다.

그러나 거기에는 조건이 있었다. 어버이 가운데 한쪽은 신의 혈통이어야 한다는 것이었다. 인간으로서는 역시 이룰 수 없는 꿈이었다. 머릿속에 그 위용을 떠올려보는 것이 고작이었다. 인간은 그런 꿈에 만족할 수가 없었다. 보다 현실적으로 생각해야 했다. 이 땅에서 실현 가능한 영웅이 되는 것이다. 여기서 인간은 현실로 돌아와 그것이 가능한지, 가능하다면 어떤 조건에서 가능한지를 생각해보았다. 인간은 그 과정에서 지난 역사 속에서 신화에 나오는 영웅을 대신할 영웅을 찾아보게 되었고, 그런 영웅이 그때그때 존재했다는 사실을 알게 되었다. 역사 속의 영웅들이 또 다른 의미의 heros, 인간 위의 인간들이었다.

인간 위의 인간을 지칭하는 말에는 여러 개가 있었다. 그 가운데 하나가 루키아노스의 글에 나오는 hyperanthropos다. 그리스어로 hyper는 über, anthropos는 Mensch, 그러니까 독일어로 정확하게 Über-Mensch가 된다. 헤시오도스, 호메로스 등의 글에는 이와 유사한 hyperénor란 말이 나온다. 옮기면 Über-Mann이 된다. 역시 인간 위의 인간을 뜻한다.[8] 니체의 위버멘쉬는 신은커녕 반신반인도 아니다. 역사적 안목과 결단력이라는 위버멘쉬의 덕목에 비추어 볼 때 hyperanthropos 또는 hyperénor와도 거리가 있다. 그렇기는 하나 흔히 hyperanthropos나 hyperénor를 위버멘쉬의 원형으로 보아왔다.

---

8 B. H. F. Taureck, *Nietzsche-ABC*, 37쪽.

앞에서 힘에의 의지에 대한 세속적 해석을 다루면서, 니체는 가부장적 권위의 부재에서 오는 손실감과 무력감으로 극심한 고통을 받았으며, 어려서부터 그것을 대신할 권위에 대한 억제할 수 없는 갈구를 갖게 되었고, 그런 갈구에서 강력한 신들과 잔인무도한 전설상의 영웅들에 열광하게 되었다고 했다. 그런 그는 일찍부터 그리스 신화 등에 나오는 반신반인과 북유럽 영웅 서사시에 나오는 위인들에게 매료되었다. 그는 특히 고대 북유럽의 영웅 전설을 탐독했다. 그 가운데 하나가 고대 북유럽의 시학서(詩學書)이자 서사시집인 《에다》였다. 그는 거기 나오는 북유럽 신들의 위업과 민족 이동 당시의 영웅들의 행적에서 감동과 함께 충격을 받았다. 누구보다도 에르마나리크에게 깊은 인상을 받았다.

에르마나리크는 민간 전설과 영웅 전설의 중심 소재가 되어 사람들의 입에 오르내려온 동고트의 왕이었다. 배신자의 아내를 사지를 찢어 죽일 만큼 잔혹하기 이를 데 없는 군주로 묘사된 인물로서 소년 니체는 이 강력한 힘의 화신에게 사로잡혔다. 그는 상당 기간 에르마나리크에게 집착하게 되는데 그러기까지 김나지움 교사 코버슈타인의 역할이 컸다. 니체는 이 전설적 왕에 대한 글로 코버슈타인의 칭찬을 받기도 했다. 독서 동아리 '게르마니아'에서 두 차례 에르마나리크에 대한 글을 발표하기까지 했다. 전기 작가 얀츠는 니체가 《에다》와 에르마나리크 전설에 나오는 인물들에게서, 그리고 그가 훗날 좋아하게 된 바이런에게서 위버멘쉬를 보았다고 쓰고 있다.[9] 그러나 이것은 니체가 이들에게서 위버멘쉬의 면모를 보았다는 뜻 이상은 아닐 것이다. 니체 자신은 그 누구도 위버멘쉬라고 부른 일이 없었기 때문이다. 그는 자신이 탁월한 인간 유형으로 제

---

9 C. P. Janz, *Friedrich Nietzsche*, Bd 1, 103~104쪽.

시한 마키아벨리에 대해서도 위버멘쉬적이라고 했을 뿐 위버멘쉬라고
부르지는 않았다.

니체의 영웅에 대한 열광은 에르마나리크에서 끝나지 않았다. 그는 서
사시 〈니벨룽겐의 노래〉는 물론 헝가리 영웅 비가도 열심히 읽었다. '게
르마니아'에서 〈니벨룽겐의 노래〉에 나오는 비극적 왕비 크림힐트와 헝
가리 영웅 비가에 관한 글을 발표한 일도 있다.[10] 그러나 그 역시 언제까
지나 이들 전설 속의 영웅에 대해 열광하고 동경하고 있을 수만은 없었
다. 그러다가 청년기에 들어 그는 역사적 반성에서 그때까지의 생에 적
대적인 역사를 청산하고 생에 우호적인 건강한 미래를 준비해야 한다는
소명에 눈뜨게 되었다. 그런 그에게 전설 속의 영웅들은 몰락을 향해 질
주해온 인간의 역사 현실에 대한 답이 더 이상 되지 못했다. 인류 역사를
구제할 실천적 영웅들이 나와야 했다.

이후 니체는 현실 긍정 속에서 힘에의 의지를 체현하고 있는 인간, 뛰
어난 판단력에 남다른 결단력을 지닌 인간, 깨끗한 피에다 고매한 시선
을 갖고 있는 강건한 인간을 머릿속에 그리게 되었다. 머릿속에 역사상
의 영웅들을 그려본 것인데, 그런 영웅의 한 사람이 나폴레옹이었다. 그
에게 나폴레옹은 천재의 시대 르네상스의 정신을 계승한, 더없이 위대한
상속자였다.[11] 근대 이념과 문명의 적수로서 최상의 인간이기도 했다. 자
연으로 돌아갈 것을 요구하면서 니체가 한 편의 자연으로 돌아감으로 기
린 것도 나폴레옹이 아니었던가.[12]

---

10 E. F.-Nietzsche (Hrsg.), *Der Werdende Nietzsche* (München : Musarion Verlag, 1924),
157~161쪽.

11 KGW V 2, 292쪽, *Die fröhliche Wissenschaft*, Fünftes Buch : Wir Furchtlosen 362 ; 니체
전집 12, 361~362쪽, 《즐거운 학문》, 제5부 : 우리들 두려움을 모르는 자들 362.

강건한 몸에 거품을 내지 않는 깨끗한 피를 최고의 가치로 삼은 니체에게 나폴레옹은 환생한 보르쟈였고, 반 푼어치 글쟁이들의 소음과 소상인들의 악취가 진동하는 세상에서 청량한 대기와 같은 존재였다. 니체는 자신의 세기가 갖고 있는 보다 높은 희망 대부분을 나폴레옹의 덕분으로 돌렸다.[13] 그에게 나폴레옹은 종교 개혁과 프랑스 혁명이라는 천민적원한 운동의 승리 뒤에 나타난 고귀한 이상의 육화였다. 비인간과 위버멘쉬의 종합이기도 했다.[14] 역사적으로 볼 때 나폴레옹은 천민의 지배를 앞에 두고 명멸한 마지막 불꽃이었다.

니체는 나폴레옹에게서 인간이 인간 이상이 될 수 있는 조건과 가능성을 확인했다. 그리고 조건만 주어진다면 그와 같은 인간은 다시 등장할 수 있다고 믿었다. 그러나 현실 인간에 대한 그의 낙담은 컸고, 깊어가기까지 했는데, 그 깊이의 정도에 따라 영웅시대의 도래에 대한 그의 꿈역시 커갔고 영웅에 대한 숭모 또한 깊어갔다. 그의 영웅 숭모는 예사롭지 않은 것이었다. 절박하기까지 한 것이었다. 니체는 영웅 숭모로 이름이 나 있다. 그러나 영웅에 대한 숭모 자체는 어느 시대에나 있었던 것으로서 새로울 것이 없다. 영웅 사관이란 것이 있다. 이는 역사를 영웅의 역사로 해석하는 관점으로서 다양한 형태로 존재해왔다. 그리고 그와 함께

---

12 KGW VI 3, 144쪽, *Götzen-Dämmerung*, Streifzüge eines Unzeitgemässen 48 ; 니체전집 15, 190쪽,《우상의 황혼》, 어느 반시대적 인간의 편력 48.

13 KGW VIII 2, 21쪽, 9〔44〕(34) 1) ; 니체전집 22, 30~31쪽, 9〔44〕(34) 1).

14 KGW VI 2, 302쪽, *Zur Genealogie der Moral*, Erste Abhandlung : "Gut und Böse", "Gut und Schlecht" 16 ; 니체전집 14, 389쪽,《도덕의 계보》, 제1논문 : '선과 악', '좋음과 나쁨' 16. 비인간Unmensch과 위버멘쉬Übermensch 이야기는 유고에도 나온다. 이들은 하나로서, 거기서 니체는 "보다 지체 높은 인간"을 그렇게 불렀다. KGW VIII 2, 90쪽, 9〔154〕(106) ; 니체전집 20, 110쪽, 9〔154〕(106).

존재해온 것이 다양한 형태의 영웅 숭배다.

그 가운데 우리가 주목하게 되는 것이 근대 영웅 사관의 정점이라 할 수 있는 칼라일의 영웅 숭배다. 니체의 영웅에 대한 숭모가 그와 같은 맥락의 것이 아닐까, 니체가 칼라일에게 어떤 영향을 받은 것은 아닐까 하는 생각에서다. 칼라일은 니체보다 두 세대 정도 앞서 태어났지만 장수한 덕에 그의 생애의 중반과 후반이 니체의 생애와 일부 겹친다. 니체와 같은 시대의 인물이었던 셈이다. 칼라일은 시대에 이상적 가치를 제시하고 그 가치를 몸소 구현함으로써 역사의 흐름을 주도한 위대한 인간을 영웅으로 기렸다. 그런 영웅은 다양한 분야에서 다양한 모습으로, 이를테면 신들의 세계는 물론, 예언자, 시인, 사제, 문인, 왕의 세계에서도 존재해왔다. 스칸디나비아 신화에 나오는 신 오딘을 비롯하여 마호메트, 셰익스피어, 루터, 녹스, 루소, 크롬웰, 나폴레옹 등이 그런 영웅이었다. 그는 이들 영웅의 위업을 추적했다. 1840년 봄, 몇 주에 걸친 강연에서였다. 그리고 그 강연의 내용을 묶어 1841년 《역사 속의 영웅과 영웅 숭배 그리고 영웅시에 대하여》라는 책으로 출간했다.

사람들은 이 책에 뜨겁게 반응했다. 영국에서는 말할 것도 없고, 독일에서도 이후 100년이 채 안 되는 기간 동안 판을 여섯 차례나 거듭할 정도였다. 니체의 초기 작품에도 칼라일에 대한 언급이 나온다. 이것은 니체가 일찍부터 그를 알고 있었다는 이야기가 된다. 자신의 집필 활동에서 마지막 해가 되는 1888년에 탈고한 《우상의 황혼》에서 "나는 토머스 칼라일의 생애를 읽었다"[15]라고 회고하기도 했다. 생애를 읽었다는 것

---

15 KGW VI 3, 113쪽, *Götzen-Dämmerung*, Streifzüge eines Unzeitgemässen 12 ; 니체전집 15, 151쪽, 《우상의 황혼》, 어느 반시대적 인간의 편력 12.

이 정확하게 무엇을 의미하는지는 알 수 없다. 문맥으로 보아 칼라일의 영웅에 대한 책을 읽었다는 뜻으로 보인다. 분명한 것은 니체가 칼라일을 잘 알고 있었다는 점이다. 빈번히 반복되는 그의 칼라일 언급도 이를 뒷받침해주고 있다. 언급 시기와 횟수로 미루어 니체는 그에게 상당 기간, 그리고 남다른 관심을 보였다고 말할 수 있다. 그렇다면 니체가 칼라일의 영웅 숭배로부터 어떤 시사를 받았거나 동기를 부여받은 것이 아닐까. 이들 사이의 관계를 주제로 한 연구 논문도 적지 않게 나와 있다.[16]

칼라일이 니체의 영웅관 형성에 영향을 끼쳤다고 볼 수도 있다. 그러나 끼쳤다면, 니체가 선대로부터 받은 영향이 대체로 그랬듯이 제한적이고 부정적인 성격의 영향이었을 것이다. 니체는 칼라일에 대해 비판적이었다. 어떤 인간을 영웅으로 봐야 하는가의 문제에서부터 그는 칼라일과 충돌했다. 칼라일에게 영웅은 진실하며 뛰어난 도덕적 품격을 지닌 위대한 인간이다. 그는 그런 영웅으로 루터와 루소를 꼽았다. 이에 맞서 니체는 도덕을 뛰어넘어 힘에의 의지라는 자연적 본성을 구현하는 위인을 영웅으로 내세웠다. 그에게 천민 종교를 대중화해 인간의 왜소화를 부추긴 루터와 자연을 미화해 오히려 자연을 훼손한 루소는 퇴폐의 전형들로서 소인배에 불과했다.

위대한 사람들에게는 특징이랄 만한 것들이 있다. 니체는 그런 것들로 삶의 특별한 성질이라 할 수 있는 불의, 속임수, 착취 등을 들었다. 위대한 사람들은 이런 성질에서 누구보다도 앞서 있다는 것이다. 비도덕적인 것으로 비난받아온 성질들이지만, 니체는 위대한 사람들은 그 같은 비난을 문제 삼지 않는다고 했다. 사람들은 사람들대로 위대한 사람들의 위

---

16 H. W. Reichert · K. Schlechta (eds.), *International Nietzsche Bibliography* 참고.

업에 압도되기 마련이고, 그러면서 그 같은 성질을 오해하기 마련이라고
도 했다. 즉 찬탄 속에서 그런 것들을 정당한 것, 선한 것으로 미화하여
해석하기 마련이라는 것이다. 그 예로 니체는 칼라일의 영웅 해석을 들
었다.[17] 그는 칼라일의 해석은 게다가 그리스도교적이기까지 하다고 했
다.[18] 칼라일은 영웅을 오해했다. 왜곡하기까지 했다. 니체는 칼라일을
대단한 "화폐 위조자"라고 불렀다. 악의에 차, 자신은 그의 영웅 숭배를
거부했다고도 했다.[19]

　칼라일의 영웅 숭배는 영국인 특유의 것으로서 칼라일 개인의 문제는
아니었다.[20] 이에 니체는 다시 한 번 화살을 영국인 전체에게 돌렸다. 영
국인들도 영웅을 숭배하고 천재의 업적을 떠받들기는 하지만 그 방법을
몰라 도리어 그런 위대한 인간들의 업적을 웃음거리로 만든다는 것이다.
그에 따르면 영국인들이 천재와 위인을 받아들이는 데는 두 가지 방식이
있다. 민주주의적으로 받아들이거나 종교적으로 받아들이거나 둘 중 하
나인데, 니체가 그 예로 든 것이 각각 버클과 칼라일이었다.[21] 민주주의
적으로 받아들이건 종교적으로 받아들이건 천재와 위인을 도덕으로 분
칠해 웃음거리로 만든다는 점에서는 다를 것이 없었다.

---

17 KGW VIII 1, 206쪽, 5[50] 10) ; 니체전집 19, 252쪽, 5[50] 10).

18 같은 책, 320쪽, 7[52] ; 같은 책, 379쪽, 7[52].

19 KGW VI 3, 298쪽, *Ecce homo*, Warum ich so gute Bücher schreibe 1 ; 니체전집 15, 378쪽,
《이 사람을 보라》, 나는 왜 이렇게 좋은 책을 쓰는지 1.

20 니체는 칼라일의 영웅 숭배를 영국인 특유의 것으로 받아들이면서도, 칼라일을 몰락시켜 영
국에서 더없이 형편없는 작가로 만든 것은 정작 장 파울이었으며, 더없이 풍요로운 정신의
소유자인 미국인 에머슨이 그런 칼라일의 유혹으로 사상과 심상을 한 움큼 창밖으로 내던지
는, 말하자면 몰취미한 방식으로 낭비를 했다고 했다. KGW IV 3, 446쪽, 41[30] ; 니체전집 9,
456쪽, 41[30].

21 KGW VI 3, 139쪽, *Götzen-Dämmerung*, Streifzüge eines Unzeitgemässen 44 ; 니체전집
15, 185쪽, 《우상의 황혼》, 어느 반시대적 인간의 편력 44.

니체는 칼라일과 곳곳에서 부딪쳤다. 어디에서보다 나폴레옹과 크롬웰에 대한 평가에서 그랬다. 칼라일은 나폴레옹이 크롬웰만큼 위대해 보이지는 않는다고 했다. 우선 성실성에서 그에 미치지 못한다는 것이었다. 그에게는 크롬웰이 겸비한, 즉 하느님과 동행함으로써 얻을 수 있는 신념과 힘이 없었으며 기다리고 있는, 그러다가 때가 되면 하늘에서 내리치는 번갯불처럼 폭발하는 잠재적 사상과 용기가 없었다는 것이다. 칼라일은 크롬웰과 나폴레옹은 출발점에서부터 달랐다고도 했다. 크롬웰이 청교도 성서에서 출발한 데 반해 나폴레옹은 보잘것없는데다 믿을 것조차 못 되는《백과전서》에서 출발할 수밖에 없었다는 것이다. 출발이 달랐던 나폴레옹은 필요하다면 거짓말도 서슴지 않았다는 것인데, 칼라일은 그런 필요는 있을 수 없으며, 어떤 경우에서든 그 누구도 거짓말을 할 자유는 없다고 했다.[22]

니체에게 칼라일의 나폴레옹 평가는 망발이었다. 그에게 진정한 영웅은 나폴레옹이었지 크롬웰이 아니었다. 크롬웰과 같은 인간은 루터 부류의 인간이 그렇듯이 충직하며 사나운 인간, 그리스도교적 충성 신앙에 매여 있는 인간에 불과했다.[23] 니체의 영웅은 상전을 모시는 그런 인간이 아니었다. 그의 영웅은 보르자나 마키아벨리에게서 볼 수 있듯이 사자의 결단력에 늑대의 영리함을 지닌, 필요하다면 속임수에 착취까지 마다하지 않는 야심가였다. 그런 의미에서 그에게 진정한 영웅은 크롬웰이 아니라 나폴레옹이었다.

---

22 T. Carlyle, *On Heroes and Hero Worship and the Heroic in History* (Charleston : BiblioBazar, 2007), 207~208쪽.

23 KGW VI 2, 64쪽, *Jenseits von Gut und Böse*, Drittes Hauptstück : das religiöse Wesen 46 ; 니체전집 14, 82쪽,《선악의 저편》, 제3장 : 종교적인 것 46.

니체에게는 이들 사자의 결단력에 늑대의 영리함을 지닌 영웅이 천재와 함께 최상의 인간들이었다. 그러면 이들 영웅이 니체가 고대한 위버멘쉬가 아닐까? 아니다. 니체는 지금까지 위버멘쉬는 존재한 일이 없다고 했다. 그러면 여느 인간과 다른, 그러면서도 위버멘쉬는 아닌 그런 영웅은 어떤 존재인가? 니체는 왜 영웅에 그토록 매달려왔나?

니체가 최고 목표로 삼은 것은 단연 위버멘쉬다. 위버멘쉬는 그러면 어떤 존재이며 우리는 어떻게 그 목표에 이를 수 있나? 니체는 대답해야 했다. 그런 그에게 위버멘쉬가 되어야 할 이유를 일깨워주는 동시에 그 가능성을 확인시켜주고, 방향을 제시해준 것이 바로 역사상의 영웅들이었다. 니체는 이들 영웅에게서 위버멘쉬적 면모를 보았으며 위버멘쉬에 이르는 길을 보았다. 예서 우리는 원점으로 돌아와 다시 묻게 된다. 왜 우리는 위버멘쉬가 되어야 하는가? 왜 지금의 인간으로는 안 되는가? 무엇이 문제인가? 자신을 극복해 위버멘쉬가 되어야 하는 인간은 그러면 누구인가?

1. 인간Mensch

인간은 누구인가? 이것은 근대에 들어 지구가 우주의 중심에서 변방으로 밀려나 있어도 그만이고 없어도 그만인 천체의 하나로 전락하고, 인간 또한 선택을 받은 예외적 존재에서 진화의 한 단계로 격하되면서 새롭게 제기된 물음이다. 니체가 살았던 19세기 중반과 후반, 지동설은 이미 정설이 되어 있었고 진화론도 세기적 논쟁 속에서 입지를 굳혀가고 있었다. 그때까지 지배적이었던 것은 우리가 살고 있는 이 지구는 우주의 중심에 있고 인간은 신의 모상에 따라 창조된 특별한 존재라는 인간 중심적인 세계관이었다.

지동설의 충격과 여파는 컸다. 지진처럼 사람들의 정신세계를 흔들어놓았다. 거기에 진화론 충격이 더해지면서 인간은 그동안의 자존심과 자부심에 씻을 수 없는 상처를 입게 되었다. 지동설의 충격과 여파는 그사이 몇 세기 세월이 흘렀기 때문에 그나마 어느 정도 진정되어 있었다. 그러나 막 세상에 알려지기 시작한 진화론의 경우는 달랐다. 사람들은 선뜻 진화론을 받아들이지 못했다. 그만큼 충격적인 것이었는데 충격을 받기는 진화론자들도 마찬가지였다. 여기저기서 거센 반발이 뒤따랐다. 진화론을 인간 모독으로 받아들인 사람들의 반발로서, 그럴 리가 없다는 것이었다. 그러나 격하기만 했을 뿐 체계적이거나 조직적인 반발은 되지 못했다. 견고한 이론적 뒷받침이 없었던 탓이다. 그 기세는 그러다가 진화의 사실이 하나 둘 밝혀지면서 눈에 띄게 꺾였다. 사람들은 지동설을 받아들일 수밖에 없었던 이전 세기의 사람들처럼 진화론을 받아들일 수밖에 없었고, 그만큼 겸손해졌다. 니체의 글이다.

우리는 모든 면에서 한층 겸손해졌다. 우리는 인간을 더 이상 '정신'이나 '신성'으로부터 이끌어내지 않는다. 우리는 인간을 동물 가운데로 되돌려놓았다……다른 한편 우리는 여기서 다시 목소리를 높이려 드는, 마치 인간이 동물 진화의 숨겨진 위대한 의도가 되기라도 하는 듯한 허영심에 저항한다. 인간은 결코 창조의 극치가 아니다…….[24]

---

24 KGW VI 3, 178쪽, *Der Antichrist*, 14 ; 니체전집 15, 228쪽,《안티크리스트》, 14.

이렇게 하여 인간은 만물의 영장에서 진화 과정에 있는 생명체의 하나로 전락하고 말았다. 결국 제자리로 돌아온 셈이었지만, 인간은 그래도 자신이 다른 동물들과 다르다는 믿음만은 떨쳐버리지 못했다. 진화론을 인정한다 하더라도, 인간에게는 다른 동물들에게 없는 뭔가가 있을 것이라는 믿음에서였다. 그 뭔가를 사람들은 어렵지 않게 찾아냈다. 역사의식, 도덕 감정 그리고 이성 따위였다. 인간은 순간을 본능에 따라 사는 다른 동물들과 달리 과거를 갖고 있는 역사적 존재이자 옳고 그름에 대한 감정을 갖고 있는 도덕적 존재요, 거기에다 세상의 이치를 통찰할 수 있는 능력에 추론의 능력을 지닌 이성적 존재라는 것이었다.

사람들은 인간과 다른 동물 사이의 이 차이를 질적인 것으로 받아들였다. 그러고는 만약 인간이 여느 동물과 마찬가지로 동물의 하나일 뿐이라면 생물학적 법칙에 따라 본능에 충실한 자족적인, 순간의 삶을 살 것이며, 되돌아볼 과거는 물론 내다볼 미래도 갖고 있지 않을 것이라고 주장해왔다. 순간을 사는 만큼 후회할 일, 걱정할 일이 있을 리 없고 본능에 따른 감각적 삶을 사는 만큼 당위라는 도덕적 규범이 있을 수 없으며, 감각에 대비되는 선험적 인식 능력, 이를테면 진리를 직관한다거나 그것으로부터 다른 진리들을 논리적으로 추론할 능력 또한 없을 것이라고 말해왔다. 그와 더불어 학문도 문화도 있을 수 없을 것이라고 말해왔다.

그런데 실제 인간은 어떤가? 과거에 대한 기억 속에서 살아온 자취를 돌아보고 미래에 대한 기대 속에서 앞날을 준비하지 않는가. 나름대로 선과 악, 양심 따위의 도덕적 감정과 함께 다양한 행위 규범을 갖고 있지 않은가. 거기에다 이성과 같은 지적 능력을 사용해 진리를 추구하는 등 학문을 세우고 문화를 일으켜오지 않았는가. 인간 말고 그 어떤 동물에게 역사가 있고 도덕이 있으며 학문과 문화가 있는가.

예서 묻게 되었다. 진화론자들의 주장대로 인간 역시 말이나 솔개처럼 진화 과정에 있는 동물의 하나일 뿐인가? 아니면 그 밖의 동물과 다른 특별한 존재인가? 만약 인간이 본능에 따라 순간을 사는 동물들과 다를 것이 없다면, 그리하여 돌아볼 과거와 내다볼 미래를 갖고 있지 않다면 책임져야 할 과거와 미래가 있을 수 없을 것이다. 즉 지금까지 잘못된 삶을 살아왔다는 반성과 함께 그런 삶을 극복해 새로운 사람이 되어야 할 까닭이 없을 것이다.

그렇게 되면 그릇된 과거를 청산하고 거듭나 새로운 미래를 열자는 니체의 주장은 어떻게 되는가. 그런 주장이 타당한 것이 되려면 먼저 인간이 다른 동물과 달리 역사적 존재라는 점을 인정해야 할 것이다. 아니면 인간이 거듭나야 한다는 촉구를 철회해야 할 것이다.

니체에 따르면 인간은 동물이다. 그는 그러면서도 인간이 여느 동물과 다르다는 점을 인정했다. 인간 역시 동물이되 특별한 동물이라는 것이다. 그는 인간은 진화의 질서를 거역하면서까지 자신의 세계를, 이를테면 반자연적인 문화 따위를 만들어온 점에서 특별하다고 했다. 그리고 인간은 그 점에서 예외적 동물이 된다고 했다. 예외적 동물로서의 인간이란 부분적으로 진화론자와 반진화론자 모두를 만족시킬 규정이지만 두 진영의 주장을 반영한 타협의 산물은 아니다. 곧 보게 되겠지만 니체는 인간이 어디까지 동물이며 어디서부터 예외적 존재가 되는가에 대한 답을 갖고 있었다.

니체에 따르면 인간은 일차적으로 생물학적 현실인 생명체다. 그 점에서 인간은 다른 동물들과 다를 바 없다. 다른 한편 인간은 현실에 만족하지 않고 자신과 자신의 세계를 만들어왔다. 그 점에서 인간은 다른 동물들과 다르다. 이것은 무엇을 의미하는가? 자신과 자신의 세계를 만들어가는 인간은 완성된 존재가 아니라는 것을, 곧 미완의 존재라는 것을 의미한다. 그리고 미완의 존재라는 것은 무엇이든 될 수 있는 하나의 가능성이라는 것을 의미한다. 이것이 니체 인간학의 핵심으로서, 왜 인간은 과거를 청산하고 새로운 미래를 열어야 하는가, 왜 인간은 거듭나야 하는가에 대한 그의 대답이 여기에 있다.

(1) 인간은 미완의 존재, 하나의 가능성이다

인간은 긴 생성 과정을 거쳐 오늘에 이르렀다. 그 점에서도 인간은 다른 동물들과 다르지 않다. 다른 것은 살아온 삶의 방식이다. 다른 동물들은 본능적 삶을 산다. 그런 동물들에게는 처음부터 자연 속에 정해진 자리가 있고 주어진 삶의 방식이 있다. 이 정해진 자리와 방식에 따라 다른 동물들은 완성 상태에서 온전한 삶을 산다. 부족한 것이 없다. 부엉이는 처음부터 부엉이의 삶을 산다. 부엉이이기 때문에 불행하지도 않다. 그 같은 부엉이에게는 자신을 극복해 부엉이 이상의 부엉이가 되어야 할 이유가 없다.

이와 달리 인간은 불안정한 삶을 살아왔다. 정해진 자리와 주어진 삶의 방식이 없기 때문이다. 인간에게는 확정되어 있는 것이 없다. 인간은 인간이라는 것 말고는 아무것도 아니다. 고유의 성질Eigenschaft이라 부를 만한 것조차 없다. 니체는 인간은 신이나 사회, 부모나 조상 그리고 자기 자신으로부터도 고유의 성질이란 것을 부여받은 바 없다고 했다. 인간은 자신의 존재를 판단하고, 가늠하고, 비교하고, 심판할 그 어떤 것도 따로 두고 있지 않으며, 심지어 자신의 존재와 존재 방식 등에 대해서조차 책임이 없다고 했다.[25]

니체는 이 같은 인간을 아직 확정되지 않은 동물이라고 불렀다.[26] 이때 확정되지 않았다는 것은 인간이 미완의 존재로서 생성 과정에 있다는 것을 의미한다. 니체는 철학자들이 그 점을 간과해왔다고 했다. 역사적 감각의 결여에서 기인한 것으로서 그는 거기에 철학자들의 타고난 과오가 있다고 했다. 인간이 긴 생성 과정을 뒤로하고 있고 앞으로도 생성에 생성을 거듭하게 될 것이라는 사실을 외면하고, 마치 인간에게 주어진 자리가 있고 주어진 삶의 방식이 있기라도 한 듯 현실 인간으로 그 자리를 확정해놓고 출발해왔다는 것이다.[27]

확정되지 않은 미완의 동물이라는 점에서 인간은 예외적 동물이다. 그러면 어떻게 동물 가운데 유독 인간에게만은 정해진 자리와 주어진 삶의 방식이 없는 것일까? 어떻게 인간은 미완 상태에 머물게 되었는가? 두 가능성을 생각해볼 수 있다. 처음부터 결핍 상태에서 태어나 그 결핍 부분을 채워가도록 되어 있을 가능성과, 본능이라는 확실한 장치가 파손되어 정해진 자리와 주어진 삶의 방식에서 벗어나게 되었을 가능성이 그것이다.

결핍 존재로서의 인간은 비교적 새로운 인간 규정이다. 인간은 예로부터 주어진 삶의 조건에 만족하지 않고 뭔가를 만들어왔다. 이를테면 농기구와 같은 단순한 기구에서 시작해 컴퓨터와 같은 첨단 기계에 이르기

---

25 KGW VI 3, 90쪽, *Götzen-Dämmerumg*, Das vier grossen Irrthümer 8 ; 니체전집 15, 123쪽, 《우상의 황혼》, 네 가지 중대한 오류들 8.

26 KGW VI 2, 79쪽, *Jenseits von Gut und Böse*, Drittes Hauptstück : das religiöse Wesen 62 ; 니체전집 14, 101쪽, 《선악의 저편》, 제3장 : 종교적인 것 62.

27 KGW IV 2, 20쪽, *Menschliches, Allzumenschliches I*, Erstes Hauptstück : Von den ersten und letzten Dingen 2 ; 니체전집 7, 24쪽, 《인간적인 너무나 인간적인 I》, 제1장 : 최초와 최후의 사물들에 대하여 2.

까지 다양한 도구를 만들어왔다. 왜 인간은 주어진 대로 자연적 삶에 만족하며 살지 못하고 끝없이 뭔가를 만들어야 했는가? 대답은, 인간은 결핍 상태에서 태어났다는 것, 결핍 부분을 메우기 위해 처음부터 뭔가를 만들지 않을 수 없었다는 것이다. 뭔가 만들지 않을 수 없는 존재, 이것이 호모 파베르로서의 인간의 모습이다.

이 같은 결핍 상태로부터 인간의 창조 행위를 설명한 철학자가 헤르더와 쇼펜하우어다. 특히 쇼펜하우어는 인간 이성의 출현을 결핍으로부터 설명했다. 두뇌가 발달하면서 욕구가 증대했고 그와 함께 인간은 결핍을 느끼게 되었으며 거기서 고차적인 지적 능력에 대한 요구가 생겼다는 것, 그 요구에 의해 마침내 이성이 출현하게 되었다는 것이다.

20세기 중반에 이 결핍의 문제를 다시 부각한 것이 포르트만이었다. 그는 인간의 결핍을 때 이른 출산에서 기인하는 것으로 해석했다. 그에 따르면, 다른 동물들은 어미의 자궁 속에서 달을 다 채우고 나온다. 구비할 것을 다 구비한 완성 상태에서 세상에 나오는 것이다. 그러니 부족할 것이 없다. 매사 분명하고 확실하다. 갓 부화한 바다거북은 부화하자마자 어미의 도움 없이 바다로 기어가 물속으로 뛰어든다. 태어나면서부터 기어갈 줄 알고 바다가 어디에 있는지를, 거기에 살 길이 있다는 것을 본능적으로 감지하기 때문이다. 다른 젖먹이 동물의 경우도 어미의 젖에 의존하지만 그것도 잠시, 곧 독립을 한다. 그런데 인간은 어떠한가? 갓 태어난 아이는 제 앞가림을 못한다. 자력으로 할 수 있는 것이 거의 없다. 어미의 자궁에서 구비할 것을 모두 구비하지 못한 채, 그러니까 달을 다 채우지 못한 미숙 상태에서 세상에 나오기 때문이다.

결핍 상태에서 태어난 아이는 제 힘으로 살아가지 못한다. 어른들로부터 생존 능력을 배워야 한다. 이것이 학습이다. 도구를 만들어 사용하는 것도 학습의 하나다. 그리고 그 같은 학습을 통해 만들어지는 것이 문화다. 포르트만의 이 이론은 니체 사후 반세기쯤 지나서 나온 것이어서 니체의 인간관 형성에 어떤 의미를 갖고 있는 것은 아니다. 그렇기는 하나 인간을 미완의 존재로 본 점에서, 그 미완 상태가 어디에서 기인하는가를 찾아 설명한 점에서 의미가 있다.[28]

그러나 니체는 결핍 존재로서의 인간이라는 규정을 받아들이지 않았다. 모든 존재와 변화를 힘에의 의지로부터 설명한 그에게 생명은 더 많은 힘을 확보해 세력을 키우려는 내적 '폭력'으로서 풍요와 충만 그 자체다. 그런 생명은 결핍을 모른다. 오히려 힘을 주체할 수 없어 끝없이 발산하게 된다. 이때의 의지는 결핍 부분을 메우려는 소극적 의지가 아니라 성장을 위해 끝없이 힘을 펴가려는 적극적 의지다.

결핍에서가 아니라면, 우리는 또 다른 가능성으로서 본능으로부터의 '이탈'을 생각해보게 된다. 인간이 본능에서 이탈하게 되었고, 그 결과 본능이 주는 완전성과 함께 그 풍요와 충만을 잃고 불안정한 상태로 떨어지게 되었을 가능성이다. 물론 상대적 의미에서의 이탈이다. 니체에 따르면 본능은 그동안 본능에 반하는 것들에 의해 이리저리 파헤쳐져 파손되었고, 그러면서 쇠퇴의 길을 걸어왔다. 물론 본능이 그 힘을 완전히 잃은 것도, 인간이 완전히 본능으로부터 벗어나 있는 것도 아니다. 본능이 쇠퇴의 길을 걸어왔다고는 하나 생존 본능 따위에서 볼 수 있듯이 본능의

---

28 포르트만은 1969년 4월에서 1971년 2월 말까지 인간과 환경을 주제로 라디오 강의를 했다. 이때의 강의 원고를 모아 책을 냈는데, 그것이 《우리는 과정에 있다Wir sind unterwegs》 (Olten · Freiburg i. Br. : Walter-Verlag, 1971)다. 니체가 《차라투스트라는 이렇게 말했다》 머리말 2에서 차라투스트라의 입을 통해 강조했던, 인간은 하나의 교량이요 과정이라는 말을 연상케 하는 표제다.

힘은 여전히 위력적이다. 그런 의미에서 그 이탈은 상대적인 것이 된다. 본능으로부터의 이탈, 상대적인 것이 되겠지만 이것이 니체의 답이다.

그러면 반(反)본능적인 것에 어떤 것들이 있나? 분석과 추상 따위로 원초적 본능을 훼손하고 파괴하는가 하면 본능을 도덕적으로 열등한 것으로 몰아 학대해온 이성과 같은 정신적 기능과 도덕 따위가 있다.[29] 인간은 그런 것들이 있어 금수 단계에서 벗어나 인간이 될 수 있었으며, 그런 것들에 힘입어 본능에서 벗어나면 벗어날수록 인간다운 인간이 된다고 믿어온 것들이다.

그런가? 니체는 그 같은 믿음을 일축했다. 그는 이성 따위가 그동안 인간에게 자행해온 해악을 환기시켰다. 이성 따위가 본능을 통제와 관리의 대상으로 삼아 억압함으로써 생명의 전개를 가로막았을 뿐만 아니라 온갖 형이상학적 망상과 도덕적 가식으로써 그 에너지를 고갈시켜 끝내 생명을 빈혈 상태로 내몰아왔다는 것이다. 그런데도 인간은 이성 따위를 맹신해왔다. 그 결과 인간은 이성화되어갔고 그 정도에 따라 본능은 움츠러들게 되었다. 그와 더불어 본능의 끈은 느슨해져갔고, 그만큼 힘을 잃어갔다. 부분적으로 인간은 그 끈을 놓치게까지 되었다.

삶의 확실한 길잡이인 본능의 끈이 느슨해지면서 생명의 온기와 박동을 잃은 채 창백해 있는 이성적 인간, 니체가 머릿속에 그린 인간은 그런 인간이 아니었다. 그가 머릿속에 그린 인간은 생명체로서 온전한 삶을 사는 건강한 인간이었다. 그런 그에게 인간이 되기 위해 인간이 벗어나야 할 것은 본능이 아니라 본능적 삶을 억압하고 학대해온 이성 따위였다.

그러나 인간은 본능에서 벗어남으로써 길을 잃고 불확실한 상태에 빠

---

29 이 책 제1장 1절의 〈(1) 이성주의 비판〉 참고.

지게 되었다. 동물로서나마의 완전성을 상실한 채 상대적으로 동물만도 못한 동물, 가장 병든 동물, 실패한 동물이 되고 만 것이다.[30] 결과는 그렇게 되었고, 그것이 인간의 현실이지만, 여기서 생각하지 못한 반전이 일어난다. 본능의 끈이 느슨해졌다는 것, 상대적으로나마 본능에서 벗어나 있다는 것은 무엇을 의미하는가? 생각해볼 일이다. 반성 이전의 타고난 행동 욕구에서 그만큼 벗어났다는 것, 인간이 그 같은 욕구에서 해방되어 그만큼 자유롭게 되었다는 것을 의미하지 않는가.

본능으로부터 해방되는 순간 인간에게 위대한 시야가 열린다. 본능이라는 빗장이 풀리면서 열리게 된 새로운 시야다. 여기서 인간은 자유로운 존재가 된다. 자유롭게 되었다는 것은 자의에 따라 무엇이든 될 수 있다는 것을 의미한다. 그런 의미에서 인간은 하나의 가능성이 된다. 이것은 본능에 묶여 있는 다른 동물들에게 없는 가능성이다. 다른 동물들은 자신을 뛰어넘지 못한다. 그래서 주어진 삶이 전부다.

가능성으로서의 인간, 이때의 가능성은 어떤 가능성인가? 그것은 앞과 뒤, 위와 아래로 열려 있는 가능성이다. 앞으로 나가거나 위로 올라 자신을 딛고 일어설 수도 있고, 뒤로 물러나거나 아래로 추락해 지금 상태에도 미치지 못하는 존재로 전락할 수도 있는 가능성이다. 우리는 세 경우를 생각할 수 있다. 하나는 그 가능성을 살리지 못해 더욱 불확실한 상태에 빠질 수 있는 가능성이다. 다른 하나는 본능을 회복하여 가까스로 동물로서나마 건강하고 건전한 삶을 살 수 있는 가능성이다. 또 다른 하나는 자신을 극복함으로써 동물 위의 동물이 될 수 있는 가능성이다.

이 가운데 이상은 세 번째 가능성을 구현하는 것이다. 그 구현과 함께

---

30 KGW VI 3, 178쪽, *Antichrist*, 14 ; 니체전집 15, 228쪽,《안티크리스트》, 14.

가장 실패한 동물인 인간은 가장 성공한 동물로 거듭나 더없이 높은 경지에 오르게 되며 이 경지에서 인간은 자신의 존재와 우주의 존재를 사색하고, 자기반성 속에서 자신을 거듭 극복해가는 존엄한 존재가 된다. 이렇게 되면 지금까지 재앙이 되어온 본능으로부터의 해방, 곧 이탈은 기회가 될 것이며 축복이 될 것이다.

여기서 우리는 본능으로부터의 이탈을 야기해온 이성 따위의 정신적 기능들을 재평가하게 된다. 인간이 동물 위의 동물이 되도록 길을 열어준 것이 본능으로부터의 해방이고 그 해방을 가능케 한 것이 이성 따위의 정신적 기능이기 때문이다. 그러면 이들 이성 따위에 대한 그동안의 평가는 달라져야 하는가? 인간이 동물 위의 동물이 되도록 길을 열어준 것만으로도 재평가되어야 하지만, 문제는 이성 따위가 그 길을 간 것은 아니라는 데 있다. 이성 따위는 큰 이성인 신체를 도와 본능으로부터의 이탈이 상승의 계기가 되도록 해야 했는데, 그 반대의 길을 걸어왔다. 기회를 만들고도 그 기회를 살리지 못한 것이다. 따라서 길을 열어주었다는 것 하나로 니체가 비판해온 이성, 곧 작은 이성 따위가 복권되는 것은 아니다. 그런 것들은 여전히 극복의 대상이다.

(2) 인간은 하나의 과정이다

가능성으로서의 인간은 앞으로 나가 위버멘쉬가 될 수도 있고 뒤로 물러서 금수만도 못한 존재가 될 수도 있다. 그 점에서 인간은 중간 존재다. 그리고 하나의 과정이다. 니체는 그런 인간을 짐승과 위버멘쉬를 잇는 밧줄에 비유했다.[31] 두 단계를 이어주는 교량에 비유하기도 했다.[32] 중간 존재라고 해서 인간이 정확하게 중간 어디에 자리하고 있는 것은 아니다. 그 위치는 유동적이다. 유동적인 만큼 중간 존재로서의 인간의 삶은 불안정하다. 위험하기까지 하다. 그렇다고 지금의 자리를 고수할 수 있는 것도 아니다. 마치 두 탑을 잇는 줄 위에서 곡예를 하는 광대와 같다. 발아래 심연 또는 급류를 두고 있는 광대에게는 외줄이 생명줄이다. 그래서 외줄에 모든 것을 걸게 되지만 오래 버티지 못한다. 앞으로 나아가거나 뒤로 물러서거나, 둘 중 하나다. 그러나 그것도 실족하지 않았을 때의 이야기이고, 실족하면 추락하는 것 말고는 길이 없다. 중간 존재로 존재한다는 것은 그만큼 위험한 일이다.

일단 줄 위에 있다면 목숨을 거는 모험을 감행해야 한다. 앞으로 나가야 한다. 뒤로 물러서서는 안 되며 추락을 해서는 더더욱 안 된다. 이것이 다른 동물에게 없는 모험이다. 니체는 바로 그 때문에 인간은 위대하며, 그 때문에 사랑을 받아 마땅하다고 했다.

저편으로 건너가는 것도 위험하고 건너가는 과정, 뒤돌아보는 것, 벌벌 떠는 것도 위험하며 멈춰 서 있는 것도 위험하다.

사람에게 위대한 것이 있다면 그것은 그가 목적이 아니라 하나의 교량이라는 것이다. 사람에게 사랑받을 만한 것이 있다면, 그것은 그가 하나의 과정이요 몰락이라는 것이다.

나는 사랑하노라. 몰락하는 자로서가 아니라면 달리 살 줄을 모르는 사람들을. 그런 자들이야말로 저기 저편으로 건너가고 있는 자들이기 때문

---

31 KGW VI 1, 10쪽, *Also sprach Zarathustra*, Erster Theil : Zarathustra's Vorrede 4 ; 니체전집 13, 20쪽, 《차라투스트라는 이렇게 말했다》, 제1부 : 차라투스트라의 머리말 4.
32 같은 책, 같은 곳 ; 같은 책, 같은 곳.

이다.[33]

미완의 존재이면서 중간 존재이기도 한 인간은 아직 형태를 갖추고 있지 못한, 아직은 아무것도 아니지만 무엇이든 될 수 있는 소재와 같다. 즉, 도공의 손길을 기다리는 점토와 같다. 조형자의 손길을 필요로 하는, 아직 형태를 갖추지 못한 어떤 것, 소재 그리고 볼품없는 돌과도 같다.[34] 소재인 인간은 장대한 건물의 한 부분이 될 수도 있다. 주춧돌이 될 수도 있으며 모퉁이 돌이 될 수도 있다. 물론 쓸모를 잃어 버림받을 수도 있다. 인간이 존재 가치와 의미를 갖게 되는 것은 말할 것도 없이 장대한 건물을 구성하는 돌이 될 때다.[35]

그러면 누가 아직 형태를 갖추지 못한 인간, 아직 자리를 잡지 못한 인간을 다듬어 그 존재의 가치와 의미를 창출해낼 것인가. 조물주 신이 존재한다면 그것은 신의 일이 되겠지만 신은 존재하지 않는다. 자연이 있지만 자연은 그런 일에 마음을 쓰지 않는다. 쓴다 해도 요원한 이야기다. 그렇다면 인간 자신 말고는 없다.

인간 스스로가 자신을 만들어가야 한다. 이것은 조형자의 길로서, 여기서 피조물인 인간은 조물주의 자리에 오르게 된다. 그러면서 야누스가 되어 소재와 조형자, 피조물과 조물주라는 두 개의 얼굴을 갖게 된다. 니체는 "인간 안에서 피조물과 조물주는 하나다. 인간 안에는 소재, 파편,

---

33 같은 책, 10~11쪽 ; 같은 책, 20~21쪽.
34 KGW VI 3, 346쪽, *Ecce homo*, Also sprach Zarathustra 8 ; 니체전집 15, 436쪽, 《이 사람을 보라》, 차라투스트라는 이렇게 말했다 8.
35 KGW V 2, 279쪽, *Die fröhliche Wissenschaft*, Fünftes Buch : Wir Furchtlosen 356 ; 니체전집 12, 346쪽, 《즐거운 학문》, 제5부 : 우리들 두려움을 모르는 자들 356.

남아도는 것, 찰흙, 진흙, 터무니없는 것, 혼돈이 있다. 조물주, 조형자, 망치의 냉혹함, 관망자적 신성함과 일곱 번째 날도 있다."[36]고 했다. 조물주로서의 인간, 이것은 다른 동물들이 누리지 못하는 영예이자 책임이다.

2. 인간 위의 인간, 위버멘쉬Über-Mensch

(1) 위버멘쉬에 이르는 길

조물주 인간이 자신을 소재로 하여 만들어내야 하는 인간 위의 인간이 곧 위버멘쉬다. 어떻게 인간은 이 위버멘쉬를 만들어내는가? 끝없는 자기 극복을 통해서다. 니체는 인간이 자신을 극복해야 할 이유를 충분히 설명했다. 그러나 어떻게 극복할 것인가, 정작 그 방도는 구체적으로 제시하지 않았다. 단지 암시하거나, 상징 등을 통해 도식화해 제시했을 뿐이다. 위버멘쉬에 이르는 길에서 그나마 손에 잡히는 것이 이러한 도식들이다. 그런 도식에 짐승(원숭이)-인간-위버멘쉬로 되어 있는 것이 있고, 낙타-사자-어린아이로 되어 있는 것이 있으며, 인간말종-"보다 지체 높은 인간"-위버멘쉬로 되어 있는 것이 있다.《차라투스트라는 이렇게 말했다》에 나와 있는 도식들이다. 하나같이 세 단계로 되어 있다.

---

36 KGW VI 2, 167쪽, *Jenseits von Gut und Böse*, Siebentes Hauptstück : unsere Tugenden 225 ; 니체전집 14, 210쪽,《선악의 저편》, 제7장 : 우리의 덕 225.

가. 원숭이-인간-위버멘쉬

사람에게 있어 원숭이는 무엇이지? 일종의 웃음거리 아니면 일종의 견디기 힘든 부끄러움이 아닌가. 위버멘쉬에게는 사람이 그렇다. 일종의 웃음거리 아니면 일종의 견디기 힘든 부끄러움이다.

너희는 벌레에서 사람에 이르는 길을 걸어왔다. 그러나 너희는 아직도 많은 점에서 벌레다. 너희는 한때 원숭이였다. 그리고 사람은 여전히 그 어떤 원숭이보다도 원숭이다운 원숭이다.[37]

차라투스트라가 산에서 내려와 들어선 곳은 얼룩소라 불리는 도시였다. 얼룩덜룩 온갖 잡스러운 것이 다 모여 있는 도시였다. 마침 그곳 장터에 많은 사람들이 모여 있었다. 어떤 광대가 줄타기를 할 것이라는 소문이 퍼져 있었던 것이다. 위의 이야기는 차라투스트라가 그곳 군중에게 들려준 것으로, 사람이 벌레와 원숭이로부터 사람에 이르는 길을 걸어왔다는 것, 위버멘쉬를 향해 가야 할 길을 남겨두고 있다는 것이다.

차라투스트라의 이 이야기에서 떠올리게 되는 것이 있다. 다윈의 진화론이다. 특히 인간이 원숭이였다는 것, 그것에서 진화해 오늘에 이르렀다는 것에서 그렇다. 인간이 벌레였고 원숭이였다는 것은 단순한 수사가 아니다. 우연도 아니다. 다윈의 진화 원리 그대로다. 이 글이 쓰인 것은 1880년대 초반으로, 다윈의 진화론을 둘러싼 논쟁이 절정으로 치닫던 때였다. 학계 안에서의 일이었지만, 밖은 밖대로 시끄러웠다. 거기서

---

37 KGW VI 1, 8쪽, *Also sprach Zarathustra*, Erster Theil : Zarathustra's Vorrede 3 ; 니체전집 13, 17쪽,《차라투스트라는 이렇게 말했다》, 제1부 : 차라투스트라의 머리말 3.

는 논쟁이라 할 것도 없는, 인간이 원숭이로부터 진화했다는 것을 골자로 한 통속 다윈주의가 기승을 부리고 있었다. 그리고 그것을 둘러싸고 시비가 한창이었다. 다윈은 인간이 원숭이에서 진화했다고 말한 적이 없다. 원숭이와 인간이 같은 조상을 갖고 있을 가능성을 열어놓았을 뿐이다. 그런데도 사람들은 다윈의 진화론을 그렇게 받아들였다.

차라투스트라의 이 가르침이 반영하고 있는 것이 당시 뭇사람의 입에 오르내리고 있던 다윈의 진화론이다. 니체의 초기 진화론 이해에는 틈새가 많았다. 김나지움 시절만 해도 그는 통속 다위니즘을 크게 벗어나지 못했던 것으로 보인다. 이후 진화 문제에 관심을 갖게 되면서 어느 정도 균형 있는 진화론 이해에 도달하게 되었지만 여전히 어수선한 데가 있다. 그러나 1880년대의 그의 진화론 이해가 현실 인간 진화에 원숭이와 벌레를 끌어들일 정도의 수준은 아니었을 것이다. 그가 원숭이와 벌레를 끌어들인 것은 의도적인 것이라고 봐야 할 것이다. 원숭이로부터의 인간의 진화라는 통념이 불러온 당시 세간의 충격을 잘 알고 있었던 그는 군중을 상대로 진화를 이야기할 때는 그렇게 하는 것이 효과적이라고 믿었을 것이다.[38] 그가 하고자 한 이야기는 하나, 저급한 동물에서 인간에 이르는 길을 걸어온 인간은 여기서 멈추지 말고 앞으로 나아가 위버멘쉬가 되어야 한다는 것이었다.

---

38 같은 시기에 쓴 유고에 이런 글도 있다. "실험Experiment의 시대! 다윈의 주장은—실험 Versuch을 통해—검토될 수 있으리라! 가장 하등인 생명체로부터 보다 고등한 유기체의 등장도 그와 마찬가지로. 엄청난 세월을 두고 실험들이 이루어져야 할 것이다. 원숭이를 인간으로 길러내기까지는!" KGW V 2, 406쪽, 11〔177〕; 니체전집 12, 505쪽, 11〔177〕.

나. 낙타-사자-어린아이

인간이 원숭이에서 진화해왔다는 것, 진화를 계속해 위버멘쉬가 되어야 한다는 차라투스트라의 가르침을 이해한 사람은 그곳 군중 가운데 아무도 없었다. 하나같이 그의 가르침을 귀담아들을 귀를 갖지 못한 군상들이었다. 차라투스트라에게 돌아온 것은 냉소와 조롱뿐이었다. 상심한 그는 군중에게 등을 돌리고는, 앞으로는 군중이 아니라 같은 길을 가게 될 길동무들에게 말을 하겠다고 다짐한다. 일찍이 들어본 적이 없는 말을 귀담아들을 줄 아는 사람의 가슴을 행복으로 가득 채워주리라는 다짐이었다.

그런 차라투스트라에게 기회가 왔다. 다시 위버멘쉬에 대한 가르침을 펼 기회였는데, 이번에는 그 상대가 익명의 '너희'다. 여기서 '너희'는 그의 이야기에 어느 정도 귀를 열어두고 있을 선택된 사람들을 가리킨다. 그런 사람들이 있었으니, 차라투스트라에게 얻은 것이 전혀 없었던 것은 아니다. 그런 사람들을 앞에 둔 그는 수준을 달리해, 더 이상 벌레나 원숭이 이야기는 하지 않는다. 그 대신에 낙타와 사자와 어린아이를 등장시켜 이야기를 펴나간다. 그는 "나 이제 너희에게 정신의 세 변화에 대해 이야기하련다. 정신이 어떻게 낙타가 되고, 낙타가 사자가 되며, 사자가 마침내 어린아이가 되는가를"이라는 말로 말문을 연다.《차라투스트라는 이렇게 말했다》1부 〈세 변화에 대하여〉에서다.

낙타는 초월적 이념과 신앙의 짐을 지고 아무 생명도 없는 죽음의 사막을 질주하는 정신을 상징한다. 그런 정신에게 최고의 덕목은 "나는 해야 한다"라는 체념 어린 복종이다. 복종하면서 낙타가 머릿속에 그리는 것은 복종에 대한 보상, 곧 사막에서의 힘든 삶의 대가로 약속되어 있는 오아시스다. 다른 말로 천국에서 누리게 될 영원한 삶이다. 이 땅에서의 삶을 등진 채 초월적 세계와 신에 대한 신앙이라는 무거운 짐을 지고 힘겨운 삶을 살아가는 사람들이 낙타다.

어느 날, 열사의 사막을 질주하던 낙타가 걸음을 멈춘다. 지고 있는 짐과 뒤에서 채찍을 휘두르는 주인이 갑자기 궁금해진 것이다. 낙타는 그때까지 자신이 지고 있는 짐을 들여다본 적이 없다. 주인의 얼굴을 돌아본 적도 없다. 낙타는 걸음을 멈추고 뒤를 돌아보았다. 아무도 없었다. 짐을 내려보았다. 역시 무겁기만 할 뿐 그 속에는 아무것도 없었다. 속은 것이다. 주인으로 믿어온 신은 존재하지 않고 그동안 힘겹게 지고 있던 초월적 이념과 신앙 역시 허구라는 것을 깨닫는 순간이었다. 배신감에서 낙타는 짐을 내던지고는 이제부터 그 누구의 명령도 따르지 않고, 무엇을 하든 자신의 의지대로 하겠다고 외친다. 자유의 몸이 된 것이다. 그러면서 낙타는 "나는 해야 한다"라는 지상 명령을 내던지고 "나는 하려 한다"라는 적극적 의지를 새로운 덕목으로 내세운다. 그 순간 낙타는 사자가 되어 마침내 자신의 세계의 주인이 된다. 이때 사자는 초월적 이념과 이상으로부터 해방된 정신, 신의 죽음을 통찰한 사람들을 가리킨다.

자유의 몸이 된 사자는 이제 환성을 지르며 한층 가벼워진 몸으로 맘 내키는 대로 앞으로 뒤로 옆으로 질주한다. 거칠 것이 없다. 자신의 세상이 된 것이다. 사자는 행복했다. 그러기를 한참, 사자는 생각지도 않은 문제에 부딪히게 된다. 어디를 향해, 그리고 무엇을 위해 질주해야 하는지를 알 수 없게 된 것이다. 오아시스에 대한 환상에서 깨어나면서 목표까지 잃고 만 탓이다. 여기서 사자는 갈피를 못 잡고 당황하게 된다. 그리고 끝내 자신에게 주어진 자유를 감당하지 못하고 탈진하게 된다.

목표를 잃고 탈진한 사자에게 필요한 것이 새로운 시작을 위한 적극적인 자유, 곧 자신과 자신의 세계를 구축할 창조적 자유, 무엇으로부터의 자유가 아니라 무엇을 위한 자유다. 이 창조적 자유는 어떻게 획득하나. 사자가 할 수 없는 것이 그것이다. 사자는 거듭나야 한다. 어린아이가 되어야 한다. 어린아이는 첫 운동이자 제 힘으로 도는 바퀴로서 새로운 시작이다. 어린아이에게는 전제나 가정이 없다. 그래서 "왜?"하고 묻는 일이 없다. 어린아이에게는 있는 그대로가 대답이다. 그런 어린아이는 순진무구하다. 초월적 세계에 대한 망상은 물론 도덕적 강박도 갖고 있지 않다. 그래서 "해야 한다"라는 당위를 모른다. "하고자 한다"라는 자기주장을 할 만큼 옹색하지도 않다. "나는 존재한다"라고 말할 뿐이다. 이것은 존재에 대한 최고 긍정이자 통찰로서, 이 단계에서 인간의 존재와 함께 세계의 운행은 있는 그대로 긍정된다. 이 경지가 위버멘쉬의 경지다.

다. 인간말종─"보다 지체 높은 인간"─위버멘쉬

낙타에서 사자를 거쳐 어린아이로 진행하는 도식을 통해 니체는 위버멘쉬에 이르는 길을 보다 명료하게 제시하게 되었다. 그러면 우리는 어디쯤 와 있나? 이들 단계 사이의 경계가 유동적인데다 모호하기도 하여 우리가 낙타인지 사자인지 어린아이인지 말하기가 어렵다. 정도의 문제로서 우리는 낙타일 수도 있고, 낙타이면서 사자일 수도 있다. 즉 낙타에 가까운 사자일 수도 있고 사자에 가까운 낙타일 수도 있다. 니체는 그 경계를 보다 명료하게 보여주게 되는데 그가 제시한 세 번째 도식, 곧 인간말종에서 시작되는 도식에서였다.

① 인간말종der letzte Mensch

인간말종은 역사의식 없이 일상의 안일을 최고의 가치로 삼아 하루하루를 살아가는 변변치 못한 무리 인간이다. 비역사적 삶을 사는, 그리하여 돌아볼 과거도 내다볼 미래도 없는 인간이다. 그런 인간은 지난 일에 대해서나 다가올 일에 대해서나 아무 책임도 느끼지 않는다. 오늘날 거리를 메우고 있는 얼굴 없는 인간들, 니체가 천민, 다수, 민중, 짐승 떼, 떼 짐승, 잡것 따위로 불러 매도한 허섭스레기 같은 인간들이 바로 인간말종들이다. 차라투스트라가 얼룩소 장터에서 만난 군상들이다. 그런 자들은 자신을 경멸할 줄 모른다. 그 때문에 더없이 경멸스러운 존재들이다.

  니체는 인간말종을 매도했다. 인간말종이 경멸스러울 뿐이라면, 그 하나 때문에 그런 인간을 그토록 모질게 탓하지는 않았을 것이다. 문제는 인간말종이 경멸스러운 데 그치지 않고 반역적이기까지 하다는 데 있다. 인간말종은 현실에 안주하지 않고 그것을 뛰어넘어 위로 오르려는 인간을 두고 보지 못한다. 자신들의 변변치 못한 삶을 일깨워 수치심을 느끼게 하는가 하면, 일상의 안일 저편에 목표를 둠으로써 모두가 평등한 일상 세계를 전복하려 들기 때문이다. 그래서 인간말종은 그런 인간을 공적으로 몰아 철저하게 경계하고 배척한다. 그런 인간을 시샘과 복수심이라는 비수로 마구 찔러 만신창이로 만들기까지 한다. 차라투스트라를 비웃어 돌려세운 것도 그 같은 인간말종들이었다. 자유와 평등을 내세워 힘의 질서를 무너뜨린 혁명 대중과 대중문화에 봉사해온 것도 그런 인간말종들이었다. 어떻게 보면, 예수를 십자가에 못 박아 처형한 군중들도 그런 인간말종들이었을 것이다.

  인간말종에게는 평등이 신앙이다. 그리고 안일이 최고의 가치다. 평등한 세상에서의 안일한 삶이라면 더 바랄 것이 없다. 그 같은 인간말종의 세계에는 미래가 없다. 모든 것이 그런 자들과 함께 끝난다. 그런 의미에서 인간말종은 선하다는 사람, "종말의 발단"과 하나다.[39] 미래에 대한 책임이라는 과업에서 보면 독충과 같은 존재다. 니체가 이 인간말종의 대립물로 세운 것이 새로운 세계를 창조할 위버멘쉬다. 그러나 위버멘쉬가 존재한 적은 없다. 자기 상승을 위해 천민의 세상을 뒤로하고 자신의 길을 가는 사람이 더러 있었을 뿐이다. 그 나머지는 하나같이 인간말종들이다.

인간말종은, 때와 장소에 따라 달리 불렸을 뿐 어느 때 어느 곳에나 존재했다. 왕이나 귀족이 지배하던 시대만 해도 사람들은 이들 인간말종에게 상대적으로 관대했다. 군림하는 사람은 힘 있는 소수였고, 오합지졸인 인간말종은 경멸스러울망정 위협적이지는 못했기 때문이다. 그러다가 근대 대중 시대에 들어 인간말종이 득세하면서 상황이 달라졌다. 끝내 인간말종이 세상의 주인이 되었고, 그러면서 그 영악한 본색을 드러내 역사에 역행하는 반역의 무리로 돌변한 것이다. 그러자 인간말종을 경계하는 목소리가 곳곳에서 나왔다. 보다 공격적으로 그런 인간말종을 혐원한 사람들도 나왔다. 지적 귀족주의를 표방한 사람들이 그런 사람들이었다. 20세기 중반에 이르러서는 실존 철학자들이 그 같은 혐원에 가세했다. 그들에게는 실존에 대한 자각 없이 비(非)본래적 삶을 살아가는 사람들이 그런 인간말종이었다.

하이데거는 타락하여 본래성을 잃은 채 익명의 삶을 사는 사람, 자신의 근원적 존재와 아무 관계가 없는 잡담이나 지껄여대고 모든 것을 애매하게 얼버무리는 거리의 사람, 누구라도 좋을, 바로 그 때문에 어느 누구도 아닌 사람을 "세상 사람das Man"이라고 불렀다. 야스퍼스는 실존에 대한 자각 없이 일상을 살아가는 얼굴 없는 사람을 "실존 없는 현존재"

---

39 KGW VI 3, 367쪽, *Ecce homo*, Warum ich ein Schicksal bin 4 ; 니체전집 15, 461쪽,《이 사람을 보라》, 왜 나는 하나의 운명인지 4.

라고 불렀다. 자기 자신이 되는 것이 두려운 나머지 세상 속으로 달아나는 사람이 그런 사람이다. 마르셀은 사유를 대상에 관여하는 것과 존재와 인격 행위에 관여하는 것으로 나누고 각각 1차적 반성과 2차적 반성이라고 불렀다. 1차적 반성은 대상 지향적인 것으로서, 거기에서는 나 자신이 대상이 되면서 주관과 객관이 분열된다. 이 분열에서 소외가 일어나고, 그로 인해 인간은 생의 주체에서 관망자로 물러나 비실존적인 삶을 살게 된다. 그런 사람을 마르셀 또한 "세상 사람le-on"이라고 불렀다. 언어가 순화되고 말투가 보다 세련되었을 뿐 하이데거와 마르셀의 세상 사람, 그리고 야스퍼스의 실존 없는 현존재에는 대중에 대한 불신과 경멸, 그리고 경계가 그대로 드러나 있다.

앞에서 그렇지 않은 사람들이 더러 있을 뿐, 나머지는 모두 인간말종이라고 했다. 니체에게는 이들 '소수'의 사람이 새로운 희망이었다. 이들 소수는 천민의 세상에 절망한 사람들이다. 절망한 사람만이 그런 세상에서 벗어날 수 있다. 게다가 그런 사람은 자신을 경멸할 줄도 안다. 물론 이때의 경멸은 자신을 내려다볼 만큼 높이 오른 사람만이 할 수 있는 경멸이다. 자신을 경멸할 줄 안다는 점에서 그런 사람은 더 이상 경멸스럽지 않다. 니체는 그런 사람에게서 밝아오는 인간의 미래를 보았다. 그리고 그런 사람을 불러 "보다 지체 높은 인간"이라고 했다. 비천한 인간말종과 비교하여 품격이 있는, 인간 위계에서 한 단계 위의 인간이라는 의미에서였다.

② "보다 지체 높은 인간der höhere Mensch"

장터의 인간말종들에게 실망한 차라투스트라는 산속 자신의 동굴로 발길을 돌려 은거에 들어갔다. 그렇게 달이 가고 해가 갔다. 그러던 어느 날 예언자 하나가 불쑥 나타났다. 구면이었다. 차라투스트라는 그를 손님으로 맞이했다. 그 순간 저 아래에서 구조를 청하는 절박한 외침이 들려왔다. 험한 산속에서 곤경에 빠진 사람의 외침이었다. 차라투스트라가 의아해하자 예언자가 그것은 그대 차라투스트라를 찾아 나선 "보다 지체 높은 인간"의 외침이라고 일러주었다. 그 누구도 그 자신의 산속에서 변고를 당해서는 안 된다고 생각한 차라투스트라는 서둘러 산 아래로 내려갔다. 내려가다 보니 한 사람이 아니었다. 두 명의 왕이었다. 차라투스트라는 왕들을 자신의 동굴로 올려 보내어 편히 쉬게 했다. 그러자 또 다른 외침이 들려왔다. 이번에는 정신의 양심을 지닌 자였다. 그러나 그것으로 끝이 아니어서, 곤경에 빠진 사람 하나를 올려 보내면 또 다른 외침이, 그것에 또 다른 외침이 뒤따랐다. 차라투스트라는 그럴 때마다 한 사람 한 사람 구제하여 자신의 안전한 동굴로 올려 보냈다. 게다가 그 자신의 그림자까지 나서게 되었는데, 그렇게 하여 그의 동굴은 먼저 올라와 있던 예언자, 차라투스트라가 올려 보낸 두 명의 왕, 정신의 양심을 지닌 자, 마술사, 교황, 더없이 추악한 자, 제 발로 거지가 된 자, 그리고 그 자신의 그림자로 붐비게 되었다. 하나같이 깊은 잠에 빠져 있는 인간말종들과 달리 반쯤 깨어난 사람들, 온전히 깨어난 자 차라투스트라를 찾아 나선 사람들이었다. 지체로 볼 때 사자와 같은 사람들이었다. 《차라투스트라는 이렇게 말했다》의 제4부는 이들 "보다 지체 높은 인간" 이야기로 되어 있다.

예언자는 같은 책 제2부의 〈예언자〉에 나온 예언자로서 "모든 것은 한결같다. 아무 소용 없다. 세계는 무의미하다. 지식은 우리의 목을 조른다"는 탄식을 입에 달고 있는, 너무 지쳐 죽을 기력조차 없는 허무주의자다. 현실의 안일이 전부인 세상에서 이 얼마나 예사롭지 않은 통찰인가.

그의 탄식이 차라투스트라의 마음에 사무쳤다.[40]

두 명의 왕은 민주의 깃발 아래 어중이떠중이가 다 나서서 국정을 어지럽히는 현실에 역겨움을 느껴 권좌를 내놓고 자신들보다 지체가 높은 사람을 찾아 길을 나선 자들이다. 그들은 온갖 잡것들의 것이 되고 만 세상에서 왕이 되어 으뜸인 척해야 했다. 그러나 그런 허세도 지긋지긋해졌다. 역겨움에 질식할 지경이었다. 그래서 가증스러운 천민 틈에서 왕의 행세를 하는 것보다는 은자와 염소치기를 벗 삼아 사는 것이 낫다고 믿어 차라투스트라를 찾아 저들로부터 달아나듯 도망치고 있는 중이었다.[41]

정신의 양심을 지닌 자는 엄격한 논리를 신봉하고 검증 가능한 지식만을 믿겠다는 전문 학자를 가리킨다. 논리와 실증을 양심으로 삼아 비논리적인 것과 검증 가능하지 않은 사변을 물리치고는 성실하게 한 분야를 파고들 뿐 다른 분야에는 눈길도 주지 않는 외곬이다. 많은 것을 반쯤 알기보다는 차라리 아무것도 모르는 편이 낫다고 믿는, 진정한 앎을 추구함에 있어 자신에게 가혹하고 엄격하며 엄밀하고 잔인하기까지 한 인간이기도 하다. 여기서는 논리와 실증의 정신으로 무장한 채 미시적이고 기계적인 전문 지식에 매진하는 학자, 그런 지식으로 만신창이가 된 전문 바보들을 가리킨다.[42]

마술사는 태생이 속이지 않을 수 없는, 그러나 끝내 그 속임수를 감당

---

40 KGW VI 1, 296~299쪽, *Also sprach Zarathustra*, Vierter und letzter Theil : Der Noth-schrei ; 니체전집 13, 395~400쪽,《차라투스트라는 이렇게 말했다》, 제4부 및 최종부 : 절박한 부르짖음.

41 같은 책, 300~304쪽, Gespräch mit den Königen ; 같은 책, 401~407쪽, 왕들과의 대화.

42 같은 책, 305~308쪽, Der Blutegel ; 같은 책, 408~412쪽, 거머리.

하지 못하고 자신의 마술에서 풀려 무너지고 만 대중의 우상이다. 그런 우상으로 바그너를 지목하는 학자들도 있다. 마술사는 마지막으로 정신의 참회자를 연기해보지만 차라투스트라가 정체를 알아보고 노기를 띠자 제풀에 기가 죽어 한탄조로 내뱉는다. "오, 차라투스트라여. 나 피곤하다. 나의 연기, 그것도 이제는 역겹고. 나는 위대하지도 않다……나 위대한 사람의 역을 해보려 했으며 실제 많은 사람들을 속여 그렇게 믿게도 했다. 그러나 그 같은 속임수도 내게는 힘에 겨웠다. 나 그 같은 속임수에 무너지고 있는 것이다." 그는 이어 "오, 차라투스트라여, 나 단지 진실한 자, 의로운 자, 단순한 자, 명백한 자를, 그리고 아주 정직한 자, 지혜의 그릇, 깨침에 이른 성자, 위대한 자를 찾고 있는 것이지"라고 실토한다. 여전히 입가에 역겨움이 서려 있지만, 천민의 세상에서 그나마 진실한 것을 찾아 나선 그런 마술사에게서 차라투스트라는 마음의 위안을 받는다.[43]

교황은 베드로의 적통으로서 전 세계 교회를 지배해온 최고 권위다. 마지막까지 늙은 신을 모셨지만 그런 신은 존재하지 않는다는 사실을 깨닫게 되면서 더 이상 자신의 성직을 수행할 수 없게 된, 교회의 아버지다. 실의에 빠진 교황은 차라투스트라야말로 그의 불신앙으로 말미암아 교황 자신이 생각한 것보다 한층 더 경건하다고 말한다. 그러면서 차라투스트라에게 하루만이라도 좋으니 자신을 손님으로 맞이해달라고 간청한다.[44]

더없이 추악한 자는 신을 살해한 자다. 《즐거운 학문》125에 나오는 미

---

43 같은 책, 309~316쪽, Der Zauberer ; 같은 책, 413~423쪽, 마술사.
44 같은 책, 317~322쪽, Ausser Dienst ; 같은 책, 424~430쪽, 실직.

친 사나이를 떠올리게 하는 인물이다. 미친 사나이는 신을 살해한 자의 손에 아직 피가 묻어 있다고 했다. 더없이 추악한 자는 모든 것을 목격한, 사람의 깊은 속내와 바탕은 물론 은폐된 치욕과 추함까지 남김없이 보고 있는 신을 두고 볼 수 없어 살해한 자다. 신을 죽인 자의 자기 경멸과 처연함을 잘 알고 있던 차라투스트라는 몰골이 말이 아닌 이 더없이 추악한 인간에게 사랑을 느꼈다. 그는 인간은 어찌 그리도 추악하며, 골골하며, 남모를 수치심으로 가득 차 있는가를 생각해보았다. 그러고는 이자보다 더 깊이 자신을 경멸한 자를 본 적이 없다고 말한다.[45]

제 발로 거지가 된 자는 부자라는 사실이 부끄러워 자신의 풍요와 마음을 가난한 자들과 나누기 위해 집을 뛰쳐나온 자다. 거기에 행복이 있다고 믿어 더없이 가난한 자들을 찾아 나섰지만 아무도 자신을 받아주지 않자 언덕의 암소들에게 찾아와 암소의 행복이라도 배우려 한, 거부된 사랑의 설교자다. 거지는 차라투스트라에게 "위에도 천민, 아래도 천민!……그리하여 나 거기서 멀리, 더욱 멀리 도망쳐 이들 암소에게까지 온 것이지"라고 털어놓는다. 암소는 뭔가 새로운 것을 만들기보다는 되새김하기를 좋아하는 온순한 동물로, 여기서는 그리스도교 신자들을 가리킨다. 천민을 벗어난 거지에게 차라투스트라는 육식의 즐거움을 일깨우고는, 내친 김에 암소들을 떠나 그 자신의 짐승인 독수리와 뱀을 한번 보는 것이 좋을 것이라고 권한다.[46]

끝으로, 그림자는 허구한 날 차라투스트라의 발꿈치를 쫓아다닌 나그네다. 차라투스트라와 함께 험난한 삶을 살아온 그의 분신으로서, 여기

---

45 같은 책, 323~328쪽, Der hässlichste Mensch ; 같은 책, 431~438쪽, 더없이 추악한 자.
46 같은 책, 329~333쪽, Der freiwillige Bettler ; 같은 책, 439~445쪽, 제 발로 거지가 된 자.

서는 그의 언행을 맹신해 뒤쫓는 무비판적인 추종자를 가리킨다. 열심히 따라다니지만 그림자는 그림자일 뿐 주체적 근거를 갖고 있지 못해 자력으로는 아무 일도 할 수 없다. 모방하여 흉내를 내는 것이 전부다. 그런 그림자에게는 추구해야 할 목표가 없으며 돌아갈 고향도 없다. 숭배의 대상도 없고 가치에 대한 믿음도 없다. 그래서 갈피를 잡지 못하고 허탈해한다. 그리고 피곤해할 뿐이다. 동반자 없는 세상에서 그래도 자신을 따라 험난한 길을 걸어온 그림자에게 차라투스트라는 측은함을 느낀다. 동시에 경계를 한다. 믿을 수 없는 것이 그것이기 때문이다. 늘 붙어 있다고 하지만 그림자는 사물을 턱없이 늘이기도 하고 줄이기도 한다. 즉 왜곡을 한다. 그래서 차라투스트라는 자신의 그림자를 단단히 잡아두겠다고 말한다. 그 그림자가 자신의 명성에 흠집을 내고 말 것이라는 우려에서였다.[47] 그는 감옥조차 행복한 곳으로 여기게 된 그림자에게 편협한 신앙, 냉혹하고 융통성 없는 망상에 사로잡히는 일이 없도록 경고한다.[48]

차라투스트라는 이들 실패한 자, 반쯤 파멸한 자들을 환대했다. 산 아래의 인간말종들과 비교해보면 이 얼마나 대견한 사람들인가. 물론 이들이 인류의 문제로 고뇌한 것은 아니었다. 모두 자신의 문제와 실랑이했을 뿐이다. 그러나 차라투스트라는 그 같은 실랑이를 인류의 미래를 위한 산통으로 받아들였다.[49] 그러면서도 그는 허전해했다. 정작 그가 산속에서 기다린 것은 위버멘쉬였지 저들이 아니었기 때문이다. 인간말종에

---

47 같은 책, 167쪽, Zweiter Theil : Von grossen Ereignissen ; 같은 책, 225쪽, 제2부 : 크나큰 사건에 대하여.

48 같은 책, 334~337쪽, Vierter und letzter Theil : Der Schatten ; 같은 책, 446~451쪽, 제4부 및 최종부 : 그림자.

49 같은 책, 360쪽, Vom höheren Menschen 15 ; 같은 책, 480쪽, 보다 지체 높은 인간에 대하여 15.

서 시작된 길은 위버멘쉬를 남겨두고 여기서 끝난다.

(2) 위버멘쉬에 이르는 길―생물학적 진화의 길인가, 정신이 가야 할 정신의 길인가?

지금까지 우리는 위버멘쉬에 이르는 길 셋을 살펴보았다. 그러나 그 길이 어떤 길인지, 생명체로서 인간이 가도록 되어 있는 진화의 길인지, 아니면 인간 정신이 가야 할 정신의 길인지 묻지 않았다. 니체의 글들을 보면, 그 길은 생물학적 현실로서 인간이 가야 할 진화의 길로도 해석될 수 있고 정신이 자기 극복을 통해 가야 할 정신의 길로도 해석될 수 있다. 진화론 등장 이전이었다면 첫 번째의 길은 고려되지 않을 것이다. 그러나 때는 진화론 논쟁이 한창이던 시기였고, 게다가 니체 자신이 위버멘쉬에 대한 진화론적 해석의 여지를 적지 않게 제공하고 있어 문제가 된다.

논의에 앞서 다시 확인해둘 것이 있다. 니체는 심신 이원론자가 아니었다는 사실이다. 그는 정신을 신체에 봉사하도록 되어 있는 도구로 보아 신체 아래 두었다. 그런 그에게는 신체인가 정신인가 하는 것은 처음부터 선택의 문제가 될 수 없었다. 그러면서도 그는 신체와 정신이 문제될 때는 그것들을 대립 관계에서 다루었다. 특히 신체에 대한 정신의 적대 행위를 경고할 때 그랬다. 이 대립 관계는 신체와 정신을 선택의 문제로 비치게 했다. 실제 많은 독자들이 그것들을 선택의 문제로 받아들였고, 위버멘쉬에 이르는 길이 신체가 가야 할 진화의 길인가, 정신이 가야 할 정신의 길인가를 물어왔다.

그동안의 해석 경향을 보면 그 가운데 하나를 선택해 고수하는 사람들도 있고, 진화론에 무게를 두거나 정신의 각성에 무게를 두고 위버멘쉬를 해석하는 사람들도 있다. 여기까지는 해석 경향이라고 말할 수 있겠는데, 이들 경향이 자기주장을 하는 과정에서 배타성을 띠게 되면서 때때로 서로 대립하게 되었다. 그 결과 위버멘쉬에 이르는 길이 어떤 길인가를 두고 논의가 여전히 분분한 상황이다. 이 논의는 위버멘쉬 해석에서 결정적인 의미를 갖는다. 그 옳고 그름을 떠나서 위버멘쉬에 대한 서로 다른 해석의 관점과 단서를 제공한다는 점에서 그렇다.

위버멘쉬에 이르는 길을 생물학적 진화의 길로 받아들이는 사람들은 벌레와 원숭이에서 시작되는 첫 번째 길에서 우리는 다윈의 진화론을 만나게 된다고 말한다. 그리고 '낙타-사자-어린아이'로 되어 있는 정신의 세 변화와 인간말종에서 시작되는 길 역시 단계별 상승의 길로서, 그 길들이 정신의 문제라고 하더라도 그 저변에 이미 진화에 대한 발상과 믿음이 있다고 말한다. 니체에게 진화에 대한 확신이 없었다면 그런 도식이 가능했겠느냐는 것이다. 위버멘쉬를 진화의 목표로 보는 사람들은 거기에 덧붙여, 니체는 위버멘쉬에 이르는 방도로서 우생학을 받아들여 인간 사육을 요구하게 되는데, 진화론에 의거하지 않고서 그 같은 요구를 설명할 길이 있는가, 반문한다.

위버멘쉬에 이르는 길을 정신적인 것으로 받아들이는 사람들은 이에 맞서 낙타에서 사자를 거쳐 어린아이에 이르는 두 번째 길을 니체가 "정신의 세 변화"라고 명시한 사실과 인간말종에서 시작되는 세 번째 길에서 정신적 각성과 결단이 강조되고 있음을 환기시킨다. 그리고 니체의 글에 진화론을 떠올리게 하는 표현이 없는 것은 아니지만, 그렇다고 그의 의중에 진화론이 있었던 것은 아니라고 주장한다. 이를테면 핑크E. Fink는 니체가 자신의 문제를 표현함에 있어 당시 널리 알려져 있던 표상에 의지한 것일 뿐, 그의 형이상학이 다윈주의라든가 자연과학적 가정을 토대로 하고 있는 것은 결코 아니라고 단언한다.[50]

가. 위버멘쉬에 대한 생물학적 해석의 근거

① 니체에 있어 다윈주의

위버멘쉬를 다룰 때 늘 문제 되어온 것이 니체가 진화론자였나 하는 것이다. 진화론은 그의 평생에 걸친 관심사였다. 그는 일찍부터 진화론에서 인간 개선의 가능성을 읽고 그 개선을 위한 구체적 방도를 모색해왔다. 니체가 진화론의 영향을 받았다는 데는 이론의 여지가 없다. 그 진화론이 어떤 진화론이었으며 그 영향이 어디까지였는가가 문제 될 뿐이다.

무엇보다도 그와 다윈의 진화론 사이의 관계가 문제가 된다. 니체를 다윈주의자로 보는 학자들이 있다. 반대로 그를 다윈주의자로 볼 수 없다는 학자들도 있다. 그가 진화 이론에 따라 인간 진화의 가능성을 헤아려본 것은 사실이지만, 이때의 진화 이론은 다윈의 것이 아니었다는 것이다. 이러한 주장을 펴는 학자들은 니체가 1880년대에 들어 다윈의 진화론을 조목조목 논박한 사실과 함께 분명한 어조로 반(反)다윈주의를 표방한 사실을 환기시켜왔다.

니체를 다윈주의자로 보아온 학자들은 이 같은 주장을 반박하여, 니체가 다윈의 진화론을 비판한 것은 사실이지만 그의 비판은 진화의 메커니즘과 그 대상 영역에 국한된 것으로서 어디까지나 다윈의 진화론 안에서의 일이었다고 말해왔다. 니체의 비판은 다윈의 진화론에 대한 철학적 응답이었을 뿐 니체가 다윈이 제시한 진화의 전제들까지 부인한 것은 아

---

50 E. Fink, *Nietzsche* (Stuttgart : Verlag W. Kohlhammer, 1973), 68~69쪽.

니라는 것이다.

이 단계에서 우리가 말할 수 있는 것은 니체가 진화론으로부터 많은 것을 받아들여 논의의 단서로 삼았다는 사실과 그러면서도 그 자신을 반다윈주의자로 보았다는 사실이다. 그러면 니체는 다윈의 진화론으로부터 무엇을 받아들였으며 무엇을 비판하여 거부했는가? 우리는 그를 다윈주의자로 볼 수 있는가, 아니면 그 자신의 말대로 반다윈주의자로 봐야 하는가? 진화론자는 다윈 말고도 있었다. 따라서 진화론자라고 해서 다윈주의자여야 하는 것은 아니다. 니체가 진화론을 받아들였다고 해서 그를 다윈주의자로 봐야 하는 것은 아니라는 뜻이다. 이 같은 입장의 학자들은 니체를 진화론자로 볼 수 있다고 말한다. 다윈주의자가 아니었을 뿐이라는 것이다. 얼핏 그럴싸하게 들리지만, 니체의 다윈 편력으로 미루어 볼 때 설득력이 없는 주장이다. 니체는 초기에 진화 일반에 관심을 갖고 있었고 다윈 반대편의 진화론자들에게 호감을 갖고 있었다. 그러나 그의 철학에서 진화가 본격적으로 문제가 된 1880년대에 들어 그는 다윈의 진화론에 집중했다. 이 무렵 그가 받아들였건 거부했건 문제 삼은 것은 다윈의 진화론이었다.

다윈의 《종의 기원》이 나온 것은 1859년의 일이다. 독자의 반응은 뜨거워 출판 당일 초판이 모두 매진될 정도였다. 그때 니체는 십대 중반의 소년이었다. 《종의 기원》은 나오자마자 세기적 분란을 일으켰다. 저급한 동물 단계로부터의 인간 진화가 신성 모독이자 인간 존엄성에 대한 도전으로 받아들여지면서 일어난 분란이었다. 영국은 말할 것도 없고 유럽 대륙 곳곳에서 논쟁에 논쟁이 뒤따랐고, 논쟁이랄 것이 없는 저급한 수준의 공방까지 도처에서 일어났다.

당시 논쟁이나 공방에 뛰어든 사람들 모두가 그 책을 읽은 것은 아니다. 소문이 더 큰 힘을 발휘했다. 그런 상황에서 통속 다위니즘이 등장하면서 원숭이로부터의 인간의 진화라는 오해가 걷잡을 수 없이 빠른 속도로 퍼져나갔다. 특히 교회가 민감하게 반응했다. 교회는 신의 창조 섭리 대신에 자연 선택을 통한 생명체의 진화를 설명한 다윈의 진화론을 망발로 규정해 일축했다. 그러나 이론적으로 준비되어 있지 않기 때문에 대체로 수준 이하의 반응이었다. 감정은 격했지만 논거는 취약했다. 당시 교회의 반응을 보여주는 상징적인 사건이 1860년 옥스퍼드 대학에서 있었던 헉슬리와 윌버포스 사이의 공개 논쟁이었다.

이 논쟁에서 반진화론자인 주교 윌버포스가 다윈을 대신해서 나온 진화론자 헉슬리에게 빈정대는 투로 "그대의 조상 가운데 어느 쪽이 원숭이인가? 친가 쪽인가, 외가 쪽인가?" 물었다. 이에 헉슬리는 "내게 비천한 원숭이를 할아버지로 두고 싶은가, 아니면 천성으로 위대한 지위와 영향력을 지닌 매우 재능 있는 사람, 그러나 그런 재능과 영향력으로 엄숙한 학문 논쟁을 웃음거리로 만드는 것이 고작인 사람을 할아버지로 두고 싶은가 묻는 것이라면, 나는 주저 없이 원숭이 쪽"이라고 응수했다. 청중은 주교 편에 섰다. 그날의 승자는 단연 주교 윌버포스였다. 하나의 소극이었지만, 당시 진화론에 대한 교회의 이해 수준이 그 정도였다.

이후 다윈의 진화론을 지지하는 사람들이 눈에 띄게 늘어나면서 두 진영 사이의 전선도 확대되었다. 수준 높은 논쟁도 뒤따랐다. 도화선이 된 것은 다윈의 《종의 기원》이었지만 그 이전에 나온 진화론에까지 불이 붙으면서 논쟁은 진화론 일반으로 비화되었다. 당시 진화론은 한 세기 전 모페르튀에서 뷔퐁을 거쳐 돌바크에 이르는 역사를 갖고 있었으며, 19세기 초 라마르크에 의해 체계적 이론으로 발전된 배경을 갖고 있었다. 상대적으로 덜 알려져 있었기 때문에 크게 주목받지 못했을 뿐, 근대 진화론의 역사는 이미 이들 진화론과 함께 시작되었다.

다윈은 라마르크에게서 적지 않은 것을 받아들였다. 게다가 다윈은, 오늘날 다윈주의로 불리는 진화론의 핵심 인물이기는 하지만, 진화론에서 성과를 낸 유일한 인물도 아니었다. 당시 독자적 연구를 통해 그의 것과 매우 유사한 진화 이론에 도달해 있던 진화론자 월리스가 있었다. 진화론 발표 시기를 놓친 탓에 이후 다윈의 그늘에 가려 빛을 보지 못한 불행한 학자였다. 니체는 라마르크는 말할 것도 없고 월리스도 알고 있었다. 그는 1880년대 유고에서 "허약화 상태로서의 최고의 공평성과 관대함(신약성서와 원시 그리스도교 공동체)"에 관해 이야기하면서 영국인 다윈과 월리스가 그런 것들이 전적으로 우둔한 것임을 보여주었다고 했다.[51] 이로 미루어 니체는 나름대로 당시의 진화론 지형도를 숙지하고 있었던 것으로 보인다.

니체는 김나지움을 마칠 때까지 진화론을 체계적으로 접할 기회를 갖지 못했다. 그때만 해도 진화론은 교육에 반영될 만큼 자리를 잡고 있지 못했다. 그러나 진화는 이미 일반의 관심사가 되어 사람들의 입에 오르내리고 있었고, 그 역시 어렴풋하게나마 진화를 둘러싼 논의에 접하고 있었다. 그리고 나름대로 반응했다. 첫 반응은《종의 기원》이 나오고 2년 정도 지나서 나왔다. 2년 정도 지나서의 반응이라면 신속한 것이었다고 말할 수 있다. 그러나 진화 논쟁의 전말을 체계적으로 추적한 것이 아니어서 그는 그 반응에서 조심스러웠고 내용 또한 단순하고 소박했다.

1861년에 쓴 〈나의 이력〉이라는 글에서였다. 여기서 그는 "존재하는 모든 것에는 위계가 있다……그리하여 우리는 돌에서 시작하여……식

---

51 KGW VII 1, 701쪽, 24〔25〕 ; 니체전집 16, 885쪽, 24〔25〕.

물로, 동물로, 인간으로 나아가는, 그리고 그것에서 흙으로, 공기로……
나아가는 발전을 인지하게 된다"고 썼다. 내용이나 어투로 볼 때 그리스
자연철학자들, 그 가운데 엠페도클레스를 연상시키는데, 학자들은 이것
을 다윈 진화론에 대한 니체의 첫 반응으로 보고 있다.

한 해 뒤인 1862년에 그는 '게르마니아'에서 〈운명과 역사〉라는 글을
발표했다. 게르마니아는 그가 친구 두 명과 만든 토론을 겸한 독서 동아
리였다. 이 글에서 그는 "인간이 돌에서 식물과 동물을 거쳐 발전한 것이
아닌가?" 물었다. 여전히 단순하고 소박한데다 확신이 서지 않는 투였
다. 그러다가 그의 글에 진화의 한 단계로서 원숭이가 등장하게 되는데,
그로부터 3년 후 친구 그라니에게 보낸 편지에서였다. 이 편지에서 그는
당대의 많은 자연 탐구자들이 인간의 유래를 곧잘 원숭이에서 찾고 있으
며 인간이 지닌 짐승 이상의 요소 모두를 비논리적인 것으로 간주해 파
괴하고 있다고 했다. 같은 해에 친구 게르스도르프에게도 비슷한 내용의
편지를 썼다.

그러다가 니체는 1866년 랑게의 《유물론 역사》를 통해 다윈의 진화론
에 한 발짝 더 다가서게 되었다. 진화론을 과학 이론으로 받아들이게 된
것인데, 그는 그때 라이프치히 대학 학생이었다. 그로부터 3년이 지난
1869년에 그는 바젤 대학 교수로 부임했다. 이 부임이 그에게 새로운 기
회가 되었다. 진화론을 보다 체계적으로 천착할 기회가 온 것이다. 그 무
렵 바젤에서는 유럽의 다른 대학 도시에서와 마찬가지로 진화 논쟁이 한
창이었다. 전공 학자들과 유관 분야 학자들이 나서서 논전을 벌이고 있
었다. 다양한 이론도 나왔고, 논박에 논박이 뒤따르면서 논쟁이 활기를
띠고 있었다. 새내기 문헌학 교수 니체는 가까이서 그 논쟁을 지켜보았
으며 자신의 입장에서 거들기까지 했다. 생물학자도 지질학자도 아니었

던 만큼 그가 논쟁에 생산적으로 기여한 것은 없었다. 그러나 니체 편에서 보면, 그곳의 진화 논쟁은 진화론 이해를 심화시킬 수 있는 호기였다.

논쟁의 시작은 다윈의 이론이었지만 라마르크가 함께 문제 되고 있었다. 라마르크는 다윈에 앞서 용불용설, 획득 형질의 유전을 내용으로 하는 진화론을 폈다. 한때나마 그의 진화론을 받아들인 다윈이었지만, 그는 진화의 핵심 요인으로 자연 선택, 즉 최적자 생존설을 펴게 되면서 라마르크와 대립하게 되었다. 바젤에서는 용불용설인가 최적자 생존설인가를 두고 라마르크 진영과 다윈 진영으로 편이 갈렸다. 니체는 라마르크의 편에 섰다. 그의 여동생 엘리자베트 푀르스터-니체의 증언 등에 따르면 같은 편에 저명한 동물학자이자 해부학 교수이면서 다윈을 비판해온 네오-라마르크주의자 뤼티마이어가 있었다. 식물학자 네겔리도 그 진영에 있었다. 니체가 라마르크 편에 섰다는 것은 그가 다윈에 맞서 획득 형질의 유전과 용불용설을 받아들이고 있었다는 것을 의미한다. 다윈 비판 대열에 섰지만, 니체가 다윈의 글을 어느 정도 읽었는지, 직접 읽었는지 의문을 제기하는 학자들이 많다. 알려져 있는 것은 그가 다윈에 관한 다수의 2차 문헌을 읽었다는 것, 그 가운데 다윈주의를 비판해온 뤼티마이어의 글이 있었다는 것 정도다.[52]

시간이 흐르면서 라마르크의 획득 형질의 유전과 용불용설은 과학자들의 지지를 잃게 되었고 다윈의 자연 선택설과 최적자 생존설이 힘을 얻게 되었다. 라마르크 추종자 니체의 입지도 좁아질 수밖에 없었다. 이후 진화 논쟁의 중심에는 다윈이 서게 되었고 진화론 하면 다윈의 진화

---

52 T. H. Brobjer, "Darwinismus", H. Ottmann (Hrsg.), *Nietzsche* (Stuttgart · Weimar : Verlag J. B. Metzler, 2000), 212~213쪽 참고.

론을 떠올리게 되었다. 그렇다 하더라도 니체가 라마르크에 대해 별로 언급하지 않은 것은 이상한 일이다. 몇 개의 언급이 남아 있는데 그것도 라마르크의 이름을 댄 것이 고작이다. 이를테면, 그는 1885년의 유고에서 비역사적으로 사유한 칸트, 플라톤, 라이프니츠와 달리 '우리'는 이제 모든 것을 역사적으로, 그러니까 생성 속에서 파악하게 되었다고 했다. 위대한 전환으로서, 그는 이렇게 하여 헤라클레이토스와 엠페도클레스의 사유 방식이 다시 등장하게 된바 라마르크와 헤겔과 다윈은 그 여파에 불과하다고 했다.[53]

니체의 이 같은 소극적 반응에도 불구하고 라마르크는 그의 사상 곳곳에 흔적을 남겼다. 그를 라마르크주의자로 보거나 라마르크주의로부터 그를 해석하는 학자도 있다. 이를테면 앙들레C. Andler는 저서《니체와 부르크하르트Nietzsche et J. Burckhardt》에서 "니체는 이 실증주의가 갖고 있는 애처로움을 타당한 것으로 받아들였다. 그러고 나서 그는 자신을 검토해가며 연구를 계속했다. 어찌하여 이 짧은 기간 동안만? 어찌하여 강자가 그리고 훌륭한 혈통을 타고난 모든 것이 반복하여 몰락해야 하는가? 여기에 니체의 전 심리주의적이며 사회적인 라마르크주의의 출발점이 놓여 있다"고 했으며[54] 같은 글 다른 곳에서 "부르크하르트의 데카당스에 대한 이념은 사회적 노쇠 현상에 대한 생각에 지배되고 있었는데 이보다 더 훌륭하게 니체의 라마르크주의에 일치하는 것은 없다"[55]고 했다. 이 같은 해석과 달리 니체를 라마르크주의자로 볼 수 없다는 주장도 만만치 않다. 실제 그는 다윈의 환경 이론과 적응 이론을 비판하게 되

---

53 KGW VII 3, 162쪽, 34〔73〕 ; 니체전집 18, 218쪽, 34〔73〕.
54 C. 앙들레, 〈니체와 부르크하르트〉, 255쪽.
55 같은 책, 243쪽.

는데, 이것은 라마르크를 겨냥한 비판이기도 했다.

니체는 다윈에게 처음부터 거리를 두고 있었다. 진화론은 그의 핵심 관심사의 하나였지만, 다윈에 대해서는 말을 아꼈다. 《반시대적 고찰》 등에서 그를 몇 차례 언급했을 뿐이다. 그것도 다른 것과의 연관에서였다. 인간 다윈에 대해서도 그는 가혹했다. 특히 그는 영국 소시민적 근성을 들어 다윈을 폄훼했다. 그러다가 이상적 인간 유형의 출현의 길을 모색하게 된 1880년을 전후해 그는 다시 다윈에게 돌아와 인간 진보의 가능성과 함께 그의 진화론을 다각도로 검토하게 되었다.

다윈의 이론에 거리를 두고 있었지만, 생명체는 진화해왔고 진화하고 있다는 다윈 진화 이론의 골자만은 니체에게 섬광처럼 다가왔다. 그는 이 이론에 크게 고무되었다. 새로운 유형의 인간 출현에 인류의 전 미래를 건 그에게 다윈의 진화론이 인간 고급화 가능성을 과학적으로 뒷받침하는 것으로 보였기 때문이었다. 이후 그는 다윈 관계 문헌을 상당수 섭렵했다. 문헌을 다수 소장하기도 했는데 그 가운데 P. 드레허의 《다윈주의와 과학, 사회적 연관에서의 그 귀결들Der Darwinismnus und seine Konsequenzen in wissenschaftlicher und sozialer Beziehung》(Halle, 1882), C. v. 네겔리의 《진화론의 기계―생리학적 이론Mechanisch-physiologische Theorie der Abstammungslehre》(München · Leipzig, 1884), O. 슈미트의 《진화론과 다윈주의Deszendenzlehre und Darwinismus》(Leipzig, 1873)가 남아 있다. 1873년에 출간된 슈미트의 책을 제외하면 1880년 이후에 나온 것들이다. 니체가 발병으로 모든 지적 활동을 마감한 것이 1889년 초이고 보면 그는 말년까지 다윈의 진화론을 손에서 놓지 않은 셈이다.

1880년대에 들어서 니체의 철학은 골격을 갖추어갔다. 힘에의 의지가 모든 것의 본질로 발견되고 영원회귀가 우주의 운행 원리로 파악되는가

하면 위버멘쉬가 새로운 유형의 인간으로 제시되기에 이르면서 그의 철학이 하나의 체계 속에서 모습을 드러내기 시작한 것이다. 틀이 갖추어지면서 그가 이전에 개별적으로 다루었던 주제들이 유기적 전체 속에서 다시 조명되고 검토 논의되게 되었다. 그런 주제 가운데 하나가 다윈주의였다. 그러나 힘에의 의지가 모든 것의 본질이 되면서 다윈 진화론의 설 자리는 현저하게 좁아졌다. 진화라는 대전제를 받아들이면서도 그로서는 다윈이 제시한 진화의 메커니즘만은 받아들일 수 없게 되었기 때문이다. 니체는 이들 메커니즘을 논박해갔다. 논박의 핵심은 하나같이 힘에의 의지에 반한다는 것이었다. 그가 다윈과 벌인 싸움은 이렇게 시작되었다. 이때 그가 문제 삼은 것이 생존을 위한 투쟁(생존 경쟁), 도메스티케이션, 사육 등이었다. 그는 종으로서의 인간의 진화도 문제 삼았다.

② 다윈주의를 '넘어서'

니체의 다윈과의 갈등은 힘에의 의지 발견 이전에 이미 예견되어 있었다. 다윈은 실증의 정신 위에 자연을 기계론적으로 해석한 자연과학자였다. 반대로 니체는 기계론적 자연 해석을 거부하고, 존재하지도 않는 사실이란 것에 집착함으로써 논의를 현상에 국한하고 있다는 이유로 실증이란 것을 비웃어온 철학자였다. 니체가 자연과학에 각별한 관심을 갖고 있었고 자연과학의 성과를 폭넓게 수용한 것은 사실이지만, 이렇듯 그는 자연을 탐색하는 눈과 방식에서 처음부터 당시 자연과학자들과 달랐다.

니체는 실증의 정신에다 기계론을 토대로 한 다윈주의로는 생명의 전개가 제대로 설명되지 않는다고 보았다. 자연과학이 자연 현상의 묘사에 그칠 뿐 그것의 근원은 밝혀내지 못한다는 그의 지론에 비추어 볼 때 새로울 것이 없는 비판이다. 그에게 현상에 대한 묘사로 일관하는 다윈주의는 설명을 추구하는 철학이 될 수 없었다. 철학자 니체로서는 그 같은 다윈주의에 더 이상 기대할 것이 없었다. 그런데도 다윈주의가 철학으로 간주되고 있었고, 과학자들이 거의 모든 분야에 파고들어 위력을 발휘하고 있었다. 그는 그 같은 세태를 개탄했다.[56]

더욱 역겨운 것은 그 와중에 자신이 다윈주의자로 간주되고 있다는 사실이었다. 그의 언행에 비추어 그렇게 간주될 만도 했지만, 그는 반다윈주의를 표방하면서 그러한 시선을 일축했다. 오해라는 것이었다. 그는 한마디 했다. "또 다른 멍청이 학자 하나가 내가 다윈주의자가 아닌가, 의심하기도 했다"[57]는 것이다. 그의 주장은 다윈주의는 철학이 아니고 그 또한 다윈주의자가 아니라는 것이었다. 그 무렵 그는 다윈주의와 명확한 선을 긋고 있었다.

종의 진보는 없다. 개인의 진보가 있을 뿐이다.

다윈에게 있어 진화는 종(種)species의 진화다. 니체는 이에 맞서 개인의 진보가 있을 뿐 종의 진화는 있을 수 없다고 했다. 니체는 Art(종)라는 분류 단위를 썼고, 종의 보존을 문제 삼기도 했지만[58] 다윈을 비판하는 자리에서는 주로 Gattung(속)이라는 단위를 썼다. 생물 분류에서 기본 단위가 되는 것은 개체 사이의 교배가 가능한 단위인 종이고, 속은 그 위의 단위다. 다윈의《종의 기원On the Origin of Species by Means of Natural

---

56 KGW VII 3, 252~253쪽, 35〔44〕; 니체전집 18, 331쪽, 35〔44〕.

57 KGW VI 3, 298쪽, *Ecce homo*, Warum ich so gute Bücher schreibe 1 ; 니체전집 15, 378쪽, 《이 사람을 보라》, 나는 왜 이렇게 좋은 책들을 쓰는지 1.

58 예 : KGW VII 1, 323쪽, 7〔238〕; 니체전집 16, 406쪽, 7〔238〕.

Selection》의 독일어 번역본 표제도 "*Die Entstehung der Arten durch natürliche Zuchtwahl*"로 되어 있다. 영어 species를 생물 분류법에 따라 Art로 옮긴 것이다. 그렇다면 니체는 Gattung이 아니라 Art를 문제 삼아야 했다. 그러나 그렇게 하지 않았다. 방심한 탓으로 보이지만, 여기서 크게 문제가 되지는 않는다. 당시만 해도 분류법이 늘 엄수된 것이 아니어서 Gattung과 Art가 혼용되기도 했기 때문이다. 니체가 받아들이기를 거부한 것은 그 어떤 생명체도 혈통 '집단'으로서 진화하지는 않는다는 것이었다. 그런 그에게 그 집단이 속인지 종인지 하는 구분은 큰 의미가 없었을 수도 있다. 이 점을 염두에 두고 여기서는 속을 고쳐 종으로 하고자 한다. 니체의 다윈 비판에서는 그래야 이야기가 된다.

진화를 문제 삼는 자리에서 니체는 진보Fortschritt란 말을 즐겨 썼다. 당시 진화Evolution라는 말이 있었지만 널리 쓰이지는 않았다. 보다 널리 쓰인 것은 진보와 함께 발전Entwicklung이란 말이었다. 다윈의 진화론을 말할 때도 사람들은 다윈의 '진화론'이라는 말보다는 다윈주의Darwinismus란 말을 선호했다. 니체는 발전이란 말을 알고 있었고 쓰기도 했다. 그러면서도 그가 진보라는 말을 즐겨 쓴 것은, 인간 전체, 그러니까 종으로서의 인간의 진화에 대한 꿈을 버리면서 종을 단위로 하는 발전이라는 말보다는 생물학적 의미가 적은 진보라는 말이 덜 부담스러웠기 때문일 것이다.

다윈에게 진화는 종의 진화였고, 당시 사람들이 기대한 것도 종으로서의 인간, 곧 인류의 진화였다. 니체의 꿈도 인류의 진보에 있었다. 그러나 대부분의 사람들이 인간말종인 현실을 경험하면서 그는 인류 전체의 진보에 대한 꿈을 버릴 수밖에 없었다. 그런 현실도 이유가 되었지만, 보다 근원적인 이유는 힘에의 의지에 있었다. 보다 많은 힘을 확보하기 위해 분투하는 세계에서는 개체들의 싸움이 불가피하다. 이 싸움에서 이긴 자는 더 많은 힘을 얻어 진보의 길을 가지만 진 자는 그나마의 삶의 기반을 잃고 도태된다. 이런 싸움에는 끝이 없다. 모두가 승자가 되는 싸움은 없다. 이것은 인간 사회에서도 마찬가지여서 인간 모두의 진보는 있을 수 없다. 선택된 개인의 진보가 있을 뿐이다.

종의 진보를 거부한 니체는 종이란 것 자체를 부인하기에 이르렀다. 그는 자아가 단순한 지체의 연쇄보다 백 배 이상의 것으로서 연쇄 자체이기는 하지만, 연쇄로서의 자아란 일종의 추상에 불과하다고 했다. 그리고 그 같은 연쇄의 다양성과 부분적 유사성으로부터 얻어진 추상이 바로 종이라고 했다.[59] 그는 추상에 불과한 종을 생물학자들이 존재하는 것으로 받아들이고는 과대평가해왔다고 비판했다. 그리고 개인이 아니라 종을 문제 삼아온 데 생물학자들의 근본 오류가 있다고 했다.[60] 그의 글이다.

나의 종합적 견해—첫 번째 명제 : 종으로서의 인간은 진보하지 않는다. 좀 더 높은 유형에 도달은 하겠지만, 그 수준이 계속 유지되는 것은 아니다. 종의 수준은 향상되지 않는다.[61]

여기서 종으로서의 인간이 좀 더 높은 유형에 이를 수 있다는 것은 무엇을 의미하는가? 니체가 종으로서의 인간을 인정하고 있다는 이야기가 아닌가. 그렇게 볼 수 없다. 종으로서의 인간의 진화를 비판하기 위한 방

---

59 KGW VIII 2, 199쪽, 10〔136〕 (248) ; 니체전집 20, 235~236쪽, 10〔136〕 (248).
60 KGW VIII 1, 302쪽, 7〔9〕; 니체전집 19, 359~360쪽, 7〔9〕.
61 KGW VIII 3, 108쪽, 14〔133〕; 니체전집 21, 138쪽, 14〔133〕.

편이었을 뿐, 종을 추상으로 규정해 인정하지 않은 그의 입장에 어떤 변화가 있었던 것은 아니다. 그는 한 걸음 더 나아가 시대나 집단의 진보도 받아들이지 않았다. 그는 오늘날의 유럽인 또한 진보하지 않았다고 했다.

인류는, 오늘날 믿고 있는 방식으로 더 나은 것이나 강한 것 또는 높은 것으로 발전하지 않는다. '진보'란 새로운 아이디어, 거짓 아이디어일 뿐이다. 오늘날 유럽인은 그 가치에서 르네상스 유럽과 비교해볼 때 매우 낮은 수준에 머물러 있다. 지속 발전이라고 하지만, 그것이 필연적으로 고양, 상승, 강화를 뜻하는 것은 아니다.[62]

여기서 니체가 말하는 진보의 의미가 분명해진다. 그에게는 고양, 상승, 강화가 진보였다. 이제 우리는 인류라는 추상을 뛰어넘어 인간 진보의 길을 모색해야 한다. 앞으로는 종이 아니라 개인이다. 우리는 선택된 개인의 진보를 위해 힘을 기울여야 한다. 진보의 대열에 동참할 수 없는 사람들도 나서서 힘을 보태야 한다. 자신을 버리고 도구가 되어 뛰어난 개인의 산출에 기여해야 한다. 진보는 선택된 개인의 진보로서 이렇듯 절대 다수 인간의 희생을 요구한다. 그리고 그 희생의 정도에 따라 진보의 정도가 결정된다.

생존을 위한 투쟁(경쟁)이 아니다. 힘에의 의지다.

다윈은 생존을 위한 투쟁(이하 생존 투쟁)을 통한 자연 선택에 생명체의 진화의 길이 있다고 했다. 니체는 이를 반박해 생존 투쟁은 인간 진화

---

62 KGW VI 3, 169쪽, *Der Antichrist*, 4 ; 니체전집 15, 217쪽, 《안티크리스트》, 4.

의 길이 될 수 없다고 했다. 그에 따르면 인간의 진화를 일으키는 것은 생존을 위한 구차한 투쟁이 아니라 힘을 향한 끝없는 의지다.

생존 투쟁은 원래 맬서스의《인구론》에서 유래한 말이다. 맬서스는 지구상의 생명체는 정도 이상으로 번식해 기하급수적으로 증가하는 데 반해 먹이는 산술급수적으로밖에 증가하지 않기 때문에 수급에 불균형이 생기고, 그 결과 기아가 발생하도록 되어 있다고 했다. 가설 수준의 주장이었지만, 그는 곧 난관에 부딪혔다. 인간의 경우, 그 같은 주장대로라면 식량 수급의 불균형은 인간 출현과 함께 시작되었을 것이고 그 결과 기아가 보다 자주 그리고 광범위하게 발생해 지금쯤은 매우 심각한 정도에 이르러 있어야 하는데 현실은 그렇지 않기 때문이었다. 이를 어떻게 설명할 것인가? 그는 야생 동물의 세계로 시선을 돌려보았다. 거기에도 같은 문제, 즉 먹이 수급의 불균형과 함께 기아의 문제가 있을 것이라는 판단에서였다. 그러나 그는 거기에서도 먹이 수급의 불균형과 그로 인한 기아의 흔적을 찾아내지 못했다. 어찌 된 일인가. 그때 그의 머리에 떠오른 것이 생존을 위한 개체들의 투쟁이었다. 그는 그 투쟁에서 해답을 얻었다. 야생 상태의 동물들은 생존을 위해 분투하게 되는데 그 과정에서 개체의 수가 적정하게 조절된다는 것이었다.

《인구론》이 나온 것은 1798년, 그로부터 30년쯤이 지난 1831년에 다윈은 과학 탐사를 위해 세계 여행길에 올랐다. 그는 남아메리카와 태평양의 여러 섬에 들러 자연을 탐사했다. 여행 중 그는 남아메리카에서 오늘날 존재하는 종과 매우 유사한 종의 화석을 발견했다. 갈라파고스 제도에서는 남아메리카에 사는 동식물의 변이 종을 발견하기도 했다. 이 같은 현상을 어떻게 설명할까. 비교 연구 끝에 그는 종의 변화, 즉 몇 안 되는 종으로부터 지구상의 다양한 종들이 진화를 했을 것이라는 결론에 이르렀다. 결론은 그랬지만, 무엇이 종의 변화를 일으키는지는 알 수가 없었다. 그러다가 답을 찾게 되는데, 바로 선택에서였다. 선택은 가축과 작물의 품종을 개량하기 위해 인류가 오래전부터 해온 것이다. 문제는 인간의 손길이 닿지 않는 자연 상태였다. 그러던 어느 날 그는 우연히 맬서스의 《인구론》에서 생존 투쟁이란 말을 접하게 되었다. 이 생존 투쟁에서 그는 자연 선택의 원리를 발견하게 되었다.

생존 투쟁을 진화의 메커니즘으로 받아들인 다윈은 수용 능력에 한계가 있는데도 대를 잇기 위해 필요 이상의 생식을 하는 탓에 생명체 사이에 먹이나 서식처를 확보하기 위한 싸움이 일어난다고 보았다. 이 싸움은 경쟁 관계에 있는 생명체 사이의 단순한 생존 경쟁에 국한되지는 않는다. 생명체는 혹독한 추위와 한발 등 열악한 환경에서도 살아남기 위해 분투하게 되는데 그런 분투도 생존 투쟁의 하나다. 생존 투쟁에서 유리한 형질을 갖고 있는 개체는 살아남아 더 많은 자손을 남기게 되며, 반대로 불리한 형질을 지닌 개체는 생존의 토대를 잃어 도태하게 된다. 이것이 최적자 생존의 원리로서, 세대가 거듭되는 가운데 생존에 유리한 변이가 쌓이면서 종에 변화가 일어난다. 다윈은 1869년 《종의 기원》 5판을 내면서 스펜서에게서 이 말을 차용했다.

다윈의 선택 이론은 니체에게 인간 진보의 길을 제시해주었다. 그러나 니체는 생존 투쟁만은 철저하게 거부했다. 생존 투쟁에서는 투쟁 상대가 무엇이든, 그 방식이 어떻든 목적은 하나, 자기를 보존하는 것이다. 즉 살아남는 것이다. 자기를 보존하려는 욕구에서 촉발되는 투쟁은 아무리 격하게 전개되더라도 자기 보존으로 끝난다. 어떻게 그런 투쟁이 진보를 촉진할 수 있는가. 살아남아 자신을 지키는 것이 전부인 생존 투쟁은 현상 유지에 급급함으로써 오히려 앞을 향해 전개되는 진보를 가로막지 않는가.

진화의 세계에서 현상 유지는 상대적 의미에서 퇴화를 의미한다. 따라서 생존 투쟁은 진화의 원동력이 될 수 없다. 진화, 곧 진보의 원동력은 힘에의 의지에 있다. 내부에서 폭발하는 이 의지에 의해 격한 투쟁이 일어나고 그 투쟁에서 선택이 일어난다. 니체에 따르면 생존 투쟁이란 것 자체가 소극적인 투쟁으로서 생명에 대한 오해다. 이미 자기를 보존하고 있는 것들이 어찌 자기 보존을 소망하며, 이미 생존하고 있는 것들이 어찌 새삼스레 생존을 소망할 것인가. 생명체들은 단순한 생존 이상을 원한다. 이 세계는 생존을 위한 구차한 싸움터가 아니다. 그것은 주체할 수 없을 만큼 풍요로운 힘의 세계다. 여기서 니체는 생존 투쟁을 개체 수의 조절 원리로 제시한 맬서스에게 화살을 돌려 그를 '자연'과 혼동해서는 안 된다고 경고했다.[63]

니체는 생존 투쟁을 맬서스와 다윈만의 문제가 아니라, 궁핍과 곤궁이 반영된 영국적 현상으로 받아들였다. 여기서 그는 영국인 전체에게 화살을 돌리게 되었다. 영국적 현상에 "최대 다수의 최대 행복"을 목표로 한 공리주의가 있다. 이 공리주의를 진화론에 적용해 이른바 공리주의적 진화론을 편 것이 스펜서다. 니체는 공리 취향의 영국인을 중간치 인간으로 평가했다. 그리고 그런 인간의 전형으로 다윈, 밀, 스펜서를 들었다.[64] 다윈 주변에서 인구 과잉에서 오는, 숨 막힐 듯한 대기를 맡게 된다고도 했다.[65]

---

63 KGW VI 3, 114쪽, *Götzen-Dämmerung*, Streifzüge eines Unzeitgemässen 14 ; 니체전집 15, 153쪽, 《우상의 황혼》, 어느 반시대적 인간의 편력 14.

64 KGW VI 2, 204쪽, *Jenseits von Gut und Böse*, Achtes Hauptstück : Völker und Vaterländer 253 ; 니체전집 14, 257쪽, 《선악의 저편》, 제8장 : 민족과 조국 253.

그러나 니체가 생명체 진화에서의 생존 투쟁의 역할을 처음부터 그리고 전적으로 부인한 것은 아니다. 그는 《인간적인 너무나 인간적인》에서 다윈의 생존 투쟁이 한 인간이나 종족의 진보나 강화를 설명할 수 있는 유일한 관점은 되지 못하는 것으로 보인다고 했다.[66] 이것은 역으로 유일한 것이 아닐 뿐 생존 투쟁이 하나의 관점은 된다는 것을 가리킨다. 또 말년에 쓴 글에서는 "그 유명한 생존 투쟁에 대해 말해보자면, 그동안 증명되었다기보다는 주장되어온 것으로 보인다. 생존을 위한 투쟁이 일어나기는 하지만 예외적인 일"[67]이라고 했다. 예외적인 일로서나마 그것을 인정한 것이다.

생존 투쟁은 예외적인 경우다. 자연 상태의 맹수들을 보면 알 수 있다. 맹수들도 경우에 따라서는 생존을 위해 투쟁한다. 먹이를 놓고 경쟁하기도 하고 열악한 자연 환경에서 살아남기 위해 분투하기도 한다. 그러나 그들이 궁극적으로 추구하는 것은 힘을 통한 지배다. 그래서 생존이라는 기초적 욕구가 충족되면 그들은 곧 힘겨루기에 들어간다. 맹수들에게 힘겨루기는 그 자체로 희열이자 성취이며, 자연 속에서 살아가는 방식이기도 하다. 인간도 마찬가지다.

---

65 KGW V 2, 267쪽, *Die fröhliche Wissenschaft*, Fünftes Buch : Wir Furchtlosen 349 ; 니체전집 12, 333쪽, 《즐거운 학문》, 제5부 : 우리들 두려움을 모르는 자들 349.

66 KGW IV 2, 192쪽, *Menschliches, Allzumenschliches I*, Fünftes Hauptstück : Anzeichen höherer und niederer Cultur 224 ; 니체전집 7, 226쪽, 《인간적인 너무나 인간적인 I》, 제5장 : 좀 더 높은 문화와 좀 더 낮은 문화의 징후 224.

67 KGW VI 3, 114쪽, *Götzen-Dämmerung*, Streifzüge eines Unzeitgemässen 14 ; 니체전집 15, 153쪽, 《우상의 황혼》, 어느 반시대적 인간의 편력 14.

길들임 Domestikation에 의한 순치 Zähmung가 아니라 사육 Züchtung이다.

다윈이 제시한 또 다른 진화 메커니즘으로 길들임이 있다. 길들임은 인간이 자신에게 유익한 방향으로 종의 변화를 유도하기 위해 동식물을 기르고 재배하는 것을 가리킨다. 인간이 예로부터 해온 일이다. 인간은 이를테면, 사나운 매를 길들여 통신 수단으로 삼고 표독스러운 들개를 온순한 집개로 순화해 집을 지키게 했으며, 야생 곡물을 개량해 보다 많은 낱알이 영글게 했다. 나무에 접을 붙여 열매를 더 크고 맛있게 만들기도 했다.

이 같은 길들임 과정에서 종에 변화가 일어난다. 이 사실에 주목한 다윈은 《종의 기원》 첫 장을 이 문제에 할애했다. 길들임을 통해 야생 짐승은 가축화되며, 야생 조류는 가금화된다. 그리고 야생 식물은 작물화된다. 다윈은 그 과정에서 야생 동식물의 형질이 어떻게 변하는가를 관찰했다. 관찰 결과, 그는 그 같은 방식으로 형태와 기능에서 종의 변화를 유도할 수 있다는 결론을 얻었다. 실제 인간은 석기 시대 이래 자연 상태의 동식물에서 바람직한 형질을 가진 개체를 찾아내어 육성함으로써 종을 개량해왔다. 이것이 인위 선택이다.

길들임을 통한 종의 개량 역시 생물학에서는 진화로 받아들이고 있었다. 개량이라는 말 자체가 진화를 의미했다. 그런가? 니체는 그것이 진화라면 누구를 위한 진화인가 물었다. 진화라면 마땅히 해당 동식물을 위한 진화여야 한다. 그것이 자연의 이치에 부합하는 일이다. 그런데 인간은 자신의 이익을 극대화하는 방향으로 동식물을 개량해왔다. 동식물 고유의 존재 방식은 문제가 되지 않았다. 오히려 인간에게 돌아올 이익을 고려해 그 방식을 통제하고 관리하게 되었으며, 필요할 경우 기능의 부분적 제거도 마다하지 않게 되었다. 그러면서 해당 동식물은 크게 위축

되어갔다. 해당 동식물에게는 퇴화가 아닐 수 없다.

어떻게 야생 동식물이 인간의 손에 길들여지면서 야성을 잃게 되는가를 보면 알 수 있다. 야생 동식물은 인간에 의해 관리, 조련되는 과정에서 본성을 잃게 된다. 길든 매를 보자. 매는 주인의 뜻을 헤아려 따르게 된다. 먹이는 주인이 마련해준다. 매로서는 먹이를 찾아 하늘을 날 이유가 없다. 경쟁자도 없다. 그저 주인의 분부만 따르면 된다. 그렇다 보니 비상의 힘은 떨어지고 눈에서는 패기가 가신다. 들개도 그렇다. 민첩함은 사라지고 발톱은 무뎌진다. 그러면서 주인의 은총에 기대는 집개가 되어 주인의 식탁 언저리를 어슬렁댄다. 눈은 애처롭다 못해 비굴하기까지 하다. 관리인의 눈치를 보는 동물원의 사자나 호랑이도 다를 바 없다. 그런 맹수들이 제일 먼저 배우는 것이 관리인을 무서워하는 것이다. 화분 속에서 자라는 나무나 꽃들도 마찬가지다. 물을 찾아 땅속을 파고들 이유도 없고, 햇빛을 찾아 사방팔방 가지를 뻗겠다고 다른 나무나 꽃들과 싸울 이유도 없다. 그저 때를 기다리면 된다. 이쯤 되면 매는 더 이상 매가 아니다. 들개와 사자와 호랑이 그리고 나무와 꽃도 마찬가지다. 길들임을 통한 순치, 야생 동식물에게는 거세가 아닐 수 없다.

인간 손길에 의한 순치는 야생 동식물로 끝나지 않는다. 인간은 자신도 길들여왔다. 원래의 거친 인간을 순치해온 것인데 다양한 방법이 동원되었다. 그 가운데 하나가 교육이다. 인간에게는 타고난 자연이 있다. 그리고 교육을 통해 습득한 것이 있다. 사람들은 타고난 자연을 제1의 자연으로, 교육을 통해 습득한 것을 제2의 자연으로 불러왔다. 이 제2의 자연은 제1의 자연의 순치를 통해 얻어진다. 우리는 세상 사람들로부터 성숙해 있다거나 어른이 되었다거나 세상에 쓸모 있게 되었다는 말을 듣게 되는데 이것은 우리가 제2의 자연을 습득함으로써 그만큼 순치되었다는 것을 가리킨다.

억압하고 제거하는 등 원래의 자연을 학대함으로써 얻게 되는 제2의
자연은 굳어져 껍질과 같이 된다. 즉 제1의 자연을 주저앉혀 내부로부터
힘을 발산하는 일이 없도록 묶어두는 외피가 된다. 나중에는 견고해져
호두 껍데기와 같게 된다. 그 지경에 이르면 제1의 자연은 그 속에 갇혀
좀처럼 벗어나지를 못한다. 벗어나려면 그 속에서 무르익어 폭발할 지경
에 이르기까지 기다려야 한다. 그러다가 때가 되면 폭발하게 되는데, 폭
발과 함께 제1의 자연은 뱀처럼 껍질을 벗어버리고 힘차게 모습을 드러
내게 된다. 그러나 그것은 그럴 만한 힘을 내면에서 키워온 사람들에 있
어서의 이야기다. 그런 사람은 많지 않다. 대부분의 사람의 경우 그 싹은
껍질을 뚫고 나오지 못한 채 말라 죽고 만다.[68] 그런 껍질을 가리켜 제2
의 자연 운운하지만 제2의 자연이란 이렇듯 본연의 자연을 죽음으로 내
모는 반자연에 불과하다. 본연의 자연에게는 치명적인 해악이 아닐 수
없다.

인간 교육에 동원되는 것들이 있다. 종교와 도덕이다. 사제들은 자신
들이 인간을 개선하려 한다고 말해왔다. 도덕을 가르치는 사람들도 같은
말을 해왔다. 짐승을 조련하는 자들이 하는 말투다. 니체는 그런 자들이
개선 운운할 때 웃지 않을 수 없다고 했다. 종교와 도덕에 의해 개선되었
다는 인간들이 어떤 꼴을 하고 있는지를 보면 웃음을 참을 수 없다는 것
이다. 조련된 짐승처럼 유약해진 인간, 철저하게 거세되고 망가진 인간
들의 몰골을 두고 한 말이다. 덜 해로운, 더 이상 무섭지 않은 존재가 되

---

68 KGW V 1, 279쪽, *Morgenröthe*, Fünftes Buch : 455 ; 니체전집 10, 350쪽, 《아침놀》, 제5권 :
455.

560 니체

기는 했지만 말이다.[69]

길들임은 결코 개선을 가져오지 않는다. 더할 것도 뺄 것도 없는 자연 그대로가 좋다. 그런 자연에 손을 댐으로써 우리는 그것을 개악해왔을 뿐이다. 퇴화시켜왔을 뿐이다. 개선처럼 보일 때가 있기는 하다. 그래서 개선이니 뭐니 하지만 그 안을 들여다보면 생각이 달라진다. 효과가 별로 없기 때문이다. 길들임의 효과는 생각한 것만큼 크지도 깊지도 않다. 게다가 오래가지도 않는다. 그 효과는 일시적이고 피상적일 뿐이다. 동식물에게 있는 빠른 복원력에서 알 수 있다.

인간은 동식물을 길들여온 오랜 역사를 갖고 있다. 그러나 해당 동식물의 야성을 완전히 제거해왔다고는 말할 수 없다. 야성은 휴화산처럼 잠복해 있을 뿐이다. 그러다가 인간의 손길에서 멀어지는 순간 폭발하고 만다. 집고양이를 감독하지 않으면 도둑고양이가 되고, 도둑고양이는 끝내 들고양이가 되어 자연 상태의 야성을 되찾는다고 한다. 오합지졸의 집개도 자연 속에 풀어놓으면 들개가 되어 공격적 본성을 드러낸다고 한다. 사람에 의해 길든 습성은 까마득하게 잊고 늑대처럼 우두머리를 중심으로 떼를 지어 먹이 사냥을 하는가 하면 아주 공격적이어서 심지어 포만 상태에서도 먹이를 발견하면 무자비하게 찢어 죽인다는 것이다.

반다윈—인간의 길들임 : 거기에 어떤 결정적인 가치가 있는가? 아니면, 길들임에 어떤 결정적인 가치가 있기라도 한 것인가? 그런 가치를 부정할 근거들이 있다.

다윈 학파는 그것과 반대되는 것을 우리에게 설득하기 위해 대단한 노

---

69 KGW VIII 3, 239쪽, 15〔55〕; 니체전집 21, 293쪽, 15〔55〕.

력을 기울이고 있다. 길들임의 효과가 깊고 근본적인 것이 되기를 소망하고 있는 것이다. 잠시, 돌아보자. 지금까지, 길들임을 통한 피상적인 효과—아니면 퇴화 말고는 증명된 것이 없다. 사람의 손길과 사육에서 벗어나자마자 하나같이 원래의 자연 상태로 돌아간다. 유형은 변하지 않는다. 우리는 '자연을 탈자연화'할 수 없다.[70]

그런데도 인간은 자신을 순치해왔고, 그 결과 보다 세련되고 사려 깊어졌다. 평화로워지기까지 했다. 사자가 낙타로 길든 것이다. 그 효과가 제한적이라고 했지만 인간은 그렇게 수천 년을 살아왔다. 순치에 살 길이 있다고 믿어 자발적으로 자기 순치에 나선 절대 다수의 약자들의 탓도 있다. 그런 순치를 두고 진보라고 말할 수 있는가? 이것은 집개를 들개의 진화로 볼 수 있는가 하는 것과 같은 물음이다. 니체에 따르면 집개는 들개의 퇴화다. 마찬가지로 종교와 교육 따위로 순치된 인간은 본래 인간의 퇴화다.

니체도 인간의 진보를 꿈꾸었다. 그러나 그는 그 길을 순치가 아니라, 반대로 본성을 되살려 강화하는 데서 찾았다. 들개를 보다 들개답게 만드는 것, 인간을 보다 인간답게 만드는 것이다. 방향을 돌려 인간으로 하여금 문화 상태에서 벗어나 원래의 자연 상태로 돌아가게 하는 것으로서 인간에게는 그것만이 진보다.

세 번째 명제 : 인간 길들임('문화')은 깊게 파고들지 못한다……깊게 파고드는 순간 곧바로 퇴화가 일어난다(전형 : 예수). 야성의 인간(도덕

---

70 같은 책, 107쪽, 14〔133〕 ; 같은 책, 136쪽, 14〔133〕.

적으로 표현하여 : 사악한 인간)은 자연으로의 복귀이다. 어떤 의미에서
는 자신의 재건이며 '문화'로부터의 치유다……[71]

그러면 우리는 어떻게 자연으로 돌아갈 것인가. 힘에의 의지를 본질로
하는 거친 자연을 현실로 받아들이면 된다. 즉, 도덕 저편의 힘의 세계로
돌아가 타고난 소질에 따라 있는 그대로의 자연적 삶을 살면 된다. 집고
양이를 들고양이로, 집개를 들개로 키워 자연으로 돌려보내듯 낙타 상태
의 인간을 사자로 키워 자연으로 돌려보내야 한다는 것이다. 이것이 다
윈의 순치에 대한 니체의 대답, 곧 사육이다.

어떻게 우리는 우리 자신을 크게 키울 것인가? 먼저 생각해보게 되는
것이 자연으로 돌아가 지금까지 진화를 주도해온 자연에 우리 자신을 맡
기는 것이다. 자연은 자연 선택을 통해 생명체의 진화를 유도해왔다. 그
자연에게 인간 사육을 맡겨보자는 것으로서, 이것은 강자만이 살아남는
자연 선택의 원리를 받아들여 인간 고급화의 길을 열자는 것을 의미한
다. 그러나 여기에는 결정적인 한계가 있다. 너무 긴 시간이 걸린다는 것
이다. 자기 운행 원리에 따라 운행하는 자연은 인간의 의도에 따라 움직
여주지 않는다. 인간이 무엇을 목표로 하든 자연은 마음을 쓰지 않는다.
그런 자연에 맡기면 자연이 알아서 인간 진화를 떠맡겠지만 언제 인간이
그 목표에 도달할 수 있을지 기약할 수가 없다. 진화의 역사에서 볼 때
천 년, 만 년은 큰 의미가 없다. 따라서 인간이 진화를 계속해 위버멘쉬라
는 목표에 도달한다 하더라도 몇십만, 몇백만 년 후의 일이 될 수 있다.

시간이 많이 남아 있지 않다고 본 니체로서는 다른 길을 찾아야 했다.

---

71 같은 책, 109쪽 ; 같은 책, 139쪽.

이때 그가 생각해보게 된 것이 인간의 진화만이라도 인간이 떠맡아 주어진 시간 안에, 그리고 계획된 방향으로 추진할 수 있지 않을까 하는 것이었다. 그런 그에게 그 가능성을 일깨워준 것이 바로 다윈의 인위 선택이었다. 여기서는 소질이 우수한 개체는 선별해 육성하고 열등한 개체는 도태시키는 원리상의 인위 선택을 말한다.

문제는 그 같은 인위 선택을 인간에게 적용할 수 있는가 하는 것이다. 달리 말해, 열등한 인간을, 그것도 인간의 손으로 도태시켜도 되는가 하는 것이다. 도태시킬 수 있기 위해서는 먼저 그 정당성이 확보되어야 하며, 다음으로 기술적 방법이 모색되어야 한다. 자연으로의 복귀와 함께 인간 본연의 모습의 회복을 지상 과제로 받아들인 니체에게 인간의 인위 선택의 정당성은 이미 확보되어 있었다. 기술적 방법이 남아 있을 뿐이었는데, 그는 그 방법을 사육에서 찾았다. 그가 인간 사육을 집중적으로 문제 삼은 것은 1880년대에 들어와서의 일이었다. 그러나 그는 그 이전에 인간 사육의 가능성을 헤아려본 일이 있다. 1875년 유고에서 그 기대를 피력했던 것인데, 지금까지 우연에 의해 이루어진 것과 달리 시의적절한 고안을 통해 위대한 개인을 한층 높이 길러낼 수 있으리라는 것이었다.[72] 그러나 그때까지만 해도 그에게 인간 사육에 대한 구체적 프로그램은 없었다.

니체가 인간 사육을 구체적으로 구상하게 된 것은 1880년대 중반, 우생학과 접촉하면서부터다. 우생학이 응용유전학의 한 분야로 확립된 것은 1883년, 다윈의 진화론에 비판적이었던 골턴에 의해서였다. 골자는 유전 형질을 근거로 한 선택적 생식을 통해 정신적으로나 육체적으로 바

---

72 KGW IV 1, 119쪽, 5〔11〕; 니체전집 6, 152~153쪽, 5〔11〕.

람직한 형질을 타고난 남녀에게는 생식의 기회를 주고 그렇지 못한 남녀에게는 그 기회를 제한하거나 박탈함으로써 인류를 개량해가자는 것이었다.

다윈의《종의 기원》에 크게 자극받아 유전학 연구에 매진한 골턴은 1869년에 〈유전적 천재Hereditary Genius〉라는 논문을 발표했다. 뛰어난 인간을 산출하는 데 결정적인 것은 환경이 아니라 유전이라는 것을 줄거리로 한 논문이었다. 그는 그로부터 14년이 지난 1883년에 낸 연구서《인간 능력 발달에 대한 연구Inquiries into Human Faculty and its Development》에서 자신의 이론에 우생학이라는 이름을 붙였다. 생물학에서는 이 해를 우생학의 원년으로 삼고 있다.

우생학에 대한 반응은 격렬했다. 적대적이기까지 했다. 평균에 미치지 못하는 인간은 생식 대열에서 제외시키자는 주장이 인류에 반하는 혐오스러운 도발로 비치면서 촉발된 반응이었다. 곳곳에서 우생학에 대한 성토가 이어졌다. 공개적으로 우생학을 옹호하기엔 부담스러운 분위기였다. 그러나 니체는 그 같은 분위기에 아랑곳하지 않았다. 우생학에서 인간 개량의 길을 발견한 그는 우생학을 받아들여 그 자신의 사육 이론에 적극 반영했다.

니체가 골턴의 우생학을 알게 된 것은 1884년, 파네트J. Paneth를 통해서였던 것으로 보인다. 파네트에 따르면, 그는 그해 3월에 니체와 만나 골턴에 대한 이야기를 나눈 일이 있다. 관직이나 교수 자리 따위에 매이지 않고 전공 분야에 정진하는 영국 학자들을 부러워하는 자리에서였다. 이때 그 같은 학자로 이야기된 것이 다윈과 골턴이었다는 것이다.[73] 파

---

[73] R. J. Bender · S. Oettermann, *Friedrich Nietzsche, Chronik in Bildern und Texten* (München ·

네트와의 이야기에 자극받은 니체는 곧 골턴의 《인간 능력 발달에 대한 연구》를 구해 읽었다.[74] 시른호퍼Rosa von Schirnhofer의 증언도 있다. 파네트를 만난 지 한 달이 채 되지 않은 그해 4월, 시른호퍼가 니체를 찾아왔다. 이 기회에 니체는 그에게 몇 권의 책을 읽어보도록 권하게 되었는데 그 가운데 얼마 전에 나온 골턴의 《인간 능력 발달에 대한 연구》가 포함돼 있었고, 시른호퍼가 책을 펴보자 니체가 그 책에서 다루고 있는 문제를 소개하는 한편 다윈과 연계해 부분적으로 그의 이론들을 논박해가며 유전과 진화 영역에서의 성과를 정리해 설명해주었다는 증언이다.[75] 이 책은 아직 니체 도서관에 소장되어 있다.

우생학의 원리는 기술적으로 간단하다. 지적으로나 신체적으로 평균에 웃도는 사람들에게는 아이를 더 낳게 하고 평균에 밑도는 사람들에게는 아이를 덜 낳거나 아예 낳지 않게 하는 것이다. 이렇게 여러 세대를 보내고 나면 평균을 웃도는 사람이 수적으로 우세해져 세상이 그런 사람의 것이 된다는 것이다. 여기서도 단점은 상대적으로 시간이 많이 걸린다는 점이다. 이때 생각해보게 되는 것이 인간의 특장을 키워 전개시킴으로써 우수 형질을 산출하는 한편, 열등한 형질을 지닌 인간을 하나하나 제거해나가는 방법이다. 사람들은 앞의 방법에 의한 우생학을 적극적 우생학으로, 뒤의 방법에 의한 우생학을 소극적 우생학으로 불러왔다. 효과적인 것은 이 둘을 병행하는 일이 될 것이다. 열등한 인간을 탈락시켜가면서 우수한 인간을 키워간다면 그만큼 시간이 절약될 것이기 때문

Wien : Carl Hanser Verlag, 2000), 580쪽.

74 M. Stingelin, "Psychologie", H. Ottmann (Hrsg.), *Nietzsche* (Stuttgart · Weimar : Verlag J. B. Metzler, 2000), 424쪽.

75 로자 폰 시른호퍼의 긴 증언이 C. P. Janz, *Friedrich Nietzsche*, Bd. 2, 275쪽에 게재되어 있다.

이다. 이것이 니체가 선택한 길이었다.

우수 형질의 산출을 위해 니체가 먼저 생각한 것이 건강한 남녀의 결합을 통한 형질 개량이었다. 형질 개량을 염두에 둔 것인 만큼 남녀의 결혼은 이제 그 의미부터 달라져야 한다. 앞으로 결혼은 뛰어난 인간의 사육이라는 역사적 과업을 수행하기 위한 절차가 되어야 한다. 그 흔한 사랑은 사치다. 남녀의 역할도 분명히 하여 여자는 건강한 자녀의 어머니로서 그들을 양육하는 데, 남자는 여자를 도와 그런 과업에 봉사하는 데 존재 가치를 두어야 한다. 자신들보다 더 뛰어난 자식을 낳기 위한 두 사람의 의지가 결혼의 진정한 의미가 되어야 한다.[76]

니체는 골턴의 우생학과 접촉하기 이전에 이미 그와 흡사한 기술적 발상을 갖고 있었다는 증언이 있다. 이자벨라 폰 운게른-슈테른베르크 Isabella von Ungern-Sternberg에 따르면, 니체는 1876년에 인위적인 선택과 결혼, 그리고 법률을 통해 적합하지 않은 자는 결혼에서 제외시킬 국가 의무에 대해 역설한 일이 있다.[77] 결혼은 인류의 대사인 만큼 개인에게 맡겨둘 일이 아니라는 것, 국가가 관리해야 한다는 것으로서 그 내용이 상당히 구체적이다. 무엇보다도 선택과 국가 관여 부분에서 그렇다. 이 증언은 1902년 운게른-슈테른베르크의 회고에 의한 것인데, 시간이 많이 흐른 뒤의 증언이어서 어느 정도 정확한지 의문이 든다. 게다가 우생학이 확립된 후의 회고여서 당시 우생학의 이념과 언어로 회고된 것이 아닌가 하는 의문도 든다. 다만 유전학이 확립되어 있던 시기였고 예로부터 결혼에 유전적 조건이 고려되어왔던 만큼 그 같은 발상 자체가 의

---

76 KGW VI 1, 86쪽, *Also sprach Zarathustra*, Erster Theil : Von Kind und Ehe ; 니체전집 13, 116쪽,《차라투스트라는 이렇게 말했다》, 제1부 : 아이와 혼인에 대하여.
77 C. P. Janz, *Friedrich Nietzsche*, Bd. 1, 743쪽.

심스러운 것은 아니다.

우생학과 접촉하면서 니체에게 모든 것이 명료해졌다. 방향도 구체적으로 잡혔고 방법도 마련되었다. 1880년대 중반에 들어 그는 우수 형질의 산출을 고려하면서 짝짓기, 즉 결혼의 의미를 재론하게 되었다. 먼저, 그는 결혼을 시민적 의미와 귀족적 의미에서 되새겨보았다.

시민적 의미의 결혼에서 관건은 사회적 승인이다. 이때 우선해서 고려되는 것이 사회적 이익이다. 사회적 평화와 안정이 그 같은 이익이 될 것이다. 그와 달리 귀족적 의미의 결혼에서는 종족의 사육이 관건이 된다. 이때 결정적인 것은 지배적 인간을 산출하려는 확고하고 단호한 의지다. 그 냉철함과 엄격함 그리고 명료한 계산으로 우리를 다소 오싹하게 만들기도 하는 그런 결혼이다. 고대 아테네나 18세기 유럽에서 성행했던 고귀한 결혼이 그 같은 의미의 것[78]으로서 니체가 인간 사육을 구상하면서 염두에 두었던 결혼이다.

적극적 우생학의 원리에 따라 결혼의 의미를 되새겨본 니체는 방향은 우선 그렇게 잡되, 지체 없이 착수해야 할 일이 있다고 보았다. 소극적 우생학의 원리를 받아들여 인간을 보다 효과적으로 개량하는 일이었다. 앞서 이야기했듯이 열등한 인간을 탈락시켜가며 우수한 인간을 산출해가자는 것이었다. 열등한 형질의 인간을 제거하자는 것으로서, 니체는 그럴 이유를 고상한 이념이나 언어로 치장하지 않았다. 오히려 내뱉듯이 "허약한 자나 실패하여 잘못된 자는 멸망해야 한다"고 말한 후, 그것이 인간에 대한 우리의 사랑의 첫 명제가 된다고 했다. 열등한 자는 도태되어야 하고, 열등하지 않은 자는 열등한 자들이 도태되어 멸망하도록 도

---

78 KGW VIII 1, 181~182쪽, 4(6) ; 니체전집 19, 221~222쪽, 4(6).

와야 한다고도 했다. 심지어 열등한 자에 대한 동정 이상의 악덕, 그러한 동정보다 더 해로운 것은 없다고까지 했다.[79]

그러면 어떻게 열등한 자를 도태시킬 것인가? 이것은 누가 그리고 어떤 방법으로 그 일을 맡아 처리할 것인가에 대한 기술상의 문제다. 생명을 다루는 일이니만큼 한 치의 소홀함도 있어서는 안 된다. 그것이 도태되는 자들에게 해줄 수 있는 유일한 선행이다. 그런 기술상의 문제를 터득하고 있는 것이 의사들이다. 그러니 의사들이 나서야 한다. 그에 앞서 해야 할 일이 의사들에게 인간 진보에 역행하는 병약한 인간은 제거해도 좋다는 윤리적 근거와 함께 법적 근거를 마련해주는 것이다.

의사들을 위한 도덕.─병든 자는 사회에 기생하는 자들이다. 더 오래 살고자 하는 것은 경우에 따라 다르겠지만 꼴사나운 일이다. 생의 의미와 생의 권리를 잃고 나서도 비겁하게 의사들과 그 처방에 매달려 연명하려는 것은 사회적으로 심히 경멸받을 일이다……생의, 상승하는 생의 최고 관심이 퇴화하고 있는 생을 가차 없이 억압하고 제거하도록 요구하는 모든 경우를 위해─이를테면 생식의 권리, 태어날 권리, 살 권리에 대한 의사들의 책임을 새로 마련해줄 것.[80]

사육을 통해, 다른 한편 수백만에 이르는 잘못된 자의 제거를 통해 미래 인간을 만들어내기 위해, 그리고 인간이 야기하고 있는, 유례없는 고통에 의해 몰락하는 일이 없도록 하기 위해 저 엄청난 위대한 에너지를

---

79 KGW VI 3, 168쪽, *Der Antichrist*, 2 ; 니체전집 15, 216쪽, 《안티크리스트》, 2.

80 같은 책, 128쪽, *Götzen–Dämmerung*, Streifzüge eines Unzeitgemässen 36 ; 같은 책, 171쪽, 《우상의 황혼》, 어느 반시대적 인간의 편력 36.

확보할 것!⁸¹

이로써 니체가 말하는 사육의 의미가 분명해진다. 니체의 인간 개량 문제를 다루면서 사육이라는 말 대신에 훈육이란 말을 쓰는 사람들이 있다. 사육이라는 말에 대한 거부감 때문으로 보인다. 물론 맥락에 따라 훈육이라는 말이 적합할 때도 있다. 그러나 다윈의 인위 선택이나 골턴의 우생학과의 연관에서 볼 때 인간 선택 문제에서는 생물학적 용어인 사육이 옳다.

인간을 선별 사육해 미래를 준비하자는 니체의 요구는 격렬한 반응을 불러왔다. 열광한 사람들도 있었으나 경악한 사람들이 훨씬 많았다. 그 진의가 제대로 읽히지 못한 탓이다. 그 점에서는 열광한 쪽과 경악한 쪽이 하나였지만 진의를 왜곡, 니체를 더 많이 오해한 쪽은 열광한 사람들이었다. 니체 왜곡의 선두에 아리아족에 의한 세계 지배를 꿈꾸어온 인종주의자들이 있었다. 국가사회주의 인종주의자들로서, 그들에게 니체의 사육 이론은 그의 "우량한 유럽인", "금발의 야수", "힘에의 의지"와 함께 복음과 같은 것이었다. 그들은 곧 행동으로 옮겼다. 순혈주의를 내세워, 열등한 피를 타고난 것으로 판단된 인종, 이를테면 유대인과 집시, 그리고 슬라브족의 박멸에 나섰다. 그때마다 그들은 니체를 이념적 대부로 모셨다. 그 결과 니체에 대한 근거 없는 열광과 함께 성급한 혐오가 널리 퍼지게 되었다.

앞에서 보았듯이 니체는 편협한 민족주의를 혐오했다. 그는 순혈주의에 맞서 혼혈주의를 내세운 세계시민주의자였다. 민족의 융합을 주장한

---

81 KGW VII 2, 94쪽, 25〔335〕; 니체전집 17, 127쪽, 25〔335〕.

그는 평소 독일의 후진성을 꼬집고 프랑스 등 라틴 국가를 높이 평가했으며 상대적인 것이기는 했지만 슬라브족에 대해서도 호감을 갖고 있었다. 한 걸음 더 나아가 그는 아시아인들이 유럽인들보다 백배나 훌륭하다고까지 했다.[82] 아리아족이니 셈족이니 하는 것에 반대해 종족들이 섞여 있는 곳에 보다 위대한 문화의 원천이 있다고 말해온[83] 그였으니 더말할 것이 없을 것이다.

그는 반유대주의를 경멸했다. 그는 유대인들과 사귀었으며 반유대주의가 이유 가운데 하나가 되어 바그너와 결별하기까지 했다. 여동생 엘리자베트의 결혼을 반대하기도 했는데 상대가 반유대주의 행동 대원이었다는 것이 주된 이유였다. 그는 종족에 대한 망상을 누구보다도 앞장서서 경고했다. 잘못된 종족-망상에 빠져 있는 자와는 상종하지 않을 것을 격률로 삼겠다고까지 했다.[84] 그의 핵심 관심사는 이 땅 전체의 관리와 인간 전체의 사육에 있었다. 니체는 어디를 보나 반국가사회주의 성향의 철학자였다. 그가 나치의 시대를 살았더라면 국가사회주의자들의 패권주의와 인종 정책에 반대하고 나섰을 것이다.

환경 이론으로는 종의 형성이 설명되지 않는다.

유전자 개량을 통해 인간을 개량할 수 있다는 우생학의 주장은 생물학 내부에서도 비판을 받았다. 유전자의 역할이 지나치게 강조되고 있다는 것이 비판의 골자였다. 그 같은 비판과 함께 인간 개량에서 유전자 못지않게 중요한 것이 환경과 교육 같은 외적 조건이라는 주장이 고개를 들

---

82 KGW VII 3, 297쪽, 36〔57〕; 니체전집 18, 387쪽, 36〔57〕.
83 KGW VIII 1, 41쪽, 1〔153〕; 니체전집 19, 54쪽, 1〔153〕.
84 같은 책, 209쪽, 5〔52〕; 같은 책, 255쪽, 5〔52〕.

었다. 이렇게 하여 등장한 것이 우경학이다.

우경학의 선구자는 생명체의 변이를 환경에 대한 반응의 결과로 받아들여 환경 이론을 편 라마르크였다. 그는 이 변이가 환경에 적응하는 방향으로, 단순한 것에서 복잡한 것으로 진행되며 그 과정에서 획득된 후천적 형질이 생식을 통해 후손에게 전해진다고 믿었다. 이것이 그가 주장한 획득 형질의 유전론이다.

환경론자에는 스펜서도 있었다. 다윈도 개체의 변이를 설명하면서 환경적 변화를 새로운 변이의 요인으로 꼽았다. 그는 갈라파고스 제도에서 부리가 다르게 생긴 되새들을 발견하게 되었다. 그 부리들을 면밀히 관찰한 그는 그것들이 먹이 환경에 따라 여러 모양으로 진화한 결과라는 결론에 이르렀다. 먹이 환경은 이때 생태학적 환경을 가리킨다. 그가 진화 요인으로 든 자연 선택 역시 어떤 개체에 변이가 생겼을 때 주어진 환경에 가장 적합한 것은 살아남고, 부적합한 것은 삶의 기반을 잃고 사라지게 된다는 것을 내용으로 하고 있었다. 생물학에서는 생명체가 환경에 적응하는 과정에서 일어나는 형태적 또는 기능적 분화를 환경 방산(放散)이라고 부른다. 다윈이 갈라파고스 제도에서 확인한 것이 바로 이 방산 현상이었다.

우생학을 토대로 인간 개량을 구상하고 있던 니체는 우경학을 단호하게 거부했다. 생명 활동에서 결정적인 것은 내부에서 밖으로 폭발하는 힘, 곧 힘에의 의지라고 본 그로서는 당연한 거부였다.

'외부 상황'의 영향이라는 것이 다윈에게 있어 어처구니없이 과대평가되고 있다. 생의 전개에서 본질적인 것은 바로 형성력을 지닌 저 엄청난, 내부로부터 형태를 창조하는 폭력으로서, 그것이 '외부 상황'을 이용하고

착취한다.[85]

　환경과 외적 원인의 영향에 대한 가르침에 반대하여 : 내적 힘이 끝없이 압도한다. 외부의 영향으로 보이는 많은 것도 그것의 내부로부터의 적응일 뿐이다.[86]

　니체의 환경 이론 거부는 적응 이론의 거부로 이어졌다. 앞에서 환경에 가장 적합한 것이 살아남게 된다고 했다. 적응 이론에서 환경은 우리가 적응해야 할 대상이 된다. 니체는 그 같은 이론에 대해 환경은 우리가 적응해야 할 대상이 아니라 이용하고 착취해야 할 대상이라고 했다. 그는 다윈에게 최적자 생존 원리를 제공한 스펜서도 비판했는데, 그때 든 이유가 스펜서가 생 자체를 외부 환경에 대해 더해가고 있는 합목적적 내부 적응으로 정의함으로써 생명의 본질인 힘에의 의지를 제대로 보지 못했다는 것이었다.[87] 그의 대답은, 생명은 외부 조건에 대한 내부 조건의 적응이 아니라 내부로부터 "외적인 것"을 더욱더 제압해 자기 것으로 만들려는 힘에의 의지라는 것이었다.[88]

　유용성으로는 형질 형성이 설명되지 않는다.
　니체는 같은 이유에서 형질 형성의 요인으로 간주되고 있던 유용성의

85　같은 책, 312쪽, 7〔25〕; 같은 책, 370쪽, 7〔25〕.

86　같은 책, 152쪽, 2〔175〕 (45) ; 같은 책, 188쪽, 2〔175〕 (45).

87　KGW VI 2, 332쪽, *Zur Genealogie der Moral*, Zweite Abhandlung : "Schuld", "schlechtes Gewissen", Verwandtes 12 ; 니체전집 14, 423쪽, 《도덕의 계보》, 제2논문 : '죄', '양심의 가책' 그리고 그와 유사한 것들 12.

88　KGW VIII 1, 303쪽, 7〔9〕 ; 니체전집 19, 360쪽, 7〔9〕.

원리도 거부했다. 라마르크는 유용성을 원리로 용불용설을 폈다. 동물의 기관은 사용 빈도에 따라 발달하기도 하고 퇴화하기도 하며 그 결과가 자손에게 대대로 유전된다는 것이었다. 그가 예로 든 것이 기린이었다. 기린은 키 큰 나무들이 있는 곳에 산다. 높은 가지의 나뭇잎을 따 먹기 위해 기린은 목을 길게 빼야 했고, 그럴 때마다 신경액이 목 속으로 흘러 들어 목이 점점 길어졌으며, 이렇게 획득된 형질을 새끼들이 이어받으면 서 목이 긴 짐승이 되고 말았다는 것이다. 덧붙여 그는 획득한 형질을 대물림함으로써 생명체는 주변 환경에 적응해나가며, 이 적응 능력이 종을 유지시켜주기 때문에 그 같은 적응 능력이 있는 한 종이 멸종되는 일은 없다고 했다. 다윈도 한때 획득 형질이 유전된다는 라마르크의 이론을 받아들였다. 특정 기관의 사용 여부가 유전 변이를 일으킨다고 본 것이다. 이때 기관의 사용 여부를 결정하는 것이 유용성이다.

다윈은 그러나 획득 형질의 유전을 뒷받침할 증거가 나오지 않자 획득 형질 유전론을 포기할 수밖에 없었다. 이후 그는 방향을 바꾸어 자연 선택을 통해 진화를 설명했다. 최적자가 생존하게 되었다는 것, 기린의 경우도 목이 길었기 때문에 그런 환경에서 살아남을 수 있었다는 것이다. 즉 생존 투쟁에서 유리한 형질을 갖고 있는 개체들이 오래 살아남아 번성하고 불리한 형질을 갖고 있는 개체들은 도태된다는 것이었다.

그렇다고 다윈이 유용성 원리까지 부정한 것은 아니다. 그도 유용성이 종의 변화에서 한 요인이 될 수 있다는 점을 인정했다. 종의 변화에서 결정적인 것은 유전이지만 유용성 원리가 제2의 요인은 될 수 있다고 본 것이다. 그는 원숭이, 말, 박쥐의 팔과 다리(날개)를 예로 들어 그 속의 다양한 뼈들은 원래 유용성의 원리에 따라 발전한 결과라고 했다.

유용성 원리에 대한 비판이라면 다윈보다는 라마르크를 표적으로 삼는 것이 더 효과적이었을 것이다. 그러나 다윈을 비판하는 자리였기 때문에 니체는 다윈을 표적으로 삼았다. 다만 비판에서 그는 "다윈 생물학의 의미"라는 단서를 달아 유용성의 의미를 다윈적인 것으로 한정하는 신중함을 보였다.

다윈 생물학의 의미에서의 '유용한', 달리 말해 다른 것들과의 싸움에서 이롭게 작용하는 것. 싸움에서의 유용성과는 완전히 별도로, 내게는 보다 많은 힘, 보다 강하게 될 때 갖게 되는 느낌이 본래의 진보로 보인다. 이 같은 느낌에서 비로소 투쟁 의지가 솟아오르니,—[89]

생존을 위한 투쟁에서 유용한 것이 있다. 남다른 시력, 청력, 보호색 따위가 그런 것들이다. 해당 생명체는 그런 것들의 도움으로 생명을 부지할 수 있다. 그러나 그런 것들은 살아남는 데 기여할 수는 있으나 생명 전개의 원동력은 되지 못한다. 도리어 고작 살아남는 일에 매달리도록 하는 나머지 생명체의 자유로운 전개에 역행할 수도 있다.

'유용하다'는 것은 결국 무엇을 가리키는가? 우리는 '무엇에 유용한가?'를 물어보아야 할 것이다. 개체의 존속에 유용한 것이 그의 강함과 화려함에 불리하게 작용할 수도 있다. 개체 보존에 기여하는 것이 동시에 그것을 잡아두어 발전 과정에서 침체시킬 수도 있으니 말이다.[90]

---

89 같은 책, 317쪽, 7〔44〕; 같은 책, 376쪽, 7〔44〕.
90 같은 책, 312쪽, 7〔25〕; 같은 책, 370쪽, 7〔25〕.

인간의 경우를 보자. 도구로서 인간 생존에 기여해온 것이 이성 따위의 지적 능력과 도덕이다. 그것들 덕에 신체적으로 열등한 인간이 다른 생명체와의 싸움에서 유리한 입장을 확보하게 되었다. 이성 따위는 인간 생존에 그만큼 유용하게 기여해왔다. 그러나 이것은 인간에게 생존이 전부일 때의 이야기다. 모든 생명체가 그렇듯이 인간 역시 단순한 생존 이상을 원한다. 성장해 앞으로 나아가려 하는 것인데, 한때 생존에 유용하게 작용했던 이성 따위와 도덕이 인간을 병들게 함으로써 오히려 그 길을 막아오지 않았는가. 유용성은 이렇듯이 생명에게는 치명적인 질환이 될 수도 있다. 생명의 팽창과 전개에서 결정적인 것은 유용성이 아니라 안에서 밖으로 폭발하는 힘에의 의지 자체다. 그런 의지에게는 유용한 것이 따로 없으며, 그런 것이 필요하지도 않다.

③ 니체는 다윈주의자였나?

유용성에 대한 비판과 함께 니체의 다윈주의 논박은 일단락되었다. 그는 다윈의 종의 진화를 거부하고 개인의 진화(진보)를 주장했다. 생존 투쟁을 거부하고 힘에의 의지를 진화의 원리로 내세웠으며 길들임을 거부하고 사육을 요구했다. 나아가 환경 이론과 함께 유용성 원리를 거부하고 안에서 밖으로 폭발하는 힘을 내세웠다. 니체는 이 같은 거부로 다윈주의를 철저하게 논박했다고 믿었다.

실제 종의 진화와 생존 투쟁 등이 거부되면 다윈주의에서 남는 것이 많지 않을 것이다. 그 점에서 니체는 이상의 비판으로 다윈주의를 논박했다고 말할 수도 있을 것이다. 그러나 그가 논박한 것은 다윈이 제시한 개별 진화 메커니즘이지 생명체는 진화해왔고 진화하고 있다는 그의 진화 이론의 핵심은 아니었다. 니체는 그 진화 이론 자체에는 손도 대지 않왔다. 오히려 그것을 대전제로 받아들여 자신의 인간 이해와 구상의 토대로 삼았다. 앞에서 보았듯이 진화론은 이미 다윈 이전부터 있었기 때문에, 진화라는 니체의 전제가 다윈 없이도 가능했으리라는 것은 구차한 이야기다.

이런저런 근거를 들어 니체를 반다윈주의자로 해석하는 사람들도 있고 다윈주의자로 해석하는 사람들도 있다. 니체를 반다윈주의자로 해석하는 사람들은 반다윈주의를 표방한 니체의 입장 천명에 충실한 사람들이다. 그들은 니체가 논박한 진화 메커니즘에 주안점을 둔다. 그러면서 진화라는 대전제는 건드리지 않는다. 그렇게 되면 니체의 다윈 비판은 다윈이 제공한 이론의 틀 안에서의 비판이 된다.

니체는 다윈에게 맞서 종의 진보는 없고 개인의 진보가 있을 뿐이라고 했지만 그에게 진보 자체에 대한 믿음과 함께 진보 논의의 기반을 마련해준 것은 바로 다윈이었다. 게다가, 니체는 진화를 일으키는 것은 생존 투쟁에 의한 선택이 아니라 힘에의 의지에 의한 선택이라고 했지만 선택 이론 자체가 다윈의 것이었다. 순치 대신 사육을 내세운 것도 그렇다. 순치는 니체의 판단이고, 구체적으로 사육 이론을 제공한 것 역시 다윈이었다. 환경 이론과 유용성에 대한 비판도 마찬가지여서 그때마다 그 논점을 제공한 것은 다윈이었다. 다윈 비판에도 불구하고 니체를 다윈주의자로 볼 수 있다는 사람들의 주장 근거들이다.

니체 자신은 종으로서의 인간 진화에 대한 비판 등으로써 다윈 이론을 극복했다고 믿었으나 그 전제나 논점에서 보면 다윈의 이론을 뛰어넘었다고는 볼 수 없다. 즉, 뿌리로부터 다윈주의를 논박했다고 볼 수 없다. 뿌리는 남겨두고 가지를 쳐낸 정도였다. 니체가 예수를 비판했지만 예수에 매달려 비판한 탓에 예수를 벗어나지는 못했다고 말하는 사람들이 있다. 예수를 극복하지는 못했다는 비판으로서 주로 교회 쪽에서 하는 이 야기다. 물론 사실과 거리가 먼 이야기다. 사실 여부를 떠나 니체와 다윈 에 대해서도 이와 흡사한 말을 할 수 있을 것이다. 즉, 니체가 다윈을 비 판했지만 다윈을 벗어나지는 못했다고 말할 수 있을 것이다.

니체는 그러면 다윈주의자였나, 반다윈주의자였나? 그는 다윈주의를 있는 그대로 받아들이지 않았다. 그 점에서, 그를 다윈의 이론을 그대로 계승해 추종한 다윈주의자로 볼 수 없다. 다른 한편, 다윈주의에 대한 비 판에도 불구하고 그는 진화의 사실은 받아들였으며 다윈이 제시한 진화 메커니즘에 수정을 가하면서 인간 개량의 구상을 폈다. 그 점에서, 우리 는 그를 반다윈주의자로 볼 수 없다. 비판적 다윈주의자, 여기서는 그것 이 답이 될 것이다.

나. 위버멘쉬에 대한 비생물학적, '정신적' 해석의 근거

비판적이든 아니든 니체를 다윈주의자로는 볼 수 없다는 학자들이 있 다. 니체가 다윈의 진화론에 고무된 바 있고 그의 언어를 사용하기도 했 지만 그 이상은 아니었다는 것이다. 이들 학자들은 니체가 다윈을 알기 훨씬 전부터 위대한 인간의 미래를 꿈꾸고 있었으며 나름대로 그 방도를 모색하고 있었다고 말한다. 그들이 인정하는 것은 그 방도를 모색하는 과정에서 니체가 다윈의 진화론을 접하게 되었고 그것에 고무되었다는 것 정도다. 그들의 주장은 다윈의 진화론은 일찍부터 힘에의 의지를 기 반으로 한 니체의 철학 체계 속에 수용될 수 없었고, 그 점이 분명해지면 서 니체는 그 진화론에 대한 그나마의 기대를 버리고 반다윈주의로 돌아 서게 되었다는 것이다. 인간 진보에 대한 그의 발상 역시 역사 현실에 대 한 반성의 산물로서 다윈의 진화론에 앞서는 것이었고, 그때 이미 그가 구상한 인간 진보의 성격과 방향은 잡혀 있었다는 것이다.

이런 주장을 펴는 학자들은 덧붙여, 위대한 인간 시대의 도래에 대한 열망은 까마득한 옛날부터 있었던 것으로서 인간의 생물학적 진화와는 무관한 것이었다고 말한다. 그들이 말하고자 하는 것은 니체의 위버멘쉬 구상 역시 그 같은 전통에서 이야기될 성질의 것이어서 그 구상을 설명하기 위해 굳이 다윈을 끌어들일 필요는 없다는 것이다.

여기서 우리는 니체가 다윈 이전에 살았다면 어땠을까 가정해볼 수 있다. 그 경우에도 니체는 인간 문화가 몰락으로 치닫고 있다는 판단에서 새로운 문화의 창달을 꿈꾸었을 것이고, 그 꿈을 실현할 위대한 인간의 출현을 고대했을 것이다. 그리고 그 위대한 인간이 어떤 인간이어야 하는지에 대해서도 답을 갖고 있었을 것이다. 그 점을 인정하게 되면, 우리는 니체에게 다윈의 진화론은 기술적 도움이 되었던 방편 이상은 아니지 않았는가 생각해보게 된다.

그 같은 생각과 함께 우리는 철학의 역사로 돌아와, 존재를 계열화하고 수직적 이상을 추구해온 철학적 전통 속에서 니체의 미래 인간 구상을 조명해보게 된다. 철학자들은 일찍부터 존재를 수직적으로 계열화하고 최상의 존재를 추구해왔다. 이를테면 아리스토텔레스는 존재를 신, 천상의 존재, 인간, 동물, 광물로 계열화했으며, 플로티노스는 일자의 단계에서 정신, 영혼의 단계를 거쳐 물질에 이르는 유출을 통해 존재를 계열화했다. 토마스 아퀴나스는 형상과 질료 사이에서 어느 쪽인가에 따라 물질 활동을 하지 않는 천사에서 하는 식물에 이르기까지 위아래로 되어 있는 존재 계층을 제시했다. 이 같은 계층화의 효시는 그러나 플라톤이었다. 그는 이들에 앞서 본성을 이루는 세 요소에 따라 인간을 욕망, 기계, 이성이라는 계급으로 나누고는 그것들에 대응하는 것으로 사회적 계급인 생산자, 전사, 지배자를 든 바 있다.

이것은 어디까지나 철학 안에서의 이야기이고, 중세에 들어와 서방 세계가 그리스도교화되면서 지배적 도식으로 널리 뿌리내리게 된 것은 금수와 인간과 신으로 되어 있는 도식이었다. 이 도식의 특징은 그 위치가 확정되어 있어 금수는 금수이고 인간은 인간이며 신은 신이라는 것이었다.

그러다가 르네상스 시대에 와서 인간의 위치와 함께 존재 계열의 문제가 다시 불거져 재론되게 되었다. 교회의 그늘에서 벗어나면서 르네상스 철학자들은 보다 자유롭게 인간을 해석하게 된 것이다. 다만 신과 인간과 금수로 되어 있는 틀만은 그대로 두었다. 틀은 그대로였지만, 르네상스 철학자들의 인간 해석은 출발부터 달랐다. 그리스도교 인간관이 신본주의를 기반으로 한 데 반해 그들이 기반으로 한 것은 인본주의였다. 인간을 중심으로 존재를 계열화한 것이다.

인간에서 출발해 인간을 신적 존재와 금수 사이에 자리매김한 르네상스 철학자들은 인간을 중간자로 파악했다. 그러나 교회의 가르침과 달리 위치가 확정된 중간자라고는 보지 않았다. 앞뒤가 열려 있는 중간자라는 것이었다. 이것은 무엇을 의미하는가? 인간은 노력 여하에 따라 신적인 존재에 오를 수도 있고 금수와 같은 존재로 타락할 수도 있다는 것을 의미한다. 여기서 인간은 미완의 존재로서 하나의 가능성이 된다. 이렇듯 인간을 미완의 존재, 하나의 가능성으로 해석하고 상승의 길을 제시한 대표적 르네상스 철학자가 피코 델라 미란돌라였다.

그의 관심사는 자연 속에서의 인간의 지위였다. 그는 피렌체에서 활발하게 전개된 신플라톤주의 운동을 선도한 인물 가운데 한 사람이었다. 당시 이탈리아 사상계를 지배하고 있던 것은 보편적 진리가 존재한다는 믿음이었다. 보편적 진리에 대한 믿음에서 그는 플라톤 철학, 플로티노스 철학, 고대 신비주의, 그리고 그리스도교 가르침을 통합해 하나로 만들려 했다. 일종의 혼합주의로서, 그리스도교회의 입장에서는 그리스도교의 정통성에 대한 도전이 아닐 수 없었다.

교회가 가르쳐온 것은 인간은 그 자리가 신과 짐승 사이에 확정되어 있는 완성된 피조물이라는 것이었다. 그런 인간에게는 확정된 자리가 있고 역할이 있다. 현재 인간에서 벗어나 높이 오를 수 있지만 그것도 신의 은총이 있을 때의 이야기다. 높이 오른다 하더라도 인간은 인간일 뿐 신이 될 수는 없다. 이에 맞서 피코 델라 미란돌라는 인간에게는 확정된 것이 아무것도 없으며, 그 때문에 인간은 천상의 존재처럼 존귀한 존재가 될 수도 있고 금수와 같은 비천한 존재가 될 수도 있다고 했다. 어떤 인간이 될 것인가는 인간의 문제라는 것이다. 인간을 만드는 것은 인간 자신이라는 것, 그 점에서 인간은 조형자가 된다는 것이다. 인간이 곧 신이 될 수 있다고까지 한 것은 아니었지만, 인간이 자력으로 신적 존재가 될 수 있다는 것 하나만으로도 그의 인간 해석은 교회의 분노를 사기에 충분했다. 그와 교회 사이의 갈등은 불가피했다. 교회는 그를 이단으로 몰았다. 자신의 입장을 지킬 필요를 느낀 그는 역으로 공개 토론을 제의했다. 그리고 자신은 토론회 모두 연설을 하기로 하고 연설문을 작성했다. 이렇게 하여 작성된 것이 〈인간 존엄성에 대한 연설〉이다. 그러나 별다른 호응이 없었다. 결국 공개 토론은 무산되었다. 다만 그 연설문만은 남아 후대에 널리 읽히게 되었다.

〈인간 존엄성에 대한 연설〉에서 피코 델라 미란돌라는 인간은 비천함과 고상함이라는 두 극단 사이의 미완의 존재라는 것, 피조물이면서 동시에 자신을 만들어가도록 되어 있는 조형자라는 것을 강조했다.

오, 아담아, 나 너에게 그 어떤 정해진 자리도, 고유한 외모도, 특정한 소임도 부여하지 않았노라! 이제 어떤 자리를 차지하고 어떤 외모를 취하고 어떤 소임을 맡을지, 그것은 너의 희망대로 그리고 너의 의사에 따라 정하도록 하라! 다른 피조물의 경우 그 본성은 내가 설정한 법칙의 테두리 안에서 규제되어 있어 단지 그 안에서만 자신을 전개해간다. 그러나 너는 그 어떤 테두리의 규제도 받고 있지 않으니 내가 네게 부여한 너의 자유 의지에 따라서 네 본성을 테두리 짓도록 하라.

나 너를 세상의 한가운데 자리 잡게 함으로써 세상에 있는 것들을 너 편한 대로 살펴보도록 하였노라. 나 너를 천상의 존재로도 지상의 존재로도 만들지 않았으며, 사멸할 존재로도 불멸하는 존재로도 만들지 않았으니, 이는 너로 하여금 네 자신의 조형자로서 그리고 형성자로서 네가 선호하는 대로 네 힘으로 형상을 빚어내도록 하기 위함이렸다.[91]

이 말은 신이 최초의 인간 아담을 세상 한가운데 세워놓고 한 것으로 되어 있다. 이어 피코 델라 미란돌라는 "짐승들은 장차 소유하게 될 것 모두를 한꺼번에 갖고 태어난다"[92]고 했다. 인간 이외의 동물들은 구비할 것을 다 구비한 채 태어난다고 한 포르트만을 떠올리게 하는 대목이다. 구비할 것을 다 구비한 채 태어난다는 점에서는 천사도 마찬가지다. 천사에게도 주어진 자리와 몫이 있기 때문이다. 인간은 그 점에서, 가능성이라는 점에서, 동물은 물론 천사와도 다른 예외적 존재가 된다.

신이 인간에게 준 것은 열매가 아니라 씨앗이었다. 피코 델라 미란돌

---

91 Pico della Mirandola, *Über die Würde des Menschen*, herausgegeben und übersetzt von Gerd von der Gönna (Stuttgart : Reclam, 2005), 9쪽.
92 같은 책, 같은 곳.

라는 "인간이 태어날 때 아버지 신이 온갖 모양의 씨앗과 온갖 종류의 종자를 넣어주셨다. 이제 각자가 심은바, 그것이 자랄 것이고 나름대로 그 인간에게서 열매를 맺을 것"이라고 했다.[93] 자신을 만들어가는 인간, 이것은 천사조차 누리지 못하는 특권이다. 어떤 인간이 될 것인가? 자신을 어떻게 만들어가는가에 따라 짐승과 같은 하위의 존재로 추락할 수도 있고 정신의 의사에 따라 신적이라 할 상위 존재로 거듭날 수도 있는 것이 인간이니[94] 인간 자신이 결정할 일이다.

자기 자신을 만들어가는 인간은 창조자로서의 영예를 누리게 된다. 물론 신처럼 아무 제약 없이 무로부터 뭔가를 창조하는 것은 아니다. 인간은 조형자이기 이전에, 신의 지음을 받은 피조물이기 때문이다. 그러나 신은 모든 것을 완성해놓는 대신 인간에게 창조의 여지를 남겨놓았다. 이 남겨둔 부분을 완성해감으로써 인간은 자신을 만들어가는 창조자가 된다. 창조물인 인간이 창조자가 되는 것이다. 자신을 만들어가는 조형자로서의 인간, 피코 델라 미란돌라는 바로 거기에 인간의 존엄성이 있다고 했다. 그리고 그 점에서 인간은 천사보다도 존엄하다고 했다.

피코 델라 미란돌라를 두고 독창적인 사상가가 아니었다는 지적이 있다. 실제 인간에게 자유가 있고 자유의 힘을 발휘해 신적 경지에 오를 수 있다고 한 것은 페트라르카였다. 인간을 두고 자신의 영혼의 설계자이자 자신의 세계를 창조하는 창조자라고 한 것 역시 페트라르카였다. 인간 존엄성에 대한 강조 또한 르네상스 휴머니즘의 전통이기도 했다. 그렇다 하더라도 인간의 그 같은 조건을 예리하게 포착해 르네상스 인간상을 선

---

93 같은 책, 같은 곳.
94 같은 책, 같은 곳.

명하게 대변한 것은 단연 피코 델라 미란돌라였다. 그리고 그 점에서 그의 〈인간 존엄성에 대한 연설〉은 '르네상스 인본주의 선언문'으로 높이 평가되어왔다.

〈인간 존엄성에 대한 연설〉에서 우리는 니체를 만난다. 어디에서보다도 인간은 위치가 확정되지 않은 하나의 가능성이라는 데서, 중간 존재라는 데서, 그리고 창조물(피조물)인 동시에 창조주(조물주)라는 데서 그렇다. 이를 어떻게 설명할 것인가? 니체와 칼리클레스 사이의 사상적 일치를 다루면서 우리는 같은 물음을 제기한 바 있다. 여기서도 우리는 피코 델라 미란돌라와 니체가 영향 관계에 있었을 가능성을 생각해볼 수 있다. 그러나 그에 대해 우리가 알고 있는 것은 거의 없다. 칼리클레스가 그랬듯이, 크뢰너판 니체전집 색인이나 발터 데 그루이터 사에서 낸 문고판(학습판) 니체전집 색인 어디에도 피코 델라 미란돌라의 이름은 등장하지 않는다. 그래서 니체가 그를 몰랐던 것이 아닐까 생각해보게 되지만 그렇지는 않았을 것이다. 피코 델라 미란돌라는 당시 피치노, 폴리치아노와 함께 피렌체의 지적 활동의 중심이었던 아카데미의 일원이었을 뿐만 아니라 르네상스 철학을 대변한 사상가의 한 사람이었다. 따라서 의도적인 것이 아니라면, 르네상스 사상에 대한 논의에서 누구도 그를 비켜 가지 못한다.

더더구나 르네상스를 생에 우호적인 고전적 이상의 부활로 받아들여 높게 평가한 것이 니체가 아니었나. 바젤 시절에 그가 부르크하르트와 나눈 이야기의 핵심 주제도 고대 그리스 문화와 함께 르네상스였다. 니체는 단테는 물론 페트라르카도 잘 알고 있었다. 그런 그가 유독 르네상스의 사상적 근원이자 요람이었던 피렌체 아카데미와 피코 델라 미란돌라를 몰랐다고는 볼 수 없다.

니체가 피코 델라 미란돌라를 알고 있었다면 부르크하르트를 통해서 였을 것이다. 부르크하르트는 니체에게 자신의 저서《이탈리아 르네상스 문화*Die Kultur der Renaissance in Italien*》를 친필 서명해 선물했고, 니체는 그것을 소중하게 소장했다. 물론 읽었을 것이다. 이 책에서 부르크하르트는 여러 차례 피코 델라 미란돌라를 언급했다. 이탈리아 르네상스 휴머니즘에서 그가 차지하는 위치, 그리고 그가 고전 고대의 일방적 강조에 맞서 모든 시대의 학문과 진리를 도도하게 옹호한 유일한 인물이었다는 것 등이 그 언급 내용이었다. 물론 그는 앞에서 인용한 피코 델라 미란돌라의 연설문도 소개했다.

직접적인 영향을 받지 않은 상태에서 니체가 피코 델라 미란돌라의 인간 이해에 무언의 동의를 했을 수도 있다. 그러나 보다 설득력 있는 것은 부르크하르트를 통한 니체의 르네상스 체험이 초기에 있었던 점으로 미루어 니체가 그로부터 영향을 받았을 개연성이다. 피코 델라 미란돌라의 관점에서 볼 때 니체의 위버멘쉬는 정신적 성숙 정도에 따른 존재 계열의 정점으로서 신적 존재가 되며 인간말종은 금수와 같은 존재가 될 것이다.

르네상스 인간상은 고대 그리스인을 인간의 원형으로 보아 그 부활을 꿈꾸어온 니체에게 격려가 되었을 것이다. 실제 그는 르네상스 인간상에 고무되었다. 그리고 조건만 주어진다면 그 같은 부활은 앞으로도 가능하다고 믿었다. 그런 그에게 피코 델라 미란돌라는 사상적 선행자였을 것이다. 그렇다면, 인간이 달라져야 한다는 당위와 인간이 도달해야 할 목표로 제시된 위버멘쉬의 관점에서 볼 때 니체에게 보다 가까웠던 것은 다윈이 아니라 피코 델라 미란돌라가 아닐까, 피코 델라 미란돌라와 니체의 차이는 다윈의 진화론 이전과 이후의 차이 정도가 아닐까 묻게 된다. 피코 델라 미란돌라가 다윈의 시대를 살았다면 다윈의 진화론을 끌어들여 자신의 주장에 힘을 실었을 것이다. 반대로 니체가 다윈 이전의 시대를 살았다면 피코 델라 미란돌라처럼 인간을 존재 계열 안에 자리매김하고 전통적 언어로 인간이 달라져야 한다는 점을 천명했을 것이다.

이렇게 되면, 위버멘쉬가 되어야 한다는 니체의 발상 자체는 다윈의 진화론과 직접적인 관계가 없는 것이 된다. 그리고 그것은 이상적 인간을 추구해온 서양 전통에서의 이야기가 된다. 정신적 개안과 결단을 전제로 했다는 점에서 이 전통은 비생물학적 전통이 될 것이며, 다윈의 진화론이 니체에게 기여한 것이 있다면 그것은 인간이 달라질 수 있다는 것을 과학적으로 뒷받침해주었다는 것, 그 기술적 실마리를 제공했다는 것 정도가 될 것이다.

게다가 위버멘쉬가 생물학적 진화의 한 단계라면 인간이 개입할 것이 못 된다. 진화의 법칙에 맡겨두면 될 것이기 때문이다. 그럴 경우 인간에게는 과거를 돌아보고 후회할 이유도, 미래를 내다보고 자신의 삶을 구상할 이유도 없다. 생물학적 현실로서 인간은 자족적인 신체의 삶을 살 것이고, 자족적인 삶이니 거듭날 이유도 없을 것이다. 이것은 신체에는 아무 문제가 없다는 것을 의미한다. 문제는 본능을 훼손함으로써 인간을 불안정한 상태에 빠트려 병들어 신음하게 만든 정신 따위에 있다. 따라서 반성과 자기 극복을 통해 거듭나야 하는 것은 신체가 아니라 정신이다. 위버멘쉬를 생물학적 진화의 목표로 볼 수 없다는, 정신이 성취해야 할 정신적 이상으로 보아야 한다는 주장이 설득력을 얻는 것은 이 부분에서다.

이로써 논의는 끝나는 듯하지만, 그렇지가 않다. 위버멘쉬에 이르는 길이 정신이 가야 할 비생물학적 길이라면, 왜 니체는 끝까지 혈통을 강조하고 우생학적 방법까지 고려하게 되었는가 하는 문제를 남겨두고 있기 때문이다. 그것은 자기반성과 극복을 통해 거듭나야 하는 것은 정신이지만 정신에게 그와 같은 막중한 과제를 맡겨둘 수 없다는 뿌리 깊은 불신 때문이었다. 그렇지 않다면 니체로서도 정신을 두고 굳이 신체에 호소하여 그 길을 열도록 촉구할 이유가 없었을 것이다.

우리는 원점으로 돌아와 다시 묻게 된다. 위버멘쉬는 생물학적 진화의 목표인가, 정신이 성취해야 할 정신적 이상인가? 어떤 것인가를 두고 서로 다른 두 해석을 검토해보았지만 결론은 나지 않았다. 공전을 거듭해왔을 뿐, 해답의 실마리가 보이지 않는다. 여기서 우리는 문제가 잘못 제기된 것이 아닌가, 자문하게 된다. 즉, 이들이 선택의 문제인가, 반문하게 된다. 선택의 문제로 받아들였기 때문에 우리는, 정신과 신체를 별개의 실체로 받아들이고 나서 그들 사이의 상호 관계를 제대로 설명하지 못해 딜레마에 빠진 데카르트의 전철을 밟게 된 것이 아닌가. 그렇다면 그 책임을 정신과 신체를 분별한데다 정신을 신체에 적대적인 것으로까지 본 니체에게 물을 수 있겠으나, 잊지 말아야 할 것은 니체가 신체에 대한 정신의 적대 행위를 문제 삼을 때 정신과 신체를 나누어 설정했을 뿐 결코 이들을 별개의 자립적인 것들로 보지 않았다는 사실이다. 반복하거니와 그는 심신 이원론자가 아니었다. 그에게 있어 인간은 먼저 생물학적 현실로서 신체이고, 정신은 그 신체를 보필하도록 되어 있는 하부 기능이다.

이것은 신체를 떠나서는 정신이 존재할 수 없다는 것을 의미한다. 신체와 정신 가운데서 자신을 반성해 극복해야 하는 것은 본연의 소임을 다하지 못한, 도구로서 신체를 보필하는 대신 그것을 왜곡, 학대해온 정신이다. 정신은 이제 본래의 자리로 되돌아가야 한다. 이때 요구되는 것이 자기 성찰과 함께 높은 이상과 고상한 것에 대한 감각, 그리고 강담이다. 정신에게 없는 것이 바로 그런 것들이다.

그런 것들은 건강하고 정직한 신체에서 나온다. 정신 하나만으로는 되지 않는다. 돌이켜보면 정신에 대한 이 같은 불신은 새로운 것이 아니다. 적지 않은 철학자와 종교 지도자가 정신의 각성과 정화를 요구하면서 동시에 신체의 역할을 강조해왔다. 물론 모두가 신체를 정신 위에 둔 것은 아니다. 이를테면 아후라 마즈다를 유일 창조주로 모시고 그의 섭리에 눈뜨도록 가르친 역사상의 차라투스트라도 신체적 순수와 건강을 강조했다. 그는 그것이 자연의 이치에 부합하는 일이며, 정신적으로나 신체적으로나 순수하고 건강하지 못한 인간을 자연은 필요로 하지 않는다고 가르쳤다.[95]

니체에게서는 신체가 정신 위다. 신체가 먼저라는 점에서 그렇다. 그런 신체가 나서주어야 한다. 나서서 퇴폐적이기 십상인데다 이미 병들어 있는 정신을 치유해 정신이 사물을 옳게 보고 판단할 수 있도록 길을 잡아주어야 한다. 달리 말해 자기 성찰과 함께 높은 이상과 고상한 것에 대한 감각을 갖도록 정신을 일깨워줘야 하며 강담을 길러줘야 한다. 신체에 의한 정신의 이 같은 치유는 지금까지 병든 정신에 의해 건강을 해쳐온 신체의 자기 치유의 길이기도 하다. 건강한 신체에 건강한 정신이 깃든다는 이야기는 진부한 이야기다. 그러나 이 부분에서 그 의미가 새롭게 다가온다.

건강을 되찾으면서 정신은 본연의 순기능을 하게 되고 신체에게 없는 기능을 통해 신체를 밝혀주게 된다. 니체에 앞서 쇼펜하우어는 의지

---

95 S. A. Kapadia, *The Teachings of Zoroaster, and the Philosophy of the Parsi Religion* (London, 1912), 25쪽.

와 지성을 주종 관계로 파악했다. 지성이 종으로서 의지를 모시도록 되어 있다는 것이다. 니체에게 있어서의 신체와 정신과 같은 구도다. 이들은 그러나 단순한 주종 관계에 있지 않고 협력 관계에 있다. 쇼펜하우어는 이 협력 관계를 건강한 맹인과 눈이 멀쩡한 절름발이 사이의 관계로 설명했다. 냇물이 있다. 어떻게 할 것인가? 맹인은 앞을 보지 못해 어찌할 바를 모른다. 절름발이는 길은 잘 알지만, 제 힘으로 냇물을 헤치고 건널 수가 없다. 길은 있다. 절름발이가 맹인의 무동을 서는 것이다.

흡사한 이야기가 될 것이다. 정신은 이성과 오성 따위의 힘으로 인간으로 하여금 반성적으로 사고할 뿐만 아니라 논리적으로 사유하게 하는 한편 보편적인 것을 직관하게 함으로써 존재 일반과 우주 운행의 이치에 눈뜨게 할 수 있다. 그 순간 인간은 단순한 생물학적 현실을 넘어 자신의 존재의 주인이 되어 전 우주를, 그와 함께 자신의 운명을 사색하게 된다. "생각하는 갈대"가 되는 것이다. 다른 동물에게 없는 통찰로서 여기에 인간의 존엄성과 위대성이 있다. 그리고 위버멘쉬에 이르는 길이 있다.

건강한 신체, 건강한 정신과 함께 인간은 비로소 동물 위의 동물, 곧 인간다운 인간이 된다. 그러면 그런 인간들이 존재한 일이 있는가? 모자람이 없는 것은 아니지만 그런 인간들은 존재했다. 니체에게는 역사상 위인들이 그와 같은 조건을 어느 정도 갖춘 인간들이었다. 위버멘쉬에 한 걸음 다가선 인간 유형으로서 그는 알렉산드로스 대왕, 카이사르, 체사레 보르자, 마키아벨리, 나폴레옹 등을 꼽았다. 태생이 귀골이기도 했지만, 무엇보다도 힘찬 근육에다 순수한 피를 타고난 인물들이었다. 특징은 그러면서도 하나같이 정신이 건강했다는 것이다. 하나같이 형이상학적 망상과 퇴폐적 도덕을 뛰어넘은 현실주의자들이었다는 것이다.

이제 정신이 나서야 하고 신체가 도와야 한다. 순서는 크게 문제 되지 않을 것이다. 그 가운데 건강한 신체 하나만으로도 위버멘쉬가 되기 위해 충족해야 할 조건의 절반을, 아니면 그 이상을 충족한 것이 될 것이다. 그러나 근대 대중 시대에 들어 어느 때보다 찾아보기 힘든 것이 그 같은 신체, 그러니까 건강한 혈통의 귀골이다. 니체는 이 달라진 현실을 받아들였다. 더 이상 인간의 생물학적 진화에 매달릴 수만은 없게 된 것이다. 그와 함께 그가 강조해온 귀골의 의미에 변화가 왔다. 이제는 혈통이 아니다. 앞에서 보았듯이 어디서 왔는가는 더 이상 중요하지 않다. 어디로 가는가가 중요하다. 자신을 넘어서려는 의지와 발길이 명예가 되어야 한다.[96] 비록 거부되고 말았지만, 그가 차라투스트라를 시장터 뭇 인간 앞에 내세운 이유가 여기에 있다.

그러면서도 그는 인간의 진화라는 생물학적 끈을 놓지 않았다. 놓기는 커녕 더욱 조였다고 말할 수 있을 것이다. 그가 끝까지 신체의 진화와 우생학적 고려를 고집한 데서 볼 수 있는 일이다. 신체는 신체대로 자기 강화를 통해 고급화의 길을 계속 가야 한다. 그것이 정신을 돕는 길이다. 그러나 신체의 진화와 우생학적 선택의 성과는 오랜 시간을 요하는 일로서 오래 기다려야 한다. 그렇다고 마냥 기다리고 있을 수만은 없는 일이다. 기다리되, 우리가 현실적으로 시작할 수 있는 것도 있다. 왜소해 있는 정신으로는 어려운 일이 되겠지만, 있는 힘이나마 모아 자기를 반성하고 극복함으로써 상승의 길을 여는 것이다. 그렇게 되면, 그동안 본능을 파손함으로써 인간을 불안정하게 만들고 병들게 해온 정신 따위는 오히려 삶의 길잡이가 될 것이다.

---

96 KGW VI 1, 251쪽, *Also sprach Zarathustra*, Dritter Theil : Von alten und neuen Tafeln 12 ; 니체전집 13, 335쪽, 《차라투스트라는 이렇게 말했다》, 제3부 : 낡은 서판과 새로운 서판에 대하여 12.

(3) 위버멘쉬

위버멘쉬는 니체 철학의 머릿돌이다. 귀착점이기도 하다. 힘에의 의지, 가치의 전도, 영원회귀, 허무주의와 같은 중요 주제에서도 결론은 언제나 위버멘쉬였다. 위버멘쉬가 되어야 한다는 것이었다. 니체는 위버멘쉬에 대해 많은 이야기를 했다. 그러면서도 위버멘쉬가 어떤 존재인가를 개념적으로 정의하지는 않았다. 그때그때 위버멘쉬가 되어야 할 당위를 설명하고 그 조건을 제시했을 뿐이다. 그 자신에게조차 그랬다. 그는 위버멘쉬라는 말과 그 표지(標識)를 알고 있다고 했다. 알고 있지만 그것을 보여주지 않으며, 그 자신에게조차 보여주지 않는다고 했다.[97]

그는 위버멘쉬를 개념적으로 정의하지 않았고 명시적으로 그 표지를 보여주지도 않았지만 위버멘쉬가 어떤 존재인가를 충분히 설명해왔다. 다만 다양한 맥락에서 다양한 언어로 한 설명이어서 혼란스러울 뿐이다. 여기서 중요한 것은 맥락이다. 우리는 그것이 어떤 맥락에서의 이야기인가를 살펴봄으로써 위버멘쉬의 다면적 모습을 접할 수 있고 그 존재를 보다 생생하게 되살릴 수 있다. 이때 요구되는 것이 머리말에 소개된 관점주의적 니체 읽기, 곧 그의 시선을 따라 위버멘쉬를 다양한 관점에서 다양하게 경험하는 것이다. 그러고 나서 그 경험 내용을 유기적 관계 속에서 재구성하는 것이다.

니체는 인간이 그동안 초월적 이념과 신앙에서, 그리고 도덕적이어야 한다는 강박에서 이 땅에서의 생을 부인하고 학대하는 등 자학적 삶을 살아왔고 그 결과 그 자체로 존재할 가치가 없는 비천한 존재가 되고 말

---

97 KGW VII 1, 391쪽, 10〔44〕; 니체전집 16, 489쪽, 10〔44〕.

았다는 철학적 반성에서 출발했다. 그에 따르면 초월적 이념과 신앙은 인간이 현실에 대한 불만에서 갖게 된 망상일 뿐이며, 도덕 또한 생존을 위한 구차한 장치로서 약자들이 만들어낸 허구일 뿐이다.

니체는 인간이 그 같은 망상과 허구로 인해 병들어 있다고 했다. 그리고 병이 깊어가고 있어 그대로 둘 경우 머지않아 손쓸 수 없는 지경에 이를 것이라고 진단했다. 철학적 의사를 자임한 그는 처방을 내놓았다. 지금이라도 늦지 않았으니 그 같은 이념과 신앙을, 그리고 도덕을 파기하고 새로운 삶을 시작하자는 것이다. 니체는 그런 인간, 즉 거듭나 건강을 되찾은 인간, 자기 긍정 속에서 정직하고 순수한 삶을 살아갈 인간을 머릿속에 그렸다. 위버멘쉬에 대한 그의 꿈은 이렇게 시작되었다.

니체는 생에 적대적인 이들 이념과 신앙을 통칭해 신이라고 불렀다. 그러고는 그 신의 죽음을 선언했다. 신은 죽어야 한다고 했다. 신은 죽었다고도 했다. 그러나 신이 죽었다고 해서 인간이 곧 새로운 삶을 살게 되는 것이 아니다. 신은 끝내 수명을 다했지만 신의 잔재인 생에 적대적인 도덕이 아직 그 긴 그림자를 드리우고 있기 때문이다. 인간은 그 같은 도덕을 극복해야 한다. 선과 악으로 되어 있는 도덕적 가치에서 벗어나 도덕 이전의 순수한 자연적 가치를 회복해야 한다. 여기서 도덕은 극복되고 신의 죽음 또한 완성된다. 그리고 그와 함께 그동안 인간의 삶에 어둠을 드리웠던 무겁고 음습한 구름이 걷히고 인간은 해방의 기쁨을 맛보게 된다. 신의 죽음과 도덕의 극복, 이것이 위버멘쉬를 향해 내딛는 첫발이다.

그러나 거짓 신과 도덕으로부터 해방되었다는 것 하나만으로는 아직 아무것도 아니다. 그것은 아무것도 아닌 데 그치지 않고 화가 될 수도 있다. 신의 죽음과 도덕의 붕괴는 지금까지 추구해온 최고 목표와 가치의 상실로 이어지고 목표와 가치를 잃은 인간은 모든 것이 무의미하고 무가치하다는 극단의 감정에 빠지게 되기 때문이다. 이 극단의 감정이 바로 끝을 알 수 없는 허무주의다. 인간은 이 허무주의로 인해 파멸할 수도 있다. 그렇게 되면 신의 죽음과 도덕의 극복을 통한 인간 해방은 되레 재앙이 될 것이다.

도덕을 극복한 인간은 이 허무주의도 극복해야 한다. 어떻게 허무주의를 극복할 것인가. 그 길은 신으로부터의 해방이라는 소극적 자유를 적극적이고 창조적인 자유로 전환해 원래의 자연으로 돌아가 자신과 자신의 세계를 만들고 새로운 가치를 창출하는 데 있다. 신과 도덕을 극복한 사자는 이제 어린아이가 되어야 한다. 즉 티 없이 순수하고 순진무구한 자연으로 돌아가야 한다. 자연으로의 복귀, 그와 함께 자연은 모든 존재 의미와 가치의 근원으로 복권되며 이 대지가 신을 대신해 최고 권좌에 등극하게 된다. 이렇듯 자연으로 돌아가 이 대지와 그 위에서의 삶을 존재 의미와 모든 가치의 근원으로 삼는 인간, 니체의 위버멘쉬가 그런 사람이다.

자연으로 돌아감으로써 우리는 건강하고 정직한 존재로 다시 태어나게 된다. 그래서 자연으로의 복귀를 소망하게 되지만 우리가 돌아갈 자연은 그러나 순수하고 순진무구할망정 아름답고 평화로운 동산이 아니다. 자연은 힘에의 의지를 본질로 하고 있는 거친 힘의 세계다. 격한 싸움으로 되어 있는 불화의 세계이기도 하다. 그런 세계에서는 힘에의 의지를 체현하고 있는 사람들만이 살아남고 그렇지 못한 사람들은 도태되기 마련이다. 가공할 만한 세계로서 그런 세계를 사람들은, 이를테면 그리스도교도나 플라톤주의자들은 초월적 세계에 대한 신앙으로 뛰어넘으려 했고, 루소와 같이 심약한 사람들은 미화해 그리로 도피하려 했다. 그런 식으로 거칠고 조야한 자연에서 벗어나려 했던 것인데, 니체의 촉구는 있는 그대로의 자연, 곧 힘의 세계로 돌아가자는 것이었다. 이렇듯 자연으로 돌아가 힘에의 의지를 삶의 방식으로 삼아 살아가는 인간이 곧 위버멘쉬다.

이 자연, 이 세계는 거칠 뿐만 아니라 그 어떤 목적도 갖고 있지 않다. 거기에는 어떤 목적도 내재해 있지 않다. 따라서 세계를 합목적적으로 설명할 길이 없다. 처음도 끝도 없다. 모든 것이 끝없이 회귀하고 있을 뿐이다. 무의미한 회귀로서, 여기서 또 다른 의미의 허무주의가 등장하게 된다. 우주적 허무주의로서, 이 허무주의도 극복해야 한다. 어떤 길이 있는가? 영원한 회귀를 우주 운행의 원리로, 그리고 우리 자신의 운명으로 받아들여 긍정하고 사랑할 수 있는 높이에 오르면 된다. 그 높이에서 우리는 우리 자신과 존재하는 것의 총체인 우주가 하나가 되는 체험을 하게 된다. 우주와 하나가 되는 체험에서 우리는 존재하는 모든 것을 사랑하게 되며, 그 사랑이 우리 자신에 대한 사랑이 되어 무한한 기쁨을 누리게 된다. 그 같은 높은 경지에 올라 세계와 자신의 존재를 사랑하기에 이른 사람이 위버멘쉬다.

이처럼 생을 병들게 한 초월적 이념과 신앙, 그리고 도덕의 굴레에서 벗어나 건강을 되찾은 사람, 자연으로 돌아가 때 묻지 않은 삶을 사는 정직한 사람, 힘에의 의지를 자신의 존재 방식으로 받아들인 사람, 영원한 회귀에서 오는 허무주의를 딛고 일어선 사람이 니체가 머릿속에 그린 위버멘쉬다. 이 위버멘쉬 경지에서 자신과 세계를 상실한 인간은 자신을 되찾고 세계를 되찾게 된다. 그 순간, 주변은 한층 밝아지고 청량한 기운까지 감돌게 된다. 새로운 아침을 맞게 되는 것이다. 여기서 인간은 의연하게 "좋다 그것이 인생이더냐, 그렇다면 다시 한 번!"을 외치게 된다.

위버멘쉬는 제힘으로 돌아가는 바퀴, 최초의 운동이자 거룩한 긍정이다. 이것은 차라투스트라가 〈세 변화에 대하여〉에서 어린아이를 두고 했던 말이다. 어린아이는 강건하고 정직하다. 그리고 자유롭다. 자연 그대로다. 니체는 그런 정신을 불러 자유로운 정신이라고 했다. 자유로운 정신을 지닌 인간이 니체가 머릿속에 그린 위버멘쉬의 또 다른 모습이다.

니체는 지금까지 위버멘쉬가 존재한 일은 없지만 앞으로는 많은 위버멘쉬가 등장해야 하고 가능하다면 인간 모두가 위버멘쉬가 되어야 한다고 했다. 인간 한 사람 한 사람이 자기 극복을 통해 위버멘쉬에 이르는 길을 가야 한다는 것이다. 위버멘쉬는 인간 모두가 이 땅에서 자력으로 성취해야 할 개인적 이상이다. 초월적 존재가 아니다. 새로운 신격도 아니다. 해탈을 통해 누구나 부처가 될 수 있듯이 자기 극복을 통해 누구나 될 수 있는 이상적 유형의 인간일 뿐이다.

그러면 인간은 지금 어디쯤 와 있나? 위버멘쉬에 이르는 길을 가고 있는가. 아니면 그 길에 들어서기라도 했는가? 아직은 아니다. 반쯤 깨어난 사람이 더러 있을 뿐, 여전히 거리를 메우고 있는 것이 인간말종들이다. 세상은 그들의 손에 있다. 신의 그늘도 온전히 걷히지 않았다. 그래서 대낮에도 불을 켜야 할 만큼 어둡다. 세상이 달라지지 않는 한 어둠은 걷히지 않을 것이다. 이것이 니체의 비관이었다. 그러나 그는 절망하지 않았다. 그의 차라투스트라는 인간말종들과 세상을 같이할 수 없어 세상을 등진, 반쯤 깨어난 사람들을 만났고, 그들에게서 새로운 희망을 보았기 때문이다. "보다 지체 높은 인간"들로서, 차라투스트라는 그들을 위버멘쉬의 등장을 알리는 전령사로 반겼다. 머지않아 칠흑 같은 밤을 뒤로하고 새날이 밝아올 것이다. 니체는 자신의 삶의 절정에서 희미하게나마 동녘이 밝아오고 있음을 감지했다. 그는 다가오는 새날에 대한 희망으로 《차라투스트라는 이렇게 말했다》의 대미를 장식했다.

좋다! 사자는 이미 여기 와 있으며 내 아이들도 가까이 와 있다. 차라투스트라는 성숙해졌다. 나의 때가 온 것이다.

나의 아침이다. 나의 낮의 시작이다. 솟아올라라, 솟아올라라, 너, 위대한 정오여!

차라투스트라는 이렇게 말하고는 자신의 동굴을 떠났다. 컴컴한 산 뒤에서 솟아오르는 아침 태양처럼 불타는 모습으로 늠름하게.

차라투스트라의 행로는 이렇게 끝났다. 차라투스트라의 행로, 그것은 곧 니체 자신의 철학적 행로이기도 하다.

찾아보기

인명

용어

정동호

서강대학교 철학과를 졸업하고 독일 프라이부르크대학교에서 니체 연구로 철학박사 학위를 받았다. 그 뒤 충북대학교에 교수로 부임해 현대 유럽 철학을 강의했다.

저서로 《니체:『차라투스트라는 이렇게 말했다』해설서》, 《니체연구》, 《부르크하르트와 니체》(공저) 등이 있고, 역서로 《차라투스트라는 이렇게 말했다》(니체전집 13권)와 《유고 (1884년 초~가을)》(니체전집 17권)가 있으며, 논문으로는 〈Nietzsche의 Übermensch는 누구인가?〉, 〈니체의 인과기계론 및 목적론 비판〉, 〈변화와 존재: 니체의 '반형이상학적' 존재론〉, 〈니체의 "같은 것의 늘 되돌아옴"에 대하여〉, 〈자연의 도덕화와 탈자연화〉, 〈지적 귀족주의 – 니체의 경우〉, 〈니체 어떻게 읽나?〉 등이 있다.

니체

초판 1쇄 발행 2014년 1월 15일
초판 6쇄 발행 2023년 5월 22일

지은이 정동호

펴낸이 김현태
펴낸곳 책세상
등록 1975년 5월 21일 제2017-000226호
주소 서울시 마포구 잔다리로 62-1, 3층(04031)
전화 02-704-1251
팩스 02-719-1258
이메일 editor@chaeksesang.com
광고·제휴 문의 creator@chaeksesang.com
홈페이지 chaeksesang.com
페이스북 /chaeksesang   **트위터** @chaeksesang
인스타그램 @chaeksesang   **네이버포스트** bkworldpub

ISBN 978-89-7013-860-2 93160